北京延庆年鉴

BEIJING YANQING NIANJIAN

2018

北京市延庆区史志办公室 编

线装书局

图书在版编目（CIP）数据

北京延庆年鉴. 2018 / 北京市延庆区史志办公室编
. -- 北京 : 线装书局, 2018.11
ISBN 978-7-5120-3467-9

Ⅰ. ①北… Ⅱ. ①北… Ⅲ. ①延庆区—2018—年鉴
Ⅳ. ①Z521.3

中国版本图书馆 CIP 数据核字(2018)第 247535 号

北京延庆年鉴（2018）

编　　者：北京市延庆区史志办公室
责任编辑：周思远
出版发行：线装书局
　　　　　地　址：北京市丰台区方庄日月天地大厦 B 座 17 层（100078）
　　　　　电　话：010-58077126（发行部）010-58076938（总编室）
　　　　　网　址：www.zgxzsj.com
经　　销：新华书店
印　　制：北京金港印刷有限公司
开　　本：787mm×1092mm　1/16
印　　张：32.625
字　　数：877 千字
版　　次：2018 年 11 月第 1 版第 1 次印刷

线装书局官方微信

定　　价：200.00 元

延庆区地方志编纂委员会

北京延庆年鉴

《北京延庆年鉴》编辑部

朱振银	李　屹	李廷昕	李志军	李炎琪
李昀倩	李　征	李春杰	李树敏	李　扬
李慧敏	李　薇	李　斌	李怀超	李建华
李志成	辛　雨	杨　冬	杨　田	杨　森
杨亚慧	杨　航	杨　颂	杨　莹	花　凯
苏学友	边文秀	肖　蓓	时亚辉	时　雨
吴玉英	吴纪芳	吴慧晶	何　旭	邹　磊
宋玉霞	宋亮楠	宋克冰	宋　佳	张伟娟
张旭靖	张　冰	张世涵	张美丽	张　珅
张振环	张金花	张　翠	张　鹏	张艳红
张景睿	张景怡	张　琪	张琳婧	张　超
陈　洋	陈述升	武　卉	武耀宗	林　茹
邵雪娇	罗　振	房明洁	宗振国	孟慧慧
赵东冉	赵　曦	赵晓光	赵文新	郝合奎
律　琳	霍文丽	霍桂文	荆丹丹	胡　洋
胡　琴	胡　琳	胡晓曼	段欣超	侯得书
贾子豪	贾文程	贾延文	徐所柱	徐　攀
徐　旭	徐光辉	高天学	高　军	高健敏
高春艳	温艳欣	郭万霞	郭　强	郭敏娜
郭　燚	梁　曼	黄　荣	曹军娟	龚　伟
常　磊	常　淼	崔　鹏	韩　雪	韩东方
韩　煦	周英杰	蔺天娇	焦丽艳	谢雅娟
窦文艳	黎海军	颜　渊	潘　颖	翟金永
薛　媛	魏　勇			

编 辑 说 明

一、《北京延庆年鉴》是由中共北京市延庆区委员会和延庆区人民政府组织、延庆区各单位共同参与编纂的年度资料性文献。《北京延庆年鉴》编辑部设在延庆区史志办公室。

二、该年鉴以马克思列宁主义、毛泽东思想、邓小平理论、“三个代表”重要思想、科学发展观和习近平新时代中国特色社会主义思想为指导，坚持辩证唯物主义和历史唯物主义的立场、观点和方法，遵循实事求是的原则，真实、客观地反映实际情况。

三、《北京延庆年鉴》自2004年开始，逐年编纂出版。当年出版的年鉴，记述上一年度延庆自然、政治、经济、文化、社会的基本情况和重大事件。《北京延庆年鉴（2018）》记述时限为2017年1月1日到2017年12月31日。书中的“该年”“年内”及直书月、日的，均指2017年。

四、该年鉴采用分类编辑法，用文章和条目两种形式，以条目为主。全书设类目、栏目、分目、条目4个层次。条目标题统一用黑体字并外加【】标明。类目、栏目、分目的标题，分别用不同型号的字体加以区别。

五、该年鉴的文字内容共分28个类目：综述、大事记、特载、专文、国民经济和社会发展主要指标完成情况、2017年组织机构及负责人、中国共产党延庆区委员会、延庆区人民代表大会、延庆区人民政府、政协延庆区委员会、民主党派 工商联、人民团体、法治 国防建设事业、综合经济管理、税务 金融、农业、工业和信息化建设、商贸服务业、旅游业、交通 邮政、城乡建设环境保护、科技 教育、文化传媒、卫生 体育、社会管理 居民生活、街道、乡镇、附录。全书除文字部分外，还配以地图、彩照、表格，力求全面、具体、准确地反映年度发展的全貌。

六、该年鉴收有延庆区党、政、军、团体、乡镇和部分企业负责人名录，所列均以2017年内任职为限，其中有任免情况的分别予以注明。

七、选入该年鉴的文章和条目，除部分资料由年鉴编辑部人员直接收集外，其他均由各部门、各单位确定的专人撰写或提供，并经部门、单位主要领导审阅，区委、区政府有关部、委、办领导审查。该书正文前收录的彩图，均由各供稿单位提供。

八、该年鉴中引用的统计数字，原则上以区统计局2017年度《北京市延庆区统计年鉴（2018）》为准。数字一般记至万以上，小数点后保留两位小数，但在记述人均收入、人均生活支出和在岗职工平均工资时，记述至个位。个别数字由于统计口径、时间有出入，仍从原出处，未按统计年鉴更改。

九、该年鉴中计量单位名称的使用，除特例外一律采用中华人民共和国法定计量单位。考虑到在农村“亩”仍是最主要的土地面积计量单位，在记述农业事项时，均在公顷数之后括注同比例“亩”作为补充。在记述体育赛事时，使用的是行业通例“公里”和“公斤”。

十、该年鉴内容中区领导均不写职务，具体职务见本年鉴“2017年组织机构及负责人”。

1月1日，八达岭长城登高健身大会（八达岭特区办事处 供）

1月3日，延庆区职工冰雪运动体验季活动（区工会 供）

1月6日，区编办召开延庆区机构编制管理工作汇报会（区编办 供）

1月6日，延庆区法学会成立（区政法委 供）

1月13日，延庆城区夜景照明二期工程（区城市管理委 供）

1月17日，龙庆峡第三十一届冰灯艺术节展区夜景（龙庆峡管理处 供）

1月24日，区政府领导慰问执勤志愿者（区政府办 供）

1月25日，区委统战部慰问抗战老战士（旧县镇 供）

1月28日至2月2日，延庆世葡园冰雪文化庙会举办（八达岭旅游总公司 供）

2月11日，延庆区元宵节花会展演（区文委 供）

2月11日，区委领导与法国霞慕尼市签署友好备忘录（区外事办 供）

2月20日，世园会地下综合管廊工程开工仪式（世园办 供）

3月2日，中关村长城脚下创新家园规划发布暨项目签约仪式（中关村科技延庆园服务中心 供）

3月5日，大胜岭村民送锦旗感谢镇政府扶贫济困（四海镇 供）

3月7日，延庆区在八达岭长城举办残疾人无障碍体验活动（区残联 供）

3月8日，张山营镇与北京环球飞雪冰雪运动学校签署合作意向书（区冬奥办 供）

3月15日，在四海镇举办“3·15农机消费者咨询”活动（区农机服务中心 供）

3月16日，北京榜样暨美丽延庆人颁奖典礼（区文明办 供）

3月19日，延庆区“保护水资源 扮靓母亲河”公益行活动（区社会工委 供）

3月20日，延庆与张家口质监局签署合作协议（区质监局 供）

3月，延庆区举办田间学校培训班（区农业局 供）

3月，市规划国土委与区政府协作规划联席会（区规划局 供）

4月1日，“延庆传媒”联盟启动（区委宣传部 供）

4月1日，延庆区第33个首都义务植树日活动现场（区园林绿化局 供）

4月7日，延庆区监察委员会成立
（区纪委 供）

4月10日，区领导调研医药分开综合改革实施情况并慰问一线医务人员
（区卫计委 供）

4月14日，区人大代表到小张家口垃圾处理场调研
（区人大 供）

4月24日，康庄镇服务世园农民转移就业培训（康庄镇 供）

4月26日，延庆区“中央厨房+社区配餐”老年营养餐服务体系启动（区民政局 供）

4月26日，走近世园花卉——2017花卉展在葡萄博览园举办（八达岭旅游总公司 供）

4月26日，延庆马铃薯产业园——希森马铃薯博物馆接待学生参观（马铃薯产业园 供）

4月28日，2019北京世园会倒计时两周年计时牌揭幕暨优秀世园歌曲发布会志愿服务活动（团区委 供）

4月28日，延庆区税收服务世园会冬奥会联合办公室揭牌（区地税局 供）

5月9日，“北京意象美丽延庆”美术创作活动启动（区文联 供）

5月9日，延庆与张家口协同演练人民防空（区民防局 供）

5月9日，第二届北京牡丹科技文化节科技创新与产业发展高峰论坛在区举行（大榆树镇 供）

5月17日，区直机关工委首届文化艺术节开幕（区机关工委 供）

5月17日，百泉街道文艺汇演暨创建全国文明城区表彰（百泉街道 供）

5月18日，区政府与首农集团签订战略合作协议（区世园办 供）

5月19—21日，2017“金源隆”北京延庆汽车文化节在延庆举行（区会展中心 供）

5月23日，区第二十三届科技活动周在盆窑村陶艺园启动（区科委 供）

5月26日，京冀三地司法协同启动仪式（区司法局 供）

5月27日，区检察院举办公众开放日活动（区检察院 供）

5月29日，香水园街道举行京台龙舟友谊交流赛（香水园街道 供）

5月30日，卫星定位大杜鹃迁徙路线项目在野鸭湖湿地公园进行（野鸭湖管理处 供）

5月，延庆区供销社系统检查基层单位疏解整治促提升工作（区供销合作总社 供）

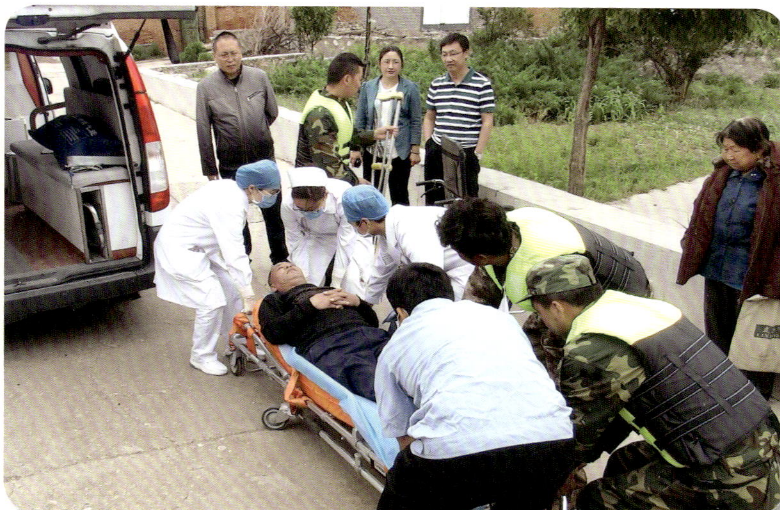

6月2日，延庆区地质灾害应急演练（区国土资源局 供）

6月3日，民革延庆支部成立（区委统战部 供）

6月5日——第九届档案馆日，延庆区档案馆接纳中学生参观展览（区档案局 供）

6月9日，世园会省（自治区、直辖市）参展工作进入实质阶段（区世园办 供）

6月14日，延庆工商行职工宣传金融知识打击非法集资（工商行延庆分行 供）

6月16日，延庆区公安局开展禁止燃放烟花爆竹宣传活动
（区公安局 供）

6月17日，第七届北京国际自行车骑游大会在区举行
（区体育局 供）

6月19日，延庆区史志办为初任科级干部讲延庆革命史（区史志办 供）

6月19日，延庆区信访宣传月活动启动
（区信访办 供）

6月21日，京西北跨区协同发展工作会暨新闻发布会召开
（区工商局 供）

6月30日，延庆电子商务精准扶贫暨延庆优质农产品线上销售启动
（绿富隆公司 供）

6月，建行延庆分行组织金融知识宣传（建行延庆分行 供）

6月，延庆区水产中心到基层开展渔业安全生产监管（区水产中心 供）

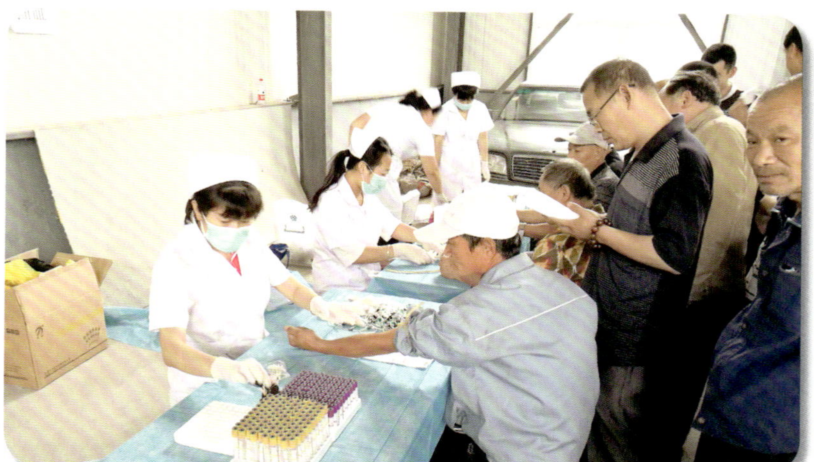

6月，区安监局开展年度职业卫生体检（区安全监管局 供）

7月4日，第二届千家店山水戏剧周开幕（千家店镇 供）

7月8日，延庆区举行街巷长上岗启动仪式（区政府办 供）

7月11日，张山营镇海陀滑雪队成立（张山营镇 供）

7月14日，延庆区政府举办驻京中外知名企业投资延庆行——冰雪产业专项项目洽谈会（区投资促进局 供）

7月14日，延庆区商贸员工在“创城”活动中清扫责任区（区商贸总公司 供）

7月25日，延庆区工商联与张家口市工商联签订缔结友好商会协议书（区工商联 供）

7月28日，延庆区饮食服务行业第21届职业技能比赛现场
（区饮食服务公司 供）

7月31日，延庆区纯电动公交车正式启用（区交通局 供）

8月8日，延庆世界地质公园再评估汇报会召开（北京延庆世界地质公园管理处 供）

8月25日，延庆城区城管执法队授牌仪式（区城管执法监察局 供）

8月25日，区烟草专卖执法人员在京藏高速延庆段执法（区烟草专卖局 供）

8月，妫河世园段水生态治理工程清淤（区水务局 供）

8月，永宁镇孔化营村
油葵盛开（永宁镇 供）

8月，游人在多彩田园景区放风筝（刘斌堡乡 供）

9月7日，温泉东社区
志愿者清理辖区树坑
（儒林街道 供）

9月10日，区财政局组织会计专业中级技术资格无纸化考试（区财政局 供）

9月13日，延庆区大气污染与“散乱污”企业综合治理攻坚行动培训暨部署会召开（区经信委 供）

9月21日，延庆区冬奥会和冬残奥会跟踪审计协调会召开（区审计局 供）

9月21日，延庆区第一期领导干部依法行政专题培训班（区法制办 供）

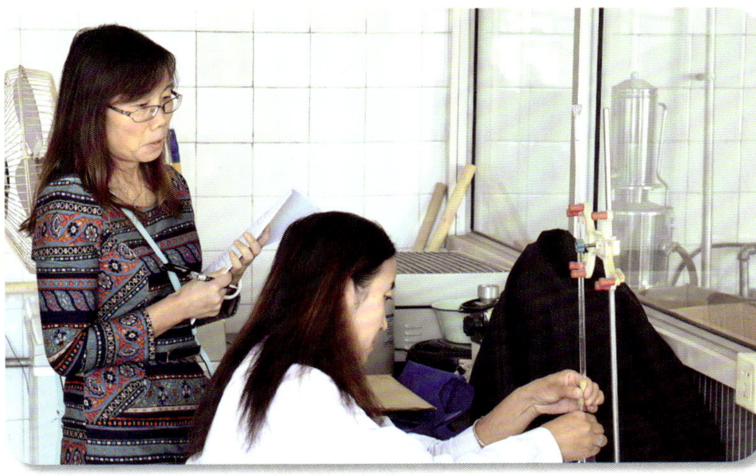

9月22日，区粮食系统首席职工比赛之玉米脂肪酸值测定（区粮油总公司 供）

9月25日，首届金秋旅游采摘节在里炮村举行（八达岭镇 供）

9月26日，延庆区统计局组织统计开放日宣传活动（区统计局 供）

9月26日，延庆区地震灾情速报员培训（区地震局 供）

9月28日，区老干部“啄木鸟”志愿督查队参加市文艺展演（区委老干部局 供）

9月29日，中国社科院当代中国研究所与临河村党支部结对共建（沈家营镇 供）

9月，世园会回迁安置房建设工程现场（区住建委 供）

10月12日，区政协委员调研“清空净水”行动（区政协 供）

10月17日，延庆区就业帮扶现场招聘会
（区人力社保局 供）

10月27日，千家店镇便民办税服务站举行揭牌仪式
（区国税局 供）

10月27日，区红十字会到永宁镇敬老院慰问
（区红十字会 供）

10月，延庆区机关事务中心部署十九大期间安保工作（区机关事务中心 供）

11月3—5日，2017年京张优质农产品推介会在八达岭国际会展中心举办（区农委 供）

11月8日，黑（峪口）艾（河滩）路主体完工（区公路局 供）

11月26日，国际雪联专家组到区考察，区气象局提供气象保障工作（区气象局 供）

12月1日，延庆区巾帼志愿者参加社区衣物捐赠活动（区妇联 供）

12月1日，科学嘉年华基层巡展延庆站开幕（区科协 供）

12月2日，大庄科乡全体党员举行“不忘初心 牢记使命”主题教育宣誓活动（大庄科乡 供）

12月3日，延庆区第三十二届冰雪欢乐节启动仪式（区旅游委 供）

12月4日，延庆区处级干部学习贯彻中共十九大精神专题研讨班开班（区委党校 供）

12月4日，延庆区教委组织中小学生在石京龙滑雪场开展冰雪进课堂活动（区教委 供）

12月4日，延庆法院举行宪法宣誓活动（区法院 供）

12月15日，市新闻出版广电局领导到广电中心降蓬山转播站视察安全播出工作（区广电中心 供）

12月19日，延庆区国资委系统召开警示教育大会（区国资委 供）

胜利街胡同文化墙（延庆镇 供）

乡宴柳沟凤祥花田（井庄镇 供）

香营缙阳广场全貌（香营乡 供）

小川村全景（珍珠泉乡 供）

目　录

综　述

大事记

特载

专　文

国民经济和社会发展主要指标完成情况

2017年组织机构及负责人

中国共产党延庆区委员会

延庆区人民代表大会

延庆区人民政府

政协延庆区委员会

民主党派　工商联

人民团体

法治 国防建设事业

综合经济管理

税务 金融

农业

工业和信息化建设

商贸服务业

旅游业

交通 邮政

城乡建设 环境保护

科技　教育

文化 传媒

卫生 体育

社会管理　居民生活

街 道

乡　镇

附 录

综　述

区情综述

自然地理

延庆区总面积1994.88平方千米，占北京市总面积的12.6%，东西最长70千米，南北最宽45.5千米，东、南、西、北分别与怀柔区、昌平区、河北省怀来县和河北省赤城县接壤。辖11镇、4乡、3个街道办事处，设376个村民委员会、46个城镇居民委员会，总人口28.5万人，常住人口34万人。年内，地区生产总值136.2亿元，同比增长8.4%；全社会固定资产投资154.14亿元，同比增长43.7%。

2017年国民经济和社会发展

农业

农村经济总收入173.9亿元，同比增长0.7%。农林牧渔业总产值17.68亿元，同比下降8.4%。其中，种植业实现产值5.09亿元，同比下降10.3%；林业实现产值3.05亿元，同比增长11.6%；牧业实现产值8.76亿元，同比下降12.7%；渔业实现产值0.23亿元，同比下降26.2%。

全区粮食播种面积17.06万亩（1.14万公顷），同比下降16.2%。粮食总产量8133万千克，同比下降18.3%。全年蔬菜播种面积2.67万亩（0.18万公顷），同比增加11.5%。蔬菜总产量5900万千克，同比增加25.2%。蔬菜总收入收入1.64亿元，同比增加21%。全区无公害农产品种植业认证企业35家、192个产品，生产规模9975.75亩（665.05公顷），总产量2976.4万千克。其中，蔬菜认证33家、188个产品；杂粮认证2家、4个产品。2家蔬菜企业通过绿色食品认证，产品数量34个，产地规模32公顷，年产量209.3万千克。种植业获得有机认证证书14家、124个产品。年内，全区被国家认监委确定为“国家有机产品认证示范区”。“延庆区农产品展示平台”正式开网，线下为归原、绿富隆、北菜园等30家合作社（企业）制作了二维码标牌，通过扫描可直观了解延庆优质农户和农产品。成功上线京东“中国特产·延庆馆”，同时开设涵盖48家企业90种农副产品的延庆特产馆线下展销平台，线上线下累计销售额50万元。

全区畜禽养殖禁养区内12处规模化养殖场（小区）实现全部关停，共清理畜禽3.99万头只，腾退农业用地710亩（47.33公顷）。截至年底，奶牛存栏1.1万头，肉牛出栏2363头，家禽出栏248.2万只，生猪出栏10.3万头，羊出栏4.1万只。全年鲜奶总产4.1万吨，鲜蛋总产3.7万吨，水产品总产1068.7吨。全区畜牧业实现产值8758.13万元，同比下降12.7%。

截至年底，全区登记注册合作社总数732家，同比增长9.4%。区级规范社及以上等级合作社46家，其中国家级示范社11家、市级示范社5家。完成4.9万农户承包户相关信息的审核公示，确权31万亩（2.07万公顷），占拟确权总面积的93.4%。全区农户签订土地流转合同5.6万份，流转总面积17万亩（1.13万公顷），占家庭承包经营总面积35.5万亩（2.37万公顷）的47.9%。

工业 建筑业

全年规模以上工业企业完成总产值79.0亿元，同比增长11.8%。其中，新能源和环保产业完成产值47.4亿元，同比增长5.3%，占规模以上工业总产值58.7%。中关村延庆园规模以上工业完成产值76.7亿元，占全区规模以上工业总产值的94.8%。其他区域规模以上工业完成产值4.2亿元，同比下降1.5%。全区工业完成税收3.8亿元，同比下降20.3%。万元地区生产总值能耗（吨标准煤）0.493，同比下降15.8%。按照《北京市2013—2017年清洁空气行动计划重点任务分解2017年工作措施》第24项重点任务要求，所有涂料生产企业全部关停、清退，3家家具制造企业已按要求完成整改。23家工业企业燃煤锅炉全部停用并拆除，共压减燃煤19700吨，完成目标任务的100%。

年内，全区建筑业重点工程开复工64项，其中政府投资项目41项、社会投资项目23项，完工6项。完成建筑业总产值59.20亿元，同比增长28.8%。完成建筑和房地产业税收1.9亿元，同比增长12.4%。

商 贸

全年社会消费品零售额实现94.18亿元，同比增长7.5%。其中，限额以上单位实现零售额28.23亿元，同比增长4.6%；限额以下单位实现零售额65.95亿元，同比增长8.8%。批发业3.48亿元，同比增长3.7%；零售业78.49亿元，同比增长8.1%；住宿业2.44亿元，同比增长4.2%；餐饮业9.78亿元，同比增长5.2%。全年粮食贸易经营总量39亿千克，营业收入4.7亿元，总利润201万元。外贸进出口总额完成1.14亿美元；同比增长10.8%。其中，出口总额9093万美元，同比增长16%。实际利用外资509万美元，同比降低75.4%。

财政 金融

全区一般公共预算收入16.16亿元，同比增长18.8%。按收入性质分：税收收入11.27亿元，非税收入4.90亿元。按征收部门分：国税局完成5.60亿元，地税局完成5.76亿元，财政局完成4.80亿元。按所属产业分：第一产业完成461万元，第二产业完成1.88亿元，第三产业完成14.24亿元。政府性基金预算收入49.68亿元，同比增长473.2%。国有资本经营预算收入461万元，同比增长70.7%。社保基金预算收入6.09亿元，同比增长9.4%。

全年一般公共预算支出121.59亿元，同比增长31.5%。其中，农林水支出26.04亿元，同比增长37.4%；教育支出23.82亿元，同比增长52.1%；医疗卫生支出6.10亿元，同比增长5.1%；城乡社区支出20.19亿元，同比增长57.1%。政府性基金预算支出39.49亿元，同比增长425.4%。国有资本经营预算支出359万元，同比增长63.9%。社保基金预算支出5.68亿元，同比增长15.7%。

全区政府采购金额8.51亿元，其中货物类采购1.16亿元，工程类采购6.35亿元，服务类采购1.00亿元。规范举债融资行为，政府债务余额34亿元，债务风险平稳可控。研究制定区财政支持疏解非首都功能构建高精尖经济结构的实施意见及工作方案，制定《北京市延庆区世园会、冬奥会专项资金使用管理暂行办法（试行）》《北京市延庆区中重大项目征地拆迁资金管理暂行办法（试行）》。

截至年底，金融机构各项存款余额453.47亿元，同比增长24.5%。金融机构各项贷款余额125.37亿元，同比增长87.7%；小额贷款公司贷款余额3.19亿元，同比增长57.9%。

城乡建设 环境保护

年内，完成城区时有14个小区的雨污合流改造，启动2019北京世园会市政配套8条道路建设。100项重点工程中有64项实现开复工，其中政府投资项目41项，社会投资项目23项，6项重点工程完工，落实重大项目固定资产投资142.7亿元。国家高山滑雪中心、国家雪车雪橇中心、冬奥综合管廊等冬奥工程开工建设，兴延高速、延崇高速、电网改造等项目顺利施工。

沈家营保障房项目552套限价房取得竣工备案，天润·和丽嘉苑项目620套共有产权住房实现开工。推进南菜园1—5巷棚户区改造项目二期腾退工作，涉及腾退住宅76户，非住宅5户；完成南菜园1—5巷棚户区改造项目南侧单位私房区域房屋征收工作计划。基本完成南辛堡村、民主村、百眼泉村棚户区改造项目房屋征收补偿工作，拆除房屋建筑面积29.92万平方米。

编制《延庆区背街小巷环境整治三年（2017—2019）行动方案》，根据“十有、十无”整治提升任务要求，完成31条背街小巷环境整治。启动全区供热单位燃煤锅炉清洁能源改造，完成34台335.5蒸吨改造。推进农村煤改气，截至年底，36个村庄通气，安装壁挂炉4265台，敷设燃气管道16万米，改造村庄数量占全市完成总量的4%，减少农村地区用煤量1643万千克。

制定和落实《延庆区清洁空气行动计划重点任务分解2017年工作措施》，强化环境执法监督，加强环境监测，严格建设项目审批。实施妫水河世园段水生态治理工程，落实“河长制”。编制《2022年北京冬奥会及残奥会延庆赛区环境保护管理手册》。大气主要污染物二氧化硫、二氧化氮、可吸入颗粒物、PM2.5平均浓度分别为8、36、71、49微克/立方米。二氧化硫同比下降20.0%，二氧化氮同比上升5.9%，可吸入颗粒物同比下降4.1%，PM2.5同比下降18.3%。全年消减氮氧化物、二氧化硫、化学需氧量、氨氮四项污染物分别为37.44万千克、93.89万千克、73.90万千克、6.90万千克；减排比例分别为15.71%、25.75%、13.36%、7.99%；超额完成市政府制定的15%、20%、3.2%、3.3%减排任务。

旅　游

全区有各类旅游企业140家。景区景点30处，其中A级旅游景区19家（5A景区1家：八达岭长城。4A景区6家：龙庆峡、千家店百里山水画廊、松山森林旅游区、八达岭水关长城、野鸭湖国家湿地公园、世界葡萄博览园）。宾馆饭店96家（其中星级饭店12家），有旅行社20家，特色旅游购物场所2家，星级民俗村43个，星级民俗户1108户，特色业态72家。年内，举办第22届消夏避暑季、延庆乡村旅游文化节、第32届冰雪欢乐节暨第二届中国残疾人冰雪运动季等系列旅游文化和体育活动。编制《2019北京世界园艺博览会节事服务培训教材》和《2022冬奥会延庆赛区旅游接待保障工作方案》，拍摄《延庆美丽乡村心生活》宣传片。延庆区入选国家旅游局发布的十大“中国优秀国际乡村旅游目的地”名单，获“全国民宿产业发展示范区创建示范单位”称号。3家单位（昌延联合政府旧址、平北抗日烈士纪念园、平北第一村）入选“北京市红色旅游景区”。全年A级及主要景区景点接待游人1572.4万人次，同比下降1.9%；A级及主要景区景点旅游收入10.70亿元，同比增长15%。观光民俗旅游接待633.7万人次，同比增长3.7%；观光民俗旅游收入3.40亿元，同比增长5%。

科教文卫体

全区有科普场馆10个，其中科技馆4个，科学技术博物馆6个；市级科普教育基地14个（其中国家级科普教育基地4个），科普画廊320个，城市社区科普（技）活动专用室30个，农村科普（技）活动场地368个。年内，编制完成《科技世园“2019”延庆区科技专项支撑实施方案》，《延庆区全民科学素质行动计划纲要实施方案（2016—2020年）》正式发布。7个项目（课题）通过市科委验收。国家高新技术企业增至到58家，市专利试点单位增至20家，市级创新型科普社区增至9家。首次3所学校获得北京市知识产权教育试点、示范学校认定。全年完成技术合同成交额5.1亿元，比上年增长1.51倍。

全区有中学21所，其中初中12所、完全中学2所、高中3所、九年一贯制学校4所；小学28所，其中中心校24所、完小4所；幼儿园54所，其中教育部门办园35所、集体办园2所、民办园17所，北京市示范园3所、北京市一级幼儿园14所；特殊教育学校1所，职业高中1所，区级成人教育3所，乡镇街道成人学校15所，校外教育机构2个。在岗教职工4984人，其中专任教师3578人。全年完成改善办学条件设施设备配备总投资1.70亿元。年内小学入学率、巩固率、毕业及格率均100%；初中入学率100%，巩固率99.89%，毕业合格率100%；高中入学率98.09%，毕业合格率94.68%，普通高考专科以上录取率98.04%，创造历史最好成绩。全区1340人参加高考，本科上线率91.59%；同比提高2.09个百分点；一本上线率34.95%，同比提高8.87个百分点。延庆第一职业学校126名学生被高职院校自主招生录取。成人教育开展的各类培训活动涉及12万人次。

全年星火工程演出1128场、周末场演出54场、百姓周末大舞台6场，演出总时长超过10万小时。完成“一场三式”高端精品演出89场，受众2.5万人次。完成公益电影放映1.5万场，观看群众85万人次。举办大型展览8次，进行移动博物馆巡展活动7期。开展社会大课堂、红领巾读书等宣传教育活动14项，完成妫川大讲堂讲座10场。开展文化骨干培训482次，受众9456人次。对2019年世园会围栏区进行考古勘探，面积262万平方米，勘探并发掘汉至明清古墓葬1143座。举办延庆区首届世葡园冰雪文化庙会、2017年消夏避暑季“群众文艺大汇演”暨夏日文化广场活动、“长城飞劲舞 喜迎十九大”第八届群众舞蹈大赛、“唱响主旋律 喜迎十九大”戏曲艺术节等多项大型群众文化活动，其中延庆选送的《快乐竹马》《筑梦世园》《粽叶情思》3支原创舞台舞蹈在第十二届“舞动北京”群众舞蹈大赛中，分获少儿组金奖、青年组金奖和老年组银奖。

全区各级各类医疗机构320个，其中二级医院4个，社区卫生服务中心15个，社区卫生服务站57个，村卫生室168个，其他医疗机构76个。卫生技术人员1855人。编制病床1037张，平均每千常住人口拥有床位3.04张、执业（助理）医师2.67人、注册护士1.80人。年内，人口出生率14.61‰，死亡率7.79‰，人口自然增长率6.82‰。人均期望寿命79.75岁，其中男性78.21岁、女性81.42岁。全年门急诊266.42万人次，其中门诊254.48万人次，急诊11.94万人次。出院20127人次，病床使用率77.56%，平均住院日8.43天（不含精神专科医院），死亡率1.28%，住院手术6160人次。

年内，全区有43个体育生活化社区，24个体育特色村，19个体育单项协会；体育人口15.5万人。15所学校被命名为体育传统项目学校，其中市级体育传统项目学校4所、区级体育传统项目学校11所、青少年体育俱乐部7所。1000人参加国民体质监测，2000人参加国家体育锻炼标准达标测试。新建专项体育场地39块，更新健身器材253套。举办区级比赛36次，承办市级比赛5次，承办国家级比赛4次，承办国际级比赛4次。19个体育协会举办体育活动20次，11.4万人次参加活动。北京市青少年锦标赛、北京市首届短道速滑锦标赛中，延庆青少年运动员4人次获得第一名、8人次获得第二名、8人次获得第三名、9人次进入前8名。

社会保障　人民生活

年内，成立人力资源公共服务中心，全年落实促进就业资金5.95亿元，促进3.9万人次稳定就业。实现城镇新增就业8655人，城镇登记失业人员就业3696人，城镇就业困难人员就业2044人，农村劳动力转移就业4374人。城镇登记失业率4%，城镇登记失业人员就业率56%。生态就业岗位安置农村就业困难人员7897人；社区公益性就业岗位安置城乡就业困难人员2931人。

完成城乡居民基本医疗保险制度整合，城镇居民医疗保险参保缴费22645人，同比增长10.16%。新型农村合作医疗参保人数145219人，基金累计收入1.74亿元，累计支付2.27亿元。截至年底，基本养老保险参保4293户，同比增长19.95%；参保93826人，同比增长4.00%。失业保险参保4179户，同比增长15.09%；参保76622人，同比增长6.55%。工伤保险参保4361户，同比增长15.71%；参保85896人；同比增长9.26%。生育保险参保4096户，同比增长15.45%；参保75433人，同比增长6.58%。基本医疗保险参保4023户，同比增长16.78%；参保120537人，同比增长2.20%。

为9344名80周岁及以上老年人养老助残卡，充值991.24万元；为65—79周岁的老年人发放北京通—养老助残卡30818张；为346人60—64周岁老年人办理老年人优待证346本；为832名90—99周岁及以上老年人发放高龄津贴73.98万元。向符合条件残疾人员发放两项补贴（生活补贴和护理补贴）资金5723.62万元。为2370名各类优抚对象发放抚恤补助金3247.77万元、慰问金186.56万元。为10283人次社会救助对象发放医疗救助资金1304.59万元。救助大病家庭100户、突发事件家庭2户，发放救助款210.9万元。为586名急难群众发放救助资金127.51万元。为119名大学新生发放高等教育新生入学救助资金52.74万元。低保家庭在读中小学生资助救助351人，发放助学款48.24万元。

城镇居民人均可支配收入41599元，同比增长8.2%；城镇居民人均生活消费性支出27109元，同比增长9.3%。农村居民人均可支配收入21248元，同比增长8.5%；农村居民人均生活消费支出15641元，同比增长7.9%。低收入农户人均收入10014元，同比增长16.3%；低收入农户人均生活消费支出8010元，同比增长4.4%。

精神文明　民主法制

年内，开展北京市第六届全国道德模范推荐、“2017延庆榜样”“最美的士之星”身边好人等选树，帮扶礼遇道德模范、榜样宣讲等活动。诚实守信经营有机蔬菜的赵玉忠成为第六届全国道德模范提名奖，环保奶奶贺玉凤事迹得到市委书记蔡奇亲自批示。全年有10人评为“2017北京榜样”周榜人物，其中6人为月榜人物。征集全区中小学生精神文明作品1350件，评选出10名2017年“十佳美德少年”。开展倡导绿色生活反对铺张浪费行动和文明餐桌活动，评选出5个优秀环保组织和20名绿色生活好市民。全面启动“礼在北京 让出文明——延庆市民爱心斑马线”专项行动。以创建全国文明城区为抓手，解决百姓实事。解决群众反映问题1657件，督查整改难点“钉子”问题194件；推进1600个问题的整改。

全年开展普法宣传活动907场次，法治讲座136场次，发放宣传材料46万份，受教育36.7万人次。新建青少年法治教育基地、法治文化园、法治文化中心、法治健身广场等法治宣传教育基地。开展法律“十进”（法律进机关、进单位、进乡村、进社区、进学校、进企业、进家庭、进军营、进商铺、进高墙）工作。在延庆电视台播放20期“妫川说法”栏目，在延庆报“以案说法”版块刊登22期普法案例，拍摄20部普法微电影，编录50期“童律师会客室”以案释法视频。利用微信普法平台发送普法微信36期；编发《“法治延庆”建设简报》10期。调整充实区政府法律顾问团，18个乡镇街道全部配齐法律顾问，区、街乡各法律顾问参与法律事务服务839件。全区各行政调解主体调解案件1031件，成功化解矛盾纠纷836件，调解成功率81%。

年内，区人大召开常委会8次，完成39项议题，依法任免国家机关工作人员78人次。常委会先后对森林保护、垃圾分类、公益诉讼、教师队伍建设等工作进行监督，并提出相应意见和建议。人大各专门委员会对文物保护、妇女权益保护、水环境治理等工作进行监督，推动相关问题解决。接待群众来信来访98件次，其中群众来信6件次，来信来访同上年持平。

区政府坚持会前学法，带头执行“三重

一大”等决策制度，政府文件合法性审查、区乡镇两级政府法律顾问全部覆盖。邀请人大代表、政协委员列席政府常务会，主动公开决策事项，高度关注社会舆情，系统梳理12345群众热线办理机制；全年办理人大代表建议106件、政协提案97件，办复率100%。制定《延庆区政府合同审查办法（试行）》，落实重大事项合法性审查机制。重新修订《延庆区行政应诉工作规定》，全区行政机关负责人出庭应诉41件。接待群众复议来访400人次，收到行政复议案件35件，受理27件，审结26件，纠错率26.9%。

世园会、冬奥会筹办

年内，制定《世园会延庆区会时服务保障工作推进方案》。2019北京世园会倒计时两周年计时牌揭幕暨优秀世园歌曲发布会在八达岭长城关城广场举行，北京世园会十大金曲对外发布。世园会省区市参展工作第一次会议在延庆召开，省区市参展工作进入实质阶段。世园会首批供应商授权活动在延庆举办；世园会特许商品零售店在北京王府井工美大厦开业，世园会特许商品正式面市。世园会首位形象大使暨中国馆建筑方案发布活动在北京植物园万生苑温室举办，董卿出任北京世园会首位形象大使，中国馆建筑方案正式面向全球发布。

北京2022冬奥会延庆赛区核心区总体规划获得市规划国土委批复；赛区外部市政专项规划和赛区外部交通系统规划经市政府批准；延庆赛区水资源与水环境保障规划通过市政府审定；延庆赛区核心区规划通过第24届冬奥会工作领导小组第四次全体会议审议。履行申奥可持续性承诺34项具体工作，落实54项完善生态保护与环境保护的具体措施，完成赛区生态系统本底资源调查，推进野生动植物保护、生态环境修复和生态环境可持续管理方面的研究，健全赛区绿色施工规程和安全施工标准，实施能源管控技术，强化核心区植物迁地保护，为每棵树木建立动态数字化信息档案。进场路和国家高山滑雪中心、国家雪车雪橇中心、冬奥村等5项核心区工程，14项交通设施，4项水利设施工程，4项电利设施，以及综合管廊、气象、通讯、燃气、热力、供排水、冬奥森林公园等8个建设项目，均有序推进。实施冬奥人才行动计划，引进2名教练员，注册69名运动员，培训了100名体育指导员；开展环境气象和医疗急救人才培养以及和农民职业技术培训；成立志愿服务联合会，积累实现志愿服务总时长近50000小时，志愿者超过10000人次。认定11所区级冰雪项目重点学校，参与冰雪培训计划和运动的中小学生达5万人次，机关单位职工上冰上雪培训体验活动8000人次。

（栏目编辑：王新华）

大事记

大事记

1月

1日　“中国体育彩票”2017全国新年登高健身大会北京主会场活动在八达岭长城举行，全市2022名市民参加。

7日　第二届北京野鸭湖冰雪马拉松（半程）在野鸭湖国家湿地公园举行，2022名参赛选手以雪中跑步的形式为2022年北京冬奥会献礼。

7日　第三届北京市民快乐冰雪季——2017北京市体育公益活动社区行启动仪式暨延庆区世葡园冰雪嘉年华活动，在世界葡萄博览园举行。

9日　区政府2017年全体会议召开，部署启动2017年工作。

9日　2017国际雪联越野滑雪中国巡回赛在万科石京龙滑雪场举行，中国、瑞典、挪威、法国等12个国家80名专业运动员参加。

12日　区委召开全区领导干部会，传达市领导在全市区委书记会的讲话精神，总结2016年安全生产、应急管理等工作。

12日　第二届中国冰蹴球邀请赛在井庄镇柳沟村冰雪欢乐园举行，全国各地40支队伍、200名选手参加。

14—16日　第十三届“龙庆峡杯”国际冰雕雪雕大奖赛在龙庆峡景区举行。西班牙、印度、中国等国家和地区24支代表队的48名冰雕雪雕选手参赛。

15日　以“冰雪延庆、激情冬奥”为主题的第三十一届龙庆峡冰灯艺术节开幕。

22日　全国大众速度滑冰马拉松系列赛（延庆站）比赛在区举行，黑龙江、吉林、辽宁、内蒙古、天津、河北等省区150名运动员参赛。

24日　市纪委书记、市监委主任张硕辅带队到区，就党风廉政建设责任制落实情况进行督导检查。

2月

4日　走向2022迎冬奥第二届延庆海坨冰雪徒步大会，在区世界博览园举办，世界冠军邓亚萍、陈露与2022名市民参加。

11日　2017元宵花会展演活动举行，全区40档优秀花会参加展演。

14日　全国妇联副主席、书记处书记崔郁到区，围绕农村妇女创业就业工作进行调研。

15日　法国霞慕尼市市长埃里克·福尼耶到区访问，代表勃朗峰景区与八达岭长城景区签署友好合作备忘录。

20日　2019中国北京世界园艺博览会市政基础设施建设工程——园区地下综合管廊建设正式开工，标志园区基础设施建设全面启动。

3月

2日　区四套班子领导到河北省张家口市怀来县，围绕加强两地合作、推动精准帮扶，开展对口帮扶共建活动，并与怀来县相关领导进行座谈。

8日　延庆区张山营镇与北京环球飞雪冰雪运动学校正式签署环球飞雪冰雪运动培训基地合作意向书，协议建设冰雪运动培训基地，助推冰雪产业发展。北京奥运城市发展促进会、国家体育总局、奥地利驻华使馆以及延庆区委、区政府相关领导，世界冠军李妮娜、张丹、钱红、杨凌、陈中等出席签字仪式。

15日　市政府第四督查组到区，就“疏解整治促提升”专项行动及重点工程推进情况进行督查。

18日　延庆区生态文明和城乡环境建设大会召开，传达首都生态文明和城乡环境建设动员大会精神，部署“疏解整治促提升”专项行动和创建全国文明城区相关工作。

23日　北京市延庆区志愿服务联合会成立。

27日　市委常委、组织部部长姜志刚到区，围绕低收入村抓党建促增收、世园会筹备进展等工作进行调研。

4月

1日　全区开展以“迎世界盛会，创国际一流生态文明示范区”为主题的大型全民义务植树活动，1100名干部群众在世园大道景观工程现场植树。

1日　“延庆传媒”联盟正式成立。联盟由区委宣传部、区委统战部、区公安分局共同发起，有成员158个。

6日　国家环保部副部长黄润秋到区，就“十三五”国家水专项项目及冬奥会世园会周边水专项示范工程进行调研。

7日　延庆区监察委员会成立，同时撤销区监察局、区预防腐败局、区行政投诉中心。

7日　延庆区医药分开综合改革动员部署大会召开。会议宣布，4月8日零时起，全区75家医疗机构同时取消药品加成和挂号费、诊疗费，设立医事服务费。

13日　副市长、北京2022年冬奥会和冬残奥会组委会执行副主席、党组成员张建东到区，围绕冬奥会场馆项目推进情况进行调研。

14日　区政府与市农林科学院签订低收入村增收科技帮扶框架协议，双方确定围绕林果、畜禽、蔬菜等产业发展深化合作。

28日　2019中国北京世界园艺博览会倒计时两周年计时牌揭幕暨优秀世园歌曲发布会在八达岭长城关城广场举行。

28日　副市长卢彦带队到区，就农村工作进行调研。

30日　北汽集团所属北京通航旗下泛太平洋跳伞俱乐部北京八达岭跳伞基地在八达岭机场正式启动运营。

5月

4日　县级公立医院综合改革国家复评组到区，就县级公立医院综合改革效果评价开展复评工作。

16日　中国共产党北京市延庆区代表会议举行，选举产生14名延庆区出席北京市第十二次党代会代表。

18日　区政府与北京首都农业集团有限公司签订战略合作框架协议，双方共同推动现代园艺产业集聚区（HBD）建设和区域经济发展。

28日　第九届北京端午文化节暨北京市第四届“非遗大观园”端午游园会在延庆开幕。

6月

3日　中国国民党革命委员会延庆区支部召开成立大会。

5—6日　2019北京世园会省区市第一次工作会在区召开。全国31个省、自治区、直辖市主管部门相关负责人到园区现场踏勘，并分别认领室外展园地块。

7日　北京市冰上项目训练基地奠基仪式在区体育场东侧施工现场举行，市体育局及区委、区政府主要领导出席并为基地奠基。

17—18日　2017“美利达—正新杯”第七届北京国际自行车骑游大会在八达岭国际会展中心举办，第四届北京国际自行车及户外运动博览会暨文化节同期举行；世界各地5000名自行车骑游爱好者参加。

25日　市委常委、副市长阴和俊到区，围绕学习贯彻落实市第十二次党代会精神、加快高新技术产业发展进行调研。

29日　副市长张建东到区，就市第十二次党代会学习宣传落实情况进行检查指导，并调研冬奥会有关项目进展情况。

7月

3日　中关村延庆园、北京八达岭旅游总公司分别与清华控股旗下启迪控股签订项目合作框架协议，标志着延庆区与清华控股的合作进入实质性阶段。

5—6日　区委、区政府召开全区防汛工作电视电话会，传达市委书记蔡奇，市委副书记、代市长陈吉宁关于做好全市防汛工作的批示指示要求，调度部署全区防汛应急保障工作。

7日　国家工商总局局长张茅到区，就推进落实商事制度改革、世园会冬奥会商标注册和监管情况等进行调研。

10日　区政府召开第26次常务会议，研究总结2017年上半年国民经济和社会发展计划执行情况及2016年决算（草案）、2017年上半年财政预算执行、地方政府债务限额及预算调整等工作。

11日　国际马铃薯中心亚太中心（中国）正式入驻延庆科研基地。

11日　区四套班子领导到昌平、海淀、东城、西城、朝阳五区，交流“疏解整治促提升”专项行动的经验做法。

14日　区政府，市投资局联合举办的驻京中外知名企业投资延庆行——冰雪产业专项项目洽谈会在区举行。国内外知名投资机构、冰雪产业上下游企业、高校、研发机构、媒体等50家单位应邀参加。

19日　市委书记蔡奇到区，就“两贯彻一落实”和迎接中共十九大，进行专题调研，市委副书记景俊海陪同。次日，区委召开领导干部大会，第一时间学习传达市委书记蔡奇调研讲话精神。

21—22日　中纪委委员、中纪委驻人社部纪检组组长、人社部党组成员耿文清带队到区，就基层窗口服务单位党风廉政建设、民生保障业务工作、行风建设等情况进行调研。

26—27日　区委、区政府领导分别到部分部队进行慰问，向部队官兵送去节日的问候，并对部队多年来支持延庆地方建设表示感谢。

28日　区纪委、区监委派驻纪检监察机构成立大会召开，实现对全区74家区级党和国家机关派驻纪检机构全覆盖。

30日　“走向2022——赏美丽延庆 为冬奥加油”2017（第四届）延庆徒步大会在野鸭湖举办，2022名徒步爱好者参加。

8月

2日　副市长张建东到区，围绕全面推进“河长制”进行专题调研，并以官厅水库市级河长身份检查官厅水库流域各级“河长制”工作落实情况。

4日　市政府第十督察组到区，就市级重大决策任务落实情况进行现场督察。

4日　成立区委巡察工作领导小组，出台《延庆区委关于开展巡察工作的实施意见》。

7—10日　联合国教科文组织对延庆世界地质公园进行首次再评估考察。

25日　延庆区“三街一镇”城管执法力量下沉授牌仪式举行，百泉街道、儒林街道、香水园街道和延庆镇“三街一镇”城管执法队正式成立。

28日　召开第二届区委首轮巡察工作动员部署会，市纪委市监委第一巡察组对区纪委区监委进行巡察。

9月

1日　区四套班子领导分别到部分中小学学校参加开学典礼。

4日　市委、市政府安全生产第五督察组进驻延庆，对落实中央和市委、市政府关于安全生产工作要求的情况进行督察。

6日 由人民日报社指导、人民网和《国家人文历史》杂志社主办、百代旅行承办的“2017中国全域旅游魅力指数排行榜”评选结果揭晓，全国41家地级市，79家区县参选。延庆区作为北京唯一一家全国区县级代表，获得第四名，成功入围“2017中国全域旅游魅力指数排行榜区县级TOP20”，并受邀参加颁奖典礼。

6日 千森杯”国际自盟公路越野职业一级赛，在延庆妫河自行车森林公园举行；20个国家和地区31支代表队参赛。

9日 由中国股权投资基金协会、北京股权投资基金协会、IDG集团主办，延庆区人民政府、张家口市人民政府支持的中国冰雪产业资本峰会在延庆辉煌国际会议中心举行。

15日 以“品味长城脚下葡乡风情，畅游官厅湖畔延怀河谷”为主题的首届延怀河谷葡萄文化节在河北省怀来县开幕。其间举办“延怀河谷优质鲜食葡萄擂台赛”，延庆区张山营镇前黑龙庙村的葡萄分获龙眼、黑奥林等6个品类一等奖。

15日 全区大气污染治理工作大会召开，全面打响延庆秋冬季大气污染综合治理攻坚战。

20日 副市长张建东到区，就北京2022年冬奥会筹办工作进行调研，并对固定资产投资情况进行现场督查。

20日 全国工商联环境服务业商会部分企业负责人到区，开展献策“清空净水”共谋绿色发展活动，为延庆“清空净水”出谋划策。

21日 延庆区被环保部授予第一批国家生态文明建设示范区称号。

25日 延庆区生态文明建设推进大会召开。会议传达全国生态文明建设现场推进会精神，并对全区下一阶段工作进行部署。

30日 全区各界在平北抗日烈士纪念园以向烈士敬献花篮的形式，举行烈士公祭活动。

10月

11日 延庆区城市管理委员会成立并举行揭牌仪式。

11日 市委副书记景俊海到区，就京津冀生态协同发展工作进行调研。

15日 “陕京四线”输气管道工程延庆段全线完工，延庆迈入管道天然气时代。

18日 区委书记李志军作为中共十九大代表，在人民大会堂参加中国共产党第十九次全国代表大会。

11月

8日 北京市学习贯彻中共十九大精神宣讲团成员、市社科联党组书记张淼到区，为党员群众宣讲中共十九大精神。

19日 区委、区政府召开全区视频会议，就贯彻落实全市安全隐患大排查大清理大整治专项行动，部署全区相关工作。

12月

1日 市委组织部宣布蒋达峰任中共北京市延庆区委员会委员、常委，中共北京市延庆区纪律检查委员会书记。虞宝才同志不再担任相关职务，调北京市西城区工作。

3日 由延庆区推出的大型文献纪录电影《北平以北》在“一二·九”运动发源地——清华大学首映。

5日 区处级领导干部“学习贯彻党的十九大精神”专题研讨班开班。

7日 2019年中国北京世界园艺博览会首位形象大使暨中国馆建筑方案发布活动在北京植物园举行，著名主持人董卿正式成为北京世园会首位形象大使。

12日 中共北京市延庆区第二届委员会第五次全体会议召开。全会表决通过《中国共产党北京市延庆区委员会工作规则》《中国共产党北京市延庆区第二届委员会第五次全体会议决议》。

20日　北京市第三环境保护督察组督察延庆区工作动员会召开，督察组对延庆区督察工作正式启动。

25—28日　政协延庆区二届二次会议召开，听取并审议相关报告，通过《政协延庆区二届二次会议政治决议》。

26—28日　北京市延庆区第二届人民代表大会第四次会议召开，听取、审查并批准相关报告，选举蒋达峰为北京市延庆区监察委员会主任。

（栏目编辑：王新华）

特载

以习近平新时代中国特色社会主义思想为指引
攻坚决胜冬奥会世园会筹办
奋力推动延庆绿色发展迈上新台阶

——在中共北京市延庆区委二届五次全会上的报告
（2017年12月12日）

中共延庆区委书记　李志军

各位委员，同志们：

这次全会的主要任务是，深入学习宣传贯彻党的十九大精神，以习近平新时代中国特色社会主义思想为指引，奋力推动冬奥会世园会筹办攻坚决胜、延庆绿色发展取得重大突破，推动党的十九大精神在妫川大地形成生动实践。

受区委常委会委托，我向全会报告工作，请予审议。

一、认真学习宣传贯彻党的十九大精神，切实用以武装头脑、指导实践、推动工作

党的十九大是在全面建成小康社会决胜阶段、中国特色社会主义进入新时代的关键时期召开的一次十分重要的大会，在党和国家发展史上具有划时代的里程碑意义。党的十九大以来，我们把认真学习宣传贯彻党的十九大精神作为首要政治任务，精心谋划、狠抓落实，迅速掀起学习宣传贯彻热潮。以高度的政治自觉迅速行动，做到传达学习全面覆盖。组织全区各级党组织收听收看党的十九大实况直播，第一时间召开区委常委（扩大）会、全区领导干部大会等会议传达学习。有重点、分步骤、多层次开展学习活动，区委理论学习中心组专题学习研讨，对处级领导干部、区基层党代表、村“两委”干部开展专题培训，利用新媒体送学帮学，实现3.3万名党员和党外人士、非公经济人士等各个社会群体学习教育全覆盖。以高度的思想自觉率先垂范，做到宣传宣讲步步深入。区级领导干部带头开展“五个一”专题活动，深入基层宣讲党的十九大精神。组建25支宣讲团，开展“党代表走基层”“九进”宣讲活动500余场次，采用文艺巡演等群众喜闻乐见的形式，把党的十九大精神带到最基层。充分利用“两微一端”新媒体、“延庆传媒联盟”等平台，推出一批典型人物和鲜活事例，让党的十九大精神处处可见、深入人心。以高度的行动自觉对标对表，做到融会贯通落地落实。党员领导干部坚持理论联系实际，把学习贯彻党的十九大精神与深入贯彻习近平总书记对北京工作的重要讲话精神相结合，与贯彻落实市第十二次党代会、市委十二届三次全会部署要求相结合，与落实北京城市总体规划相结合，与服务保障冬奥会世园会相结合，深入一线调研，理清工作思路，提出对策举措，推动工作实践。

通过学习宣传贯彻，我们深刻认识到：党的十八大以来党和国家事业之所以取得历史性成就、发生历史性变革，最根本就在于有习近平总书记这个坚强领导核心为全党掌舵，

在于习近平新时代中国特色社会主义思想的科学指引。我们必须进一步增强政治意识、大局意识、核心意识、看齐意识，在任何时候、任何情况下都坚决维护核心、服从核心、爱戴核心、捍卫核心，坚决维护以习近平同志为核心的党中央权威和集中统一领导；必须坚持以习近平新时代中国特色社会主义思想为行动指南，坚决贯彻落实到延庆现代化建设全过程、党的建设各方面、改革发展稳定各环节；必须主动适应我国社会主要矛盾发生变化的新特点，切实解决好教育、医疗、住房等发展不平衡不充分问题，更好满足全区人民日益增长的美好生活需要；必须按照“新两步走”的战略安排，科学系统谋划延庆发展，踏稳前行节奏，在率先全面建成小康社会的基础上，为谱写实现中华民族伟大复兴中国梦的北京篇章做出贡献；必须更加坚定自觉履行好管党治党责任，不断推进党的建设新的伟大工程，为做好延庆工作提供坚强保障。

在突出抓好党的十九大精神学习宣传贯彻的同时，区委常委会坚持以习近平新时代中国特色社会主义思想为指引，紧紧围绕市第十二次党代会、市委十二届三次全会的部署要求和区第二次党代会确定的目标任务，严格落实全面从严治党要求，贯彻落实以人民为中心的发展思想，聚焦冬奥会世园会筹办，坚持办大事、促发展、惠民生有机统一，全区各项工作取得新成绩，新一届区委工作实现良好开局。预计2017年地区生产总值达到133亿元，同比增长8.1%；固定资产投资完成140亿元，同比增长超过30%；一般公共预算收入实现16.2亿元，同比增长18.8%；城乡居民人均可支配收入分别达到4.16万元和2.13万元，同比分别增长8.2%和8.5%。

一年来，我们全面聚焦冬奥会世园会筹办，服务保障工作有力推进。把筹办赛会作为中心任务，专门召开区委二届四次全会，围绕做好服务保障工作进行再部署、再动员，形成聚焦聚力的高度共识和行动自觉。冬奥会筹办工作全面推进。坚决贯彻“四个办奥”理念，核心区规划通过冬奥会工作领导小组会议审议，主要场馆相关设计基本稳定，冬奥村和山地媒体中心设计方案正在深化，赛区PPP项目实施方案编制完成。秉承绿色施工理念，核心区征拆工作全面启动、施工进场路开通，国家高山滑雪中心主要赛道清理基本完成，8个小海坨高山滑雪赛道自动气象站布设完成，储雪实验顺利完成。赛区外部保障项目全面推进，京张高铁延庆段进地完成98%、兴延高速隧道建设完成70%、延崇高速（北京段）隧道建设全面开工，市政综合管廊和佛峪口河水生态廊道、水库水源保护、应急水源保障工程开工，电力迁改工程稳步推进。深化可持续性研究，完成赛区生态环境本底调查和综合评估，54项生态环境保护措施和34项可持续性承诺任务稳步落实，冬奥森林公园规划设计方案基本完成，冬奥会对延庆影响分析和发展战略研究稳步推进。北京市冰上项目训练基地开工建设。落实“三亿人参与冰雪运动”要求，群众上冰上雪13万人次。世园会筹办工作全面加速。场馆和基础设施建设加快推进，主要场馆地下主体结构和综合管廊工程基本完成，世园酒店及公寓地块土地入市交易，李四官庄、谷家营安置房具备回迁条件，外围地下综合管廊和13条周边路网开工建设，世园大道景观建设有序进行，园区周边绿化完成80%。参展服务工作全面启动，31个国家和国际组织书面确认参展，31个省区市认领室外展园地块，首批86家推荐服务供应商确定，交通组织等十大服务保障专项全面启动。成立冬奥世园工程安全生产工作专班，严格落实安全生产责任。实施工程建设项目化监管，确保廉洁办赛会。

一年来，我们坚持绿水青山就是金山银山，生态环境品质持续提升。瞄准突出问题持续用力。深入实施疏解整治促提升专项行动，拆除违法建设33.1万平米，退出一般制造业3家，治理“散乱污”企业850家，新增绿地面积24.2万平米。严格落实“大气十条”和清洁空气行动计划，“陕京四线”工程干线全线贯通，延庆接入市政天然气，完成403台1035蒸吨燃煤锅炉改造和82个村煤改清洁能源，严格过境大货车排放联合执法检查，实行烟花爆竹禁限放，打响秋冬季大气污染治理攻坚战，全区PM2.5累计浓度预计实现50微克/立方米左右，同比降低13.8%，空气质量位居全市前列。认真贯彻落实“水十条”，严格落实河长制，46条河流实现河长全覆盖，实施水生态治理工程，完成12公里世园会核心区河道清淤，禁养区内12家规模化养殖场全部关停，完成14个居民小区雨污分流改造、3个镇级污水处理设施和23个村级污水治理项目，水生态持续改善。建立垃圾分类监管体系，基本实现分类设施全覆盖，垃圾无害化处理率达到99.47%。持续推动绿景向美景转化，国家森林城市建设总体规划发布，新增1800亩彩色树种造林，林木绿化率和森林覆盖率分别达到70.95%和58.41%，获评首批国家生态文明建设示范区。

一年来，我们牢固树立以人民为中心的发展思想，人民群众生活不断改善。强化办大事、促发展、惠民生执行力，坚持质量第一、效益优先，积极转变发展方式、优化经济结构、转换增长动力，发展质量效益稳步提升。深化供给侧结构性改革，现代园艺产业集聚区（HBD）总部投入使用，西诺花卉等一批园艺企业开工投产，一批冰雪运动企业和冰雪体育项目落户落地。与海淀区、中关村管委会签订战略协议，中关村延庆园引入启迪众创工社、中关村智造大街等项目，建立现代服务业产业园，91金融等企业签约入驻，规模以上企业实现产值61.12亿元，同比增长18%。国家全域旅游示范区创建工作稳步推进，启动长城文化带建设发展规划和五年行动计划编制，11家精品民宿投入运营，成功举办国际雪联越野滑雪中国巡回赛等系列冰雪赛事活动，成为中国优秀国际乡村旅游目的地。区域医疗中心、第七幼儿园等一批民生工程建成投入使用，积极推进教育综合改革，高考本科上线率、录取率创历史最好成绩。实施低收入村户增收攻坚工程，低收入农户增收实现年度目标。创城、创卫工作扎实推进，人居环境大幅改善。宜居新城建设有序推进，南辛堡—民主村—百眼泉棚改征拆工作基本完成，南菜园1—5巷棚改一期回迁房建设全面启动，小营—石河营棚改征拆入户工作完成，住宅土地供应取得突破性进展，供地达32.78公顷，推出首批620套共有产权房。注重城市精细化管理，31条背街小巷完成“十无”整治，新城重点区域架空线入地等工程全部完工。精品小镇和美丽乡村建设加快推进，协作规划机制有效运行，康庄园艺风情小镇、张山营冬奥冰雪休闲小镇规划完成，制定推进美丽乡村建设（2018—2020）三年行动计划。以北京城市总体规划为依据开展延庆城市总体规划前期研究，“两图合一”工作初步完成。深入开展安全隐患大排查大清理大整治专项行动，大力开展“七五”普法，圆满完成“一带一路”高峰论坛、党的十九大维稳安保和服务保障工作。

一年来，我们牢牢盯住突出问题关键环节，重点领域改革落地见效。紧紧围绕影响制约发展的体制机制障碍，不断加大改革创新力度。生态文明体制改革持续深入，研究推进北京长城国家公园体制试点工作，国际一流的生态文明示范区建设指标体系、绿色GDP体系、区域生态价值测算评估体系基本编制完成，确立国际一流的生态文明示范区建设指导标准。转变政府职能持续深入，24个具有行政审批职能的部门全部纳入行政审批“一科制”改革范围，建立“五照合一、一照一码”工商税务联办换照机制，全面落实“双随机一公开”，基本实现“双随双百”目标。城市管理体制改革扎实推进，组建城管委，成立城市管理指挥中心，城管执法力量下沉到乡镇、街道，城市管理合力逐渐形成。国资国企改革逐步深化，国资国企监管机制制度更加完善，国有商业企业改革思路基本明确。国家新型城镇化综合试点建设稳步推进，乡镇级集体产权制度改革有序开展，创新完善优质农产品营销网络，农村发展活力持续释放。深化医药分开综合改革，75家医疗机构全部实现医药分开，药品价格下降8.1%，群众改革获得感不断增强。

一年来，我们层层落实管党治党政治责任，全面从严治党持续深入。把抓好党建作为最大政绩，健全完善管党治党体制机制，层层压紧压实管党治党责任。充分发挥区委党建工作领导小组统筹作用，实体化运行区委党建办，成立3个党建督导组，开展党建工作督导。加强理想信念教育，扎实推进“两学一做”学习教育常态化制度化。成立22个基层党校，实现乡镇、街道全覆盖。牢牢掌握意识形态工作领导权和主导权，加强新闻发言人队伍建设，完善突发事件舆情应对机制，建立全市首个传媒联盟。红色纪录电影《北平以北》全国上映，红色文化品牌影响力持续扩大。抓好中央巡视“回头看”反馈意见整改落实。注重在实践中培养锻炼干部，加强党外后备干部队伍建设，实施世园冬奥人才行动计划。全面开展基层党建提升年活动，实施473个党支部规范化试点建设，推进31个软弱涣散基层党组织整顿转化，实现低收入村“第一书记”全覆盖，非公有制企业、社会组织党组织覆盖率分别提升至89.8%和75.9%，基层党组织凝聚力、战斗力进一步增强。实施监察体制改革试点，成立监察委员会，实现行使公权力公职人员监督全覆盖。完善派驻机构管理体系，成立3个巡察组，开展两轮巡察。贯彻落实中央八项规定实施细则精神，制定实施办法，集中开展专项整治，截至11月底新立案件139件，同比上升1%，给予党纪政纪处分119人，同比上升16.7%。新一届区委以打铁必须自身硬的鲜明态度和责任担当加强自身建设，修订区委工作规则，注重发挥总揽全局、协调各方作用，支持区人大、区政府、区政协履职尽责，进一步加强党对统一战线的领导，扎实推进老干部工作，推动群团组织改革，发挥区党代表参与决策和监督保障作用，创新建立军地协作机制，形成了调动各种力量推动发展的整体合力。

回顾一年来的工作，我们深感成绩来之不易，同时也清醒地看到，工作中还存在不少问题和不足。赛会筹办工作落实力度还需进一步加大，服务保障工作进度与中央和市委要求相比还有差距；疏解整治促提升工作还需进一步加强，生态环境品质与成为首都生态文明建设金名片的要求相比还有差距；发展不平衡不充分的问题还比较突出，民生领域还存在很多短板，低收入群体增收任务依然艰巨；城乡承载服务功能不足，规划建设管理工作有待加强，城乡治理能力有待提高；党的建设方面还存在不少薄弱环节，部分基层党组织政治引领功能不强，一些党员先锋模范作用发挥不够充分，等等。对于这些问题，我们必须认真对待，切实加以解决。

二、深刻认识我国发展新的历史方位，准确把握延庆面临的新形势新任务

党的十九大做出了中国特色社会主义进入新时代的重大政治论断，清晰标定了我国发展新的历史方位。

进入新时代，党和国家事业发生了历史性变革，中国日益走近世界舞台中央，国家发展站到了新的历史起点上；我们党与时俱进进行重大理论创新，形成了习近平新时代中国特色社会主义思想，为我们确立了行动指南；我国社会主要矛盾发生了深刻变化，发展不平衡不充分已经成为满足人民日益增长的美好生活需要的主要制约因素，对我们的工作提出了新的要求；我国正处在实现“两个一百年”奋斗目标的历史交汇期，不仅要全面建成小康社会，还将开启全面建设社会主义现代化国家新征程，为我们标定了前进方向。

进入新时代，党的十九大提出“筹办好北京冬奥会、冬残奥会”“以疏解北京非首都功能为‘牛鼻子’推动京津冀协同发展”两项直接涉及北京的重大任务；党中央、国务院批复北京城市总体规划，明确首都“一核一主一副、两轴多点一区”的城市空间结构，提出建

设伟大社会主义祖国的首都、迈向中华民族伟大复兴的大国首都、国际一流的和谐宜居之都的目标，赋予延庆“首都西北部重要生态保育及区域生态治理协作区、生态文明示范区、国际文化体育旅游休闲名区、京西北科技创新特色发展区”的功能定位，为我们的建设和发展指明了方向。

进入新时代，延庆的发展与党和国家的使命、首都的职责更加紧密地联系在一起。我们必须提高政治站位，更加自觉地站在国家大局和首都发展全局审视和思考自身发展，紧紧围绕强化首都功能谋划和推动自身发展，牢牢把握首都城市战略定位，全面落实区域功能定位，奋勇争先建设国际一流的生态文明示范区，为增强首都“四个中心”功能、提升“四个服务”水平做出贡献，努力使延庆的发展更加符合首都发展要求。这是进入新时代我们肩负的职责使命。

*履行好职责使命，我们必须深刻认识自身发展的基本特征。*党的十九大指出，从现在到2020年，是全面建成小康社会决胜期；从十九大到二十大，是“两个一百年”奋斗目标的历史交汇期。未来五年也是延庆不负重托、完成使命的决胜五年，千载难逢、弥足珍贵的黄金五年，乘势而上、跨越发展的关键五年。2018年，将迎来改革开放40周年，世园会筹办工作进入决胜阶段，冬奥会正式进入北京周期；2019年，将迎来新中国成立70周年，世园会盛大开幕，冬奥会主要竞赛场馆和基础设施全部建成；2020年，将全面建成小康社会，冬奥会测试赛全面展开；2021年，将迎来建党100周年，冬奥会筹办进入最后决战阶段；2022年，冬奥会将隆重举办。这些重要时间节点就是我们的工作坐标，冬奥会世园会筹办举办作为主线贯穿始终，是我们分析把握自身发展基本特征的重要依据。

必须认识到，延庆正处于赛会筹办决战决胜期。2022年北京冬奥会、冬残奥会是我国重要历史节点的重大标志性活动，2019北京世园会是新中国成立70周年之际向世界展示我国生态文明建设成果的重要舞台。两大盛会都牵引京津冀协同发展、关系国家大局。现在，冬奥会筹办工作已经由基础规划阶段转入专项计划阶段，明年2月平昌冬奥会闭幕后将正式进入北京周期，距2020年冬奥会测试赛仅剩两年时间，竞赛场馆和基础设施建设作为筹办工作的重中之重，必须在2018年取得重大突破、2019年年底前全部建成，才能确保测试赛成功举办，为2022年举办冬奥会做好准备。现在距世园会举办不足一年半，筹办工作进入倒计时，只剩最后一个绿化期，旅游接待、综合交通等专项工作和景观提升、水环境治理等重点工程作为服务保障的重中之重，必须在2018年全面完成，才能确保世园会成功开园。任务异常艰巨、时间非常紧迫，必须拿出超常规力度，只争朝夕加速攻坚。赛会筹办已经到了决战决胜的冲刺时期。

必须认识到，延庆正处于生态涵养提质跃升期。党的十九大指出，我们要建设的现代化是人与自然和谐共生的现代化。作为首都生态涵养区，我们既要创造更多物质财富和精神财富以满足人民日益增长的美好生活需要，也要提供更多优质生态产品以满足人民日益增长的优美生态环境需要、满足服务保障首都功能的需要。作为冬奥会三大赛区之一和世园会举办地，以国际一流的生态品质接受世界检验，是我们不容有失的重要责任。我们不能辜负蔡奇书记“实现首都生态文明看延庆”的信任嘱托，必须肩负起向世界展示首都和中国生态文明建设成就的责任担当，以更大力度、更实举措增强生态涵养功能、提升生态服务品质。总体来看，我们通过30年持之以恒抓生态，铸就了坚实的生态基础，形成了明显的生态优势，但与赛会对优美生态环境、人民对优质生态产品的需求相比还存在差距，生态建设周期长、标准高，而赛会举办日渐临近，必须争分夺秒加速推进。生态涵养已经到了提质跃升的紧要时期。

必须认识到，延庆正处于绿色发展攻坚突破期。党的十九大指出，我国社会主要矛盾已经转化为人民日益增长的美好生活需要和不平衡不充分的发展之间的矛盾。不平衡不充分问题在延庆非常突出。虽然经过多年努力，全区发展内生动力逐步增强，公共服务水平逐步提高，但经济基础依然薄弱，城乡发展不够协调，基础设施仍有欠账，公共服务还有较大差距，发展始终是解决一切问题的基础和关键。我们只有抓好用足冬奥会世园会这个最好的历史机遇、最大的发展引擎，着力引增量、优存量、提质量，增强内生动力和发展活力，在构建绿色“高精尖”经济结构方面迈出坚实步伐，为后奥运后世园时期实现更高水平更可持续的发展奠定坚实基础，才能从根本上破解发展不平衡不充分问题。现在，赛会带来的黄金窗口期逐渐缩短，留给我们借势集资引智、借力转型升级的时间非常有限，机遇稍纵即逝，必须在借势借力上谋深谋细，在落地落实上抓准抓紧。绿色发展已经到了攻坚突破的关键时期。

履行好职责使命，我们必须切实找准工作的着力重点。一是决胜冬奥会世园会筹办举办。冬奥会是习近平总书记亲自推动的国家大事，筹办好冬奥会、世园会是中央、市委交办的重大政治任务，必须把赛会筹办作为头等大事、重中之重，咬定目标再聚焦，振奋精神再聚力，确保办成一届独具特色、精彩纷呈、令人难忘的园艺盛会和一届精彩、非凡、卓越的奥运盛会。二是落实北京城市总体规划。北京城市总体规划是习近平总书记亲自指导编制并主持召开中央政治局会议审议通过的，是党中央国务院面向未来对首都规划建设管理作出的重大决策部署，必须深化对延庆功能定位的认识，认真抓好规划实施，确保蓝图落地、一干到底。三是深入推进疏解整治促提升专项行动。以疏解非首都功能为“牛鼻子”推动京津冀协同发展是习近平总书记亲自决策推动的重大国家战略，疏解整治促提升专项行动是疏解非首都功能的重要抓手，必须持续深入推进，不断优化提升首都功能。

履行好职责使命，关键是要坚持和加强党的全面领导。把党的领导落实到一切工作中，贯穿到经济社会各领域、改革发展各环节，确保党始终统揽全局、协调各方。坚持全面从严治党，毫不动摇推进党的建设，充分发挥党组织战斗堡垒和党员先锋模范作用，以永不懈怠的精神状态和一往无前的奋斗姿态，聚焦中心任务，心无旁骛全力以赴；盯住时间节点，快马加鞭真抓实干；勇于攻坚克难，持之以恒善作善成；坚持人民立场，尽心竭力执政为民，付出我们可以付出的一切，奉献我们可以奉献的所有，以实干赢得民心，以实绩回报信任，以党的强大正能量凝聚起全区人民同心筑梦的磅礴力量。

2018年是我国改革开放40周年，是我们向赛会筹办冲刺、为跨越发展蓄力的重要节点。全年工作的总体要求是：高举中国特色社会主义伟大旗帜，深入贯彻落实党的十九大精神，以习近平新时代中国特色社会主义思想为指引，坚定不移实施生态文明发展战略，全力攻坚冬奥会筹办，决战决胜世园会筹办，高标准高质量完成全年目标任务，更好满足全区人民日益增长的美好生活需要，奋力推动延庆绿色发展迈上新台阶。

综合考虑各方面因素，建议2018年全区经济社会发展主要预期目标是：地区生产总值同比增长8.5%左右，一般公共预算收入同比增长6.5%左右，城乡居民人均可支配收入同比分别增长8.6%和8.8%左右，低收入农户人均可支配收入增速达到9%以上，万元地区生产总值能耗、水耗、PM2.5年均浓度达到市级要求。

三、以习近平新时代中国特色社会主义思想为指引，全力以赴做好2018年工作

党的十九大生动描绘了全面建设社会主义现代化国家的宏伟蓝图，市委十二届三次全会发出了更加奋发有为地推动首都新发展的冲

锋号令。我们要坚持把深入学习宣传贯彻党的十九大精神作为首要政治任务，进一步聚焦聚力冬奥会世园会筹办，精准发力、以点带面，确保党的十九大精神在延庆落地生根。

第一，紧扣学懂弄通做实要求，持续深化党的十九大精神学习宣传贯彻。习近平总书记要求全党要对党的十九大精神来一个大学习，市委也多次作出部署。我们必须坚决贯彻落实中央决定和市委实施意见，进一步学懂弄通做实，把党的十九大精神转化为服务保障赛会的生动实践。拓展学习宣传广度。抓好处级领导干部集中轮训，实现党员干部专题培训全覆盖。策划好专题专栏宣传，组织好系列文化活动，持续深入开展宣讲，回应基层关心关切，凝聚党心民心、扩大社会共识。提升教育培训深度。把学习习近平新时代中国特色社会主义思想作为重中之重，同马克思主义基本原理、马克思主义中国化成果贯通起来，精心设计专题，深化理论学习中心组学习、党员学习教育，让党员干部掌握贯穿其中的马克思主义立场观点方法，实现融会贯通、入脑入心。加大贯彻落实力度。结合赛会筹办难点问题、绿色发展重大问题、群众关注热点问题，深入开展专项调研，自觉运用习近平新时代中国特色社会主义思想指导实践，转化为解决问题、推动工作的思路举措，推动习近平总书记对北京工作的重要讲话精神深入贯彻、北京城市总体规划严格实施，推动党的十九大精神在延庆落地生根、结出硕果。

第二，紧扣关键工作重要节点，以攻坚决胜的姿态加快推进赛会筹办任务。中央、市委多次就筹办好冬奥会世园会做出部署。我们必须瞄准赛时会时、着眼国际一流，拿出冲刺状态、决战精神，抓住重点要害，高效统筹协调，苦干实干快干。以场馆和基础设施建设为重点推进冬奥会筹办工作。完成冬奥场馆PPP项目招标，全面启动国家高山滑雪中心、雪车雪橇中心、冬奥村建设，尽快落成规划展示中心。完成延崇高速平原段建设和京张高铁支线征拆，实现110国道二期工程实质性开工，加快配套基础设施建设。制定实施生态环境可持续管理方案，抓好冬奥森林公园建设。持续推进囤雪试验，做好雪季气象保障工作研究。完成冬奥会对延庆影响分析和发展战略研究并推动成果应用。配合做好会徽发布和“北京交接”。认真学习平昌冬奥会、冬残奥会筹办举办经验。圆满完成国际雪联越野滑雪中国巡回赛、全国大众高山滑雪巡回赛等赛事承办工作，不断积累赛会筹办举办经验，锻炼培养赛会运行保障人才。大力实施“共享冬奥”公众参与工作计划，营造喜迎冬奥的热烈氛围。以会时专项服务保障为重心决战世园会筹办工作。完成园区场馆、世园酒店等设施建设，协同推进会时票务运营、布展服务等工作。协调推进37项重点工程，实现兴延高速建成通车。完成园区周边和世园村绿化、主节点景观建设。瞄准短板问题细化任务责任清单，抓紧推进十大服务保障专项，加速完成星级酒店建设升级、生态旅游智慧服务系统功能完善等工程，打造特色餐饮主题街区，培育园区周边精品民宿和世园人家。制定实施交通运输服务保障方案，推动综合交通服务中心开工，建立健全智能交通指挥调度体系和工作机制。统筹开展赛会志愿者招募培训。做好会时安保维稳顶层设计、实施落地和实战演练。

第三，紧扣赛会优良生态环境要求，以国际一流标准加快提升生态品质。党的十九大提出，必须树立和践行绿水青山就是金山银山的理念。我们必须对标赛会对清洁空气、干净水源、亮丽风景的高要求，在污染治理、生态保护、景观提升上加大攻关力度、深化区域协作，努力展现最美丽的风景线。打好突出问题歼灭战。坚持全民共治、源头防治，把清空净水作为重中之重，建成用好“智慧环保”系统，完善环保督察机制，加大监督考核问责力度。制定实施新一轮清洁空气行动计划，持续抓好燃煤、机动车、扬尘等污染防治，确保秋冬季大气污染综合治理攻坚行动完成任务目标，PM2.5平均浓度达标、降幅保持全市前列。狠抓水环境治理年度任务和污水治理三年行动计划落实，完善落实河长制，确保妫河水质达到Ⅲ类以上。从公共机构入手开展垃圾强制分类，以新城为重点推进市级垃圾分类示范片区创建。打好景观提升攻坚战。实施过境高速、新城道路公园、妫河生态走廊景观提升工程，开展园艺主题街区和各类绿色创建，大尺度塑造城市绿脉、水脉、文脉，提升城市景观魅力。打好生态保护持久战。统筹山水林田湖草系统治理，落实全市新一轮百万亩造林工程部署，实施国家森林城市建设总体规划，抓好浅山区绿化，开展湿地森林公园建设等水生态工程，倡导推广简约适度、绿色低碳的生活方式。

第四，紧扣赛会优质供给需要，以绿色“高精尖”为方向加快产业提质增效。党的十九大要求贯彻新发展理念，建设现代化经济体系。我们必须瞄准赛会对优质供给的需求，以供给侧结构性改革为主线，加快引资源、添动力、促协同，推动绿色产业高端化、特色化、生态化发展。以中关村延庆园为主要载体，促进科技创新产业特色发展。坚持创新是引领发展的第一动力，全力推进长城脚下创新家园建设，完善配套服务，促进产城融合、职住平衡。持续深化中关村延庆园体制机制改革，配齐配强干部人才队伍。以现代金融、园艺研发、体育休闲等高端特色产业为主导，承接一批创新能力强、发展前景好的战略企业，编制实施能源互联网和体育科技产业政策，支持实体经济发展。以“一轴两翼”冰雪产业空间布局为主要抓手，推动旅游休闲产业转型升级。坚持旅游主导产业地位，深入推进全域旅游示范区创建，积极推进启迪冰雪小镇等冰雪产业项目建设，打造京张体育文化旅游带。充分运用中华优秀传统文化资源，抓好长城文化带建设，深化大庄科开放式红色体验基地建设，打造长城文化、红色文化、地质文化等特色品牌，用文化创新为旅游发展注入活力。以现代园艺产业集聚区为主要平台，助推都市型现代农业优化提质。坚持农业农村优先发展，借力世园会筹办，加速建设现代园艺产业集聚区，启动HBD一期和重点产业园基础设施建设提升工程，推动一批知名企业和重点项目落户落地，积极引进重点科研机构和高端项目，培育园艺产业链条。对接会时需要持续建设绿色有机食品供应基地，大力培育优质农产品、推广延庆品牌，打造田园综合体，提升沟域经济发展质量。

第五，紧扣赛会服务承载能力短板，以北京城市总体规划为依据加快完善城乡功能。党的十九大强调要构建协调发展的城镇格局。我们必须全面落实北京城市总体规划，把准城镇村服务赛会的不同功能，统筹推进宜居新城、精品小镇、美丽乡村建设，促进城乡功能不断完善、发展更趋协调。系统编制城乡规划。整合规划国土部门，研究建立城市规划委员会制度，提高规划管理能力。细化深化北京城市总体规划实施措施，统筹完成延庆城市总体规划、新城控制性详细规划等规划编制，落实“多规合一、减量提质”总体要求，细化分解“双控”“三线”指标。协调推进城乡建设。全面强化提升新城承载功能，建设南辛堡—民主村—百眼泉回迁房，完成康庄一二三街和小营—石河营棚改征拆并启动回迁房建设，推进01街区棚改项目，开展11条道路建设改造工程，推进夜景照明三期工程，完成重点区域景观风貌改造。加快实施园艺风情小镇、冬奥冰雪休闲小镇总体规划，推进各镇区设施建设和特色发展。实施乡村振兴战略，推进美丽乡村建设专项行动，开展120个村庄的美丽乡村建设，推进传统村落保护发展。精细实施城乡管理。严格落实疏解整治促提升2018—2020年行动方案，发挥街巷长和小巷管家作用，完成89条背街小巷整治和8家有形市场疏解，持续治理违法建设、开墙打洞等乱象，开展城市天际线、外立面治理，健全长效机制，确保市容环境质量保持全市前列。制定实施综合交通治理方案，开展停车电子收费试点。健全自治、法治、德治相结合的乡村治理体系，畅通群众参与城乡治理渠道，切实提高精治、共治、法治水平。

第六，紧扣办大事促发展惠民生目标，以发展惠民实效加快凝聚持续奋进力量。党的十九大报告处处蕴含着以人民为中心的思想。我们必须把增进民生福祉作为发展的根本目的，以办大事、促发展、惠民生的扎实成效，使人民获得感、幸福感、安全感更加充实、更有保障、更可持续，不断赢得全区人民对赛会筹办和区域发展的有力支持。瞄准全面小康目标做好精准帮扶。坚决落实“打赢脱贫攻坚战”要求，统筹发挥好乡镇主体责任、帮扶单位作用和派驻第一书记职能，推进“六个一批”精准帮扶举措落实到村户，确保低收入农户全部实现增收目标。落实对口支援工作，助力受援地区如期脱贫。借力赛会推动就业社会保障工作取得突破。坚持就业优先战略和积极就业政策，根据赛会服务和地区发展需要开发更多岗位，实施精准化职业培训和就业服务，促进劳动力稳定就业。统筹做好社会救助、社会福利、慈善事业、优抚安置，稳步提高社会保障水平。加强住有所居供给。着眼需求优化公共服务。坚持优先发展教育，加快学前新园建设，引进市级优质教育资源，推进城乡教育一体化发展。推进健康延庆建设，深化医药卫生体制改革，开工建设区中医医院迁建一期项目，完善创伤中心、康复中心等建设，筹建运动损伤科，加强乡村医生队伍和村级卫生室建设。完善公共文化服务体系，加快设施达标化建设，深入实施文化惠民工程。建成全民健身中心，打造群众体育特色活动品牌。完善养老服务体系，推进医养结合。实施好提升生活性服务业品质三年行动计划。强化责任抓好安全稳定工作。牢固树立安全发展理念，坚持生命至上、安全第一。严格落实安全生产责任制，深化安全隐患大排查大清理大整治，加强矛盾纠纷排查化解，强化社会治安综合防控，落实食品药品安全属地监管责任，筑牢网络安全、消防安全防线，不断深化“平安延庆”建设，切实维护首都安全稳定，为赛会筹办提供可靠安全保障。

第七，紧扣重点领域关键环节，以更大力度的改革创新持续激发发展动力活力。党的十九大报告全篇贯穿着全面深化改革的思想。我们必须把全面深化改革作为推动赛会筹办、加快区域发展的重要抓手，做到事业发展出题目、深化改革做文章。蹄疾步稳推进重点领域改革。落实国际一流的生态文明示范区建设标准，继续推进生态文明体制改革，稳步推进北京长城国家公园体制试点工作。深入开展“放管服”改革，持续转变政府职能，优化营商环境，努力建设人民满意的服务型政府。深化街道社区管理体制改革，健全基层实体化综合执法平台，进一步推动重心下移、力量下沉，实现“街乡吹哨、部门报到”。健全完善改革任务推进机制。制定未来五年改革实施意见和实施规划。充分发挥区委全面深化改革领导小组议事决策作用，加强重要改革的研究推动。强化改革督察督办，大力推动改革任务落实。

四、严格落实新时代党的建设新要求，为做好赛会筹办和加快绿色发展提供坚强保障

党的十九大指出，“四个伟大”中起决定性作用的是党的建设新的伟大工程，提出了新时代党的建设总要求。我们要深刻认识全面从严治党永远在路上，坚决落实新时代党的建设新要求，以坚如磐石的决心推动全面从严治党向纵深发展，不断提高党的凝聚力、战斗力和领导力、号召力。

第一，坚持旗帜鲜明讲政治，着重加强政治建设。党的十九大指出，党的政治建设是党的根本性建设，决定党的建设方向和效果。我们必须坚决落实“看北京首先从政治上看”的要求，把党的政治建设摆在首位。坚决维护以习近平同志为核心的党中央权威和集中统一领导。牢固树立政治意识、大局意识、核心意识、看齐意识，坚定“四个自信”，自觉在政治立场、政治方向、政治原则、政治道路上同

以习近平同志为核心的党中央保持高度一致。严守党的政治纪律和政治规矩，严格贯彻落实中央关于加强和维护党中央集中统一领导的若干规定和市委实施办法，坚定执行党中央作出的各项决策部署，坚决做到“三个一”和“四个绝不允许”。严肃党内政治生活。认真贯彻落实《准则》《条例》，增强党内政治生活的政治性、时代性、原则性、战斗性。完善和落实民主集中制的各项制度，坚持不懈开展批评和自我批评，营造风清气正的良好政治生态。始终尊崇党章。把学习党章作为党员干部教育培训的必修课，深入领会十八大以来党的理论创新和建设实践取得的新成果、党的工作和党的建设的新经验，教育引导全区党员干部自觉学习党章、遵守党章、贯彻党章、维护党章。

第二，坚持理想信念高于天，巩固筑牢思想根基。党的十九大指出，思想建设是党的基础性建设。我们必须紧跟新变化新要求，用习近平新时代中国特色社会主义思想统一思想认识、凝聚奋进力量、引领前进方向。固本培元坚定理想信念。把坚定理想信念作为党的思想建设的首要任务，精心组织习近平新时代中国特色社会主义思想学习教育，深入开展“不忘初心、牢记使命”主题教育，推进“两学一做”学习教育常态化制度化，坚持用党的创新理论武装头脑。牢牢掌握意识形态主动权。落实意识形态工作责任制，加强阵地建设和管理，旗帜鲜明反对和抵制各种错误观点。着眼冬奥会世园会筹办举办，加强舆情监测研判工作和应对能力建设，精心谋划新闻宣传工作，以实战演练为重点建强新闻发言人队伍。知行合一弘扬核心价值观。在赛会筹办和经济社会发展各方面融入社会主义核心价值观教育，持之以恒创建全国文明城区，深入推进文明创建活动，不断提升社会文明素养，强化人人当好东道主、同心同向迎盛会的责任意识。正面引导营造良好氛围。加强宣传理念和传播手段创新，聚焦赛会，关注民生，开展有思想、有温度、有品质的新闻宣传，提高新闻舆论传播力、引导力、影响力、公信力，为服务保障赛会提供有力舆论支持。画大画美发展同心圆。巩固和发展最广泛的爱国统一战线，以十九大精神为引领，巩固扩大共同思想政治基础，发挥好新时代统一战线法宝作用。

第三，坚持选好干部聚人才，锻造过硬干部队伍。党的十九大指出，党的干部是党和国家事业的中坚力量。建设一支与赛会筹办相适应、与首都地位相匹配、忠诚干净担当的高素质专业化干部人才队伍，是当前一项紧要任务。必须紧紧围绕筹办赛会的干部人才需求，聚焦重点全面发力。把准导向选育干部。落实新时期好干部标准，突出政治标准，大力储备选拔年轻干部，在基层一线工作和急难险重任务中培养锻炼、考察重用干部，提升干部队伍能力本领，选优配强处级领导班子。瞄准需要汇聚人才。加紧实施世园冬奥人才行动计划，分类细化人才需求，制定更加积极开放有效的政策，积极引进、培训冰雪体育、园艺花卉、教育医疗等方面专业人才，借助赛会集聚人才，立足需求培育人才，创造条件留住人才。严管厚爱加强管理。完善干部考核评价机制，建立激励机制和容错纠错机制，旗帜鲜明为敢于担当、踏实做事、不谋私利的干部撑腰鼓劲，做到不让老实人吃亏、不让干事的人心寒、不让一线的干部失落、不让带“病”的人提拔。

第四，坚持一切工作到支部，打牢打实基层基础。党的十九大指出，党的基层组织是确保党的路线方针政策和决策部署贯彻落实的基础。我们必须以提升组织力为重点，对标赛会服务保障要求，强功能、抓基本、补短板、重创新，推动基层党的建设全面进步、全面过硬。紧盯问题规范党支部建设。突出政治功能，强化党支部直接教育、管理、监督党员和组织、宣传、凝聚、服务群众的职责。深入推进党支部规范化建设，坚持“三会一课”制度，持续整顿软弱涣散基层党组织，着力解决一些基层党组织弱化、虚化、边缘化问题。适应基层党组织任期调整新变化，精心选育党组织带头人。紧跟形势优化党组织设置。完善支部建在赛会服务保障一线的制度机制。统筹开展新兴领域党建，创新基层党组织设置和活动方式，推动党组织从有形覆盖转向有效覆盖。深化社会领域党建工作，推进组织共建、资源共享、难题共解。紧扣需求强化投入保障。落实基层党建工作基础保障规划，聚焦薄弱环节全面加强基础性建设。强化基层党建责任落实，深入开展基层党建述职评议考核。

第五，坚持纪律规矩挺在前，持之以恒正风肃纪。党的十九大指出，我们党来自人民、植根人民、服务人民，一旦脱离群众，就会失去生命力。我们必须始终与人民群众站在一起、想在一起、干在一起，强化纪律作风建设，保持反腐败高压态势。全方位深化作风建设。坚决贯彻中央八项规定实施细则精神和市委、区委实施办法，持续整治“四风”问题，深化“为官不为”“为官乱为”问题专项治理，坚决纠正损害群众利益的行为，推动党风政风持续向好。全覆盖推进监督执纪。贯彻落实好《中国共产党党务公开条例（试行）》，稳步推进各领域各层级党务公开。运用好监督执纪“四种形态”，抓早抓小、防微杜渐。深化国家监察体制改革试点，完善巡察监督、派驻监督、监察监督工作机制，深化政治巡察，严格问题整改和监督问责。强化警示教育，让党员干部知敬畏、存戒惧、守底线。零容忍惩治腐败行为。加强赛会廉政风险防控，强化痕迹化管理和过程监督。坚持反腐败无禁区、全覆盖、零容忍，坚持重遏制、强高压、长震慑，紧盯棚改征拆等重点领域，严肃查处违法违纪案件，严肃查处“小官贪腐”和群众身边的腐败问题，强化不敢腐的震慑，扎牢不能腐的笼子，增强不想腐的自觉。

第六，坚持管党治党勇担当，以上率下凝心聚力。党的十九大指出，党政军民学，东西南北中，党是领导一切的。我们必须坚持党要管党、全面从严治党，全面提高领导水平和执政能力，更好地对全区经济社会发展实行全面领导，对全区党的建设全面负责。区委常委会要率先垂范，切实履行管党治党责任，坚持不懈抓班子、带队伍、强基础，提高把方向、谋大事、抓党建、保平安的能力，始终一股劲办大事、一盘棋促发展、一条心惠民生。全体区委委员、候补委员特别是区委常委会委员要发挥好关键少数作用，全面增强执政本领。充分发挥区人大、区政府、区政协党组的作用，支持和保证人大、政府、政协依法依章程履行职能、开展工作、发挥作用。加强对统一战线的领导。切实增强群团工作的政治性、先进性、群众性。各级党组织要切实履行好全面从严治党责任，全面加强自身建设，始终做团结群众、办好大事、推动发展的中坚力量。

各位委员、同志们，梦想催人奋进，使命激励前行。让我们更加紧密地团结在以习近平同志为核心的党中央周围，以习近平新时代中国特色社会主义思想为指引，在市委坚强领导下，锐意进取、埋头苦干，奋力推动赛会筹办和区域跨越发展取得新成绩，加快建设国际一流的生态文明示范区和美丽延庆，努力为建设国际一流的和谐宜居之都做出更大贡献！

政府工作报告

——2017年12月26日在北京市延庆区第二届人民代表大会第四次会议上

北京市延庆区人民政府区长　穆鹏

各位代表：

我代表延庆区人民政府向大会报告工作，请予审议，并请政协委员提出意见。

第一部分　2017年工作情况

2017年，在市委、市政府和区委的正确领导下，在区人大及其常委会的监督和区政协的支持下，区政府深入学习宣传贯彻党的十九大精神，紧紧围绕市十二次党代会、市委十二届三次全会精神，按照区委二届一次、四次全会和区二届人大一次全会确定的目标任务，立足生态涵养区功能定位，以服务保障冬奥会世园会筹办举办为主线，深入推动转型发展，大力实施疏解整治促提升专项行动，狠抓清空净水，推动城乡建设和各项民生保障事业发展，较好地完成了年度各项目标任务。预计地区生产总值完成133亿元，按不变价同比增长8.1%；固定资产投资超过140亿元，同比增速超过30%；一般公共预算收入实现16.2亿元，同比增长18.8%；城乡居民人均可支配收入分别达到41594元和21253元，同比分别增长8.2%和8.5%；万元GDP能耗、水耗分别下降5%和4%。主要做了以下几方面工作：

一、赛会筹办进入新阶段，服务保障工作全面启动

冬奥筹办工作全面加速。核心区规划通过冬奥工作领导小组审议，主要场馆设计基本稳定，冬奥村方案正在深化，赛区PPP项目实施方案编制完成，筹备工作从基础规划阶段转入专项计划阶段。核心区征拆工作全面启动，37项建设任务中13项已开工，4.94公里施工进场路顺利贯通，国家高山滑雪中心赛道清表基本完成，8个赛道自动气象站布设完成，储雪实验取得成功，外部配套综合管廊、佛峪口河水生态廊道、水库水源保护、应急水源保障工程开工，电力迁改工程稳步推进。完成赛区生态环境本底调查和综合评估，54项生态环保措施和34项可持续性承诺任务以责任制形式逐步落实，绿色施工体系和工作规程初步形成，冬奥森林公园规划方案基本完成，冬奥会对延庆发展影响研究课题进展顺利。

世园筹办任务全面落地。围栏区及世园村土地一级开发全部完成，李四官庄、谷家营村转非安置工作基本结束，安置房基本竣工。中国馆、国际馆、生活体验馆建设已实现部分封顶，综合管廊工程基本完成，世园酒店及公寓住宅地块供地并开工。基础设施、公共景观等建设工程按计划实施。67个国家和国际组织书面确认参展，31个省市区“一对一”参展服务对接机制建立、室外展园地块认领完成，首批86家推荐服务供应商确定。外围13条道路、地下综合管廊开工建设，周边绿化完成80%。会时服务保障10个专项工作全面启动，9家酒店部分设施升级改造完成。“我为世园做贡献”等

系列主题活动深入开展，世园氛围日益浓郁。

二、疏解整治促提升展现新面貌，生态环境质量持续改善

专项行动不遗余力。切实转变思想观念，认真制定疏解整治促提升专项行动方案，自我加压，超额完成全年目标任务。零容忍控违拆违，坚决拆除王庄“小产权房”、广积屯“大棚房”等违法建设33.1万平方米，严厉打击“抢栽抢种”，对违法行为形成震慑。治理“散乱污”企业850家，退出一般制造业3家，取缔再生资源回收站点265家，关停南菜园建材市场，“留白增绿”48.3万平方米。按照全市百街百巷示范工程要求，编制120条背街小巷环境整治提升三年行动方案和设计导则，广兴街、东街等31条街巷和川北等12个老旧小区完成环境综合整治，规范提升便民服务网点60个，新增停车位688个，疏解整治促提升专项行动与全国文明城区、国家卫生区创建融合推进，得到干部群众的高度认可和积极参与。

清洁空气综合发力。强化落实66项清空措施和38项秋冬季攻坚措施，划定低排放区、中央环保督察问题整改、进京大货车管控、工地道路扬尘治理、制止“三烧”、秋冬季大气污染防治等专项行动持续开展。“陕京四线”干线全线贯通，历史性接入市政天然气，82个村16177户煤改清洁能源和400台1018蒸吨燃煤锅炉改造完成，压减燃煤19.14万吨。广泛发动各方、依法严格实施烟花爆竹禁限放管理，取得阶段性成效。进京综合检查站实现24小时监管，实行“环保取证、公安处罚”执法新模式，过境大货车9—11月同比减少28.7%。截至12月20日，PM2.5累计浓度48.6微克/立方米，同比下降18.6%，空气质量居全市首位。

净水治理集中用力。严格落实80条水污染防治和水环境治理措施，城西再生水厂建成运行，3个乡镇污水处理厂、23个村级污水处理设施、88.3公里污水管网建设及44个村庄饮水健康工程完成，投入1.2亿元关停禁养区内12个规模化养殖场和新华营等非规模养殖小区，投资1.14亿元完成14个老旧小区雨污分流工程，12公里妫河世园段清淤、29平方公里生态清洁小流域治理完工。全面落实河长制，46条河流实现河长全覆盖，污染源、排污口溯源查污工作完成，24个水环境跨界断面监测全覆盖，水环境质量得到改善。

环境提升持续加力。扎实推进城乡环境综合整治三年行动计划，门前“三包”和秋冬季农村环境整治专项行动取得实效，延琉路等重点路段和东红寺等村庄环境脏乱差问题有效解决，八达岭地区“一带一路”高峰论坛环境保障任务高标准完成。垃圾分类收集运输体系基本形成，垃圾无害化处理率达到99.47%。积极创建国家森林城市，京津风沙源治理、平原生态林管护和山区林木抚育累计完成31.7万亩，新增彩色树种造林1800亩，野鸭湖国家湿地公园保护与恢复工程基本完工，38个村843亩“五边”绿化、2000平方米立体绿化完成，创建3个首都花园式单位、6个首都绿色村庄，林木绿化率、森林覆盖率分别达到70.95%和58.41%。划定生态保护红线，建立自然资源管理及生态环保责任追究终身制，获评首批国家生态文明建设示范区。

三、绿色产业增添新要素，经济转型发展步伐加快

传统农业转型升级。推动现代园艺产业初步形成“1+25”空间布局，总部集聚区投入使用，25家分园遍布各乡镇，形成了科技创新驱动、一二三产融合发展的思路。10家企业、2家科研机构招商落地，国内第一家植物新品种权管理公司成功入驻，西诺花卉等园艺企业开工投产。国家有机产品认证示范区通过审核验收，延怀河谷葡萄文化节、京张优质农产品推介会成功举办，有机农产品产值完成4.2亿元。拓宽销售渠道，建成京东延庆特产馆，用互联网助推农产品销售取得实效。隐居乡里、百里乡居等11家精品民宿开门迎客，北方民宿学院落成招生，乡村民宿和乡村美食联盟挂牌成立，荣获全国民宿产业发展示范区创建单位。

这些生动实践正有力地推动着农业供给侧结构性改革向都市型、休闲型转变。

科创产业激发活力。光伏光热、风电、节能等新能源环保企业持续集聚，能源互联网综合示范项目和新能源微电网示范区项目通过国家能源局评审，预计中关村延庆园高新技术企业实现产值100亿元，同比增长10%，第三引擎作用持续发挥。与海淀区、中关村管委会签订战略协议，现代服务业产业园建立，91金融等企业入驻，启迪众创工社、中关村智造大街等进驻中关村延庆园，出台促进创新创业发展资金管理办法，发布长城脚下的创新家园空间规划，征地拆迁等一级开发工作进展顺利。

旅游产业地位凸显。召开旅游发展大会，国家全域旅游示范区创建工作稳步实施，逐步确立旅游产业主导地位。着力培育冰雪产业，冠军之家等冰雪运动企业和冰雪体育项目落地，北京市冰上项目训练基地、全民健身中心开工，群众上冰上雪13万人次。编制长城文化带建设发展规划，进一步促进长城文化、红色文化、地质文化和旅游的融合发展。全面布局生活性服务业品质提升项目，生活必需品三级供应体系综合推进，10家咨询站、22座公厕完成升级改造，八达岭景区开通实名制网上售票系统，与市旅游集散中心合作开通多条“一日游”公交专线。积极开展“两检查一整治”专项执法行动，依法关停3家非法商店，旅游市场秩序进一步规范。圆满完成世界地质公园首次再评估，成功举办国际雪联越野滑雪中国巡回赛、国际自行车骑游大会等赛事，成功召开首届乡村旅游文化节，入选中国优秀国际乡村旅游目的地。预计A级及以上景区旅游收入达到10.8亿元，同比增长16%。

四、城乡建设取得新成绩，区域承载能力不断提高

规划引领作用加强。认真学习贯彻北京城市总体规划精神，准确把握减重、减负、减量发展和人口规模、建设规模双控等要求，全面完成永久基本农田划定工作，“两图合一”区级校核形成初步成果。14个乡镇总体规划取得阶段性成果，一批美丽乡村示范村规划出台，西大庄科冰雪小镇规划启动。协作规划工作制度有效发挥作用，责任规划师考评制度正在细化，加强宅基地建房管理，一张蓝图绘到底的制度保障得到加强。

城乡建设取得进步。京张高铁延庆段进地完成98%，兴延高速隧道建设完成70%，延崇高速北京段隧道全面开工，南山环线开工、房柳路完工，综合交通服务中心建设方案确定，康安等3个小区架空线入地，夜景照明提升二期工程完工。区域路网和公交线路调整优化，55辆电动公交车投入运行，919等公交场站14台充电桩布设完成。南菜园1—5巷北区安置房正在基坑施工，南辛堡—民主村—百眼泉项目拆除率达到93.6%，小营—石河营项目控规待市级批复，03街区共有产权房入市交易，完成农宅抗震节能改造7254户、山区搬迁1811户3803人。康庄镇被评为全国特色小镇，旧县镇获批全国运动休闲特色小镇，南湾村成功创建中国美丽休闲乡村。

五、社会事业收获新成果，民生保障能力日益增强

社会保障有效加强。出台15条低收入村户增收发展政策，低收入农户增收实现年度目标。落实5.2亿元促进就业资金，新增城镇就业7644人，城镇登记失业率控制在4%以内。慈善“1+1”关爱空巢助老项目覆盖到107个村765名高龄特困空巢老人，8个“中央厨房+社区配餐”服务站建成，95户社会救助和优抚对象危房改造完成。城乡低保、特困人员救助标准再次提高，城乡居民基本医疗保险整合平稳过渡，全区社会保险实现全覆盖。563套公租房摇号配租，“和丽嘉苑”共有产权房申购完成、正在审核。

民生事业扎实推进。七幼、沈家营幼儿园竣工开园，高考本科上线率达到91.59%、一本录取率达到32.9%，历史最高。三小等3所学校为学生提供中午营养餐，有效地为家长解除后

顾之忧。落实乡村教师岗位生活补助政策。小学校园足球联盟组建，二小、二中被评为北京市首批冰雪运动特色学校。国家公共文化服务体系示范项目扎实推进，文化组织员队伍实现全覆盖，23个村级文化基础设施启动建设，群众文化生活更加丰富多彩。区医院改扩建工程全部完工，建成40个村级卫生室，市级专家出诊实现常态化。打造阳光餐饮单位221家。

*社会治理更加精细。*创建全国文明城区和国家卫生区工作扎实推进，一批涉及环境和民生的热点难点问题得以解决，西山沟等3个村庄和地税局等3个单位获得全国文明村镇和文明单位称号，2人获评“北京榜样”荣誉称号。全面推进城市管理、社会服务、社会治安、城管综合执法等多网融合，实施台账化管理，不断完善住宅小区物业服务。120条背街小巷街巷长全部上岗，小巷管家管委会、街巷管理服务队作用有效发挥，3个“社区之家”示范点、8个老旧小区自我服务管理试点、20个村级社会服务管理示范点完成创建，社会精细化治理迈出坚实一步。成立冬奥世园工程安全生产工作专班，构成全区安全生产“1+9”责任体系，深入开展安全隐患大排查大清理大整治专项行动，圆满完成“一带一路”高峰论坛、十九大等重大事件维稳安保任务，人民群众安全感在全市名列前茅。

六、党的建设展现新气象，政府执行力逐步提升

*重点改革落地见效。*坚持党的领导，用改革创新的办法解决发展中的难题，推动工作前进。生态文明体制改革持续深入，研究推进长城国家公园体制试点工作，国际一流的生态文明示范区建设指标体系、绿色GDP体系、区域生态价值测算评估体系基本编制完成。深化投融资改革，采取PPP模式引入社会资本，参与中关村延庆园八达岭片区供暖中心、小张家口垃圾综合处理、区小城镇污水处理等项目建设。健全债务风险预警机制，新增政府债券资金15亿元，年末政府债务余额34亿元，债务风险平稳可控。国资国企改革逐步深化，绿富隆等区属国企改革方案确定，监管机制不断完善。城市管理体制改革方案出台，城市管理委员会挂牌成立，城管执法力量下沉到街乡镇。探索开展农业管理体制改革，完成农业管理体制改革调研报告。医药卫生体制改革取得积极成效，75家医疗机构全部实现医药分开，公立医院综合改革试点工作得到国务院通报肯定。

*依法行政不断强化。*自觉接受人大监督，主动向政协通报工作，认真听取各民主党派、人民团体和社会各界人士的意见和建议，办理人大代表建议106件、政协提案97件，办复率100%。领导干部坚持会前学法，带头执行“三重一大”等决策制度，政府文件合法性审查、区乡镇两级政府法律顾问全部覆盖。行政执法和刑事司法衔接制度深化完善，联合联动、条专块统执法机制效果初显，112件行政诉讼案件胜诉率87%。将15项市级目标责任书整合形成“口袋书”，初步形成“决策—落实—督查—报告”闭环工作机制、副区长任组长的督查机制以及会议、批示、督查反馈制度。邀请人大代表、政协委员列席政府常务会，主动公开决策事项，高度关注社会舆情，系统梳理12345群众热线办理机制，问题回复率、解决率、满意率大幅提升，政府工作透明度和公信力不断提高。

政务服务优化增效。“放管服”改革持续深入，4项行政审批和206项中介服务事项清理规范，24个部门216项行政审批事项实行“一科制”改革，162项基层证明和156项非行政许可审批事项清理完成，大气污染防治等13个专项责任清单编制完成，297项执法检查事项实现“双随机一公开”“五证合一、一照一码”登记制度全面施行。完成为民办实事25项。营商环境持续改革优化，税源建设工作机制运行顺畅，联系服务企业和支持企业发展的一系列机制办法出台实施，窗口队伍建设主题实践活动收效良好。

*廉政建设持续深化。*区政府党组坚持从严治党，全面落实党建主体责任，扎实推进“两

学一做”学习教育常态化制度化。认真履行“一岗双责”，赛会关键环节和重大事项廉政风险防控工作扎实有效，出台政府投资项目管理等5项制度，开展49项工程项目监督。白河堡水库“山里乐活”违法建设等20项中央环保督察反馈意见、审计、安全等督察问题全部整改完成。持续转变作风，不断改进会风文风，各项重点工作任务有效推进。坚决整肃为官不为、为官乱为及庸政懒政怠政等行为，全区新立案件139起，给予党政纪处分119人。

各位代表，即将过去的一年令人难忘，在市委、市政府和区委的坚强领导下，在区人大及其常委会的监督和区政协的支持下，区政府带领各部门与全区人民一道办大事、促发展、惠民生。我们深入学习贯彻落实十九大精神，用新思想新理念新方略认识新时代发展的新规律，分析我区发展的不平衡不充分问题，突出质量和效益，下大力气推进从聚集资源求增长到疏解功能谋发展的方式转变，努力践行“绿水青山就是金山银山”；我们主动融入首都发展大局，严格落实北京城市总体规划，不断强化“四个中心”功能定位，提升“四个服务”能力水平，坚持有所为有所不为，努力在首都发展大局中做好“延庆表达”；我们以强烈的政治责任感和历史使命感，以高度的思想共识和行动自觉，以忘我的精神状态和超常的工作举措，聚焦聚力冬奥会世园会筹办，奋力完成各项服务保障工作，抢抓机遇，推动延庆绿色发展；我们始终坚定党的领导，切实履行党建主体责任，突出公信力和执行力，狠抓政府自身建设，提升干部队伍素质，确保完成区委和人大确定的各项任务。成绩的取得是全体干部群众上下一心、团结奋进、改革创新的结果，我代表区政府向长期以来奋战在各条战线上的广大干部职工、向所有关心支持延庆发展的各界人士表示崇高的敬意和衷心的感谢！

我们也清醒地认识到区域发展中还存在很多不平衡不充分问题，工作中还存在许多不足。一是对冬奥世园两件大事的认识站位还不够高，工作不够聚焦，抓落实的狠劲不够，利用大事促发展的紧迫感不强。二是对疏解整治促提升工作的认识有待提高，在疏解上舍不得，在整治上标准不高，在提升上办法不多，生态环境品质与成为首都生态文明建设金名片的要求相比还有差距。三是经济基础依然薄弱，实体经济增长主要依靠工业、交通运输、建筑业等传统产业，科技创新主体少，新动能不足，提质增效、绿色发展的任务十分繁重。四是按照新一版北京城市总体规划要求，城乡规划亟待调整完善，宜居新城、精品小镇、美丽乡村建设速度与群众期盼有较大差距，城乡社会精细化治理水平不高。五是民生保障能力不强，就业、教育、医疗等公共服务资源供给不足，低收入群体增收任务艰巨。六是部分党员干部责任感紧迫感还不够强，担当精神、能力素质与面临的形势要求相比还有差距，等等。对此，我们将采取切实有效的措施，下大力气加以解决。

第二部分 2018年重点工作任务

2018年是贯彻党的十九大精神的开局之年，是改革开放40周年，是决胜全面建成小康社会、实施“十三五”规划承上启下的关键一年。刚刚闭幕的区委二届五次全会深刻分析了延庆面临的新形势新任务，明确提出延庆正处于赛会筹办决战决胜期、生态涵养提质跃升期、绿色发展攻坚突破期。2018年工作要坚持稳中求进的总基调，坚决打好“防范化解重大风险、精准脱贫、污染防治”三大攻坚战，着力抓好“落实北京城市总体规划、以疏解非首都功能为‘牛鼻子’的京津冀协同发展、冬奥会及冬残奥会”三件大事。2018年全区工作的总体要求是：高举中国特色社会主义伟大旗帜，深入贯彻落实党的十九大精神，以习近平新时代中国特色社会主义思想为指引，坚定不移实施生态文明发展战略，全力攻坚冬奥会筹办，决战决胜世园会筹办，高标准高质量完成全年目标任务，更好满足全区人民日益增长的美好生活需要，奋力推动延庆绿色发展迈上新台阶。

2018年全区经济社会发展主要预期目标是：地区生产总值按不变价同比增长8.5%左右，一般公共预算收入同比增长6.5%左右，城乡居民人均可支配收入同比分别增长8.6%左右和8.8%左右，低收入农户人均可支配收入增速达到9%以上，万元GDP能耗、水耗、PM2.5年均浓度达到市级要求。重点做好以下七方面工作：

一、紧扣时间节点，全力以赴，精准聚焦赛会服务保障

今天距世园会开幕只剩489天，距冬奥会测试赛也仅剩两年时间，任务艰巨、时间紧迫，全区上下必须扭住关键、主动聚焦，以超常之力加速攻坚，以决战决胜的姿态加快推进赛会各项筹办任务。

聚力冬奥会筹办关键期。冬奥即将进入北京周期，各项筹办工作必须深入贯彻“四个办奥”理念，取得重大突破。要完成核心区征地拆迁，建成规划展示中心，确定赛区PPP项目社会投资人。国家高山滑雪中心工程完成60%、雪车雪橇中心完成赛道U形槽结构施工、冬奥村和山地媒体中心结构施工完成50%。加快外围配套基础设施建设，完成京张高铁支线征拆，综合管廊完成总工程量的10%左右，4项水务保障工程完成40%，松闫路改线段主体完工，开工建设电力保障项目、综合交通服务中心。持续推进囤雪实验，做好雪季气象保障工作，加快北京市冰上项目训练基地建设。完成张山营镇域、西大庄科村庄规划并适时启动。强化赛区综合管理，打造智慧赛区建设管理模式。制定实施生态环境可持续管理方案，抓好冬奥森林公园建设，完成冬奥会对延庆影响研究课题、推动成果应用。完善筹办运行机制，充分发挥“一办十组”统筹协调作用。配合做好会徽发布和“北京交接”，认真学习平昌冬奥会、冬残奥会筹办举办经验。完成国际雪联越野滑雪中国巡回赛、全国大众高山滑雪巡回赛等赛事筹办工作，锻炼培养赛会运行保障人才。实施“共享冬奥”公众参与工作计划，营造喜迎冬奥的热烈氛围。

冲刺世园会筹办决胜期。北京世园会恰逢新中国成立70周年，各项服务保障工作都应在2018年内基本完成。以高水平开园迎客为目标倒排工期，园区内场馆、配套市政设施及公共景观建设10月底全部完工、交付布展；高压迁改、园外综合管廊、水电气暖等市政配套工程年底前全部完成、进入调试阶段。园区征地拆迁农民转非安置工作7月底前全部完成。兴延高速、延崇高速平原段等对外通道、百康路等13条区域道路、11个园区周边停车场及沿线绿化工程冬季前全部完成，妫河世园段水生态治理、园区周边绿化、主要节点景观建设上半年全部完成，实现110国道二期工程实质性开工。完成城乡综合环境整治三年行动计划，确保市容整洁、秩序井然。世园酒店等4家新建酒店、12家改造提升酒店年底前完工、具备运营条件，会时快餐供应能力提升、特色餐饮街区改造等餐饮接待体系建设10月底前全部完成，加快培育园区周边世园人家。智慧交通、智慧旅游、智慧城市管理、智慧安保等智慧城市系统建设10月前全部完成、具备压力测试和试运行条件，建立健全智能交通指挥调度体系和工作机制。完成会时安保维稳顶层设计、安保指挥中心及配套工程、社会面防控智慧体系等软硬件建设，具备实战演练条件。完成志愿者招募培训，全民迎接世园、奉献世园的浓厚氛围基本形成。协同推进票务营销及景区联动工作，开发3—5条世园园艺主题游线路，与会时票务及公共交通形成联动。

二、厚植生态本底，持续加压，全面提升环境景观品质

紧扣赛会对优良生态环境的要求，坚持国际一流标准，深化生态文明体制改革，统筹山水林田湖草系统保护和建设，生动诠释绿色办奥理念和“绿色生活、美丽家园”的办会主题。

深化疏解整治促提升专项行动。按照疏

解整治促提升2018—2020年行动方案要求，以“零容忍”态度打击新生违法建设和各种抢栽抢种行为，拆除既有违建面积不低于11万平方米，实现8个街乡镇占道经营动态清零、2个点位重点整治，完成无证无照经营整治82户，重点整治4条街巷“开墙打洞”，疏解一般制造业10家、区域性市场8家，实现“散乱污”企业动态摸排、动态清零。高标准完成浅山区违法占地违法建设治理任务，全面完成2017年度土地督察整改任务。突出城区、园区、赛区，按照“十有十无、五好”标准，高质量完成76条背街小巷环境整治提升，盘活闲置低效空间资源，加大“留白增绿”，为城乡发展释放更多优质空间。

打赢蓝天保卫战。制定实施新一轮清洁空气行动计划，全面强化落实秋冬季攻坚行动方案，压实综合治理任务措施。完成城东、城南燃煤锅炉改造，整体推进76个村约2万户煤改清洁能源工作，完成46个村1万户左右的煤改清洁能源任务，推进30个村的电力基础设施建设，实现冬奥会赛区、世园会园区周边基本无煤化，建成张山营、沈家营无煤镇，压减燃煤13万吨以上。采取超常规措施清煤降氮、控车减油、打散治污、清洁降尘，全面完成砂石场整治，持续治理乱堆乱放、露天烧烤等违法违规行为，强化督查检查和执法处罚力度，确保完成秋冬季PM2.5平均浓度同比下降25%以上和重污染天数同比下降20%以上的目标任务。有序推进排污许可证发放和第二次全国污染源普查工作。借助北京市环保督察组进驻延庆机会，全面体检环保工作中存在的问题，不断提升环境保护能力和水平。建成用好“智慧环保”系统，严格落实网格化环境监管，完善环保督察机制，加大监督考核、量化问责力度，有效落实环境保护职责分工和空气重污染应急预案，用足用好“环保法庭”。

打胜碧水攻坚战。瞄准突出问题，狠抓水环境治理和污水治理三年行动计划落实。建设完成千家店等6个乡镇级污水处理厂、80公里污水管网，实施水生态修复工程、湿地森林公园建设，确保各考核断面达到目标责任书要求，妫河水质达到Ⅲ类以上。完成57公里城南供水管线工程，加快平原区地表水供水二期及农村饮水健康行动等工程建设，实施2018—2020年节水行动计划，强化用水总量、用水效率双线管控，推进海绵城市试点建设，持续创建水生态文明城市，力争到2020年万元GDP能耗、水耗达到生态涵养区平均水平。充分发挥各级河长作用，落实“三查、三清、三治、三管”，解决好河湖管理保护突出问题。

打好美景持久战。深入创建国家森林城市，持续加强浅山区生态修复和生态保护，持续提升生态廊道和重要节点的生态环境质量，精雕细琢城市景观，加快绿景向美景转变。开展园艺主题街区和各类绿色创建，实施新一轮百万亩造林、浅山区绿化、京津风沙源治理、森林健康经营等工程19.25万亩，森林覆盖率达到58.66%。全面启动小张家口垃圾填埋扩容等环卫场站建设，以新城为重点推进市级垃圾分类示范片区创建，健全土壤环境质量详查和监测网络，严控农业面源污染。倡导推广简约适度、绿色低碳的生活方式。

三、坚持绿色发展，转型升级，着力构建绿色“高精尖”经济结构

新时代经济发展以高质量为基本特征，而首都经济更加突出创新发展。要狠抓两件大事带来的新机遇，深化供给侧结构性改革，坚持中高端低密度发展方向，坚持科技创新和文化创新双轮驱动，以园艺、冰雪产业助推延庆“高精尖”经济发展。

突出旅游休闲度假产业主导地位。编制完成全域旅游空间布局规划，围绕吃、住、行、游、购、娱等要素强优势补短板，以创建国家全域旅游示范区为抓手推进旅游业向休闲度假产业转型、向全时全域旅游转型。推动冰雪体育与旅游休闲度假产业融合发展，启动冬奥冰雪小镇部分产业项目，推进石京龙滑雪场升级改造和启迪冰雪四季小镇建设，举办2项

国际级、4项国家级、3项市级冰雪赛事活动，培养一批专业化国际冰雪体育人才。以长城国家公园体制试点改革为契机推动长城文化带建设，筹建长城文化发展研究院，深度挖掘长城文化、红色文化、地质文化等优秀传统文化资源，深化大庄科开放式红色体验基地建设，办好第23届消夏避暑季、第32届冰雪欢乐节等旅游节庆活动，打造京张文化体育旅游带。深入推进生活性服务业品质提升三年行动计划，建立运行旅游市场秩序综合监管平台和统一受理的旅游投诉机制，新建10座旅游公厕，逐步提升旅游综合服务水平。推动建筑创意产业园国际培训中心建设，实现八达岭森林生态体验基地开业，旅游景区和观光休闲农业收入增幅8%以上。

推进都市型现代农业提质增效。出台促进园艺产业发展指导意见和政策措施，实施农场一期启动区基础设施建设，完成10个重点产业园基础设施提升工程，实施多功能花卉新品种科技世园专项支撑项目，加大重点科研机构、园艺企业引进力度，逐步提升现代园艺产业集聚区品牌效应和行业地位。对接会时需要持续建设绿色有机食品供应基地，以“延庆优质农产品”为重点，顺应精品、特色消费需求实施“互联网+农业”，依托中国国际农产品交易会、京东延庆特产馆等平台，加大国光苹果、延怀河谷葡萄、燕山板栗等国家地理标识产品和“延庆·有机”品牌推广力度，实现有机农业产值达到农业总产值的21.5%。新发展6家精品民宿、4个民俗村、50户星级民俗户，提升沟域经济发展质量，打造田园综合体。

培育科技创新产业落地生根。做优做强新能源环保产业，全面实施能源互联网综合示范区项目并力争成为全国典范。深化新能源高端研发制造+科技示范应用的联动发展模式，激发北玻院、北邮大学科技园创新潜力，盘活2处闲置低效用地，出台能源互联网和体育科技产业政策助推产业集聚。全力建设长城脚下创新家园，一期实现供地并部分开工，二期启动土地一级开发。完善园区交通、餐饮等生活配套设施，落实120套人才公租房，建成3个众创空间，园区招商展示和综合服务中心投入使用，持续开展科技大讲堂活动。优化中关村延庆园体制机制，发挥第三引擎作用，支持实体经济发展，园区高新企业突破100家，高新技术企业收入、地均产出率、劳均产出率均增长10%，形成区级财政收入突破10亿元。

四、落实城市总规，优化布局，不断提升规划建设管理水平

全面落实北京城市总体规划，有序疏解非首都功能，以赛会对高质量城乡基础设施和公共服务配套设施的需求为导向，补齐短板，统筹推进宜居新城、精品小镇、美丽乡村建设，促进城乡功能不断完善、发展更趋协调。

完善城乡规划体系。全面落实延庆功能定位，以资源环境承载能力为硬约束，坚持人口和建设规模双控机制，严守人口总量上线、生态控制线、城市开发边界三条红线。完成延庆分区规划、新城规划及街区控规、乡镇域总体规划、村庄规划等编制工作，出台分区规划实施方案，为一张蓝图干到底提供科学支撑。落实“多规合一、减量提质”总体要求，推动城乡规划与土地利用、经济社会发展、环境保护等规划相衔接，制定2018—2020年城乡建设减量计划，促进空间布局优化和土地资源有效配置。落实市区两级规划事权调整改革方案，完成规划与国土部门机构整合，建立城市规划委员会制度，有效实施协作规划制度，建立责任规划师考核及退出机制，落实一年一体检、五年一评估常态化城市体检评估机制，坚决维护规划的严肃性和权威性。

加快宜居新城建设。完成南菜园1—5巷、南辛堡—民主村—百眼泉项目安置房主体工程，实现小营—石河营、康庄一二三街项目安置房开工建设，实施3个老旧小区综合改造，推进北关项目一级开发。落实2018—2020年棚改计划，将更多项目纳入棚改实施册，启动10个街村4000余户的棚户区改造。实施玉皇阁大街

等3条道路交通环境整治工程，完成妫川广场景观风貌改造和夜景照明三期工程，提升公园品质和城区绿化园艺水平，满足赛会需求。建成112块体育专项场地，实现全民健身中心工程完工。制定实施综合交通治理方案，开展停车电子收费试点。倡导绿色出行，优化公交线路4条，增加停车位700个。

实施乡村振兴战略。始终把发展“三农”作为工作重点，坚持农业农村优先发展。推进国家新型城镇化试点建设，深化集体产权制度改革，完成农村土地承包经营权确权颁证及信息系统建设。壮大集体经济，培育新型农业经营主体，发展具有区域特色的重点产业。继续开展都市型现代农业示范乡镇、“一村一品”示范村创建工作，实现康庄集体土地租赁住房建设开工，加速规划建设冬奥冰雪休闲小镇和世园风情小镇。整合力量开展120个美丽乡村建设，编制完成245个村庄规划建设实施方案，推动教育、医疗、体育、文化等公共服务向农村地区倾斜布局，完成刘斌堡中学主体工程和康庄中心小学改扩建工程，新建80个村级卫生室，启动1680户农村危房改造三年工程，保护发展传统村落。充分发挥乡镇主体责任作用，完善考核体系，注重农村工作经验积累，加强农村法治建设，推动健全自治、法治、德治相结合的乡村治理体系。

五、以人民为中心，牢记使命，满足人民美好生活需要

紧抓群众最关心最直接最现实的问题，一件事情接着一件事情办，一年接着一年干，坚持不懈、久久为功，以办大事、促发展、惠民生的扎实成效，持续增强人民获得感、幸福感、安全感。

提高增收保障能力。继续实施产业发展、兜底保障、社会力量等专项帮扶，实现“六个一批”精准帮扶举措覆盖到村到户，90%以上低收入农户收入达标、低收入村产业项目全部落地，初步形成“造血”机能。坚持就业优先战略和积极就业政策，根据赛会服务保障和经济社会发展实际需求，在冰雪体育、园艺、能源互联网等产业领域开发更多的就业岗位，实现街乡镇社会公益性就业组织全覆盖，新增城镇就业6000人，城镇登记失业率控制在4%以内。实施精准化职业技能培训3000人，力争实现80%以上的求职登记人员绿色就业，不断提升城乡居民收入水平。落实对口支援工作，助力受援地区如期脱贫。

持续改善民生福祉。坚持幼有所育、学有所教，加强师资队伍和师德师风建设，启动新城区域幼儿园建设，开工建设一职新校区，继续实施“无证幼儿园专项治理行动”，普及校园足球和冬奥世园知识，形成区域教育特色。引进市级优质教育资源，推进城乡教育一体化发展。完善公共文化服务体系，加快设施达标化建设，完成全区非物质文化遗产普查登记，策划首届长城文化节，深入实施文化惠民工程。实施健康延庆建设，全力攻坚国家卫生区创建工作，完善创伤中心、康复中心建设，筹建冰雪运动损伤中医治疗中心、心脏中心，加快医疗急救体系建设，实施区中医院迁建一期项目，启动大庄科乡社区卫生服务中心改扩建工程，加快乡村医生队伍建设，使城乡人民病有所医。持续深化养老服务体系建设，继续实施慈善“1+1”关爱空巢助老项目，建设完善老年人用餐服务体系，实现新建社区老年餐桌全覆盖。多渠道多途径筹集共有产权房2500套，调整公租房和市场租房补贴准入标准，满足区域住有所居需求。继续开展“妫川希望”助学、“拒绝绝望”大病救助、SOS紧急救助慈善项目，深化入户访问等精准化服务，兜牢弱有所扶底线。

提升社会治理水平。深入落实精治、共治、法治要求，着力增强城乡精细化治理能力。理顺城市管理体制机制，成立区城市管理指挥中心，推进多网融合及人员、资源、服务、管理下沉，为414个基础网格配备专职网格员，完成18个街乡镇实体化综合执法平台建设。深化社会主义核心价值观，持之以恒创建

全国文明城区，继续开展“延庆榜样”“身边好人”等选树工作。探索建立多元有效的共治方式，培育鼓励社会组织更多参与冬奥世园服务保障，促进社会规范有序发展。深化安全隐患大排查大清理大整治三年专项行动，持续开展冬奥世园等重点工程安全专项执法行动，保持安全生产监管高压态势。启动首届政府质量奖评选工作，完成80%的餐饮服务单位“阳光餐饮”工程建设。完善全民反恐体系，筑牢网络、消防安全防线，加大黄赌毒管控力度，全面深化“平安延庆”建设。

六、全面深化改革，扭住关键，持续激发发展动力活力

在全面贯彻落实中央和北京市各项改革任务的基础上，把深化改革作为推动赛会筹办、解决区域发展不平衡不充分问题的动力源泉，着力推进具有延庆特色的各项改革。

推进重点领域改革。持续加大生态文明体制改革力度，贯彻落实北京市绿色发展指标体系和生态文明建设考核目标体系，完成主体功能区建设试点中期评估，完成2014—2016年度生态环境核算体系研究报告，落实自然保护区生态保护红线管理制度。转变政府职能，抓实“放管服”改革，落实衔接中央、市级取消与下放行政审批事项，完善“一科制”审批制度，强化行政审批事中事后监管。深化街道社区管理体制改革，梳理街道职责并定量分析、细化落实，健全社区居委会组织体系，进一步推动重心下移、力量下沉，实现“街乡吹哨、部门报到”。理顺农业行政管理、行政执法、服务机构之间的职责关系，构建职责清晰、分工明确、权责统一的农业管理体制。推进事业单位分类改革，完成经营性事业单位改革。全面落实国资委统管国有企业的制度要求，扎牢国有资产保值增值管理制度，初步完成城市建设、文化旅游、国有资产、现代农业、城市商业等板块的国企改革。实施好中高考改革，深化考试招生制度和课程教学改革，推动教育优质均衡发展。深入实施医药卫生体制改革，探索引入社会资本参与医疗服务建设。

改革优化营商环境。印发实施改革优化营商环境工作方案及要点，坚持服务发展在地实体企业与加大招商引资力度并重，健全税源建设工作机制，建立企业投资服务平台，制定落实联系服务企业和支持企业发展的系列办法，细化重点企业、成长企业和招商企业名录，健全重大项目、重点问题台账清单，推动“高精尖”经济要素的培育和集聚。研究制定推行“多证合一、一照一码”登记改革工作实施方案，构建中关村延庆园考核评价体系，细化服务企业发展的“政策工具箱”，用好旅游、园艺、冰雪等产业发展专项资金和生活性服务业资金政策。加快人才公寓、医疗养老等公共服务保障设施配套，保证符合条件的来延企业随迁子女就近接受良好教育。

七、强化自身建设，狠抓落实，切实提升政府履职效能

完成好赛会筹办举办及全年各项任务关键是抓落实、主体是各级领导干部，要以首善标准全面加强党的领导、促进政府自身建设，加快职能转变，全面提升政府执行力和公信力。

扎实构筑法治政府。坚决执行区人大及其常委会的决议决定，自觉接受人大工作监督、法律监督。更加注重政协民主监督和协商民主，认真听取民主党派、工商联、无党派人士和人民团体意见建议。继续落实人大代表、政协委员列席政府常务会制度，认真办理人大代表建议和政协提案。坚持并向基层强化会前学法制度，提升运用法治思维、法治方式及法律手段解决问题的能力。严格执行“三重一大”决策程序和合法性审查机制，完善依法行政工作考评体系，强化落实行政执法“月统计、季通报、半年听取分析报告”的制度，行政机关负责人出庭应诉率达到40%以上。完成“七五”普法中期验收，发挥区乡镇两级政府法律顾问服务保障作用，加强法治培训和普法宣传。加大政务和政府信息公开力度，让权力在阳光下运行。

有效提升服务效能。坚持以改革促服务，用服务促发展。动态调整权责清单，推进基层各类证明和行政审批中介服务事项清单瘦身，进一步“减证便民”。完成行政审批服务大厅建设，公开公共服务事项办事指南，建成运行政务云信息系统，实现网上咨询、网上受理事项比例大幅提升，持续加强窗口行业等队伍建设。编制完成服务业扩大开放综合试点方案，制定出台创新创业扶持政策，完善人才培养和激励机制，加强信用平台建设。启动第四次全国经济普查。为民办实事28项。

持续深化廉洁从政。严格落实全面从严治党各项要求，坚决拥护以习近平同志为核心的党中央权威和集中统一领导，做到“三个一”和“四个决不允许”。深刻领会习近平总书记关于进一步纠正“四风”、加强作风建设的重要指示精神，严格执行中央八项规定实施细则及相关办法，持之以恒正风肃纪，带头查摆“四风”问题，坚持立行立改，以工作作风、工作方式的转变提高决策效率和水平。深化党章党规学习，深入开展“不忘初心、牢记使命”主题教育，推进“两学一做”学习教育常态化制度化。积极有效履行“一岗双责”，细化廉政风险防控措施，严格落实全程纪实制度，加强效能监察和审计监督，认真落实审计问题整改制度。始终保持反腐败高压态势，加强纪法衔接，加大行政问责力度，力戒“庸懒散软奢”，加大“为官不为、为官乱为”以及侵害群众利益等问题治理力度，进一步营造廉政勤政、干事创业的良好环境。

各位代表、同志们，十九大报告作出了“中国特色社会主义进入新时代”的重大判断，北京正处于由“城”向“都”转型发展的攻坚期，以首善标准加强“四个中心”功能建设、做好“四个服务”是首都发展的全部要义所在。我们必须顺应国家转型发展大势和首都建设要求，清醒地看到两件大事筹办工作的紧迫，特别是发展机遇一天天过去。面对这样的形势，2018年的关键就是狠抓落实。我们将在习近平新时代中国特色社会主义思想的指引下，在市委、市政府及区委的坚强领导下，把各项工作措施量化、细化、项目化、具体化，将责任逐级压实，形成一级抓一级、层层抓落实的良好工作格局；我们将不断深化和完善综合经济调度、重大项目协调、专项行动协作及各项改革创新机制，以机制规范优化任务落实和决策流程；我们将坚持以上率下，加大区政府领导指导督查力度，以高度的行动自觉和强烈的责任担当，以超常规的工作状态，奋力推动赛会筹办和跨越发展取得新成绩，为加快建设国际一流的生态文明示范区和美丽延庆而努力奋斗！

（栏目编辑：景冰芳）

专 文

关于提升基层党组织群众凝聚力引领群众服务保障冬奥会世园会筹办举办的思考

中共北京市延庆区委书记　李志军

党的十九大报告提出，要以提升组织力为重点，突出政治功能，把企业、农村、机关、学校、科研院所、街道社区、社会组织等基层党组织建设成为宣传党的主张、贯彻党的决定、领导基层治理、团结动员群众、推动改革发展的坚强战斗堡垒。提升基层党组织组织力，必须以提升群众凝聚力为基础，让基层组织真正成为群众的“主心骨”。当前，延庆正在攻坚决胜冬奥会世园会筹办举办，迫切需要通过提升基层党组织群众凝聚力，为赛会筹办举办汇集全区人民智慧力量。总结近年来延庆提升基层党组织群众凝聚力引领群众服务保障冬奥会世园会筹办举办的主要做法成效，查摆存在的问题不足，探讨下一步的对策建议，对于进一步提升基层党组织凝聚力，更好地凝聚党心民心，汇聚起服务保障冬奥会世园会筹办举办的强大力量具有十分重要的意义。

一、做法和成效

近年来，延庆区紧紧围绕服务保障冬奥会世园会筹办举办这条主线，坚持以党的建设为统领，大力加强基层党组织建设，不断提升基层党组织凝聚力，动员引导广大党员群众参与赛会筹办，初步形成了强化宣教凝共识、树立形象聚民心、改善民生汇合力的良好局面。

（一）旗帜鲜明强化理论武装，思想共识初步形成

思想是行动的指南，只有在思想上达成共识，才能有效形成凝聚力。延庆区将凝聚思想共识作为引导群众服务保障赛会筹办举办的首要任务，以强化党的思想理论教育培训、核心价值观培育践行、绿色发展大事宣传引导为主要抓手，努力引导全区党员群众紧跟旗帜、聚焦赛会，为增强基层党组织凝聚力打牢思想基础。一是抓住党的思想理论这个根本加强教育培训。把党的理论路线方针政策、党情国情市情区情作为教育培训的基础，依托区委党校和22个基层党校，发挥党支部教育党员功能，建立完善“八个一”学习模式（即组织党员干部读一本经典、看一场展览、观一场演出、看一部电影、听一次宣讲、做一次实践、做一次调研、写一篇文章），对基层党组织负责人、党员、党员发展对象等进行深入教育,将理论学习扎实延伸到基层党组织。特别是围绕深入学习宣传贯彻党的十九大精神，对处级领导干部、基层党代表、村“两委”干部开展专题培训，组织25支宣讲团深入基层，利用新媒体送学帮学，实现了3.3万名党员和各个社会群体学习教育全覆盖，引导广大党员坚守政治信仰、站稳政治立场、把准政治方向，把时刻听党话、坚守理想信念高地的思想认识转化为坚定跟党走、团结群众推动赛会筹办的实际行动。二是抓住社会主义核心价值观这个灵魂加强培育践行。将社会主义核心价值观培育与冬奥会世园会筹办、文明城区创建紧密结合，组织“创文明城区 办百姓实事 迎世界盛会”等惠民文化活动，实施不文明行为专项整治行动等十大专项行动，拍摄完成《北平以北》红色记录电影，组织红色交响乐演出等红色主题活动，成立“踏上新征程，文明我先行”等6支特色宣讲团，深化拓展“秀美乡村 成风化人”活动，将社会主义核心价值观融入到社会各个领域、体现到生活各个方面，为赛会筹办举办营造了

文明社会环境。三是抓住冬奥会世园会这个重点加强宣传引导。紧密结合冬奥会世园会主题，组织开展“我为世园做贡献 我为冬奥添光彩”“我身边的园艺达人”、万人上冰雪等形式多样的群众性主题活动，围绕冬奥会世园会主动宣传推介，2017年在市级及以上媒体刊发稿件3300余条，广播电视播发361条，网络原创转发报道2100余条，营造了喜迎赛会的社会氛围。适应赛会服务保障需要，广泛开展园艺、冰雪大讲堂系列培训，深化了基层党员群众对赛会的理解认识。在赛会相关重点工程、重大项目中建立临时党支部，组建党员突击队和志愿服务队，涌现出海坨之家志愿服务队等一批先进典型，对带动全区各个群体投身赛会筹办工作起到了良好示范作用。

（二）标本兼治维树良好形象，民心民意广泛汇集

党的形象直接影响党的凝聚力，只有树立和维护好基层党组织忠诚团结、务实进取、勤政廉洁的良好形象，才能为基层党组织增强凝聚力提供重要保证。延庆区将推动全面从严治党向基层延伸作为引导群众服务保障赛会筹办举办的关键环节，严抓政治建设、组织建设、作风建设，着力营造风清气正的政治生态，以党的建设新成效赢得群众的广泛支持，为增强基层党组织凝聚力打牢政治基础。一是牢牢把握党的政治建设首要任务。把旗帜鲜明讲政治作为基层党组织的根本要求，把严肃党内政治生活作为加强基层党组织政治建设的重要任务和基本途径，认真贯彻落实《关于新形势下党内政治生活的若干准则》《中国共产党党内监督条例》，研究制定关于严格党内组织生活十项规定、建立主题党日制度、规范发展党员入党宣誓仪式等系列规范性文件，制定“两学一做”学习教育常态化制度化实施方案，全面落实区级党员领导干部党建工作基层联系点制度，加大对基层党组织开展党内政治生活的督导力度，基层党组织党内政治生活的政治性时代性原则性不断增强，基层党组织在广大群众中的威望不断增强，组织动员群众服务保障赛会的影响力进一步提升。二是紧紧抓住组织建设工作基础。坚持配强赛会筹办一线力量、引领工作方向，选派政治过硬、执行力强的优秀干部到赛会筹办相关部门和乡镇担任主要负责人，组建世园会、冬奥会筹办领导小组办公室，推进世园、冬奥人才行动计划，借助“人才京郊行”“首都高校博士生挂职锻炼”等平台，柔性引进12名体育竞赛、交通建设和环保等领域的高端紧缺人才，强化人才保障。围绕赛会服务保障，选树培育“产业富民型、保障民生型、高效便民型、民主管理型、文化凝聚型”的“五型模式”党组织典型，实施473个党支部规范化试点建设，加强对31个软弱涣散基层党组织整顿转化。通过夯实人才保障和组织基础，基层党组织整体功能得到强化，赢得了广大群众更多信任，组织动员群众服务保障赛会的带动力进一步提升。三是始终坚持作风建设永远在路上。坚决贯彻落实中央八项规定实施细则精神和市委办法，出台延庆区贯彻落实实施办法，2017年从严查处违反八项规定问题19起，给予党纪政纪处分19人。深入推进“为官不为、为官乱为”以及“整治和查处侵害群众利益不正之风和腐败问题”专项治理，对18家单位进行了集体约谈，对部分乡镇领导、村“两委”干部进行了重点约谈和警示谈话。持续打造“德蕴清风”廉政品牌，将党风廉政教育融入红色文化教育中，带动全区2.1万余人次党员干部接受教育。积极推进监察体制改革，成立13个派驻纪检监察组，实现74家区级党和国家机关派驻纪检监察机构全覆盖，启动区委巡察工作，首轮工作查核问题事项35项，移交问题22项。将纪检监察组纳入冬奥会世园会筹办举办工作机构，出台“十严禁”纪律要求，有效落实了廉洁办赛会要求。通过持之以恒正风肃纪，全区党风政风持续向好，更多基层党组织赢得了广大群众的广泛信赖，引导动员群众服务保障赛会的感召力进一步提升。

（三）贴近民生促进共建共享，智慧力量有效聚合

民心是最大的政治，只有使广大人民群众在共建共享中有更多获得感，才能赢得人民群众的真心支持和拥护。延庆区将联系服务发动群众作为引导群众服务保障冬奥会世园会筹办举办的力量源泉，以提高群众参与度、满意度、支持度为主要途径，努力促进解决民生问题、增进民生福祉与服务保障赛会筹办相结合、相统一，为增强基层党组织凝聚力打牢社会基础。一是积极推进基层民主，提高群众参与度。坚持和深化“三务”公开，加大对党务、村务、财务的监督力度，培育和选树了20个“三务”公开工作先进村，进一步强化了群众的主人翁意识。鼓励基层党组织在强化民主管理方面发挥积极作用，建立村民议事会等村民自治组织，完善村规民约，支持群众为加强基层党组织建设、推动赛会筹办献智献力，进一步调动了群众参与村级事务、服务保障赛会的积极性。二是真心为民排忧解难，提高群众满意度。深入开展在职党员服务社区、党员志愿服务、党员“设岗定责”、党员户挂牌等活动；坚持以基层党建引领低收入村户发展增收，实行领导干部、党员联系帮扶村户制度，精准助力低收入村户增收攻坚。建立区级党员领导干部党建工作基层联系点制度，区级党员领导干部到党建联系点174次，有效解决了农村地区养老难、环境治理困难等一批关系群众切身利益的问题，赢得了群众赞誉。三是借力大事加快发展，提高群众支持度。强化基层党组织和党员领导干部办大事、促发展、惠民生的执行力，充分发挥冬奥会世园会筹办举办带动作用，推动京张高铁、兴延高速建设，开通“陕京四线”，群众普遍关注的对外交通瓶颈和能源供应问题逐步打破。以前所未有的力度加速城乡建设，实施20个单元城中村改造五年行动计划，推进各乡镇特色发展和美丽乡村建设，宜居新城、精品小镇、美丽乡村的城镇体系初步构建，城乡面貌和群众居住条件明显改善。借力大事促进绿色产业引增量、优存量、提质量，启动国家全域旅游示范区创建，大力建设长城脚下的创新家园，加速发展冰雪体育、园艺花卉产业，绿色产业体系初步构建，群众就业渠道进一步拓宽。在赛会相关工程中优先安排本地劳动力就业，对农村劳动力开展花卉园艺等技能培训，群众就业收入水平稳步提高。深入开展“疏解整治促提升”“清空净水”等环境治理专项行动，“干净指数”、空气质量保持全市前列，水环境持续改善，良好环境带给群众的幸福感不断增强。借力推进中医院迁建、全民健身中心建设、海淀外国语实验学校延庆校区建设、全国文明城区创建等民生工程，公共服务能力逐步提升。结合赛会会时安保维稳工作深入推进“法治延庆”和“平安延庆”建设，社会保持和谐稳定，群众赛会筹办获得感不断增强，支持赛会筹办的热情持续高涨、力度持续加大。

二、问题和不足

当前，世园会筹办进入决胜阶段，冬奥会正式进入北京周期，急需基层党组织团结引导党员群众在赛会筹办举办上再聚焦、在任务攻坚克难上再加压。但目前全区基层党组织的群众凝聚力还没有充分发挥，广大党员群众深度参与赛会筹办的局面还没有完全形成，主要体现在三个方面。

（一）聚焦聚力参与赛会筹办的思想共识不够高，宣传引导有待深化

主要是基层党组织、党员群众对于冬奥会世园会筹办工作的紧迫性认识不到位、聚焦度还不够，没有完全将思想统一到赛会服务保障任务上来。目前的宣传教育对基层党组织的针对性不够强，有的宣传有广度、没深度，无法深层激发党员群众参与冬奥会世园会筹办的积极性，导致个别基层党组织没有真正将服务保障赛会筹办作为本职工作和中心任务，存在“事不关己”心态，时间精力、资源力量的投入不够集中；部分党员群众没有充分认识到办大事和自身利益的密切关系，没有树立起自觉

参与、主动服务赛会筹办的主人翁意识，关注赛会、投入赛会的热情度不够。

（二）主动作为参与赛会筹办的行动自觉不够强，党员示范有待深化

主要是基层党组织、党员推动赛会筹办工作的主动性、创新性不够，落实赛会筹办任务的力度不足。赛会筹办举办相关任务在基层党组织中的细化分解不够具体、督查考核不够严格，导致个别基层党组织存在躲、推、拖现象，对赛会过程中的紧迫任务、紧急事项，仍然不急不躁、不紧不慢，四平八稳、一拖再拖；个别党员干部存在拈轻怕重心理，没有在赛会筹办工作中身先士卒、勇挑重担，先锋模范作用发挥不够充分。

（三）持续有效参与赛会筹办的途径渠道不够宽，群众组织有待深化

主要是群众参与赛会筹办的途径不够丰富，一定程度上降低了群众积极性。部分基层党组织动员群众参与赛会筹办的热情不高、力度不够、创新不足，导致党员群众参与途径多以宣传培训等形式为主，缺少体验实践内容和共赢性，群众持续参与的动力不够充足；志愿服务等部分群众性组织缺乏专业的指导培训，承担赛会筹办任务的能力不足，还不能满足国际盛会的高标准高要求。

三、对策和建议

党的十九大报告指出，党政军民学，东南西北中，党是领导一切的。更好地带领全区党员群众集中精力投入到服务保障冬奥会世园会筹办举办工作中来，必须始终坚持和全面加强党的领导，进一步提升基层党组织群众凝聚力，在统一思想强化认识、建强组织优化形象、压实责任细化任务、拓宽渠道强化力量上下功夫，推动基层党组织和广大党员群众形成一条心办大事、一股劲抓落实的生动局面。

（一）认识向高处引领，形成聚精会神推动赛会筹办的高度共识

对赛会筹办重要性、紧迫性的认识以及对赛会服务保障相关知识技能的掌握，是充分调动基层党组织工作积极性主动性，进而带动党员群众广泛参与的基础。必须按照习近平总书记提出的“策划组织形式多样、生动活泼的文化宣传活动”的要求，持续做好宣传引导、统一思想的工作，推动基层党组织和党员群众一心一意聚焦赛会、不折不扣服务中心。一是要用有力宣传营造热烈氛围。持续提升赛会主题宣传活动的丰富性、覆盖面、和深入度，将赛会筹办进展、办大事促发展惠民生成效、党员群众服务保障赛会攻坚克难的典型事例和效果成绩作为主题宣传的主要内容，整合全区各类宣传资源，开展面向全区各个领域、各个群体的全方位、立体化、多层次、广覆盖的宣传活动，引导全区党员群众深化对赛会筹办重要性紧迫性的认识，增强办大事对区域发展、民生改善推动作用的认识，牢固树立当好东道主的主人翁意识，营造喜迎冬奥会世园会的热烈氛围。二是要用广泛培训增进理解认知。不断增强赛会相关知识技能培训的多元性、群众性和实用性，将植物文化、园艺文化、奥运文化、冰雪文化等知识，以及园艺培育、冰雪运动、外语等技能作为培训的基本内容，利用大讲堂、兴趣团、竞技赛等形式鼓励支持党员群众主动学习，使党员群众对赛会服务保障有更清晰的理解认识和更熟练的技术运用。三是要用深入交流促进经验推广。深入总结提炼群众认可、成效显著的“党支部＋”（通过党支部引领、企业建设、村民参与的方式，促进绿色产业发展、特色文化培育、重大工程建设等）、党建服务“八步法”（在棚户区改造过程中以党建引领党组织和党员助力棚改促发展）等赛会服务保障模式，促进好经验、好做法在基层党组织中的交流传播，形成相互借鉴、共同提高的良好氛围，推动党的建设和群众工作与赛会服务保障深度结合、创新融合。四是要用表彰选树增强示范效应。对在赛会筹办中做出突出贡献的党员干部予以提拔任用上的优先考虑，广泛遴选赛会服务保障中表现突出、成果优秀的基层党组织、党员、普通群众和社会组

织，举办专题评选表彰活动，打造群众身边的榜样标杆，激发广大党员干部群众参与赛会筹办热情。

（二）党建向严处用力，形成团结一心推动赛会筹办的有力保障

建设团结协作、能力过硬、作风优良的基层党组织是凝聚党员群众思想、智慧、力量服务保障赛会的关键。必须按照党的十九大提出的“毫不动摇把党建设得更加坚强有力”“确保党始终同人民想在一起、干在一起”的要求，积极对标赛会服务保障需要，以“抓铁有痕、踏石留印”的决心和勇气抓好基层党组织的政治建设、思想建设、组织建设、作风建设、纪律建设，把制度建设贯穿其中，着力增强基层党组织的政治功能和服务功能，为凝聚民心、汇聚民力服务保障赛会筹办提供坚强保障。一是从严抓政治建设提升领导力。党的十九大报告指出，党的政治建设是党的根本性建设。要把旗帜鲜明讲政治作为根本要求，严格落实中央政治局关于加强和维护党中央集中统一领导的若干规定和北京市实施办法，开展严守政治纪律政治规矩专项督导，加强对贯彻执行《关于新形势下党内政治生活的若干准则》督促检查，从根本上维护风清气正的党内政治生态，增强党组织对党员群众的领导力和威信力，筑牢团结全区人民共同办好大事的核心力量。二是从严抓思想建设提升引领力。党的十九大报告指出，思想建设是党的基础性建设。要把巩固思想根基、强化思想引领作为首要任务，深入学习贯彻党的路线方针政策特别是党的十九大精神，紧密结合延庆改革发展稳定各项工作、赛会服务保障各项任务，精心组织习近平新时代中国特色社会主义思想学习教育，深入开展“不忘初心、牢记使命”主题教育，持续推进“两学一做”学习教育常态化制度化，切实筑牢广大党员思想基础、彰显先锋本色，以强大的思想力量引领群众自觉听从党的号召、跟紧党的步伐，积极投入到赛会服务保障中来。三是从严抓组织建设提升战斗力。党的十九大报告指出，党的基层组织是确保党的路线方针政策和决策部署贯彻落实的基础。要以提升组织力为重点，突出政治功能，进一步完善党支部建设机制，提高规范化水平，围绕服务保障冬奥会世园会解决好党支部“干什么”“什么时候干”“怎么干”“干成什么样”的问题，为赛会服务保障提供坚实组织基础。把准软弱涣散党组织问题症结，依托“五个一”工作机制，进行一村一策有效整治，为赛会服务保障增添力量支撑。对标赛会服务保障对干部的新要求，综合运用上级派、本地选、外面引等方式，选优配强基层党组织特别是赛会服务保障一线党组织领导班子，加强基层党组织后备干部队伍建设、干部教育培训和监督管理，切实把干部人才资源沉到一线，为赛会服务保障补充新鲜血液，以过硬的能力素质带领党员群众奋发进取、攻坚克难。四是从严抓作风和纪律建设提升向心力。党的十九大报告指出，要增强群众观念和群众感情，不断厚植党执政的群众基础。要把改善党风政风、赢取民心民意作为长期工程，持之以恒贯彻中央八项规定实施细则精神和市委、区委实施办法，持续整治“四风”问题特别是十种新表现，不断改善党风政风、凝集党心民心。强化绿色发展大事纪律保障，层层落实赛会廉政责任，健全完善廉政风险防控机制。坚持反腐败无禁区、全覆盖、零容忍，严肃查处违法违纪案件，严肃查处“小官贪腐”和群众身边的腐败问题，以优良的工作作风不断赢得广大群众的信任支持。

（三）责任向细处落实，形成奋勇争先推动赛会筹办的强烈自觉

把责任压实到基层、把任务分解到人头是促进基层党组织和党员干部主动作为率先干，并带动广大群众团结进取一起干的前提。必须按照习近平总书记提出的“加强责任衔接和工作对接，确保各方工作同向、进展协调”的要求，对标赛会筹办各项任务的时间要求和对外承诺，进一步明确各个基层党组织在赛会服务保障中的主

要责任和具体任务，真正发挥基层党组织战斗堡垒和党员先锋模范作用，加速推动赛会服务保障各项工作取得新成效。一是要细化任务清单。按照细化、量化、具体化、项目化要求做好任务分解工作，根据全区各基层党组织的地域分布、职能分工等特点，将冬奥会102项筹办任务和世园会93项筹办任务具体细化到每个基层党支部、每名党员干部，明确主要任务、完成时限、工作标准等，做到“不遗漏、全覆盖”，激发党组织和广大党员动员群众共同完成任务的主动性，确保全面落实绿色、共享、开放、廉洁的办奥理念。严格按时间节点倒排工期，确保兑现延庆关于赛会服务保障的国际承诺。二是要加大考核力度。以赛会筹办工作实效为重要标尺，完善干部考核评价机制，提高赛会服务保障在领导干部和基层党组织绩效考核中的比重，对照任务清单加大服务保障专项工作的督查考核力度，对履职不力、监管不严、失职渎职的干部严肃问责，促进党员干部奋勇争先、积极作为，为广大群众树立榜样。三是要强化党员示范。用好广大党员这个赛会服务保障的中坚力量，发挥其不可替代的示范引领作用，在各项赛会服务保障工作中组建党员突击队、宣传队、服务组，设立党员责任区、先锋岗、示范岗，推动党员干部带头到最艰苦、最关键、最重要的岗位上工作，主动承担最危险、最繁重的建设任务，真正体现出“一个党员就是一面旗帜、一个支部就是一座堡垒”的强大号召力、凝聚力、战斗力。

（四）力量向深处集结，形成步调一致推动赛会筹办的扎实行动

提高办大事促发展惠民生成效是提升基层党组织群众凝聚力推动赛会服务保障的根本。必须按照习近平总书记提出的“共同参与、共同尽力、共同享有”的要求，借力大事推动全区实现高质量发展、着眼群众生活需要切实加大惠民力度，让百姓切切实实感受到赛会筹办举办带来的实惠，赢得全区人民对赛会服务保障的有力支持。一是要实施惠民工程。党的十九大报告指出，增进民生福祉是发展的根本目的。要在改善城乡面貌、壮大绿色产业、提高环境品质、提升就业水平、优化公共服务等方面强化办大事、惠民生执行力，按照北京城市总体规划要求，推动园区、赛区、城区、镇区、村庄建设相融合，以棚户区改造、路网微循环建设，城市风貌管控改造、精细化管理等为主要内容加快提高新城服务承载能力，以基础设施建设、产业和公共服务项目落地等为重点任务完善镇区功能，以“实施乡村振兴战略推进美丽乡村建设”为抓手提高农村发展品质，为赛会举办和群众生活提供坚实承载基础。发挥生态涵养、运动休闲、长城文化、交通区位等方面的特色优势，发展高品质的体育、文旅、休闲、科技研发、文化创意等产业，为赛会举办和区域高质量发展提供有力产业支撑。开展“疏解整治促提升”“清空净水”等专项行动，进一步净化环境，实施百万亩造林、城乡景观提升等工程，进一步美化环境，为赛会举办和群众生活打好美丽底色。继续在赛会服务保障相关工程中最大限度地安排本地劳动力就业，将赛会相关产业发展与低收入村的资源禀赋紧密结合，支持壮大村级集体经济，助力低收入村户致富增收，为赛会举办和群众生活营造稳定社会环境。在教育、医疗、文化、餐饮、住宿、商业等领域，加快布局建设一批高品质公共服务设施，提升区域综合发展品质，为赛会举办和群众生活提供便利条件。二是要实施聚力工程。党的十九大报告指出，要依靠人民创造历史伟业。要以建言献策、监督治理、志愿服务等各种方式为群众参与赛会服务保障拓展渠道，用民间智囊等方式积极征求群众意见建议，用小巷管家、百姓督查队等方式不断加强群众监督，用群众智慧为赛会服务保障添彩。完善赛会志愿者招募培训机制，吸引普通群众以志愿者身份参与赛会服务保障，加强专业化志愿服务技能培训，鼓励支持志愿服务团队从环境治理、城乡建设、安全维稳、交通引导、对外宣传等各个方面参与赛会服务保障，作响“延庆蓝”等区域志愿服

务品牌，用群众力量为赛会服务保障加油。加大社会化方式提供赛会服务保障的力度，鼓励群众以推出赛时会时特色餐饮、建设精品民宿、开办世园人家、打造园艺主题社区（村庄）、参与冰雪运动等方式提供支持、营造氛围，用群众资源为赛会服务保障助力。

关于实现“多网融合”落实“街乡吹哨、部门报到”机制的调研报告

北京市延庆区人民政府区长　穆鹏

落实“街乡吹哨、部门报到”工作机制，助推社会治理重心下移，有效解决城市管理、环境保护、拆违控违、安全隐患等突出问题，着力提升城市精细化管理水平，必须尽快实现“多网融合”。

一、“多网融合”是“街乡吹哨、部门报到”的基础性工作

打造共建共治共享的社会治理格局，推动社会治理重心向基层下移，构建简约高效的基层管理体制，使基层有人有权有物，保证基层事情基层办、基层权力给基层、基层事情有人办，是党的十九大及十九届三中全会的重大战略部署。落实中央精神，北京市推进城市治理改革，深化街乡管理体制机制创新，提出并推动落实“街乡吹哨、部门报到”。其根本目的是构建以党建为引领的简约高效的基层治理体制机制，通过赋予街乡更多的自主权，充分发挥基层的积极性、主动性、创新性，更加突出条块结合，形成工作合力，实行扁平化管理，解决社会治理“最后一公里”问题。

延庆区结合实际，全面落实“街乡吹哨、部门报到”各项工作任务，完成党组织和在职党员“双报到”、综合执法平台实体化建设等工作，编制街乡职责清单、综合设置各类机构、社区减负、协管员队伍整合、完善基层考核评价制度等工作正在稳步推进。在工作实施过程中，我们越来越清晰地认识到，实现“街乡吹哨、部门报到”长效化、常态化，构建条专块统、职责清晰的三级网格化管理体系，“多网融合”是一项基础性工作，必须首先做实做细。

二、延庆区“多网融合”的工作现状

2013年以来，延庆区不断深化网格化社会服务管理体系建设，建立“1133”网格化工作体系，完善网格化信息系统，推动职能部门力量下沉到网格，加强网格员队伍建设，初步实现“三网融合”，探索实践“多网融合”，有效解决了一批群众身边的突出问题，在城市管理、社会服务、矛盾化解等方面发挥了积极作用。

一是实施城市管理体制改革。组建区城市管理委员会和区城市管理指挥中心，推进各街乡镇城市管理指挥分中心建设，成立街乡镇综合执法中心，初步完善了指挥调度体系。二是融合划分网格。探索将部分职能部门专业网格与基础网格进行融合，升级改造原有网格化信息服务系统，初步实现“三网”信息平台统一运行、综合调度。三是健全城市管理统筹协调标准。对现有网格化管理各项制度进行梳理，初步制定了城市管理指挥中心信息平台运行、问题会商等20余个管理制度，研究梳理网格化管理权属责任和城市管理综合考核评价体系。四是整合夯实人员基础。研究整合网格员队伍、相关部门专业人员、协管员、楼门院长等力量参与网格化管理，细化责任，明确分工，夯实工作队伍和人员力量。五年来，网格化信息系统共接到各类网格化事件59059件，解决

57230件，解决率96.9%。

在网格化工作实践中，有一些突出问题制约了“多网融合”的推进。一是思想转型不到位。部分单位对网格化重要性认识不够，运用网格管理、处理、服务的意识和动力不强，发现、上报、解决问题有顾虑，不适应新时代城市精细化管理的需要。二是顶层设计不健全。三级网格化平台机构不完善，大多是内设或临时机构，事件派发和处置协调难度大。有的部门网格化自有一套系统，信息共享不畅通，相互间既有交差重复又有空白盲区，导致基层单位多头上报，工作负担大。三是队伍建设不完善。没有专职人员，抽调的工作人员以及网格员队伍均为兼职，导致网格化责任落实不到位。各类协管员队伍管理都分散在各部门，缺乏有效整合，作用发挥不明显。基层网格员待遇不高，工作缺乏积极性、主动性。四是网格运行不顺畅。“三网”只是系统初步融合，缺乏绩效考核和监督，网格员只是被动地完成任务，在主动发现问题、解决问题方面还有欠缺，网格化管理在实际运行中的效果还不明显。

三、以“五个一”构建“多网融合”

冬奥会进入“北京周期”，世园会进入一周年倒计时，延庆区的服务保障任务更加具体、愈加繁重，污染防治、城乡环境、城市运行、维稳安保等工作亟需精细化。“多网融合”的网格化社会服务管理体系是实现精细化的核心，“五个一”是构建这一核心的主要内容。

（一）做实一张基础网格

“多网融合”的前提是要有一个载体、一个平台，为基础设施配套、人员力量整合、入网事项确定、体制机制运行提供统一支撑，一张可以“融合”全方位各环节工作的基础网格是“多网融合”的“底图”。一是将现有414个网格作为“多网融合”的基础网格，每个网格一个编码，作为处置各类事件的唯一“身份”识别号。二是尽快使环保、水务、城管执法等部门的专业网格与基础网格融合统一、协调一致，不再单独划分专业网格，所有事项均依托基础网格处理，形成“边界清晰、大小适当、覆盖全面、归属明确”的全区一张网。三是围绕冬奥赛区、世园园区、重大活动保障等重点区域，聚焦“疏解整治促提升”、营商环境建设、总规落实、污染防治等重点工作，结合居民区、商业区、医院、学校等人员密集场所实际，对基础网格事项进行分级分类管理，实现80%的事件在三级网格解决，95%的事件在二级以下网格解决，5%的事件由一级网格解决。

（二）整合一个信息系统

信息壁垒是制约“多网融合”的瓶颈，自上而下专网信息与网内块中横向信息的共建共享问题亟待解决，最大限度整合形成一个可以联通上下、沟通左右的信息化系统是实现“多网融合”的“路桥”。一是明确区城市管理指挥中心是全区网格化城市管理工作的中枢机构，“三街四镇”试点先行，分类分步组建街乡镇城市管理指挥分中心，逐步形成“1+18+414”的金字塔式管理模式，畅通信息流转渠道。二是整合现有“三网”软硬件资源和基础数据，对新增基础地理信息和城市部件等数据定期普查更新，建设“统一运维、三级共享、分级使用”的综合信息平台。三是预留智慧环保、智慧交通、智慧旅游、应急指挥等信息端口，整合融合全区热线举报和视频监控系统，依托地理信息系统完善电子网格地图。

（三）梳理一份权责清单

“多网融合”的目的是快速高效处置事件、实现精细化管理，入网事项、权责任务、管理标准的确定、梳理、分类是“真融合”的顶层设计、实践抓手，一份相对完备的权责清单就成为“多网融合”的“标的物”。一是聚焦群众最关心、社会最关切、与城市管理和服务保障赛会最紧密的问题，逐一筛选现有“三网”事项，优选环保监督、河长制等一批事项融合入网，每网选取3—5个事项进行“融合”。二是细化调整“网内”事项责任清单，明确管理权限和工作任务，向社会应公开尽公开，接受监督，确保事事有人管、责任全覆盖。三是构建网格化管理指标体系，制定立案、处置、结案、评价等标准，完善准入、退出机制，根据实际需要调整、变更、优化网格事项。

（四）打造一支专属队伍

目前的各级各类网格员队伍名目繁多、各管一摊，不仅造成职能交叉、资源浪费，而且逐渐出现边界不清、推诿扯皮等问题，打造一支“统筹协调、专兼结合、分工协作、多网一体”的网格员队伍迫在眉睫，这支网格专属力量是“多网融合”高效运转的“主力军”。一是按照“专职力量一格一员、专业力量一员多格、兼职力量一格多员”的原则，将各部门、各街乡镇专业力量和城管、安监、综治等各协管力量下沉网格，充分调动社会组织、市民和志愿者参与社会治理，实名管理、落点落图。二是采取购买岗位的方式做好网格督导员的招聘和使用管理工作，建立网格化工作督导员、专职网格员实名公开机制，明确职责任务，主动接受社会监督。三是开展分级分层培训，坚持问题导向，多种形式组织网格化系统操作员、网格化工作督导员及网格员队伍的综合实战培训，持续提升业务能力和综合素质。

（五）健全一套运行制度

无论硬件保障还是软件运行，无以规矩不成方圆，一套设计合理、运行良好的工作制度是推进“多网融合”的“作用力”。一是规范网格化工作业务流程，建立综合信息平台建设、运行、维护制度，完善网格问题信息采集、事件立项、任务派遣、任务处置、结果反馈、核实结项、综合评价、绩效考核全过程管理制度，实现闭环管理、全程留痕、有据可查。二是加强监督考核，建立内外双循环监督考核制度。一方面制定区、街乡镇两级网格化城市管理考核评价办法，注重街乡镇对职能部门反向评价；另一方面引入第三方机构，对网格化工作进行客体评估，提高外部监督考核在综合考核中的权重。三是建立考核结果运用制度，将网格化城市管理考核结果纳入区政府绩效考评，定期在区政府常务会上通报，每月在电视、报纸、网站、微信等媒体平台公开，并作为评优评先、干部调整等工作的重要依据。

四、保障措施

“多网融合”是实施“街乡吹哨、部门报到”的必要条件，是一个系统工程，推进过程中会面临诸多困难和问题，需要制定强有力的措施保障落实，确保及早落地见效。

（一）加强党的领导

始终坚持党建引领，全面加强党的领导，把政治建设放在首位，努力提升“四个意识”。一是提高政治站位，从加强和创新社会治理现代化、增强首都核心功能、践行生态文明发展战略的高度，强化思想认识，深刻理解“多网融合”的重要性。二是持续提升街乡镇党委的领导力，落实好党建主体责任，转变工作作风，把党的政治和组织优势转化为“多网融合”的管理优势。三是把“多网融合”作为党建工作的重要内容和实践载体，纳入党建工作考核体系，形成以党建促“融合”的良好工作格局。

（二）聚焦聚力冬奥世园

当前，要紧紧围绕服务保障冬奥世园推进“多网融合”，这是政治任务也是现实需求。一是对标对表冬奥会世园会筹办举办的国际标准，主动聚焦、高效落实，确保“多网融合”推进和社会精细化治理的高标准、高水平。二是按照冬奥会世园会筹办任务的时限要求，倒排工期、挂图作战，确保“五个一”各项工作任务尽快落地见效。三是实体化运行“多网融合”，实战状态开展应急演练，全方位、无死角，夯实服务保障赛会的基层基础。

（三）坚持精治共治法治

“多网融合”旨在实现城市的精细化管理，必须在精治共治法治上下功夫。一是强化信息化、专业化、标准化建设，通过大数据分析，找准网格化管理症结，更多地在细节上用心、用力，统一标准，让专业的人解决专业的问题。二是主动邀请人大代表、政协委员、民主党派和无党派人士、新闻媒体等参与到“多网融合”工作中，发挥社会组织、社会单位和志愿者的作用，畅通渠道，及时听取意见建议，提高市民的参与度和认同度，争取社会各界支持。三是坚持运用法治思维和法治方式解决网格事项和问题，依法行政、依法治理，执法必严、违法必究，提升市民的守法意识和文明素质，营造遵法学法用法守法的良好社会氛围。

（四）强化组织机制保障

推进“多网融合”，组织机制是龙头。一是建立联席会议机制，统筹研究、协调解决重大事项和难点问题。二是建立协同配合机制，处理好各单位之间、网格化管理与街乡镇综合执法中心及综治中心之间的关系，形成工作合力。三是建立网格化运行保障机制，相关部门各司其职，做好网格化城市管理体系的建设、运行和维护，落实好机构、编制、队伍和各项经费保障。四是建立网格员绩效管理机制，按照发现问题、报告问题、解决问题的实绩进行考核打分，兑现奖惩，激发网格员工作热情。

我们将以习近平新时代中国特色社会主义思想为指引，坚持求真务实、改革创新，脚踏实地、久久为功，深化工作方案，明确方法步骤，细化保障措施，不断完善网格化管理体系、实现“多网融合”，落实“街乡吹哨、部门报到”工作机制，为冬奥会世园会筹办举办提供有力保障，在办大事、促发展、惠民生中持续提升群众获得感、幸福感、安全感。

（栏目编辑：景冰芳）

国民经济和社会发展主要指标完成情况

国民经济和社会发展主要指标统计表

项　目	单位	2016年	2017年
人　口			
户籍人口	万人	28.4	28.5
常住人口	万人	32.7	34.0
经济总量			
地区生产总值	亿元	122.7	136.2
第一产业	亿元	7.4	6.8
第二产业	亿元	36.5	42.9
第三产业	亿元	78.8	86.5
固定资产投资			
全社会固定资产投资额	亿元	107.2	154.1
城镇固定资产投资额	亿元	86.5	
#房地产开发投资额	亿元	23.5	17.2
农村固定资产投资额	亿元	20.7	
能源消费			
能源消费总量	万吨标准煤	67.33	66.56
万元地区生产总值能耗	吨标准煤	0.549	0.489
万元地区生产总值能耗下降率	%	5.67	8.81
财政收支			
公共财政预算收入	亿元	13.6	16.2
公共财政预算支出	亿元	92.5	121.6
农　业			
农林牧渔业总产值(现价)	亿元	19.3	17.7
主要农产品产量			
粮食产量	万吨	10	8.1
蔬菜产量	万吨	6.4	5.9
禽蛋产量	万吨	3.8	3.7

续表1

项　目	单位	2016年	2017年
干鲜果产量	万吨	2.1	1.8
牛奶产量	万吨	4.7	4.1
出栏猪	万头	11.0	10.3
出栏鸡	万只	278.9	224.0
工　业			
规模以上工业总产值（现价）	亿元	71.5	79.0
轻工业	亿元	18.7	20.6
重工业	亿元	52.8	58.4
规模以上工业年末从业人员	人	8721	8657
建筑业			
建筑业总产值	亿元	46.0	59.2
商　业			
社会消费品零售额	亿元	87.6	94.2
商品交易市场成交额	亿元	15.4	15
旅游业			
A级及主要景区景点接待人次	万人次	1603	1572
A级及主要景景点旅游收入	亿元	9.3	10.7
观光民俗旅游接待人次	万人次	611.2	633.7
观光民俗旅游收入	亿元	3.8	4.0
对外经济贸易			
实际利用外资	万美元	2066	509
外贸进出口总额	万美元	10311	11366
#出口额	万美元	7900	9093
金　融			
金融机构存款余额	亿元	376.0	453.5
#城乡居民储蓄存款余额	亿元	186.8	212.0
金融机构贷款余额	亿元	68.4	128.6

续表2

项　目	单位	2016年	2017年
教　育			
学校个数			
高等学校	所	2	5
普通中学	所	21	21
职业中学	所	1	1
小 学	所	28	28
幼儿园		54	54
在校学生数			
高等学校在校学生数	人	5547	7843
普通中学在校学生数	人	8962	8577
职业中学在校学生数	人	1394	1234
小学在校学生数	人	12296	12288
幼儿园在园幼儿数	人	7366	7863
文　化			
公共图书馆藏书	千册（件）	54.4	58.4
电影放映场次	千场	1.6	1.5
卫　生			
卫生机构数	个	257	320
卫生机构床位数	张	1014	1037
卫生技术人员数	人	2443	2475
#执业医师（含助理医师）	人	1035	1062
注册护士	人	905	947
人民生活			
城镇居民人均可支配收入	元	38442	41599
城镇居民人均消费支出	元	24809	27109
农村居民人均可支配收入	元	19588	21248
农村居民人均消费支出	元	14500	15641
城镇单位在岗职工工资总额	万元	422382	505678
城镇单位在岗职工平均工资	元	61305	75820

（栏目编辑：景冰芳）

2017年组织机构及负责人

延庆区组织机构及负责人

中共延庆区第二届委员会

书　记　李志军
副书记　穆　鹏　李军会
常　委　李志军　穆　鹏　李军会　张　远
刘学亮　祁金利（12月免）
黄克瀛(女)　吕桂富
虞宝才（11月免）谢文征
蒋达峰（11月任）
委　员（按姓氏笔画为序）
卫红涛（满族）　马红寰　王罗颐
吕桂富　刘学亮　刘瑞成　祁增华
李军会　李志军　吴世江　张　远
张利忠　张树坡　张景军　陈合安
陈桂芬(女)　孟顺利　赵琳锋
胡玉民　胡春华　胡耀刚　段福华
祖　宇　贺常荣(女)
贾春媚(女)　徐自成
黄克瀛(女)　黄金龙
常迎六（满族）　崔旭龙
董　亮　蒋达峰（11月任）
鲁世宽　谢文征　穆　鹏
虞宝才（11月免）
祁金利（12月免月）
候补委员（按得票多少为序排列）
孙凤霞(女)　杨国柱
张　莉(女)　郭慧成
卫洪英(女)　郭清尧　魏旭斌

延庆区第二届人民代表大会常务委员会

主　任　胡耀刚
副主任　武　克　郑世华　郭永华　闫承发
吴辰英（女，不驻会）
常　委（按姓氏笔画为序排列）
王铁林　古燕翔(女)
田玉柱　田毅敏(女)
付　强（满族）　冯浙军　司彦忠
吕毅夫　朱怀明　任秀莲(女)
刘井辉　刘世记
刘亚欣（女,蒙古族）　刘金江
李富兴　杨青林　吴子广
张玉华(女)　张勇军　赵伯玉
赵振华　柳千训（朝鲜族）贺建昌
贺鸿文(女)　席维国
鲁亚军(女)　鲁明祥
鲁振中　谭　颖

延庆区人民政府

区　　长　穆　鹏
常务副区长　张　远
副　区　长　谢文征　刘瑞成　祖　宇
罗　瀛（女，满族）
董　亮　吴世江

政协延庆区第二届委员会

主　席　陈合安
副主席　刘明利　谷艳兰(女)　张立新
张留全　程大庆（不驻会）
杨雪平（女，不驻会）
秘书长　马　岗（藏族）
常　委（按姓氏笔画为序排列）
王　力　王　竺(女)

王金玲(女)　王宝海
王剑英（满族）　王惠杰（满族）
白　华（蒙古族）朱万富
朱向晨　许泽玮　孙艳萍(女)
李迎霞(女)　杨宏华(女)
吴金淑(女)　张天路
张艳波(女)　周　坤
徐红梅(女)　高文洲
曹艳华(女)　释悟凡
蔡玉芳(女)　薛雪菲(女)

中共延庆区第二届纪律检查委员会

书　记　虞宝才（11月免）
蒋达峰（11月任）
副书记　韩　策　吴　皓（4月免）杜国华
冯殿荣（3月任）
常　委　虞宝才（11月免）
蒋达峰（11月任）韩　策
吴　皓（4月免）　杜国华
冯殿荣（3月任）　赵春生
祁春生　高国忠　王新生
沈小嘉(女)
委　员（按姓氏笔画为序排列）
王茂华　王学军　王秋林　王新生
冯殿荣（3月任）　吕　莉(女)
祁春生　杜志军　杜国华　李庆民
杨立宏(女)　吴连军（满族）
沈小嘉(女)　张胜军　孟庆云
赵春生　邵占军　徐怀安　高国忠
郭　蓬(女)　郭东亮　郭铁石
曹艳军　蒋达峰（11月任）韩　策
韩志忠　焦万宏(女)
焦顺新（满族）　魏秀芝(女)
吴皓（4月免）　虞宝才（11月免）
监察委员会（监察体制改革，成立区监察委员会）主　任　虞宝才（兼，4月任，12月免）
蒋达峰（兼，12月任）
副主任　韩　策（4月任）
杜国华（4月任）
冯殿荣（4月任）

中共延庆区委工作机构负责人

办公室主任　马红寰
保密局（由区委办管理）
局　长　张光临
组织部　部　长　刘学亮（兼）
常务副部长　张胜军（2月免）
杨志强（4月任）
老干部局（由区委组织部管理）
局　长　高　英（7月免）
郑玉伶（女，7月任）
宣传部
部　长　祁金利（兼，12月免）
空　缺
常务副部长　王　磊（2月免）
张树清（女，5月任）
精神文明建设办公室（挂靠宣传部）
主　任　齐鲁延
统战部
部　长　黄克瀛（兼，女）
常务副部长　高文洲（7月免）
徐　赟（7月任）
台湾工作办公室主任　王　云（女）
政法委
书　记　吕桂富（兼）
常务副书记　张勇军（4月任）
副书记　张勇军（4月免）　马建波
机关党委书记　周云霞（女，7月免）
社会治安综合治理委员会办公室（与政法委合署办公）主任　张勇军
维护稳定工作领导小组办公室（与政法委合署办公）　主任　张勇军
流动人口和出租房屋管理委员会办公室（与政法委合署办公）主任　张勇军

防范和处理邪教问题办公室（挂靠政法委）主任　路俊海（满族）
研究室（挂全面深化改革领导小组办公室牌子）主任　马红寰（4月免）
刘聪玲（女，4月任）
全面深化改革领导小组办公室主任
李军会（兼）
常务副主任　刘聪玲（女）
机构编制委员会办公室主任　张　河
直属机关工作委员会书记　董喜延（7月免）
李军会（兼,7月任）
常务副书记　郝　健（7月任）
区委巡察工作领导小组办公室（8月成立，区委工作机构，机构规格为正处级）
主　　任　靳　柯（8月任）

延庆区第二届人大常委会工作机构负责人

办公室主任　付　强（满族）
法制办公室（9月内务司法工作委员会更名）
主任　刘金江
财政经济办公室（9月财政经济工作委员会更名）　主任　鲁亚军（女）
教育科技文化卫生体育办公室（9月教科文委工作委员会更名）主任　刘世记
城市建设环境保护办公室（9月城乡建设环保工作委员会更名）主任　席维国
农村办公室（9月农村工作委员会更名）
主任　鲁明祥
代表联络室　主任　司彦忠
研究室　主任　刘亚欣（女，蒙古族）

延庆区人民政府工作机构负责人

政府办公室党组书　记　黄金龙（2月任）
主　任　张留全（2月免）
黄金龙（2月任）
发展和改革委员会（2月成立党组）
党组书记　祁增华（2月任）
主　任　郭永华（2月免）
程大庆（2月任）
教育委员会　主　任　魏旭斌
教育督导室（由教委代管）
主　任　闫利宽
科学技术委员会（挂知识产权局牌子）
党组书记　史绍全（2月免）
国学利（2月任）
主　任　史绍全（2月免）
杨雪平（女,2月任）
知识产权局　局　长　史绍全（2月免）
杨雪平（女,2月任）
经济和信息化委员会（挂中关村科技园区延庆园管理委员会牌子，2月成立党组）
党组书记　徐自成（2月任）
主　任　祁增华（2月免）
徐自成（2月任）
中关村科技园区延庆园管理委员会
主　任　罗　瀛（兼,女,满族）
常务副主任　祁增华（2月免）
徐自成（2月任，8月免）
王振龙（8月任）
民政局（挂民族宗教事务办公室牌子）
党组书记　陈仲华（7月免）
胡玉民（7月任）
局　长　胡玉民
民族宗教事务办公室主任　胡玉民
司法局党组书记　刘占亮（7月免）
张书亭（7月任）
局　长　张书亭
财政局党组书记、局长　张景军
人力资源和社会保障局（对外可使用公务员局开展工作）党组书记　胡春华（7月任）
局　长　胡春华
环境保护局党组书记　常迎六（满族，7月任）
局　长　常迎六（满族）
住房和城乡建设委员会（挂住房保障和改革办公室牌子、房屋征收办公室牌子，7月成立党组）　党组书记　赵琳锋（7月任）

主　　任　赵琳锋
住房保障和改革办公室主任　赵琳锋
房屋征收办公室主任　王　彪（2月免）
赵琳锋（7月任）
市政市容管理委员会（挂城乡环境建设委员会办公室牌子）党组书记　郑玉伶（7月免）
主　　任　鲁世宽（11月免）
城乡环境建设委员会办公室
主　　任　鲁世宽（11月免）
城市管理委员会（9月以市政市容管理委员会为基础，设立城市管理委员会，不再保留市政市容管理委员会，挂城乡环境建设管理委员会办公室牌子）党组书记　鲁世宽（10月任）
主　　任　鲁世宽（11月任）
城乡环境建设管理委员会办公室
主　　任　鲁世宽（11月任）
交通局党组书记　郝　健（7月免）
李明海（7月任）
局　　长　李明海
农村工作委员会（挂山区建设办公室牌子，2月成立党组）党组书记　贺常荣（女，2月任）
主　　任　程大庆（2月免）
贺常荣（女，2月任）
山区建设办公室主任　程大庆（2月免）
贺常荣（女,2月任）
水务局党组书记　李东升（7月免）
苏利茂（7月任）
局　　长　苏利茂
商务委员会（挂粮食局牌子，7月成立党组）
党组书记　贺　利（回族，7月任）
主　　任　贺　利（回族）
粮食局局　　长　贺　利（回族）
旅游发展委员会（7月成立党组）
党组书记　姜言泉（7月任）
主　　任　姜言泉
文化委员会党组书记　叶　东
主　　任　张　迁（2月免）
叶　东（2月任）
卫生和计划生育委员会
党组书记　杨东海（2月免）
尹文强（5月任）
主　　任　王丽敏（女，6月免）
尹文强（6月任）
审计局党组书记、局长　焦万宏（女）
社会建设工作办公室（与社会工作委员会一个机构两块牌子）主任　鲁振中（2月免）
吴　皓（6月任）
安全生产监督管理局党组书记、局长　臧文柱
体育局党组书记　党　强
局　　长　马玉泉（9月免）
党　强（9月任）
统计局党组书记　王卫东（7月免）
吴连军（满族，7月任）
局　　长　吴连军（满族）
农业局（挂动物卫生监督管理局牌子）
党组书记　丁立民（7月免）
池合仓（7月任）
局　　长　池合仓
动物卫生监督管理局局长　池合仓
园林绿化局（挂绿化委员会办公室牌子）
党组书记　谢　强（7月免）
田全升（7月任）
局　　长　田全升
绿化委员会办公室主任　田全升
民防局党组书记、局长　包喜全（蒙古族）
政府法制办公室党组书记　王振龙（7月免）
空　缺
主　　任　王振龙（9月免）
空　缺
区委、区政府信访办公室（挂社会矛盾调处中心牌子）党组书记、主任　孙凤霞（女）
社会矛盾调处中心主任　孙凤霞（女）
政府外事办公室（挂政府侨务办公室牌子）
党组书记、主任　王卫东
政府侨务办公室主任　王卫东
监察局（与纪委、行政投诉中心合署办公，机构撤销）　局　　长　韩　策（4月免）
国有资产监督管理委员会（在整合区经济信息化委承担的国有资产监督管理职能的基础上，7

月设立国有资产监督管理委员会，为区政府工作部门，机构规格为正处级）

党委书记　邬劲松（8月任）

主　　任　邬劲松（9月任）

延庆区人民政府直属行政执法机构负责人

城管执法监察局党组书记　赵世忠（满族）

局　　长　尹文强（5月免）

空　缺

延庆区人民政府派出机构负责人

政务服务中心党组书记、主任　赵红英（女）

百泉街道办事处主任　谷建英（女）

儒林街道办事处主任　杨雪平（女，2月免）

马素军（女，5月任）

香水园街道办事处主任　李艳芬（女）

延庆区委派出机构负责人

发展和改革工作委员会书记　空　缺

农村工作委员会书记　徐自成（2月免）

贺常荣（女，2月任）

住房和城乡建设工作委员会

书记　胡树森（7月免）

空　缺

旅游发展工作委员会书记　刘永强（7月免）

空　缺

商务工作委员会书记　杨国红（女，7月免）

空　缺

经济和信息化工作委员会书记　空　缺

教育工作委员会书记　王建军（满族）

社会工作委员会书记　鲁振中（4月免）

吴　皓（4月任）

百泉街道党工委书记　赵振华

儒林街道党工委书记　贺建昌

香水园街道党工委书记　冯浙军

中关村科技园区延庆园党工委（7月成立）

书记　王振龙（7月任）

区属事业单位、临时机构、企业负责人

区委党校（加挂北京科技大学延庆分校、北京市延庆区行政学院、北京市延庆区社会主义学院牌子）

校　　长　李军会（兼）

社会主义学院院长　黄克瀛（女，兼）

科大分校校　　长　谢文征（兼，7月任）

党委书记　袁绪忠（2月免）　空　缺

常务副校长、科大分校常务副校长、社会主义学院常务副院长　杨国柱

广播电视中心（挂新闻中心牌子）

党组书记　郭东亮（7月免）

董喜延（7月任）

主　　任　郭东亮（8月免）

董喜延（8月任）

史志办公室主任　王留艳

档案局（档案馆）党组书记、局长　史建柱

地震局局长　晏红利

机关事务管理服务中心党组书记、主任

张立新

康西草原管理处党组书记　刘贵亭

主　　任　吴立新

农村合作经济经营管理站

党组书记　孙　平（7月免）

宋　刚（7月任）

站　　长　贾春媚（女,8月免）

宋　刚（8月任）

农机服务中心党组书记、主任　杜　壮

水产服务中心党组书记　李凤春

主　　任　闫富军

种植业服务中心党组书记　龚富强

主　　任　路宝庆

投资促进局党组书记、局长　邢　涛

八达岭特区办事处党组书记　赵建军

主　　任　卫红涛（满族）

中国长城博物馆馆长　赵建军

野鸭湖自然保护区管理处党组书记　房荣年
主　　任　孙胜利
北京延庆世界地质公园管理处党组书记、主任
尤宝军
重大项目协调服务中心
党组书记　胡树森（7月任）
主　　任　赵琳锋（8月任）
北京马铃薯产业高科技园区延庆筹备办公室党组书记、主任　空　缺
北京世界园艺博览会延庆区筹备领导小组办公室（挂北京世界园艺博览会园区管理委员会筹备办公室牌子）
主　　任　刘明利（兼，2月免）
吴世江（兼，2月任）
党组书记　郭清尧（2月任）
常务副主任　吴世江（2月免）
郭清尧（2月任）
中关村科技园区延庆园服务中心
党组书记　刘宗贤（7月免）
王　楠（7月任）
主　　任　王　江（8月免）
王　楠（8月任）
中关村延庆园投资发展有限公司（7月成立）
总经理　夏建伟（8月任）
八达岭旅游总公司党委书记　王铁林
总 经 理　王铁林（8月免）　莫广涛（8月任）
龙庆峡管理处党委书记、主任　朱　岩
北京绿富隆农业股份有限公司
党委书记　刘　宇
董事长　空　缺
总经理　刘　宇
八达岭国际会展中心总经理　姚建华
物资总公司党委书记、经理　空　缺
供销合作总社党委书记、主任　高俊岭
饮食服务公司党委书记　空　缺
经　　理　葛爱民（2月免）
空　缺
商贸总公司党委书记、经理　李占根

市区双管单位负责人

市规划委员会延庆分局
党组书记　刘荣华（女，7月免）
空缺
局　　长　刘荣华（女，5月免）
空缺
市国土资源局延庆分局党组书记、局长
刘亚利
市路政局延庆公路分局党委书记　空　缺
局　　长　刘元则
地税局党组书记、局长　王　竺（女）
市工商行政管理局延庆分局党组书记、局长
田素芬（女）
质量技术监督局党组书记、局长　王留富
食品药品监督管理局党组书记、局长
祝建忠（8月免）
唐来发（8月任）
国税局党组书记　张进宗（6月免）
马文辉（6月任）
局　　长　施小乐（3月免）
马文辉（6月任）
气象局党组书记、局长　闫　巍
邮政局党委书记、局长　赵惠卿（女）
烟草专卖局党组书记、局长　王献军
经济社会调查队队长　国造红（女）

政协延庆区第二届常委会工作机构负责人

办公室主任　张燕霞（女）
研究室主任　马健壮
专委会工作一室主任　吴月清
专委会工作二室主任　刘存华（女）
专委会工作三室主任　韩冬雪（女）
专委会工作四室主任　王剑英（满族）
专委会工作五室主任　李志红（女）

延庆区各人民团体负责人

总工会党组书记、主席　张树坡
常务副主席　杜志刚
共青团延庆区委党组书记、书记
郭清尧（2月免）
王　磊（2月任）
妇女联合会党组书记、主席　卫洪英（女）
残疾人联合会党组书记、理事长　朱万富
工商业联合会党组书记　高文洲（7月免）
徐　赟（7月任）
主　　席　许泽玮（兼）
常务副主席　张绍芬（女）
文学艺术界联合会党组书记　周建强（7月免）
高文洲（7月任）
主　　席　赵万里（7月免）
高文洲（7月任）
科学技术协会党组书记　靳　柯（8月免）
贾春媚（8月任）
主　　席　徐　赟（7月免）
贾春媚（7月任）
红十字会会　　长　罗　瀛（兼，女，7月任）
党组书记、常务副会长
康志阜(5月免)
王丽敏（女，5月任）

延庆区乡镇主要负责人

延庆镇党委书记　郭慧成（2月任）
镇　　长　郭慧成（2月免）
张海峰（2月任）
康庄镇党委书记　陈桂芬（女）
镇　　长　张春元
八达岭镇党委书记　孟顺利
镇　　长　曹凯锋
永宁镇党委书记　黄金龙（2月免）
葛　新（2月任）
镇　　长　陈志海
旧县镇党委书记　郭铁石
镇　　长　王秦江
张山营镇党委书记　崔旭龙
镇　　长　郁世民
四海镇党委书记　贺常荣（女，2月免）
张胜军（2月任）
镇　　长　崔秀海（2月免）
马庆有（2月任）
千家店镇党委书记　张利忠
镇　　长　王晓娟（女）
沈家营镇党委书记　郭雄强
镇　　长　王建柱
大榆树镇党委书记　辛文军
镇　　长　赵满江
井庄镇党委书记　曲荣杰
镇　　长　刘　军
大庄科乡党委书记　徐志中
乡　　长　荣欣锋
刘斌堡乡党委书记　葛　新（2月免）
崔秀海（2月任）
乡　　长　程立军
香营乡党委书记　李新生
乡　　长　李英铁
珍珠泉乡党委书记　王　琦
乡　　长　闫茂先

延庆区司法、军事机构负责人

人民检察院检察长　段福华
人民法院院长　王罗颐
人民武装部政委　刘正伟（11月免）
张　琦（12月任）
部长　空　缺
市公安局延庆分局政委　空　缺
局长　祖　宇

（栏目编辑：景冰芳）

中国共产党延庆区委员会

综　述

2017年，区委认真学习宣传贯彻中共十九大精神，坚持以习近平新时代中国特色社会主义思想为指引，紧紧围绕市第十二次党代会、市委十二届三次、四次全会的部署要求和区第二次党代会确定的目标任务，严格落实全面从严治党要求，贯彻落实以人民为中心的发展思想，聚焦冬奥会、世园会筹办，坚持办大事、促发展、惠民生有机统一。以打铁必须自身硬的鲜明态度和责任担当加强自身建设，修订区委工作规则。注重发挥总揽全局、协调各方作用，支持区人大、区政府、区政协履职尽责；进一步加强党对统一战线的领导；扎实推进老干部工作，推动人民组织改革，发挥区党代表参与决策和监督保障作用，创新建立军地协作机制；形成了调动各种力量推动发展的整体合力，区委工作实现良好开局。

全面从严治党持续深入。区委把抓好党的建设作为最大政绩，健全完善管党治党体制机制，层层压紧压实管党治党责任。充分发挥区委党建工作领导小组统筹作用，实体化运行区委党建办，成立3个党建督导组，开展党建工作督导。加强理想信念教育，扎实推进“两学一做”学习教育常态化制度化。成立22个基层党校，实现乡镇、街道全覆盖。牢牢掌握意识形态工作领导权和主导权，加强新闻发言人队伍建设，完善突发事件舆情应对机制，建立全市首个传媒联盟。抓好中央巡视“回头看”反馈意见整改落实。加强党外后备干部队伍建设，实施世园冬奥人才行动计划。全面开展基层党建提升年活动，实施473个党支部规范化试点建设，推进31个软弱涣散基层党组织整顿转化，实现低收入村“第一书记”全覆盖，非公有制企业、社会组织党组织覆盖率分别提升至89.8%和75.9%，基层党组织凝聚力、战斗力进一步增强。实施监察体制改革试点，成立监察委员会，实现行使公权力公职人员监督全覆盖。完善派驻机构管理体系，成立3个巡察组，开展两轮巡察。贯彻落实中央八项规定实施细则精神，制定实施办法，集中开展专项整治，全年新立案件139件，给予党纪政纪处分119人。

冬奥会世园会服务保障工作有力推进。区委把筹办赛会作为中心任务，形成了全面聚焦冬奥会、世园会筹办的思想自觉和行动自觉。坚决贯彻“四个办奥”理念，秉承绿色施工理念，冬奥赛区征拆工作全面启动、施工进场路开通；外部保障项目全面推进；完成赛区生态环境本底调查和综合评估。落实“三亿人参与冰雪运动”要求，群众上冰上雪13万人次。世园会场馆和基础设施建设加快推进，参展服务工作全面启动，成立冬奥世园工程安全生产工作专班，严格落实安全生产责任。出台“十严禁”纪律要求，对工程建设实施项目化监管，全力打造“廉洁世园”“廉洁冬奥”。

生态环境品质持续提升。深入实施疏解整治促提升专项行动，严格落实“大气十条”和清洁空气行动计划，全年PM2.5累计浓度49微克/立方米，完成年度目标，并列全市第一。认真贯彻落实“水十条”，46条河流实现河长全覆盖。实施水生态治理工程，水生态持续改善。建立垃圾分类监管体系，垃圾无害化处理率99.47%。持续推动绿景向美景转化，发布国家森林城市建设总体规划，林木绿化率和森林覆盖率分别达到70.95%和58.41%，获评首批国家生态文明建设示范区。

发展质量效益稳步提升。深化供给侧结构性改革，现代园艺产业集聚区（HBD）总部投入使用，西诺花卉等一批园艺企业开工投产，一批冰雪运动企业和冰雪体育项目落户落地。与海淀区、中关村管委会签订战略协议，建立现代服务业产业园，91金融等企业签约入驻，规模以上企业实现产值61.12亿元，同比增长18%。国家全域旅游示范区创建工作稳步推进，启动长城文化带建设发展规划和五年行动计划编制，11家高端民宿投入运营，成功举办国际雪联越野滑雪中国巡回赛等系列冰雪赛事活动，成为中国优秀国际乡村旅游目的地。更加注重规划引领，以北京城市总体规划为依据开展延庆城市总体规划前期研究，“两图合一”工作初步完成。加快推进宜居新城、精品小镇和美丽乡村建设，制定美丽乡村建设（2018—2020）三年行动计划。实施低收入村户增收攻坚工程，低收入农户增收实现年度目标。创城、创卫工作扎实推进，人居环境大幅改善。

重点领域改革落地见效。紧紧围绕影响制约发展的体制机制障碍，不断加大改革创新力度。生态文明体制改革持续深入，研究推进北京长城国家公园体制试点工作，国际一流的生态文明示范区建设指标体系、绿色GDP体系、区域生态价值测算评估体系基本编制完成，确立国际一流的生态文明示范区建设指导标准。转变政府职能持续深入，城市管理体制改革扎实推进，国资国企改革逐步深化，国家新型城镇化综合试点建设稳步推进，乡镇级集体产权制度改革有序开展。深化医药分开综合改革，75家医疗机构全部实现医药分开，药品价格下降8.1%，群众改革获得感不断增强。

单位名称：中国共产党延庆区委员会
地　　址：延庆镇湖北西路1号
电　　话：69140245

（常磊　黎海军）

重要会议

【全区领导干部会】 1月12日召开。会议传达市委书记郭金龙等市领导在全市区委书记会议上的讲话精神，总结2016年安全生产、应急管理等工作，对春节及两会期间相关工作进行部署。

（常磊　黎海军）

【区委常委会年度民主生活会】 2月6日，区委常委会以深入学习贯彻中共十八届六中全会精神为主题，围绕“两学一做”学习教育要求，召开2016年度民主生活会。市委第一巡回督导组组长、市委组织部常务副部长参加。

（常磊　黎海军）

【党群单位绩效考核评价会】 2月7日，2016年度党群单位绩效考核述职评价会召开。会议对全区17个党群单位进行考核。17个党群单位主要负责人分别进行述职，50名党务工作者对各党群单位进行现场打分。

（常磊　黎海军）

【全区领导干部会】 3月18日召开。会议传达市委十一届十三次全会精神。区委书记李志军强调，要深刻领会中共中央总书记习近平重要讲话精神，自觉把学习宣传贯彻中共中央总书记习近平重要讲话和市委全会精神的责任扛在肩上，以良好的精神状态，全力服务保障好世园会、冬奥会筹办举办。区委副书记、区长穆鹏主持会议，区人大常委会主任胡耀刚、区政协主席陈合安等出席。

（常磊　黎海军）

【区委常委会专题民主生活会】 3月30日，区委常委会召开落实中央巡视组巡视“回头看”整改意见专题民主生活会，围绕“提高政治站位、坚持首善标准、落实全面从严”主题，聚焦巡视组反馈的党的领导弱化、党建工作薄弱、全面从严治党不力等突出问题。李志军主持会议，市纪委、市委组织部相关人员出席。

（常磊　黎海军）

【党委系统工作会】 4月5日，2017年党委系统工作会召开。会议安排部署2017年党建工作，并对全区2017年组织工作、统战工作、宣传思想文化工作、调查研究和群团工作进行部署。李志军出席会议并讲话。

（常磊　黎海军）

【区监察委员会成立大会】 4月7日，延庆区监察委员会成立大会召开。市监察委委员、区深化监察体制改革试点工作小组组长以及区四套班子领导，区人民法院、区人民检察院负责人，区深化监察体制改革工作小组成员，区处级领导班子党政正职，区纪委委员，各乡镇（街道）纪（工）委书记出席。

（常磊　黎海军）

【区委二届三次全会】 5月10日举行。会议以无记名投票方式确定出席北京市第十二次党代会代表候选人预备人选。李志军主持会议，穆鹏、胡耀刚、陈合安等出席。

（常磊　黎海军）

【中共延庆区代表会议】 5月16日，中国共产党北京市延庆区代表会议举行，选举产生14名延庆区出席北京市第十二次党代会代表。李志军主持会议。

（常磊　黎海军）

【“两学一做”常态化制度化部署会】 6月5日召开。会议深入学习贯彻中共中央总书记习近平重要指示精神和中央、市委会议精神，对全区“两学一做”学习教育常态化制度化工作进行安排部署。区四套班子领导出席。

（常磊　黎海军）

【先进基层党组织和优秀党员代表座谈会】 6月30日，区委邀请部分先进基层党组织和优秀党员代表召开座谈会，深化学习、宣传、落实市第十二次党代会精神，纪念中国共产党成立96周年。李志军等出席。

（常磊　黎海军）

【区委二届四次全会】 8月11日召开。会议审议通过《中国共产党北京市延庆区委员会工作规则》和《中国共产党北京市延庆区第二届委员会第四次全体会议决议》。

（常磊　黎海军）

【河长制工作部署会】 8月24日召开。会议部署延庆区河长制工作方案，村级河长代表、乡镇（街道）级河长代表和区环保局负责人分别发言。李志军、穆鹏等出席。

（常磊　黎海军）

【第二届区委首轮巡察工作动员部署会】 8月28日召开。会议宣读《中共北京市延庆区委员会关于开展巡察工作的实施意见》，宣布第二届延庆区委首轮巡察工作组组长、副组长的授权任命并对巡察工作进行部署。首轮巡察对象分别为永宁镇党委、大榆树镇党委和大庄科乡党委，首轮巡察工作从9月初开始，为期一个半月左右。

（常磊　黎海军）

【生态文明建设推进大会】 9月25日召开。会议传达全国生态文明建设现场推进会精神，介绍浙江安吉、江苏张家港、四川蒲江等地生态建设先进经验，并对全区下一阶段工作进行部署。区环保局、水务局、张山营镇、四海镇大吉祥村负责人作典型发言。

（常磊　黎海军）

【中共十九大精神学习研讨和宣讲启动会】 10月31日，区委理论学习中心组举行中共十九大精神学习研讨会，区四套班子领导结合全区工作实际，交流学习中共十九大精神的体会。11月3日，区委召开学习贯彻中共十九大精神宣讲活动启动会，对全区中共十九大精神宣讲活动进行部署，李志军出席会议并讲话

（常磊　黎海军）

【区委二届五次全会】 12月12日召开。全会表决通过《中国共产党北京市延庆区委员会工作规则》《中国共产党北京市延庆区第二届委员会第五次全体会议决议》。李志军向全会报告工作并作总结讲话。

（常磊　黎海军）

主要工作和重大活动

【延怀两地帮扶共建活动】 3月2日，区委、区政府、区人大、区政协主要领导到河北省张家口市怀来县，围绕加强两地合作、推动精准

帮扶，开展对口帮扶共建活动，并与怀来县领导进行座谈。

（常磊　黎海军）

【市委组织部部长姜志刚到区调研】 3月27日，市委常委、组织部部长姜志刚到区，围绕低收入村抓党建促增收、世园会筹备进展等工作进行调研。北京世园局和延庆区委领导等陪同调研。

（常磊　黎海军）

【副市长张建东到区调研】 4月13日，副市长、北京2022年冬奥会和冬残奥会组委会执行副主席、党组成员张建东到区，围绕冬奥会场馆项目推进情况进行调研。市重大办、交通委等相关部门负责人分别汇报冬奥会筹备工作进展情况。6月29日，张建东到区就市第十二次党代会学习宣传落实情况进行检查指导，了解村庄规划并调研冬奥会有关项目进展等情况。8月2日，张建东到区围绕全面推进“河长制”进行专题调研，并以官厅水库市级河长的身份检查官厅水库流域各级“河长制”工作落实情况。9月20日，张建东到区就北京2022年冬奥会筹办工作进行调研，并对固定资产投资情况进行现场督查。

（常磊　黎海军）

【副市长阴和俊到区调研】 6月25日，市委常委、副市长阴和俊到区，围绕学习贯彻落实市第十二次党代会精神、加快高新技术产业发展进行调研。阴和俊先后到北京玻璃钢复合材料有限公司、中关村延庆园新能源孵化器和延庆规划展览馆，实地了解高新技术产业发展、城市建设规划和世园会冬奥会筹办情况。在座谈会上，阴和俊听取延庆经济社会发展、科技创新、产业发展等情况以及需市政府支持事项的汇报。李志军、穆鹏陪同调研。

（常磊　黎海军）

【防汛工作电视电话会】 7月5—6日，两次召开防汛工作电视电话会，传达市委书记蔡奇，市委副书记、代市长陈吉宁关于做好全市防汛工作的批示指示要求，调度部署全区防汛应急保障工作。

（常磊　黎海军）

【市第十二次党代会精神宣讲】 7月6日，市第十二次党代会精神宣讲会走进延庆，中关村管委会党组副书记、主任翟立新以《深入学习落实北京市第十二次党代会精神》为题，对市党代会精神进行系统阐释和深刻解读。区委、区政府、区人大、区政协领导以及各部委办局、乡镇街道负责人参加学习。

（常磊　黎海军）

【区领导到五个区交流】 7月11日，区委、区政府、区人大、区政协主要领导到昌平、海淀、东城、西城、朝阳五区，交流“疏解整治促提升”专项行动方面的经验做法。

（时亚辉）

【市委书记蔡奇到区调研】 7月19日，市委书记蔡奇到区，就“两贯彻一落实”、迎接中共十九大进行专题调研，市委副书记景俊海陪同调研。蔡奇强调，延庆区要始终坚持生态涵养功能定位，把生态文明建设放在更加突出位置，抓住冬奥会、世园会筹办历史机遇，推动绿色发展、绿色富民、绿色办奥，把延庆打造成为首都生态文明示范区。

（常磊　黎海军）

【中纪委委员耿文清到区调研】 7月21—22日，中纪委委员、中纪委驻人社部纪检组组长、人社部党组成员耿文清带队到区，就基层窗口服务单位党风廉政建设、民生保障业务工作、行风建设等情况进行调研。李志军、穆鹏以及虞宝才等陪同调研。

（常磊　黎海军）

【区委、区政府领导慰问驻延部队】 7月26—27日，李志军、穆鹏分别到部分部队进行慰问。向部队官兵送去节日的问候，并对部队多年来支持延庆地方建设表示感谢。

（时亚辉）

【市委市政府安全生产第五督察组进驻】 9月4日，市委、市政府安全生产第五督察组正式进驻，开始对全区落实中央和市委、市政府关于安全生产工作要求的情况进行督察。第五督察组组长、市国有企业监事会原主席赵崇捷，副组长、市安全监管局副巡视员谢清顺和区领导李志军、穆鹏、胡耀刚、陈合安等出席进驻动员会和汇报会。11月24日，督察组召开反馈会，就延庆安全生产督察情况和存在问题进行反馈。督察组组长、副组长和区委、区政府、区人大主要领导出席。

（常磊　黎海军）

【延庆获评首批国家生态文明建设示范区】 9月21日，全国生态文明建设现场推介会召开，延庆区被环保部授予第一批国家生态文明建设示范区称号。全国46个市县获评，延庆是全市唯一入选。

（常磊　黎海军）

【烈士公祭活动】 9月30日，全区在平北抗日烈士纪念园以向烈士敬献花篮的形式举行烈士公祭活动，深切缅怀革命先烈的不朽功勋。区四套班子领导和老战士代表、学生代表、平北抗战老领导子女代表、北京榜样代表、金牌志愿者代表等500人参加。

（常磊　黎海军）

【市委副书记景俊海到区调研】 10月11日，市委副书记景俊海到区，就京津冀生态协同发展工作进行调研。实地了解野鸭湖国家湿地自然保护区基本情况、候鸟迁徙、湿地保护和水源涵养等工作，并听取全区在生态文明制度创新、“河长制”责任落实等方面工作情况。市委办公厅、市委农工委、市农委、市水务局、市园林绿化局相关领导以及区委、区政府领导陪同调研。

（常磊　黎海军）

【李志军参加中共第十九次全国代表大会】 10月18日，李志军作为中共十九大代表，在人民大会堂参加中共十九大。26日，李志军向全区领导干部传达宣讲中共十九大精神，并对做好学习宣传贯彻工作做出部署。

（常磊　黎海军）

【市宣讲团到区宣讲中共十九大精神】 11月8日，北京市学习贯彻中共十九大精神宣讲团成员、市社科联党组书记张淼到区，为党员群众宣讲中共十九大精神。区四套班子领导和全区各部门、乡镇、街道党员群众500人聆听。

（常磊　黎海军）

【全面部署安全隐患大排查大清理大整治专项行动】 11月19日，召开全区视频会议，就贯彻落实全市安全隐患大排查大清理大整治专项行动部署电视电话会精神，部署全区相关工作。各乡镇、街道和村、社区主要负责人在各分会场参加会议。会后，李志军、穆鹏等区领导到张山营镇西大庄科村瞭望塔、延崇高速兰角沟隧道施工现场、世园会施工现场、延庆镇自由街村出租大院，对森林防火、安全生产、社会治安、消防安全等工作进行检查。

（常磊　黎海军）

【“学习贯彻党的十九大精神”专题研讨班】 12月5日，区处级领导干部“学习贯彻党的十九大精神”专题研讨班开班。李志军作开班动员。穆鹏主持开班仪式。专题研讨班举办5期，每期5天，对全区处级领导干部集中轮训。

（常磊　黎海军）

组织工作

【概况】 中共北京市延庆区委组织部（简称区委组织部）是负责延庆区组织、干部和人才工作的区委工作机构。设办公室、组织科、干部科、干部监督科、人才科、干部教育科、信息调研科、党员教育管理科、党员电化教育中心、党代表联络办公室、党建研究中心11个职能科（室），其中党员电化教育中心、党代表联络室和党建研究中心为事业单位。行政编制26人，事业编制8人。年内，学习贯彻中共十九大会议精神和中共中央总书记习近平系列重要讲话精神，认真贯彻落实“两学一做”常态化制度化专题教育，围绕中心、服务大局，努力提高组织工作科学化水平，奋勇争先建设国际一流的生态文明示范区，为建设国际一流的和谐宜居之都提供坚强的组织保证。印发《习近平关于人才工作论述摘编》，开展贯彻习近平人才工作思想主题征文活动。印发《关于组织开好2017年度乡镇党代会年会的通知》，确定延庆区2017年度乡镇党代会年会基本议程。开展在职干部“吃空饷”清理规范自查。清理完成345名领导干部在企业兼任的537个职务和129名领导干部在社会团体等社会组织兼任的148个职务。梳理年内受撤销党内职务或行政职务以上处分的科级领导干部名单，开展“带病提拔”集中倒查工作。进行出国（境）备案系统维护149人次，为局处级干部办理因公出国（境）手续83人次。深入实施“人才京郊行”活动，将第九批“人才京郊行”选派的6位挂职专家分别安排挂任实职。对全区105个处级领导班子进行综合考评，评选出先进单位66个。组织参加市委组织部举办的全市党员干部现代远程教育课件制作人员示范培训班，选派优秀网宣员参加全市组织工作宣传培训班。推进全区党支部规范化建设试点工作，推进以“一规一表一册一网”为载体、以“B+T+X”为内容的体系建设。推荐提名北京市出席中共十九大代表建议人选1名，选举产生延庆区出席市第十二次党代会代表14名、市第十五届人大代表22名，推选出市第十三届政协委员6名。完成党组织和党员信息采集工作。简化党员办理组织关系转接手续，全面运行党员组织关系网上转接工作。举办5期党员发展对象培训班，培训596人，发展党员590人。按照上年全区党员实有数，下拨2017年基层党组织工作和活动经费668.84万元。帮扶生活困难党员532名，其中市级困难党员50名，区级困难党员482名，发放帮扶资金169.2万元。

单位名称：中共延庆区委组织部
地　　址：延庆镇湖北西路1号
电　　话：69103954

（吕适艺）

【第一书记述职考核会】 1月12日，召开2015年选派的首批22名村党组织第一书记述职评议考核工作会。相关第一书记围绕工作开展情况、存在的问题和下一步工作计划做述职，19名评委现场考核评价。区委组织部、区委农工委、区民政局、区增收办相关负责人，各乡镇党委副书记、组织委员参加，2016年选派的第二批92名第一书记列席。

（徐旭）

【农村实用人才工作年度考核】 1月20日，市委农工委考核组对区上年农村实用人才工作进行考核。延庆镇、八达岭镇、张山营镇分别汇报乡镇农村实用人才工作开展情况，考核组对张山营镇民宿、井庄镇豆腐工坊等实用人才创业项目进行现场考察并给予肯定。

（花凯）

【14名出席市第十二次党代会代表选出】 2月17日，召开延庆区出席北京市第十二次党代会代表选举工作部署会，印发《中共北京市延庆区委关于做好出席北京市第十二次党代会代表选举工作的通知》。5月16日，召开区代表会议，以无记名投票方式，选举产生延庆区出席中国共产党北京市第十二次代表大会代表14名，分别为（按姓氏笔画为序排列）：王盈盈（女）、田成清（女，满族）、刘学亮、祁金利、李军会、李志军、李振奇、沈雁鹏（女，满族）、陈双来、陈桂芬（女）、赵俊英（女）、敬大力、虞宝才、穆鹏。

（李斌）

【基层党建工作述职评议考核】 2月27日，召开区乡镇、街道系统党（工）委书记抓基层党建工作述职评议考核会。全区22名乡镇、街道及系统党（工）委书记现场述职。区委常委、区委党建工作领导小组及办公室成员、区“两代表一委员”、区党员群众代表现场听取述职汇报并填写测评表，区委主要负责人作点评讲话，市委组织部相关负责人出席。参加会议述职的党（工）委书记抓基层党建工作总体评价优称率100%。

（徐旭）

【农村实用人才工作会】 4月召开，会议总结上年农村实用人才开发培养工作，部署2017年工作任务，确定年内培养农村实用人才134人，选配区级指导教师29人，配备乡土专家28人。并为6个农村实用人才示范实训基地举行授牌仪式。

（花凯）

【软弱涣散基层党组织整顿转化】 5月23日，召开市级软弱涣散村排查整顿工作部署会，印发《区级党员领导干部联系软弱涣散基层联系点制度》和《区直单位联系软弱涣散基层联系点制度》对全区31个市级软弱涣散村进行全面排查，综合分析具体问题和原因，制定一村一策整改方案。

（徐旭）

【全区基层党建工作重点任务推进会】 6月5日召开，会议传达全国、全市相关会议精神，部署全区基层党建工作重点任务，印发《关于贯彻落实全国、全市基层党建工作重点任务推进会精神的实施方案》和《任务清单》，提出9个方面66项重点任务，逐一明确工作要求、责任单位、完成时限。督促各乡镇党委对全国、全市农村基层党建工作座谈会精神落实情况进行全面自查，梳理总结问题，建立自查清单，明确改进举措，推动工作落实。

（徐旭）

【优秀博士生（后）到区挂职】 6月，从清华大学、北京大学、中国人民大学和北京林业大学等4所高校引进优秀博士生（后）6人，开展为期6个月的挂职服务工作。分别安排在世园会筹办、对外宣传、产业发展等单位。

（花凯）

【延怀两地实用人才培训交流】 10月，“延怀河谷”产区葡萄酒行业管理技术基础培训交流会在怀来县召开。延庆选派10名从事葡萄种植、葡萄酒生产等工作的专业技术人才和科技工作者、实用人才参加交流。

（花凯）

【区第二次党代会基层一线代表培训班】 11月7—9日举办。除农村基层一线代表44人参加“农村党组织书记培训班”跟班学习之外，区直机关、企事业单位、街道、社区、卫生、教育系统、乡镇机关的基层一线党代表48人参加培训，重点学习《北京延庆区党代表大会代表学习读本》。

（李斌）

【优秀农村实用人才创业项目评选】 11月，开展优秀农村实用人才创业项目评选资助活动，推荐4个优秀创业项目参加市级评选，刘斌堡乡“蒲公英本草养生文化产业园——田园综合体项目”获评市级优秀创业项目，并接受表彰。

（花凯）

【百名领军型实用人才进校园活动】 12月，开展“百名领军型实用人才进校园”活动，委托北京农学院，分两批对全区选派的百名优秀农村实用人才进行“市场营销和品牌建设”主题培训，通过课题专题讲解和现场观摩学习等形式，提高全区优秀农村实用人才的科技与产业创新能力、技能水平和经营能力。

（花凯）

【中共十九大代表推荐提名】 年内，召开延庆区出席中共十九大代表推荐提名工作部署会，印发《中共北京市延庆区委关于做好北京市出席党的十九大代表推荐提名工作的通知》，按照基层党支部推荐提名、基层党委遴选提名、区委遴选3个步骤，推荐提名北京市出席中共十九大代表人选2名，其中领导干部1名、基层第一线党员1名，在市第十二次党代会上，被推荐提名的李志军当选中共十九大代表。

（李斌）

【党务、村务、财务公开工作督导检查】 年内，印发《关于开展农村党务、村务、财务公开工作检查的通知》，区委组织部、区民政局、区经管站组成专项检查督导组，对15个乡镇的60个行政村开展督导检查。对先进村评选先进村20个，给予每村10万元扶持奖励资金，落实扶持资金200万元。

（徐旭）

【非公企业和社会组织党的建设】 年内，开展非公企业和社会组织党建排查工作2次，印发《关于集中推进非公有制企业和社会组织党的组织和工作覆盖的通知》。截至年底，全区具有一定规模非公企业334家、实现党组织覆盖非公企业300家，覆盖率89.82%。摸排社会组织166家，实现党组织覆盖社会组织126家，覆盖率75.9%。

（徐旭）

【国有企业党的建设】 年内，召开区国有企业党的建设工作座谈会，部署国有企业章程修订工作、党组织议事规则修订工作和软弱涣散基层党组织排查整顿工作，将国有企业党建工作纳入企业章程，明确党组织在国有企业中的政治核心和领导核心地位。研究落实全国国企党建工作30项重点任务和全市国企党建工作7项重点任务，会同区国资委党委对8家区属一级国有企业党建工作重点任务落实情况进行督查，督查结果以书面形式反馈区属各国有企业。

（徐旭）

【机关优秀干部到村担任第一书记】 年内，继续面向首批第一书记任期届满的低收入村和低收入户集中村开展选派工作。其中，市委组织部、市委农工委从市级部门、市属国有企业选派10人，区自行选派11人。截至年底，全区有113名第一书记驻村指导帮扶。

（徐旭）

【村党组织活动场所改造提升】 年内，对全区村党组织活动场所进行全面摸排，确定43个"危旧狭小"村级党组织活动场所名单，其中新建村34个、维修村9个。拨付改造扶持资金818万元。

（徐旭）

【干部选拔任用】 年内，重点对29个处级班子党政正职进行调整，联动调整处级干部9批218人次，其中提拔或转任重要岗位46人次，交流转任改任120人次，增职减职32人次，保留待遇12人次，免职8人。全年履行科级职务任免手续9批517人次，为30名处级干部办理退休手续，为4名符合条件的乡镇、街道副处级干部履行晋升正处职级手续。

（李怀超）

【干部培养锻炼】 年内，派出挂职干部48人，其中到中央企业挂职2人，到河南挂职2人，参加援疆2人，对口支援内蒙古兴和、河北怀来5人，抽调37人参与冬奥会、世园会、党建督导、巡察、创城等全区重点工作，接收8名干部到区挂职锻炼。

（李怀超）

【处级干部年度考核】 年内，统筹935名处级干部年度考核工作。对899名处级公务员（含参公事业、规范事业）考核等次和奖励情况严格审核，其中186人被确定为优秀等次，699人被确定为称职等次；178人获嘉奖奖励，45人获三等功奖励。对36名处级事业人员年度考核等次进行审核，其中6人被确定为优秀等次，30人确定为合格等次。

（王永刚）

【领导干部报告个人有关事项】 年内，组织全区33名市管干部、952名处级干部和1898名科级干部，集中填报《领导干部个人有关事项报告表》，并完成信息录入、汇总等工作。对173名干部的个人有关事项报告进行重点抽查和随机抽查，对未如实填报的，严格按照有关规定严肃处理。

（王永刚）

【换届风气监督】 年内，组织开展换届政策法规和"九严禁"换届纪律要求的学习。函送市纪委、市委组织部通知500份，发放宣传折页500份，转发短信500条次；组织观看区委拍摄的抗日战争纪录片《北平以北》，利用延庆电视台、《延庆报》和党员小书包、政务微信等平台积极宣传换届纪律要求，增强干部群众的知晓率、满意度和认同感。坚持举报电话24小时值守。全年没有发生违反换届纪律的行为。

（王永刚）

【干部教育培训】 年内，举办主体班4期，举办专题班30期，全年培训处级干部3448人次、科级及以下干部4795人次。协助市委组织部完成62期次、322人次的干部调训任务。加强干教网延庆分中心建设，推进"线上+线下"学习模式，全区2499名在线报名学员全部完成学习任务。

（苏学友）

【党政正职离任检查和经济责任审计】 年内，对46名离任的党政正职进行离职交接监督，对32名离任党委（党组）书记履行干部选拔任用工作职责情况进行检查，对24名处级领导干部进行经济责任审计。

（王永刚）

【超职数配备干部清理消化】 年内，按照全区超职数配备干部消化计划，及时与清理超职数配备干部单位和区人力社保局沟通，统筹做好全区77名超职数配备干部清理规范工作。截至9月底，全部完成消化任务。

（王永刚）

【干部选拔任用全程纪实】 年内，落实干部选拔任用全程纪实制度，在处级干部选拔任用全程纪实系统中录入220名处级干部选拔任用的全过程信息，确保干部选拔任用工作可追溯、可追查。

（王永刚）

【乡镇中小学校党组织隶属关系调整】 年内，印发《〈关于加强延庆区中小学校党的建设工作的实施意见〉重点任务清单》，明确区委组织部、区委教工委、各中小学校党组织抓党建工作职责。调整乡镇中小学校党组织隶属关系，由隶属于乡镇党委管理，调整为统一隶属于区委教工委管理。

（徐旭）

【“12380”举报受理】 年内，借助“12380”电话、信件、网络和短信“四位一体”举报受理平台，加大信访举报问题的受理查核力度。全年查办信访举报31件次，其中信访举报类27件次，反映待遇问题4件次，查核处置率100%。

（王永刚）

【党员电教片拍摄制作】 年内，完成《果树能人周顺海》《记录红色历史　赓续红色血脉》《我为金英付青春——赵红敏》和《海坨守望者》4部电教片的拍摄制作。其中《海坨守望者》和《果树能人周顺海》参选市委组织部全市党员教育电视片观摩交流活动，分获二等奖和三等奖。

（段欣超）

宣传工作

【概况】 中共北京市延庆区委宣传部（简称区委宣传部）是负责全区宣传思想文化工作的区委工作机构。内设办公室、新闻科、理论宣教科、互联网信息办公室、文化创意产业促进中心、对外宣传中心6个职能科室。2017年，有行政人员9人，规范管理事业人员10人。年内，深入贯彻党中共十九大精神和和中共中央总书记习近平系列重要讲话精神，组织理论中心组（扩大）学习18次，包括党风廉政建设、意识形态建设、绿色发展、文化建设等内容。其中，市委市政府理论中心组学习（扩大）会议4次，区级理论中心组学习（扩大）会议14次。编印《延庆学习参考活页》7期，面向全区各工委、乡镇和街道组织开展周末社区大讲堂22场次。制定并下发《网络安全工作责任制实施办法、网络意识形态工作责任制实施细则》等文件。培育包括基础网评员、骨干网评员、宣传文化信息员在内的1000人舆论引导队伍，全年设置抵制网络谣言、禁限放烟花爆竹等议题33个，征集网评文章630篇，收集信息员微信投稿照片2200张。基本实现网信、公安、应急、维稳等部门联动，完善突发事件网络舆情工作机制和新闻发布机制，成功应对多起突发事件网络舆情和负面舆论；高标准完成中共十九大网络安全保障工作。围绕全区重大事件和重要活动组织大型新闻发布会4次，集体采访60次，邀请接待境外、中央、市属媒体1800人次参与活动宣传报道。围绕“走近北京世园花卉——2017”、世园会倒计时两周年世园歌曲发布会、第二届北京牡丹科技文化节等活动，邀请中央、市级媒体20家，实地采访珍珠泉“三千花谷”项目、延庆镇蒋家堡村苹果密植园、四季花海头茬胎菊采摘等，集中宣传延庆园艺产业建设进展及特点。根据冬奥会筹备工作进度，围绕中国冰雪产业峰会、龙庆峡冰灯艺术节、奥运健儿公益服务大行动——雪上培训活动、首届延庆世界葡萄博览园冰雪文化庙会等系列冰雪活动进行宣传，打造“冰雪延庆”城市形象。与北京电视台共同策划推出《延庆：用生态赢得未来》7分钟专题片，并制作“砥砺奋进的五年”之《长城文化　铸我国魂》《京北门户　生态之城》和《一城山水　半城田园》3个专题片。挖掘“环保奶奶”等榜样人物，向媒体进行推送并引起广泛关注。全年举办新闻发言人培训3期，参训900人次。持续宣传疏解整治促提升工程，策划推出《北京晚报》整版《青山绿水新美景塑造生态延庆》以及《延庆区：严厉打击盗采砂石　发现一处整治一处》等多篇电视报道。外宣品制作方面，完成《冰雪之城》画册1000册、《冬奥圣地　冰雪延庆》邮册1000册、《2016—2017冬季冰雪宣传集锦》50册。宣传信息在中央、市级以上媒体刊播4439条次，北京延庆官方微博发布微博400条，粉丝22万人；北京延庆官方微信推送文章2000篇，粉丝7.3万人。全年发布各类民生信息620条，政策解读、公示公告类信息100条；开展粉丝互动活动30次，网络直播7场，举办线下大型主题活动3次。成立延庆传媒联盟，成员158个，拥有传播媒介账号210个，覆盖受众100万人次。发送《阅微延庆》手机报26期，其中围绕学习宣传贯彻中共十九大精神、大型文献记录电影《北平以北》制作专刊3期。北京延庆网易号荣膺“最具开拓精神政务网易号”。全年向区领导报送网络舆情信息2300条，相关责任单位反馈率100%。

单位名称：中共延庆区委宣传部
地　　址：延庆镇湖北西路1号
电　　话：69174789

（孟慧慧）

【延庆传媒联盟成立】　4月1日，区委宣传部、区委统战部、区公安分局共同发起成立“延庆传媒”联盟，截至年底，有成员158个，涵盖延庆党政机关、企事业单位、社会组织、个人的传播媒介账号210个，覆盖受众100万人次，开展联合主题宣传和舆论引导调控30次，形成传统媒体与新兴媒体、官方账号与自媒体账号的“命运共同体”。

（孟慧慧）

【百姓宣讲工作部署会】　4月19日召开。会议总结表彰2016年百姓宣讲工作，动员部署2017年百姓宣讲工作。市委讲师团百姓宣讲处负责人对延庆百姓宣讲骨干进行专题培训。各工委、街道副书记，各乡镇宣传委员，各单位宣讲工作负责人，百姓宣讲员代表等300人参加会议。11月22日，召开学习宣传贯彻中共十九精神百姓宣讲部署会，对全区学习宣传贯彻中共十九大精神百姓宣讲活动进行部署。各工委、街道专职副书记，各乡镇宣传委员参加会议。截至年底，各工委、乡镇和街道组建33支“学习宣传贯彻中共十九大精神”百姓宣讲团，200名宣讲员参加跨区域交叉巡讲。“不忘初心扬帆新征程　牢记使命筑梦新时代”百姓宣讲团面向基层开展集中送讲11场。

（孟慧慧）

【首届文化创意创新创业大赛举行】　5月11日，第二届北京市文化创意创新创业大赛初赛延庆分赛场活动在区文化馆小剧场举行，18个项目参加比赛，内容涵盖文化旅游、创意农业、文化体育、文艺演出、创意设计等领域。市委、区委宣传部领导出席开幕式，区相关职能部门主管领导、文创领域投资机构、企业家代表、创业青年、在校大学生以及组委会选派的行业专家、知名文创投资人、创业导师等300人参加。

（孟慧慧）

【市委常委、宣传部部长杜飞进到延庆调研】
5月29日，市委常委、宣传部长杜飞进等到区调研，实地察看规划展览馆、2019年世园会建设工地、2022年冬奥会核心选址地和井庄镇柳沟村，听取区域发展规划、世园会冬奥会筹办进展、第九届北京端午文化节等工作情况汇报，并就下一步工作提出建议。区领导李志军、穆鹏、祁金利等陪同调研。

（赵恩阳）

【“十优”百姓宣讲员评选决赛】 9月1日，区2017年百姓宣讲“十优”百姓宣讲员评选决赛在区文化馆小剧场举行。各工委、乡镇和街道的25名宣讲员参加比赛。最终评选出“十优”百姓宣讲员10名，“优秀”百姓宣讲员15名。全区各工委、乡镇和街道的主管领导，百姓宣讲员代表等300人观赛。

（孟慧慧）

【区推进全国文化中心建设领导小组成立】 9月，成立由区委书记任组长，区长担任第一副组长的推进全国文化中心建设领导小组，领导小组办公室设在区委宣传部。年内，领导小组根据文化中心建设“一核一城三带两区”的总体框架，结合服务保障世园会和冬奥会等工作实际，制定工作方案，推进文化中心建设工作。

（孟慧慧）

【中共十九大外媒集体采访走进延庆】 10月19日，中共十九大新闻中心组织境外媒体记者近百人到延庆区进行集体采访，到八达岭长城、世园会园区建设工地、北京延庆野鸭湖湿地自然保护区，了解延庆区生态建设情况和世园会筹办工作，向世界展示延庆生态建设成果，为中共十九大胜利召开营造良好的舆论环境。

（赵恩阳）

【中共十九大精神宣讲活动启动会】 11月3日，学习贯彻中共十九大精神宣讲活动启动会召开。会议对全区中共十九大精神宣讲活动进行全面部署。李志军出席会议并讲话。

（赵恩阳）

【区推出的大型文献纪录电影全国首映】 12月3日，由延庆区推出的大型文献纪录电影《北平以北》在“一二·九”运动发源地——清华大学首映。首映式由清华大学、团市委、延庆区共同举办。市委宣传部、市新闻出版广电局、市委党史研究室、中国人民抗日战争纪念馆等单位负责人，影片导演艾辛及主创团队，平海儿女联谊会代表，首都高校大学生，中央及市属媒体记者等400人参加首映活动并观看影片。影片于12月8日在全国20个省市公映。

（孟慧慧）

【区委网络安全和信息化领导小组成立】 12月18日，经区委第41次常委会研究同意，延编委发〔2017〕24号文件正式批复，设立中共北京市延庆区委网络安全和信息化领导小组，由区委书记和区长担任正、副组长，成员包括相关部门主要负责人，主要职责是负责统筹协调全区网络安全和信息化重大问题，增强安全保障能力。在区委宣传部设立中共北京市延庆区委网络安全和信息化领导小组办公室（简称区委网信办），作为领导小组常设办事机构。12月22日，网信办发布《关于开展延庆区共产党员“网络空间自律倡议”活动的通知》，号召全区党员争当遵纪守法示范者、正向能量传播者、网络行为自律者、文明上网引领者、健康网络捍卫者。

（孟慧慧）

【“秀美乡村　成风化人”活动】 年内，与清华大学、北京师范大学等首都高校合作，持续推进“秀美乡村　成风化人”活动，全年完成12个村墙体绘画工作，直接参与师生1000人次。

（孟慧慧）

【新闻发言人培训】 年内，举办为期11天、88学时的新闻发言人培训班3期。全区与冬奥世园筹办举办相关的乡镇、街道、区委各部委办、区级国家机关、区级直属各单位、各市属垂直部门等114个单位的党政正职、新闻发言人、新闻发言人秘书和网络评论员900人次参加培训。

（赵恩阳）

纪检监察

【概况】 中共北京市延庆区纪律检查委员会（简称区纪委）与北京市延庆区监察委员会（简称区监委，2017年4月正式成立）合署办公，在市纪委、市监委和区委领导下，履行纪检、监察两项职能。机关内设办公室、宣传部、组织部、研究室、党风政风监督室、信访室、案件监督管理室、案件审理室、第一纪检监察室、第二纪检监察室、第三纪检监察室、第四纪检监察室、第五纪检监察室、第六纪检监察室。全区有派驻纪检监察组13个；乡镇纪委15个；市区双管单位纪检组10个。年内，深入学习贯彻党的十九大精神，完善区纪委区监委领导班子理论学习中心组学习制度，严格执行“三会一课”、基层联系点等制度机制，成立机关党委和机关纪委，组织开展丰富多彩的学习培训、主题党日和教育实践活动。完成国家监察体制改革试点工作；编纂《延庆纪检监察回眸（2009—2016）》。加强基层纪检监察组织建设，向街道派出监察组、向乡镇派出监察办公室；规范基层党组纪委委员设置，在全区376个行政村党支部、64个社区党支部设立纪检委员。加强纪检监察干部培训，举办全区纪检监察业务培训班4批，参训260人次。开通延庆纪检监察微信公众号，制作推送微信77期、信息288篇；开设“廉政妫川”“家庭助廉”“理论与研究”“以案说纪”等原创栏目，粉丝3066人，点击量10万人次以上。持续打造“德蕴清风”廉政品牌，联合高校开展“红廉”文化体验和演出活动；创作《延庆纪检监察者之歌》等一批廉政文化作品；开展“廉政亲情寄语”征集活动，营造德治礼序、以德促廉良好社会氛围。年内办公地点从新城街2号行政综合办公楼正式搬迁到苏子街4号，新办公区总建筑面积4000平方米。截至年底，受理检举控告类信访举报305件次，处置问题线索247件，查处违反中央八项规定精神问题19件，通报曝光典型案件16批25起48人，问责党员干部88人。

单位名称：中共延庆区纪律检查委员会

地　　址：延庆镇苏子街4号

电　　话：69103160

（荆丹丹）

【市领导督导检查党风廉政建设责任制落实情况】　1月24日，市委常委、市纪委书记、市监委主任张硕辅带队对全区党风廉政建设责任制落实情况进行督导检查。检查组听取区委、区政府党组履行党风廉政建设主体责任情况汇报，听取区纪委履行党风廉政建设监督责任情况汇报，现场反馈检查意见建议，并对今后工作提出要求。

（荆丹丹）

【区纪委二届二次全会】　3月3日召开。会议传达中央纪委、市纪委全会精神，听取区纪委书记虞宝才代表区纪委常委会所作题为《忠诚于党，干净履职，推动全面从严治党向纵深发展》工作报告，表决通过区纪委全会工作报告和全会决议。区委书记李志军出席会议并讲话。市纪委第七纪检监察室主任张保民，区委副书记、区长穆鹏，区人大常委会主任胡耀刚及全体区纪委委员出席会议，两院院长和处级班子主要领导、全区纪检监察系统处级以上干部列席会议。

（荆丹丹）

【乡镇纪检监察干部业务培训班】　3月27—31日举办。区纪委领导和业务骨干集中授课，重点讲授依规依纪履职担当、信访举报线索处置、执纪审查以及案件审理工作规范等业务知识和技能，并通过讨论演练、学员演示发言、总结点评等形式强化培训实效。各乡镇纪检监察干部44人参训。

（荆丹丹）

【监察体制改革试点】　3—4月，成立全区深化监察体制改革试点工作小组，出台《延庆区深化监察体制改革试点工作实施方案》。8月9日，监察体制改革试点工作通过市深化监察体制改革检查评估组现场检查评估。

（荆丹丹）

【区监察委员会成立】　4月7日，延庆区监察委员会成立，同时撤销区监察局、区预防腐败局、区行政投诉中心；撤销区人民检察院反贪污贿赂局、反渎职侵权局、职务犯罪预防处，将相关职能整合至区监察委员会。区纪委、区监委合署办公，履行党的纪律检查、国家监察两项职责，实行一套工作机构、两个机关名称。

（荆丹丹）

【《延庆纪检监察者之歌》首发】 6月29日，《延庆纪检监察者之歌》首发式暨延庆区第三届“德蕴清风”廉政文化节文艺汇演在延庆文化馆小剧场举行。区委相关领导，区纪检监察系统干部、区纪委委员、反腐倡廉宣传员和部分党员干部代表200人参加活动。《延庆纪检监察者之歌》创作周期历时一年，刘利华、赵文新作词，史长江谱曲。歌曲立足延庆地域、文化特点和纪检监察工作实际，以全面从严治党为主题，体现延庆纪检监察队伍忠于党、忠于人民、忠于纪检监察事业的使命担当。

（荆丹丹）

【派驻纪检监察机构成立】 7月28日，召开派驻纪检监察机构成立大会，会议就加强全区派驻机构建设的有关事项进行说明，并宣布区纪委、区监委派驻机构人员名单，13个派驻机构共配备行政编制52名，各组设组长1人、副组长1人、组员2人。实现对全区74家区级党和国家机关派驻纪检机构的全覆盖；主要监督驻在单位领导班子落实全面从严治党的主体责任，初步核实问题线索、参与调查违反党纪案件，对领导班子履行全面从严治党主体责任不力、造成严重后果的提出问责建议，承办区纪委区监委交办的其他事项。李志军出席会议并讲话。

（荆丹丹）

【区委巡察组成立】 8月4日，出台《延庆区委关于开展巡察工作的实施意见》，成立区委巡察工作领导小组，由区委常委、区纪委书记担任组长，下设巡察工作领导小组办公室，设立区委巡察组3个，每组4人。8月28日，召开区委巡察工作动员部署会，宣布区委首轮巡察工作组长、副组长的授权任命及巡察工作安排。9月初，首轮巡察工作启动，巡察对象分别为永宁镇党委、大榆树镇党委和大庄科乡党委，为期一个半月左右。截至年底，完成2批9个单位的巡察任务。

（荆丹丹）

【市级巡察组到区巡察】 8月28日至10月13日，市纪委市监委第一巡察组对区纪委区监委进行巡察。通过开展民主测评，组织知识测试，召开座谈会，进行个别谈话，查阅会议记录和案卷档案等形式，重点查找区纪委区监委领导班子在政治站位、履职尽责、自身建设等方面存在的问题。11月10日，市纪委第一巡察组向区纪委区监委现场反馈巡察意见建议。会后，区纪委区监委成立巡察整改工作领导小组，制定《区纪委巡察反馈意见整改任务分解方案》，确定46项整改任务，提出并落实整改措施103项。

（荆丹丹）

【市纪委书记到区调研】 9月14—15日，市委常委、市纪委书记、市监察委主任张硕辅到延庆调研。实地察看世园会、冬奥会场地建设施工现场，延庆规划展览馆，“德蕴清风”廉政文化园等地，听取区纪委相关工作汇报。李志军、虞宝才等区领导陪同调研。

（荆丹丹）

【纪检监察系统中共十九大精神报告会】 11月2日和29日，先后邀请北京市纪委正局级纪律检查员张岚宣讲中共十九大精神，邀请北京航空航天大学公共管理学院教授、廉洁研究与教育中心主任任建明作专题辅导报告，重点解读中共十九大关于全面从严治党精神。全区纪检监察干部120人听讲学习。

（荆丹丹）

【全区领导干部警示教育大会】 11月22日召开。虞宝才通报区内一起严重违纪违法留置案件。李志军深刻剖析全区在全面从严治党方面存在的落实管党治党主体责任不力等12类问题，提出全面落实新时代全面从严治党新要求。穆鹏主持会议，区委、区政府、区人大、区政协主要领导，全区处级班子单位党政正职、副书记、纪委书记、区纪委区监委副处级以上干部300人与会。

（荆丹丹）

【全面从严治党主体责任落实】 年内，组织党员干部层层签订党风廉政建设责任制个性化责任清单，公开做出廉政承诺，严格落实履行主体责任情况报告制度。全面推行党风廉政建设主体责任全程纪实制度，将“全程纪实”管理对象范围延伸至各单位科队站所负责人。完善党风廉政建设责任制检查考核机制，健全日常考核和集中考核程序，量化考核评价指标体系，年底由区级领导带队对全区党风廉政建设责任制进行专项检查，对考核排名靠后的党委（党组）进行约谈，问责党员领导干部88人。

（荆丹丹）

【作风建设】 年内，出台《关于公职人员工作日期间中午严禁饮酒的规定》，为110多家处级班子单位配发禁酒牌，深入基层开展多轮督查。强化“三公”管理，对办公用房使用情况进行重新摸排，2700名科级及以上干部填报承诺书；对全区各单位公务用车及ETC速通卡配备情况进行大起底，开展巡察、专项监督检查240次，抽查公务用车2100辆、ETC卡944张。全年查处违反中央八项规定精神案件19件，处分科级以上干部19人。

（荆丹丹）

【信访举报】 年内，改善纪检监察信访接待场所和办公场所，实现上访人员与接访人员分开、接待区与办公区分开、保密区与非保密区分开。规范信访举报受理范围和办理程序，开展重点领域矛盾排查和分析，提高信访举报件的办结率和立案率。全区纪检监察组织受理信访举报550件次，同比下降14.6%。其中，反映处级单位及领导干部77件次、科级干部46件次、农村干部175件次、其他人员207件次。

（荆丹丹）

【执纪监督】 年内，出台《区纪委区监委机关执纪监督工作暂行办法》《延庆区乡镇纪委执纪监督工作细则》，建立健全提醒谈话、谈话函询、诫勉谈话制度，规范三类谈话工作的操作流程，加大约谈函询力度。继续开展“为官不为、为官乱为”和“整治和查处侵害群众利益不正之风和腐败问题”专项治理，针对生态环境建设和创建文明城区工作中存在的“不作为、慢作为、乱作为”行为，对18家单位进行集体约谈，对部分乡镇领导和村“两委”干部进行重点约谈和警示谈话。

（荆丹丹）

【执纪审查】 年内，规范执纪审查流程和文书格式，修订完善办案点使用、办案设备管理、办案安全工作管理、办案人员工作纪律等制度规定，组织“全真模拟”纪律审查安全演练，建立案件管理信息系统，加强问题线索统一管理，严格执行案件督办机制，查处一批违纪违法案件。区纪委区监委处置问题线索247件，同比上升30%；新立案件162件，同比持平。严格执行《延庆区纪委违纪案件通报曝光工作办法》，通报曝光典型案件16批25起48人。

（荆丹丹）

【案件审理】 年内，推进案件审理信息系统使用，将所有受理案件均纳入系统管理，推动审理信息化。修订完善《基层执纪审查工作实用手册》，出台《关于对党员领导干部进行诫勉谈话的实施办法》《党纪政务处分决定做出和执行工作办法》。截至年底，受理审批类、非审批类案件180件，审结率100%，结案数同比增长16%；给予党纪政务处分151人，同比增长10%。

（武耀宗）

机构编制

【概况】 北京市延庆区机构编制委员会办公室（简称区编办）是区机构编制委员会常设办事机构，既是区委工作机构，又是区政府工作部门，列入区委机构序列，区政府审改办设在区编办。内设综合科、机构编制管理科、监督检查科（加挂行政审批制度改革科牌子）3个职能科室和机构编制信息管理中心1个事业单位。有行政编制9名，事业编制8名，工勤编制2名。主要负责全区行政管理体制改革、行政审批制度改革、政府机构改革、机构编制日常管理等工作。年内，全区事业单位法人311个，全年办理事业单位法人设立登记2个，变更登记31个，证书补领2个。稳步推进全区经营类事业单位改革和城市管理体制改革；完成区城管委组建、区城管指挥中心设立、区城管执法重心下移、区综合交通工作领导小组设立等机构设置和职能编制划转工作。全面推进行政审批“一科制”改革，完成全区具有行政审批职能的24个部门、216项行政审批事项改革工作。在全区90个主管部门范围内开展加强机构编制问题整改推进审批联动工作。完成对全区全部非行政许可审批事项的清理工作，取消调整非行政许可审批事项156项。区编办起草、区政府审改办印发文件，公布取消中央指定地方实施行政许可事项4项；公布《关于无人驾驶航空器监管责任划分的意见》《延庆区深化简政放权放管结合优化服务改革重点任务工作方案》，确定7大项、34小项“放管服”改革任务；5次公布取消调整基层证明162项，暂时保留基层证明2项；3次清理规范中介服务事项206项，保留中介服务事项152项；公布区政府部门2017年统一版“9+X”权力清单6454项，其中市区共同行政职权5978项，区级独有行政职权476项。

单位名称：延庆区机构编制委员会办公室

地　　址：延庆镇西街2号

电　　话：69102430

（韩雪）

【5个专项责任清单发布】　6月20日，区编办起草、区政府办印发公布5个专项责任清单，包括大气污染防治、城市环境秩序治理、违法建设治理、建设工程安全生产监管和烟花爆竹安全管理。

（韩雪）

【行政管理体制改革】　年内，设立国有资产监督管理委员会，为区政府工作部门，由区政府授权区国资委代表政府对监管企业依法履行出资人职责。完成区纪检监察体制改革试点和派驻纪检监察组全覆盖相关工作。设立区委巡察工作领导小组及办公室，明确职责和人员编制事项。

（韩雪）

【机构编制管理】　年内，推进完善5个功能区安全监管、区人大内设机构更名、区人力资源公共服务中心整合设立、信息公开机构调整等工作。按照“动态调整，增减平衡”的原则，调整143个内设机构和58个事业单位的机构、编制、职责等事项。设立区级自然保护区管理机构和河长制工作机构。梳理明确全区水污染治理防治职责、日上恒生市场管理职责、八达岭机场安全监管部门职责和城区道路名称管理职责等工作。

（韩雪）

【议事机构管理】　年内，精简83个议事协调机构和4个临时机构，保留74个议事协调机构和5个临时机构。从严控制议事协调机构和临时机构的设置，全年审批设立6个议事协调机构和1个临时机构。

（韩雪）

统战和台湾事务

【概况】　中共北京市延庆区委统一战线工作部（简称区委统战部）是区委主管统一战线工作的职能部门。北京市延庆区人民政府台湾事务办公室（简称区台办），负责全区对台工作；北京市延庆区海外联谊会，负责全区海外联谊工作；北京市延庆区党外知识分子联谊会，负责全区党外知识分子联谊工作。4块牌子，一套班子，行政编制6人，规范管理事业人员4人。年内，深入贯彻落实党中央关于统一战线的重大决策部署和《中国共产党统一战线工作条例（试行）》要求，以“打基础、抓落实”为目标，认真谋划统战各领域可操作、易执行、能复制的长期项目，为地区发展凝聚共识，汇聚力量。通过传统媒体、新媒体刊登对台湾事务宣传稿件10条；开展“2017京台基层社区新春文化拜年定向结对交流之旅”和“北京延庆端午文化大舞台京台社区交流”两项活动；协助完成赴台人员考察任务，审批21批59人次；完成大型来访接待考察5批89人次。

单位名称：中共延庆区委统战部

地　　址：延庆镇新城街2号

电　　话：69103030

（王爱华　张超）

【驻延庆国企与非公企业洽谈会】　1月22日，以“共享机遇携手同行　共同推动延庆发展实现新跨越”为主题，举办驻延庆国企与非公企业对接洽谈会，区内驻延国企、非公企业、区职能部门及各相关乡镇负责人等154人参加。

（王爱华　张超）

【全区统战工作部署会】　2月24日，以“做强自身、做出贡献”为主题，召开统战工作部署会。会议通报年度工作计划，号召统战各界人士围绕世园、冬奥两大盛会和“精准帮扶”凝心聚力、做出贡献。全区各民主党派、各爱国宗教团体、民宗办、国保大队、工商联相关部门负责人及相关人员20人出席。

（王爱华　张超）

【宗教工作调研】　2月15日至8月3日，区委统战部牵头，联合区民宗办、区公安局国保大队，对全区宗教工作进行综合调研。通过实地考察、书面征求、座谈交流等方式，了解宗教政策落实情况以及现存的问题，摸清全区可统计信教群众有2114人。通过调研确定16项宗教工作整改任务。

（王爱华　张超）

【统战“同心圆大讲堂”启动】　3月2日，延庆统战“同心圆大讲堂”正式启动。160名统战各界人士一同观看2月23—24日中共中央总书记习近平到北京考察城市规划建设和北京冬奥会筹办工作的新闻短片，并以“统一战线的形势与任务”为题，开展集中培训。中央社会主义学院教授、统战理论教研部基础理论教研室主任、中国统一战线理论研究会理事李小宁以“统一战线的形势与任务”为题，作了“同心圆大讲堂”首场讲座。

（王爱华　张超）

【党外青年人才座谈会】　3月22—28日，区委组织部、区委统战部联合召开2期全区党外青年人才座谈会。28名党外青年人才围绕世园会、冬奥会、中关村延庆园三大发展引擎发言交流，为推进延庆发展提出30条意见和建议。

（王爱华　张超）

【区委统一战线工作领导小组设立】　5月18日，区委常委会审议通过《中共北京市延庆区委统一战线工作领导小组组建方案》。区委统战工作领导小组由区委书记任组长，区委副书记任常务副组长，主管民族宗教工作的副区长和统战部部长任副组长。领导小组办公室设在区委统战部，统战部部长任办公室主任。领导小组主要职责是对统一战线贯彻落实中央和市委关于统一战线方针、政策、情况进行研究，并指导和督促检查各部门、各单位党委（党组）的贯彻落实情况。

（王爱华　张超）

【市新社会阶层人士考察组到区调研】　6月16日，市委统战部新的社会阶层人士考察组一行5人到区，就推进落实中共中央、市委关于全国新的社会阶层人士统战工作会议精神情况，进行考察调研。考察组结合落实“新阶层•新农村”同心共建活动，签订4份对接帮扶意向书，旨在通过项目合作、专业服务、人才培训和公益关怀等多种方式促进新农村建设。

（王爱华　张超）

【统战工作领导小组会】　9月5日，区委统战工作领导小组暨区民族宗教工作领导小组会议召开，会议传达市委统战工作领导小组全体会议精神和市宗教工作会议精神，通报全区宗教工作情况，部署宗教工作重点任务。李志军出席会议并讲话。

（王爱华　张超）

【市委统战部部长到区调研】　9月21日，市委常委、市委统战部部长齐静到区调研统战工作。听取区委统战工作汇报，与民主党派、工商联、宗教界代表人士座谈交流，并到区规划展览馆、2019北京世园会施工现场、中关村延庆园考察。

（王爱华　张超）

【致公党北京市委调研组到区调研】 10月22日，北京市人大常委会副主任、致公党北京市委主委闫傲霜一行15人，到区就美丽乡村建设和打造精品小镇情况开展考察调研。考察组先后到旧县镇东龙湾房车露营基地、盆窑村和北京国投公路公司考察了解需求情况。旨在发挥自身优势，助力延庆经济社会发展。

（王爱华　张超）

【致公党特色教育资助计划启动】 10月23日，由致公党北京市委、中国华文教育基金会主办，区委统战部、区教委参与，北京国投公路建设发展有限公司出资捐赠的“致爱中华传艺少年”特色教育资助计划，在井庄镇二道河小学正式启动。确定未来5年捐赠300万元，资助全区中小学开展普及特色素质教育项目。

（王爱华　张超）

【“冬奥梦·无限情”新阶层公益助学活动启动】 11月1日，无限极（中国）有限公司联合区委统战部、区教委、张山营镇政府以及北京万科石京龙滑雪场在张山营学校共同举行“冬奥梦·无限情”新阶层公益助学活动启动仪式。确定未来五年围绕冬奥会，培养并资助张山营地区3所小学学生开展滑雪项目培训。

（王爱华　张超）

【统战各界学习中共十九大精神座谈交流会】 11月3日，区委统战部组织各界人士召开学习中共十九大精神座谈交流会，李志军出席并讲话。全区各民主党派、无党派人士、宗教界人士、新的社会阶层人士、非公经济等统一战线成员30人，围绕中共中央总书记习近平报告进行座谈交流。

（王爱华　张超）

【非公经济人士赴台考察学习】 年内，区台办组织区工商联会员企业代表15人赴台湾开展学习考察交流活动。其间完成任务16项，其中与中华乐活农业协会、桃米生态小区发展协会达成合作意向2项，组织交流座谈4次，参观台湾民宿5处，拜访协会3处，赴台湾企业学习参观2处。

（王爱华　张超）

政策研究

【概况】 中共北京市延庆区委研究室（简称区委研究室），挂中共北京市延庆区委全面深化改革领导小组办公室牌子，主要负责全区调查研究的组织协调、区委重要文稿起草等工作。设调研科、综合科和政策研究中心（挂改革研究中心牌子）。年内，完成市级重点课题报告《关于提升基层党组织群众凝聚力引领群众服务保障冬奥会世园会筹办举办的思考》，以及区级重点课题报告20篇。完成区委二届四次、五次全会等重大文稿起草，编发《关于创建国家森林城市的建议》《关于海绵城市建设的几点建议》《延庆盘活农村闲置房屋发展精品民宿的实践探索》等多篇政策建议性文章，全年完成60篇综合文稿起草，部分文稿在《北京工作》《前线》等杂志刊发。组织全区各单位调研工作主管领导、科室负责人、各区级重点调研课题执笔人进行调研工作培训，受训800人次。根据《关于建立全区政策研究统筹机制进一步加强政策研究与创新的办法》，完善政策文件定期催报和报备公示制度，全年收到30个单位报备的300份文件，经筛选向区委主要领导上报150份，区领导批示40条，实现了政策文件报备的规范化、常态化。

单位名称：中共延庆区委研究室
地　　址：延庆镇湖北西路1号
电　　话：69104054

（徐文辉）

【区级重点调研课题推进工作会】 7月，召开区级重点调研课题推进工作座谈会，安排全年区级重点调研课题研究工作。全区各调研课题承担单位相关负责人40人参加。

（徐文辉）

深化改革

【概况】 中共北京市延庆区委全面深化改革领导小组办公室（简称区委改革办），作为常设性工作机构设在区委研究室，一个机构、两块牌子，主要负责处理区委全面深化改革领导小组日常事务，对各专项工作统筹、协调、督促、检查和推动。年内，组织开展区全面深化改革重大问题的政策研究，统筹协调有关方面提出的改革方案和措施，协调督促有关方面落实领导小组决定事项、工作部署和要求。完成或基本完成改革任务23项，发布实施改革文件29件。策划开展“持续深化改革建设服务型政府”改革系列宣传，编发9期改革工作简报，对深化生态文明体制改革、深入开展公立医院综合改革等全区改革重点、亮点工作经验和成绩进行总结，并在《北京改革交流》刊发，其中关于乡村旅游供给侧结构性改革的经验做法得到市委副书记景俊海批示。编写《北京改革蓝皮书（2016）延庆篇》，组织全区“疏解整治促提升”和“放管服”改革方面相关单位主管领导和科室负责人以及改革专项小组联络员、信息员进行培训，为推进改革营造良好氛围。

单位名称：中共延庆区委改革办
地　　址：延庆镇湖北西路1号
电　　话：69143273

（徐文辉）

【第三次全体（扩大）会议】 3月31日召开。会议审议通过《关于调整区委全面深化改革领导小组组成人员的方案》《关于调整区委全面深化改革领导小组专项小组设置的方案》《建立推进创建全国文明城区工作的体制机制的指导意见》等文件。

（徐文辉）

【第四次全体（扩大）会议】 7月4日召开。会议审议通过《延庆区改革事项报备工作办法》《2017年改革专项督察实施方案》《关于完善矛盾纠纷多元化解机制的实施意见》等文件。

（徐文辉）

【第五次全体会议】 8月10日召开。会议审议通过国资国企改革相关工作方案。

（徐文辉）

【第六次全体会议】 9月6日召开。会议听取关于2017年全面深化改革任务进展情况的督察报告。

（徐文辉）

老干部管理与服务

【概况】 延庆区委老干部局是负责全区离休干部和副处级以上退休干部组织、服务、管理工作的职能部门。设政办室、行政科、服务科、延庆区老干部活动中心4个职能科室，编制27人，实有26人。全年服务管理离休干部106人，其中本地92人、代管9人、易地安置5人；副处级以上退休干部1064人，其中副区级以上31人、正处级447人、副处级586人。年内，认真贯彻落实中办《关于进一步加强和改进离退休干部工作的意见》和京办《关于进一步加强和改进离退休干部工作的实施意见》，制订印发京延办《关于进一步加强和改进离退休干部的实施细则》，加强离退休干部思想政治建设和党组织建设，组织引导老干部为党和人民事业增添正能量，用心、用情做好离退休干部服务工作。对全区离退休干部进行了普遍慰问，发放慰问品及学习材料。组织全区80个单位600名处级退休干部到顺义国际鲜花港开展“我看北京新变化”考察参观活动。组织离退休干部开展以“不忘初心、继续前行、喜迎十九大”为主题的系列活动，编印并内部发行《画说2017——延庆区2017年离退休干部工作集锦》1300册。

单位名称：中共延庆区委老干部局
地　　址：延庆镇香苑街107号院
电　　话：69144298

（杨冬）

【老干部工作会】 1月23日召开。会议传达全国老干部工作“双先”表彰大会精神，总结

2016年全区老干部工作，部署2017年老干部工作任务。李志军对2017年老干部工作提出要求。离退休干部代表、离退休干部党支部书记代表、区老干部工作领导小组成员、全区处级班子单位党委（党组）书记及主管老干部工作的负责人与会。

（杨冬）

【老干部文艺演出】 6月26日，延庆区老干部“不忘初心 继续前行”纪念中国共产党成立96周年文艺演出在区文化馆举行。市老干部局、延庆区委、区人大常委会、区直机关工委、区社会工委、区文明办、区民政局等部门相关负责人出席活动，全区老干部代表、老干部社团组织代表等200人观看演出。

（杨冬）

【全区党建工作情况通报会】 7月18日，区委副书记向离退休干部通报2017年全区党的建设工作情况。离退休干部代表、离退休干部党支部书记代表、军休所离退休干部代表以及区委老干部局机关党员干部职工等120人参加。

（杨冬）

【老干部书画摄影展】 9月21日，举办“不忘初心、继续前进、喜迎十九大”翰墨豪情书画展，展出作品178幅。11月18日，举办“五年辉煌 誉美妫川”摄影展，展出作品100幅。年底展出结束后，书画作品全部收入区档案馆珍藏。

（杨冬）

【老干部文化艺术服务联合会活动】 9月26日，延庆区老干部文化艺术服务联合会召开第六次理事会，总结上半年工作，对2017年政府购买项目进行安排部署。截至年底，发展老干部思想政治工作研究会、老年书画研究会等涉老组织16个，发展会员745名。

（杨冬）

【老干部志愿督查队参加市级文艺展演】 9月28日，延庆区老干部“啄木鸟”志愿督查队的情景剧《“啄木鸟”督查记》，应邀参加在航天二院职工文化中心举行的“喜迎十九大 共筑中国梦”2017年北京市离退休干部文艺展演。

（杨冬）

【重阳节活动】 9月29日，“喜迎十九大登高庆佳节”——延庆区庆国庆、迎中秋、登长城活动在八达岭古长城景区举行，百余名老干部代表参加活动。市老干部局、区委老干部局、区文明办等部门负责人为老干部代表颁发荣誉证书。

（杨冬）

【老干部文化艺术服务联合会党委成立】 10月24日，延庆区老干部文化艺术服务联合会（功能型）党委举行成立大会。党委按照“一方隶属、多重管理”机制开展日常工作，实行离退休干部党员自愿原则，不收缴党费，不接转组织关系，不影响、不取代原单位的组织生活，党员过“双重”组织生活。

（杨冬）

【《行走妫川·乡村记忆》拍摄活动启动】 12月21日，延庆区《行走妫川·乡村记忆》大型拍摄活动启动仪式在区委老干部局举行。此次活动由区委组织部、区委宣传部、区委老干部局和区老干部文化艺术服务联合会共同举办，计划利用5年时间对全区15个乡镇、376个行政村进行拍摄，留存拆迁改造村落的影像资料。

（杨冬）

【离休干部服务】 年内，支出6670元为离休干部免费安装急救呼叫器；支出29346元为离休干部和区级退休干部购买家庭保洁服务。为破产转制困难企业离休干部上缴医疗保险金274.5万元，发放住房补贴3.031万元、物业补贴6.79万元。

（杨冬）

精神文明建设

【概况】 北京市延庆区精神文明建设委员会办公室（简称延庆区文明办）是延庆区精神文明建设委员会的办事机构，负责全区精神文明的日常工作，设综合科、创建科和文明建设促进中心，干部职工15人。年内，开展“道德模范”“延庆榜样”“身边好人”、金牌志愿者、金牌志愿团队、优秀志愿家庭、优秀志愿者选树、创城万人行志愿服务活动。打造“我们的节日”活动品牌，组织2017北京重阳文化节延庆系列文化活动。加强农村文化设施建设，完成乡情村史陈列室、精神文明建设宣传视屏建设。“啄木鸟”老干部志愿服务队、“千人找差团”查找、整改问题7000个。开展背街小巷“十有、五好”创建，开展背街小巷大家讲、大家评和大家拍活动。启动“礼在北京让出文明——延庆市民爱心斑马线”专项行动。设计延庆公益广告通稿，制作安装宣传展板、城市景观小品。在未成年人中开展“我的中国梦”主题教育，开展2017年“十佳美德少年”评选、“创城有我更精彩　我为世园做贡献　我为冬奥添光彩”主题教育活动。延庆地税局、延庆工商分局、延庆检察院，荣获第五届全国文明单位称号；张山营镇西大庄科村、永宁镇西山沟村、大庄科乡慈母川村荣获第五届全国文明村称号。在《人民日报》《精神文明报》《北京日报》等报纸杂志刊登延庆创城专版多篇，组织创城知识培训、知识竞赛等群众性文化活动100场。

单位名称：延庆区文明办

地　　址：延庆镇西街1号

电　　话：69178291

（时雨）

【绿色生活进社区宣讲】　1月13日，由首都文明办主办、延庆区文明办协办的“V蓝·北京——我的环保日记”绿色生活宣讲延庆专场活动在区青少年活动中心剧场举行。延庆区“环保奶奶”贺玉凤、绿色生活达人于爱平、垃圾分类指导员崔占霞等宣讲员讲述环保心得，并利用现场互动环节普及绿色环保知识。区委宣传部、文明办、环保局、各街道相关领导、居民代表、公共文明引导员代表200人参加。

（时雨）

【“社区文明小使者”寒假教育实践】　1月17日，延庆区2017年“弘扬传统文化·做家庭文明小模范——争当‘社区文明小使者’寒假主题教育实践活动”在第三小学启动。启动会总结2016年社区家长学校开展情况，部署2017年寒假期间主题教育实践活动内容。主要内容包括：加强中华传统美德教育，倡导绿色节俭过年；开展公益服务活动和文明家庭建设，引导未成年人争做家庭文明小模范；组织“我家的创城故事”征文和征画；开展新春寄语网上征集等活动。与会领导为2016年获奖社区家长学校和社区文明小使者代表颁奖，获奖社区代表发言，学生代表宣读倡议书。区文明办、区教委、区社会工委、区妇联、香水园街道等主管领导及各社区居委会主任、城区中小学校长、家长和学生代表共130人参加。全年30个社区家长学校共开展活动64次，评选出“社区文明小使者”1500人。

（时雨）

【道德模范礼遇】　1月25日，区领导李志军、穆鹏、胡耀刚、陈合安等分别走访慰问榜样代表和志愿者代表，为他们送去新春祝福礼包和慰问品。5月28日，组织榜样参加第九届北京端午文化节。8月4日，组织20名道德模范代表参观学习“延庆英雄谱 红色记忆”长城下的老兵风采展。10月26日，组织道德模范参加2017北京重阳文化节延庆系列文化活动开幕式。12月12日，组织“身边好人”代表参加首都文明办主办的消防安全培训。

（时雨）

【2017年学雷锋志愿服务工作会】　3月1日召开，会议总结2016年学雷锋志愿服务工作并部署2017年工作。首都文明办副主任韩龙彬、区领导祁金利、罗瀛出席。会议表彰蓝天救援队等10个“2016年学雷锋志愿服务金牌团队”、贺玉凤等10名“2016年学雷锋志愿服务金牌志愿者”、吕红艳等10个“2016年学雷锋志愿服务优秀志愿家庭”、田波等100名“2016年学雷锋志愿服务优秀志愿者”。金牌团队、金牌志愿者代表作典型发言，蓝天救援队展示志愿服务工作亮点。

（时雨）

【“2016北京榜样”暨美丽延庆人颁奖】　3月16日举行。历时一年的活动中，全区基层举荐390人，经层层张榜、全媒传播、大众投票、评审会评审等环节，评选出20名榜样和提名奖。张佳佳、杨慧琦、金合、王小苹、时建立、刘刚等6人还获得市级周榜人物称号，其中张佳佳、杨慧琦荣获得市级“北京榜样”提名奖称号。区人大、区政协、区委宣传部相关领导为榜样颁奖。区委宣传部、区文明办、区广电中心、区总工会、团区委、区妇联以及全区各工委、乡镇、街道相关负责人，往届榜样代表，社区居委会主任100人参加。

（时雨）

【创城委工作会】　3月21日召开。创城办、八大指挥部负责人分别汇报相关工作，通报《关于表扬延庆区2016年创建全国文明城区先进单位、先进集体和先进个人的决定》。对亟须解决的几项问题进行研究。区委书记、创城委主任李志军出席并讲话。

（时雨）

【“清明祭英烈”活动】　3月27日，以清明节为契机，组织未成年人开展“缅怀先烈、学会感恩”清明祭英烈教育实践活动。通过延庆文明网、文明延庆微信向革命先烈献花、鞠躬、抒写感言。网站留言12610条，微信鞠躬、献花17.61万人次。全区45所中小学1.4万名学生，到平北烈士纪念园开展“清明祭英烈万人行动”。

（时雨）

【“生态文明大家拍”评选活动】　3月29日，召开工作会，部署2017年评选工作，并揭晓2016获奖作品。上年收到各界群众拍摄作品150个，在延庆电视台刊播109个，经群众自荐、筛选刊播、评审会审核等环节，评选出17个作品。《爱护公共设施共享社会福利》《山村孩子们的环保梦》获一等奖；《别给开往春天的列车“添堵”》等5个作品获二等奖；《向雷锋叔叔学习、我们在行动》等10个作品获三等奖。

（时雨）

【图书交换活动】　4月21日，开展“建书香延庆，做阅读达人”图书交换活动，动员市民将手中闲置图书换成“换书券”，凭“换书券”换取自己感兴趣书籍。活动在“文明延庆”网站、微信、微博宣传推广，成果在“文明延庆”网站、微信、微博，延庆报等媒体展示。100位市民参与换书。

（时雨）

【“2017北京榜样”选树】　4月23日，“2017北京榜样”大型主题活动在刘斌堡村启动。经层层举荐、评选、张榜，微信点赞留言、大众评审、组委会评审等环节，贺玉凤、许泽玮荣获“2017北京榜样”，马秋荣、王茂华、赵玉忠、崔占霞等4人获“2017北京榜样”提名奖；薛雪菲、田成清、李长坤、西大庄科冬奥服务保障突击队荣获市级周榜人物。此外，赵玉忠获第六届全国道德模范提名奖、第六届首都道德模范提名奖。马秋荣、许泽玮同获第六届首都道德模范提名奖。

（时雨）

【“红色传承助力成长”宣讲】　5月9日，成立“五老”宣讲团。“五老”宣讲团由退休老干部、老教师、老专家、老模范、老战士组成，结合建党96周年、建军90周年、全民族抗战爆发80周年，开展未成年人思想道德教育。6月15日，由文明办、老干部局、教委、关工委在十一学校联合举办的宣讲活动正式启动。原区体育运动学校校长纪文广做《做人做事从少年做起》宣讲，全校700名师生参加。暑假期间，宣讲活动走进石河营西、燕水家园、康安等17个社区。在各乡镇、社区、44所中小学开展活动70场。

（时雨）

【“家风家训伴我成长活动”比赛】　5月18日，举行“家风家训伴我成长”情景剧比赛，26支队伍参赛，康庄小学、第一中学2所学校获得一等奖，第五中学等四所学校获得二等奖，6所学校获得三等奖，其他学校获得优秀奖。“中华美德少年行——家风家训伴我成长”故事宣讲，52名学生宣讲自己或身边家庭的美德故事，第二小学袁奥等4名学生获得一等奖，8人获得二等奖，12名学生获得三等奖。同时开展绘画、书法、手抄报等作品征集，年内，征集各类作品3500件，参与学生5000人次。

（时雨）

【绿色健康长走大会举办】 5月20日，创建全国文明城区喜迎世园冬奥盛会——延庆区2017“北京农商银行杯”绿色健康长走大会在野鸭湖国家湿地公园开赛。大会由区创城办、区体育局、区志愿者服务联合会共同主办，区长跑运动协会承办，北京农商银行延庆支行、康庄镇政府、野鸭湖管理处协办。全区600名体育爱好者以10公里健康跑和5公里健步走方式，为延庆创建全国文明城区助力，喜迎世园冬奥盛会。

（时雨）

【首都文明单位评选】 5月22日，区文明办部署2015—2017年度“首都文明单位”评选工作，对首都精神文明创建申报系统应用操作进行培训。区人保局、区纪委、区教委、区妇联及全区各工委、乡镇、街道主管领导60人参加。“首都文明单位”每3年评选表彰1次，本次推荐评选表彰名额163个。

（时雨）

【创城万人志愿服务】 5月25日，举行延庆区“百日创城攻坚 万人志愿服务”主题活动启动仪式，同时启动“多彩端午，微笑传递”志愿服务，创建全国文明城区工作进行百日攻坚。区领导李军会、祁金利出席。区文明办负责人部署百日创城攻坚、万人志愿服务活动。与会领导和嘉宾为 10 支志愿服务队授旗，向居民代表发放《创城那些事儿——市民文明手册》和《创城那些事儿微动漫》。居委会负责人代表、志愿服务队代表、重点工程建设负责人讲述志愿服务感受。

（时雨）

【“十佳美德少年”颁奖典礼举行】 5月31日，举行2017 年“十佳美德少年”颁奖典礼暨第九届少儿艺术节展演活动。第一小学于翟等10名学生获“十佳美德少年”称号，第二小学吴子璩10名学生获“十佳美德少年”提名奖颁奖。范硕、辛嘉讯、于珍懿、刘义等4名学生被评为首都“最美少年”

（时雨）

【周末社区大讲堂活动举行】 6月9日，创城办、地税局联合开展。特邀北京城市学院教师发展中心副主任王培英教授进行职场礼仪与沟通技巧主题讲座，主要讲解形象礼仪、接待礼仪、语言礼仪、沟通技巧四方面。创城办、地税局及文明引导员120人参加。

（时雨）

【第二批市级文明校园创建】 6月20—21日，区文明办、教委联合对申报市级文明校园单位进行实地考察。经过实地查看校园、查阅档案、师生访谈、听取工作汇报等环节，经评委会评审决定，推荐优秀学校参评。第二小学、第三中学等10所中小学校被评为第二批北京市中小学文明校园。

（时雨）

【“童心向党”歌咏比赛】 “七一”期间，举办区级歌咏比赛，7所中小学200名学生参加。第三小学的《少年 少年 祖国的春天》，第五中学的《我们走在大路上》，第四中学的《红星歌》参赛作品，分别获得一、二、三等奖，获奖作品在北京文明网“童心向党”歌咏活动中进行展播。

（时雨）

【非法小广告“微治理”】 7月5日开始，组织3个街道、延庆镇、城管执法监察局开展为期一个月的非法小广告“4个1微治理”活动，即：制定一个专项行动计划，组织一次启动仪式，组建一支清理小广告志愿者队伍，每周开展一次专项清理活动。活动出动人员2000人次，清除小广告1.2万条。

（时雨）

【延庆榜样一条街打造】 7月，打造“延庆榜样”主题街区。该主题街区位于妫水北街延庆一中至区档案馆路段，全长1000米，运用连体橱窗和异形展板形式，在道路两侧展示中共十八大以来评选表彰的“延庆榜样”“十佳美德少年”“学雷锋志愿服务金牌志愿者”“学雷锋志愿服务金牌团队”等各类榜样人物事迹和照片90组。

（时雨）

【创城亲子知识竞答比赛】 8月21日，举行决赛。通过线上答题、线下报名，历经社区初赛、街道复赛，共有10组家庭进入“创城那些事儿，看你知多少”亲子知识竞答总决赛。活动包括比赛和分享部分。“速战速决”“手疾眼快”“心有灵犀”等环节全面考察创城、冬奥、世园相关知识知晓程度，分享部分展现创城工作具体参与情况。香水园街道新兴东社区刘思宇、李昕歌2个家庭获一等奖，白一诺等8个家庭获二、三等奖。

（时雨）

【爱心斑马线专项行动】 8月29日启动，区文明办对“礼在北京让出文明——爱心斑马线”专项行动进行部署，该行动包括“礼让斑马线我践行”和“文明出行不越线”两方面。主要有礼让斑马线我践行、志愿交通家庭行、文明交通教育行、宣传点赞一起行4个载体。交通民警、公交司机代表、快递员代表、公共文明引导员分别做表态发言。机关干部、交通警察、公交司机、出租车司机、快递员、公共文明引导员、社区居委会主任、志愿者、社区居民代表等300人参加。仪式结束后，与会领导到新风路口、一中路口、外贸口路口3个示范路口进行检查。

（时雨）

【推动文明达标街巷建设】 年内，年制定下发《五好街巷评选细则》，分成小组对2017年整治提升的街巷进行摸底建账，并确定20条达标街巷；8月30日，举行120名街巷长上岗启动仪式。区领导穆鹏、张远、祁金利出席，并为街巷长代表颁发聘书、街巷长公示牌揭牌。街巷长主要对照“十有、十无、五好”工作任务和标准，开展街巷问题梳理、日常巡查、督促指导等工作。区社会办、文明办、工商局、市政市容委部门领导、乡镇街道负责人、街巷长、街巷管理服务队和小巷管家管委会代表近200人参加。举行街巷长培训，对“十有”“五好”创建标准进行详细解读。与西城区结成对子，组织街道、乡镇到西城学习背街小巷整治提升中典型做法，邀请西城区优秀街巷长为街巷长做报告；启动“最美街巷我来拍、我来讲、大家评系列活动”主题活动；组织志愿服务，依托千人找差团分别与3个街道和延庆镇组成四支背街小巷联合志愿服务队并举行启动仪式，每周二组织队员深入背街小巷开展宣传、捡拾、打扫等系列活动；打造精品街巷，积极挖掘街巷文化，打造精品街巷。

（时雨）

【“向国旗敬礼”活动举行】 9月18日至10月9日，在“文明延庆”“延庆文明网”和微信平台开设“向国旗敬礼”和抒写寄语专栏，网页平台参与学生及家长267489人次，留言5180条；微信平台留言1100条。网下教育实践活动包括召开主题班（队）会、爱国教育讲座、讲历史故事、革命故事、好家风家教故事等比赛、邀请部队开展爱国主义培训、升国旗仪式教育等。参与学生及幼儿2.5万人。

（时雨）

【退休老干部表彰】 9月29日，区委老干部局、文明办、八达岭旅游总公司共同主办“喜迎十九大　登高庆佳节”暨庆国庆、迎中秋、登长城活动。此次活动是2017年北京“重阳文化节”延庆系列文化活动三大板块十大系列活动之一。区委老干部局领导为活动致辞，为做出突出贡献的退休老干部代表颁发证书。老干部代表、啄木鸟志愿督查队、千人找差团、创城办、文明办工作人员200人参加。

（时雨）

【孝星褒奖】 10月11日，由区委宣传部、文明办、民政局、团区委、张山营镇联合举办。活动表彰卢迪等10名市级孝星和10名区级青年“新24孝”孝星代表。现场表演舞蹈、器乐演奏、诗朗诵等节目。2017年，市级孝星代表、区级青年新24孝孝星代表、张山营镇干部群众500人参加。北京夕阳再晨公益服务志愿者为现场老人提供科技助老志愿服务。

（时雨）

【“妫川少年情暖重阳”主题教育】 10月

13—31日，区文明办、教委联合开展“妫川少年情暖重阳”未成年人主题教育活动，面向全区小学生征集以“我和爷爷奶奶庆重阳”为主题手抄报；各中小学校召开“感恩重阳”的主题班队会；引导中小学生为长辈洗一次脚、做一次家务孝心行动；组织未成年人开展“敬老爱老助老”志愿服务等。中小学生参与者1.2万人次，征集手抄报作品523幅，评出获一等奖20名，二等奖30名，三等奖50名。

（时雨）

【重阳文化节系列活动举办】 10月26日，在大庄科乡慈母川村慈孝广场举行2017北京重阳文化节延庆系列文化活动开幕式。首都文明办、北京市老干部局、北京市老龄办、北京市农工委、延庆区人民政府等单位领导、区慈孝家庭代表、金婚夫妇代表与各界嘉宾共同登慈山，走孝道，品菊茶，观太极古乐表演。开幕式上，对慈孝家庭代表进行表彰，向金婚夫妇、百岁老人颁发婚纱照，献红围巾。现场寄“微孝”明信片。重阳文化节延庆系列活动，由感受重阳、感动重阳、感恩重阳三大板块十大系列66项活动组成。从9月份开始，全民参与、全域开展、全程宣传推介，融入慈孝文化、榜样力量、红廉文化，广泛开展慈孝家庭评选、寻找金婚夫妇和百岁老人、延庆区青年“新24孝”孝星评选，先后评选出“新24孝”孝星10位，慈孝家庭100个，征集金婚夫妇100对。

（时雨）

【文明村代表受到中共中央总书记习近平接见】 11月17日，全国精神文明建设表彰上，张山营镇西大庄科村党支部书记徐建喜作为北京市唯一一名文明村镇代表受到中共中央总书记、国家主席、中央军委主席习近平接见。11月20日，区文明办负责人同张山营镇领导前往西大庄科村进行座谈，祝贺西大庄科村荣获第五届全国文明村称号。

（时雨）

【贺玉凤获评“生态保卫军”榜样称号】 11月23日，由首都文明办指导，北京青年报、北青传媒股份有限公司主办“榜样的力量”——2017生态保卫军评选活动颁奖典礼召开。延庆“环保奶奶”贺玉凤20多年义务开展生态环保公益，荣获“生态保卫军”榜样称号。

（时雨）

【文明延庆“微”播】 年内，在微博创建“志愿延庆”等24个话题内容，在微信开设“生活助手”等11个固定栏目。全年发布微博、微信2200条，阅读量500万次以上。网络文明传播志愿者3.2万人。

（时雨）

【公共文明引导】 年内，全区120名公共文明引导员在重要交通路口、重点地区站台、主要大街开展文明排队、文明乘车、维护秩序、引导文明出行、劝阻不文明行为等活动。每月11日为“排队推动日”。推举好乘客180名。宣传、参与垃圾减量垃圾分类、绿色出行、V蓝北京、礼让斑马线、背街小巷治理等主题实践活动。节假日和重大活动中，在火车站、迎宾环岛、区内主要公交车站开展扶老助残、咨询指路、医疗救急、秩序治安维护等志愿服务活动。日平均服务群众3000人次。全年为市民、游客咨询指路7.2万人次；清扫站台设施4500次；捡拾并送还乘客丢失物品22件；医疗救助12人次；照顾老弱病残孕2000人次；帮助寻找走失亲人5人次；清除非法小广告1.5万张。

（时雨）

【“千人找差团”活动】 年内，每周定期在主次干道大街、商业中心等重要地段开展补差活动，成立铲除非法小广告、文明劝导、摆放自行车、捡拾垃圾、擦拭站牌、创城宣传等10支专项补差队，在城区找差距8000条。出动582人次，完成补差39次，志愿活动1800小时。千人找差团由2016年成立时的1400人扩展到2800人。

（时雨）

【啄木鸟志愿督查】 年内，啄木鸟志愿督查队坚持“每月一主题、每周一督查、每查一反馈”原则，实地考察点位400个，查找问题1000个，通过《文明延庆》刊发督查专报40期，对相关单位提出工作建议100条。啄木鸟志愿督查队成立于2016年，由15名退休干部组成，主要负责将城市建设、城市管理、创城过程中发现的问题及时反馈到政府及相关部门，推进解决公共问题，实现公共利益，提升城市文明程度。

（时雨）

【大排查和整改活动】 年内，通过热线电话，“你说我办”专栏，“啄木鸟”老干部志愿服务队和“千人找差团”开展大排查活动3次。引入第三方测评公司，3次对328个创城点位进行实地测评。全年查找和整改问题7000个。

（时雨）

区直机关党建

【概况】 中国共产党北京市延庆区委员会区直属机关工作委员会（简称区直机关工委）是区委的派出机构，所属党、政、群机关58个单位，含概3个党委和14个机关党委，基层党（总）支部276个、4683名党员，干部职工10241名。年内，196个党（总）支部完成换届工作，新发展党员25名，预备党员转正8名。推进“两学一做”学习教育常态化、制度化。成立两个工委党校现场教学点（平北抗日战争纪念馆和平北红色第一村——沙塘沟）。制定《区直机关工委2017年中心组（扩大）学习安排》，全年组织学习贯彻中共十九大精神、市第十二次党代会、区委二届四次和五次全会等理论教育培训24次，培训1.1万人次。搭建“书记讲堂”平台，组织8名支部书记介绍支部工作，开展座谈交流25次。对支部班子成员培训14场、5000人次。举办第二届职工越野赛和五月鲜花歌咏比赛；组织900名党员干部观看纪录电影《北平以北》，参观“砥砺奋进的五年”主题展。组织系统内各单位参加2015—2017年度延庆区“首都精神文明创建先进单位”评选活动，推荐首都文明单位11个，首都文明单位标兵7个。推荐19人参加区级“北京榜样”评选，评选出工委层面“北京榜样”6人。“蓝天行动”学雷锋志愿服务队开展常态化志愿活动，全年服务时长2000小时，被评为优秀党员志愿服务队。

单位名称：中共延庆区直属机关工委
地　　址：延庆镇新城街2号
电　　话：69101131

（张伟娟）

【区直机关工委首届文化艺术节】 5月17日，区直机关工委首届文化艺术节开幕。艺术节以“不忘初心　严守党纪　凝心聚力　助力创城”为主题，安排知识竞赛、合唱、演讲、征文、书法、绘画、摄影七大类比赛。活动持续到7月底，征集作品500件，58个单位、2000人次参加。

（李建华）

【党支部规范化建设】 年内，制订《区直机关工委开展支部规范化建设工作方案》，根据区委组织部的统一部署和安排，确定104个试点党支部。从“B+T+X”工作体系、“一规一表一册一网”工作载体等方面对104个试点党支部负责人进行培训。全年开展规范化交流研讨7次，培训200人次。

（李建华）

【80人参与宣讲典型事迹】 年内，组建“党员先锋”和“落实十九大精神”百姓宣讲团，进机关、进社区，宣讲典型事迹。截至年底，参与宣讲80人，受众1万人次。

（李建华）

党　校

【概况】 中国共产党北京市延庆区委员会党校（简称延庆区委党校），是在区委直接领导下培养党员领导干部和理论干部的学校以及党的哲学社会科学研究机构。校园占地5.2公顷，教职工69人，其中专职教师21人。下设办公室、培训处、学员管理处、科研处、教务处、学生处、后勤保障处和教研室8个处室，分别负责日常党务行政、干部培训、成人学历教育、科研咨政、学生教育管理、后勤保障和教学科研工作。年内，调整完善《教师工作量计算办法》等规章制度，鼓励教师积极进行职称评定，1名教师取得副教授任职资格，1名教师取得讲师资格。全年完成主体班次培训11期，培训学员3000人次，包括处级领导干部学习中共十八届六中全会精神专题研讨班3期，党中共十九大精神专题研讨班5期，新任副处级领导干部培训班2期，青年人才培训班1期。专题班和协办班培训学员3500人次，包括区直机关工委基层党建专题培训班，乡镇、街道、工委党校培训班，组织人事干部培训班，工会领导干部培训班各1期；发展对象培训班4期。

单位名称：中共延庆区委党校

地　　址：延庆镇庆园街69号

电　　话：69103148

（张翠）

【基层党校建设】 年内，推动22家乡镇、街道、工委党校挂牌成立。牵头开展“培训者的培训”，开展送学下乡，选派7名教师到农村、乡镇、社区讲学20次。全区各基层党校举办培训100期，培训干部、党员1万人次。

（蔺天娇）

【成人教育】 年内，中央党校战略哲学专业在职研究生停止招生，毕业32人，在校生57人；市委党校经济管理专业在职研究生招生58人，毕业51人，在校生165人。

（焦丽艳）

【课程开发】 年内，开发“习近平新时代经济思想研究”“习近平新时代全面从严治党思想研究”“习近平新时代生态文明建设思想解读”“习近平新时代党校办学思想研究”“习近平新时代意识形态工作思想研究”“《实践论》导读”“延庆革命史”“中国特色社会主义政党制度”“领导干部的法治思维”等9门新课。“《正确处理人民内部矛盾》导读”参加北京市党校系统精品课大赛，获得二等奖。

（王建军）

【理论研究成果】 年内，科研课题立项18项，申请北京市委党校协作课题2项、北京市社会主义学院课题1项；新开发课程立项30项。编辑《党校送阅件》8期，获区领导批示4次。在C刊、北大中文核心期刊发表学术文章3篇，其他各类学术期刊发表学术文章8篇。

（邓国军）

社会主义学院

【概况】 延庆区社会主义学院是延庆区党政干部培训重要组成部分、党外代表人士教育培训主阵地、民主党派和无党派人士联合党校。社院领导体制是：区委常委、统战部部长兼任社院院长，区委党校常务副校长兼任社院常务副院长，区委统战部常务副部长和区委党校主管培训工作的副校长兼任社院副院长。学院与区委党校两块牌子、一套机构。年内，以深入贯彻落实《中国共产党统一战线工作条例（试行）》《社会主义学院工作暂行条例》为依据，突出教学与科研工作“两个重点”，做好教育培训、科研创新、队伍建设三项工作，坚持“高层次、有特色、正规化”的办学方针，坚持“爱国、团结、民主、求实”的校风，坚持一致性和多样性统一的工作主线和基本方针，落实教育培训党外代表人士的重要职责。加强师资培训，选派3名教师赴北京市社会主义学院参加北京市统战系统调研干部培训班学习。成功申报北京市社会主义学院（北京统战理论研究基地）2017—2018年度课题，题目为“加强和改进基层统战工作研究——以延庆区为例”。

单位名称：延庆区社会主义学院

地　　址：延庆镇庆园街69号

电　　话：69103148

（焦丽艳）

【教学大纲制定】 年内，研究制订《北京市延庆区社会主义学院教学大纲》，针对不同班次和学员特点，设计研修班、青干班、研究班、读书班4个班次，设置以坚定走中国特色社会主义道路为主题，以基础理论、政治素养、统战政策、能力培养为内容的教学布局。

（焦丽艳）

【教育培训600人次】 年内，按照分层分类原则举办全区统战系统研修、统战成员现场教学、全国宗教会议精神解读、延庆统战“同心圆大讲堂”、民主党派研修、“杰青领航”培养A计划培训等6期培训班，全年培训600人次。

（焦丽艳）

史志工作

【概况】 延庆区史志办公室（简称区史志办），是区委系统党史、地方志工作的职能部门，下设党史科、志鉴科和综合科，在编人员8人。年内，贯彻落实《地方志工作条例》和《中共中央关于加强和改进新形势下党史工作的意见》，出版发行《北京延庆年鉴2017》，做好《延庆县志（1995—2010）》编修工作，推进《中共北京市延庆区历史》编写工作，启动延庆区地名志编纂工作。指导大庄科乡申报《中国名镇志·大庄科乡志》，协助市地方志办对《岔道村志》篇目设置进行研讨论证。参加市政协系统组织的《北京长城文化带丛书·长城踞北·延庆篇》的编纂。对《延庆发改志》《延庆商务志》《延庆民政志》等专业志书编纂给予业务指导。开展党史宣传工作，落实“喜迎十九大 党史铸党魂”北京党史宣传月活动方案，为区公务员科级干部任职培训班、“平北红色第一村”沙塘沟村全体党员进行延庆党史宣讲系列活动，发放《延庆革命史》等书籍。参与《北平以北》纪录电影拍摄工作，开展抗日战争口述资料征集工作，为区委宣传部主办的阅微延庆手机报供稿14期。

单位名称：延庆区史志办公室
地　　址：延庆镇新城街2号
电　　话：69103604

（张鹏）

【地名志（典）编纂工作启动】 6月，启动《北京市延庆区地名志》编纂工作，成立区编委会，制定编纂工作实施方案和编纂细则。完成《中华人民共和国标准地名词典》延庆部分政区、聚落、交通和《北京市地名志》延庆部分政区、聚落词目表的制定，并开始撰写《中华人民共和国标准地名词典》延庆部分政区、聚落、交通词条释文。

（张鹏）

【《北京延庆年鉴2017》发行】 12月，《北京延庆年鉴2017》印刷发行，为延庆年鉴总第十四卷，全书76.4万字，彩插102幅，印刷1200册，向社会各界发放。与上年相比，新收录北京冬奥会延庆赛区筹备办、延庆区机关事务管理服务中心2个单位年鉴。框架上调整旅游和乡镇栏目编写结构。在彩图的排版上，将冬奥会世园会筹办图片放置在首页，直观反映年度重大事件。

（张鹏）

【《延庆县志（1995—2010）》编修】 年内，对《延庆县志（1995—2010）》（简称二轮县志）复审稿进行审核并修改，最终形成终审稿。复审稿完成后提交市地方志办专家和区地方志编委会主要领导及成员单位审阅，并提出修改意见。其后，区史志办二轮县志编辑部按照市专家和区地方志编委会主要领导和成员单位的反馈意见进行修改。市地方志专家对修改后的复审稿进行评议，二轮县志通过复审。下半年，经过编辑修改和总纂通审。完成终审稿，提交市方志办和区地方志编委会审阅。

（张鹏）

【《中共北京市延庆区历史》编写工作】 年内，继续进行《中共北京市延庆区历史》（简称《延庆党史》）初稿编写。经35次审稿会、2次编辑座谈会，形成讨论稿。12月，在市委党史研究室的调研指导下，进一步修改完善编写框架，完成初稿编写工作。《延庆党史》初稿12章53节，记载事件上限从1922年5月在康庄铁路工人中发展中共党员起，下限至2015年底撤县设区，时间跨度93年，篇幅30万字左右，主要反映大的时代背景下中共延庆县委推进全县各项工作的史实。

（张鹏）

（栏目编辑：王新华）

延庆区人民代表大会

概　况

北京市延庆区第二届人民代表大会常务委员会（简称区人大常委会）。工作机构设办公室、研究室、代表联络室及法制、财政经济、教科文卫体、城建环保、农村5个办公室，代表联络室加挂市人大代表联络处牌子，设副处级信访室，由办公室代管。行政编制34人，工勤编制11人。年内，围绕区二届人大一次会议确定的各项任务，召开8次常委会会议，完成39项议题，依法任免国家机关工作人员78人次。常委会先后对森林保护、垃圾分类、公益诉讼、教师队伍建设等工作进行监督，并提出相应意见和建议。各专门委员会对文物保护、妇女权益保护、水环境治理等工作进行监督，推动相关问题解决。全年接待群众来信来访98件次，其中群众来信6件次，来信来访同上年持平。

单位名称：延庆区人大常委会
地　　址：延庆镇高塔路70号
电　　话：69142876

（常淼）

重要会议

【第一次常委会】 2月21日召开。会议决定有关人事事项，任命政府各组成部门的主任、局长；通过北京市延庆区第二届人民代表大会常务委员会代表资格审查委员会名单；听取区政府关于2017年重点工作折子工程和为群众拟办重要实事工程安排情况的专项工作报告；通过区人大常委会2017年工作要点。

（常淼）

【第二次常委会】 3月28日召开。会议通过关于召开北京市延庆区第二届人民代表大会第二次会议的有关事项；听取并审议区检察院关于开展公益诉讼工作情况的报告；听取区政府关于2017年大气污染防治及妫河水环境治理工作安排的报告。

（常淼）

【区第二届人大二次会议】 4月6—7日召开，173名人大代表出席会议。经大会选举，虞宝才当选为延庆区监察委员会主任，并进行宪法宣誓。区委、区政府、区政协、区纪委主要领导以及法检两院负责人全员列席会议。

（常淼）

【第三次常委会】 4月7日召开。会议决定人事任免事项，任命区监察委员会副主任、委员。区人大常委会主任、副主任及常委会委员34人出席会议。监察委主任虞宝才以及主管副区长、法检两院院长，各乡镇人大主席、街道人大工委副主任，人大有关部门负责人等列席会议。

（常淼）

【第四次常委会】 6月2日召开。会议决定有关人事任免事项；听取并审议区政府贯彻实施《中华人民共和国森林法》情况的报告；听取区政府关于开展低收入农户增收及低收入村发展工作情况的报告；听取并审议区人大常委会执法检查组关于《北京市生活垃圾管理条例》贯彻实施情况的执法检查报告；听取区政府关于保障性住房及棚户区改造工作进展情况的报告。

（常淼）

【第五次常委会】 7月28日召开。会议决定有关人事任免事项；听取并审议区政府2016年度本级预算执行和其他财政收支的审计工作报告；审查并批准区政府关于2016年财政决算的报告；听取并审议区政府2017年上半年国民经济和社会发展计划执行情况的报告；听取并审议区政府2017年上半年财政预算执行情况的报告；审查并批准区政府关于2017年地方政府债务限额及预算调整方案的报告；听取并审议区政府关于区二届人大一次会议代表建议办理情况的报告；听取并审议区政府关于贯彻落实《北京市居家养老服务条例》情况的报告；通过《北京市延庆区人大常委会规范性文件备案审查办法（试行）》。

（常淼）

【第六次常委会】 9月26日召开。会议决定有关人事任免事项；听取并审议区政府关于依法行政情况的专项工作报告；听取区政府关于推进村级医疗卫生机构和乡村医生队伍建设工作的报告。

（常淼）

【第七次常委会】 11月14日召开。会议决定有关人事任免事项；通过召开北京市延庆区第二届人民代表大会第三次会议的决定；通过北京市延庆区第二届人民代表大会第三次会议的有关事项；通过关于推荐北京市第十五届人民代表大会代表候选人的推荐书；听取A类代表建议落实情况的报告；听取并审议区政府关于环境状况和环境保护目标完成情况的报告；听取并审议区政府关于教师队伍建设工作情况的报告。

（常淼）

【区第二届人大三次会议】 11月21—22日召开，169名人大代表出席会议。大会选举产生延庆区出席北京市第十五届人民代表大会代表22名。

（常淼）

【第八次常委会】 12月18日召开。会议决定有关人事任免事项；通过北京市延庆区第二届人民代表大会常务委员会代表资格审查委员会关于代表资格的审查报告；通过召开北京市延庆区第二届人民代表大会第四次会议的决定；通过北京市延庆区第二届人民代表大会第四次会议的有关事项；通过区人大常委会工作报告；对2018年预算草案初步方案及2017年预算执行情况进行初步审查；通过北京市延庆区人民代表大会常务委员会相关议事规则和工作制度。

（常淼）

【区第二届人大四次会议】 12月26—28日召开。听取并批准北京市延庆区人民政府工作报告；审查并批准关于北京市延庆区2017年国民经济和社会发展计划执行情况与2018年国民经济和社会发展计划（草案）的报告、关于北京市延庆区2017年预算执行情况和2018年预算（草案）的报告；听取并批准北京市延庆区人大常委会工作报告，审查并批准人大各专门委员会工作报告；听取并批准北京市延庆区人民法院工作报告、北京市延庆区人民检察院工作报告。大会选举蒋达峰为北京市延庆区监察委员会主任。

（常淼）

主要活动及工作

【《北京市生活垃圾管理条例》执法检查】 4月11—14日进行。区人大常委会成立执法检查组，通过听取政府有关部门汇报、召开座谈会、实地走访等方式，对全区落实《北京市生活垃圾管理条例》情况进行检查。针对垃圾分类工作基础配套设施不完善、分类技术落后、人员队伍流失严重等问题，检查组提出相关建议。4月底，区人大城市建设环境保护委员会汇集各方面意见建议和检查情况形成专题报告。

（常淼）

【《北京市预算审查监督条例》培训班】 6月20日举办。培训班以“贯彻《北京市预算审查监督条例》，做好人大预算监督工作”为主题，按照《条例》中有关预算、预算调整、决算审查等规定，明确人大财经委重点审查内容。区二届人大常委会组成人员、各乡镇街道人大干部、财经委委员及财政局、发改委、审计局等单位主管领导和相关科室负责人60人参加。

（常淼）

【常委会组成人员履职培训班】 9月12—14日举办。胡耀刚结合绿色大事筹办进展情况，围绕落实区委二届四次全会精神，积极发挥人大职能作用，为全体学员做专题讲座。培训班还组织全体学员考察平谷区新农村建设、旅游产业发展、生态环境保护、文物保护等方面工作，学习平谷区先进经验和创新举措。常委会组成人员和机关工作人员36人参加。

（常淼）

【代表集中视察】 9月19日，区人大组织代表视察正在建设中的京张高铁八达岭换乘车站和世园会万花台工地建设情况。120名区人大代表参加。

（常淼）

（栏目编辑：王新华）

延庆区人民政府

综 述

2017年，区政府深入学习宣传贯彻中共十九大精神，紧紧围绕市十二次党代会、市委十二届三次全会精神，按照区委二届一次、四次全会和区二届人大一次全会确定的目标任务，立足生态涵养区功能定位，以服务保障冬奥会世园会筹办举办为主线，深入推动转型发展，大力实施疏解整治促提升专项行动，狠抓清空净水，推动城乡建设和各项民生保障事业发展，较好地完成年度各项目标任务。

赛会服务保障全面启动。冬奥筹办从基础规划阶段转入专项计划阶段；完成赛区生态环境本底调查和综合评估；54项生态环保措施和34项可持续性承诺任务以责任制形式逐步落实；绿色施工体系和工作规程初步形成；冬奥森林公园规划方案基本完成；冬奥会对延庆发展影响研究课题进展顺利。世园围栏区及世园村土地一级开发全部完成，世园酒店及公寓住宅地块供地并开工；基础设施、公共景观等建设工程按计划实施；31个省市区“一对一”参展服务对接机制建立、室外展园地块认领完成，首批86家推荐服务供应商确定；会时服务保障10个专项工作全面启动；9家酒店部分设施升级改造完成。

生态环境质量持续改善。认真制定疏解整治促提升专项行动方案，超额完成全年目标任务。零容忍控违拆违，治理“散乱污”企业，“留白增绿”48.3万平方米。编制120条背街小巷环境整治提升三年行动方案和设计导则，疏解整治促提升专项行动与全国文明城区、国家卫生区创建融合推进，得到干部群众的高度认可和积极参与。强化落实66项清空措施和38项秋冬季攻坚措施，划定低排放区、中央环保督察问题整改、进京大货车管控、工地道路扬尘治理、制止“三烧”、秋冬季大气污染防治等专项行动持续开展。82个村16177户煤改清洁能源和400台1018蒸吨燃煤锅炉改造完成，压减燃煤19.14万吨。烟花爆竹禁限放取得阶段性成效。严格落实80条水污染防治和水环境治理措施，投入1.2亿元关停禁养区内12个规模化养殖场和新华营等非规模养殖小区。投资1.14亿元完成14个老旧小区雨污分流工程，12公里妫河世园段清淤、29平方公里生态清洁小流域治理完工。46条河流实现河长全覆盖，污染源、排污口溯源查污工作完成，24个水环境跨界断面监测全覆盖，水环境质量得到改善。扎实推进城乡环境综合整治三年行动计划，门前“三包”和秋冬季农村环境整治专项行动取得实效。京津风沙源治理、平原生态林管护和山区林木抚育累计完成31.7万亩，新增彩色树种造林1800亩，创建3个首都花园式单位、6个首都绿色村庄，获评首批国家生态文明建设示范区。

经济转型发展步伐加快。传统农业转型升级，形成科技创新驱动、一二三产融合发展的思路。国家有机产品认证示范区通过审核验收，延怀河谷葡萄文化节、京张优质农产品推介会成功举办，有机农产品产值完成4.2亿元；获评全国民宿产业发展示范区创建单位。科创产业激发活力，光伏光热、风电、节能等新能源环保企业持续集聚，能源互联网综合示范项目和新能源微电网示范区项目通过国家能源局评审；中关村延庆园高新技术企业实现产值100亿元，同比增长10%。现代服务业产业园建立，91金融等企业入驻，出台促进创新创业发展资金管理办法，发布长城脚下的创新家园空间规划。旅游产业地位凸显，国家全域旅游示范区创建工作稳步实施，编制长城文化带建设发展规划，进一步促进长城文化、红色文化、地质文化和旅游的融合发展。圆满完成世界地质公园首次再评估，成功举办国际雪联越野滑雪中国巡回赛、国际自行车骑游大会等赛事；成功召开首届乡村旅游文化节，入选中国优秀国际乡村旅游目的地。A级及以上景区旅游收入10.8亿元，同比增长16%。

城乡建设取得新成绩。认真学习贯彻北京城市总体规划精神，准确把握减重、减负、减量发展和人口规模、建设规模双控等要求。全面完成永久基本农田划定工作，“两图合一”区级校核形成初步成果。加强宅基地建房管理，一张蓝图绘到底的制度保障得到加强。京张高铁延庆段进地完成98%，兴延高速隧道建设完成70%，延崇高速北京段隧道全面开工，南山环线开工、房柳路完工，综合交通服务中心建设方案确定，区域路网和公交线路调整优化。完成农宅抗震节能改造7254户、山区搬迁1811户3803人。康庄镇被评为全国特色小镇，旧县镇获批全国运动休闲特色小镇，南湾村成功创建中国美丽休闲乡村。

社会事业收获新成果。全年出台15条低收入村户增收发展政策，低收入农户增收实现年度目标。落实5.2亿元促进就业资金，新增城镇就业7644人，城镇登记失业率控制在4%以内；全区社会保险实现全覆盖。落实乡村教师岗位生活补助政策，七幼、沈家营幼儿园竣工开园，小学校园足球联盟组建，二小、二中被评为北京市首批冰雪运动特色学校。国家公共文化服务体系示范项目扎实推进，群众文化生活更加丰富多彩。区医院改扩建工程完工，市级专家出诊实现常态化。城区打造阳光餐饮单位221家。创建全国文明城区和国家卫生区工作扎实推进，一批涉及环境和民生的热点难点问题得以解决，西山沟等3个村庄和地税局等3个单位获得全国文明村镇和文明单位称号，2人获评“北京榜样”荣誉称号。全面推进城市管理、社会服务、社会治安、城管综合执法等多网融合，实施台账化管理，不断完善住宅小区物业服务。圆满完成“一带一路”高峰论坛、十九大等重大事件维稳安保任务，人民群众安全感在全市名列前茅。

政府执行力逐步提升。依法行政不断强化，自觉接受人大监督，主动向政协通报工作，认真听取各民主党派、人民团体和社会各界人士的意见和建议，办理人大代表建议106件、政协提案97件，办复率100%。政府文件合法性审查、区乡镇两级政府法律顾问全部覆盖。112件行政诉讼案件胜诉率87%。邀请人大代表、政协委员列席政府常务会，主动公开决策事项，高度关注社会舆情，系统梳理12345群众热线办理机制，问题回复率、解决率、满意率大幅提升，政府工作透明度和公信力不断提高。政务服务优化增效，“放管服”改革持续深入；4项行政审批和206项中介服务事项清理规范，24个部门216项行政审批事项实行“一科制”改革，162项基层证明和156项非行政许可审批事项清理完成，297项执法检查事项实现“双随机一公开”“五证合一、一照一码”登记制度全面施行，完成为民办实事25项。

全面落实党建主体责任。区政府党组坚持从严治党，坚决整肃为官不为、为官乱为及庸政懒政怠政等行为。扎实推进“两学一做”学习教育常态化制度化。认真履行“一岗双责”，赛会关键环节和重大事项廉政风险防控工作扎实有效，出台政府投资项目管理等5项制度，开展49项工程项目监督。持续转变作风，不断改进会风文风，各项重点工作任务有效推进。

单位名称：延庆区人民政府
地　　址：延庆镇湖北西路1号
电　　话：69112345

重要会议

【第4次常务会议】 1月23日召开。会议传达市政府全体会议及市领导讲话精神，听取关于2017年区政府重点工作折子工程及为群众拟办重要实事工程的汇报。会议还听取关于2016年人大代表建议、政协委员提案办理情况及2017年承办建议、提案情况的汇报以及关于全民健身实施计划的汇报。

（时亚辉）

【第6次常务会议】 2月13日召开。会议通报2016年度北京市级行政机关和区政府绩效考评会议及市政府第42次常务会议精神；听取关于重新划定延庆区禁止露天烧烤食品区域范围、关于制定《延庆区行政事业单位国有资产处置管理办法》等相关汇报。

（时亚辉）

【第9次常务会议】 3月13日召开。会议听取关于延庆农村地区村庄2016年“煤改清洁能源”工作总结及2017年冬季清洁取暖工作方案、关于延庆区山区搬迁工作进展情况、全面推行行政审批“一科制”改革工作情况、关于延庆区缓解交通拥堵工作方案等相关汇报。

（时亚辉）

【生态文明和城乡环境建设大会】 3月18日召开。会议传达首都生态文明和城乡环境建设动员大会会议精神；部署“疏解整治促提升”专项行动，清空、净水、园林绿化及生态文明建设，城乡环境建设、交通治理和垃圾处理，创建全国文明城区等相关工作。穆鹏与乡镇代表签订 “疏解整治促提升”专项行动、人口调控、大气治理、垃圾处理、河长制、水环境和水污染治理、缓解交通拥堵、提高生活性服务业品质、安全生产和创城责任书。区四套班子领导，各委办局、乡镇、街道负责人及相关科室负责人，村党支部及社区居委会负责人，驻区国企、景区、部队等主要负责人，环境特邀督导员和相关工作人员参会。

（时亚辉）

【第10次常务会议】 3月20日召开。会议听取关于《北京市延庆区水污染防治工作方案2017年重点任务分解》和关于2017年大气污染防治及妫河水环境治理工作安排、关于做好先照后证改革衔接工作加强事中事后监管的实施意见等相关汇报；集体学习《北京市行政执法机关移送涉嫌犯罪案件工作办法》。

（时亚辉）

【第13次常务会议】 4月10日召开。会议听取关于近期安全生产重点工作及迎接国务院安委会到北京地区巡查准备工作、关于服务保障世园冬奥大力发展全域旅游实施意见（审议稿）和2017年全区旅游工作大会会议方案、关于延庆区2016年度市绩效考评结果通报和2017年度市绩效考评任务分解落实方案等相关汇报。

（时亚辉）

【第14次常务会议】 4月17日召开。会议听取关于2017年一季度公共安全情况和二季度形势分析、关于对重大决策任务工作进度开展督察工作方案、关于烟花爆竹禁限放工作有关情况、关于全区住宿业接待能力提升行动计划等相关汇报。

（时亚辉）

【第16次常务会议】 5月2日召开。会议听取关于2017年“五一”假日期间旅游接待和服务安全保障工作、关于2017年一季度经济社会发展形势及下一步工作安排和2017年1至3月份固定资产投资工作进展情况、关于2017年义务教育阶段入学工作等相关汇报。

（时亚辉）

【第18次常务会议】 5月15日召开。会议听取关于延庆突发事件总体应急预案修订情况、关于延庆食品药品安全工作评议考核办法、关于2017年推进法治政府建设工作要点及2017年度市级依法行政考核指标任务分解数和进一步规范行政处罚自由裁量权行使通知等相关汇报。

（时亚辉）

【第19次常务会议】 5月22日召开。会议听取关于2017年防汛抗旱工作方案、关于2017年环卫工作情况及规划方案和关于贯彻落实《北京市生活垃圾管理条例》有关情况、关于开展低收入村发展、低收入户增收工作、关于延庆贯彻落实《中华人民共和国森林法》情况、关于保障性住房建设及棚户区改造工作进展情况等相关汇报。

（时亚辉）

【第20次常务会议】 5月31日召开。会议听取关于2017年端午节假日期间旅游接待和服务保障工作、关于落实取消行政许可事项、调整非行政许可审批事项和编制专项责任清单改革任务以及全面推进大众创业万众创新的实施意见等相关汇报。

（时亚辉）

【烟花爆竹禁限放启动大会】 6月2日召开。会议就全区烟花爆竹禁限放工作进行部署，党员干部代表宣读《自觉遵守烟花爆竹禁限放倡议书》，村民、社区居民和宾馆酒店负责人代表分别作表态发言。区政府、区公安局领导出席。

（时亚辉）

【第22次常务会议】 6月12日召开。会议传达市委副书记、代市长陈吉宁6月10日到延庆调研时的指示精神；听取关于延庆区2000年至2015年政府文件清理情况、关于全区“疏解整治促提升”2018年至2020年专项行动方案编制情况、延庆“十三五”时期旅游业发展规划、关于创建“国家森林城市”工作方案等相关汇报。与会人员还集体学习国家立法体系、法律使用原则及规范性文件审查备案等文件。

（时亚辉）

【第26次常务会议】 7月10日召开。会议研究总结2017年上半年国民经济和社会发展计划执行情况及2016年决算（草案）2017年上半年财政预算执行、地方政府债务限额及预算调整等工作。

（时亚辉）

【区政府党组第14次会议】 12月29日召开。会议传达学习中央经济工作会议、市委十二届四次全会等会议精神，并研究2018年工作。

（时亚辉）

主要工作和重大活动

【第31届龙庆峡冰灯艺术节开幕】 1月15日，以“冰雪延庆、激情冬奥”为主题的第31届龙庆峡冰灯艺术节开幕。北京2022年冬奥组委新闻宣传部、市旅游委相关部门负责人，区四套班子领导以及曾在延庆工作过的老领导出席。

（时亚辉）

【市政府第四督查组到区督查】 3月15日，市政府第四督查组到区，就“疏解整治促提升专项行动”及重点工程推进情况进行督查。穆鹏代表区政府就延庆“疏解整治促提升”专项行动及区内相关重点工程进展情况作汇报；市相关部门针对本部门牵头负责的相关重点项目作补充汇报。

（时亚辉）

【北京公交集团领导到区调研】 3月28日，北京公交集团党委书记、董事长王春杰带队到区，就公共交通新能源基础建设、公交枢纽站建设和公交风情小镇规划等事项进行调研。北京公交集团相关负责人分别就相关建设和冬奥会交通运输服务保障总体构想作介绍。双方就各项工作推进展开座谈交流。穆鹏等陪同并参加座谈。

（时亚辉）

【环保部领导到区调研】 4月6日，国家环保部副部长黄润秋一行到区，就“十三五”国家水专项项目及冬奥会世园会周边水专项示范工程进行调研。黄润秋一行听取相关部门项目和工程进展汇报。市政府办公厅、市水务局以及区政府领导陪同调研。

（时亚辉）

【医药分开综合改革全面实施】 4月7日，召开医药分开综合改革动员部署大会；4月8日零时，全区75家医疗机构取消药品加成和挂号费、诊疗费，设立医事服务费。

（时亚辉）

【区政府与市农林科学院签订框架协议】 4月14日，区政府与市农林科学院签订低收入村增收科技帮扶框架协议，围绕林果、畜禽、蔬菜等产业发展进一步深化双方合作。市农林科学院党委书记高华和区领导李志军、穆鹏等出席签约仪式。

（时亚辉）

【市领导到区调研农村工作】 4月28日，副市长卢彦带队到区，就农村工作进行调研。卢彦一行到旧县镇成人学校，实地察看农民培训情况；到张山营镇胡家营村，深入低收入户家中，实地察看低收入村户增收情况。市政府办公厅、市委农工委、市农委和区政府相关领导陪同调研。

（时亚辉）

【公立医院综合改革国家级复评】 5月4日，县级公立医院综合改革国家复评组到区，就综合改革效果评价开展复评工作。主管副区长对综合改革情况进行汇报。复评组成员与相关部门负责人座谈交流并查阅佐证材料；还到北医三院延庆医院和北京中医医院延庆医院实地察看综合改革推进情况。复评组对延庆推进公立医院综合改革工作取得的成效给予肯定。

（时亚辉）

【区政府与首农集团签署战略合作框架协议】 5月18日，区政府与北京首都农业集团有限公司签订战略合作框架协议围绕促进区域产业发展、提升公共基础设施和旅游接待设施水平等重点项目开展合作，共同推动现代园艺产业集聚区（HBD）建设和区域经济发展。区长穆鹏和首农集团总经理薛刚分别代表区政府和首农集团签署协议，双方确认按照“政府规划、企业参与、互利互惠、共同发展”的原则，建立战略合作关系，更好地服务保障世园会筹办举办，共同促进区域产业发展。

（时亚辉）

【第九届北京端午文化节开幕】 5月28日，第九届北京端午文化节暨北京市第四届“非遗大观园”端午游园会在区开幕。其间，举行赛龙舟、包粽子、做香囊、挂艾草、练武术、展非遗等众多传统特色活动。市委宣传部、首都文明办、市文化局、市体育局、市旅游委、首都文明办、市龙舟运动协会、市体育基金会相关负责人和区四套班子领导以及曾经在延庆工作过的老领导出席。

（时亚辉）

【市冰上项目训练基地奠基】 6月7日，北京市冰上项目训练基地奠基仪式在区体育场东侧举办，主管副区长和施工方代表分别致辞。市体育局及区委、区政府主要领导出席并为基地奠基。冰上项目训练基地是市委、市政府2017年重点工程计划。项目总建筑面积86853平方米，建设内容为综合训练馆、教学管理楼和运动员公寓。计划于2018年12月竣工。

（时亚辉）

【启迪冰雪小镇项目合作协议签订】 7月3日，中关村延庆园、北京八达岭旅游总公司分别与清华控股旗下启迪控股签订项目合作框架协议。签约项目包括启迪科技小镇项目和启迪冰雪小镇项目。其中，科技小镇项目同步投资开发业务和科技产业运营服务业务；冰雪小镇投资建设以四季冰雪为主题的大型复合业态项目。清华控股董事长徐井宏，启迪控股副董事长、启迪协信董事长吴旭，启迪控股总裁袁桅和区领导李志军、穆鹏等出席签约仪式。

（时亚辉）

【国家工商总局领导到区调研】 7月7日，国家工商总局局长张茅到区，就推进落实商事制度改革、世园会冬奥会商标注册和监管情况以及基层工商所办公环境进行调研，并慰问工作在一线的基层工作人员。市工商局和区委、政府主要领导陪同调研。

（时亚辉）

【国际马铃薯中心亚太中心入驻延庆】 7月11日，国际马铃薯中心亚太中心（中国）正式入驻延庆科研基地。农业部副部长屈冬玉，农业部党组成员、中国农业科学院院长唐华俊，市政府副秘书长赵根武，国际马铃薯中心主任魏蓓娜，区委书记李志军等出席仪式。

（常磊　黎海军）

【冰雪产业专项项目洽谈会】 7月14日，区政府和市投资局联合举办的驻京中外知名企业投资延庆行——冰雪产业专项项目洽谈会在区举行。区投资促进局、中关村延庆园服务中心、区国资办、张山营镇等部门分别对时有招商资源进行推介。国内外知名投资机构、冰雪产业上下游企业、高校、研发机构、媒体等50家单位应邀参加，现场进行项目交流并对接考察投资项目。

（杨田）

【市政府第十督察组到区督察】 8月4日，市政府党组成员夏占义带领市政府第十督察组到区，就市级重大决策任务落实情况进行现场督察并召开座谈会。北京世园局、市南水北调办公室和区政府相关领导参会。

（时亚辉）

【“三街一镇”城管执法队成立】 8月25日，举行“三街一镇”城管执法力量下沉授牌仪式，百泉街道、儒林街道、香水园街道和延庆镇“三街一镇”城管执法队正式成立。穆鹏主持仪式，李志军为执法队授牌。

（时亚辉）

【120名街巷长上岗】 8月30日，120名街巷长上岗仪式在妫川广场举行。区领导为街巷长代表颁发聘书，并为街巷长公示牌揭牌。区社会办、区文明办、区工商局、区市政市容委和乡镇街道负责人、街巷长、街巷管理服务队和小巷管家管委会代表200人参加。

（时亚辉）

【中国冰雪产业资本峰会在区举行】 9月9日，由中国股权投资基金协会、北京股权投资基金协会、IDG集团主办，延庆区人民政府、张家口市人民政府支持的中国冰雪产业资本峰会在延庆辉煌国际会议中心举行。延庆区和张家口市崇礼区就冰雪产业协同发展签署合作框架协议。市旅游委、市体育局和主管副区长出席。

（贾子豪）

【首届延怀河谷葡萄文化节举办】 9月15日至10月10日，以“品味长城脚下葡乡风情，畅游官厅湖畔延怀河谷”为主题的首届延怀河谷葡萄文化节在河北省怀来县举行。其间，延怀两地举办京津冀葡萄产业协同发展研讨会，以及延怀河谷葡萄主题手机随手拍大赛、葡萄酒品鉴、鲜食果品采摘、中秋吃葡萄赏菊花猜灯谜等活动。9月16日，在世界葡萄博览园举行“延怀河谷优质鲜食葡萄擂台赛”，延怀两地22家种植户、合作社和企业30个品种的葡萄参赛。怀来县桑园镇后郝窑村、延庆区张山营镇前黑龙庙村种植户王世永等6家合作社、种植户、企业的葡萄分获龙眼、黑奥林等6个品类一等奖。京张城际铁路有限公司董事长、党委书记余泽西，延庆区长穆鹏，怀来县长孙晓函等出席开幕式。

（时亚辉）

【区城市管理委员会成立】 10月11日，延庆区城市管理委员会举行揭牌仪式。主管副区长宣读《北京市机构编制委员会关于同意设立北京市延庆区城市管理委员会的批复》，市城管委和区委领导为北京市延庆区城市管理委员会、北京市延庆区城乡环境建设管理委员会办公室揭牌，区城管委负责人作表态发言。区委、区政府主要领导出席。

（时亚辉）

【“陕京四线”输气管道工程延庆段竣工】 10月15日，“陕京四线”输气管道工程延庆段全部焊接完成，实现区域内全线竣工。标志延庆迈入管道天然气时代，全区市民将使用与市区同城同价的优质管道天然气。

（时亚辉）

【市第三环境保护督察组进驻】 12月20日，北京市第三环境保护督察组督察延庆区工作动员会召开，标志北京市第三环境保护督察组对延庆区督察工作正式启动。第三环保督察组组长尹燕京、副组长姚辉和区委、区政府、区人大、区政协主要领导出席。

（时亚辉）

政务服务

【概况】 延庆区政务服务中心（简称区政务服务中心），为区政府派出机构，主要负责推进全区政务服务体系建设，指导街镇乡及相关部门政务服务工作。下辖便民服务中心、国税、地税、人力资源和社会保障、不动产登记事务中心5个服务大厅。其中，便民服务中心入驻窗口单位28家，开设窗口28个，包括工商局、卫生监督所、食品药品监督管理局、质量技术监督局、司法局、民政局、发改委、园林绿化局等，派驻工作人员70人，可办理行政事务221项。年内，区政府将政务服务工作纳入处级单位绩效考核体系，政务服务中心对各部门政务服务工作进行考核。全年5个大厅办件17.4万件。

单位名称：延庆区政务服务中心
地　　址：延庆镇新城街2号
电　　话：69146493

（薛媛）

【政务服务体系建设】 年内，起草《关于加强全区政务服务体系建设的工作方案》，以区政府办公室名义印发。建立全区政务服务组织体系，统一各级政务服务中心名称，明确各级政务服务管理机构主管领导、责任科室及科室负责人；区级、乡镇（街道）级政务服务中心完成挂牌。

（薛媛）

【窗口队伍建设】 年内，在全区政务服务窗口行业开展“提升政务服务水平，展示窗口服务风采”主题实践活动，包括政务服务礼仪培训、知识竞赛和摄影比赛。在争创“最美服务之星”“最美服务窗口”活动中，地税局第一税务所、永宁镇社保所等10个窗口获得“最美服务窗口”称号，香营乡社保所李合花、农合中心乔慧洁等20名窗口工作人员被评为“最美服务之星”。

（薛媛）

外事及侨务

【概况】 延庆区人民政府外事办公室（简称区政府外事办）是延庆区外事工作的综合归口管理部门和延庆区委外事工作领导小组工作机构。区政府外事办加挂区侨办牌子，负责全区侨务事务。有行政编制5名；下设延庆区外事侨务服务中心，人员编制7名。年内，围绕2019北京世园会、2022年冬奥会和地区经济社会发展，提升因公出国（境）管理和服务水平，全年受理因公临时出国（境）任务33批84人次；深化地区国际交流合作，全年接待境外到访团组26批255人次。国际滑雪联合会、国际雪车联合会、国际雪橇联合会代表多次到区考察赛道选址；瑞士恩嘎丁圣莫里茨高山缆车公司执行董事查德·亚当，阿根廷前国家一体化国务秘书玛利亚·阿尔拉孔，意大利图西亚经济特区联合会主席阿尔曼多·索尔达尼，荷兰著名建筑师汉斯，荷兰国家徒步协会前米尔·特蒙特等先后率团到区交流，与相关部门就冰雪、旅游、体育休闲等产业开展座谈交流。加强延庆国际语言环境建设，开展“全民学外语”活动，开设5类班次，培训2534人；学员为国际雪联越野滑雪赛北京万科石京龙站提供英语志愿服务，展现出国际化素养。充分发挥侨务资源优势，有序开展涉外维稳工作，外事工作实现平稳、快速发展。

单位名称：延庆区人民政府外事办公室
地　　址：延庆镇庆园街65号
电　　话：69146222

（杨莹）

【菲律宾民力党代表团到访】 1月21—22日，中联部一局局长袁智兵携菲律宾民主人民力量党代表团一行9人到访延庆，考察2022年冬奥会高山滑雪和雪橇雪车项目举办地海坨山，并与相关部门就张山营镇打造冬奥冰雪小镇的规划思路进行交流。区委书记李志军会见代表团，区委、区政府、区外事办等主管领导陪同考察。

（杨莹）

【延庆与法国霞慕尼市签署备忘录】 2月9—11日，李志军率团访问法国期间，与奥弗涅-罗纳-阿尔卑斯大区上萨瓦省霞慕尼市签署友好交流备忘录，双方就高山滑雪、户外运动、旅游接待等方面应进一步加强经验交流、开展合作达成共识。霞慕尼市拥有悠久的冰雪运动和高山运动传统，是欧洲著名的滑雪胜地。1924年成功举办第一届冬季奥林匹克运动会，是法国高山协会与国立高山滑雪培训学校所在地。

（杨莹）

【“全民学外语”进社区活动启动】 3月7日，由区外事办主办、区社教中心及外语协会承办的“市民讲英语进社区”活动启动仪式，在儒林街道康安社区和香水园街道泰安社区举行。相关领导现场为社区居民发放《市民英语100句》学习手册及世园、冬奥知识、文明礼仪宣传手册等100份。“市民讲英语进社区”活动由“延庆外语协会”志愿者授课，3个街道有10个社区开设英语听说培训班。截至年底，全区举办普及冬奥英语和世园英语讲座150场次，受众15000人次。

（杨莹）

【国际园艺生产者协会主席考察世园会】 3月9日，国际园艺生产者协会（AIPH）主席伯纳德·欧斯特罗姆和秘书长提姆·布莱尔克里夫一行到区，考察2019北京世园会筹备工作。中国花卉协会、中国贸促会贸易投资促进部、北京世园局相关负责人和区委、区政府主要领导陪同考察。

（杨莹）

【爱尔兰圣帕特里克节“点绿长城”】 3月16日晚，爱尔兰驻华大使馆在八达岭举行“点绿长城”活动，迎接国庆日圣帕特里克节。

（杨莹）

【金鸡雪具制造公司总裁到访】 3月22日，法国金鸡雪具制造厂总裁布鲁诺·塞尔克雷率团到区访问，交流冰雪产业发展。

（杨莹）

【瑞士瓦莱州代表团到访】 4月14日，瑞士瓦莱州经济发展署署长率冬奥相关企业代表团到区访问，考察冬奥规划建设。

（杨莹）

【美国宾州切斯特郡代表团到访】 5月18日，美国宾西法尼亚州切斯特郡郡长特伦斯·法雷尔先生率团到区访问，进行友好交流。

（杨莹）

【法国滑雪教练国家协会代表团到访】 6月9日，法国滑雪教练国家协会主席吉尔·夏贝尔率团到区访问，交流冰雪人才培养。

（杨莹）

【德国孔子学院夏令营师生到区活动】 8月9日，北外“2017年德国孔子学院‘汉语桥’夏令营”50名德国师生及志愿者到区参加“手拉手”活动。

（杨莹）

【意大利南蒂罗尔省代表团到访】 8月25日，意大利南蒂罗尔省代表团到区访问，考察冬奥规划建设。

（杨莹）

【延庆与瑞士圣莫里茨签署友好备忘录】 9月7日，在第二届北京冬博会瑞士主宾国展位启动仪式上，区政府与瑞士圣莫里茨市签署友好交流备忘录。

（杨莹）

【中共十九大新闻中心境外媒体代表团到访】 10月19日，中共十九大新闻中心境外媒体代表团到区进行关于北京市生态文明建设专题的集体采访。

（杨莹）

【瑞士使馆代表团到访】 11月1日，瑞士使馆代表团到区访问，考察世园会园区。

（杨莹）

保密管理

【概况】 延庆区国家保密局（简称区保密局）与中共延庆区委保密委员会办公室（简称区委保密办）一个机构、两块牌子，是指导全区党政机关保密工作的区委工作部门，又是区政府主管全区行政区域内保密工作的行政管理机构。年内，围绕全区工作大局，认真贯彻落实中央、市委和区委关于保密工作的决策部署，加大宣传教育和设备购置方面资金投入，为区委、区政府办公场所统一配备具有保密资质的保密柜和碎纸机，为区领导和保密干部配发保密图书5种1200册；增配内设机构和人员编制，保密工作纳入区绩效和综治考核。年内，为区政府常务会会前讲《中华人民共和国保密法》；为区处级干部研修班和公务员初任、科级任职培训班举办保密专题讲座；为区处级班子单位送教上门、播放警示教育片；组织32名区领导干部参加北京市市管干部保密教育轮训；为“一带一路”高峰论坛项目、世园冬奥筹办、区政务内网建设等大事要事提供保密服务保障。开展全民国家安全教育日活动，发放宣传材料200份。举办区领导联络员保密、密码安全培训，受教育3000人次。开展保密检查6项，检查覆盖率100%，开展涉密文件专项清理和计算机专项检查，开展宾馆酒店、会议中心和废品回收站保密检查。完成区级保密工作行政职权事项梳理工作，梳理行政职权事项6类25项，其中行政许可1项，行政处罚1项，行政确认1项，行政检查4项，行政强制1项，其他职权17项。

单位名称：延庆区保密局
地　　址：延庆镇西街1号
电　　话：69143265

（于江）

【保密宣传教育中心设立】 4月25日，区委2017年第一次编委会研究通过北京市延庆区国家保密局设立保密宣传教育中心，属公益一类正科级财政补助事业单位，定编2名，设主任1名。

（于江）

【保密委全体会议召开】 5月11日召开第一次全体会议，审议通过全区保密工作规划性文件和2017年工作要点。8月7日召开第二次全体会议，研究讨论关于加强全区保密工作的相关文件。

（于江）

【保密工作会举行】 5月24日，学习传达全市保密工作会议精神和区委保密委全体会议精神，总结2016年全区保密工作情况，部署2017年保密工作任务。全区各处级班子单位保密管理员参会。

（于江）

【保密专题培训】 9月27日，开展全区保密干部、涉密人员教育培训。全区处级班子单位保密工作主管领导、负责保密工作科室负责人、保密管理员和涉密人员350人参加培训。北京交通大学国家保密学院常务副院长韩臻就《认清保密形势，做好保密工作》作专题辅导，观看《胜利之盾》纪录片，区保密局工作人员就定密工作管理和计算机保密技术检查进行业务培训。

（于江）

【《胜利之盾》观后征文比赛】 9—12月，在全区保密干部和涉密人员中开展观看《胜利之盾》征文活动。收稿154篇，评出一等奖3名、二等奖6名、三等奖11名、优秀奖30名、优秀组织奖5个。

（于江）

档案管理

【概况】 北京市延庆区档案局和北京市延庆区档案馆［简称区档案局（馆）］的职能是贯彻执行档案工作方针、政策及法律、法规，负责全区档案工作的检查和指导，接收与征集党和国家永久、长期保管的档案，对档案进行整理和科学管理，研究和出版档案史料，积极提供利用，为政治文明、精神文明、物质文明和生态文明服务。设政办室、法规科、业务指导科、管理科、编研科、信息技术科。编制29人，实有27人。年内，制定《北京市延庆区档案局关于进一步加强全区档案安全工作的通知》，接受并通过市档案局对延庆档案安全工作专项检查。依据《北京市区县机关档案工作测评办法》，对2013年被认定为北京市区县机关档案工作测评市级优秀的12家单位进行复查。成立城市管理体制改革档案工作领导小组，制定并下发《延庆区档案局关于切实加强城市管理体制改革中档案工作的通知》。采取加强指导、派专人进驻、举办专题培训等方式，开展北京冬奥会冬残奥会、世园会、创建全国文明城区等档案服务保障工作。投资76万元，新建档案裱糊室、音像档案处理室和消毒室等档案功能用房，新添置档案实物柜架、冷冻消毒机、档案空气消毒机、照相机、电脑等设备。全年举办档案知识培训班13期，培训专兼职档案员400人次，222人参加网上培训学习。通过上门服务、电话指导等方式指导全区112家处级立档单位，对统计局等30家单位的档案管理工作进行“双随机、一公开”执法检查。食品药品监督管理局、刘斌堡乡政府2家单位通过市档案局验收，成为机关档案工作市级优秀单位。全年各类展览活动接待参观学生和群众1200人次。征集单位和个人保存的照片、实物、文件、物品、书籍、字画等珍贵档案资料4.18万件（册、张）；接收11家单位到期档案，涉及案卷级档案1895卷，文件级档案15175件，各单位停止使用的公章296枚，实物档案8件。截至年底，馆藏档案136个全宗，各类档案105446卷、153910件，馆藏资料12738册。接待档案利用者4300人，提供档案资料6303卷、2001件。接待电话咨询223人次，涉及档案214卷次。

单位名称：延庆区档案局
地　　址：延庆镇妫水北街14号
电　　话：69144530

（王晓洁）

【行政审批“一科制”改革】 5月3日，档案局内设机构管理科加挂审批科牌子，管理科科长兼任审批科科长。审批科的主要负责法律、法规、规章规定的本行业权限范围内的各项行政审批工作。

（王晓洁）

【第九届档案馆日活动】 6月5—9日举行。内容包括档案普法宣传、档案知识讲座和档案现场征集；公布开放档案目录、举办档案展览、档案征文以及档案查询体验等系列活动；15个乡镇、3个街道同时设置分会场。其间接待社区群众和在校学生600人，现场发放档案服务指南、利用须知、档案法制知识等宣传材料800份。

（王晓洁）

【冬奥档案专题培训】 10月12日，区档案局举办冬奥档案管理工作专题培训班，主要讲解冬奥档案的意义、档案工作管理体系、档案人员工作职责等内容，区冬奥办全体人员参加。

（王晓洁）

【老干部书画作品接收仪式】 12月27日举行。仪式现场接收区老年书画研究会捐赠的177件书画作品，并为作者颁发档案收藏证书、为老年书画研究会颁发荣誉证书。区老年书画研究会、老干部局、文委、文联负责人和老年书画研究会会员、档案局（馆）全体工作人员等120人参加。

（王晓洁）

【专题展览】 年内，先后走进延庆第五中学和高塔社区，以“榜样的力量”为主题、以身边真实的道德模范为实例，开展图片巡回展览；以在延庆境域内发生的“开始、初始”“首次、初创”“最早、最大”“第一”等具有代表意义的各类事件为主题，举办“延庆第一事”档案专题展。建军节期间，举办“知我历史　爱我家乡”档案资料图片展；利用馆藏照片举办“妫川记忆”档案图片展。全年各类展览活动接待参观学生和群众1200人次。

（王晓洁）

【数字档案馆建设】 年内，与市数字档案馆系统进行联通，完成数字档案馆查询、导入、登记、利用、系统配置等系统模块功能测试。完成2017年前全部婚姻档案及部分文书档案目录和原文导入工作。

（王晓洁）

【档案开放鉴定】 年内，完成1987年形成的文书档案和1984年度前41—43号全宗文书档案、中华人民共和国建国前档案、宅基地档案、婚姻档案的鉴定开放工作。开放鉴定84403件，文书档案开放59021件、延期开放25382件，1987年度档案开放率70%。

（王晓洁）

【重点项目档案管理】 年内，对延庆县2012年平原造林工程、妫水河世园段水生态治理工程、2019年世界园艺博览会周边绿化建设工程等重点工程档案进行指导，完成重点工程项目档案登记填报。其中，延庆县2012年平原造林工程档案通过市检查组验收。

（王晓洁）

【档案数字化整理】 年内，完成馆藏文书档案的全文扫描23.6万页，全部实现原文挂接。完成规范数据库文件题名33.5万条，补录913条，馆藏档案100%实现数字化。

（王晓洁）

世园会筹办

【概况】 北京世界园艺博览会延庆区筹备领导小组办公室是延庆区临时机构，加挂北京世界园艺博览会园区管理委员会筹备办公室牌子。内设机构5个，分别为综合处、规划协调处、发展促进处、宣传文化处、服务保障处，工作人员35人，采取干部挂职、从部门抽调等方式组成。主要职责为组织或参与编制延庆区的筹办战略、行动纲要和相关规划并组织实施；协调推进世园会园区内制止违建、征地拆迁等相关工作，组织协调园区外相关配套设施的规划、建设工作；负责与世园局的联络协调及区内相关工作的组织协调；督促落实延庆区筹备领导小组议定事项并承担日常工作。年内，制定并完成《世园会延庆区会时服务保障工作推进方案》。北京世园会形象大使推选活动正式启动。“走近北京世园花卉——2017”系列展示活动在八达岭世界葡萄博览园举行。

单位名称：北京世园会筹备办
地　　址：延庆镇庆园街65号
电　　话：56766355

（于岩）

【园区市政工程管线方案专家评审】 1月16日召开评审会。评审专家以及市规划国土委基础二处、世园局总体规划部、世园办、延庆规划分局、园区相关设计单位负责人出席会议。专家组在听取北京市政总院成果汇报后，提出以下意见：一是项目可作为下一步市政工程管线设计综合的依据；二是建议在布置管线横断面时，参照《城市工程管线综合规划规范》，突出景观效果，管线间距可适当缩小；三是电力、通信及污水管线，尽量避免在机动车道下敷设。

（于岩）

【世园会重点工程项目协调】 2月17日，召开世园会重点工程项目协调会议。会议专题研究世园会110千伏变电站及运行保障中心、百康路等工程前期征地工作。世园办、区重大办、延庆规划分局、延庆国土分局、延庆公路分局、康庄镇、延庆供电公司等单位相关负责人参加会议。延庆公路分局、延庆供电公司分别汇报前期征地情况。会议要求，延庆供电公司、延庆公路分局明确项目征地范围；康庄镇协调配合做好土地流转及地上物评估工作；世园办进一步做好统筹协调工作，尽快实现项目开工。

（于岩）

【地下综合管廊工程开工】 2月20日，2019年中国北京世界园艺博览会市政基础设施建设工程——世园会园区地下综合管廊正式开工。标志2019北京世园会园区基础设施建设全面启动。

（于岩）

【领导干部园艺知识培训】 4月27日，2017年度首期领导干部园艺大讲堂在延庆区职业教育中心举办。世园会延庆区筹备领导小组成员单位党政正职以及18个街乡主管农业、旅游的副职80人参加培训。8月25日，世园办举办延庆区领导干部园艺大讲堂第六期讲座。邀请北京农学院原院长、教授王有年介绍创意农业与田园文旅综合体建设，全区二级班子领导干部150人参加。

（于岩）

【世园会两周年倒计时揭幕暨世园歌曲发布】 4月28日，2019北京世园会倒计时两周年计时牌揭幕暨优秀世园歌曲发布会在八达岭长城关城广场举行。北京世园会十大金曲正式对外发布。分别是：《幸福永远》《三原色》《请把我的绿色带回你的家》《为美丽安家》《约定世界的花期》《北京花语》《世园一家人》

《绿色北京》《万紫千红有约定》《绿色的风》。

（于岩）

【世园办组织青少年参与园艺科普测试和体验】 5月25日，世园办联合区教委科技馆，组织区内20名6—15岁不同年龄段学生在科技馆对AR和VR体验项目进行初步测试和实践操作体验。通过测试，全面了解各阶段青少年对园艺的具体需求和体验感受。

（于岩）

【世园会票务政策研究】 5月27日，世园会票务政策专题会召开。会议就世园会票务开发、票务社调、票务政策、票务技术、票务销售等方面进行研究。世园局市场开发部、宣传策划部，世园办，北京工业大学课题组，遨游网，中钞海思公司等部门相关负责人出席。

（于岩）

【世园会省区市参展工作部署】 6月5日，2019北京世园会省区市参展工作第一次会议在延庆区召开。世园会组委会副主任、全国政协人口资源环境委员会副主任、中国花卉协会会长江泽慧出席；31个省、自治区、直辖市主管部门以及北京世园局和延庆区等相关领导和工作人员等200人参会。与会人员前往北京世园会园区现场踏勘，分别认领室外展园地块。北京世园会国内参展工作进入实质阶段。

（于岩）

【世园办与“文旅国际大都市”项目对接】 6月8日，中青旅集团与中国文化发展协会（香港）共同开发的“文旅国际大都市”项目到区与世园办进行项目对接。该项目是以迪士尼POW!文创项目为核心，集大型室内旅游项目、文化创意产业、酒店、写字楼为一体的旅游综合体项目，预期占地33.33万平方米投资150亿元。

（于岩）

【康庄镇园艺风情小镇策划方案研讨】 7月3日，康庄镇园艺小镇（HBD核心区、世园会非围栏区）策划方案专题会召开。会议听取康庄镇汇报策划方案。区政府、世园办、延庆国土分局、延庆规划分局、区园林绿化局、野鸭湖湿地管理处、康庄镇相关负责人参加会议并提出建议。

（于岩）

【园艺大讲堂在第三届北京百合文化节开讲】 7月28日，世园办开展园艺大讲堂走进世界葡萄博览园“第三届北京百合文化节”活动。主办单位世界葡萄博览园和西诺（北京）花卉种业有限公司专业人员分别讲解百合文化节、延庆的园艺主题节事活动和百合文化、物种分布、产业科技等情况。世园办常务副主任介绍2019北京世园会筹办进展和现代园艺产业集聚区建设以及招商引资情况。世园会延庆区筹备领导小组成员单位110位学员参加。

（于岩）

【园艺产业类科技项目评审】 9月20日，世园办组织“科技世园专项”2018年园艺产业类科技项目区内专家评审会，邀请观赏园艺、果树、园林植物等领域5位专家对申报的“北京牡丹”新品种培育与产业化关键技术研究、百合属植物核心种质资源保存等7个园艺类科技项目进行专业评审。7个项目成果应用前景和推广价值均得到专家组肯定，全部通过评审。

（于岩）

【世园会特许商品正式面市】 9月23日，世园局在北京王府井工美大厦举办2019北京世园会特许商品零售店开业活动，有关领导为王府井工美大厦旗舰店、鸟巢北京礼物店、西单图书大厦店、八达岭长城景区店、延庆城区店等5家特许商品零售店开业剪彩。同时为北京繁荣文化发展有限公司、北京市八达岭旅游总公司等8家企业代表授予2019北京世园会特许零售商牌匾（其中北京繁荣文化发展有限公司开设延庆城区店）。首次面向社会销售工艺品、园艺产品、服装等10大类300款2019北京世园会特许商品。

（于岩）

【园艺科技与产业高级研修班举办】 9月24—28日，由世园办、区委组织部共同举办的园艺科技与产业高级研修班在中国农业大学正式开班。全区各委办局、园艺企业和园艺主题村等45名学员参加为期5天的脱产培训。中国农业大学聘请花卉园艺、果树园艺、蔬菜园艺领域知名教授和专家授课，旨在提升受训人员的园艺理论知识和技能，为世园会筹办、会期保障、会后现代园艺产业集聚区发展储备人才。

（于岩）

【园艺产业实战培训】 11月15—19日，2017年延庆区园艺产业实战培训班在延庆区委党校综合楼报告厅正式开班。主管副区长出席开班仪式并做动员讲话。为期5天的培训采用专题教育与现场教学相结合的方式，内容涉及产业项目申报政策流程、产业园建设运营模式、花卉园艺产品研发等。各乡镇、园艺企业和园艺主题村等50名学员参加。

（于岩）

【世园会为首批供应商授权】 11月24日，世园局在世园会延庆指挥部举办2019年中国北京世界园艺博览会首批供应商授权活动，世园局领导为首批供应商代表颁发证书并讲话。

（于岩）

【世园会首位形象大使暨中国馆建筑方案发布】 12月7日，2019年中国北京世界园艺博览会首位形象大使暨中国馆建筑方案发布活动在北京植物园万生苑温室举办。董卿出任北京世园会首位形象大使，中国馆建筑方案正式面向全球发布。江泽慧以及中国贸促会、国家林业局、北京世园会和延庆区相关领导出席。

（于岩）

【“我的园艺生活”诗歌散文征集活动收官】 12月29日，由世园办、区文联和区广电中心共同主办、历时一年的“我的园艺生活”主题诗歌散文征集活动举办最终评审。其间，评委会收到21个省、直辖市、自治区的散文类和诗歌类稿件1316篇，最终评选出诗歌和散文作品一等奖各1名，二等奖各3名，三等奖各5名。

（于岩）

北京冬奥会延庆赛区筹办

【概况】 北京2022年冬奥会和冬残奥会延庆赛区筹办工作领导小组办公室（简称区冬奥办），设主任1名，常务副主任1名，专职副主任1名，内设3个处室，分别是综合处、协调处、督查处，在岗工作人员10名，采取从区内各部门抽调方式组成，是北京冬奥组委延庆运行中心与延庆区沟通协调的平台。负责协调落实北京冬奥组委相关要求、贯彻落实领导小组决策事项，推进完成延庆赛区各项筹办工作任务。年内，履行申奥可持续性承诺34项具体工作，落实54项完善生态保护与环境保护的具体措施，完成赛区生态系统本底资源调查，推进野生动植物保护、生态环境修复和生态环境可持续管理方面的研究，健全赛区绿色施工规程和安全施工标准，实施能源管控技术，强化核心区植物迁地保护，为每棵树木建立动态数字化信息档案。进场路和国家高山滑雪中心、国家雪车雪橇中心、冬奥村等5项核心区工程，14项交通设施，4项水利设施工程，4项电利设施，以及综合管廊、气象、通信、燃气、热力、供排水、冬奥森林公园等8个建设项目均有序推进。成立冰雪体育产业专题组，开展冰雪体育产业链延伸发展方面的分析研究；加快构建“一轴两翼多节点”功能布局，积极打造“京张体育文化旅游带”。举办国际雪联越野滑雪中国巡回赛、世界雪日暨国际儿童滑雪节、全国大众单板滑雪平行大回转系列赛和高山雪车巡回赛、全国大学生高山滑雪锦标赛等系列体育赛事。组织冰雪欢乐节活动，参加冬博会、京港洽谈会，推介冰雪体育项目；制作冰雪主题宣传片一部，举办冬奥主题宣讲72场、文化活动300场。认定11所区级冰雪项目重点学校，参与冰雪培训计划和运动的中小学生5万人次，机关单位职工上冰上雪培训体验活动8000人次。按程序先后2次调整领导小组成员和分工，优化各工作组构成和职责，夯实全区筹办工作的组织管理。健全完善各项规章制度，提出筹办工作规则征询意见稿，印发北京冬奥会延庆区行动计划。组织召开领导小组会议43次、决策审议120个事项，办公室主任会议76次、研究安排160个事项；刊发冬奥简报53期、专刊2期；协调需要办理的文件和具体事项350个；重点督办的事项包括“四个办奥”要求、“科技冬奥”工作和市、区领导重要指示精神的落实情况，重点建设工程、PPP项目招标、赛会服务、冰雪体育产业促进等。协助做好国家领导人和市领导到区视察，配合做好国家环保部、市气象局、市水务局等国家和市级部门到区调研，协同做好国际组织及专家到区考察以及国内外投资企业到区座谈的接待服务等工作；全年接待服务40次。

单位名称：延庆区冬奥办
地　　址：延庆镇湖南东路1号
电　　话：69106905

（何旭）

【4项规划获批】　4月26日，延庆赛区核心区总体规划获得市规划国土委批复；5月，赛区外部市政专项规划和赛区外部交通系统规划于经市政府批准；9月，延庆赛区水资源与水环境保障规划通过市政府审定；10月10日，延庆赛区核心区规划通过第24届冬奥会工作领导小组第四次全体会议审议。

（何旭）

【PPP项目推介发布】　11月17日，北京2022年冬奥会、冬残奥会延庆赛区政府和社会资本合作（PPP）项目推介会暨新闻发布会召开。发布会向社会介绍区政府与社会资本合作（PPP）项目有关情况，市重大项目办、区政府及有关单位负责人出席发布会，介绍相关情况并回答记者提问。

（何旭）

【北京2022冬奥会和冬残奥会会徽发布】　12月15日，北京2022年冬奥会和冬残奥会徽发布仪式在北京举行，公布北京2022年冬奥会会徽为“冬梦”，北京2022年冬残奥会会徽为“飞跃”。“冬梦”以汉字“冬”为图形，上半部展现滑冰运动员的造型，下半部表现滑雪运动员的英姿。中间舞动的线条代表起伏的山峦、赛场、冰雪滑道和节日飘舞的丝带。“飞跃”展现汉字“飞”的动感和力度，幻化成一个向前滑行、冲向胜利的运动员，同时具有轮椅等冬残奥会特殊运动器械的形态。

（何旭）

【赛会服务事项】　年内，推进存量酒店改造，开展新建和改扩建酒店项目建设；确定区医院为定点医院，成立心脏和创伤中心；推进餐饮业务，初步遴选9家餐饮原材料供应基地和2家配餐企业；旅游服务系统，便民服务网点、无障碍设施等公共服务设施建设进一步完善。加强专业队伍建设，实施冬奥人才行动计划，引进2名教练员，注册69名运动员，培训100名体育指导员；开展环境气象和医疗急救人才培养以及和农民职业技术培训；成立志愿服务联合会，志愿服务总时长近50000小时，志愿者超过10000人次。

（何旭）

【区域协同发展】　年内，签署延崇两地冰雪产业协同发展合作框架协议，探索冰雪产业区域协同创新发展的模式；与怀来、崇礼、赤城三地分别签订旅游业协同发展框架协议，对接旅游产业市场共享和资源。

（何旭）

【对外交流合作】　年内，聘请雪务顾问米科·马蒂凯宁，开展雪务实验；与法国霞慕尼、瑞士圣莫里茨建立友好城市关系；与韩国大林公司建立雪车雪橇项目交流机制；与吕伐登市建立快速制冰技术方面的对接合作。

（何旭）

信访工作

【概况】　区委、区政府信访办公室（简称区信访办），承担区委、区政府接待办理群众来访、来信等工作。设来访接待科、来信办理科、综合科3个科室，行政编制12名，实有11人。新设立北京市延庆区社会矛盾排查调处工作中心，为区信访办所属公益一类正科级财政补助事业单位，定编4名。年内，区信访办以"落实信访责任制 推动信访法治化"为主题，在各乡镇、街道启动信访宣传月活动；严格落实领导干部接访下访和包案责任，区信访联席会议召集人与81个联席会议成员单位主要领导签订信访工作责任书，层层传导压力，压紧压实责任，形成责任具体、环环相扣的"责任链"。全年开展联合接访27次，接待信访群众485人次；区领导接待信访群众37批393人次,包案35件，结案化解16件，9件市级挂账矛盾全部化解；二级班子领导接待上访群众1676批7274人次，包案329件，化解166件。全年参与信访评估16次，对延庆镇南辛堡、民主村、百眼泉村棚户区拆迁改造等重点项目，推进过程中可能出现的信访风险，提出意见和建议，保证最大限度地从源头上减少信访矛盾隐患。深入推进市、区各项重点工作，配合做好国家土地督察北京局驻点督察以及北京市环境保护督察工作，落实全区安全隐患大排查大清理大整治专项行动和坚持疏解整治促提升全面推动城乡一体化发展的实施意见，开展矛盾纠纷专项排查，做好群众举报、信访接待、咨询解答、档案搜集、督查督办及相关保障服务，做到矛盾随排查、随化解，并做好相关信息反馈。全年向区领导报送《信访情况》51期、《信访情况分析》9期，《信访摘报》21期。

单位名称：延庆区信访办
地　　址：延庆镇城隍庙街8号
电　　话：69180671

（陈洋）

【《北京市信访工作责任制实施细则》专题培训】 6月，邀请市信访办相关科室领导解读《北京市信访工作责任制实施细则》。区委理论中心组成员，各乡镇、街道及重点委办局主要领导、信访主管及信访干部200人参加培训。截至年底，区信访办深入基层分片讲解该细则3场，宣传贯彻工作覆盖全区。

（陈洋）

【矛盾排查化解】 年内，开展矛盾纠纷大排查和专项排查12次，摸排出矛盾纠纷136件，所有矛盾全部落实包案领导、责任人和稳控责任单位。截至年底，已化解96件，化解率71%。

（陈洋）

【信访总量同比下降】 年内，全区信访总量2461批5368人次，其中群众来信1219件次1560人次，群众来访1242批次3808人次。集体访144批次2205人次，同比批次下降42%、人次下降55%。到市、国家信访局上访607批次1002人次，同比批次下降5%、人次下降28%；集体访24批次298人次，同比批次下降33%、人次下降51%。集体到非接待场所有关人员1批19人，同比批次下降75%、人次下降88%；个体到非接待场所有关人员9人，同比下降74%，其中5次以上非接待场所有关人员1人，同比持平。受理复查案件33件，办结32件，到市办复核10件，全部维持。

（陈洋）

【重点时期社会稳定维护】 年内，建立重点时期每日视频会商制度。通过筑牢基层（乡镇、街道及委办局）、区级（区信访办及区领导）、市级（驻京劝返组）"三道防线"，实现在全国两会和"一带一路"高峰论坛、市第十二次党代会、中共十九大等重点时期"四个不发生"（不发生危害国家安全和社会稳定的重大政治事件、不发生严重暴力恐怖和个人极端事件、不发生重大群体性事件、不发生重大公共安全事件）的目标。

（陈洋）

机关事务管理

【概况】 北京市延庆区机关事务管理服务中心（简称区机关事务中心），主要负责各集中办公区机关运行成本的统计、分析和评价，基建规划、拆迁维修、地下工程维护，供水、供电、供暖、食堂、卫生、保卫、绿化及设施设备的维修，公务用车监督、管理、运行及规划展览馆管理、维护等工作。内设综合科、财务科、服务科、基建科、公务用车监督管理科、安全保卫科6个科室和北京市延庆区公务用车管理运行中心1个正科级事业单位。有规范事业编制53名、事业编制6名。年内，新接管纪检监察局办公楼及人大政协办公楼后勤服务管理工作，新开办纪检监察局食堂、公务用车管理运行中心食堂、冬奥办食堂，服务范围增至9个集中办公区和9个食堂。全年9个食堂接待用餐人员30.88万人次；4个会议中心接待各类会议3751场；为区委区政府等9个集中办公区派遣保安38名、巡防队员3名、特勤人员15名、保洁人员33名、绿化美化人员2名。持续推进机关事务服务社会化进程，与劳务派遣公司对接，以劳务派遣形式聘用3名电工，提升基建维修水平。9个集中办公区开展电器设备、照明设施维修560次、弱电工程维修310次、自来水及上下水管道维修690次、门窗维修230次、其他临时承办的维修工程70次。在各集中办公区持续推进节能减排工作，推广行之有效的节能措施，2017年比上年节约用水8515吨。将北京市公务用车管理运行中心燃煤锅炉改为电锅炉，减少碳排放。在区委、区政府后门新建会议停车场，解决各单位到区委、区政府开会停车难问题。规划展览馆接待参观5239人次，其中接待市级单位71个、区级单位54个；公务用车管理运行中心承接出车任务4316次。

单位名称：延庆区机关事务中心
地　　址：延庆镇湖北西路1号
电　　话：69142289

（刘晓芳）

【办公用房统计】 6—12月，参照《党政机关办公用房建设标准》，对全区89个行政事业单位办公用房情况进行统计梳理，其中区属行政事业单位71个，乡镇及街道办事处18个；没有发现办公用房超标现象。

（刘晓芳）

【机关事业单位土地房屋及业态核查】 11—12月，完成全区282家机关事业单位所属国有土地范围内的房屋及业态信息的核查统计工作，其中一级单位97家（包括局委办、乡镇政府等）、二级单位185家（包括学校、医院、所、站等），全部登记造册，形成档案资料。

（刘晓芳）

【公务用车改革】 年内，开展封存公务用车的拍卖及报废工作。11月将区内51辆行政执法车过户到北京市延庆区公务用车管理运行中心（北京市延庆区行政执法车辆管理中心），统一进行管理。

（刘晓芳）

【公务用车监督管理】 年内，对全区党政机关、企事业单位保留公务用车发放车辆标识，并对粘贴情况开展2次监督检查。重要节日期间，对全区各单位公务用车使用情况进行检查，未发现有公车私用现象。

（刘晓芳）

（栏目编辑：王新华）

政协延庆区委员会

概　况

中国人民政治协商会议北京市延庆区委员会（以下简称延庆区政协）是中国人民政治协商会议北京市延庆区的地方组织，下设政协办公室、政协研究室和5个专委会工作室7个工作机构。2017年，政协常委会在中共延庆区委的领导和市政协的指导及社会各界的支持下，认真学习贯彻中共十九大精神，以习近平新时代中国特色社会主义思想为指引，深入贯彻落实中共中央总书记习近平两次视察北京重要讲话和对北京工作的一系列重要指示精神，紧密围绕市委和区委决策部署，牢牢把握团结和民主两大主题，扎实有效地履行政治协商、民主监督、参政议政职能。年内，形成《关于延庆区水环境污染现状和治理对策调查》《以绿色大事为引领，带动“国家全域旅游示范区”建设》《延庆区乡村旅游升级简析》等多篇调研报告。通过《情况反映》，报送《关于整顿永宁古镇秩序的建议》《关于加强对城乡公路维护维修管理的建议》《关于加强流浪狗管理的建议》等多篇社情民意信息。选派委员分别担任区政府、纪检监察、司法等部门的特约监督员、行风政风评议员，有效地履行监督职能，对促进党风廉政建设和机关作风建设起到积极作用。全年提出书面建议137件，经审查整理后形成正式提案110件，其中集体提案13件，合并提案9件。110件提案中，交由区委部门办理的13件，交由区政府部门办理的97件，截至年底，已全部文字办复，办复率100%。提案所提问题已经解决或基本解决的83件，占提案总数的75.5%；正在解决或列入规划逐步推进解决的23件，占提案总数的20.9%；因政策体制和客观条件所限暂不能解决4件，占提案总数的3.6%。

单位名称：政协延庆区委员会

地　　址：延庆镇高塔路70号

电　　话：69101565

（李屹）

重要会议

【第一次常委会议】 2月27日召开。会议听取区政府关于2017年重点工作折子工程和为群众拟办重要实事工程安排情况的通报，讨论通过《政协常委会2017年工作要点》（讨论稿），审议通过《政协工作制度汇编》，通报政协党组2016年专题民主生活会情况。

（李屹）

【协商议政选题座谈会】 3月30日召开，区政协就2017年重点工作及年度协商工作计划作说明。区政府、区政协班子成员就2017年政协重点工作及年度协商工作计划进行交流。穆鹏和陈合安出席。

（李屹）

【禁放专题议政座谈会】 4月12日召开。会议听取《北京市延庆区人民政府关于进一步加强烟花爆竹禁限放安全管理工作的实施方案》的通报。政协委员围绕“禁限放烟花爆竹”建言献策。区市政市容委、区商委、区社工委、区旅游委、区教委和公安局、区安监局、区环保局、区城管局以及区创城办相关负责人与委员们互动交流。

（李屹）

【第二次常委会议】 4月27日召开。会议听取区政府关于推进精品小镇、美丽乡村建设情况的通报，实地视察井庄镇窑湾村、大庄科乡铁炉村，并进行座谈讨论。

（李屹）

【区政协、区委统战部工作座谈会】 5月18日召开。区政协秘书长介绍区政协知情明政大课堂实施情况，区委统战部常务副部长介绍区委统战部统一战线教育培训情况，并就区政协、区委统战部2017年重点协商议题进行交流沟通。区政协和统战部相关领导出席。

（李屹）

【提案办理协商工作会】 5—7月，召开5次提案办理协商工作会，并就相关工作提出意见和建议。听取区农委、市政市容委关于提案办理情况的通报，对《关于借助筹办绿色大事，加快建设美丽乡村建设的建议》《关于加快完善社区周边道路及配套设施的的建议》等10件重点提案进行集中协商督办。听取区卫生计生委、区文委关于提案办理情况的通报，对《关于统筹优势资源，打造高精尖医疗中心，做好两会医疗保障的建议》《关于高品质文化引进来、区域品牌文化走出去的建议》等6件重点提案进行集中协商督办。听取区发展改革委、区住建委、区人力社保局、区园林绿化局、区社会办关于提案办理情况的通报，对《关于加快推进“煤改气”“煤改电”工程，助力延庆“清空”行动的建议》《关于多部门联动协调解决污水浸泡地沟供热管网的建议》《关于做好劳务技能培训，支持绿色发展大事的建议》等13件重点提案进行集中协商督办。听取区委办、区政府办关于提案办理情况的通报，并就进一步做好提案办理工作进行座谈，提出意见建议。

（李屹）

【第三次常委会议】 6月29日召开。会议传达学习市第十二次党代会精神和吉林主席在政协北京市第十二届委员会常务委员会第35次会议上的讲话精神，听取区创城办关于全国文明城区创建工作情况的通报，视察“延庆榜样一条街”，考察北京城市副中心规划建设情况，并就提升全区城乡管理水平、加强诚信体系建设、推进未成年人思想道德建设、提高市民文明素质和城市文化品位等方面问题进行座谈交流，提出意见建议。

（李屹）

【第四次常委会议】 8月15日召开。会议听取区政府关于2017年上半年国民经济和社会发展计划执行情况的通报，审议通过有关人事任免事项及《政协北京市延庆区委员会委员视察考察工作办法（试行）》。

（李屹）

【第五次常委会议】 9月21日召开。会议听取区委办、区政府办关于区政协二届一次会议提案办理工作情况和关于“煤改气”“煤改电”工程进展情况的通报，视察“陕京四线”延庆门站工程和“煤改电”工程建设进展情况，并就完善能源补贴机制、加强安全监管、制定应急处置预案等工作进行座谈交流，提出意见建议。

（李屹）

【创建“国家全域旅游示范区”专题议政会】 9月27日召开。会议听取区旅游委关于创建“国家全域旅游示范区”工作进展情况的通报，政协委员视察重点旅游景区并围绕创建“国家全域旅游示范区”建言献策。冬奥办、世园办和区农委、区商委、市规委延庆分局、区委督查室、区政府督查室以及八达岭镇、千家店镇相关负责人与委员们互动交流。

（李屹）

【“清空净水”专题议政会】 10月12日召开。会议听取区政府关于“清空净水”工作进展情况的通报，政协委员视察城西再生水厂和北京市冰上项目训练基地工程并围绕“清空净水”工作建言献策。区环保局、区水务局、区市政市容委、区住建委、区经信委、区农委和区交通局、区公安交通大队、区城管局以及区农机中心相关负责人参会听取委员发言。

（李屹）

【第六次常委会议】 11月10日召开。会议审议通过《政协北京市延庆区第二届委员会常务委员会关于学习贯彻中国共产党第十九次全国代表大会精神的决议（草案）》。区委副书记作学习中共十九大精神辅导报告。与会常委、委员结合本职工作交流学习体会。

（李屹）

【第七次常委会议】 12月15日召开。会议听取区政府工作情况的通报，并就《政府工作报告》（征求意见稿）进行协商讨论。审议通过关于召开区政协二届二次会议的相关事项。讨论《政协常委会工作报告》（讨论稿）和《常委会提案工作报告》（讨论稿），并提出修改意见。

（李屹）

【政协延庆区二届二次会议】 12月25—28日举行。听取并审议《政协延庆区委员会常务委员会工作报告》和《政协延庆区委员会常务委员会提案工作报告》；列席延庆区第二届人民代表大会第四次会议，听取并讨论《延庆区人民政府工作报告》及有关报告；举行大会发言；通过《二届二次会议政治决议》。市政协副主席蔡国雄出席会议，区委书记李志军在闭幕式上讲话。

（李屹）

主要活动及工作

【市政协领导到区调研】 3月15日，市政协副主席、党组副书记赵文芝带队到区，围绕贯彻市第四次政协工作会议精神，推进政协协商民主建设情况，开展政协民主监督工作及加强市政协对区政协工作联系指导情况进行调研。陈合安介绍延庆区政协基本情况，并围绕全面贯彻政协工作会议精神、不断推进政协协商民主建设、提升政协民主监督实效和建议市政协加强指导联系、提升区政协工作水平4个方面，汇报区政协推进协商民主建设、加强和改进民主监督等工作。与会人员围绕提升政协工作水平，更好履行政协职能，推动地区经济社会发展进行座谈交流。区领导李志军等陪同调研。

（李屹）

【政协委员知情明政大课堂】 3月31日，“政协委员知情明政大课堂”举行启动仪式，传达学习《延庆区政协委员知情明政大课堂实施方案》，安排部署大课堂具体活动和相关事宜，并邀请区委研究室就区第二次党代会报告精神作解读。4—12月，陆续举办知情明政大课堂第2—4期，邀请区住建委从重点工程计划的制定、计划概况及分类、项目情况、推进机制和措施四个方面介绍全区重点工程的相关情况。邀请区教委、区卫计委，分别以《砥砺奋进的延庆教育》《抢抓机遇谋发展　乘势而上再跨越》为题，对“十三五”时期全区教育改革发展情况和卫计事业发展情况以及医药分开综合改革相关工作情况进行讲解。邀请中关村延庆园管委会、区发展改革委，就中关村延庆园发展情况和全区2017年国民经济和社会发展计划执行情况进行通报。

（李屹）

【外埠政协到区考察】 4月18—19日，政协河南省南阳市委员会13人到区学习考察。参观延庆规划展览馆、兴运嘉园社区、香水园街道网格管理中心、综治服务大厅、文体活动中心等。在召开的座谈交流会上，听取延庆区社会建设基本情况和香水园街道相关情况的介绍，并进行座谈讨论。8月上旬，山东省菏泽市政协就延庆区经济社会发展情况和世园会冬奥会筹办情况到区进行调研考察。

（李屹）

【区内视察调研】 4—9月，陈合安带领部分委员视察中央厨房、温泉南区东里社区配餐点，听取区民政局关于全区居家养老工作及贯彻落实《北京市居家养老服务条例》情况的通报和区残联关于全区残疾人事业发展情况的通报；到区发展改革委听取关于延庆区经济社会发展及疏解整治促提升相关情况的汇报，并就如何做好重点项目建设、鼓励民间投资、促进农民增收等工作进行交流讨论。谷艳兰带领部分委员到旅游委和千家店镇开展专题调研活动，听取全区旅游产业发展情况和国家全域旅游示范区创建情况的通报，围绕“国家全域旅游示范区建设”问题进行协商座谈；到利嘉商圈（北京）科技有限公司，听取企业文化、发展目标及规划等方面情况的介绍，并就相关问题进行交流研讨。张留全带领部分委员，就延庆创建国家卫生区工作情况进行专题调研，听取区创卫办关于全区创建国家卫生区工作情况的通报，实地视察恒生批发市场，并就创卫工作中存在的问题、如何建立长效管理机制，营造全民参与的社会氛围等方面提出意见和建议。

（李屹）

【走访委员】 5—9月，陈合安走访慰问区政协常委、区地税局党组书记、局长王竺和区政协常委、延庆区泽润寺住持、区佛教协会会长释悟凡，征求对政协工作的意见，并就政协如何为宗教界人士更好地发挥作用搭建平台，听取意见和建议。张立新到委员所在企业——北京东祥环境科技有限公司走访调研。听取企业负责人关于生产经营情况的通报，了解政协委员在企业发展中发挥的重要作用，实地视察企业废弃物循环利用生产项目，并就如何维护延庆“清空、净水”，保护良好生态环境问题进行座谈。

（李屹）

【长城文化带系列丛书延庆卷完成】 5—11月，教文卫体委员会就《北京北部长城文化带系列丛书》延庆卷编撰工作，分别召开座谈会、研讨会和推进会，搜集资料、实地勘察，并与市政协、北京国际城市发展研究院沟通协调，经过多轮修改审核，完成延庆卷375页20万字编撰工作，上报市政协编委会和北京出版社。全书围绕“龙脊沧桑、怀古揽胜、妙笔今传、边塞烟云、雄关漫道”等5部分，展现区长城风物故事、艺文匾刻及区域长城保护利用等内容。

（李屹）

【市政协委员暑期读书班到区活动】 7月18—21日，北京市政协委员暑期读书班走进延庆，开展集体学习、实地考察和交流研讨活动。市政协160名委员先后到延庆规划展览馆、世园会施工现场、世界葡萄博览园、蔡家河流域平原造林区、京张高铁施工现场进行实地考察，并围绕延庆经济社会发展情况、世园会冬奥会相关工程建设情况进行学习交流。市政协主席吉林，副主席赵文芝、唐晓青、王永庆、闫仲秋、李长友，秘书长周毓秋参加活动。区领导李志军、穆鹏、陈合安等陪同。

（李屹）

【区政协常委暑期读书班举行】 8月15—17日，区政协举行常委暑期读书班。李志军出席开班仪式，并为参加学习的政协委员做报告。李志军围绕世园会冬奥会筹办工作进展情况、区委二届四次全会精神和延庆实现跨越发展迫切需要政协更好发挥作用3个方面，为学习班成员详细阐述当前全区各项重点工作进展情况和今后工作重点。区政协常委及80名委员参加。

（李屹）

【专委会活动】 年内，区政协各专委会深入基层调研，听取汇报，开展座谈交流，并就相关问题提出意见和建议。社会法制委员会联合区司法局、妫川书院组织部分委员、书法家到联系点张山营镇胡家营村开展“弘扬法治精神，助力世园冬奥——2017年法治春联下乡”活动。城建环保委员会组织委员视察延崇高速公路松山隧道和妫水河隧道施工现场，并听取相关工作情况汇报。经济科技农林委员会组织部分委员到康庄镇调研创新家园建设情况，听取中关村延庆园规划建设和康庄镇新型城镇化建设工作情况的通报，并就优化创新创业良好环境，设立专项奖励基金等问题与政府部门负责人交换意见。教文卫体委员会组织部分委员到区教委、卫计委和北京第二外国语学院（延庆校区）贯培学院调研；听取贯培学院办学情况的汇报，并就相关问题进行座谈交流；听取全区教育事业发展情况以及“十三五”时期卫生计生发展与改革和医药分开综合改革相关情况的通报，并就“十三五”时期延庆教育改革发展思路、举措以及加快社区卫生服务中心和乡村医生队伍建设等相关问题进行座谈交流。社会法制委员会部分委员应邀参加“司法行政在身边”——第七届北京市延庆区司法行政开放日活动，听取司法局关于2016年延庆区司法行政工作情况的通报，并围绕“七五”普法工作中的相关问题进行座谈交流。经济科技农林委员会组织部分委员到北京北菜园农产品产销专业合作社调研，实地察看设施大棚蔬菜种植情况，参观阔野田园生物技术有限公司、蔬菜园艺和科普展示基地，听取合作社在生产管理、经营模式、产业特色等方面的情况介绍，并就合作社发展的有关问题进行座谈讨论。城建环保委员会组织部分委员到区环保局调研，听取全区“清空”“净水”工作推进情况的通报，并就强化工地监管、加强扬尘管控等问题进行座谈讨论。社会法制与民族宗教委员会组织召开全体委员会议，听取区民宗办关于全区民族宗教工作以及文物保护、宗教发展等方面情况的介绍，并就进一步做好全区民族宗教工作提出意见建议。

（栏目编辑：王新华）

民主党派 工商联

民主党派

【概况】 2017年，全区有6个民主党派，分别是中国国民党革命委员会（简称民革）、中国民主建国会（简称民建）、中国民主促进会（简称民进）、中国民主同盟（简称民盟）、中国农工民主党（简称农工党）和九三学社。6个民主党派均有区级组织，有成员201名，其中民革15名、民建52名、民进57名、民盟53名、九三学社10名、农工党14名。民主党派成员中担任市人大代表1人，市政协委员3人，区人大代表9人，区政协委员30人。年内，召开中国国民党革命委员会延庆区支部成立大会，全国政协常委、民革中央副主席、北京市政协副主席、民革北京市委主委傅惠民，民革北京市委专职副主委于雪鹰，民革北京市委秘书长蒋耘晨出席大会。会议任命以罗瀛为主任委员的民革领导班子成员。

单位名称：延庆区党外知识分子联谊会
地　　址：延庆镇新城街2号
电　　话：69103030

（王爱华　张超）

【民盟延庆总支打造“中国双拥小镇”座谈会】 2月26日，民盟延庆总支在旧县镇召开走进美丽乡村，打造“中国双拥小镇”品牌座谈会。与会人员围绕“军民一心、融合发展”进行深入研讨，并就旧县镇如何打造“中国双拥小镇”阐述思路、提出建议。市人大常委、民盟北京市委专职副主委、民盟延庆总支成员以及旧县镇相关负责人出席。

（王爱华　张超）

【民建延庆支部参加慈善健走活动】 4月15日，民建延庆支部赴朝阳区奥林匹克公园参加由民建北京市委、中国民主建国会企业之家、中华少年儿童慈善救助基金会等单位联合主办的2017年“RUN WITH LOVE为爱而走”慈善健走活动，为北京血友之家罕见病关爱中心募集善款，呼吁全社会共同关注罕见病，传递“快乐公益，健康生活”的正能量。

（王爱华　张超）

【各民主党派赴河南省参观学习】 4月22—25日，区各民主党派相关人员一行20人赴河南省，开展为期4天的“同心同德同进步”参观学习交流活动，旨在提高各民主党派政治把握能力、参政议政能力、组织领导能力、合作共事能力及解决自身问题能力。

（王爱华　张超）

【各民主党派集体学习市第十二次党代会精神】 7月20日，区各民主党派班子成员20人集体学习市第十二次党代会精神，并现场交流心得体会。

（王爱华　张超）

【民进延庆总支与平谷总支座谈交流】 7月22日，民进延庆总支与民进平谷总支在区开展培训与座谈交流，培训内容涉及民主党派如何做好参政议政和社会服务工作，并到平北抗日战争纪念馆参观。

（王爱华　张超）

【九三学社延庆支社义诊活动】 7月23日和10月29日，九三学社延庆支社组织医务人员到大庄科乡大庄科村和刘斌堡乡刘斌堡村开展义诊活动，免费为群众送医送健康。其间发放宣传材料《预防高血压、糖尿病、脑血管病知识手册》500份，义诊200人次。

（王爱华　张超）

【民革延庆支部“大手牵小手”助学活动】 8月24日，民革延庆支部携手北京妇女儿童发展基金会欧尔美公益基金，在区文化馆启动中山博爱“大手牵小手”公益活动。现场筹集捐款95600元，用于改善延庆低收入家庭子女学习条件，帮助他们顺利完成学业。

（王爱华　张超）

【民盟北京市委精准帮扶旧县镇】 9月29日，市人大常委、民盟市委专职副主委宋慰祖出席旧县镇“全国运动休闲特色小镇试点项目启动仪式”，并邀请中国陶瓷领域专家、清华美院王建中教授到盆窑村进行“中国陶瓷与文化”讲座。为旧县镇打造体育休闲小镇提供智力资源和精准帮扶。

（王爱华　张超）

【民进延庆总支参加捐书活动】 11月，民进延庆总支组织会员参加民进中央开展的“书香彩虹——安尼行动”，15名会员给贵州省安龙县困难学生捐出少儿图书200册。

（王爱华　张超）

延庆区工商业联合会

【概况】 延庆区工商业联合会（简称区工商联）是延庆区委、政府领导下的由工商界组成的人民团体和民间商会，是党和政府联系非公有制经济人士的桥梁和纽带，是政府管理非公有制经济的助手。行政编制5人。2017年4月，增设北京市延庆区非公有制经济服务中心，事业编制3人。年内，按照“团结、服务、引导、教育”八字方针推进各项工作。向统战、人大、政协推荐非公经济人士参政议政；邀请区委领导就市第十二次党代会精神、中共十九大精神及如何构建亲清政商关系等内容进行专题辅导；举行“诚实守信、坚定信心”2017年新入会企业颁证仪式；组织“不忘初心、履职之我见”专题讲座，发起“诚实守信弘扬优秀企业家精神”倡议。组织非公企业参加“同心圆大讲堂”减免6项税收政策培训会；举办执常委培训班，邀请人大教授及全国知名专家为企业讲解财政税收及企业战略等内容。以感知红色革命历史传承团结精神为主题组织45家非公企业骨干员工开展拓展训练，举办全区非公企业信息员写作培训班；全年组织学习中共十九大精神等相关培训26次，培训2000人次。调研上百次，利用微信、邮箱等平台传达政策类信息上千次。组织非公企业代表150人次参观91金融科技有限公司和华为高能时代环境技术公司，交流学习非公党建先进经验，派遣党建指导员驻企帮助会员企业组建党支部，推动非公党建两个覆盖。与社会工委一起撰写的《不断提升非公企业党建工作能力和水平积极构建服务型党建工作格局　整体推进非公企业党建工作的开展——北京中关村延庆园两个开发区非公企业党建工作研究》被市委统战部评为2016年度北京市工商联系统参政议政优秀成果二等奖。6家会员企业获“2016年度北京市非公党建示范基地”称号，27家会员企业获评“2016年度延庆区精神文明单位”，7名企业家被选为市人大代表。与张家口市工商联、怀来县工商联、张北县工商联缔结友好商会，就冬奥会筹办、产业对接、农特产品等方面座谈交流。多角度探索精准帮扶新模式，推进大庄科乡甜蜜事业工作及二中宏志班的资助工作，非公企业参与光彩事业献爱心捐款捐物70万元。金果园老农以“农户+经济合作社+龙头企业”的运行模式，与小白河堡、烧窑峪、沙塘沟等村庄开展合作，解决农民增收、农产品滞销、剩余劳动力就业等问题。组织金果园老农公司到大庄科乡慈母川村进行精准帮扶，组织91金融公司、北京青龙河技术开发有限公司到大庄科乡慈母川村慰问困难党员与贫困户；引导利嘉商圈、盛世佳业等企业参与旧县镇盆窑村新农村建设。邀请主管副区长就全区交通服务体系建设问题与非公企业进行交流，组织企业家与张山营镇就特色小镇建设进行座谈，与区商务委就延庆区电子商务发展现状进行讨论，与区人力社保局就务工人员互守诚信预防劳务纠纷问题进行探讨，并就相关内容通过信息专报及时报送区委、区政府领导。

单位名称：延庆区工商联

地　　址：延庆镇新城街2号

电　　话：69101374

（张艳红　崔鹏）

【科技大讲堂】 9月22日，区工商联举办科技创新创业大讲堂活动。区工商联主席、91金融创始人许泽玮以“科技引领——六年打造百亿规模科技金融企业”为题，围绕互联网创业经验、互联网与传统经济相结合及企业文化对企业的促进作用进行详细讲解。穆鹏以及区相关委办局、人民组织和各经济功能区负责人，工商联会员企业等各界代表人士140人参加。

（张艳红　崔鹏）

【驻延央企与非公企业对接】 年内，开展“共享机遇　携手同行”系列对接活动3次，6家非公企业与央企达成合作意向。

（张艳红　崔鹏）

【杰青领航计划】 年内，与延庆社会主义学院、九三学社北京市委共同推出“杰青领航”培训计划，青年企业家60人完成A计划培训。

（张艳红　崔鹏）

【原工商业者慰问】 年内，慰问原工商业者及遗孀代表60人次，发放慰问金9.64万元。机关党员献爱心1310元，“博爱在京城”捐款950元。

（张艳红　崔鹏）

【会员企业增至461家】 年内，新建非公企业动态数据库。发展会员企业72家，截至年底，有会员企业461家。

（张艳红　崔鹏）

（栏目编辑：王新华）

第九届北京端午文化节
The 9th Beijing Loong Boat Festival
我为世园做贡献 冬奥有我更精彩
诗歌咏诵决赛

人民团体

延庆区总工会

【概况】 北京市延庆区总工会是中共延庆区委和北京市总工会领导下的人民团体，是党联系职工的桥梁和纽带。内设办公室、组工部、权益部和财务部4个行政科室，下属北京市延庆区工人文化宫、北京市延庆区职工技术交流中心和北京市延庆区职工服务中心3个事业单位。编制23人，实有21人。年内，宣传动员区域内40家非公企业组建或加入工会，其中独立建会26家，11家（任务指标7家）百人以上建会企业职工100%入会。全年吸收会员1433人，全区会员总数35517人。新办会员互助服务卡3289张，全区持卡34050张。更新会籍信息7175人次，会员信息采集34480人。17279名会员注册使用“北京工会12351”手机APP，会员注册使用率全市排名第一。开发服务项目23个，服务职工16.71万人次，会员参与率全市排名第三。市总工会12351服务热线派单98件全部完成，办结率100%，全市排名第一。推行职工健康管理和体质监测工作，对341名职工进行体质测试。倡导职工树立“快乐工作·健康生活”理念，4820名职工下载运用“健步121”手机APP，职工参与使用率全市排名第一。“冬送温暖”慰问劳模、困难职工、大病职工和生产一线职工800人次，发放慰问款物188万元。“夏送清凉”慰问世园工地、延崇高速工地、市政环卫小张家口垃圾填埋场一线职工2800人。“金秋助学”为48名困难职工子女发放助学金19万元。利用区职工专项温暖基金应急救助生病困难职工42人。组织区内4名全国劳模、117名北京市劳模进行体检。全年无偿为党政机关、企事业单位、基层工会组织提供会议活动、换届选举、培训讲座、知识竞赛等各种服务60场次，服务职工6773人次。区总工会被北京市人民政府和首都绿化委员会评为“首都绿化美化花园式单位”，被北京市安全生产委员会办公室评为“2017年北京市安全生产月优秀组织奖”。《工人日报》2次介绍延庆工会先进经验，并应邀在2017年全市基层工会组建工作会上做“党建带工建，动员社会名人引领非公企业名人建会”的典型发言。区总工会工人文化宫主任被市总工会推荐评选为“全国群众体育先进个人”。

单位名称：延庆区总工会

地　　址：延庆镇高塔街66号

电　　话：69143298

（温艳欣）

【职工冰雪运动体验季活动】 1月3—12日，在石京龙滑雪场举办“全民健身迎冬奥、快乐冰雪圆梦想”职工冰雪运动体验季活动，1000名职工参加冰雪体验，了解冰雪知识，并由雪场教练进行授课，学习体验滑雪的基础动作。市总工会、延庆区委和区总工会领导参加启动仪式。

（温艳欣）

【先进经验刊登《工人日报》】 1月12日和16日，《工人日报》分别以“延庆请职工为基层工会工作打分”“延庆区总工会探索建会新模式”为题报道区工会工作。“社会名人”建会模式和“五位一体”的基层工会考核模式两条创新工作经验连续在市总网站、全总网站、《工人日报》、上海网站“劳动报”及多省市登载或转载，劳动新闻网以“‘请职工为基层工会工作打分’释放工会新活力”为题发布时评。

（温艳欣）

【区总工会一届五次委员（扩大）会】 3月17日召开。会议总结2016年工会工作，部署2017年任务，表扬通报33个工会工作先进单位、18个“五好”基层工会、15个优秀“职工之家”、9个优秀“职工小家”、47名优秀工会干部和工会社会工作者。区总工会主席分别与区卫生和计划生育工会联合会等3家基层工会主席签订2017年工作责任书。全区68个直属工会主席、副主席、“两委”委员、集体协商指导员、部分社工和企业工会干部155人参会。

（温艳欣）

【首都劳动奖状奖章推荐评选】 3月，启动2017年首都劳动奖状、奖章推荐评选工作。4月底，区社会保险事业管理中心被市总工会授予“首都劳动奖状”称号；区八达岭特区办事处妇女联合会被市总工会授予“工人先锋号”称号；九一金融信息服务（北京）有限公司一分公司创始人、董事长、CEO许泽玮，区动物疫病预防控制中心主任杨龙峰，北京中医医院延庆医院骨伤科主任金合被市总工会授予“首都劳动奖章”称号。

（温艳欣）

【劳模植树】 4月1日，在康庄镇小丰营村开展“迎世界盛会，创国际一流生态文明示范区”义务植树活动。全区在职劳动模范、先进工作者、首都劳动奖章获得者代表50人植树150棵。

（温艳欣）

【第三十五届五月鲜花歌咏活动】 5月18日，开展以“中国梦•劳动创造幸福，迎世园 助冬奥 展职工风采”为主题的延庆职工第三十五届“五月鲜花”歌咏比赛活动。活动历时2个月，从基层352个节目中精选出48个节目参赛。第三小学的《母亲是中华》、区医院的《军礼》、永宁幼儿园的《歌颂北京》、张山营镇的《张山营之歌》和《地道战》获最佳节目奖。

（温艳欣）

【职工健步走活动】 6月30日，以“迎世园绿色出行 · 迎冬奥全民健身 · 健步121绿色好生活”为主题，与市总工会联合举办野鸭湖“首都职工夏季健步走（延庆站）活动”，全市30个单位3000名职工参加活动。市总工会副主席和区委副书记分别致辞，劳模代表向全体职工发出倡议，号召“大家绿色出行，低碳行动健步走”“当好东道主，办好冬奥会”。

（温艳欣）

【优秀先进职工疗休养】 6—7月份，首次组织全区150名优秀先进职工赴北戴河北京市工人疗养院疗休养。8—11月组织45名劳模及首都劳动奖章获得者分4批次参加疗休养。

（温艳欣）

【工间操交流展示赛】 7月4日举办。全区各基层工会代表队340名职工参加，分别表演创编工间操“踩踩踩”和第九套广播体操。第五幼儿园代表队和区发改委代表队，获创编工间操“踩踩踩”组冠军和第九套广播体操组冠军。7月15日，参加2017年首都职工健身操舞（自创编工间操）交流展示活动，第五幼儿园代表队和区医院代表队分获一等奖和二等奖；区总工会、区医院、第五幼儿园获得优秀组织奖。

（温艳欣）

【“八小时约定”主题教育实践活动】 7月6日，以“敬业八小时，做好今日事”为主题，举办“我有我精彩”演讲比赛，全区35名职工参赛，广电中心王晶获冠军。同期举行的主题征文和摄影比赛，评选出优秀作品73件。9月27日，参加市总工会“我有我风采”职工演讲比赛决赛，广电中心王晶（参赛作品《记者，是在用生命战斗》）获二等奖，教委田成清（参赛作品《我的教育故事》）获优秀奖。

（温艳欣）

【安全生产检查和培训】 8月，对辖区建筑业、餐饮业、制造业开展工会劳动法律监督。与区安监局合作，加强企业安全生产监督检查，举办安全生产培训班，对120名生产经营单位主要负责人和安全管理人员进行培训，举办“北京市安康杯安全隐患排查治理知识”讲座，开展以“全面落实企业主体责任”为主题的安全生产知识竞赛，45家企业4373人次参赛。

（温艳欣）

【职工沟通见面会】 11月7日，召开“职工沟通见面会”暨启动“建会集中行动月”工作部署会，对7个街乡摆摊设点试点单位集中开展培训和工作指导。12月2日，区儒林街道总工会在环球新意购物中心广场举办首场“职工沟通见面会暨农民工入会集中行动”。市总工会基层组织建设部及区相关单位领导出席仪式并为职工发放宣传资料和“工会会员互助服务卡”。活动现场设置“会员服务专区”“入会咨询区”“企事业单位建会和会员招募区”“工会会员互助服务卡发放区”“现场体验区”5个服务区域，摆放学习宣传中共十九大精神和工会工作内容的展板58块。现场发放区总工会编写的《工会组建知识宣传手册》《工会服务指南》等5套宣传材料以及致企业职工的一封信和倡议书10000份，咨询答疑1500人次，办理入会110人，达成建会意向8家，达成入会意向500人。3000名职工群众参加。

（温艳欣）

【学习宣传贯彻中共十九大精神】 11月15日，召开“工会系统学习宣传贯彻党的十九大精神推进会”，制订下发《北京市延庆区总工会关于认真学习宣传贯彻党的十九大精神的通知》《北京市延庆区总工会学习贯彻党的十九大精神宣传工作方案》。百泉街道、张山营镇、中关村科技园区延庆园、卫计委、城管委、服务公司、八达岭特区办事处工会主席做交流发言。11月16日，召开“延庆区工会系统学习贯彻党的十九大精神报告会”，邀请区委领导宣讲会议精神。全系统工会干部120人参会。

（温艳欣）

【职工赛事活动】 年内，多次组织全区职工大型体育类赛事活动。其中，3月29日，举办扑克牌“双升级”比赛，56支代表队参赛，农机中心代表队获得冠军。7月29—30日，参加北京市职工“和谐杯”乒乓球总决赛，岳淑芳获得女子常青组第二名，刘丽辉获得女子中青组第三名，刘少强获得公仆组第六名，刘丽辉、岳淑芳在无差别组比赛中分别获得第五、六名；区总工会2支代表队分别获得团体组第四、五名。8月17日，举办第35届象棋大赛，31个单位101名职工参赛，八达岭特区办事处荣获团体赛冠军，区地税局刘雷荣获个人赛冠军。11月9—10日，举办延庆职工第四届乒乓球比赛，30个单位150名职工参赛；男子团体赛冠军、女子团体赛冠军、男子个人单打赛冠军、女子个人单打赛冠军均被教育工会包揽，区总工会刘少强获得公仆组冠军。12月6日，举办踢毽比赛，41个单位179名职工参赛；公路局代表队获得团体项目2分钟围踢计数赛一等奖，教委一队获得团体项目加一踢计数赛一等奖；教委鲁永林获得个人项目一分钟个人踢计数赛一等奖，财政局张玉梅获得踢毽子入桶赛一等奖，园林局陈九琴获得运毽子跑计时赛一等奖，百泉街道彭美华获得后打毽子赛一等奖。

（温艳欣）

【工会改革举措】 年内，成立区工会改革工作领导小组，研究制订《北京市延庆区总工会改革实施方案》。方案包含23项改革措施，其中立行立改方面主要包括：提高工会领导机构中劳模先进的比例、配齐基层工会服务站专职社工、推进干部社工挂职锻炼交流、开展热线电话预约服务、区职工服务中心和街道工会服务站开展错时上下班试点、创新实施工会服务站评比管理月通报制度、建立完善职工需求调查制度、精准帮扶困难职工脱困、建立“北京延庆工会”微信公众号等。按照市总工会分配给延庆工会的改革试点任务，通过区政府与区总工会联席会议，研究解决工会社工工资、区职工服务中心纳入规范管理2个工作事项。

（温艳欣）

【“职工技协杯”职业技能竞赛】 年内，联合区人力社保局等单位举办2017年延庆区“职工技协杯”职业技能竞赛，涉及安全生产执法、卫生应急救助、园林绿化美化等20个工种、26个竞赛项目，2400名职工参加比赛。189名参赛职工取得区级竞赛名次，其中一等奖36人、二等奖63人、三等奖90人。市级决赛中，北京石油公司西北区域古海城加油站的王海艳在加油站卸油作业人员项目中获得全市第二名，区疾控中心的狄飞在突发急性传染病防控项目上获得全市第五名，区安监局赵会鹏在安全生产执法人员项目上获得全市第七名，卫生应急项目获得全市团体二等奖。

（温艳欣）

【“十百千万”职业技能人才发展助推工程】 年内，实施“十百千万”职业技能人才发展助推工程，搭建职工成长技能发展平台。评选

7个区级创新工作室、40名区级首席职工，推荐10个职工创新项目获得市总资金助推，为75名考取国家职业资格证书的技能人才发放助推金，工会建档入库技能人才总数888名。举办职工公益大讲堂8场、通用能力培训班1期，培训职工1279人。

（温艳欣）

【集体协商】 年内，落实集体协商指导员责任，指导推进集体协商工作，197家企业开展工资集体协商，覆盖职工10987人，建制率95.1%（任务指标84%）。22家百人以上企业全部开展独立协商，覆盖职工3541人，建制率100%。全区企业女职工专项集体合同签订率100%。

（温艳欣）

【区级职工创新工作室和优秀首席职工评选】 年内，区总工会开展区级职工创新工作室、优秀首席职工评选活动。种植业服务中心以绿色玉米标准化生产为研究领域的职工创新工作室等7个单位被评为区级职工创新工作室。区教育科学研究中心桂彩丽、邮政集团公司北京市延庆区分公司邮政投递员于秀成等40名职工被评为区级优秀首席职工。

（温艳欣）

【职工互助保障】 年内，职工互助保障工作吸纳会员25225人，投保资金194万元，赔付慰问职工1.3万人次、281万元。区总工会被中国职工保险互助会考核评为“基层职工互助保障工作成绩优秀”。

（温艳欣）

【工会财务审计】 年内，对直属基层工会经费审计和工会主席离任审计实现全覆盖，区总工会经审会在市总工会经费审查委员会规范化建设评价工作中被评为一档。区总工会被中华全国总工会评为“2016年度市级工会财务工作先进单位”。

（温艳欣）

【职工志愿服务】 年内，助力延庆绿色发展和全国文明城区、卫生城区创建工作，成立职工志愿者服务队59支，实名注册7000人，占会员职工的20%，职工注册人数比例市区工会排名第二。

（温艳欣）

【工会服务体系建设】 年内，通过“一张卡、一条线、一张网”为全区职工提供普惠精准服务。招聘38名专职工会社会工作者，经上岗培训，充实到区职工服务中心和基层工会服务站。区职工服务中心办理换发工会法人资格证书233个。区职工服务中心和3个街道工会服务站全部实行热线预约服务，同时开展错时上下班试点。

（温艳欣）

【劳动争议调解】 年内，强化区劳动争议调解中心法律援助职能，调解成功劳动争议案件51件，涉及职工51人，为职工挽回经济损失103万元，提供法律咨询服务180次。

（温艳欣）

共青团延庆区委员会

【概况】 共青团北京市延庆区委员会（简称团区委）是在区委领导下的延庆区先进青年的群众组织，是党联系青年的桥梁和纽带。设办公室、社会工作部、组宣部3个行政科室以及区志愿者指导中心1个事业单位，编制10人。全区有直属团组织65个，其中团工委4个、团委39个、团总支11个、团支部11个。全区14—28岁团员13150人。年内，成立北京市延庆区志愿服务联合会。组织团员青年志愿者完成元宵节花会展演、第九届北京端午文化节、第七届北京国际自行车骑游大会、2017北京国际自行车博览会、北京国际马球公开赛等20项全区大型赛事活动的秩序维护、文明引导、现场服务等志愿服务工作。组织禁毒志愿者在香水苑公园及公交车站点开展禁毒教育宣传活动。全年参加各类志愿服务的志愿者1万人次，服务总时数超过10万小时。开展延庆区青年人才班学员专题调研，完成《延庆青年移动大数据报告》。与石河营西社区联合打造“习近平总书记点赞的优秀共产党员”主题展览。依托希望工程延庆工作站争取资金52.07万元，资助中小学生422人次。

单位名称：共青团延庆区委员会

地　　址：延庆镇新城街2号

电　　话：69140120

（卢佳）

【区志愿服务联合会成立】 3月23日，北京市延庆区志愿服务联合会举行成立大会，会议选举产生志愿服务联合会领导机构，动员部署全区志愿服务工作。区委副书记李军会当选为延庆区志愿服务联合会会长，副区长罗瀛当选常务副会长。团市委副书记、市青联主席郭文杰和区领导李志军等出席会议并共同为区志愿服务联合会揭牌。区委书记李志军出席并讲话。

（张景睿）

【“我为世园做贡献”筑梦计划】 4月，推出“小萌芽、小萌花家庭园艺成长计划”“社区绿色园艺体验计划”和“我身边的园艺角创建计划”，为中心城区和康庄等地500名学生配发盆栽花卉、花种和园艺蔬菜1100份，引导孩子和家长共同栽种培育，撰写花卉成长日记。

（赵东冉）

【打造系列微视频“讲述者——为爱而行”】 4—10月，联合北京共青团新媒体中央厨房、首都公益网、延庆传媒联盟共同打造系列微视频“讲述者”，首季主题“为爱而行”。用镜头记录红色摄影师段学锋、长城美容师杨宏亮、环保奶奶贺玉凤、卖花姑娘王迪、脑瘫青年壮壮、助老志愿者高稳荣等平凡感人的故事。

（赵东冉）

【五四青年节活动】 5月4日，在大庄科红色教育基地举行“高举团旗跟党走　不忘初心献青春”为主题的新团员入团暨志愿文化季发布仪式。基层团干部、志愿服务者、高校和中小学生代表160人参加。

（胡晓曼）

【青年诗文诵读大赛】 5月28日，“我为世园做贡献　冬奥有我更精彩　诵离骚古韵　抒爱国情怀　传中华美德”延庆区青年诗文诵读大赛在延庆夏都公园举行。活动邀请屈原后裔、著名诗人屈金星老师到场，展示其代表作《屈原赋》的百米书法长卷。诵读大赛有93个节目参加初赛，吸引1000人次在线观看；16个节目进入决赛，《少年中国说》《永远的屈原》《浓浓端午情深深爱国心》分别获得一、二、三等奖。

（胡晓曼）

【心灵陪护计划启动】 6月1日，团区委联合区文委、区妇联与北京市学生联合会对接，在千家店学校共同开展“起跑线——延庆东部山区住校学生心灵陪护计划”启动仪式，现场捐赠学校图书130册。

（胡晓曼）

【国际合作高峰论坛志愿服务主题活动】 6月15日，“一带一路”国际合作高峰论坛志愿服务交流分享会暨青年志愿者“迎世园盼冬奥”系列主题活动在北京邮电大学世纪学院启动。全市28所高校的青年志愿者参加。团市委、北京冬奥组委、北京世园局相关负责人和区委领导出席。活动由共青团北京市委员会、北京市志愿服务联合会共同主办，北京市延庆区志愿服务联合会、北京邮电大学世纪学院协办，分为“启动仪式、实地探访、圆桌交流、主题宣讲”4个部分。

（常磊　黎海军）

【“花海寻缘”青年交友活动】 8月28日在世葡园举行。“花海寻缘”旨在依托活动，紧密联络属地企业、高校、重大项目参与者等各方资源，让参与活动的青年在交友过程中，充分学习体验园艺生活。各行业60名男女青年参加交友联谊。

（赵东冉）

【“真情暖妫川　爱圆学子梦”爱心帮扶项目】 9月11日，团区委开展“真情暖妫川　爱圆学子梦”爱心帮扶项目。通过微信平台面向社会招募爱心捐助者，以结对形式到受助学生家中采取“一对一”“面对面”帮扶。活动为7名困难青少年筹集善款7000元。

（胡晓曼）

【志愿服务进社区活动】 10—12月，开展延庆区志愿服务进社区主题活动，主要在清洁空气、节水护水、垃圾分类、文明出行和背街小巷整治等方面开展志愿服务，其间开展志愿服务项目96个，常态化对接志愿服务组织27个，联系发动团员青年437人，参与志愿者1072人次，志愿服务1.5万小时，服务覆盖7700人。

（张景睿）

延庆区妇女联合会

【概况】 延庆区妇女联合会（简称区妇联）是在区委领导下的社会群众团体组织，是党和政府联系妇女群众的桥梁和纽带，代表和维护妇女权益，促进男女平等。机关内设办公室、组宣部、权益部、儿童部、妇女儿童工作委员会办公室5个职能科室，所属2个事业单位：延庆区妇女儿童社会服务中心和延庆区妇女权益指导服务中心。全区设15个乡镇妇联，3个街道妇联，94个行政机关企事业单位妇委会，376个村妇代会，46个社区妇联。年内，编制并印发《延庆区妇联改革方案》。以“双学双比”“巾帼建功”和评选“最美家庭”三大主体活动为载体，组织引导妇女参与全区政治、经济、文化、社会、生态文明建设，协调推进妇女儿童发展规划落实，推动妇女儿童事业创新发展。以“巾帼扮靓世园　最美庭院（阳台）”为主题的系列园艺培训活动在全区15个乡镇、3个街道开展，包括多肉种植、阳台蔬菜种植、花卉养护等内容，培训1000名园艺爱好者。旨在推进居民家庭庭院（阳台）绿化美化，形成全社会共同参与世园的良好氛围，为创建全国文明城区做出贡献。开展“家和万事兴”——最美家庭故事宣讲活动，以项目化运作方式和百姓宣讲活动的形式，在全区范围开展孝老爱亲、邻里互助、科学教子、低碳环保等“最美家庭”创评活动。以“全覆盖、激活力、见实效”为目标，通过“村里选、区镇评、全区讲”的评选方式，推选出延庆区“最美家庭”88户。以“建设法治中国首善之区·巾帼在行动——维权服务进社区、进家庭、到身边”为主题，围绕11月25日“国际反家庭暴力日”、12月1日世界艾滋病日和“12·4”法治宣传日，开展宣传咨询活动。全年开展“孤残儿童慰问”“温暖冬衣”等救助活动9次，争取帮扶款项和物资57万元，帮扶困难妇女儿童662人。在全区开展“节约一元钱、献出一份爱”——每个家庭节约一元钱长效募捐活动，为全区贫困妇女儿童筹集资金；截至年底，募集善款31.91万元。《关于农村发展女党员状况的调研》获北京市妇联系统优秀调研成果二等奖。

单位名称：延庆区妇女联合会
地　　址：延庆镇新城街2号
电　　话：69143467

（史建美）

【两节慰问】 1月12日，区妇联、北京妇女儿童发展基金会延庆工作站共同启动“营造温暖之家　共享美好生活”2017年元旦春节两节期间走访慰问活动。慰问全区老妇救会主任、农村贫困“两癌”患者、单亲贫困母亲、低收入困难妇女家庭等困难群体。同时，为2016年度基金会工作表现突出的10个优秀妇联组织颁发由北京妇女儿童发展基金会授予的证书。1月23日，区妇联为包村单位四海镇王顺沟村1名“两癌”患病妇女争取到全国妇联体育彩票公益金慰问金1万元，为5户特困家庭发放慰问金1000元，为70户低收入户及贫困户送去3万元慰问品。

（史建美）

【妇儿工委工作会】 1月20日，在行政综合楼召开延庆区2017年妇儿工委工作会。会议对新发布的“十三五”妇女儿童发展规划进行简明介绍；主管副区长、区妇儿工委主任与成员单位代表现场签订责任书。市妇儿工委办公室常务副主任、市妇联副主席出席会议并讲话。人力社保局、卫生计生委等36家成员单位主管领导和联络员，以及各乡镇街道妇联主席参加。

（史建美）

【全国妇联副主席到区调研】 2月14日，全国妇联副主席、书记处书记崔郁一行到延庆专题调研妇女创业就业工作。先后到八达岭镇石峡古堡客栈、兴延高速施工现场、康庄镇北京喻海庄园、延庆区妇女儿童社会服务中心巧娘工作室和区妇联“12338”妇女维权工作室，实地了解情况。市妇联党组书记、主席马兰霞，全国妇联妇女发展部副部长郜烈鸿等陪同调研。

（史建美）

【纪念“三八”节暨典型宣讲报告会】 3月1日，区妇联在文化馆小剧场，举办“展巾帼风采　助世园冬奥　喜迎十九大”——延庆各界女性纪念“三八”国际妇女节暨典型宣讲报告会。大会启动2017年服务妇女权益方面“妇女维权、脱贫致富、募捐慰问、巾帼志愿、流动课堂、家风倡扬”6个行动，正式开通“妫川女性”微信公众号，并为“巾帼建新功、喜迎十九大”宣讲团成员颁发聘书。园艺教师辛金萍、滑雪指导员郭军华、文明引导员康惠芬、寄养妈妈张伟芹等7位宣讲员进行首场宣讲。全区妇联干部以及三八红旗奖章获得者、最美家庭、巾帼建功标兵、女村干部、一线女职工代表等230人参加。

（史建美）

【5单位10人获全国和市级表彰】 3月2日，在市妇联纪念“三八”国际妇女节106周年暨首都妇女先进典型表彰大会上，延庆区丁玉玲、董晓旭、李艳芬、张文静、李丽华、冯亚玲、王君玲、赵俊英、沈雁鹏9人获得北京市三八红旗奖章；园林管理中心、十一学校、国家税务局绩效管理工作办公室、工商局延庆分局、墨墨祝福志愿者协会5个单位获得北京市三八红旗集体荣誉称号；贺玉玲获得全国三八红旗奖章。

（史建美）

【女性专场招聘会】 3月3—9日，区妇联与区人力社保局在延庆人才交流中心和沈家营镇举办2场女性专场招聘会。北京市中银酒店有限公司、北京金隅八达岭温泉度假村有限责任公司、北京环球新意百货有限公司等70个企事业单位参加，提供就业岗位1647个，2000人与会，512人达成就业意向。

（史建美）

【“三八”维权周活动】 3月7日，区妇联、区司法局、区卫计委、区工商局、区禁毒办、区百泉街道等部门联合开展第十八个“三八”妇女维权周宣传活动。以“建设法治中国首善之区·巾帼在行动——维权服务进社区、进家庭、到身边”为主题，开展宣传咨询活动。现场向社区居民发放《中华人民共和国反家庭暴力法》《中华人民共和国妇女权益保障法》《中华人民共和国婚姻法》以及消费维权、妇女健康、反邪教、禁毒等内容的宣传品6000份，受众8000人次。

（史建美）

【妇女消费维权教育指导中心成立】 3月8日，延庆工商分局与区妇联在延庆工商分局召开延庆区妇女消费维权教育指导中心成立大会，延庆区妇女消费维权教育基地同时揭牌。市妇联权益部、市工商局消费者权益保护处、延庆工商分局、区妇联等部门负责人以及全区18个乡镇街道妇联干部和妇女代表100人参加。

（史建美）

【“妫川女性”微信公众号开通】 3月8日，正式开通“妫川女性”微信公众号，宣传发布活动信息，宣传先进典型和各基层妇联的亮点工作。“三八”节期间，连续8天在微信上播放“三八”寄语视频和妫川女性风采文章，随后每周至少上传一次，结合母亲节、“六一”儿童节、中考、高考、市十二次党代会、中共十九大等时间节点，发布与妇女儿童相关的信息，转载“女性之声、北京女性”发布的相关消息活动。

（史建美）

【“双学双比”示范基地慰问】 3月13日，区妇联、区民政局相关负责人到香营乡孟官屯村，慰问北京市“双学双比”示范基地、北京大地群生养殖专业合作社社长耿铁焕，代表市民政局送慰问金5000元，并进行座谈。

（史建美）

【月嫂培训班】 3月14—21日，市妇女干部学校与区妇联联合举办月嫂育婴早教培训班，15个乡镇32名妇女参加培训，其中21人来自低收入家庭，占65.6%。培训内容包括基础知识、产妇生活照料、产褥期照料、新生儿照料、月子餐制作、产后心理疏导、形体恢复训练等。

（史建美）

【志愿者骨干培养项目】 3—5月，开展"美味生活"——面点制作师骨干培养，"健康生活"——舞蹈教练员骨干培养，"绿色生活"——园艺指导员骨干培养。旨在培养巾帼志愿者骨干力量，带动全区妇女提升专业化素质。

（史建美）

【最美家庭风采展示】 5月13日，国际家庭日前夕，区妇联在儿童游乐园举办"传承优良家风　共建文明延庆"——2017年度延庆区最美家庭风采展示活动。现场以展板形式展示21户"最美家庭"事迹，悬挂从全区家庭征集精选的50条家风家训。区委宣传部、区文明办相关负责人，各乡镇、街道和行政企事业单位妇女干部和最美家庭代表等100人参加。

（史建美）

【区妇联一届三次执委会召开】 5月25日，在行政综合楼召开区妇联第三次执委会。会议决定替补卫洪英、李卉冉、贺秀颖、姬静怡为延庆区妇女联合会执行委员会委员，增补帅相娟为延庆区妇女联合会执行委员会委员。卫洪英当选妇联主席，王淑萍当选妇联副主席，帅相娟当选常务委员。会议印发2017年百分赛考核工作意见和实施细则，对2016年工作进行综合评价并下发通报表扬。

（史建美）

【"巾帼心向党喜迎十九大"演讲比赛】 6月16日，区妇联举办"巾帼心向党，喜迎十九大"演讲比赛复赛，27名选手进行比赛。延庆镇贺玉凤获得一等奖，儒林街道崔占霞、教委王秀龄、文委盛爱芳获得二等奖，工商局肖陶杰、人保局李珊、八达岭特区王丽萍、张山营镇刘瑾轩、旅游委谢雅娟获得三等奖。区委宣传部、区总工会、区文明办、团区委、区直机关工委相关负责人出席。

（史建美）

【捐赠扶贫】 6月29日，区妇联资助四海镇王顺沟村低收入户聂淑兰6万元捐款，用以改造危房。8月31日，延庆区女企业家协会的16名爱心妈妈，到王顺沟村，为贫困小学生捐赠5000元现金以及笔记本电脑等物品。

（史建美）

【"妇女之家"服务大讲堂】 6—11月，联合市妇联干校举办第二期"妇女之家"服务大讲堂。开展社会主义核心价值观、家庭园艺、女性压力管理与心理调适、女性礼仪、英语实用口语、计算机操作等培训39场，各乡镇（街道）、村（社区）、行政机关企事业单位专兼职妇联干部和"妇女之家"骨干、巾帼志愿者等2000人参加。

（史建美）

【妇联基层组织建设工作会】 7月6日召开。会议传达市委组织部和市妇联领导在市基层妇联组织建设推进会上的讲话精神。各乡镇、街道妇联主席交流基层妇联组织建设改革情况。区妇联班子成员，15个乡镇、3个街道妇联主席参加。

（史建美）

【儿童之家建设现场推进会】 7月20日，区妇儿工委办公室联合区妇联、区文明办、团区委、区社工委，在儒林街道"放学来吧"召开区儿童之家建设现场推进会。会议介绍儿童之家的创建成效及示范儿童之家的考核结果，并为一级示范儿童之家发放活动经费，"放学来吧"儿童之家负责人做交流发言。与会人员参观儒林街道"放学来吧"活动设施。

（史建美）

【巾帼扮靓世园交流展示活动】 11月23日，区妇联举办"共享绿色生活　共建美丽家园"

落实中共十九大精神“巾帼扮靓世园”交流展示活动。儒林街道、珍珠泉乡2个单位和大庄科乡、康庄镇等5名最美庭院代表做交流发言，并对2018年继续开展相关活动发出倡议。区委主管副书记出席活动并为优秀组织奖颁奖。

（史建美）

【巾帼志愿服务活动】 12月1日，联合香水园街道妇联和墨墨祝福志愿者协会在川北东社区居委会前小广场开展“邻里守望 姐妹相助”——“一家衣善”旧衣物捐赠巾帼志愿服务活动。113个单位和个人捐赠衣物2416件，30名志愿者参与服务工作。

（史建美）

【巾帼维权送法到家走进王顺沟】 12月4日（“国家宪法日”），区妇联权益部到四海镇王顺沟村宣讲法律知识并现场调解村民家庭矛盾。当日发放《中华人民共和国反家庭暴力法》《中华人民共和国婚姻法》《妇女维权知识手册》等小读本300份。

（史建美）

【市优秀女性宣讲团到区宣讲】 12月7日，市妇联“巾帼心向党•建功新时代”优秀女性宣讲团走进延庆。区妇联一届执委，市十二次妇代会代表，各乡镇、街道、行政机关企事业单位妇联干部，优秀妇女和家庭典型260人聆听宣讲。

（史建美）

【最美家庭故事宣讲会】 12月12日，区妇联举办学习中共十九大精神“家和万事兴”最美家庭故事宣讲会。市妇联副主席出席活动并讲话。区委宣传部、区文明办、区直机关工委等单位相关负责人，乡镇街道妇联主席，行政企事业单位妇委会主任和最美家庭代表200人参加。

（史建美）

【中共十九大精神专题讲座】 12月21日，区妇联举办“巾帼心向党 · 建功新时代”中共十九大精神专题讲座，邀请区委中共十九大精神宣讲团成员作辅导报告。区妇联一届执委，市十二次妇代会代表，区妇联全体干部职工，各乡镇、街道、行政机关企事业单位妇联干部，优秀妇女、家庭典型等150人聆听报告。

（史建美）

【园艺系列培训班】 年内，区妇联以“巾帼扮靓世园 最美庭院（阳台）”为主题的系列园艺培训活动在全区15个乡镇、3个街道开展系列园艺培训，包括多肉种植、阳台蔬菜种植、花卉养护等内容，培训1000名园艺爱好者。旨在推进居民家庭庭院（阳台）绿化美化活动，形成全社会共同参与世园的良好氛围，为创建全国文明城区做出贡献。

（史建美）

【乡镇街道妇联组织区域化改革】 年内，与区委组织部联合下发《关于推进乡镇（街道）妇联组织区域化建设的工作方案》，召开乡镇（街道）妇联组织区域化建设工作部署会。到年底，全区15个乡镇、3个街道全部完成选举，妇联主席由党委副书记、组织委员、宣传委员、副镇长等党政领导班子中的女性领导兼任，选出专职正科级副主席18名、兼职副主席41名，执委由118名增加到408名，执委中的社会各界比例达到55.4%。全区46个社区基层执委增补到690名，并通过内部调剂的方式均配备1名妇联助理员。

（史建美）

【“妇女之家”规范化建设】 年内，制定下发《北京市延庆区妇女联合会关于“妇女之家”规范化建设的指导意见》，健全妇女之家管理、维权、家庭建设、志愿服务等制度，制作各种表册、记录模板，并召开 “妇女之家”规范化建设现场会。百泉街道振兴北社区、香水园街道石河营西社区、儒林街道温泉南区东里社区、康庄镇屯军营村和八达岭镇东曹营村、张山营镇胡家营村、井庄镇三司村、沈家营镇下花园村被评为延庆区“示范妇女之家”。

（史建美）

延庆区科学技术协会

【概况】 延庆区科学技术协会（简称区科协），是区委领导下的科技工作者人民团体、北京市科协的地方组织。设办公室、科普学会部2个科室，编制9人。年内，组织各级科协组织，实施“科普惠农”“科普益民”和全民科学素质工程，举办“第十九届北京延庆科普之春”“第二十三届延庆科技周”和延庆首届“全国科技工作者日”，全年完成各项实用技术培训班96个，聘请市级专家58人次，实际培训7528人次，向市、区报送各种信息80条。

单位名称：延庆区科学技术协会
地　　址：延庆镇高塔街58—1号
电　　话：69141533

（郝合奎）

【科技帮扶】 3月20日，区科协邀请区果树管理专家在张山营镇佛峪口村开展“2017年度延庆区科普之春”暨“科普惠民　科技富民”低收入村科技帮扶活动。采取技术讲座加现场答疑方式，将果树春季管理技术关键时间节点及关键技术做出讲解。活动现场发放科普挂图、科普知识手册等科普宣传品200份。

（郝合奎）

【“科技世园、科技冬奥”座谈会】 3月29日，区科协、区科委联合组织召开落实《北京市全民科学素质行动计划纲要实施方案（2016—2020年）》专项工作座谈会，研讨具体实施措施，落实该方案中“科技世园”“科技冬奥”和提升全民科学素质等任务。区教委、区农委、区人力社保局等17个相关单位主管领导参加。

（郝合奎）

【市专家下乡指导】 4月6日，区科协邀请农林科学院陶铁男教授和姚磊研究员对珍珠泉乡下花楼、秤沟湾等村榛子增收增产问题出谋划策，并引进豆类、玉米、南瓜等新品种10个。4月12日，区科协邀请北京市科协社团服务中心主任张鸿博、北京农学会专家陶铁男、齐建勋，北京市土肥工作站研究员赵永志，在珍珠泉乡召开科技助力榛子产业发展座谈研讨会。专家针对基地现状及发展需求，提出具体指导意见和发展建议，并到基地现场对正在栽植新苗的农民进行指导。5月4日，邀请北京农学会专家陶铁男教授一行到王木营蔬菜种植基地进行实地技术指导。针对存在的问题及发展思路，从宏观规划、管理模式等方面提出具体指导意见和建议。

（郝合奎）

【科技帮扶低收入村】 4月14日，区科协聘请区果品技术管理站、种植业服务中心的专家为香营乡东白庙村百亩土地及杏树进行实地考察及精准帮扶。为果农进行“一对一”现场技术指导，并进行土壤成分检测，分析果树低产原因及提供对策。

（郝合奎）

【健康科普讲座】 4月23日，区科协与区体育局联合主办“酷科延庆”科普行　科学运动你我他——暨“科学运动是良医”科普讲座活动，100名运动爱好者参加培训。区科协推出“酷科延庆”APP，为群众提供当地特色时效性信息，传播权威科普资讯。166个跑友下载并安装使用。活动现场发放科普宣传品400份。

（郝合奎）

【科普宣传】 4月26日，区科协、区科委、区知识产权局、区工商局和中关村延庆园，到张山营世界葡萄博览园联合开展“创新创造改变生活　知识产权竞争未来”宣传活动。现场发放科普口袋书、科技生活周刊、全民健身等科普书籍200册、科普宣传品150份。百位市民当场下载安装“酷科延庆”手机APP、关注延庆科普微信公众号。

（郝合奎）

【“一带一路”报告会】 5月18日，区科协联合老干部局召开“一带一路”报告会，邀请商务部国际贸易经济合作研究院欧洲研究部副主任、研究员、博士，商务部大陆桥协调机制专家委员会区域经济合作问题专家刘华芹，就“一带一路”相关知识要点进行详细解析，区科协和老干部局负责人及110名退休老干部出席活动；现场发放科普宣传品150份。

（郝合奎）

【榛子产业发展现场会】 6月6日在珍珠泉乡举行。市农学会专家现场指导农户。市土肥工作站为珍珠泉乡千亩榛子林配备《粮经作物测土配方施肥技术理论与实践》《良种榛子土、肥、水管理技术指导说明书》等科技种植技术图书。以及专用肥5万公斤，有机肥100万公斤。

（郝合奎）

【公务员科学素质大讲堂】 6月9日，区科协与区人力社保局联合举办“2017延庆区公务员科学素质大讲堂”，邀请中国科学院心理研究所教授、博士、美国丹佛大学访问学者、国家级精品课程主讲教师关梅林，进行《阳光心态战胜职业压力》讲座。128名科级公务员参加。

（郝合奎）

【数字科普公园项目投入运行】 7月28日，数字科普公园项目完工并投入使用。项目在城区江水泉、香水园等5个公园建设新型户外数字科普设施“科普蘑方”，通过内设LCD户外高清数字科普滚屏、科普挂图、科普展板，展示居民生活常识、低碳节能环保、健康饮食与养生保健、特色种植、生态文明、绿色发展大事、惠民政策等科普知识。

（郝合奎）

【科技助力精准帮扶】 8月9日，区科协、北京农学会、北京科技社团服务中心在珍珠泉乡召开科技助力榛子产业发展座谈研讨会。旨在借助市级资源优势开展“科技助力精准帮扶”工作，使榛子基地实现优质丰产，确保低收入村增收致富。

（郝合奎）

【职业技能竞赛】 8月9日，由区委组织部、区总工会、区人力社保局、区科协联合主办的2017年延庆区“职工技协杯”职业技能竞赛邮政储蓄决赛在延庆区邮政分公司举行。竞赛包括汉字录入和手工点钞两部分，选手及相关工作人员60人参加。新兴小区营业所李慧获得邮政储蓄决赛一等奖。

（郝合奎）

【“科学健康人”义诊活动】 9月1日，区科协邀请天坛医院医疗专家到香营乡低收入村东白庙村开展“科学健康人”班车活动，100名患者接受诊治。9月30日，“科学健康人”班车活动在延庆体育场举办，北京三院医学专家参加义诊，居民到场咨询600人，专家看诊患者400人。

（郝合奎）

【公务员科学素质演讲比赛】 9月20日，区人力社保局、区科协联合举办公务员科学素质演讲比赛，全区100名公务员参加。经过初赛选拔，11人进入决赛。评出一等奖1名，二等奖3名，三等奖7名。

（郝合奎）

【科技套餐对接项目】 10月12日，区科协邀请北京农学会、北京土壤学会和北京植物病理学会到延庆北菜园专业合作社与合作社负责人和技术员对接2018年科技套餐项目。3个学会从土壤改良、土肥管理、蔬菜病虫害防治等方面对合作社进行专业指导及新技术推广。

（郝合奎）

【全民科学素质提升行动启动】 10月13日，区科协首场“提升农民科学素质”活动在张山营镇举办。活动邀请中日友好医院预防保健科高级健康管理师肖志云以“健康生活与现代文明病”为题作科普讲座。镇机关和村民 100人参加。

（郝合奎）

【创新服务培训】 11月8日，区科协联合北京农技协、区农经站，举办农民专业合作社金融创新服务培训班。全区74家合作社理事长以及15乡镇科技工作者等100人参加培训。12月29日，区科协、中关村延庆园在北京鼎瀚恒海生物科技股份有限公司联合举办创新创业知识讲座。北京大学信息科学技术学院张海霞教授主讲“创新的机遇与挑战”。区工商联、区妇联、区科协、区科委、团区委、区总工会等10家职能部门负责人、19家园区企业代表以及中关村延庆园干部职工等70人参加。

（郝合奎）

【北京科学嘉年华基层巡展】 12月1—3日，

2017北京科学嘉年华基层巡展延庆站在延庆十一学校初中部体育馆举行。活动由北京市科协主办，北京科普发展中心、延庆区科学技术协会、延庆区教育委员会承办。巡展期间，接待全区观众11500人次。

（郝合奎）

【市专家培训指导民俗户和合作社】 年内，区科协多次邀请市级专家到区，现场培训指导民俗户和合作社。其中，8月14日，邀请北京烹饪协会烹饪教师侯玉瑞为珍珠泉乡民俗户做菜品指导。8月16日，邀请北京工艺美术学会秘书长叶晓溪、会员管理部主任张恩坦、草编专家张帮寿到千家店镇画廊幽谷合作社开展野生猕猴桃藤编指导。10月27日，北京市工艺美术学会秘书长叶晓溪、副秘书长吴丹 、造型设计专家庄侠3位教师应邀到千家店镇水头村，为当地农民讲授关于野生猕猴桃藤编的基础造型。10月31日，邀请工艺美术学会剪纸大师、非物质文化遗产传承人孙二林为四海镇海字口村民传授剪纸技艺。

（郝合奎）

延庆区残疾人联合会

【概况】 延庆区残疾人联合会（简称区残联），是区委、区政府领导下残疾人自身代表组织、社会福利团体和事业管理机构的残疾人事业团体，具有“代表、服务、管理”3种职能，是中国残联的地方组织。内设政办室、残疾人康复服务指导站、残疾人劳动就业服务中心、残疾人文化体育指导站、残疾人组织联络中心5个科室及下属事业单位，编制20人。年内，安置565名残疾人就业。新建4家助残增收基地，扶持603名残疾人，其中低收入残疾人212名，扶持资金759.8万元。元旦、春节期间，走访慰问贫困残疾人6088人，支出慰问经费387.86万元。深入推进邻里互助项目，为残疾人提供送餐21万次，受益残疾人1500人。发放辅具1380件，其中护理用品1209件。为211名残疾人提供免费租赁服务。接待来访咨询30人次，收到残疾人非紧急救助54件。全年家庭无障碍改造1040户，为新兴小区、川北小区等110栋楼安装楼道扶手3.62万米。为振兴南、永安小区等3个老旧小区实施墙体修复5.40万平方米。

单位名称：延庆区残疾人联合会
地　　址：延庆镇百泉路37号院
电　　话：69102602

（李征）

【低收入户残疾人中式面点培训班】 1月16—18日，区残联与第一职业学校联合举办低收入户残疾人中式面点培训班，学习制作开口笑、烧饼、纸杯蛋糕、蔓越莓司康等面食和糕点。20名残疾人参加。

（李征）

【第一届主席团第二次会议】 1月20日，区残联第一届主席团第二次会议召开。理事长朱万富作工作报告，会议审议并通过关于调整主席团主席、委员的决议。区财政局、区民政局主管副局长担任区残联第一届主席团委员、副主席。区体育局、区司法局、区社会工委相关负责人当选主席团委员。全体主席团委员就如何做好残疾人教育、就业、扶贫和康复等方面，提出具体建议。主管副区长、区残联主席团主席谢文征作总结讲话。

（李征）

【年度工作总结暨2017年工作部署会】 3月17日召开。区残联理事会成员，18个乡镇街道残联理事长出席。会议观看残疾人工作纪实片，详细听取各乡镇街道的亮点工作，重点部署全年工作任务。

（李征）

【残疾人“两项补贴”工作解答会】 4月21日，区残联召开残疾人申请“两项补贴”（困难残疾人生活补贴和重度残疾人护理补贴）相关问题工作解答会。区民政局福利办主任从社保信息、工商信息、地税信息、承诺书签订、上报问题以及特殊情况如何办理等6个方面进行具体讲解和解答。各乡镇和街道相关工作人员

20人参加。

（李征）

【第二十七次助残日慰问残疾人演出活动】 5月11日，中残联、区残联、康庄镇政府联合举办“推进残疾预防，健康成就小康”为主题的慰问演出活动。中残联副主席吕世明、团长邰丽华、市残联书记郭旭升等到场，区人大胡耀刚出席活动并讲话。600名残疾人及家属观看演出。

（李征）

【残疾人数据动态更新工作启动】 7月26日，区残联召开残疾人数据动态更新工作督导会，正式启动残疾人基本需求和服务状态更新工作。全区20140名残疾人需要接受动态更新工作调查。截至年底，入户18228人，电话调查923人，入户调查率为95.18%。

（李征）

【第三届社区残疾人艺术汇演】 8月23日，区残联在沈家营镇温馨家园举办第三届社区残疾人艺术汇演，全区各乡镇、街道残联选送歌曲类、综合类节目34个，参与活动的演职人员120名。

（李征）

【石京龙滑雪场无障碍检查】 8月24日，市残联计财部、审计部、无障碍促进中心负责人及无障碍专家一行12人，到延庆石京龙滑雪场检查指导无障碍设施工作，市级无障碍环境建设监督员和区专门协会残疾人代表参与检查。在随后的座谈会上，检查小组对滑雪场目前已建成的无障碍设施建设给予充分肯定，并在设施的维护和管理细节方面提出建议。

（李征）

【社区残疾人艺术汇演】 8月24日，区残联举办第四届社区残疾人艺术汇演。比赛分为歌曲类和综合类2个参演类别，采取现场比赛，综合评选方式进行，设置一、二、三等奖，聘请区文化馆专家教师担任评委。110名残疾人参赛。

（李征）

【市残联理事长到区督导换届工作】 10月19日，市残联理事长吴文彦到区残联督导换届工作，区政协陈合安陪同。吴文彦听取延庆残联第二次代表大会筹办工作及近期重点工作汇报，并就进一步做好残疾人换届工作提出指导性意见。

（李征）

【残疾人康复管理员与协调员培训班】 12月11—14日，区残联举办康复管理人员与康复协调员培训班。聘请中国残疾人体育运动管理中心群体部特聘教授讲解冬残奥会项目及其他冬奥知识。区残联业务部室负责人围绕“康复服务、专项调查、教育就业”等方面业务知识进行讲解。全区各街道、乡镇分管负责人和理事长等470人参加开班仪式。

（李征）

延庆区文学艺术界联合会

【概况】 延庆区文学艺术界联合会（简称区文联）是区委、区政府联系全区文艺工作者的桥梁和纽带，履行联络、协调、服务职能。下属作家、美术、摄影、书法、楹联、诗词、戏剧、曲艺、音乐、根雕、民间文艺和老年书画研究会等18个协会。会员2543人，其中市级会员563人、国家级会员81人。年内，按照“贴近实际，贴近生活，贴近群众”要求，以队伍建设、展示艺术家风采、文艺创作等为载体，围绕中心，服务大局，举办系列活动。全年编辑出版文学季刊《妫川》4期，举办大型活动8次。

单位名称：延庆区文学艺术界联合会
地　　址：延庆镇西街1号
电　　话：69186426

（郭强）

【送春联下基层】 1月5—25日，组织书法协会、硬笔协会、老年书画研究会会员350人次，到15个乡镇和3个街道办事处的7个社区，为老党员、持有慈善卡的老人以及贫困户家庭1200户，现场书写、赠送春联15000副。春联内容均由会员原创，以宣传世园会、冬奥会、创建全国文明城区等绿色发展大事，歌颂美丽延庆，弘扬社会主义核心价值观为主。

（郭强）

【第十五届迎春征诗征联活动】 1—3月，区文联、区文明办、区诗词楹联学会联合举办“创文明城区，迎世界盛会”暨第十五届迎春征诗征联活动。全国20个省、市、自治区1500人参加。其中对联投稿者1000人、作品5000副；诗词投稿者500人、作品500首。最终评出诗词、楹联一等奖各3名，二等奖各6名，三等奖各10名。诗词入围奖27名，对联入围奖39名。

（郭强）

【“北京意象·美丽延庆”大型美术创作工程】 5月9日—7月13日，市文联与延庆区委、区政府共同主办，北京美术家协会、北京画院、延庆区委宣传部和延庆区文联承办的“北京意象·美丽延庆”大型美术创作工程在延庆区世界葡萄博览园启动。全市200位画家和艺术院校师生对延庆区域自然、历史、名胜、人文风貌进行全面深入挖掘、梳理，创作出以自然风光、历史人文、人文景观、民间习俗、典型人物作为主要题材的美术精品。12月1—10日，从300幅画作中精选90幅优秀美术作品在中国美术馆展出，同时出版中英对照精装本画集。

（郭强）

【中国书协书法公益活动走进冬奥小镇】 5月22日，由中国文联、中国书协、中国楹联学会、延庆区委宣传部主办，中国文联书法艺术中心、延庆区文联承办的中国书协“送欢乐，下基层”书法公益活动——走进冬奥冰雪休闲小镇张山营，到西大庄科村开展书法公益活动，助力营造冬奥文化氛围。区委主管领导参加活动并致欢迎辞。中国书协、中国文联、中国楹联学会20名书法家现场创作60幅书法作品。

（郭强）

【“喜迎十九大”系列活动】 6—9月，区文联和区广电中心主办，区作家协会、区诗词楹联学会承办“喜迎党的十九大、砥砺奋进的五年”主题征诗征联征文活动。诗词和楹联类分别评选出一等奖1名，二等奖2名，三等奖3名，优秀奖5名；征文类一等奖空缺，二等奖2名，三等奖2名，优秀奖2名。以征集的诗、联作品为主，举办书法篆刻展览。评选出获奖作者117名，其中成人组软笔获奖30人、硬笔获奖15人，少儿组软笔获奖45名、硬笔获奖27名。获奖作品在中共十九大召开期间，在区文化馆展厅举行为期一个月的展览。

（郭强）

【短篇小说大赛揭晓】 7月，区文联和区广电中心主办，区作家协会和《延庆报》编辑部承办的延庆区短篇小说大赛结束。参赛对象为延庆籍作者、作家和生活、工作在延庆的作者、作家。比赛收到小说52篇，有30篇小说入围终评。10月，邀请《北京文学》《民族文学》《北京作家》3位主编对30篇小说点评和打分，评选出一等奖1名，二等奖2名，三等奖4名，优秀奖5名。

（郭强）

【学习贯彻中共十九大精神座谈会】 11月16日，延庆文艺界学习贯彻中共十九大精神座谈会召开，作家、书法、硬笔书法、美术、老年书画研究、摄影、音乐、戏曲、曲艺等文艺协会20位文艺工作者畅谈学习中共十九大精神的心得体会，并为延庆地区文艺事业的发展建言献策。区委主管领导出席座谈并讲话。

（郭强）

【三地书画展】 12月20日，由西城区文联、延庆区文联、张家口市文联主办，三地美术家、书法家协会承办的“协同发展，走近2022冬奥会——书画写生作品展”开幕，延庆10名画家、4名书法家参与活动，14幅作品入围参展。

（郭强）

延庆区红十字会

【概况】 延庆区红十字会是区委、区政府领导下从事人道主义工作的社会救助团体，以发扬人道主义精神，保护人的生命和健康，维护人的尊严，促进和平进步事业为宗旨，以改善最易受损害群体境况为工作目标，认真履行《中华人民共和国红十字会法》赋予的职责。

机关内设办公室和业务部，下属事业单位应急救护指导中心。年内，根据北京市红十字会《关于加强和规范红十字会会员信息管理的通知》要求，对全区范围内的红十字个人会员和团体会员单位进行逐一筛查、摸底、登记，建立规范的会员信息库，截至年底，登记在册的团体会员单位45个，个人会员867名。年内，制作《我们一直在》红十字工作宣传片，在“博爱在京城”募捐动员会上播放。结合“5·8”世界红十字日、防灾减灾日、世界急救日等节日，联合区卫计委、区教委、部分乡镇街道等部门，采取摆放宣传展板、发放宣传材料、现场示范等形式宣传红十字和防灾减灾知识，全年发放宣传材料6000份。采取部门联动方式推动应急救护培训，设置培训课程、安排培训时间、确定培训重点，实现应急救护培训“进社区、进机关、进景区、进企业、进农村、进学校”，全年开办培训班57期，普及培训人数3673人，其中241人取得救护员证，149人取得8学时技能证。

单位名称：延庆区红十字会
地　　址：延庆镇西街1号
电　　话：69104066

（曹军娟）

【世界献血日宣传】 6月29日，区红十字会联合区委办、区政府办、区文明办、区卫计委、区献血办等40个部门，在妫川广场开展“世界献血者日”宣传活动。红十字志愿者讲解红十字运动、无偿献血、突发事件如何自救互救、如何应对突发疾病等方面知识，并接受群众咨询。现场发放《中华人民共和国红十字会法》《索尔佛利诺回忆录》《日常急救手册》《反恐防灾与自救互救指南》《行动的选择将决定你能否预防艾滋》《传递人间挚爱——加入中华骨髓库》等宣传材料1000份。

（曹军娟）

【应急救护知识和技能培训】 7月28日至8月4日，联合区文明办举办初训、复训2期3个培训班，对全区110名文明引导员进行应急救护知识和技能培训。培训采取传授知识、实际操作、技术考核等方式，主要讲授红十字运动和现场急救理论知识，院外徒手心肺复苏、创伤现场救护四项技术等技能操作，并对院外徒手心肺复苏和四项技术进行演练。全区110名文明引导员通过徒手心肺复苏和创伤现场救护技术考核，取得北京市红十字会颁发的救护员证。

（曹军娟）

【冬奥会媒体驻地酒店服务人员培训】 10月12—13日，到延庆区冬奥会官方指定媒体下榻地——辉煌国际度假假日酒店，对客房、前厅、餐饮、保安等一线服务人员进行应急救护知识和技能的培训。培训的主要内容有院外徒手心肺复苏和现场急救四项技术。35名学员全部通过考核，并取得北京市红十字会救护员证。

（曹军娟）

【应急救护师资培训班】 11月5—10日，区红十字会举办为期6天的应急救护师资初训班，区教育系统和卫生计生系统以及社会志愿者33名学员参加培训，经过严格考试，学员全部通过初训5分钟的试讲。

（曹军娟）

【第一届理事会第二次会议】 11月13日，在区民防局三楼召开。会议审议通过《关于延庆区红十字会第一届理事会更换、增补理事、常务理事的决议》《关于选举罗瀛同志为北京市延庆区红十字会会长的决议》《关于选举王丽敏同志为北京市延庆区红十字会常务副会长的决议》以及延庆区红十字会2016—2017年工作报告、2018年工作要点。区委主管领导出席会议。

（曹军娟）

【社会募捐】 年内，接收募捐款100.49万元，比2016年增加40262.86元，同比增长4.17%。其中，“博爱在京城”募捐筹资活动，全区219个单位16999人捐款99.28万元；区爱心人士为遭受水灾地区捐款3500元；定向助学捐款3700元；“延庆战友群”为四川茂县遭受山体滑坡灾害地区灾民捐款4866.86元。

（曹军娟）

【救灾救助】 年内，救助全区657名困难群众64.45万元。其中，两节“送温暖”活动，全区541人受益43.28万元。救助105名因大病致贫、返贫患者12.36万元，每个家庭给予500—2000元生活救助。救助患双耳中毒感音神经性聋、再生障碍性贫血、先天性心脏病等大病的8名患儿8.3万元。3名困难学生接受爱心人士助学款5100元。

（曹军娟）

【应急救灾备灾库管理】 年内，清理京张路仓库和租用的延庆镇大王庄村敬老院仓库，对新租用的西辛庄仓库物品，进行全面清点、整理、核对，制定完善物资储备库各项制度，实现物资储备库规范化管理。

（曹军娟）

【精准帮扶】 年内，全员到香营乡下 村对12户低收入村民家庭进行入户走访调查，查找致贫原因，制定帮扶措施，送去结对帮扶“联系卡”，结合红十字会职能，救助因患重大疾病造成家庭生活困难的人员，并利用晚上村民休闲时间进行急救知识普及培训。

（曹军娟）

（栏目编辑：王新华）

法治 国防建设事业

法 治

综 述

【概况】 中共北京市延庆区委政法委员会（简称区委政法委），是区委主管政法工作的职能部门，区维护稳定工作领导小组办公室、区社会管理综合治理委员会办公室、区流动人口和出租房屋管理委员会办公室与区委政法委合署办公。区委政法委设副处级部门1个，行政科室8个：办公室、政工科、组宣科、综合科、法制监督科、综治科、维稳科和指导科。规范事业科室2个：巡防管理中心和反恐维稳情报信息管理中心。行政编22名，事业编6名。年内，紧紧围绕全区中心工作，服务大局，立足两大安保任务，全面构建反恐防恐体系，立足平安延庆建设，扎实推进世园会、冬奥会安保，以司法改革为契机，全力推进法治延庆建设，以党的建设为统领，精心打造一流政法队伍，各项工作取得新成绩。群众安全感保持全市前列，为首都和延庆经济社会发展创造安全政治环境、稳定的社会环境、公正的法治环境、优质的服务环境，为建设国际一流生态文明示范区、筑牢首都西北安全屏障做出积极贡献。围绕“疏解整治促提升”专项行动和服务保障冬奥会、世园会筹办工作，对全区40项重大决策项目进行社会稳定风险评估备案工作，特别是在延庆镇南辛堡村、民主村、百眼泉村棚户区改造项目风险评估工作中，研究分析各类风险隐患5大类41项逐一督促整改落实，确保棚户区改造升级项目顺利实施。

单位名称：中共延庆区委政法委
地　　址：延庆镇新城街2号
电　　话：69103498

（王丹丹）

【区政法工作会】 2月9日召开。会议传达中共中央总书记习近平对政法工作做出的重要指示精神，总结上年政法工作，对新形势下深入推进平安延庆、法治延庆和政法队伍建设，服务保障世园会冬奥会筹办工作做出部署、提出明确要求。区人大、区政协、区政府相关领导，区委政法委员会全体委员，各乡镇街道、相关各部委办局公司（中心）处级班子单位综治负责人，以及政法系统科级以上干部240人参会。

（王丹丹）

【党风廉政建设专题培训】 5月27日，举办政法系统党风廉政建设专题培训班。虞宝才以《对未来全面从严治党常态化的思考》为题，作党风廉政教育报告。区纪委研究室主任围绕反腐败形势和预防腐败授课。全系统各单位党员干部260人参加。

（王丹丹）

【政法系统宣讲报告会】 6月27日，举行“中共北京市延庆区委政法委党校揭牌暨庆祝建党96周年宣讲报告会”。政法系统6位宣讲员，讲述身边优秀共产党员的感人事迹。区政法系统各单位主要领导、政治工作分管领导，基层党组织负责人、优秀共产党员、预备党员、入党积极分子代表110人参会。

（王丹丹）

【党建工作述职会】 7月19日，政法系统2017年上半年党建工作述职会在区委三楼会议室召开。全系统各单位负责人分别汇报党建工作落实情况。区公安分局、区人民法院、区人民检察院、区司法局、区民政局、区残联、区信访办、防范办主要领导参加。

（王丹丹）

【市党代会精神宣讲报告会】 7月19日，在行政综合楼二楼七会议室举行。区第十二次党代会精神宣讲团成员、区委改革办常务副主任作专题报告。区委政法委机关、区公安分局、区人民检察院、区人民法院等9单位的基层党务工作者、政工干部及党员代表100人参加。

（王丹丹）

【“政法大讲堂”活动】 9月22日，在八达岭国际会展中心举行。邀请区委政法委副书记就“筑牢人民防线，确保政治安全”进行专题培训。政法系统各单位党员干部、综治委成员单位主管领导、乡镇街道主管领导及综治办常务副主任等300人参加。

（王丹丹）

【党支部规范化建设试点推进会】 10月12日召开。会议对政法系统组织开展基层党支部规范化建设工作进行部署，明确工作目标和工作要求。政法系统各单位主管领导、党务干部和规范化试点党支部书记等50人参会。

（王丹丹）

【政法系统首届主题健步走活动】 11月9—10日，区委政法委工会联合会组织开展“不忘初心、再次出发、健步走进新时代”职工主题健身活动。全系统工会会员590人参加。

（王丹丹）

【全系统中共十九大精神学习活动】 年内，中共十九大召开后，政法委组织全系统学习活动3次。11月17日，在民政局社区中心二楼会议室举办。区中共十九大精神宣讲团成员作专题报告。政法各单位政治工作负责人、基层党支部书记以及法学会会员、基层党员干部代表150人参加。11月24日，举办政法系统“学习宣传贯彻党的十九大精神　维护宪法权威”知识竞赛活动。政法系统政工干部、党务工作者、一线干部干警代表60人参加。12月8日，在圣世苑第六会议室，以“全面推进依法治国　谱写法治延庆新篇章”为主题，举办政法系统学习贯彻中共十九大精神专题辅导报告会。中央党校封丽霞教授围绕中共十九大“全面依法治国的重要论述”做专题报告。全系统各单位主要领导以及副科级以上干部、区法学会会员、政法系统基层党支部书记、一线党员干部群众代表等260人聆听报告。

（王丹丹）

【“忠诚卫士”宣讲团走进教育系统】 年内，组建“忠诚卫士”中共十九大精神宣讲团。12月21日，走进教育系统开展以“不忘初心，砥砺奋进，谱写新篇章”为主题的中共十九大精神宣讲活动。区委宣传部调研组、延庆开放大学、青少年活动中心、科技馆、考试中心、职教中心、社教中心、会计中心、保健站等80名干部教师听讲。

（王丹丹）

法治政府建设

【概况】 北京市延庆区人民政府法制办公室(简称区政府法制办），是区政府的工作部门。内设综合科、行政执法监督科、行政复议科、行政复议接待室、行政调解指导中心5个科室，编制18人，在岗职工15人。年内，以“深入推进依法行政，加快建设法治政府”为目标，围绕服务保障冬奥、世园筹办，疏解整治促提升等中心工作，履行政府法制工作的综合、统筹和监督职责。

单位名称：延庆区政府法制办
地　　址：延庆镇西街2号
电　　话：69183546

（庄萍）

【政府法律顾问体系全面构建】 年内，调整充实区政府法律顾问团，为18个乡镇街道全部配齐法律顾问，执法职权较多部门分别聘请法 律顾问，区乡两级政府法律顾问体系全面构建，截至年底，全区法律顾问参与法律事务服务839件。

（庄萍）

【重大事项合法性审查】 年内，深化合法性审查环节的法治引领和程序规制。制定《政府合同审查办法》，督促落实重大事项合法性审查机制，未经合法性审查的事项不上会、不发文。全程参与“南辛堡—百眼泉—民主村”等3个棚改项目和兴延、延崇高速等10余条线性道路征拆工作；深入指导“大棚房”拆除、打击“四抢”、环保督查以及疏解整治促提升工作中具体执法事务开展；为国家公园改革等重大改革事项和禁养区、禁放区的划定等提供法律支撑。全年对区政府289件文件及事项289件，80件合同协议均严格进行合法性审查，提供了优质高效的法律服务。

（庄萍）

【行政执法监督】　年内，完成行政执法主体和委托执法组织清理，规范委托执法行为。印发通知明确4个方面的重大处罚事项需报请区政府研究决策，规范自由裁量权行使。召开全区“两法衔接”专题会，重大案件专案跟踪协调，实现两法衔接。对生态保护红线下特别区域保护、出租房屋安全监管等提前进行梳理，并将28项涉及职权交叉的梳理意见汇编成册，理清职权边界。紧密跟进城市管理执法体制改革，针对城管执法力量下沉，专题组织行政执法培训，促进下沉后执法工作衔接顺畅。严格执行行政执法人员持证上岗和执法岗位关联，组织实施行政执法资格联机考试及新版执法证换发。全面推行“双随机一公开”监管方式，并在建筑施工、环境保护、市场监管领域开展随机联查。落实执法情况“每月统计、每季度通报、每半年向常务会报告”工作机制。围绕清空净水、疏解整治等执法活动，加强执法监督和指导，督促履职尽责。

（庄萍）

【行政应诉复议和调解】　年内，代理以区政府为被申请人的行政复议案件6件，代理以区政府为被告的行政应诉案件44件，其中一审案件20件、二审案件24件。全区行政机关负责人出庭应诉41件，常务副区长作为区政府负责人出庭应诉。接待群众复议来访400人次，收到行政复议案件35件，受理27件，审结26件，纠错率26.9%。全区各行政调解主体调解案件1031件，成功化解矛盾纠纷836件，调解成功率81%。探索在公安分局、卫计委等矛盾纠纷较多的部门试点建立行政调解委员会，细化行政调解程序，推动行政调解工作规范运行。

（张金花　霍文丽）

【规范性文件备案和清理】　年内，向市政府报备区政府规范性文件19件。对2000—2015年全部政府文件进行系统清理，确定失效1568件，并通过政府门户网站进行公示。

（房明洁）

法学会

【概况】　北京市延庆区法学会是北京市法学会的基层组织，在区委政法委加挂区法学会会牌，与区委政法委合署办公，负责区内党政机关、政法各单位、法学高校和科研所、法律实务部门以及其他单位机构的会员管理、服务和发展工作。是党领导的人民团体、学术团体和政法工作的重要组成部分。年内，参与基层法治建设、法治宣传教育、法律顾问、法治调研、基层法律服务、培养优秀法律人才等工作，为推动全区平安建设、法治建设提供强有力的法治保障。

单位名称：延庆区法学会

地　　址：延庆镇新城街2号

电　　话：69179769

（王丹丹）

【区法学会成立】　1月6日，召开北京市延庆区法学会成立大会。会议审议并通过《北京市延庆区法学会第一届理事会理事、常务理事、会长、副会长、秘书长选举办法（草案）》，并选举产生会长、副会长和秘书长。区委相关领导和全区法学会会员150人参会。

（王丹丹）

【法治文化基层行讲座系列活动】　4月27日，区法学会与市法学会、市应用法学研究中心在延庆区人民检察院主办“爱祖国、学法律、创和谐”法治文化基层行——行政法应用讲座。

邀请杨建顺教授作“如何运用法治思维和法治方式解决执法纠纷”的专题讲座，活动现场相关领导向区法学会会员代表赠送法律书籍。全区政法系统、相关单位及乡镇、街道以及区法学会会员100人参加。5月9日，区委政法委、区民政局联合市法学会、市应用法学研究中心开展“送法进军营”活动，中国政法大学张柔桑教授围绕国家安全法进行宣讲，并现场赠送官兵法律书籍。

（王丹丹）

【区法学会会长会议暨第一次常务理事会】 8月4日，在行政综合楼二楼召开。会议提出今后工作重点，包括：发挥法学会政法引领作用；推动法学研究创新工作；发挥枢纽型社会组织纽带作用；加强自身建设和创新法学会工作。区法学会常务副会长、副会长、常务理事15人参会。

（王丹丹）

社会治安综合治理

【概况】 延庆区社会治安综合治理委员会办公室（简称区综治办），是区综治委的常设办事机构，与区委政法委合署办公。负责宣传贯彻社会治安综合治理的方针政策和有关法律、法规、规章，执行上级关于社会治安综合治理工作的决定和部署；研究和制定全区社会治安综合治理措施，并组织实施；指导协调和组织联合执法检查，推动全区各地区、部门社会治安综合治理工作；负责掌控全区综合治理工作动态和社会治安形势；开展调查研究，总结推广综合治理工作经验和做法。

单位名称：延庆区综治办
地　　址：延庆镇新城街2号
电　　话：69180523

（张世涵）

【全国两会服务保障工作会】 2月22日召开。李志军与会部署工作并作讲话。会后，区委、区政府、区人大主要领导分别带队对延庆镇、康庄综合检查站、八达岭长城景区、919公交车站、S2线火车站等重点地区的全国两会服务保障工作进行实地检查。

（张世涵）

【综治委第一次全体（扩大）会议】 4月11日召开。会议总结上年综治工作，分析当前面临形势，部署本年工作并提出相关建议。区人大、区政协及公检法领导，区处级班子单位主管及综治科科长等300人参会。

（张世涵）

【“一带一路”高峰论坛和中共十九大维稳安保会】 5月12日和9月15日分别召开。会议通报维稳形势，传达全市有关会议精神和要求，制定工作措施，成立领导小组。

（张世涵）

【违法群租房专项整治】 年内，围绕“疏解整治促提升”专项行动，组织公安、住建等各方面力量，在全区范围内开展违法出租房屋排查整治。通过集中整治，消除安全隐患、处罚一批出租房主，确保出租房屋使用安全。

（程荣荣）

【铁路护路基础建设】 年内，制定《延庆区铁路护路联防经费使用管理办法》，确保护路经费专款专用。完成大秦铁路沿线9个太阳能红外感应护路广播柱的安装，5个护路工作站完成选址、设计和预算并开工建设。

（程荣荣）

公　安

【概况】 北京市公安局延庆分局主要职责是：负责掌握、处置辖区内危害国家安全和政治稳定的情况和案件。负责辖区内刑事案件的侦查工作，预防违法犯罪。负责实施辖区治安管理，处置治安案事件和其他公安行政案件。负责管理辖区实有人口、出租房屋。负责出入境管理有关事项及外事治安工作。负责实施辖区内消防监督。负责依法指导、监督、检查辖区内机关、企事业、文教单位的内部治安保卫工作。负责依法收押、监管犯罪嫌疑人、被告人和行政违法人员。参加警卫工作。组织实施社会安全防范，参与社会治安综合治理。负责交通管理工作。承办上级交办的其他事项。年内，延庆分局将职能部门合并调整为13个，派出所总数增至21个。推动警力下沉，完成派出所“两队一室”警务运行模式改革任务。优化窗口布局，创新推出预约服务、上门服务、网上服务等10项便民利民措施，惠及群众20万人次。外围卡点检查核录进出京人员车辆377万笔，拘留违法犯罪嫌疑人216名，查获各类重点人员1149名，查获各类非法违禁品900件。推进科技实战应用，处置各类警情，严厉打击处理各类违法犯罪分子。分局党委分别与54个基层党支部、291名基层领导班子成员签订《全面从严治党责任书》和《党风廉政责任书》，召开11次专题党委会，分局领导120次一线督导检查，对战时7个先进单位和111名优秀民警给予立功表彰，全年慰问民警1700人次。组织开展各类文体活动27次。为民警、文职、辅警及工勤人员1336人体检。分局先后举办枪支使用、舆情引导、媒体应对、侦审一体化等专题培训65期，参训人员9500人次。制作播放《一路平安》21期，开展大型宣传活动26场次、知识讲座98场次，发放宣传材料23.5万份；分局警务工作先后50次被中央新闻、北京新闻、北京法治、延庆新闻等栏目正面报道，100次被报刊和媒体宣传。

单位名称：北京市公安局延庆分局
地　　址：延庆镇湖南西路18号
电　　话：81198020

（李廷昕）

【辖区交通事故9人受伤】 2月2日17时20分，河北省霸州市一旅游客车行驶至延庆区妫川路簸箕营村口处，因机械故障造成刹车失灵致大客车驶入路边沟内，车上32名游客中9名乘客受磕碰伤。

（李廷昕）

【毒品案】 2月23日，在市局相关部门协助下，破获一起毒品案，抓获贩卖毒品犯罪嫌疑人2名，经审，2人对犯罪事实供认不讳，2名犯罪嫌疑人因涉嫌贩卖毒品，被分局依法刑事拘留。

（李廷昕）

【系列盗窃电瓶案】 2月28日，在市局、河北省永清公安机关的协助下，破获系列盗窃电瓶案，抓获3名盗窃嫌疑人。经审，3人对犯罪事实供认不讳，并起获被盗的各种电瓶347块，黑色别克牌汽车1辆，被盗车牌2副。3名犯罪嫌疑人因涉嫌盗窃、抢劫，被分局依法刑事拘留。

（李廷昕）

【手机店被盗案】 4月21日，分局刑侦大队破获一起手机盗窃案，抓获犯罪嫌疑人2名，盗窃手机26部，总价值5.5万元。经审，2人对盗窃事实供认不讳，2名犯罪嫌疑人因涉嫌盗窃，被分局依法刑事拘留。

（李廷昕）

【中意警方八达岭联合巡逻】 4月24日，应公安部邀请，意大利警方与北京市公安局在延庆区八达岭长城景区开展联合巡逻工作，由市局选派的4名民警和意大利警方4名警员一起在八达岭长城景区开展联巡工作。意大利警员与中外旅客进行友好互动，并与延庆分局民警进行交流。

（李廷昕）

【电动自行车被盗电瓶发还仪式】 4月28日，在刑侦大队院内举行被盗电动自行车电瓶发还仪式。刑侦大队通报电动车被盗电瓶案件侦办情况，现场发还被盗电瓶，事主代表向分局表示感谢并赠送锦旗。

（李廷昕）

【系列诈骗案】 5月16日，延庆派出所与多部门通力合作破获系列诈骗案，抓获犯罪嫌疑人1名。经审，犯罪嫌疑人对以安装自来水净化器为手段进行诈骗的犯罪事实供认不讳，其因涉嫌诈骗被分局依法刑事拘留。

（李廷昕）

【国务院考核组到区考核年度消防工作】 5月

23日，国务院考核组到区，考核2016年度全区消防工作。考核组通报考核内容及安排后，观看区2016年度消防工作汇报片，检查消防工作档案资料，并到延庆一中、康庄油库、南菜园消防中队等部位，考察消防设施配置、制度建设、教育培训、消防队站建设等情况。分局党委书记、局长就全区消防工作有关情况进行汇报。区委、区政府和分局有关部门负责人参加。

（李廷昕）

【时尚阳光少年交通安全会操获奖】 5月26日，分局交通大队组织延庆区第二小学参加第二届北京市时尚阳光少年交警队交通安全会操活动，区第二小学代表队获得决赛二等奖。活动以“交通文明、少年先行”为主题，由市交管局组织。

（李廷昕）

【特大诈骗案成功拦截】 6月27日，在市局刑侦总队反电信诈骗中心支持下，成功拦截一起特大电信诈骗案，为事主挽回经济损失75万元。

（李廷昕）

【“两队一室”警务运行模式改革启动】 7月31日，派出所“两队一室”警务运行模式改革启动仪式在延庆分局举行。人口中队通报分局派出所“两队一室”警务运行模式改革有关情况，延庆和夏都派出所做表态发言。区分局主管领导，人口中队和派出所负责人以及民警代表120人参加。

（李廷昕）

【中共十九大安保誓师大会】 9月12日在延庆分局举行。会议向全体干警发出决战决胜中共十九大安保动员令。八达岭派出所所长和延庆派出所青年突击队队长分别作表态发言。主管副区长、分局党委班子成员、局属各单位负责人以及民警代表、消防官兵、武警官兵、保安员、巡防员、社区干部、治保积极分子等300人参加。

（李廷昕）

【区域反恐防恐联合演练】 10月9日，延庆分局与怀来县公安局开展延怀区域警务合作反恐防恐联合演练。北京市反恐办、张家口市公安局、延庆区公安分局以及怀来县委、政法委、公安局相关领导和指挥、反恐、刑侦等部门及有关检查站所相关人员参加。

（李廷昕）

【故意伤害致死案】 10月16日，分局刑侦支队，破获一起故意伤害致死案，经审，犯罪嫌疑人对故意杀人犯罪事实供认不讳，因涉嫌故意伤害致死，犯罪嫌疑人被分局依法刑事拘留。

（李廷昕）

【为从警满30周年民警颁授荣誉章】 10月22日，分局党委班子成员分别到各基层单位举行颁授荣誉纪念章仪式，为从警满30至39周年的138名民警颁授荣誉纪念章，并合影留念。

（李廷昕）

【科技监控设施建设】 年内，在八达岭长城旅游景区进出主要道路和景区内重点部位安装34套电子围栏和4套人脸识别系统；推进外围防线二期建设，调整新增6个24小时进京控制卡点；整合全区视频资源，构建包括4100路探头的视频监控网络。

（李廷昕）

【社会治安】 年内，破获各类刑事案件547起，刑事拘留犯罪嫌疑人347名；查处各类治安案件4023件，行政拘留违法人员552名。

（李廷昕）

【大型活动勤务】 年内，完成三级以上勤务警卫工作94次；大型活动安保任务24项57场次。

（李廷昕）

【交通执法】 年内，全区发生一般以上交通事故76起，重大交通事故43起，查处各类交通违法行为14万笔，拘留处理严重交通违法人员210名，暂扣违规违法机动车539辆。

（李廷昕）

【消防安全】 年内，发生火灾事故62起，经济损失89.42万元，无人员因火灾伤亡。开展消防安全宣传活动108场次，检查火灾防控重点单位2.5万家次，发现整改火灾隐患1.2万处，关停查封273家，罚款处理127.5万元，拘留违法人员39人。

（李廷昕）

【安全监管】 年内，开展预防煤气中毒宣传，督促安装使用报警器2.8万户、风斗2万户，整改隐患问题2900件；查缴违法伪劣烟花爆竹3000箱；收置流浪犬2634条；检查行业场所1.4万家次，重大事故零发生。

（李廷昕）

【规范执法大轮训】 年内，在南大院警察训练营举办4期规范执法大轮训暨基层党（总）支部书记、副书记培训班。局属20个执法办案单位147名领导干部参加培训并进行结业考核。

（李廷昕）

检　察

【概况】 北京市延庆区人民检察院（以下简称延庆检察院）是依法履行法律监督职能的国家机关，设审查逮捕部、公诉部、职务犯罪检察部、未成年人案件检察部、侦查监督部、刑事审判监督部、刑事执行检察部、民事检察部、行政检察部、检察管理监督部、政治处、检务督察室、检察技术部、法警大队、行政事务管理局15个部门；在职95人，其中公务员81人，事业编7人，聘任制司法辅助人员7人。年内，贯彻全面从严治党各项要求，加强检察机关党的建设。推动“两学一做”学习教育常态化、制度化，抓好习近平新时代中国特色社会主义思想的学习贯彻。落实中央八项规定精神，开展“以案为戒，正风肃纪”专项活动。在11月17日召开的全国精神文明建设表彰大会上，延庆检察院被评为第五届全国文明单位，取得建院以来首个国家级荣誉。延庆检察院依法履行检察职能，维护延庆大局稳定，推进司法体制改革和监察体制改革，抓好队伍建设，为服务延庆绿色发展和筹办冬奥会、世园会提供司法保障。严厉打击犯罪，全力维护延庆安全。依法履行批捕起诉职能，全年审查逮捕各类刑事犯罪嫌疑人191人，起诉287人，严惩“村霸”和宗族势力、敲诈勒索等犯罪，办理延庆区首例破坏交通工具案、非法吸收公众存款案，坚决打击各类邪教组织犯罪。强化生态环境司法保护，加强与区环境监管部门的工作衔接，形成联动格局。履行公益诉讼职能，排查环境类公益诉讼案件线索111件，立案5件，制发检察建议5件。推进疏解整治促提升工作，加强与河北怀来、赤城检察机关的合作共建，提升京津冀检察协作水平。依法化解矛盾纠纷，不批准逮捕43人，不起诉22人，妥善处理群众信访645批739人次。加强对未成年人司法保护，在全区中小学举办“拒绝校园欺凌”系列讲座，受教育师生1万人。首次将“防性侵教育”引入课堂，实现全区28所小学全覆盖。召开延庆检察院首次临界预防工作会。加强立案监督，监督立案6件，撤案1件。加强侦查活动监督，通过派驻公安机关执法办案管理中心检察室工作模式，全程监督公安机关执法办案65件，调取案件材料26件。加强刑事审判监督，同步审查案件223件，针对审判活动中的不规范问题及时提出纠正意见，促进公正司法。加强刑事执行监督，办理羁押必要性审查案件21件，建议办案单位变更强制措施12人，全部被采纳。开展社区矫正工作百余次，及时纠正社区服刑人员脱管、漏管问题。突出安全防范检察，派驻看守所检察240天，联合看守所开展安全防范大检查9次，确保监管场所安全。推进民事和行政检察监督，开展为期4年的对破坏环境资源犯罪和危害食品药品安全犯罪专项立案监督活动，开展执行监督专项工作。推进司法体制改革，提高司法公信力。选任第二批员额检察官7名，合理配置检察官队伍。完善“四个清单”，合理界定对检察官授权范围。完成全年人、财、物统一上划管理工作。开展以审判为中心的刑事诉讼制度改革，发挥检察机关“两主”作用，严格把握证明标准，共讯问犯罪嫌疑人287人次，询问被害人64人次，询问证人26人次。注重检察官在审查案件中的亲历性，对68件案件主动调查取证。贯彻证据裁判规则，对证据的瑕疵问题，要求侦查机关补充侦查35件，二次退回补充侦查15件。推进刑事案件速裁程序和认罪认罚从宽制度试点工作，办理认罪认罚刑事案件74件，速裁程序案件61件，该类案件平均审查起诉时间缩短至5天。完成公益诉讼改革试点工作，对5件公益诉讼案件启动诉前程序，督促相关部门恢复林地草场5.4亩，监督关停违规生产企业2家，办理的延庆区2家无资质搅拌站违规生产案，入选最高人民检察院行政诉前程序典型案例。对官厅水库延庆库区存在13处违法建设向北京市水务局发出检察建议。配合国家监察体制改革试点工作。延庆检察院16名检察人员全部转隶至延庆区监委。成立职务犯罪检察部并与区监委进行工作对接，完成车辆、设备等资产划转。清理职务犯罪案件线索45件，受理首例区监委移送的职务犯罪案件。全力追缴赃款，挽回经济损失170万元。依法接受人大监督，向区人大常委会专题报告公益诉讼试点工作，研究落实审议意见。支持人大代表发挥主体作用，邀请人大代表参与不起诉公开听证会，自觉接受民主监督。邀请区政协开展专题调研，听取意见建议。完善与工商联的沟通协调机制，开展行贿档案查询482件733人次。主动接受社会监督，开展公众开放日活动，邀请人民群众走进检察院。坚持新媒体与传统媒体并用，全方位报道检察工作。抓好案件信息公开，发布重要案件信息1381条，公开法律文书114份。

单位名称：延庆区人民检察院
地　　址：延庆镇庆隆街99号
电　　话：69141513

（宗振国）

【公益诉讼座谈会】 2月24日，延庆检察院与区政府法制办牵头，组织区环保局等8个行政机关召开生态环境和资源保护领域行政执法暨公益诉讼有关问题的座谈会。与会各单位围绕如何加强生态环境和资源保护领域对公益诉讼案件线索的发现、移送以及建立沟通协调机制展开讨论并达成共识。

（宗振国）

【首次临界预防训诫会】 2月，召开首次临界预防训诫会。训诫会由检察官、社会调查员、被训诫教育未成年人及其法定代理人等10人参加。训诫会包括看短片、说法理、播视频、谈想法、做训诫、赠警言、我宣誓等7个环节。5名涉案未成年人均因未达到刑事责任年龄而没有被追究刑事责任，经过训诫教育后，都坦陈错误，承诺以后不再违法乱纪，达到了“教育、感化、挽救”的目的。

（宗振国）

【公益诉讼检察建议】 3月2日，针对区园林绿化局在办理2起涉及生态公益林行政案件中存在的对生效行政处罚履职不到位的情况，延庆检察院向区园林绿化局发出2份公益诉讼诉前检察建议，要求其积极履行职责。3月30日，收到该单位落实公益诉讼检察建议的回函。

（宗振国）

【审理违法意见纠正】 3月6日，针对延庆区人民法院在一起危险驾驶案中未对被告人在高速公路上醉酒驾驶车辆这一法定从重情节予以认定的情况，向延庆区人民法院发出《纠正审理违法意见书》。3月8日，延庆区人民法院复函，接受延庆检察院的纠正意见。

（宗振国）

【检察业务规范性文件清理】 3月27日，启动检察业务规范性文件自行清理工作，确定60个检察业务规范性文件，其中申请保留的文件12个，申请废止的文件48个。11月8日，得到市院《关于全市检察业务规范性文件清理工作情况通报》的认可。

（宗振国）

【市院考察组到区考核验收】 4月18日，市院等级规范化检察室考察小组到延庆检察院驻延庆区看守所检察室，对申报二级规范化检察室情况进行考核验收。考察小组听取延庆检察院派驻检察工作汇报，并进行逐项检查验收。考察小组对延庆检察院派驻检察的各项工作给予充分肯定。

（宗振国）

【两法衔接工作座谈会】 5月，延庆检察院侦查监督部与区烟草专卖局、区公安分局召开工作座谈会，进一步规范全区烟草专卖执法司法行为，推动烟草专卖领域行政执法与刑事司法的有序衔接。区烟草专卖局就行政执法情况及涉刑案件移送情况进行通报，3部门就烟草专卖领域非法经营罪的法律适用、司法实务及延庆区频发无烟草专卖品准运证运输烟草专卖品的行为如何定性等问题进行研讨，并就类似线索的移送程序、移送标准、取证步骤、涉案物品处理等达成共识。

（宗振国）

【公众开放日活动】 5月27日，举办题为“关注儿童保护，净化成长环境”的公众开放日活动，邀请延庆区28所小学的德育主任走进延庆检察院。活动采取“五个一”的方式进行，包括：讲授一堂未成年人犯罪惩治与预防法制课、开展一次“为未成年人撑起绿色、文明防护伞”座谈会、到延庆检察院未成年人检察工作室和未成年人心理咨询室进行一次参观、进行一次现场法律咨询、观看一部检察职能宣传片。

（宗振国）

【公检法队伍建设共建协议】 6月，延庆区公、检、法三机关本着互联互通、共享共建的目标，签订队伍建设共建协议，主要内容包括：改革措施跟进协同化、教育资源共享化、人才培养体系化、业务交流常态化、文体活动规范化、队伍管理制度化和联络机制集中化。

（宗振国）

【全国刑事诉讼监督论坛作主题发言】 8月24日，在全国第八届刑事诉讼监督论坛会上，延庆检察院受邀以“刑事审判监督诉监分离的办案模式”为题作主题发言，是本次论坛北京市唯一受邀发言的基层检察院。

（宗振国）

【首例区监委移送案件受理】 9月22日，延庆检察院职务犯罪检察部成功受理首例区监委移送的职务犯罪案件，并于当日审查决定后移送该院审查逮捕部审查逮捕。为做好区监委移送案件受理工作，延庆检察院借鉴学习、提前介入、及时汇报、部门协作，实现案件办理“无障碍”。

（宗振国）

【拟作不起诉案件公开听证会】 9月，对2起故意伤害罪案件召开拟作不起诉公开听证会，听证评议组对一起亲属间因琐事引发的故意伤害案件和一起邻里间因土地纠纷引发的故意伤害案件进行听证评议，全票通过承办检察官对两案犯罪嫌疑人作不起诉的处理结果。

（宗振国）

【诉前检察建议】 年内，针对区某镇有大量生活垃圾未经任何处理就长时间露天堆放，破坏生态环境，影响居民工作和生活的事实。延庆检察院多次到现场勘查并调取证人证言，于11月15日就该处垃圾污染环境问题向负有监督管理职责的属地政府和行业主管部门制发诉前检察建议，要求其采取有效管理措施，及时清运垃圾，消除环境污染。收到检察建议后，2家被监督的单位立即整改，及时将垃圾全部清运，消除环境污染。

（宗振国）

【律师电子阅卷服务】 年内，依托电子卷宗系统推出以光盘刻录的方式开展阅卷服务，向9起案件的辩护律师免费提供卷宗光盘，获得律师好评。

（宗振国）

法　院

【概况】 延庆区人民法院（简称区法院）属于北京市基层法院，主要负责辖区内第一审刑事、民事、商事、行政、环境保护类案件的审判执行工作，并对人民调解工作和行政执法工作进行法律指导。设23个审判机构和职能部门，在职262人，其中在编工作人员（包括政法编和事业编）169人，聘任制93人。年内，受理案件14346件（不含旧存890件），同比上升9.1%；审结13691件，同比上升14.7%；一审服判息诉率93.2%，法定审限内结案率99.9%。严惩影响群众安全和社会治安的犯罪，年内审结刑事案件206件，判处罪犯312人。稳步推进以审判为中心的诉讼制度改革，适用认罪认罚从宽处罚程序审结案件79件，占38.3%；审结民商事案件10231件，同比上升14.4%。切实增强司法服务和保障的自觉性和主动性，制订出台《为世园会、冬奥会提供司法服务和保障的意见》；审结行政案件93件，同比增长102%。深入行政机关开展法制讲座，邀请行政机关人员旁听行政案件审理，助力提高依法行政水平；全力破解执行难题，全年受理执行案件3421件，执结3161件，同比上升5.3%和15.4%。完善执行指挥中心建设。严厉打击拒不执行判决和裁定的犯罪行为。与河北省张家口市辖区17家基层法院签订执行联动协议，签订京津冀中基层法院司法合作协议；制订《院庭长办案规定》，院庭长全年办理各类案件3788件，占结案总数的27.7%。

单位名称：延庆区人民法院
地　　址：延庆镇湖南西路20号
电　　话：61115113

（郭敏娜）

【行政执法座谈会】 1月11日，区法院与区食品药品监督管理局就食品药品行政处罚案件疑难问题进行座谈。区法院行政庭法官针对区食品药品监督管理局在执法过程中出现的经营场所认定、新旧法律衔接中的处罚标准适用及调查取证等问题，从行政案件审查的视角，对行政机关执法过程中的笔录制作、事实认定、法律适用等问题提出可行性建议。

（郭敏娜）

【怀来法院到区交流】 2月，张家口市怀来县法院花园法庭一行到延庆法院，就冬奥会、京张高铁修建二区县房屋拆迁补偿诱发的新型诉讼审理工作开展经验交流。延庆法院民一庭、八达岭法庭部分法官参加。

（郭敏娜）

【乡村游散客权益保护通报会】 3月13日，召开新闻通报会，对近年来区法院审理的乡村游旅游散客与乡村民俗旅游户、农家乐之间的旅游合同纠纷特点、审理难点进行通报，并提出妥善处理乡村游旅游散客与民俗旅游户、农家乐之间纠纷的建议。

（郭敏娜）

【区法院南区揭牌仪式举行】 3月28日，举行区法院南区揭牌仪式。延庆法院南区的成立，改善了区法院执行局与八达岭法庭干警的办公条件，有助于为人民群众提供更加优质的司法服务。延庆法院部分党组成员、执行局干警、八达岭法庭干警及办公室人员参加。

（郭敏娜）

【法官上门审案】 4月11日，八达岭法庭法官前往延庆区某村，对一起赡养纠纷案件进行开庭审理。因原告年岁已高、行动不便，故该审判团队通过上门开庭的方式对案件进行审理，现场了解纠纷起因、展开调解，最终双方达成一致意见，取得良好社会效果。

（郭敏娜）

【首期新浪网络法律公开课】 4月26日，区法院录制首期新浪网络法律公开课。专司劳动争议案件的法官结合《中华人民共和国劳动合同法》等法律法规，向广大网友讲解工资的发放标准、发放形式、加班工资、请假工资、发放时间等劳动者普遍关心的与工资有关的法律常识。

（郭敏娜）

【司法业务技能比赛】 7月13日，举办延庆区"职工技协杯"职业技能竞赛暨延庆法院业务技能比赛的启动仪式，并举办延庆法院司法警察综合业务决赛和延庆法院书记员综合业务决赛2场单项赛，10名司法警察及30名书记员作为决赛选手参加比赛。评出一等奖1名，二等奖2名，三等奖3名，6名书记员获评业务标兵。

（郭敏娜）

【京冀20家法院签署执行联动协议】 8月10日，延庆法院携手昌平法院、门头沟法院与河北省张家口市中级人民法院辖区内的17家基层法院在张家口市张北县举行执行联动协议签署仪式。执行联动协议就各法院之间畅通日常沟通联络、线上线下办理委托手续、地区性银行与不动产等被执行人财产信息的委托调查、执行法律文书的委托送达、执行信息互通共享、执行警务协助、完善执行争议解决方案等一系列事项达成一致意见。

（郭敏娜）

【民工案款集中发放】 8月，为贯彻落实北京市高级人民法院提出的在全市法院“着力解决涉民生案件”的要求，区法院执行局经过周密部署，为70名农民工集中发放案款220万元。

（郭敏娜）

【北京联合大学与区法院签订合作共建协议】 9月28日，北京联合大学应用文理学院与延庆法院签署合作共建框架协议。双方决定就党建交流、诉前调解、人才培养、心理咨询、学术科研等多方面展开双向合作，使延庆法院成为联合大学的实践基地，使北京联合大学成为延庆法院的智库和人才库，实现双方的资源共享、优势互补、合作共赢。

（郭敏娜）

【干警获最高院天平奖章】 9月，区法院9名干警获得最高院颁发的荣誉天平奖章。天平奖章是最高人民法院2013年设立的荣誉奖项。

（郭敏娜）

【“12·4”开放日宪法宣誓活动】 12月4日，区法院组织开展“12·4”公众开放日宪法宣誓活动。特邀市区两级人大代表、政法委、部队官兵、农业银行等社会各界代表18人参加活动，并请代表们参观法院信息服务中心、审委会会议室、执行指挥中心、立案大庭以及民事审判法庭。

（郭敏娜）

司法行政

【概况】 延庆区司法局主要履行法律宣传、法律服务、法律保障三大职能。在岗223人，其中公务员104名、事业编制8名、参公3名、工勤3名、抽调监狱警察22名、公益法律服务工作者52名、社区矫正协管员31名。设办公室、政工科、基层工作科、法制宣传科、社区矫正和安置帮教科、公证律师管理科、信息科7个科室；同时承担区依法治区领导小组办公室、“法治延庆”建设办公室、区综治委特殊人群专项组和社会矛盾多元调解专项组办公室的日常工作；下辖基层司法所18个，公证处法律援助中心和阳光中途之家各1个，以及律师事务所6家和公益法律服务中心（民办非企业单位）1个。年内，扎实践行围绕“一个核心”，强化“两个建设”，落实“两个任务”，实现“两个提升”的工作思路，积极发挥司法行政职能作用，全力服务冬奥会、世园会筹备和“疏解整治促提升”专项行动以及中共十九大安保等工作，为区域发展稳定做出了突出贡献。“七五”普法工作取得明显进展。积极建立法治文化园、法治文化中心、法治健身广场等法治宣传教育基地。积极开展法律“十进”工作，开展法治春联下乡、法治灯谜竞猜，加大“法律明白人”培养力度，深化“法律进农村”“法律进社区”。在旧县镇云瀑沟景区新建青少年法治宣传教育基地，积极开展“青春船长”活动，深化“法律进校园”。通过发放调查问卷、开展法律知识问答，送法进世园工地、进水关长城，深化“法律进企业”“法律进景区”。深入部队开展“高扬法治风帆　助力强军远航”送法进军营活动。拓展开展“法律进交通枢纽”“法律进商市场”。加大“以案说法”力度，在延庆电视台播放20期“妫川说法”栏目，在延庆报“以案说法”版块刊登22期普法案例，拍摄20部普法微电影，编录50期“童律师会客室”以案释法视频。利用微信普法平台发送普法微信36期；开展“做讲法治守秩序的好市民”主题有奖竞猜，2000人次参加活动。编发《“法治延庆”建设简报》10期。在“12·4”宪法宣传日等普法纪念日开展全区大型主题宣传活动。全年开展普法宣传活动907场，举办法治讲座136场次，受教育人数36.7万人次，发放宣传材料46万份。

单位名称：延庆区司法局

地　　址：延庆镇东外大街96号
电　　话：69143748

（边文秀）

【法治春联下乡活动】 1月18日，在旧县镇烧窑峪村启动“弘扬法治精神　助力世园冬奥——2017年法治春联下乡”主题活动，该活动在全区各乡镇、街道开展20场次，书写发放法治春联2万副，受教育人数5000人次。

（边文秀）

【法治宣传活动】 3月15日，区司法局、区质监局、区食药局、珍珠泉乡联合在珍珠泉文化广场开展“疏解整治促提升　法治护航助发展”法治宣传活动。现场发放宣传材料1000份，受教育群众100人次。

（边文秀）

【CYC协作项目启动仪式】 5月26日，朝阳、延庆、崇礼三地司法行政系统联合在北京奥林匹克塔大厅举行“冬奥服务保障　司法协同先行”协作项目启动仪式。

（边文秀）

【司法行政开放日活动】 6月10日，开展“司法行政在身边”第七届司法行政开放日活动。全区100名司法干警与1000名群众开展互动，现场发放宣传材料10000份，解答群众咨询400人次。

（边文秀）

【“12·4”系列活动】 12月1日，组织开展以“学习贯彻中共十九大精神　维护宪法权威”为主题的“12·4”国家宪法日宣传活动19场，发放宣传资料20000份，受教育人数7000人次。开展“贯彻落实党的十九大精神　维护宪法权威”法律知识考试及宪法宣誓活动，全区各二级班子单位的领导干部、公务员和其他国家工作人员，以及大学生“村官”参加。开展“尊党章　守党纪　讲法治　迎盛会”学习宣传中共十九大精神党纪法规知识竞赛，全区64个单位参加。

（边文秀）

【司法所规范化建设】 年内，投入430万元，全区18个司法所全部安装视频会见、视频帮教系统，与市监狱、教育矫治所实现专网互通。完成百泉司法所新址的规范化建设；全区招聘补充25名司法社工；现有业务用房面积同比增加113平方米。

（边文秀）

【人民调解】 年内，成立“心悦”品牌调解室，组织2次全区骨干人民调解员培训。指导各村居调委会建立人民调解志愿者队伍，全区人民调解志愿者达到1100人。召开2次多元调解成员单位座谈会，巩固区物业纠纷、道路交通事故纠纷、私个协调委会的建设，成立消费纠纷调委会，筹备建筑行业协会调委会。完成“以案定补”工作。完善诉调对接，推动立案庭民调工作稳步发展。健全“重点时期日排查、正常时期月排查”工作机制，在全国两会、“一带一路”高峰论坛等重要时点，全面开展矛盾纠纷排查，全区各人民调解组织调解纠纷1350件，成功化解1223件，调解协议涉及金额1673.5万元。

（边文秀）

【社区矫正和安置帮教】 年内，制作下发社区矫正区级、司法所两级矫正机构权利清单、职责清单，社区服刑人员义务清单，规范社区矫正从宣告到解矫全程执法行为。制定社区服刑人员遵规守纪宣传折页，规范分类教育内容，把队列训练、思想教育、法制教育、诚实守信教育、社区服刑人员应知应会考试、社区服务等作为规定动作，形成常态机制。组织《社区矫正风险防范》和《电子监管腕表的使用及问题处理》培训。在“一带一路”、中共十九大等重要时间节点，严格落实“七包一”管控措施，发挥社区评议员、矫正小组成员、村居委会的作用，实现了“两类”人员“四个不发生”的工作目标。阳光中途之家在做好原有的分类教育、解矫前教育的基础上将国学引入社区服刑人员教育矫治，开启教育矫治新模式。全年开展分类教育、社区服务15场次，解矫前教育5次，受教育482人次。视频帮教、视频会见67次，涉及43人。组织初始教育8次，受教育67人次，合格率100%，优秀率95%。

（边文秀）

【法律援助】 年内，在全区建成法律援助示范联系点21个。联系点覆盖3个街道、7个乡镇、2家养老机构和部队。落实“12348”综合服务平台在线解答，接待咨询3493人次。落实《关于开展刑事案件认罪认罚从宽制度试点工作实施细则（试行）》；在延庆监狱、延庆公安分局执法办案管理中心、区检察院、区法院建立法律援助工作站。开展妇女、残疾人、青少年、军人军属、老年人维权周等宣传活动91场次。法援中心接待咨询5467人次，承办法律援助案件310件，涉案金额509万元。

（边文秀）

【律师服务】 年内，与9家律所60名律师签订“村居法律顾问”三方协议，实现全区村居专业法律资源全覆盖。成立律师工作巡查检查小组，全年开展巡查检查113次，制定完善律师重点人教育管理工作实施方案，年度考核中6家律所、11名注册律师全部称职。全区没有出现因律师、律所违法违纪引发的投诉案（事）件。截至年底，顾问律师提供法律咨询服务2533人次，举办法治讲座93次，发放法治宣传资料6万份，代写法律文书54份，提供法律援助41次。

（边文秀）

【公证服务】 年内，制定公证处教育整顿措施和公证便民利民法律服务工作方法。落实综合业务系统的上线运行。开通微信城市服务和“涉老公证法律服务绿色通道”，开展以“送公证服务套餐　温暖老人心”主题服务活动。开展公证行业教育整顿，公证处主任签订《“规范执业行为　提升公证公信力”教育整顿活动责任书》，实行周六全天对外办公。全年办理公证案件562件，同比增长80%，公证收费同比增长141.5%，未发生公证投诉、信访、诉讼、赔偿等案件。

（边文秀）

【疏解整治促提升专项行动】 年内，制定专项行动方案，组建“疏解整治疑难纠纷调解团”，成立“服务保障世园会、冬奥会重点项目法律服务团”“普法志愿者服务队”。在全区印发宣传折页15万份、海报5万份、普法扑克4万份，印制《土地使用及征拆法规摘编》《常见纠纷案例选编》8万册，开展专项宣传26场次。针对疏解整治地区社区服刑人员管理、刑满释放人员安置帮教工作。律师入住项目点17个，开展服务843次、讲座83场次，调解团调解纠纷302场次，涉及金额1636万元。夏都公证处参与延庆镇胜利街违建强拆，延庆镇司家营村、李四官庄村、谷家营村、京张高铁建设涉及村落和延庆镇广积屯村“紫薇庄园”项目“大棚房”、沈家营猪场等违建的清理拆除工作。

（边文秀）

国防建设事业

人民武装

【概况】 延庆区人民武装部是延庆区委的军事部，是延庆区人民政府的兵役机关，负责本地区国防后备力量建设工作。设军事科、政治工作科、保障科3个科室，辖民兵武器装备仓库和民兵训练基地各1个。年内，按照军委国防动员部和北京市“十三五”期间民兵调整改革指示精神，推进落实民兵调整改革工作。把握“举旗铸魂、聚焦打赢、厉行法治、强基固本、创新驱动、坚强班子”的基本思路，圆满完成各项年度工作任务，部门建设取得新的进展。

单位名称：延庆区人民武装部
地　　址：延庆镇鸿川北路6号院—1
电　　话：69143222

（高军）

【全区军属座谈会】 7月28日召开。区政府领导为上年入伍的义务兵家庭赠予“光荣军属”牌和参军荣誉牌，区委领导为立功受奖官兵家庭颁发喜报和慰问金。会后组织2017年新兵及家属观看影片《战狼2》。

（高军）

【文化拥军深入推进】 8月1日，与区委宣传部共同主办200人参加的庆祝建军90周年军民联欢会。协调区委宣传部、区妇联定期组织专场相亲大会，解决大龄官兵实际困难。与区中医院共同开展送中医、中药进军营活动，建立官兵中医培训机制，为部队官兵提供中医讲座和健康咨询。并组织义务兵家属进行免费体检。

（高军）

【乡镇党政干部军事日活动】 8月，组织乡镇党政干部40人到解放军某部驻训地开展军事日活动，旨在进一步深化对党管武装工作制度的思想认识，增强落实国防后备力量建设的使命感和责任感。

（高军）

【北京卫戍区领导到区调研】 9月21日，北京卫戍区副司令张宏到区调研区人民武装部建设情况和军民融合工作。区委、区政府领导李志军、穆鹏陪同调研。

（高军）

【新编制体制调整落地】 9月，根据陆军调整改革方案和卫戍区通知，延庆人武部正式由中国人民解放军延庆县人民武装部调整为中国人民解放军北京市延庆区人民武装部，并执行新的编制体制，9月21日举行挂牌仪式。

（高军）

【慰问走访部队】 年内，协调区领导于春节、建军节期间深入部队一线走访慰问，送去全区人民对子弟兵的关心厚爱，共120万元的慰问品和慰问金。

（高军）

【民兵安保执勤】 年内，两会及中共十九大召开期间，组织出动民兵协助民警执行卡口执勤任务，维护会议期间全区安全稳定。

（高军）

【征兵任务完成】 年内，从强化领导，政策保障、创新宣传、荣誉激励4个方面，调动应征青年入伍积极性，完成新兵征集任务。并组织新兵到平北抗战纪念碑开展入伍宣誓活动。

（高军）

【拥政爱民活动】 年内，组织协调部队担负防火、防汛、应急救援等急难险重任务。汛期，武警交通部队支援4个乡镇防汛抢险工作；部队出动兵力参加城区环境清理整治活动；协调部队参加北京市清洁能源换代工作，截至年底，解放军某部均已完成煤改气工程。

（高军）

【协助部队停止有偿服务】 年内，协调公安、消防、法院、工商、综治、园林等部门，协助部队全面停止有偿服务，截至年底，已完成2个项目停偿工作。

（高军）

【国防教育】 年内，邀请国防大学徐焰教授为区委理论学习中心组进行授课辅导，并为领导干部发放其军改著作《脱胎换骨》400本。依托军训基地开展国防教育，全年完成2000人实弹射击保障任务，消耗弹药10500发，武器弹药调运押运行程400千米。

（高军）

人民防空

【概况】 北京市延庆区民防局是区国防动员委员会的常设办事机构，是区政府民防工作的主管部门。内设办公室、工程科、法制宣传科3个科室，下属信息管理中心、人防工程应急抢险中心2个科级规范管理事业单位。2017年，有公务员10人，规范事业人员15人。年内，办理行政审批10件，其中规划项目3件，易地项目6件，免建项目1件。办理人防工程使用证6个；人防工程竣工验收备案1件。沈家营镇、延庆镇人防指挥所完成安装、验收工作。

单位名称：延庆区民防局
地　　址：延庆镇湖北西路3号
电　　话：69143330

（吴玉英）

【京冀民防协同】 2月27日、4月21日分别在延庆区民防局与张家口市人防办召开2次人民防空协同发展会议。5月19日在局618指挥所签订《延庆区民防局、张家口市人民防空办公室人民防空协同发展协议》，并赴大海陀考察疏散地域建设。

（吴玉英）

【通信演练】 6月13—16日，参加京冀蒙三地四区跨区机动救援通信协同演练。年内，参加京津冀人防无线通信协同演练，通过卫星、短波电台与天津、河北进行音视频联通。

（吴玉英）

【警报试鸣演练】 9月16日，北京市五环外统一开展防空警报试鸣。警报试鸣日于二小、格兰一期社区开展防空疏散演练，百余师生、居民参加活动。

（吴玉英）

【人防工程维护管理】 年内，结合对冬春季火灾防控、可燃物清理、“一带一路”国际合作高峰论坛社会面火灾防控、夏季消防安全大检查、中共十九大安保等专项活动，开展地下空间安全督查检查，发现隐患16条，使用单位进行了整改。完成了人防工程普查和数据录入工作。

（吴玉英）

【早期土洞安全隐患治理】 年内，根据各乡镇早期土洞隐患实际情况，向延庆镇、永宁镇、刘斌堡乡、张山营镇、香营乡、四海镇、沈家营镇拨付隐患治理款共计68.4万元，治理隐患89处。

（吴玉英）

【应急指挥】 年内，应急指挥中心承接市县相关视频会议263次，区信息平台视频系统接入应急指挥中心和地下指挥所。

（吴玉英）

【应急保障】 年内，完成椿树桉隧道、张山营检查站处理2起油罐车泄露倒罐任务。完成昌平中共十九大期间地铁人物同检跨区通信保障工作，保障时间160小时。

（吴玉英）

【公共安全知识大讲堂】 年内，30集《防空防灾公共安全知识大讲堂》系列专题短片，在延庆电视台第1、第3频道播出，涵盖了地震、火灾、溺水、煤气中毒、食物中毒等身边常见的灾害事故等公共安全知识内容。

（吴玉英）

【疏散演练宣传】 年内，协调区消防大队、区地震局，先后在格兰山水社区、温泉东里社区、振兴北社区、儒林苑社区开展宣传教育活动，主要采取发放安全教育宣传资料、宣传品、解答咨询等形式向群众宣传公共安全防范知识。同时开展地震、火灾等疏散演练活动。

（吴玉英）

【民防综治知识宣传一条街】 年内，在八里店村建设民防、综治知识宣传一条街，旨在通过鲜活、生动的漫画方式宣传人民防空、综合治理、防灾减灾知识。

（吴玉英）

（栏目编辑：景冰芳）

综合经济管理

招商引资

【概况】 北京市延庆区投资促进局（简称区投资促进局），是全区招商引资工作的管理部门。设政办室、招商办公室、投资管理科、协调服务科、项目准入科、宣传策划科6个科室和延庆区设计创意产业园区服务中心1个科级事业单位，在编20人。全年引进企业582家，同比增长15.9%；实现区级财政收入3488万元，同比增长164.0%。其中，引进花卉园艺、有机农业类企业10家，旅游、体育、冰雪类企业4家，亿元以上金融企业2家。全年实现招商引资固定资产项目51个，到位资金57.88亿元。年内，紧抓筹办世园会、冬奥会等绿色发展大事的契机，围绕建设“绿色健康之城、休闲宜居之城、山水心灵之城”的新城发展定位，坚持规划招商、精准招商、专业招商，着力引进绿色化、高端化、服务化、智能化的“高精尖”项目，推动经济结构转型升级。构建高精尖经济结构，同德中友好协会、意大利南迪罗尔省，以及丹麦、瑞士冰雪企业建立合作关系，与法国迪卡侬体育用品零售商合作，设立体育用品工厂店。北京医食同源科技有限公司与美国MCM国际集团共同合资在延庆成立北京同耕农业管理咨询有限公司，致力于打造全国首家轻资产、重运营、小规模、多复制且具有自主IP的儿童乐园类项目。邀请清华校办企业和校友企业40位企业家到延庆考察。与北京神州天才科技发展有限公司达成合作意向；引进大型企业设立的金融控股平台、资产管理公司等新机构，培育金融业发展新动能。中国振华进出口总公司、北京市基础设施投资有限公司、北京链家融盛管理咨询有限公司、奇点领誉投资、吉邦鸿业投资、华人震韬投资落户延庆。推进康比特体育项目、王泉营体育小镇、中纺永景户外运动小镇、百度公司大学项目。在市政府进行的各区企业营商环境调查中，延庆区排名第一。

单位名称：延庆区投资促进局

地　　址：延庆镇东外大街70号

电　　话：69142016

（杨田）

【园艺项目引进】 年内，推进HBD一区多园宣传推荐招商工作。中国绿墙、西诺花卉、妫景郦园等园艺企业开工投产，中国林场、开源汇通、春光原野、乾景园林、鑫地园林、北京花木、植觉空间等一二三产融合的园艺类企业初步达成投产意向。

（杨田）

【冰雪项目招商】 年内，冠军之家体育俱乐部（北京）有限公司和冠军明星体育俱乐部（北京）有限公司等冰雪运动企业落户延庆，环球飞雪冰雪学校落户张山营镇，启迪冰雪小镇项目签约，雪族科技公司拓展冰上教练培训业务，IDG国际数据投资集团、大杨扬冠军基金、中景恒基投资集团、邦易资本、国经基金、欧悦冰雪等投资机构考察冰雪产业。成立北京奥悦文化发展有限公司。推进阪泉福谷冰雪文化产业园、暴风体育冠军产业、中关村数字文化产业联盟冰雪项目合作。

（杨田）

【区域协同发展】 年内，为怀来、赤城等地介绍投资合作企业10家。同北京郑州企业商会、内蒙古兴和县共同举办招商活动，实现北京和内蒙古对口支援。引进南水北调对口协作区县河南省内乡县月季树项目，实现产业合作优势互补。

（杨田）

【宣传推介】 年内，参加第二届冬博会期间，组织开展驻京中外知名企业投资延庆行冰雪产业专项推介会。推荐滑雪用具、滑冰器材和制雪设备研发企业到北玻院实地考察，打造冰雪运动装备制造产学研示范基地。邀请中国精功集团、光大置业、宝龙地产、复星集团、碧桂园到延庆考察参与宜居新城、精品小镇、美丽乡村建设。新华网、《中国花卉报》《中国体育报》等国家级媒体，《北京日报》、北京新闻广播、《北京青年报》《京郊日报》、等市属媒体，冰雪头条、科技创新等行业媒体对引进的企业和举办的招商活动进行报道，人民网、科技部、农业部网站转载。

（杨田）

综合调控

【概况】 延京市延庆区发展和改革委员会（挂延庆区新能源与循环经济办公室牌子），是负责全区国民经济和社会发展统筹协调、经济体制改革综合协调、新能源与循环经济发展的区政府工作部门。设工委办公室（监察科）、办公室、体改调研科、综合科（挂延庆区国民经济和装备动员办公室、经济运行协调办）、发展规划科、基础设施科、产业投资科（行政审批科）、社会发展科、法规稽查科、环境资源科（节能监察办）、价格管理科、金融服务工作办公室、人事教育科、新能源发展科、循环经济发展科、收费检查科、工农价检查科、价格综合科18个行政科室。其中，收费检查科、工农价检查科、价格综合科隶属区物价检查所。另有北京市延庆区生态环境建设办公室、北京市延庆区节约能源办公室、北京市延庆区发展建设投融资管理中心、北京市延庆区发展和改革委员会信息中心（北京市延庆区经济与社会发展研究中心）、北京市延庆区价格认证中心以及北京市延庆区有机农产品发展中心6个事业单位。编制79人。年内，制定下发《关于2017年春节期间保障我区电力运行平稳可靠的通知》《关于做好春季植树造林期间避免新增树线矛盾的通知》《关于做好2017年全国两会期间电力服务保障工作的通知》《关于确保“五一”期间供电安全可靠的通知》，开展岁末年初电力安全大检查、电力隐患排查“整改月”活动、延庆区电力安全大检查、中共十九大期间保电、迎峰度夏保电、“5 · 12”防灾减灾日活动、风险评估及完善应急预案等工作。完成《北京市延庆县创建国家循环经济示范县实施方案》目标任务。完成《北京市延庆县国家生态文明先行示范区建设实施方案》目标任务，完成自然资源资产负债表编制，完善污染物排放许可制和企事业单位污染物排放总量控制制度。探索环保法庭审判制度3项制度创新工作。根据《关于划转区发展改革委部分职责编至区城管委等事项的通知》，完成电力行业管理划转职能交接工作。46个项目争取市政府固定资产投资到位资金23.6亿元；完成全年人代会报告和季度经济社会分析4篇。受理项目77个，其中备案36个、核准26个、初审15个。核发批复62份，接待来人来电400人次，满意率100%。

单位名称：延庆区发展和改革委员会
地　　址：延庆镇新城街98号
电　　话：69101063

（王晶）

【葡萄酒大会举办】 1月7—8日，在北京延庆八达岭国际会展中心举办2017年（第四届）中国葡萄酒大会，展会由北京葡英国际会议展览有限公司主办，延庆区人民政府支持，会议邀请国内外酒庄、展商100家，国际葡萄与葡萄酒组织、河北省秦皇岛市政府、河北省怀来县政府等专业组织、政府机构200家。设置特装展位12个，标准展位94个，专业红酒年货会1场。

（刘灿）

【经济平稳增长】 年内，地区生产总值完成136.2亿元，同比增长8.5%。一般公共预算收入完成16.2亿元，同比增长6.5%。固定资产投资完成154.1亿，同比增长43.7%。社会消费品零售额完成94.2亿元，同比增长11.8%。城镇居民人均可支配收入完成41599元，同比增长8.2%；农村居民人均可支配收入完成21248元，同比增长8.5%；低收入农户人均可支配收入完成10014元，同比增长16.3%。

（王晶）

【疏解整治促提升】 年内，制定实施《延庆区"疏解整治促提升"专项行动2017年工作计划》，超额完成10类18项专项行动任务。疏解退出一般制造业企业3家，治理"散乱污"企业850家，疏解关停南菜园建材市场1家，关停禁养区规模养殖场12家，压缩培训机构3个，清理直管公房转租转借12户；拆除违法建设34.4万平方米，查处占道经营违法行为3924起，整治"开墙打洞"87处、无证无照经营282户，清理整治违法违规汽修厂108家；完成新城、冬奥会和世园会周边区域31条背街小巷和18个镇街集中连片环境综合整治，违建拆除后增加"留白增绿"面积48.3万平方米，完成刘斌堡乡小观头村绿地景观公园建设；规范提升便民服务网点60个，新增停车位688个。

（刘灿）

【京津冀协同发展】 年内，完成"一带一路"高峰论坛期间水污染联防联控工作。联合北京市环境监测中心、张家口市环境监测站共享监测数据，建立国控监测断面省级联合监测机制。加强旅游及冰雪产业交流，打造京北生态（冰雪）旅游圈（范围包括密云区、延庆区、张家口市、承德市）。举办2017年（第四届）中国葡萄酒大会并设立怀来产区；开展津冀地区近千人骑游助力冬奥活动。建立延庆区创伤中心、消化疾病中心2个医疗中心，辐射带动周边地区群众就近就医。建立延庆—张家口—乌兰察布鼠疫联防联控联动机制；建立人才供求信息资源交流平台，延庆区133人在怀来、廊坊等地就业；与怀来县教育系统建立互访机制，延庆区第三小学与怀来桑园中心校，延庆康庄中心小学与怀来南水泉中学、府前小学分别建立"手拉手"关系，与怀来县联合主办"心身健康杯"京津冀五人制U10足球邀请赛。

（刘灿）

【京津风沙源治理】 年内，完成京津风沙源治理二期工程2017年项目投资2675万元，占总投资61%。其中，低效林改造10000亩，完成年度任务100%；封山育林7000亩，完成年度任务100%；人工种草5000亩，完成年度任务100%；小流域治理项目完成53%；易地搬迁项目基础设施建设工程完成20%。

（刘灿）

【对口帮扶协作】 年内，制定《2017年延怀对口合作工作要点》，赴怀来县调研3次，召开调度会3次，派出挂职干部3名，在医疗、教育等方面开展合作；对口帮扶内蒙古兴和县，赴兴和县开展调研1次，签订《携手奔小康行动协议书》，推动延兴两地在园区共建、旅游开发、农产品销售以及教育医疗等方面帮扶合作；对口协作河南内乡县，重点推进教育资源共享、远程医疗会诊、旅游资源开发等。

（刘灿）

【项目库建设】 年内，梳理2018年区级重点工程122个，其中包括重点建设项目96个（世园会、冬奥会项目64个，其他项目32个），重点推进前期项目26个（世园会、冬奥会项目11个，其他项目15个）。完成2018年政府投资项目征集、梳理工作，涉及基础设施建设、生态环境提升、居民生活改善等领域项目39个。

（刘灿）

【市资金到位23.6亿元】 年内，46个项目争取到位市政府固定资产投资资金23.6亿元。其中，世园会、冬奥会项目25个，获市政府固定资产投资支持17.5亿元；其他城乡基础设施、生态环境提升、社会事业等项目21个，获市政府固定资产投资支持6.1亿元。

（王晶）

【13个项目纳入绿色审批通道】 年内，国家高山滑雪中心、国家雪车雪橇中心、北京市冰上项目训练基地、世园会园区内外地下综合管廊、张北可再生能源柔性直流电网示范工程、南辛堡村—民主村—百眼泉村棚户区改造项目、小营村—石河营村棚户区改造和环境整治项目等13个项目新增纳入市级绿色审批通道。

（王晶）

【招投标管理】 年内，对部分政府投资项目开标活动依法进行行政监督，做好招标投标核准会签工作。全年为各类工程项目提供评标专家抽取服务470次，评标专家参与2300人次。

（王晶）

【项目稽查】 年内，完成2017年京津风沙源治理二期建设（林业项目、人工种草项目、小流域治理项目、易地搬迁项目）4项工程；配合市发展改革委对市政府投资项目实施情况和投资计划执行情况专项稽查3次。

（王晶）

【重大项目资金保障】 年内，完成推进投融资体制改革，建立重大项目建设资金保障机制。完成《北京绿色发展基金设立方案》并通过区委常委会审议。签署延庆区和张家口市崇礼区的冰雪产业协同发展合作框架协议，发起由延庆区体育局、IDG集团、万达体育等单位联合的延庆冰雪产业联盟。完成冬奥延庆赛区PPP项目前期招标代理机构和全过程咨询服务机构采购工作，编制完成《冬奥会延庆赛区PPP项目实施方案》，召开项目新闻发布会暨推介会。截至年底，社会各项存款余额为453.5亿元，同比增加24.53%。居民储蓄存款余额为212.0亿元，同比增加13.64%。银行各项贷款余额为128.6亿元，同比增加87.74%。其中，居民个人住房贷款余额17.0亿元，同比增加14.46%。

（王晶）

【新能源建设】 年内，执行《延庆区分布式光伏发电项目管理暂行办法》，企业及自然人完成备案13.6兆瓦。完成农村阳光浴室项目考核，运行率84%。完成康庄镇王家堡村、珍珠泉乡下花楼村和井庄镇窑湾村地源热泵项目立项；旧县镇旧县村煤改地源热泵项目获可研批复。新能源和可再生能源占能源消耗比重32%。

（王晶）

【节能降耗】 年内，印发实施《延庆区2017年能源总量控制方案》及《延庆区能源总量控制工作计划（2018—2020年）》。完成延庆中医医院、冰上训练中心、延庆新城05街区05—043地块R2二类居住用地项目的节能审查意见。配合市发改委完成岭北筑路材料有限公司的能源审计工作。开展北京喻海庄园餐饮有限公司、北京九龙制药有限公司、北京中材汽车复合材料有限公司的清洁生产认证工作。会同区教委及延庆供电公司在延庆区第三小学开展以“节能有我，绿色共享”为主题的节能宣传周活动。

（王晶）

【电力审批与保障】 年内，审批电力项目20个，其中核准14个，备案6个。截至9月底，实现安全生产6082天，开展应急演练3次，80人次；应急培训3次，参加99人次；协调解决多年树线矛盾3处；开展安全监督检查10次，下达保电通知、总结方案30份。

（王晶）

【价格认定】 年内，对区内司法、行政执法、纪检监察等机关的刑事、治安、民事、经济等案件中的涉案物品进行价格认定。全年受理各类物品价格认定案件485件，认定金额118万元，为有关机关办理各类案件及时提供了客观、公正的价格依据。

（王晶）

【价格监督检查】 年内，开展重大活动及重要节日价格、教育收费、殡葬收费、旅游市场价格、机动车检测、病历复印复制收费、机动车停放、汽车销售拆解企业价格行为和医药分开综合改革价格等专项检查，出动检查执法人员700人次，口头警告及现场责令整改70次。保障“12358”“12345”价格举报电话畅通，及时解答和处置价格咨询和投诉案件，受理价格举报案件133件（其中处罚案件9件），处罚金额1600元。

（王晶）

【物价管理】 年内，核准4所幼儿园和备案2个社会停车场的收费标准，为2所民办非学历教育学院办理15个专业收费标准的备案工作。完成蔬菜31个品种、副食品18个品种、居民生活必需品62个品种、工业生产资料97个品种、居民生活日用消费品29个品种、农业生产资料17个品种、3个停车点收费价格、食盐销售等价格监测工作。完成市级下达的18户农产品成本调查工作。

（王晶）

国有资产管理

【概况】 北京市延庆区人民政府国有资产监督管理委员会经北京市延庆区机构编制委员会批准，于2017年7月25日正式成立，8月23日成立区国资委党委，下辖7个党委，52个党支部。区国资委根据区政府授权代表政府履行出资人职责，设综合科（党建办公室）、国资监管科2个内设机构，1个公益一类正科级财政补助事业单位（北京市延庆区国有企业资产管理中心）定编23名。年内，区国资委党委将党建工作总体要求纳入国有企业章程，明确国有企业党组织在公司法人治理结构中的法定地位，一级国有企业实现书记、经理一肩挑。建立与企业领导人考核挂钩的党风廉政建设责任追究制度。通过国资系统领导干部警示教育大会，对国资委干部和国企领导班子进行党性教育和警示教育。通过推进党支部规范化建设试点工作，实现10个试点党支部全部达标。推进经营性国有资产集中监管，出台《关于区属国有企业移交国资监管部门暂行办法》，八达岭旅游总公司、商贸总公司、物资总公司等9家主要企业已完成移交，初步实现一级企业统一监管。

单位名称：延庆区政府国资委
地　　址：延庆镇东外大街建业胡同2号
电　　话：60159740

（刘映新）

【国企重点领域改革】 年内，制定《组建延庆国有资产经营管理公司暨完善延庆区国资监管运行架构的方案》，以鼎华中心为主体成立延庆区国有资产投资运营公司。通过落实《北京中关村延庆园投资发展有限公司组建方案》《八达岭旅游集团组建方案》《绿富隆平台化转型工作方案》，国企改革取得重大进展。

（刘映新）

【国资监管制度建设】 年内，先后出台《加强企业国有资产交易监督管理暂行办法》（由区政府办印发）《关于竞争类国有企业经营绩效评价管理暂行办法》《关于在区属国有企业中开展全面预算的管理办法》《国有企业土地、房屋租赁备案管理办法》《投资备案管理办法》《违规经营投资责任追究办法》等17个涉及资产交易、绩效考核、企业治理等配套改革文件，延庆区国资监管全面进入规范化建设阶段。

（刘映新）

【国有资产运营】 截至年底，全区纳入国有资产统计范围的企业69户，其中25户企业未正常经营。44户正常经营的企业账面资产总额

59.22亿元，较上年增加13.12亿元，同比增长28.5%；负债总额53.57亿元，较上年增加13.28亿元，同比增长32.96%；净资产5.65亿元，较上年减少0.16亿元，同比降低2.75%；资产负债率为90.46%，同比增长3.06个百分点；营业收入3亿元，同比降低2.28%；成本费用3.44亿元，同比增长3.3%；净亏损0.44亿元，较上年增加亏损0.17亿元，全区国有企业实际缴纳税金总额0.15亿元。

（刘映新）

统计工作

【概况】 北京市延庆区统计局、北京市延庆区经济社会调查队是对全区国民经济各行业进行统计和调查的职能部门。设16个实体科室和18个基层统计所，区统计局定编110名，延庆经济社会调查队定编20名。年内，完善管理体系，加强统计法制建设，夯实统计数据质量，提升统计服务水平，强化统计监测，开展统计专项调查，完成延庆区第三次全国农业普查阶段性任务及自然资源资产负债表编制工作，组织开展统计“七五”法治宣传教育知识竞赛。为实现全区经济社会平稳健康发展做出贡献。

单位名称：延庆区统计局
地　　址：延庆镇西街1号
电　　话：69178333

（魏勇）

【完成第三次全国农业普查】 年内，完成延庆区第三次全国农业普查任务。普查期间，走访住户7万户、单位833家，通过清查资料、三级培训、入户登记、数据录入、质量抽查，形成上报汇总数据。

（魏勇）

【统计分析与监测】 年内，完成国家党风廉政建设和国有企业反腐倡廉民意调查、食品安全公众满意度调查、共享单车与公共自行车使用满意度调查、“疏解整治促提升”专项行动实施效果民意调查、医药分开综合改革调查、企业发展状况调查、法人单位经营情况调查、煤改清洁能源调查。

（魏勇）

【住户样本轮换】 年内，开展住户调查大样本轮换工作。按照精度性、代表性、稳定性原则，兼顾国家、省市县数据需求，抽选500户。

（魏勇）

【统计产品】 年内，以“延庆统计网站”、《延庆统计》《北京市延庆区统计年鉴》为载体，向区委、区政府及社会各界提供统计信息服务。全年编辑《延庆统计》90期；编辑《经济运行情况快报》22期，《延庆统计报告》2期；撰写统计信息230篇，统计分析、调研报告62篇，被市区相关网站、电台、杂志、报纸等媒体和刊物采用208篇。对外提供数据服务253次，涉及指标3000个，查询数据量242.1万笔。

（魏勇）

【政府信息公开】 年内，主动公开信息183条，其中规划计划类信息1条，数据类信息182条。受理社会咨询211例，其中网上咨询96例、现场咨询3例、电话咨询112例。

（魏勇）

【统计执法】 年内，对128家国家机关、企事业单位进行执法和督导检查，涉及农业、工业、服务业等行业，其中常规检查82家、集中执法10家、督导检查36家。对存在统计违法行为的18家单位进行立案处理，分别给予警告或警告并罚款的行政处罚。

（魏勇）

【诚信统计】 年内，按照《延庆区统计诚信单位评选实施方案》开展年度诚信统计单位评选工作，评选出诚信统计单位2家，分别为北京八达岭索道有限公司和中材科技风电叶片股份有限公司，并上报北京市统计局纳入信用信息系统。

（魏勇）

财政管理

【概况】 北京市延庆区财政局（简称区财政局）是负责延庆区财政收支、财税政策、财政监督、行政事业单位国有资产管理等工作的区政府组成部门。设21个科室，在编135人，实有122人。年内，完成68家一级预算单位政府购买服务目录编制工作，首次将指导性目录编入2018年预算系统中。开展区内PPP项目的“物有所值”及“财政承受能力”评价工作，加强PPP项目全生命周期管理。规范举债融资行为，政府债务余额34亿元，债务风险平稳可控。研究制定区财政支持疏解非首都功能构建高精尖经济结构的实施意见及工作方案，制定《北京市延庆区世园会、冬奥会专项资金使用管理暂行办法（试行）》《北京市延庆区中重大项目征地拆迁资金管理暂行办法（试行）》。财政预决算公开率100%。区级一般公共预算收入16.16亿元，创历史新高。制订印发《延庆区行政事业单位国有资产处置管理办法》，完成2016年度行政事业单位资产报表编制工作，涉及全区269个行政事业单位，编制人数14443人，截至2016年底行政事业单位资产总计183.13亿元。完成延庆区政府资产报表试编及事业单位产权登记工作，对全区83宗资产处置按照程序进行审核批复。控制“三公”经费等一般性支出，优化财政支出结构，加大民生投入力度，提升公共服务保障水平。加强财政监管水平，确保财政资金规范高效运行。推进财政管理体制改革，建立全面规范的预算管理体制。开源节流、统筹兼顾，为全区经济社会平稳健康发展、世园冬奥会的筹办举办、生态环境治理做出贡献。

单位名称：延庆区财政局
地　　址：延庆镇新城街108号
电　　话：69103146

（杨颂）

【财政收入】 年内，一般公共预算收入16.16亿元，同比增长18.8%。按收入性质分：税收收入11.27亿元，非税收入4.89亿元。按征收部门分：国税局完成5.6亿元，地税局完成5.76亿元，财政局完成4.8亿元。按所属产业分：第一产业完成461万元，第二产业完成1.88亿元，第三产业完成14.24亿元。政府性基金预算收入49.68亿元，同比增长473.2%。国有资本经营预算收入461万元，同比增长70.7%。社保基金预算收入6.09亿元，同比增长9.4%。

（杨颂）

【财政支出】 年内，一般公共预算支出121.59亿元，同比增长31.5%。其中，农林水支出26.04亿元，同比增长37.4%；教育支出23.82亿元，同比增长52.1%；医疗卫生支出6.10亿元，同比增长5.1%；城乡社区支出20.19亿元，同比增长57.1%。政府性基金预算支出39.49亿元，同比增长425.4%。国有资本经营预算支出359万元，同比增长63.9%。社保基金预算支出5.68亿元，同比增长15.7%。

（杨颂）

【税源建设】 年内，召开税源建设联席会议8次，税源建设中心协调各成员单位组织召开座谈及宣传会90次，与1000户企业面对面交流研讨。“管家式”走访税源325户次，征询并解决问题178项。全区新引入企业582户，贡献一般公共预算收入3488万元，同比增长164%。

（杨颂）

【预算绩效管理】 年内，完成全区351个项目的投资评审工作，评审金额22.75亿元，核减资金4.74亿元。推进政府购买中介审价服务工作，建立中介机构服务平台。完成19项财政监督检查，涵盖财务会计规范化检查、预决算公开检查、会计监督检查及乡镇财政检查。对全区12个财政支出项目开展绩效评价，资金总额1.4亿元。

（杨颂）

【国库管理】 年内，首次委托市财政局开展国库现金管理，资金14亿元，利息收入554.79万元。做好2016年度财政总决算编制、经济分类决算试编、部门决算会审、决算批复及公开工作，首次公开政府采购和部门绩效评价等信息。制定《北京市延庆区财政局关于2016年度权责发生制政府综合财务报告试编工作实施方案》，选择5个预算单位做试点，进行政府部门财务报告编制工作。加强资金存放和财政账户管理，对财政专户、预算单位银行账户进行专项检查，撤并15个乡镇粮食直补账户，清理本级世行贷款账户。加强预算执行动态监控工作，调整预警规则，做好财政支出数据自查。稳妥推进国库集中支付改革及非税收入收缴工作。推进国库业务电子化管理改革，利用信息化手段提升财政服务能力和水平。

（杨颂）

【政府采购】 年内，印发《北京市延庆区行政事业单位公务车辆保险、加油和维修保养政府采购管理办法》，落实《政府采购货物和服务招标投标管理办法》，梳理规范政府采购管理内部工作流程，制定内部操作规程。依法规范处理政府采购投诉、举报事项。政府采购内网管理系统正式上线，用于向市局推送政府采购协议供货数据。开展对政府采购执行情况、社会代理机构以及集中采购机构的监督检查工作。2017年，全区政府采购金额85076万元，其中货物类采购11560万元，工程类采购63497万元，服务类采购10019万元。

（杨颂）

【会计管理】 年内，完成全区243个单位的内部控制报告编制及内控自评工作。完成会计从业资格证书的调出调入和会计专业初级、中级资格考试。完成全区行政事业单位集中财务情况摸底调研251家。完成2017年15家代理记账机构换证及年度备案工作，新增5家代理记账机构。订购行政事业单位票据21种，金额24.83万元，领用单位168个，领用数量472.45万份。

（杨颂）

政府审计

【概况】 北京市延庆区审计局是区政府综合经济监督部门，设办公室、综合科、企业审计科、行政事业审计科、财政金融审计科、经济责任审计科、基建审计科、信息中心、内审指导中心、委托审计管理中心。在编57人。年内，完成审计项目55项，审计和延伸审计单位103个。审计出管理不规范金额23174万元，增收节支8833万元；通过重大工程项目竣工决算审计和跟踪审计，审减拆迁补偿资金和工程造价83989万元。向被审计单位提出审计建议和意见120条，健全完善制度办法6项。向区纪委移送审计案件线索3件。向社会公告审计结果14篇。

单位名称：延庆区审计局
地　　址：延庆镇香苑街109号
电　　话：69101855

（刘宝生）

【本级财政预算执行情况审计】 1—5月，对区财政局、地税局、国库延庆支库本级预算执行情况进行审计，重点审计区级预算管理、预算收入完成、财政资金分配、税收征管和预算资金收纳划解情况。审计区市政市容委、区教委等14个一级预算单位的预算编制及执行、“三公”经费等。对预算管理、资金使用、项目管理和财务管理等方面存在的问题进行纠正和处理，提出规范预算管理的审计意见和建议。7月28日，受区政府委托，向区第二届人大常委会第五次会议报告本级预算执行审计工作情况。10月31日，通过延庆政务网公开14个部门预算执行和其他财政收支审计结果。

（刘宝生）

【自然资源资产离任审计试点】 9—10月，对香营乡森林资源资产管理和生态环境保护责任履行情况进行审计试点。提出履行森林资源管护责任，加强对乡域内涉林案件及承包经营山场的监管，落实森林资源相关制度规定等审计建议和意见。

（刘宝生）

【政策措施落实情况跟踪审计】 年内，分4次对延庆区2017年政策措施落实情况跟踪审计，重点检查“疏解整治促提升”专项行动开展情况，解决个别项目拖欠农民工工资问题。

（刘宝生）

【重大工程项目审计】 年内，对世园围栏区征地拆迁工程、百眼泉—南辛堡—民主村拆迁改造等13项重点工程投资项目征地拆迁补偿、工程管理、造价、验收、结算、财务收支与管理等方面的真实性、合法性和效益性实施跟踪审计。中小河道治理工程第一阶段竣工决算审计，审计送审金额88.52亿元，审计认定金额80.12亿元，审计核减拆迁补偿资金和工程造价8.40亿元。

（刘宝生）

【经济责任审计】 年内，对延庆镇、永宁镇、八达岭镇、沈家营镇、香营乡、香水园街道、区旅游发展委、区发展改革委、区文明办、区外事办、区人保局、区司法局、区体育局、区统计局、区档案局、区农经站、区水产中心、区委党校、马铃薯产业科技园延庆筹备办公室19个单位24名党政领导干部进行经济责任审计。对5个乡镇2016年煤改电、煤改气和燃煤替代工作落实情况审计调查。审计揭示：部分单位存在重大经济事项决策制度执行不严格、财务管理基础工作不规范等问题，针对存在问题，提出严格执行重大经济事项决策制度，完善会议记录内容，强化财务管理基础工作等审计建议和意见。向区纪委移送审计案件线索3件。

（刘宝生）

【专项资金审计】 年内，专项资金审计2项，包括京津风沙源治理工程审计和北京夏都信达国有资产经营管理中心2016年度资产负债损益情况审计。对个别项目财务管理不规范，工程进度缓慢等问题，提出审计整改建议和意见。

（刘宝生）

【市区联动项目审计】 年内，开展2022年冬奥会和冬残奥会延庆区建设项目2017年阶段性跟踪审计和2016年保障性安居工程跟踪审计。

（刘宝生）

工商行政管理

【概况】 北京市工商行政管理局延庆分局（简称延庆工商分局）主要负责辖区市场经营主体登记、构建新型市场监管体系、商标广告管理、打假维权、维护市场经济秩序等方面工作。设27个部门（其中14个职能科室、9个工商所、4个事业单位），在编190人。年内，延庆工商分局坚持聚焦主业抓党建、突出重点抓落实，按照“放管服”改革的总体要求，深化商事制度改革，加快构建事中事后监管新机制，强化监管执法和消费维权，服务延庆经济社会发展。取缔无证无照经营280户，完成市级任务的155%；封堵“开墙打洞”87处，完成市级任务的124%，整治面积5197平方米。截至年底，全区实有注册商标3940件，全年净增注册商标614件，其中中关村延庆园新增注册商标242件。全区市场主体存量29663户，企业占市场主体的比例45%。全年受理消费者投诉举报683件，为消费者挽回经济损失98.1万元。获得市工商系统“先进分局”荣誉称号。

单位名称：延庆工商分局
地　　址：延庆镇东外大街70号
电　　话：69141535

（李志军）

【登记注册】　年内，深推进“五证合一”（营业执照、组织机构代码证、税务登记证、社保登记证、统计登记证）工作，　发放“一照一码”营业执照14010份，占企业总数的98.4%，换照率居全市前列。开展简化个体登记试点工作，推出取消名称预先核准环节，实行跨所登记等措施，简化个体登记流程，实现就近受理、一表申报、互联互通、信息共享、简易退出。

（李志军）

【市场主体信息公示】　年内，辖区企业、个体工商户、农民专业合作社年报率均居全市前列。分局主导研发“双随机、一公开”联合抽查系统，收录随机抽查事项134个，录入执法检查人员信息125名、市场主体信息2.85万件。

（李志军）

【延、怀、赤三地市场监管合作】　年内，贯彻市局《关于落实〈京津冀协同发展规划纲要〉的指导意见》，组织召开2017年京西北跨区协同发展工作会，深化延庆、怀来、赤城三地市场监管部门在商标广告、合同帮农、经纪富农、跨区双随机抽查方面的合作。

（李志军）

【消保维权】　年内，开展各类消费教育活动50场，发放宣传资料6.5万份。联合区司法局成立延庆区消费纠纷人民调解委员会，首次把人民调解工作机制引入到消费纠纷解决之中，提高化解消费纠纷的公信力和法律效力。全年调解消费纠纷23起，为消费者挽回经济损失5万元。会同区妇联成立妇女消费维权教育指导中心，开展专场培训8场，发放维权读物1000本，调解消费纠纷36起，挽回经济损失3万元。

（李志军）

【商品质量抽检】　年内，完成47家加油站、96个成品油的抽检任务以及19类商品216个样品的送检任务，查办商品质量案件404件，罚没款8.8万元。

（李志军）

【法治工商建设】　年内，制作执法办案电子词典，为一线执法人员提供便捷高效的执法保障。开设执法办案知识论坛，组织干部开展宪法宣誓仪式。定期召开案审会。按照行刑衔接有关规定，向公安局移送案值10万元的案件。全年办理案件1956件，罚没款134万元。

（李志军）

【干部队伍建设】　年内，经过民主推荐程序选拔9名科级干部，组织各类教育培训37期，参训1485人次。选派优秀干部到八达岭镇西拨子村和张山营镇佛峪口村任第一书记。

（李志军）

延庆区私营个体经济协会

【概况】　延庆区私营个体经济协会（简称延庆私个协会）是连接工商行政管理部门和个体民营企业的社会团体组织。主要职责是贯彻执行国家有关促进私营个体经济发展的法律、法规和规章，引导、培育私营个体经济健康发展；团结、教育辖区私营企业、个体经营者及其从业人员守法经营，履行“自我教育、自我管理、自我服务”职责；发挥协会办事机构“服务、教育、宣传、协调、监督”职能作用，促进私营个体经济发展。在编5人。年内，延庆私个协会与司法局共同建立法律服务站，协会及各分会开展各类法律咨询、法律宣传、法律服务80次。

单位名称：延庆区私营个体经济协会

地　　址：延庆镇东外大街64号

电　　话：69141191

（李志军）

【非公企业党建】 年内，制定《关于集中推进非公有制企业和社会组织党的组织和工作覆盖工作方案》，在工商所设立非公企业党建工作指导站，展开非公企业党组织摸底、组建工作，引导成立非公经济党组织302家，组织开展结对帮扶。让党员亮职责、亮身份、亮承诺。

（李志军）

【志愿服务】 年内，私个协会及分会开展节日慰问特困户、孤寡老人和上门打扫卫生等活动。设立“学雷锋”义务服务站，为辖区消费者提供手机贴膜、理发、修理自行车和修拉锁等免费服务。在街道、社区、农村，无偿帮助群众量血压、维修电脑等。

（李志军）

延庆区消费者协会

【概况】 延庆区消费者协会（简称区消协）是具有法人资格，独立开展保护消费者权益工作的社会团体组织。对商品和服务进行社会监督，保护消费者合法权益，引导广大消费者合理、科学消费，促进社会经济健康发展。年内，受理投诉333件，为消费者挽回经济损失60万元。其中，服务类147件，占投诉总量的44.1%；家用电器类66件，占投诉总量的19.8%；百货类62件，占投诉总量的18.6%。

单位名称：延庆区消费者协会

地　　址：延庆镇妫水北街0号

电　　话：69187315

（李志军）

【消费宣传】 年内，借助《大东说消费》电视栏目，宣传消费维权知识。通过广播、电视、大喇叭、大讲堂等形式开展新《中华人民共和国消费者权益保护法》宣传，录制《大东说消费》广播52期，播出208次 ，开展《大东说消费》进民俗村活动。及时发布消费提示和警示信息，定期公布消费投诉集中问题。

（李志军）

质量技术监督

【概况】 北京市延庆区质量技术监督局（简称延庆区质监局）负责贯彻执行国家有关质量技术监督工作的方针、政策、法律、法规，管理全区质量、计量、标准化和特种设备安全监察工作并行使其执法监督职能。设办公室、法制科、产品科、计量科、标准化科、特设科、稽查队、组织机构代码管理办公室8个科室及区设计量检测所、特种设备检测所2个直属单位。在岗84人，其中行政编制20人、执法编制3人、工勤编制2人、事业编制56人、纳入规范管理事业编制3人。年内，联合张家口质监局签署《贯彻落实京津冀质量发展合作框架协议》，成功申报国家有机产品认证示范区，完成《北京市延庆区2019年中国北京世界园艺博览会（围栏区外）标准化建设实施方案》，设立区政府质量奖。全年，开展执法检查1464起，办理行政处罚案件152件，检验特种设备2638台件，检定计量器具16959台件，受理行政许可事项91件、行政服务事项106项。

单位名称：延庆区质量技术监督局

地　　址：延庆镇湖南东路20号

电　　话：69143670

（李志成）

【延庆与张家口质监局业务合作】 3月20日，联合张家口质监局签署《贯彻落实京津冀质量发展合作框架协议》，建立战略合作伙伴关系。延庆、张家口质监局围绕保障冬奥会筹办、行政执法、检验检测等领域，开展专题研讨3次。

（李志成）

【国家有机产品认证示范区入选】 年内，区质监局联合区农业局、区农委等多个部门向国家认监委申报国家有机产品认证示范区。10月20日，通过专家组审核验收，延庆区被确定为“国家有机产品认证示范区”。

（李志成）

【区政府质量奖设立】 年内，编制完成《北京市延庆区政府质量奖管理办法（试行）》，在第37次区政府常务会审议通过并以区政府名义印发实施。

（李志成）

【高风险电梯安全隐患治理】 年内，通报全区高风险电梯评估结果评估高风险电梯9家、20部，协调区财政局、区住建委、区商务委和属地街道，落实专项资金71.3万元，维修高风险住宅电梯10部。

（李志成）

【产品质量安全监管】 年内，建立乡镇、街道、中关村延庆园三级产品质量监管网络，签订《产品质量安全责任书》19份。强化工业产品生产许可证事中事后监管，开展环境保护、安全生产、交通安全、食品安全等重点领域产品质量专项治理行动，重点工业产品质量监督抽查合格率100%，全区未发生产品质量安全事件。

（李志成）

【优质型煤检验】 年内，完成优质型煤供应企业综合考评，开展煤炭生产企业检查165家次，抽取煤炭样品101个，检验样品90个，合格率99%。

（李志成）

【特种设备监督检查】 年内，开展特种设备执法检查336起，发出《特种设备安全监察指令书》32份，发现特种设备安全隐患89项，消除隐患89项，整改率100%。

（李志成）

【计量惠民】 年内，开展加油机专项计量检查，签订《诚信计量承诺书》36家，检查加油机137台、检查率100%。落实粮食安全监督责任，检查涉粮企业17家、计量器具97台件，签订《计量器具检定告知书》16份。

（李志成）

安全生产监督

【概况】 北京市延庆区安全生产监督管理局（简称区安全监管局），是负责综合管理全区安全生产、履行安全生产监督管理职能的区政府工作部门。设办公室、综合协调科、危险化学品监督管理科、职业安全监管科、法制科5个科室，安全生产执法监察一队、二队、三队3个参公事业单位及安全生产指导中心1个规范收入事业单位，人员40人。年内，坚持“安全第一、预防为主、综合治理”的方针。制定下发《延庆区安全生产委员会办公室关于做好2017年度生产安全事故隐患排查治理“一企一标准一岗一清单”编制工作的实施方案》并成立领导小组，完成30家企业“一企业一标准，一岗位一清单”试点任务。积极推动安全文化示范企业参加评选，推荐北京福润汽车修理有限公司、北京华润高科天然药物有限公司参加市级安全文化示范企业评选。在全区提升“双随机”执法检查的家次和频次，随机抽查企业

692家，规避了选择性执法和执法内容的局限性等问题。启动有限空间日查、夜查机制，持续开展有限空间作业宣传、巡查、夜查，并联合水务局针对污水处理厂进行专项执法检查，督促作业单位全面落实安全生产主体责任。对全区3个应急物资储备库内的防毒面具、防护服及灭火器材、活性炭、沙子、水泥等应急物资的数量、储存、管理等方面进行严格检查。以《中华人民共和国职业病防治法》宣传周、“安全生产月”、职业健康巡回宣讲等宣传普法活动为契机，将法律法规、宣传挂图等宣传材料分发给企业员工，并通过职业健康巡回宣讲活动，进一步强化劳动者自我保护意识，推动用人单位职业病防治主体责任的落实。全年到23家企业开展安全生产培训，参加培训2395人次。

单位名称：延庆区安全监管局
地　　址：延庆镇西街1号
电　　话：69183175

（郭燚）

【安全生产月活动】 6月，安全生产月期间，组织开展安全生产宣传咨询日、安全生产知识竞赛、有限空间作业大比武等11项宣传教育活动。设立宣传站31处，发放宣传挂图、各类折页、安全知识手册等宣传资料1.2万份，受教育5000人。

（郭燚）

【城市安全风险评估试点动员部署会】 8月22日召开。会议传达《北京市延庆区城市安全风险评估实施方案》，对全区试点工作项目内容、职责分工及实施安排进行部署；会后组织200家重点企业安全管理人员分两场进行安全风险评估试点业务培训；年底完成《北京市延庆区城市安全风险评估报告》（修改版），提出区级风险清单以及区域重大风险分级管控对策具体措施和建议。

（郭燚）

【行政执法与刑事司法联动工作机制建立】 9月5日，区安全监管局与区公检法、区法制办、区监委、区纪委6家单位召开协调会，共同会签《关于建立安全生产领域行政执法与刑事司法联动工作实施意见》，并即日起生效。成为全市安全生产系统第一家与刑事司法部门建立行政执法与刑事司法联动工作机制的安监部门。

（郭燚）

【安全隐患大排查大清理大整治专项行动】 11月20日起，开展为期81天的安全隐患大排查大清理大整治专项行动。11月29日，成立区安全隐患大排查大清理大整治专项行动工作专班，成员由区委宣传部、区政府督查室、区安全监管局、区工商局、区消防支队等19个部门抽调的28人组成，分为综合、督查、信息、台账4个工作组。在全区范围内开展大排查、大清理、大整治工作。截至年底，高风险群租房安全隐患提前清零。

（郭燚）

【国家宪法日暨《中华人民共和国安全生产法》宣传周活动】 12月1日，新《安全生产法》实施三周年。从2017年起，将每年12月的第一周（12月1—7日）作为《中华人民共和国安全生产法》宣传周，集中开展宣传活动。通过发放宣传资料、现场讲解及答疑解惑等方式，宣传《中华人民共和国宪法》《中华人民共和国安全生产法》精神，普及安全生产知识。在世园会工地等活动现场，发放法律宣传海报300份，相关法律读本200份，接受群众咨询100人次。

（郭燚）

【安全生产标准化建设】 年内，制定标准化工作方案，由区财政拨款为三级及以上达标企业发放补助资金12.4万元。全区完成创建406家。其中，三级达标企业31家，小微岗位达标375家。超额完成区政府与市政府签订的《2017年安全生产目标责任书》中工作任务的330家，完成率123%。

（郭燚）

【安全生产责任保险推广】 年内，制定下发延庆区安全生产责任保险推广工作实施方案。建立由9个重点行业部门、各乡镇（街道）以及中国人民财产保险股份有限公司北京分公司组成的联席会议机制，全年召开联席会议6次。截至年底，投保企业370家，保费121.3万元，完成地区企业年参保率不低于6%的投保任务。

（郭燚）

【安全生产责任体系建设】 年内，制定并下发《北京市延庆区安全生产工作考核办法》和《北京市延庆区安全生产责任追究办法（试行）》，完善“1+7”（《关于实施安全发展战略促进和谐宜居之区建设的意见》《安全生产党政同责规定》《安全生产“一岗双责”实施办法》《关于进一步完善安全生产监管责任的实施意见》《安全生产约谈办法》《安全生产情况通报办法》《企业安全生产违法行为警示办法》《安全生产事故隐患排查治理体系建设实施方案》）责任体系，形成“1+9”生安全生产工作格局。

（郭燚）

【安全社区创建】 年内，推进香水园街道安全社区创建工作，经过安全社区创建培训、典型单位隐患诊断、安全促进项目确定、促进项目实施、现场验收等环节，香水园街道成功创建“2017年市级安全社区”，成为全区首个“安全社区”。

（郭燚）

【4035户不合格燃气灶具更换】 年内，制定并下发《北京市延庆区关于淘汰不合格燃气灶具、安装燃气安全辅助设备和独立式感烟火灾探测报警器安装工作的实施方案》，确定任务分工，明确选用设备、厂家、安装方案，将任务分解至各属地。截至年底，全区完成灶具更换4035户，超额完成市政府下达的4003户任务。

（郭燚）

【信息化建设】 年内，先后建立企业台账管理系统，安全检查系统和安全生产执法信息系统。设计开发GIS地图，将全区生产经营单位进行准确标注，实现对企业的分类分级管理。开发痕迹管理系统，并与市局执法信息平台进行对接。通过全区范围内推广使用安全检查系统，取代纸质执法文书，执法检查效能得到提高。

（郭燚）

【烟花爆竹行业管理】 年内，完成2家烟花爆竹长年零售网点的审核工作。春节期间受理并完成9家烟花爆竹临时零售网点许可，与2家烟花爆竹长年网点和9家临时网点签订烟花爆竹安全管理责任书和承诺书。

（郭燚）

【危险化学品行业安全管理】 年内，全区有危险化学品生产经营单位46家。其中，危险化学品生产企业1家；危险化学品经营单位45家，包括成品油销售1家、加油站36家（中石化25家、中石油7家，社会站4家）、化工油漆经营单位1家、工业气体销售3家、软注册企业4家。截至年底，没有安全事故发生。

（郭燚）

【“双百工程”建设】 年内，成立“双百工程”工作领导小组，制定工作方案，明确工作目标和工作任务。全区30名安监领导干部对话谈心企业323家，完成年计划250家的29.2%。专家服务企业200家，完成率100%。其间，发放宣传资料1221份，发放《安全用电》《燃气安全手册》等430本。发现和处理安全隐患205项。（“双百工程”即“百名安全监管干部与万家企业主要负责人对话谈心”和“百名安全生产专家服务万家企业”活动。）

（郭燚）

【“散乱污”企业整治】 年内，完成365家“散乱污”企业安全生产整治工作，其中区级目标任务362家，市级目标任务3家，完成目标任务的100%。全年出动执法人员1662人次，检查企业1620家次，出动车辆776辆次，下达责令限期整改指令书748份，做出行政处罚6起，罚款4万元。

（郭燚）

【用人单位职业健康培训】 年内，举办用人单位主要负责人和职业健康管理员2期培训班，参加培训284人。考试合格学员分别颁发《北京市用人单位主要负责人职业健康培训合格证》

和《北京市职业健康管理员培训合格证》。

（郭燚）

【职业卫生专项执法检查】 年内，开展机动车维修企业职业病防护设备专项检查、尘肺病防治工作专项执法检查、涉爆粉尘隐患排查等专项执法检查工作，并配合市局开展多次职业卫生专项执法检查，全区职业病防治工作得到加强。

（郭燚）

【职业健康体检】 年内，协调石龙医院到区设置临时体检室，历时9天分4批为全区企业职工和在建重点工程项目的从业人员，进行年度职业健康体检，受到职工欢迎和好评。全区参加职业健康体检2400人。

（郭燚）

【职业病危害防治工作接受市级评估】 年内，市安全监管局、市安全生产科学技术研究院、市化工职业病防治院联合到区开展年度职业病危害防治评估工作。抽查区10家用人单位，具体检查内容包括：用人单位主要负责人、职业健康管理人员以及劳动者职业健康培训情况，接触职业病危害作业劳动者的职业健康检查情况，工作场所职业病危害因素检测评价、危害告知、警示标识设置等情况。经评估，延庆获得年度职业卫生工作94.2分的成绩。

（郭燚）

【权力清单梳理核对】 年内，重新梳理、核对部门权力清单及行政处罚职权事项，经梳理后，区安全监管局现有行政强制4项、行政检查5项、行政许可5项、其他权力1项、行政处罚405项。

（郭燚）

【安全生产资格培训】 年内，组织各类安全生产资格考试56期，参试1607人；考试人数增加607人，同比增长53%。组织特种作业考试47期，1419人参试。其中，低压取证255人，低压复审195人，高压取证71人，高压复审310人，焊工取证162人，焊工复审139人，有限空间取证213人，有限空间复审74人。组织高危行业考试9期，188人报名（其中主要负责人10人，安全生产管理人员108人）。

（郭燚）

【执法检查】 年内，检查生产经营单位2665家4595次，其中危险化学品生产经营单位528家787次，烟花爆竹储存经销单位40家52次，工业企业423家752次，人员密集场所784家1429次，建筑施工单位619家1119次，其他271家456次。查处事故隐患4064条。下发行政执法文书6932份，其中现场检查记录2600份、责令改正指令书2109份、现场处置措施决定书29份、整改复查意见书1949份、其他（立案处罚文书）245份。办理行政处罚245起（其中撤案6起，经济处罚239起），经济处罚罚款金额183.5万元（均为一般安全生产违法行为处罚）。

（郭燚）

【举报投诉】 年内，处置安全生产举报投诉案件39件，其中市局“12350”转派13件，非紧急救助服务中心派单9件，局办公室接收来电、来访案件17件。截至年底，所有举报投诉案件均在规定时限内处理完毕，回复率、反馈率、满意率均达到100%。

（郭燚）

食品药品监督

【概况】 北京市延庆区食品药品监督管理局为市食品药品监督管理局负责延庆区食品（含食品添加剂）、药品（含中药、民族药）、医疗器械、保健食品、化妆品（简称“四品一械”）进行监督管理工作的派出机构，加挂延庆区食品药品安全委员会办公室牌子。依法行使行政监督、技术监督、执法监督职能。内设办公室、综合协调科、法制科、食品生产监管科、药品生产经营监管科、食品流通监管科、餐饮服务监管科、器械保化监管科、人事科、财务科、机关党委（基层工作科）、监察科、服务保障中心，下设食品药品稽查大队、安全监控中心、政务服务中心和18个乡镇（街道）食品药品监督管理所。2017年，有职工169人，其中正式职工97人，食品药品安全监察员72人。2017年，全区“四品一械”监管对象7267家，其中食品生产企业22家、食品生产加工作坊44家，食品销售经营单位2512家，餐饮服务单位2689家；药品生产企业5家，药品经营企业85家，农村药品服务网点33家，医疗机构246家；保健食品生产企业3家，保健食品经营企业188家；化妆品经营企业1048家；医疗器械生产企业 6家，医疗器械经营企业137家，医疗器械使用单位249家。年内，区委常委会审议通过《延庆区食品药品安全工作“党政同责”规定》，并以区委办、区政府办名义下发。全区建成阳光餐饮单位551家，包括全部学校、托幼机构、养老机构食堂和集体用餐配送单位，打造沃尔玛商圈“阳光餐饮”示范街，超额完成市政府重要民生实事项目和区政府折子工程任务。全年开展食品安全宣传周、安全用药月等宣传活动67次，发放宣传材料3万册。开展无照无证餐饮单位治理、禽产品专项整治、学校食堂及校园周边食品安全等专项检查52次。完成“2017国际雪联滑雪中国巡回赛”“龙庆峡冰灯开幕式”等15项重大活动保障，现场快速检测328件，现场食品留样1377件，及时更换高危食品2件，保障2万人次食品安全。

单位名称：延庆区食品药品监督局
地　　址：延庆镇东外小区3号院
电　　话：69141226

（赵晓光）

【食品药品安全工作会】 3月28日召开。会议传达中共中央总书记习近平、国务院总理李克强、副总理张高丽对食品安全工作的重要批示及市食品药品安全委员会第一次全体会议精神，听取2016年度工作报告，常务副区长、区食品药品安全委员会主任作重要讲话，主管副区长代表区政府与成员单位代表签订延庆区食品药品安全责任书。区政府办、应急办以及区食品药品安全委员会各成员单位主管领导参会。

（赵晓光）

【食品突发事件处置演练】 10月16日，与区卫计委、区疾控中心联合开展食物中毒应急处置演练，市食药局和区食药安委领导及46个成员单位260人参加演练。

（赵晓光）

【无证无照餐饮单位整治】 年内，修订《延庆区开展治理无照无证餐饮单位工作方案》，建立无照无证餐饮单位治理工作联合协调机制，两次联合公安、工商、环保、城管等部门对下水磨村和北关一条街无照无证餐饮经营较为集中的地区开展集中整治行动。其间，完成清理整治71户，其中关停14户，取缔1户，发证56户，治理完成率100%。

（赵晓光）

【食品药品安全监测】 年内，抽检各类食品样品2778件，合格率99.2%；抽检药品319件，合格率100%；抽检保健食品34件，合格率97%；化妆品35件、医疗器械13件，合格率97.9%。全年辖区内未发生重大食品药品安全事故。

（赵晓光）

【食品突发事件处置】 年内，食品突发事件6起，其中，4起事件排除食品安全事故，另2起认定为食物中毒事件。所有6起事件均得到有效控制，未产生任何严重后果。

（赵晓光）

【稽查执法】 年内，受理食品药品投诉举报436件。其中食品类投诉举报372件，药品、医疗器械、保健食品、化妆品投诉举报64件。按照接收来源，市局12331批转195件，投诉举报中心自接241件。截至年底，办理行政处罚案件75件，罚没款及没收物品折合人民币506.18万元。

（赵晓光）

（栏目编辑：迟尚明）

税务 金融

税 务

国 税

【概况】 北京市延庆区国家税务局（简称延庆国税局），由北京市国家税务局垂直管理，负责贯彻执行国家税收法律、法规，组织中央税收和中央、地方共享税税收和地方税收收入，维护和规范税收秩序。有12个内设机构，1个直属机构（下设6个科室），3个事业单位，8个税务所，另设机关党委办公室、离退休干部科，有干部职工222人。年内，制定《学习贯彻党的十九大精神工作方案》行动纲领，紧盯党组成员、党支部书记、党员“三类主体”，利用党组理论中心组学习、党支部书记讲堂、党员大课堂3个平台，开启“听说读写看讲思”的“七学”模式。坚持“条主动、块为主”，主动参与地方党委党建工作，25个党支部全部被推荐为区级党支部规范化建设示范点。选派干部担任贫困村第一书记，与田宋营村207户低收入农户开展“结对式”共建，进行“点穴式”帮扶。截至年底，组织税收收入28.96亿元，同比增长37.4%，完成三级税收收入任务。其中，实现中央级税收17.77亿元，同比增长33.9%；实现地方级税收12.2亿元，同比增长43.4%；区级收入完成5.6亿元，同比增长73.1%；增幅在五大生态涵养区中排名第一。获得“全国青年文明号”国家级荣誉；获得“北京市交通安全先进单位”等7项市级荣誉和“延庆区文明单位”等20项区级荣誉。

单位名称：延庆区国税局
地　　址：延庆镇香苑街99号
电　　话：69102267

（乔淑悦）

【税收征管改革】 年内，强化营改增后续管理，对四大行业税负数据进行深度“加工”，延庆区四大行业营改增测算收入下降13.88%。深入开展“多证合一、一照一码”推行工作，建立四方联动早部署、整合资源提效率、深化合作分流减压、多措并举强化宣传闭环式工作模式，全年完成进度99.2%。深入落实国地税合作，完成71项合作项目，国地税互设专窗办理涉税业务3120笔，针对2户破产企业联合开展税收债权保护工作，组织“一税两费”347万元。

（乔淑悦）

【放管服改革】 年内，取消非行政许可审批事项40项，90%以上事项改为即时办结。全面推广简并税率新政，1527户企业享受小型微利企业税收优惠政策，减免税款702.73万元，优惠面100%。聚焦税收管理的薄弱地带，对全域乡镇实施“网格化”落实六项减税政策，在千家店镇建立便民办税服务站，树起税收共治网格化管理新品牌。推进以网上办税为主、自助办税为辅、实体办税厅兜底的办税模式，创新推出二维码印章宣传方式助力便捷开票。

（乔淑悦）

【依法治税】 年内，扎实推进税收行政执法公示制度，完善依法治税机制；聘请法律顾问，强化重大税务案件审理工作，规范办理12户次集体审批，涉及退税3277.12万元。按照客观公正、标准统一、分级分类、动态调整的原则，完成3950户企业纳税信用等级评价和66户出口企业的分类评定工作，落实激励措施推进诚信体系建设；开展6项清理核查整治工作，及时堵塞漏洞。

（乔淑悦）

【世园会冬奥会税收服务】 年内，对焦区域绿色发展大事，联合地税部门组建“税收服务世园会冬奥会联合办公室”。国税、地税主动对接，构建“三地六局”（延庆、张家口、石景山）一体化合作格局，对新办世园、冬奥主题企业进行全流程跟踪管理，全年涉及冬奥、世园重点工程项目的建筑企业276户，入库税款占建筑业税收的41%。

（乔淑悦）

【干部队伍建设】 年内，推进“六道畅通交互式培养模式”，轮岗交流、挂职干部21人次，首推1名干部交流到乡镇任财政所长。创新开办青年干部夜校，打造岗前培训“四堂课”。通过“4重组织保障、16项配套制度、92项问题记录、23000项数据维护”，做实数字人事试点工作。开展“干部人事制度学习大讨论”活动，在市局岗位大比武中，3名干部获奖，并获集体组织二等奖。

（乔淑悦）

地　税

【概况】 北京市延庆区地方税务局（简称延庆地税局）负责辖区内宣传、贯彻、实施有关地方税收工作的法律、法规及规章，负责编制辖区内地方税收计划并组织实施；负责依法实施征管范围内各种税、费的征收和管理工作，并对各种涉税违法、违规行为进行行政处罚，实施辖区内税收政策咨询和纳税服务工作。设13个职能科室、1个机关后勤服务中心，14个税务所。有干部职工207人（公务员188人，工人19人）。年内，根据上级要求试点撤销稽查局，成立第七税务所，负责承办涉税违法检举事项的调查核实、答复、奖励工作；负责承办涉税案件的协查工作。成立第八税务所，负责应对风险管理部门推送的较高风险事项；负责日常检查和税务约谈；负责反馈风险应对情况。撤销科技信息科，将其职责划入征收管理科（税务违法案件举报中心）。成立机关党委（党建工作科），负责机关及所属单位的党群工作和党风廉政建设和纪律作风建设相关工作。截至年底，干部轮岗40人次；招录公务员6人，安置部队转业干部2人。

单位名称：延庆区地税局
地　　址：延庆镇庆园街4号
电　　话：69145640

（胡琴）

【税收收入】 年内，实现各项税费收入22.20亿元，同比增收6.93亿元，增长45.4%，完成市级任务21亿元的105.7%；区级收入5.76亿元，完成区级任务4.116亿元的140%，占全区财政收入的35.7%。

（胡琴）

【税收制度改革】 年内，与区环保局、区水务局、区民防局建立沟通协作与信息共享机制，全面落实环保税开征、水资源“费改税”和防空地下室易地建设费、国家电影事业发展专项资金等非税收入承接工作，成功开具辖域首张地税代收防空地下室易地建设费缴款书。区环保局移交排污项目116个，初步识别纳税人84户；关注征收动态和社会舆情反应。成立水资源税工作领导小组，开展走访调研，规范水资源“费改税”工作流程，明确职责，与区水务局协同组织专项培训会2次、业务联席会4次，为2018年水资源税款征收工作奠定基础。

（胡琴）

【税收征管】 年内，建立税源分级监控、申报入库监控、大额退库监控和国地税联合税收分析的“三监控”“一联合”工作机制，推进“三证合一、一照一码”商事制度改革，完成本区存量企业换证工作；落实“放管服”改革，强化风险管理，全年完成风险应对任务2059户，组织应对收入1184万元；规范大企业管理工作；试点“催报催缴”纳税申报制度及行政流程；落实征管体制改革，完善个人代开发票及外埠跨区经营建筑企业税收管理；推动延庆区市场主体一体化监管工作机制建立；完成延庆区跨部门联合双随机抽查工作第一批检查工作。

（胡琴）

【税收政策落实】 年内，全面落实税收优惠政策。释放政策红利，促进科技创新、小微企业和民生事业发展。贯彻落实小微企业优惠政策，812户次小微企业享受税收优惠，累计减免税款803万。完成年所得12万元以上纳税人自行申报5264人，完成2578户纳税人企业所得税汇算清缴，申报率100%。

（胡琴）

【纳税服务】 年内，深化开展“便民办税春风行动”，推出延庆首个24小时自助办税服务网点。印发《延庆区国、地税局纳税服务指南2017》宣传手册4000册，联合举办实体纳税人学堂培训27场次，培训纳税人6000人次。推广“工行手机银行自助缴税”业务；评出2016年度纳税信用A级企业356户。

（胡琴）

【税收助推区域绿色大事】 年内，制定“促进有序疏解、支持绿色‘高精尖’产业发展、加强服务保障的20条措施”，成立对接世园会、冬奥会等6个工作组，联合区国税局成立“税收服务世园会 冬奥会联合办公室”，打造税收服务冬奥“五个一”，即“一个联合服务办公室、一本税收小册子、一个专题调研团队、一个专业人才库、一个宣传大格局”。开辟绿色通道，服务世园场馆和冬奥冰雪休闲小镇建设，全力支持区域绿色大事筹办。

（胡琴）

金 融

中国银行延庆支行

【概况】 中国银行股份有限公司北京延庆支行（简称中国银行延庆支行）有机构3个，支行本部及所辖高塔街、妫水南街经营性网点支行。在岗86人，其中正式职工76人，劳务司机3人，大堂引导员7人，比上年增加4人。截至年底，人民币存款余额38.18亿元，比上年增加8.63亿元。实现利润3427.95万元，比上年增加888.37万元。

单位名称： 中国银行延庆支行
地　　址： 延庆镇庆园街12号
电　　话： 69141843

（闫立君）

【存款业务】 年内，人民币各项存款余额38.17亿元，比上年29.54亿元增加8.63亿元。其中，人民币公司存款余额26.45亿元，增加7.10亿元；储蓄存款余额11.73亿元，增加1.53亿元。外币存款余额767万美元，与上年相比，增加7万美元。其中，公司外币存款余额4万美元，外币储蓄存款余额763万美元。

（闫立君）

【贷款业务】 年内，各项贷款余额为6.15亿元，其中人民币公司贷款余额为5.77亿元，比上年减少3425万元；人民币零售贷款余额为3770万元，比上年增加589万元。不良贷款余额为0万元，资产不良率为0%。

（闫立君）

【中间业务】 年内，实现利润3427.95万元，比上年增加888.37万元，完成分行任务指标的108.12%。实现中间业务净收入545.64万元，与上年同期相比减少43.28万元，完成分行任务指标的44.40%。

（闫立君）

【国际结算业务】 年内，对公国际结算业务量492.25万美元，比上年增加23.48万美元。

（闫立君）

中国工商银行延庆支行

【概况】 中国工商银行股份有限公司延庆支行（简称中国工商银行延庆支行）从业人员117人，内设机构5个，营业网点3个，附属机构1个。截至年末，总资产86.25亿元，比上年增加31.25亿元。人民币存款时点余额61.91亿元，较年初增加11.31亿元，各项贷款余额21.12亿元，较年初增加13.08亿元，中间业务收入2337万元，同比增加67万元，拨备前利润1.04亿元，同比增加2084万元。

单位名称：中国工商银行延庆支行
地　　址：延庆镇东街28号
电　　话：69143392

（梁曼）

【代理国库业务】 年内，办理国库业务22.15万笔，金额276.80亿元，其中预算收入19.14万笔，金额104.81亿元；预算支出2289笔，金额171.99亿元。收入退还1092笔，金额1.54亿元。更正通知书72笔，金额0.91亿元。办理区授权支付和直接支付2.64万笔。

（梁曼）

【存款业务】 年内，对公存款余额38.10亿元，较年初增加9.39亿元。储蓄存款余额23.81亿元，较年初增加1.92亿元。外币储蓄存款余额194万美元，同比下降36万美元。

（梁曼）

【贷款业务】 年内，个人贷款余额5.15亿元，同比增加0.89亿元；公司贷款余额15.98亿元，同比增加12.32亿元。

（梁曼）

中国建设银行延庆支行

【概况】 中国建设银行股份有限公司北京延庆支行（简称建行延庆支行）有中长期劳动合同人员105人，设6部室（纪检监察部、综合管理部、个人金融业务部、公司业务部、住房金融业务部、业务管理部）；2个营业中心（营业部和妫水南街支行）；2个个人金融中心（胜利街储蓄所和新城街储蓄所）。年内，对网点人员进行调整，达到所辖网点独立支部全覆盖。深入学习贯彻中共十九大精神，严格组织生活，落实“两学一做”常态化制度化。严格执行“中央八项规定精神”和“总行十项要求”，严反“四风”，履行“一岗双责”，深化廉政建设，全面从严治党。截至年底，实现本外币账面利润1.27亿元；本外币全口径存款时点余额57.04亿元；本外币各项贷款时点余额38.01亿元；五级分类不良贷款余额0.11亿元，不良率0.29%。

单位名称：中国建设银行延庆支行
地　　址：延庆镇东外大街97号
电　　话：69101571

（潘颖）

【存款业务】 年内，企业存款余额27.29亿元，同比增长8.19亿元；储蓄存款余额23.86亿元，同比增长2.50亿元。

（潘颖）

【贷款业务】 年内，企业贷款余额30.93亿元，同比增加21.86亿元；个人贷款余额7.71亿元，同比增加1.41亿元，其中住房贷款余额6.71亿元，区域四行占比40.22%，排名第一。

（潘颖）

【中间业务】 年内，实现中间业务净收入3521万元，同比增加234万元。其中，对公中间业务净收入2199万元，同比增加46万元；对私中间业务净收入1322万元，同比增加188万元。

（潘颖）

【合规文化建设】 年内，持续推进合规文化建设。组织各部门（网点）开展2017年“合规建行、知行合一”主题活动，组织全员学习《三线合规教育手册》，签订《合规承诺书》；开展纪委书记讲案例活动以及合规答题活动、“合规在我心”征文活动、“爱岗敬业，合规在心”演讲活动等。

（潘颖）

中国农业银行延庆支行

【概况】 中国农业银行股份有限公司北京延庆支行（简称农行延庆支行）内设机构6个，营业网点8个，包括支行营业部和7家二级支行，在岗员工206人，均为合同制用工。年内，向区政府缴纳各项税收841.8万元。

单位名称：中国农业银行延庆支行
地　　址：延庆镇东外大街73号
电　　话：69144474

（吴慧晶）

【存款业务】 年内，各项存款余额98.8亿元，较年初增加11.2亿元。其中储蓄存款余额53.6亿元，较年初增加5.2亿元；对公存款余额45.2亿元，较年初增加6.0亿元。

（吴慧晶）

【贷款业务】 年内，各项贷款余额11.0亿元，较年初减少1.2亿元。其中，个人贷款余额9.3亿元，较年初增加0.8亿元；公司贷款余额1.7亿元，较年初减少2.0亿元。

（吴慧晶）

【中间业务】 年内，新增信用卡发卡10071张。截至年末，实现拨备后利润2.54亿元。实现中间业务收入3377万元，较上年度增加57万元。

（吴慧晶）

【系统改造】 年内，各网点配齐超级柜台，完成柜面业务综合化改造，实物印章管控和事后监督得到优化，全面实现凭证、印章和签字电子化。

（吴慧晶）

中国农业发展银行延庆支行

【概况】 中国农业发展银行北京市延庆区支行（简称农发行延庆区支行），1997年成立，设办公室、信贷业务部、会计结算部。2017年，有员工25人，其中正式员工21人，临时用工4人。主要职责是按照国家的法律法规和方针政策，以国家信用为基础筹集资金，承担农业政策性金融业务，代理财政支农资金的拨付，为农业和农村经济发展服务。年内，以分行提出的“奋发进取履好职、精准发力快发展、从严立行谋长远”为指导，以支行年初提出的工作思路为主线，精心组织，真抓实干，支行的各项工作稳步运行。截至年末，各项贷款余额3.11亿元，各项存款余额6.47亿元。

单位名称：中国农业发展银行延庆支行
地　　址：延庆镇妫水南街33号
电　　话：69188337

（闫恒）

【贷款业务】 3月，按照京农发银发（2017）47号文件要求收回北京燕谷粮油购销公司贷款513万元；4月，延庆粮食收储库回笼小麦款536万元；年内，北京燕谷粮油购销公司还贷1.41亿元。截至年末，支行投放各项贷款1.09亿元，较去年少投放2480万元；收回贷款1.51亿元，较去年多收回5369万元。支行贷款余额3.11亿元，较年初减少4234万元。

（闫恒）

【政策性粮油贷款管理】 年内，支行严格按照政策性贷款管理办法的有关规定，加大对储备粮库存监管的力度，严格执行定期查库、季度交叉查库制度，认真核实粮食企业库存。截止年末，发放省级储备粮贷款2笔，金额1.01亿元，发放市级储备贷款1笔，金额828万元。收回省级储备粮贷款1.46亿元，收回市级储备贷款536万元。贷款净收回4231万元。全年办理省级储备粮贷款展期6笔，金额2.30亿元；办理市级储备粮贷款展期4笔，展期金额1962万元。

（闫恒）

【存款业务】 截至年底，支行各项存款余额6.47亿元，较年初增加4.05亿元。其中，企事业单位存款余额6.24亿元，较年初增加4.07亿元；财政性存款余额2328万元，较年初减少238万元。

（闫恒）

北京农村商业银行延庆支行

【概况】 北京农村商业银行股份有限公司延庆支行（简称北京农商行延庆支行），在职员工262人（含13名派遣制员工），营业网点20个，其中1个支行营业部，6个非管辖行级网点，13个分理处级网点。年内，坚持“立足城乡、服务“三农”、服务企业、服务百姓”的市场定位，以“深化改革、创新发展”为经营主题，围绕地区发展规划，为区重点项目、民生工程提供金融服务支持。努力实现更高质量、更有效益、更可持续的稳健发展。

单位名称：北京农村商业银行延庆支行
地　　址：延庆镇东外大街109号
电　　话：69147141

（韩煦）

【存款业务】 年内，人民币存款总额133.49亿元，比上年增加29.97亿元，增幅28.95%，占全区市场份额的29.44%，在全区金融机构中排名第一，其中对公存款余额69.55亿元，增幅44.50%，储蓄存款余额63.94亿元，增幅15.44%。

（韩煦）

【贷款业务】 年内，各项贷款余额4.61亿元，其中银团贷款0.69亿元，非银团正常贷款3.68亿元，不良贷款0.93亿元，不良率20.26%。发放中小企业贷款17笔224.42万元，发放个人经营类、养殖类、消费类贷款4笔591万元。

（韩煦）

【中间业务】 年内，实现中间业务收入1340.86万元，比上年增加170.4万元。信用卡、黄金积存、实物贵金属、对公理财等业务成为中间业务新亮点。

（韩煦）

【便民服务】 年内，开放助农取款功能，新增有效乡村便利店19家，全区存量乡村便利店达到32家。完成城关分理处社区智能化网点改造工程，为社区居民带来全新的智能化银行服务体验。

（韩煦）

邮政储蓄银行延庆支行

【概况】 中国邮政储蓄银行股份有限公司北京延庆区支行（简称邮储银行延庆支行），现有职工72人，其中正式工69人、劳务工3人。支行机关设3个部室、13个网点。年内，围绕年初工作目标和监管部门要求，坚持稳中求进、改革创新，不断增强改革活力，提升发展质量，各项业务稳步推进。全年无任何资金案件和安全事故。截至年底，实现收入3876万元，各项存款余额35.19亿元，发放各类贷款9.22亿元。

单位名称：邮政储蓄银行延庆支行
地　　址：延庆镇东外大街72号
电　　话：69146754

（王瑞雪）

【存款业务】 年内，各项存款余额35.19亿元，同比增长7.69亿元，增幅27.96%。其中，居民个人储蓄存款26.71亿元，同比增长3.82亿元，增幅16.69%；对公存款8.48亿元，同比增长3.91亿元，增幅85.42%。

（王瑞雪）

【信贷业务】 年内，发放各类贷款9.22亿元，同比增长5.77亿元，增幅167.25%。其中，小额贷款2.73亿元，同比增长1226万元，增幅4.7%；居民住房贷款发放889万元，增长—2848万元，增幅—76.21%；综合消费贷款发放4833.05万元，同比增长4380.65万元，增幅968.31%；小企业贷款发放4300万元，同比增长50万元，增幅1.17%；公司贷款实现破冰发展，发放贷款5.49亿元。

（王瑞雪）

【中间业务】 年内，信用卡发卡1828张，同比增长1063张，增幅138.95%；发展保险业务945.36万元，同比增长—35.55万元，增幅—3.6%；销售理财业务4.78亿元，同比增涨6992.24万元，增幅17.14%；发放农村合作医疗报销款15128笔，发放金额3043万元，同比增长459万元。

（王瑞雪）

（栏目编辑：景冰芳）

农　业

综 述

【概况】 北京市延庆区农村工作委员会（简称区农委），挂北京市延庆区人民政府山区建设办公室（简称区山区办）的牌子，与中共延庆区委农村工作委员会（简称区委农工委）合署办公。区委农工委是负责延庆区农委系统党的建设、思想政治工作和干部管理工作的区委派出机构。区农委（区山区办）是负责统筹协调本区农村发展和农村经济工作的区政府工作部门。设行政科室6个、规范事业单位1个、全额拨款事业单位1个，包括办公室、政工科、综合科、发展改革科、村镇建设科、山区建设科、延庆区新农村建设服务中心和延庆区生态农业科技园区管委会。行政编制21人，事业编制17名，工勤编制6名，在岗38人。农工委系统所属11个单位，包括区农委、区农业局、区园林绿化局、区水务局、区气象局、区农村合作经济经营管理站、区种植业服务中心、区农机服务中心、区水产服务中心、国家马铃薯产业高科技园区管理委员会和野鸭湖湿地自然保护区。年内，区农委围绕全区中心工作，合力推进“六个一批”，精准帮扶举措覆盖到村、到户，低收入村户包括58个低收入村、12358户25652人被纳入监测数据库。制定《关于乡镇低收入农户增收及低收入村产业发展资金使用指导意见》《区级统筹低收入农户增收及低收入村发展资金使用管理办法》《延庆区2017年下半年促进农民持续增收行动方案》等政策措施。制订《关于坚持以疏解整治促提升全面推动城乡一体化发展的实施意见》及其重点工作分工方案。继续实施山区搬迁与生态环境提升5项重点工程，持续对“百里山水画廊”“四季花海”“冰川绿谷”3条沟域进行提档升级，联合区旅游委制定《沟域旅游产业发展规划》，结合小城镇建设、美丽乡村建设与沟域经济建设等工作持续推进社会主义新农村建设城市化与城乡发展一体化工作；康庄镇被评为全国第二批特色小镇。加大农村改革力度，印发《北京市延庆区乡镇集体经济组织产权制度改革试点实施方案》，农村土地承包经营权确权登记颁证工作完成总任务的93.37%。规范合作社管理，印发《北京市延庆区农民专业合作社扶持细则》和《北京市延庆区农民专业合作社区级规范社动态管理办法》。拓展农民增收渠道，有序实施村级公益事业建设，确定一事一议财政奖补项目100个，其中覆盖低收入村39个，覆盖率67%。安排农业领域专项转移支付项目23个，重点实施沟域经济建设和都市型现代农业示范区建设。举办第二届京张优质农产品推介会，发展都市型现代农业与休闲农业，出台基本菜田补贴和农业支持保护补贴政策，引导产业布局特色化发展，全区农业现代化程度85.51%。制定《2017年延庆农村地区村庄“冬季清洁取暖”工作方案》《延庆区2017年劣质燃煤管控工作方案》，推进“减煤换煤、煤改清洁能源”工程。制定《延庆区2017年农民住宅抗震节能工程的实施方案》，完成农宅抗震节能改造6779户，其中新建翻建3161户、单项保温3618户；完成6个乡镇23个村的村属公益用房节能保温工程。全区农村经济总收入完成173.9亿元，同比增长0.7%。农村居民人均可支配收入21248元，同比增长8.5%；低收入农户人均可支配收入10014元，同比增长16.3%；75.1%的低收入农户实现稳定脱低。

单位名称：延庆区农村工作委员会
地　　址：延庆镇西街2号
电　　话：69142610

（李春杰）

【“美丽乡村·筑梦有我”公益行动】 1月11日，在北京华凤温泉大城堡举行2017年度“美丽乡村·筑梦有我”大型公益行动延庆区低收入村户增收宣传对接座谈会。3月23日，市农委、市青联、北京新闻广播到四海镇菜食河村开展牵手低收入村调研。

（李春杰）

【农民培训协调推进会召开】 6月1日，区农委联合区教委、人力社保局、农业局等20家单位召开农民培训工作协调推进会，系统研究农业农村人才建设和农民教育培训工作。

（李春杰）

【农村工作会召开】 7月10日，召开2017年农村半年工作会。穆鹏主持会议，区社会主义新农村建设领导小组成员单位、农口单位、乡镇党委政府、龙头企业和合作社代表与负责人参加会议。主管区长做农村工作报告，李志军出席并讲话。

（李春杰）

【特色民居培训】 8月29—31日，组织乡镇干部、民俗旅游接待户26人参加市休闲农业和乡村旅游经营管理人员特色民居培训班，提升民俗户专业服务和经营水平。

（李春杰）

【中国国际农产品交易会获奖】 9月21—24日，组织北京绿富隆农业有限责任公司、北京北菜园农产品产销专业合作社、北京金粟种植专业合作社、四海田园农副产品加工有限责任公司参加在北京农展馆举办的第十五届中国国际农产品交易会，展示有机蔬菜、有机葡萄、无公害杂粮、菊花茶、玫瑰茶等20个品种。北京绿富隆农业有限责任公司的有机荷兰黄瓜获得第十五届中国国际农产品交易会金奖称号。

（李春杰）

【京张优质农产品推介】 11月3—5日，区农委在八达岭国际会展中心举办2017年京张优质农产品推介会，会议主题是“打造京津冀优质农产品的未来”，京张两地128家企业共600种产品参展。大会设置农产品展区和“延庆乡村美食、精品民宿展”2个展厅，总展出面积5400平方米。期间接待观众11000人次，现场成交额190万元，意向成交额1200万元，同比增长20%。

（李春杰）

【5家企业和产品获荣誉称号】 年内，区5家农业企业和产品获得“北京农业好品牌”称号，其中“北菜园”“归原”“德青源”3个品牌获得2017年“北京农业好品牌”企业品牌；“绿富隆”和“晓忠”2个品牌获得2017年“北京农业好品牌”产品品牌。

（李春杰）

【都市型现代农业建设】 年内，粮食作物面积由1.36万公顷调减为1.14万公顷；蔬菜播种面积稳定在0.17万公顷。完成560.4公顷农业节水灌溉建设任务，编制完成“两田一园”农业高效节水3年工作方案，农田灌溉水有效利用系数达0.72。着力培育“延庆·有机农业”品牌，34家企业和基地的140个品种获得有机认证。稳定鲜果面积0.54万公顷、花卉和林下经济0.34万公顷。成功创建“国家有机产品认证示范区”。全年农林牧渔业实现总产值17.68亿元，同比下降8.4%。

（李春杰）

【产业建设成果开始显现】 年内，柳沟村（民俗旅游）被评定为第一批北京市特色专业示范村。12个乡镇（除四海镇、珍珠泉乡、大庄科乡）开展都市型现代示范乡镇监测及申报工作，大榆树镇、八达岭镇成功创建市级都市型现代（高效）农业示范乡镇。北京北菜园农业科技发展有限公司和北京兴业富民果蔬种植专业合作社2家企业被认定为市农业信息化龙头企业。

（李春杰）

【休闲农业与乡村旅游产业发展】 年内，四海镇南湾村被评为中国美丽休闲乡村。截至年底，全区已评定国家星级园区22家，其中国家五星级1家、国家四星级7家、国家三星级14家；已评定市级星级园区56家，其中五星级4家、四星级11家、三星级32家。

（李春杰）

【美丽乡村和特色小镇建设】 年内，确定2018—2020年美丽乡村建设总任务及年度目标，确定120个任务村庄名单并建立任务台账，编制完成35个美丽乡村示范村建设发展规划。推荐铁炉村、八亩地村和东龙湾村参评2017—2018年度“北京最美的乡村”；康庄镇获评第二批全国特色小镇。

（李春杰）

【农民专业合作社管理】 年内，16家合作社被评定为市级示范社，可享受免抵押担保贷款、贷款贴息、担保费补贴和产业项目优先扶持等优惠政策。对23家表现突出的农民专业合作社给予表彰。其中，前庙村葡萄、红福宝养殖等5个农民专业合作社因考评不及格，取消市级示范社称号。

（李春杰）

【沟域经济建设】 年内，“乡宴柳沟”沟域被列为市级重点建设沟域，“百里山水画廊”“四季花海”“冰川绿谷”被列为区级建设提升沟域，安排沟域经济建设转移支付支持资金3000万元。

（李春杰）

【山区搬迁工程】 年内，按照美丽乡村示范村标准推进山区搬迁村建设，完成大庄科乡里长沟村、董家沟村，珍珠泉乡小川村，井庄镇碓臼石村、冯家庙村，香营乡山底下村，千家店镇沙梁子村7个村规划方案编制工作。

（李春杰）

【8.5%农民增收】 年内，落实市级促进农民增收若干措施，出台《延庆区2017年下半年促进农民持续增收行动方案》，实现农民人均可支配收入21248元，同比增长8.5%，快于城镇居民增收0.3个百分点。

（李春杰）

【低收入村户增收】 年内，58个低收入村、12358户、25652人低收入村户被纳入监测数据库。确定低收入产业项目122个，78个项目开工建设，完工38个。对符合条件的490户、1107人低收入农户新纳入低保、特困等社救救助系统，做到应保尽保。实施因病致贫、临时救助、教育救助低收入农户1313户1349人。对全区低收入农户21479人参加新农合个人缴费部分予以补贴，每人每年160元。农村社保、社会救助标准及公共服务水平进一步提升，2次提高养老金水平，基础养老金每人每月达610元，福利养老金达到每人每月525元。先后选派139名第一书记，引进帮扶项目60个，涉及资金近2500万元。通过多项帮扶举措，75.1%低收入农户实现稳定脱低。低收入农户人均可支配收入10014元，同比增长16.3%，增速快于全区农民增收水平。

（李春杰）

【农村地区冬季清洁取暖】 年内，确定清洁能源设备企业19家、优质型煤炉具企业2家、优质型煤供应企业9家。重点推进优质燃煤替代、取暖“煤改电”、更换无烟煤炉具等工作，“煤改电”设备安装涉及11个乡镇46个村庄12407户，实现减煤6.6万吨、换煤8.7万吨，更换优质燃煤炉具994台。

（李春杰）

【专项农村改革】 年内，出台《北京市延庆区乡镇集体经济组织产权制度改革试点实施方案》，全面启动大榆树镇镇级产权制度改革工作；《北京市延庆区农民专业合作社组织管理体制改革方案》通过第37次区政府常务会议审议；《关于建立优质农产品营销网络的实施方案》和《延庆区国家新型城镇化综合试点实施方案》通过区政府专题会研究审议。

（李春杰）

【国家新型城镇化综合试点】 年内，延庆区国家新型城镇化综合试点工作纳入北京市延庆区社会主义新农村建设工作领导小组，下设国家新型城镇化综合试点工作办公室，办公室设在区农委。

（李春杰）

【土地确权】 年内，确定33个村属于暂不确权范围，涉及承包合同面积2.3万亩（1533.33公顷）。清理土地承包合同档案4.2万份，调查承包户5.1万户，审核公示承包地面积31万亩

（20666.67公顷）实测面积38.6万亩（25733.33公顷），累计完成总任务的93.37%。

（李春杰）

【安全生产】 年内，制印发《延庆区农村工作委员会安全生产“党政同责、一岗双责”实施办法》，开展安全生产检查、安全生产月活动、安全隐患大排查大清理大整治专项行动等工作，全年检查29家企业79人次。

（李春杰）

行业监管

【概况】 延庆区农业局，挂延庆区动物卫生监督管理局牌子。是负责延庆区农业生产管理、农业行政执法监督和兽医行政管理工作的区政府工作部门。设政办室、计财科、科教科、农产品质量安全科、法制科、种植农机管理科、畜牧水产管理科、应急防疫科8个科室，下属动物卫生监督所、动物疫病预防控制中心、畜牧技术推广站3个独立法人单位和9个基层派出机构（延庆所、康庄所、张山营所、大榆树所、旧县所、永宁所、四海所、井庄所、千家店所）。全局核定编制197名，年末在岗职工165人，其中局机关和动物卫生监督所为行政编制，定编67人，实有59人；机关工勤定编10人，实有7人；其余机构为财政补助事业编制，定编120人，实有99人。2017年全区实现农林牧渔业总产值17.68亿元，同比下降8.4%。传统农业产出下降，其中种植业实现产值5.09亿元，同比下降10.3%；牧业实现产值8.76亿元，同比下降12.7%；渔业实现产值2341.30万元，同比下降26.2%。生态农业、都市农业增势较好，其中林业实现产值3.05亿元，同比增长11.6%；观光民俗旅游实现收入3.98亿元，同比增长5.0%。年内，蔬菜播种面积26732.85亩（1782.19公顷），同比增加11.5%。其中，露地蔬菜播种面积18451.2亩（1230.08公顷），增加1976.9亩（131.79公顷）；设施蔬菜播种面积8281.65亩（552.11公顷），增加780.35亩（52.02公顷）。蔬菜产量5900万千克，同比增加25.2%。蔬菜收入16399.75万元，同比增加21%。地头收购均价2.15元/千克，同比减少0.08元/公斤。粮食播种面积17.1万亩（11400公顷），同比减少16.2%。其中玉米15.8万亩（10533.33公顷），豆类、杂粮等1.3万亩（866.67公顷）。粮食平均亩产476.9千克，总产8133万千克。截至年底，完成有机、绿色农产品种植、养殖面积的比重≥95%指标；完成畜禽养殖场粪便综合利用率≥98%指标。

单位名称：延庆区农业局
地 址：延庆镇西街2号
电 话：69142076

（张珅）

【“中国特产·延庆馆”上线】 4月，北京金钰诚通电子商务有限公司与京东等电商平台达成合作，上线京东“中国特产·延庆馆”，同时开设涵盖48家企业90种农副产品的延庆特产馆线下展销平台，与22家延庆知名农企达成战略合作授权销售旗下优质农产品。线上线下销售额50万元。

（张珅）

【延庆获评5个好品牌3个好把式】 5月，市农业局在全市范围内开展“北京农业好品牌”“京郊农业好把式”两项评选。延庆德青源、妫原、绿富隆等5家企业（合作社）获得“北京农业好品牌”称号、3位农业技术人员分别以“葡萄果树种植管理、有机奶生产技术和蔬菜生产”获得“京郊农业好把式”称号。

（张珅）

【禁养区内规模养殖场关停】 6月9日，延庆区畜禽养殖禁养区内12处规模化养殖场（小区）实现全部关停，清理畜禽3.99万头只，腾退农业用地710亩。

（张珅）

【区农产品展示平台开网】 9月20日，由区农业局自主打造的“延庆区农产品展示平台”正式开网，线下为归原、绿富隆、北菜园等30家合作社（企业）制作二维码标牌，通过扫描可直观了解延庆优质农户和农产品，延庆农业微信公众平台，同时对外上线。

（张珅）

【农产品宣传推介】 9月25日至10月8日，在北沙滩中天国际社区开展延庆优质农产品宣传推介周活动，全区20家名特优农产品专业合作社参展。

（张珅）

【第三届基层农技推广知识竞赛】 12月15日，举办第三届（总第五届）基层农技推广知识竞赛。全区15个乡镇各选派1支代表队参加，每队由3名村级全科农技员组成。张山营镇代表队获得一等奖，香营乡、旧县镇代表队获二等奖，井庄镇、延庆镇和大榆树镇3支代表队获三等奖。

（张珅）

【畜牧产业发展】 年内，畜牧业实现产值8758.13万元，同比下降12.7%。奶牛存栏1.1万头，肉牛出栏2363头，家禽出栏248.2万只，生猪出栏10.3万头，羊出栏4.1万只。截至年底，全区产鲜奶4.1万吨（4100万千克）、鲜蛋3.7万吨（3700万千克）、水产品1068.7吨（106.87万千克）。

（张珅）

【“三品”认证】 年内，在全区推进“三品”认证工作。截至年底，全区新增无公害认证8家、总数48家；新增有机农产品认证2家、总数34家；绿色认证总数3家。

（张珅）

【种植业政策性农业保险服务】 年内，全区种植业承保总面积103098亩（6873.2公顷），同比增加增加36%。其中，承保玉米37131.7亩（2475.45公顷），同比减少6%；承保温室大棚2958亩（197.2公顷），同比减少5%；承保果树63008.3亩（4200.55公顷），同比增加91%；种植业总保额3.12亿元，同比增加364%，涉及7780户（企业或合作社）。保费收入1767.4万元，同比增加49%。

（张珅）

【养殖业政策性农业保险服务】 年内，对养殖企业投保情况进行现场审核，全年投保98户次，投保畜禽总量192.5243万头只，投保总额2.18亿元。其中，奶牛10户次4882头；能繁母猪头41户次4587头；生猪44户84561头；蛋鸡3户183.1213万只。全年理赔2953户次、28301头只，理赔金额905.04万元。

（张珅）

【全程农业标准化基地建设】 年内，开展全程农产品质量安全标准化示范基地建设评审工作，北京绿富隆农业股份有限公司获评区级全程农产品质量安全标准化示范基地。

（张珅）

【国家有机产品认证示范区获批】 年初，区农业局向国家认监委申请创建“国家有机产品认证示范区”。10月19日，国家认监委专家组对区有机产品认证示范区创建工作进行验收评审。12月22日，国家认监委正式公布：北京市延庆区为国家有机产品认证示范区。

（张珅）

【菜田补贴】 年内，全区享受蔬菜补贴总面积13942.38亩（929.49公顷），其中露地蔬菜8398.63亩（559.91公顷）、日光温室蔬菜1426.70亩（95.11公顷）、钢架大棚蔬菜4117.05亩（274.47公顷）；补贴资金736万元。

（张珅）

【农业支持保护补贴】 年内，制定出台《延庆区2017年农业支持保护补贴政策实施方案》《关于调整延庆区2017年农业支持保护补贴标准的补充方案》，截至年底，补贴面积12.9万亩（8600公顷），补贴资金1936.2万元，涉及15个乡镇309个村2.7万户。

（张珅）

【新型职业农民培育】 年内，按照全市统一安排，实施新型职业农民培育工程，区农广校承担具体培训任务，组建休闲农业培训班1个，培训79人。

（张珅）

【基层农技推广体系改革与建设】 年内，全区有区乡两级农技推广机构34个、农技推广人员343人，其中区级层面涉及种植业、畜牧业、水产业、农机化4个行业，乡镇层面指乡镇农业综合服务中心；另有村级全科农技员123人。2017年度基层农技推广体系改革与建设项目确定种植、畜牧和果品3个主导产业，推广应用主推技术39项，选聘基层农技人员130名，培育示范主体1301个，建设示范基地3个。

（张珅）

【村级全科农技员管理】 年内，针对队伍建设和规范化管理存在的突出问题，修改完善《延庆区村级全科农技员管理办法》；开展贯彻落实意见专项自查。村级全科农技员人数123人，更换5人，总人数保持稳定。

（张珅）

【农邮通建设】 年内，区农业局与中邮集团延庆分公司签署战略合作协议，建设“农邮通”服务站总站1处、分站10处。2017年，新增35家合作社与邮政公司开展物流合作，运输农产品1387辆次、1680吨，其中商超553辆次，宅配订单30840件。

（张珅）

动物卫生监督与管理

【重大动物疫病预防】 4月和9月，在全区范围内组织开展“预防重大动物疫病”消毒灭源工作。投入各类消毒药品11.95吨（千克），涉及场户1664个，消毒面积252万平方米，100%覆盖所有重点养殖场区以及养殖密集区。

（张珅）

【动物贩运经纪人工作会】 9月26日召开。会议传达《北京市从事动物收购、销售、运输的单位和个人备案管理办法（试行）》文件相关内容，要求从事相关活动的单位和个人需一律遵照管理办法的规定，提供相关材料、填写备案信息表进行登记备案管理。截至年底，完成首轮动物贩运经纪人备案工作，运输车辆个人备案18个，单位备案14个；动物收购、销售人员个人备案15个，单位备案4个。

（张珅）

【动物卫生监督执法】 年内，出动执法车辆445辆次，出动执法人员1586人次，检查场所598场次，下达监督笔录495份、监督意见书493份。查处案件55件，结案55件，同比增加10%。罚没金额61127元，同比增加22.34%。

（张珅）

【动物及动物产品检疫】 年内，产地检疫各种动物763.21万头、只（含鱼苗401.89万尾），动物产品343.45吨（千克），消毒车辆2515车次，屠宰检疫禽类40.77万只，出证率100%，未发生畜禽非定点屠宰动物产品质量安全事件。

（张珅）

【运输环节监督】 年内，4个公路动物防疫监督检查站依法对运输动物及动物产品的车辆逐一检查，截至年底，检查进京车辆17170辆，检查动物216.92万头（只），检查动物产品45232.3吨（枚、张）。

（张珅）

【动物检疫案件查处】 年内，依据《中华人民共和国动物防疫法》《北京市动物防疫条例》《动物检疫管理办法》。查处2件“接收未取得监督检查专用章动物”案，涉案货值金额高达41.9万元，处罚金额共计17000元；查处2件“落地报告未开具动物检疫证明”案，处罚金额共计9219元。查处1件“不遵守动物免疫退出和动物疫病传播阻断制度”案件，处罚金额4000元。

（张珅）

【日常监管抽查】 年内，对监管对象及执法人员进行调整，重新梳理随机抽查对象名录库及执法人员名录库。截至年底，抽查36个，其中养殖类20个、种畜禽类6个、饲料类7个、兽药类3个；检查合格率97.2%。

（张珅）

【病死动物无害化处理机制建设】 年内，建成病死动物无害化处理收集暂存点57处并投入运营，其中区动物疫病预防控制中心1个，农业局基层所9个，动物诊所（医院）3个，畜禽屠宰加工企业3处，动物养殖企业41个；与北京市一清百玛士绿色能源有限公司签订《延庆区动物、动物产品无害化处理服务协议》，本辖区在动物养殖、诊疗、屠宰加工等环节产生的病死动物及动物产品由北京市一清百玛士绿色能源有限公司按照国家标准进行无害化处理；全年处理病死动物34957头。

（张珅）

【畜禽疫病免疫】 年内，进行3次畜禽集中强制免疫，口蹄疫36.55万头只次，禽流感830.13万只次，羊布病6.02万只次，小反刍兽疫5.7万只次，狂犬病16045只，强制免疫疫病均达到应免的100%。

（张珅）

【过敏反应鉴定及补偿】 年内，鉴定过敏现象583起。认定奶牛死亡13头、流产44头；肉牛死亡2头；羊死亡93只、流产51只；禽类死亡380羽。过敏反应补偿资金11.45万元。

（张珅）

【免疫抗体监测】 年内，通过采取集中监测、自免场户监测、紧急监测和追踪监测相结合的方式确保动物疫病监测覆盖全区所有规模养殖场户和养殖村。全年监测畜禽血液样本34665份，涉及各类场户4688个，免疫抗体合格率均高于部颁标准。

（张珅）

【畜禽疫病净化】 年内，春、秋两季开展奶牛两病净化工作。结核病检疫净化工作检测奶牛14298头，结果均为阴性。全年奶牛布鲁氏菌病净化采集血样5633头份，检出79头阳性，核实后对阳性牛进行无害化处理。

（张珅）

【狂犬病集中免疫】 年内，全区13个犬只狂犬病免疫定点单位免疫犬只16045条，狂犬病应免免疫率100%，免疫标识佩戴率100%。

（张珅）

种植业

【概况】 延庆区种植业服务中心（简称区种植中心）隶属延庆区人民政府，属事业单位。负责全区种植业管理；种植业技术试验、示范、推广；种植业技术开发、培训、服务；农业植物病虫害检测防治；农资、农产品管理；农资、农产品质量检测；面源污染控制；农村新能源开发、推广、服务等项工作。设政工科、粮经科、蔬菜科、科技科、安全食品科、计财科、控制面源污染科、景观农业建设科、办公室、农村能源办公室。下属单位有农业技术推广站、农业科学研究所、植物保护站、农村新能源管理站、种子管理站、农产品质量安全检验检测中心。年内，秋粮收获总面积170555.4亩（11370.36公顷），蔬菜播种面积26732.85亩（1782.19公顷），农业支持保护补贴面积129076.5亩（8605.1公顷），蔬菜补贴面积209135.7亩（13942.38公顷），完成巩固退耕还林成果基本口粮田建设规划（2008—2015年）项目市级验收，全区蔬菜沼液滴灌可控面积1800亩（120公顷），无公害农产品种植业认证企业35家，有2家蔬菜企业通过绿色食品认证；全年办理农作物种子生产经营许可证单位3家；依法成功备案种子经营户53家，办理种子经营备案单位（户）53家，开办植物诊所6所。

选派指导教师14名为全区7个乡镇的36户农民进行对接服务，通过培训班、田间指导、科普赶集等形式，培训农民5000人次，发放技术资料8000份。区创建的10.22万亩（公顷）全国绿色食品原料（玉米）标准化生产基地完成年度检查任务。

单位名称：延庆区种植服务中心
地　　址：延庆镇东外大街88号
电　　话：69103334

（齐金平）

【无公害农产品认证】　年内，全区无公害农产品种植业认证企业35家，192个产品，生产规模665.05公顷，年产量2976.396万千克。其中，蔬菜认证33家，188个产品，生产规模596.85公顷，产量2887.876万千克；杂粮认证2家，4个产品，生产规模68.2公顷，产量88.52万千克。

（齐金平）

【有机产品认证】　年内，全区种植业获得有机认证证书14个，124个产品。12月被国家认监委确定为“国家有机产品认证示范区”。

（齐金平）

【农资培训】　年内，种植业服务中心会同农业局、工商延庆分局联合在延庆中银酒店会议室召开2017年农资打假暨规范农资经营使用培训会，会议表彰9家农资诚信经营示范户。各农资经营单位、蔬菜生产基地分别与工商、种植中心及所属种子、肥料、农药执法部门签订《农资商品经营管理责任书》《“三品”基地农产品质量安全生产责任书》《农药经营责任书》《农药使用责任书》等。全区农资经营单位、蔬菜生产基地及种植中心所属执法单位120人参加会议。

（齐金平）

【农药监督管理】　年内，组织执法检查37次，出动检查车辆42辆次、执法人员180人次，检查经营单位162个次，蔬菜基地45个次。抽查农药标签115个，合格率97.4%。农药质量抽检47个样品，合格率91.5%。下发执法检查整改意见书6份；当场处罚3起，罚款150元；一般程序5起，罚没款1870元。

（齐金平）

【玉米病虫害防治】　年内，玉米播种面积17.2万亩（11466.67公顷），病虫害总体轻发生，个别中等发生。发生面积56.5万亩（37666.67公顷）次，防治面积37.5万亩（25000公顷）次，挽回损失220万千克。

（齐金平）

【植物医院及植物诊所建设】　年内，开办6个植物诊所，为10个镇2个乡2个街道的101个村的725户农民诊断2251个绿色处方，其中病害1189个，虫害964个，其他因素的处方98个，并根据不同病虫害提出绿色防控意见，使植物病虫害绿色防控技术得到推广和应用。

（齐金平）

【病虫害防治】　年内，全区蔬菜病虫害发生面积13.29万亩次，防治面积53.08万亩次，挽回产量损失9798吨，实际产量损失1873吨。其中，露地蔬菜病虫害发生面积9.11万亩次，防治面积35.77万亩次，挽回产量损失6638吨，实际产量损失1269吨；设施蔬菜病虫害发生面积4.18万亩次，防治面积17.31万亩次，挽回产量损失3160吨，实际产量损失604吨。

（齐金平）

【农村实用人才开发培养】　年内，完成农村实用人才开发培养工程，选派指导教师14名为全区7个乡镇的36户农民进行对接服务。主要指导蔬菜、玉米、脱毒马铃薯种薯繁育、花卉的栽培技术及病虫害防治管理。

（齐金平）

【粮食生产】　年内，全区秋粮收获总面积170555.4亩（11370.36公顷），其中玉米面积157992亩（10532.8公顷）。平均亩产501.71千克，比上年减少7.12千克/亩，减幅1.4%。玉米总产量7926.62万千克。

（齐金平）

【农业支持保护补贴】　年内，全区15个乡镇309个村2.69万户农民享受农业支持保护补贴；补贴作物包括谷物、豆类、薯类、油料、中药材，补贴标准150元/亩。补贴面积129076.5亩（8605.1公顷），补贴资金1936.15万元。其中，谷物补贴面积126902.70亩（8460.18公顷），补贴资金1903.54万元。

（齐金平）

【农业查灾定损】 年内，全区发生风雹灾2次，粮食受灾面积13000亩（866.67公顷），造成经济损失277万元。全区受灾理赔面积9000亩（600公顷），总赔付资金157万元。

（齐金平）

【退耕还林基本口粮田建设】 年内，完成巩固退耕还林成果基本口粮田建设规划（2008—2015年）项目市级验收。完成巩固退耕还林成果基本口粮田建设项目130000亩（8666.67公顷），进行农田基础改造工程130000亩（8666.67公顷），发放精制有机肥6500万千克、专用配方肥455万千克、保水剂11.63万千克、叶面抗旱剂0.33万千克。

（齐金平）

【蔬菜生产】 年内，全区蔬菜播种面积26732.85亩（1782.19公顷），其中露地蔬菜18451.20亩（1230.08公顷），设施蔬菜8281.65亩（552.11公顷）。种植面积在千亩以上的蔬菜品种有生菜、花椰菜、结球甘蓝、大白菜、番茄、土豆、青花菜、辣甜椒等。

（齐金平）

【蔬菜销售】 年内，蔬菜上市7610.33万千克，收入1.64亿元，收购均价2.15元/千克。

（齐金平）

【菜田补贴】 年内，完成全区15个乡镇108个村2亩（0.13公顷）以上基本菜田补贴的核实、汇总工作。补贴总面积13942.38亩（929.49公顷）露地8398.63亩（559.91公顷）、日光温室1426.7亩（95.11公顷）、大棚4117.05亩（274.47公顷），补贴总资金736.014万元。

（齐金平）

【蔬菜沼液滴灌建设】 年内，完成双营、东小营、孔化营、唐家堡村沼液滴灌工程。全区有10个村安装12套设备，可控面积120公顷。追肥期沼液稀释到3500—6000倍浓度进行灌溉施肥，实现水肥一体化。

（齐金平）

【种子生产经营许可和经营备案】 年内，全区办理农作物种子生产经营许可证单位3家；依法成功备案种子经营户53家，办理种子经营备案单位（户）53家，其中办理专营52家，委托3家（其中2家既受持证种子企业委托代销其种子，又经营不分装种子）。

（齐金平）

水产服务

【概况】 北京市延庆区水产服务中心（简称区水产中心）为规范管理事业单位，承担全区渔业生产发展规划、管理和服务职能。主要负责全区养殖水面水产技术推广管理、新技术、新品种引进与试验示范、水产品种育苗、水产养殖技术推广，水产品监测、监督、管理和检疫工作，渔业行政执法检查，水生野生动物植物环境保护，渔事纠纷处理等。设政办室、财务科、渔政站、推广站、业务科，核定编制39人，年末在职31人（中共党员17人），其中29人持农业行政执法证书。年内，全区渔业水域资源总面积47535亩（3169公顷），其中渔业生态养护水域面积水库面积44625亩（2975公顷），渔业养殖面积（池塘）2895亩（193公顷）。区域内水产养殖85户，主要分布于延庆镇、康庄镇、张山营镇等11个乡镇，捕捞作业船只50条，全区养殖和捕捞的主要品种有青、草、鲢、鳙、鲫，少量的虹鳟、鲟鱼等。实现渔业产量161.8万千克，观赏鱼200万尾，产值3406万元，其中休闲渔业48户，面积1320.08亩

（88.01公顷），产值542万元，渔业从业人口355人。增殖放流鲢、鳙、草、青、鲂鱼苗种11.43万千克。推广微生态制剂净水技术 575亩（38.33公顷）；中草药防治鱼病技术10亩（0.67公顷）。全年组织资源环保类执法活动618次（其中京冀渔政、水政联合执法3次），出动执法人员1236人次、保安8532人次，劝退垂钓人员2800人，拆除违规捕捞网具3000米，悬挂宣传横幅20条，发放宣传材料1000份，处理各类举报19起，行政处罚立案3起，罚款2400元，非法捕钓等渔业违法行为得到有效遏制。水野检查60家，宣传1次，发放各类宣传材料500份，接受群众咨询50次。

单位名称：延庆区水产服务中心

地　　址：延庆镇城西路

电　　话：60159803

（郭万霞）

【官厅水库禁渔期监管】 4月1日至8月15日，官厅水库进入禁渔期，从4月1日起，开展为期2个月的“打击春季电鱼专项执法行动”；站内6名男执法人员分3组，带领14名保安，定点看护与拉网式巡查相结合，对官厅水库（包括妫水西湖）进行执法检查；5月17日市渔政站组织延、怀两地联合执法，查获电鱼案件1起，移送公安部门处理，成为北京市渔政部门第一起成功实现行刑衔接案例；6月1日起水产中心开展为期3个月的“清理整治违规渔具专项执法行动”。

（郭万霞）

【渔业违法行为查处】 10月13日，接举报妫水河上磨村北水域有人非法电鱼，执法人员赶赴案发水域，和永宁派出所共同查处违法电鱼案件一起，因确定案发水域时间不具备市农业局划定的禁渔期，且渔获物数量未达到《中华人民共和刑法》340条刑事立案规定，由中心渔政站立案处理，行政处罚3人，罚款2400元。

（郭万霞）

【水产品质量监管】 年内，开展农产品质量安全（水产品）检测工作，其中渔业环境监测6个渔场815亩（54.33公顷），池塘病害监测6个点355亩（23.67公顷）。

（郭万霞）

【渔业安全生产监管】 年内，区域内渔业生产安全监管对象161个，其中水产品监管户101个、捕捞作业船只50条，全部送达《水产养殖场安全生产告知书》。全年制作水产养殖场安全生产监管记录101份、捕捞作业船只安全生产检查记录81份。检查捕捞作业船只81条次，送达《捕捞作业船只安全生产告知书》50份，捕捞作业船主出具《捕捞作业船只安全生产承诺书》50份。

（郭万霞）

【新品种引进】 年内，进一步改变养殖品种单一模式，引进长丰鲢水花200万尾，松浦镜鲤乌仔和大规格鱼种12万尾，淡化大西洋鲑鱼苗3000尾，推广养殖面积150亩（10公顷）。

（郭万霞）

【水产养殖污染控制】 年内，组织实施延庆“三区”（自然保护区、水资源保护区、环境敏感区）禁止新建水产养殖场工作。启动编制《延庆区养殖水域、滩涂规划》，对原有水产养殖场严格落实污染防治措施，实现污染物达标排放。

（郭万霞）

【田间培训】 年内，组织各乡镇水产技术员、养殖户在中银酒店60人参加田间学校培训一次。市水产研究所专家讲解水产养殖技术、水产品质量安全、渔业生产安全、渔业产业、环保政策相关生产经营等。

（郭万霞）

【工厂化循环水车间建设】 年内，刘斌堡村北京妫川御鳞观赏鱼销售部（二期）建设全封闭工厂化循环水养殖车间1000平方米，配套安装循环过滤设施设备。通过调减高耗水养殖品种及养殖方式，实现结构节水。

（郭万霞）

【籽种渔业发展】 年内，为提高籽种渔业示范推广功能，建设鲟鱼博物馆及水质分析监控室、病害防治实验室、档案室、值班室等500平方米，水处理中心及景观人工湿地500平方米及种鱼展示长廊160平方米。

（郭万霞）

【养殖户分级量化管理】 年内，全区养殖户按监管风险分为A、B、C三级，A是养殖面积100亩（6.67公顷）以上的成鱼养殖场户、苗种生产企业、水产品质量安全认证企业29家，每年入场检查3次以上。B是养殖面积50亩（3.33公顷）以上的成鱼养殖场户9家，每年检查2次以上。C级是养殖面积50亩（3.33公顷）以下的养殖场户和垂钓场户63户，每年检查1次。

（郭万霞）

【苗种企业和养殖场户实施快速检测】 年内，实施快速检测，苗种企业速检样品30个，养殖场户孔雀石绿自检101个，对重点养殖场户抽检50个，结果全部阴性。

（郭万霞）

【水产苗种生产许可】 年内，新办《水产苗种生产许可证》1本。截至年底，全区有水产苗种生产许可证9本，水域滩涂养殖证27本。

（郭万霞）

农机服务

【概况】 北京市延庆区农机服务中心为财政补贴正处级事业单位。承担全区范围内农业机械化服务工作。中心机关设有管理科（安全生产科）、政工科、财务科、企业科、办公室五个科室，下属单位有北京市延庆区农业机械化技术推广服务站（延庆区农业机械化学校）、北京市延庆区农机监理所2个事业单位，编制81人。年内，调整优化农机装备布局，推进农机新技术试验、示范和推广，提高农机化作业水平，进行农机社会化服务体系建设，强化农机监理和农机安全生产执法。全区农机总动力10.99万千瓦，拖拉机保有量为1626台，各类配套农机具2358台件。全区玉米种植面积1.05万公顷（15.80万亩），完成机播玉米（全部为精量播种）1.04万公顷（15.65万亩），机播率超过99%。农机事故保持“零事故”。农业机械安全生产形势稳定。

单位名称：延庆区农机服务中心
地　　址：延庆镇东外大街90号
电　　话：69101241

（贾延文）

【蔬菜产业农机社会化服务组织建设】 1月10日在北京绿菜园蔬菜专业合作社启动。项目针对该合作社种植规模大、机械配备和使用率低、人工劳动强度高、效率差等问题，投入资金100万元，对该合作社的机械设备进行升级和装备，配备先进、适用的农业机械14台套，包括粉碎机、轨道运输车、装载车、深耕机、还田机、卷帘机、大棚王拖拉机、暖风机及配件、移栽机、开膜机等。

（贾延文）

【秸秆收集工作座谈】 1月23日，区农机中心组织全区秸秆收集户召开座谈会，对2016年秸秆收集工作进行总结。2016年引进国补秸秆粉碎还田机7台、秸秆粉碎机6台、打捆机8台；另外以转移支付项目补贴购进7台自走式粉碎压包机，完成秸秆收获2.2万亩。

（贾延文）

【春耕生产服务】 2月20日至3月10日，在刘斌堡、大榆树、旧县、井庄、珍珠泉5个乡镇、12个行政村举办春耕、春播安全培训班，参训人员765人，内容主要涉及农机驾驶员安全操作常识、农机田间作业注意事项、玉米播种机安全生产操作规程等。4月1日至5月15日，成立春耕技术指导服务队，深入镇、村实地帮助农机户做好机具检修。检修拖拉机、配套农具以及排灌、植保、运输等机具3655台件，下发催检通知200份；做好配件供应，保证配件有产品质量合格标识。春耕、春播期间新生产玉米精量播种机50台，引进深翻犁5台。

（贾延文）

【新型蔬菜机械推广】 3月，根据市农机试验鉴定推广站“蔬菜生产农机新设备引进吸收与技术创新”项目，延庆农机推广服务站启动试验、示范工作。年内，对第一批进口农机设备，包括蔬菜播种机、移栽机、双轴旋耕机等10台套进行初步推广。

（贾延文）

【首期农机操作职业技能培训班举办】 4月10—13日，延庆区2017年首期农机操作职业技能培训班在旧县镇西龙湾村举办。培训历时4天，涉及旧县镇12个村、60名学员，由区农业机械化学校教师讲解微耕机和卷帘机的操作、维修以及安全知识。经市监理总站考核验收，全体参训人员在理论和实操两项考核中全部合格。

（贾延文）

【创新工作室参加市级评选交流答辩】 4月11日，延庆“农业机械研制与推广”市级职工创新工作室，作为延庆区唯一入围北京市30家创新工作室候选的工作室参加答辩交流活动。答辩交流会上，领军人赵丽霞从基础条件、内部管理、业务活动（创新领域）、创新成果、经济及社会效益5个方面进行汇报，并带领技术人员回答专家组提出的问题，顺利通过评审答辩，被评选为北京市30家创新工作室之一，并被授予“赵丽霞创新工作室”。

（贾延文）

【市露地菜生产全程机械化现场会在区召开】 4月28日，“北京市露地蔬菜生产全程机械化推进行动现场观摩会”在延庆区广积屯村“北京市露地甘蓝全程机械化生产技术示范区”召开。会议内容包括：露地甘蓝全程机械化生产技术展示，露地甘蓝移栽、春白菜精量直播、生菜起垄移栽作业演示，蔬菜全程机械化生产重点环节关键机械化技术点引进与试验示范，还演示了北京农牧兴农机技术服务有限公司等10家企业生产和销售的包括耕整地、精量播种、中耕施肥、移栽机械在内的多种机械和卫星自动导航驾驶系统等先进农机技术。农业部农机化司、农机推广总站、农机鉴定总站，天津、河北农机推广站，中国农机流通协会、园艺机械化课题组等相关负责人及专家出席会议。市农业局、市农业机械试验鉴定推广站以及各区农业局、农机中心和农机推广站（研究所）等部门200人参加现场观摩。

（贾延文）

【中药材机械化种植试验】 6月，联合中药材种植合作社，在延庆香村营村500亩土地进行中药材机械化种植试验。种植品种包括黄芪、桔梗、板蓝根等。从除草、耕整地到种植、收获，全部实现机械化。

（贾延文）

【中国农机推广田间活动日展示】 8月1日，农业部农机推广总站在河北石家庄正定县举办中国农机推广“田间活动日”现场会。延庆农机中心与市农机试验鉴定推广站介绍“露地甘蓝全程机械化技术集成与示范”项目的经验和做法；现场演示自主研制生产的3ZF—6型中耕追肥机。各省、市、自治区农机化管理部门、农机化技术推广机构负责人及部分农机专业合作社负责人、农机大户、农机经销商等500人参加活动。

（贾延文）

【乡镇农机管理人员观摩学习】 11月29—30日，区农机中心组织乡镇农机管理人员及中心管理科、农机化学校、农机监理所工作人员30人，到北京顺鑫农业集团培训观摩学习。主要观摩设施大棚机具安全操作，听取农机合作社机具管理和土地托管等经验介绍。

（贾延文）

【秸秆综合利用工作会召开】 12月14日，区农机中心召开“2017年延庆区秸秆综合利用工作会”。会议就2017年秸秆收集中标情况进行说明，对加强冬季农作物秸秆综合利用和禁烧工作进行布置，并对秸秆收集工作进行安全提示。全区8家秸秆收集户及15个乡镇农服中心主任、农机监理员参加会议。

（贾延文）

【露地蔬菜全程机械化项目走进河北省】 年内，北京市农机试验鉴定推广站和延庆区农业机械化技术推广服务站，与张家口地区合作开展露地蔬菜全程机械化项目，在万丰大地（北京）蔬菜有限公司张家口市赤城县雕鹗镇蔬菜种植基地示范、推广露地蔬菜全程机械化，并提供相关技术支撑。

（贾延文）

【国补政策落实】 年内，购置补贴农业机械180（套组）及简易保鲜储藏机械1000平方米，享受市级补贴资金915.92万元，引导农民投入915.92万元。涉及农业、畜牧业、林果业等。其中，88.26千瓦（120马力）拖拉机8台，62.52千瓦（85马力）拖拉机7台，玉米精量播种机100台，青贮收获机3台，30马力拖拉机30台，25.74千瓦（35马力）拖拉机10台，29.42千瓦（40马力）拖拉机15台，养鸡设备1套，废弃物处理设备2组，简易保鲜储藏机械1000平方米，并列式挤奶机4套。补贴农业机械重点配备到农机合作社、农机大户和种植专业合作社。

（贾延文）

【专项转移支付资金项目】 年内，利用专项转移支付资金98.16万元，购置有机垃圾（可堆肥垃圾）处理设备1套；尾菜废弃物粉碎机1台；秸秆处理设备5台，其中压包机4台、圆捆机1台。通过转移支付资金对农机专业合作社自行购置的35台价值73.51万秸秆处理机械，给予24.5%资金补贴18万元；另外给予设备改装费补贴2万元。对秸秆机械化收集处理作业给予资金补贴，收集处理3308.35公顷（49625.28亩），作业补贴费248.13万元。

（贾延文）

【秸秆综合利用】 年内，秸秆综合利用主要有机械还田、机械青贮、机械黄贮、捡拾打捆、堆沤制肥、直接饲喂等方式。引进秸秆粉碎还田机、双轴灭茬变速旋耕机、1S—200A型深松机、翻转犁等秸秆还田机械。秸秆综合利用率超过97%。完成秸秆粉碎还田（玉米机械化收获）4666.67公顷（7万亩），其中2000公顷（3万亩）玉米被用于青贮饲料，全区8个合作社投入收集和拉运车辆48台件，收贮4000公顷（6万亩）秸秆13万吨，用作饲草和肥料化的原料。

（贾延文）

【深松整地作业】 年内，4个农机服务组织在全区9个乡镇进行深松整地作业，完成深松整地1333.33公顷（2万亩），每公顷作业补贴825元。

（贾延文）

【深松机通过省级推广鉴定】 年内，由延庆区农业机械化技术推广服务站推广的1SZ—230型深松整地联合作业机通过河北省省级农机推广鉴定。专家认定该机在一致性、安全性、适用性、可靠性4个方面符合DG/T026—2016《深松机》的要求。

（贾延文）

【100台玉米免耕播种机取得补贴资格】 年内，自行研制生产的2BMF—4型玉米免耕播种机列入北京市农机补贴名录，经过招投标，100台玉米免耕播种机取得补贴资格。

（贾延文）

【棚内省力轨道车设计安装】 年内，5台自行设计的棚内省力轨道运输车在北京绿菜园蔬菜专业合作社安装完成并投入使用。该车利用大棚过道空间安装轨道，不占用种植用地，轨道车由蓄电池提供动力并沿着轨道行驶，节省动力，低碳环保，载重能力强，最大承重量600—700千克，配有遥控器方便操控，遥控距离远，方便种植户运送肥料、采收农产品运输等生产活动。

（贾延文）

【秸秆处理机械引进】 年内，引进包括秸秆粉碎还田机、双轴灭茬变速旋耕机、1S—200A型深松机、翻转犁等多种秸秆还田机械。同时，还引进一台2BMYF—4型免耕精量施肥播种机，可做到不清秸秆、不整地直接播种，真正实现免耕精量播种。

（贾延文）

【农机教育培训】 年内，组织各类培训51班次，1105人次参加。其中，拖拉机驾驶员培训5期、农机具操作工职业技能鉴定培训1期、农机维修保养培训班14期、春耕春播实用技术培训班5期、服务下乡一对一培训20期、业务人员理论知识集中学习2期、秸秆膨化处理观摩会1期、农机技术师资培训班1期。

（贾延文）

【安全生产宣传教育】 年内，组织“农机安全生产宣传日”“走进乡镇花会搞宣传”“3·15农机消费者咨询”“农机监理安全生产联合宣传咨询活动”“6月农机安全生产宣传月”等专题宣传教育活动5次，发放各类宣传材料3500份，设立展板160块，解答农户和农机手咨询300人次。

（贾延文）

【农业机械销售维修网点执法检查】 年内，全区经工商注册持农机部门审批有效农业机械维修技术合格证的维修点29家，其中三级农业机械综合维修19家，农业机械专项维修10家。维修人员31人。销售网点6个。全年出动执法人员90人次，车辆30辆次，检查农机销售维修企业35家。

（贾延文）

【拖拉机年度检验】 年内，全区拖拉机保有量1090台，检验率86.9%；联合收割机保有量103台，检验率92.2%；全年出动农机监理检验人员150人次，提前完成全年检验率指标。

（贾延文）

【农机服务体系建设】 年内，全区在册依法登记注册成立的农机、农业合作社9家，入社人员68人，机具原值2144万元，作业收入597万元，秸秆处理作业面积3940公顷（5.91万亩），深松作业面积1333.33公顷（2万亩），服务农户10977户。

（贾延文）

【行政许可】 年内，重新划分市区两级行政许可业务工作职责，通过调整档案管理权限，将机手涉及档案业务的办理时限缩短至1天；通过编制业务人员工作指南，重新梳理行政许可的业务种类和办事流程，将67项业务类型“瘦身”成40项，精简40%；减少机手提供材料91处。截至年底，拖拉机、收割机注册登记等行政许可事项1103项。拖拉机、收割机驾驶员审验和补换证等行政许可项目239项，新增驾驶员67位；核发拖拉机牌照76副、青贮收获机牌照3副；换发农业机械维修技术合格证11个。全区行政许可业务零投诉，满意率99%。

（贾延文）

【行政处罚】 年内，全区农机监理机构出动执法人员900人次，执法检查总量362件；发现安全隐患并责令改正12次；做出行政处罚12起（其中一般程序5起，简易程序7起），罚款350元。

（贾延文）

产业公司

马铃薯产业园

【概况】 北京马铃薯产业高科技园区延庆筹备办公室，按临时机构管理，隶属延庆区政府的纳入规范收入全额拨款事业单位，编制9人，在职7人。设办公室、财务室，有下属事业单位1个：北京市延庆区苗圃，职工31人。北京马铃薯延庆筹备办的主要职责为负责北京马铃薯产业高科技园区的总体规划建设与管理，协调园区企事业单位与政府职能部门的关系，负责指导全区马铃薯产业发展工作及国际马铃薯中心亚太中心（延庆）项目建设工作。年内，统筹推进马铃薯产业高科技园区建设和国际马铃薯中心亚太中心（延庆）项目正式运营。

单位名称：北京马铃薯产业园延庆筹备办
地　　址：延庆镇延农路
电　　话：69148126

（王达超）

【国际马铃薯科研基地项目建设】　12月18日，国际马铃薯中心亚太中心（中国）延庆科研基地租赁合同签字仪式完成。国际马铃薯中心亚太中心（延庆）项目，主要包括原有综合研发大楼及种质资源库改造、装修和道路铺装、给排水、围墙、供电、供暖等相关内容。

（王达超）

【马铃薯种薯研发】　年内，北京希森三和马铃薯有限公司种植大棚70个，其中67个用于微型薯生产，2个用于杂交试验和新品种的选育，1个用于雾培生产。生产的品种有希森3号、希森5号、希森6号等，全年收获微型薯2300万粒。

（王达超）

【苗圃承接绿化工程】　年内，栽种栾树132棵，榆叶梅3000株，海棠2128棵，小白皮松1800棵，小油松510棵；承接北菜园绿化工程，八达岭机场绿化工程，康庄镇政府及养老院门口绿化工程，姜家台街心公园改造工程，下屯法院东侧空地绿化工程，全年总收入71.25万元，总支出135.11万元。

（王达超）

北京绿富隆农业股份有限公司

【概况】　北京绿富隆农业股份有限公司（简称绿富隆公司）属于国有全资农业企业，注册资金3300万元，以“专注有机农业，引领绿色生活”为宗旨，业务涵盖有机蔬菜的生产、加工、销售、配送等全产业链，连续多年通过有机认证，北京市农业产业化龙头企业。旗下拥有北京博绿园有机农业科技发展有限公司、北京中农绿安食品有限责任公司、北京惠农天地生产资料有限公司及合作社12家。2017年京张优质农产品推介会上绿富隆公司荣获“京津冀优质农产品——延庆金禾奖”。年内，按区委区政府提出的“加强延庆优质农产品流通体系建设”的总体要求，借力冬奥会、世园会绿色大事举办的有利契机，建设延庆优质农产品营销流通体系，推进国有企业转型发展，带动区内农业产业发展和农民增收致富。

单位名称：北京绿富隆公司
地　　址：延庆镇东外大街60号
电　　话：69101949

（宋克冰）

【绿富隆观光园通过市级验收】　6月12日，北京观光休闲农业行业协会专家组成员一行，到绿富隆观光园进行休闲农业园区验收。专家组成员对昆虫博物馆、智能玻璃温室等建筑及基础设施进行考察，听取园区建设情况汇报，并且通过验收。专家组成员一致认可绿富隆观光园的工作，并对园区下一步的规划、建设提出意见和建议。

（宋克冰）

【京津冀马铃薯展示示范】　6月26日，北京市种子管理站和延庆区种子管理站在绿富隆公司东龙湾基地举行“京津冀马铃薯展示示范观摩会”。旨在为2022年北京冬奥会和2019年世界园艺博览会的食品服务提前做好准备。试验基地安排37个马铃薯新品种的筛选试验和20个品种展示，在千家店、四海镇安排500亩新品种示范。相关技术人员详细介绍各品种生育期、抗病性、食用品质等性状和用途。市农业局、市种子管理站、区种植中心及马铃薯种植大户110人参加观摩。

（宋克冰）

【电子商务精准扶贫暨优质农产品线上销售】
6月30日，由北京谷赞电子商务有限公司承办的2017年延庆电子商务精准扶贫暨延庆优质农产品线上销售活动正式启动。单优质杏销售惠及53户低收入户，平均每户增收1000余元，同时做到精准扶贫，所有账款资金直接汇入低收入户专用账户。

（宋克冰）

【京津冀新品种（鲜食玉米）示范观摩培训】 8月8日，在绿富隆东龙湾基地举办“京津冀新品种（鲜食玉米）展示示范项目观摩培训会”。会议邀请鲜食玉米专家、市区相关领导、北京市种子协会、育种家、种子企业、种子经销商、鲜食玉米示范户、涉农企业、科技人员百人，品鉴12个糯玉米品种和3个甜玉米品种，为延庆区鲜食玉米生产、利用、经营提供依据，加强技术交流。

（宋克冰）

【农产品检测合作协议签订】 9月5日，北京出入境检验检疫局检验检疫技术中心同北京绿富隆农业有限责任公司签订“农产品检测”战略合作协议，并就延庆优质农产品流通体系质量监管部分达成合作意向，旨在加强延庆优质农产品的把关与升级服务。北京出入境检验检疫技术中心、延庆区种植业服务中心、绿富隆公司相关负责人出席。

（宋克冰）

【优质农产品中国冰雪产业峰会举办】 9月9日，“中国冰雪产业资本峰会·延庆”在北京延庆辉煌国际度假区举办。绿富隆公司代表延庆优质农产品流通体系，以赞助商的身份参加会议，并在会上展示有机蔬菜、有机葡萄、干果等多种延庆优质农产品，受到与会者的一致好评。

（宋克冰）

【市第十五届农交会获奖】 9月22日，在市第十五届“农交会”上，绿富隆的送选产品——“小黄瓜”获得金奖；绿富隆公司获得“北京农业好品牌”称号。

（宋克冰）

农村合作经济经营管理

【概况】 北京市延庆区农村合作经济经营管理站（简称区经管站），履行“四大管理、两项服务”职能，即：负责指导全区农村土地承包合同管理、乡村集体经济组织“三资”管理、农民负担管理、农民专业合作经济组织规范化管理；通过市农村管理信息系统和依托农产品产销信息平台，为各级政府管理部门、农民专业合作社和广大农民提供信息服务；围绕农村经济发展和农民增收进行统计调研，为各级政府进行宏观决策和微观指导提供数据服务。同时负责指导新型集体经济组织规范化建设，指导乡镇开展农村集体经济审计和村干部任期和离任经济责任审计；农村土地承包经营纠纷调处、案件仲裁和农经政策宣传、农经管理人员业务培训等工作。设政办室、审批科、合同管理科、仲裁科、财务管理科、审计科、减轻农民负担办公室、调查统计科、培训科，下设农业和农村管理信息中心和农民专业合作社服务中心，在岗职工42人。年内，在刘斌堡乡、四海镇、珍珠泉乡、千家店镇开展智慧沟域建设；区3家合作社的376个设施大棚安装“物联网”设备，并通过验收和满意度调查。协助区农委开展农村土地承包经营权确权登记颁证工作；加强农村产权流转交易规范管理；深化农村集体经济产权制度改革；以“互联网+”带动农村信息化建设；进一步深化农经统计制度改革；强化“三资”管理，加强基层党风廉政建设；进一步加强农民专业合作社规范化建设力度，促进合作社健康发展，以严谨务实的经管工作服务延庆绿色发展。

单位名称：延庆区农经管理站
地　　址：延庆镇西街2号
电　　话：69149234

（霍桂文）

【低收入户统计监测】　年内，纳入监测的12174户低收入农户，2017年实现人均可支配收入14509元，同比增长28.6%。其中，10504户低收入农户人均收入超11160元，占监测低收入农户总数的86.3%。

（霍桂文）

【信息进村入户】　年内，在全区范围内推进“益农信息社”建设，在珍珠泉乡“益农信息社”建设推进经验的基础上，香营乡南窑村“益农信息社”年初建成并试运行。经乡镇申报、实地调研、认真核实，在55个低收入村和低收入集中村基本完成“益农信息社”建设，为村民提供“公益、便民、电子商务、培训体验”四项服务。

（霍桂文）

【业务培训】　年内，举办涉及农村集体土地征地补偿费政策解读、农村土地承包经营权确权登记颁证及档案管理、农村“三资”监管平台操作和应用等内容的培训班7期，培训987人次。组织区、乡镇两级工作人员参加农业部、市农经办举办的全国农村固定观察点业务、农村集体“三资”监管及产权制度改革等培训31次，参加培训500人次。

（霍桂文）

【农村经济运行】　年内，全区实现农村经济总收入137.87亿元，同口径增长0.7%；实现农民人均所得20436元，同口径增长4.6%。农村劳动力109227人，就业率96.7%。

（霍桂文）

【土地流转】　年内，全区农户家庭承包确地流转总面积17.0万亩（11333.33公顷），占家庭承包经营总面积35.5万亩（23666.67公顷）的47.9%；共签订土地流转合同5.6万份，涉及农户4.9万户。按照土地流转类型分，出租13.2万亩（8800公顷），转让2.9万亩（1933.33公顷），转包0.5万亩（333.33公顷），互换0.1万亩（66.67公顷），其他0.3万亩（200公顷）。

（霍桂文）

【农村土地承包经营权确权登记颁证】　年内，全区初步确定33个村暂不确权，涉及承包合同面积2.3万亩（1533.33公顷）；拟确权343个行政村，拟确权面积33.2万亩（22133.33公顷）。截至年底，全区已基本完成权属调查工作的行政村342个，已完成审核公示的行政村328个。收集土地承包合同、经营权证书、户口本等基础材料5.1万份，清理土地承包合同档案4.2万份，调查承包户5.1万户，实测承包地块15.6万块，测量面积达51.3万亩（34200公顷）。已完成4.9万户承包户相关信息的审核公示，共确权31万亩，实测面积38.6万亩（25733.33公顷），确权面积达到拟确权总面积的93.4%。

（霍桂文）

【农村集体经济合同清理规范】　年内，在上年的基础上继续推进农村集体经济合同清理规范工作，开展农村集体经济合同综合评价，将清查到的12057份经济合同按照规范程度递减分为A、B、C、D四类，占比分别为30.9%、49.4%、15.9%、3.8%，分类提出整改建议，进一步提升合同整改的针对性。

（霍桂文）

【村级债权债务及资产负债数据】　年内，全区村级债权总额1.21亿元，同比增加1094.2万元，增长9.9%；债务总额2.95亿元，同比减少498.7万元，下降1.7%。截至上年年底，全区村级集体资产总额42.67亿元，同比增加8.07亿元，增长23.3%；村级负债总额15.59亿元，同比增加4.60亿元，增长41.9%。

（霍桂文）

【农村集体经济产权制度改革】　年内，与区农委联合印发《北京市延庆区乡镇集体经济组织产权制度改革试点实施方案》，用于指导镇级产权制度改革试点工作。9月，大榆树镇集体经济组织产权制度改革动员部署会召开，标志区镇级产权制度改革试点工作正式启动。

（霍桂文）

【农村集体经济组织登记证换发】 年内，农村集体经济组织存量登记证换发工作启动，涉及15个乡镇级集体经济组织、374个村级股份经济合作社、376个村级经济合作社，765个乡村两级组织。截至年底，完成登记证换发753个。

（霍桂文）

【村级财务委托审计】 年内，引入社会专业机构进行村级财务审计，委托瑞华会计师事务所、北京华益和会计师事务所有限公司对延庆镇、旧县镇、四海镇、千家店镇、香营乡5个乡镇124个村进行审计工作。

（霍桂文）

【农村矛盾纠纷调处】 年内，接待涉及确权登记颁证、土地流转、征地补偿费等群众来信来访153起、254人次，收到市农经办、区信访办批转关于土地承包、征地补偿安置等信访件7件，全部依法回复意见。

（霍桂文）

【农民专业合作社发展】 截至年底，全区登记注册合作社总数732家，同比增长9.4%。区级规范社及以上等级合作社46家，其中国家级示范社11家、市级示范社5家。推荐14家区级及以上等级的合作社成为市农民专业合作社联合会会员，截至年底，全区市农联会员达到31家。

（霍桂文）

（栏目编辑：景冰芳）

工业和信息化建设

工　业

综　述

【概况】　北京市延庆区经济和信息化委员会（简称区经济信息化委）。是负责全区工业经济和信息化产业管理工作的政府工作部门。设办公室、经济运行监测科、产业发展规划科、中小企业科、信息化科、政工科（监察科）、综合科、创新能力建设科8个科室，在编81人。全年固定资产投资1291万元，完成任务的184%。全区规模以上工业企业完成产值80.9亿元，同比增长11.8%，完成全年任务的114%。其中，新能源和环保产业完成产值47.4亿元，同比增长5.3%，占规模以上工业总产值58.7%。全区工业完成税收3.8亿元，同比下降20.3%。优化企业发展环境和产业结构。年内，起草《延庆区工业闲置低效空间资源盘活利用的意见》（初稿），二次利用闲置土地，实现控增量盘存量和资产的保值增值。与科委、延庆园服务中心共同制定《中关村国家自主创新示范区延庆园促进创新创业发展支持资金管理办法（试行）》。严格执行禁限目录、准入标准及相关产业政策，引进科技含量高、研发能力强、经济效益好的高精尖项目。全年接待咨询项目54个，其中不符合产业政策项目37个，备案项目13个。其中北京美正食品安全与环境保护检测产品生产项目已完成立项、规划条件、规划方案审查、民防审批意见、建设工程规划许可证办理等手续。北方大陆生物工程有限公司生产及研发中心建筑项目已办理建设工程规划许可证。长城脚下创新家园、浩运金能、安心财险、东晨阳光、浩华科技等项目前期手续办理有序推进。完成企业疏解和落实“清空”计划。研究制定《延庆区疏解一般制造业和“散乱污”企业治理专项行动2017年工作方案》（以下简称方案）和《疏解一般制造业和“散乱污”企业治理专项行动2018—2020年工作方案》及分方案，健全领导机制，统筹协调推进全区“散乱污”清理整治工作。制定下发《北京市延庆区一般制造业企业调整退出资金管理办法（试行）》《延庆区2017年春季工业企业大气污染防治专项行动方案》和《延庆区2017—2018一般制造业和“散乱污”企业秋冬季大气污染防治综合治理攻坚行动方案》。强化督查，完善监督考核机制，每月按照清理整治工作完成情况进行排名，对清理整治工作进展缓慢的乡镇、街道进行通报。同时加强联合执法，全年出动执法人员1036人次，检查各类执法主体6782家，对1023家单位下达整改通知单。年内环保部督查延庆8轮次，反馈督办单8件，涉及企业63家、问题66个。针对未完成整改的24个问题，经信委分别对北京东方升红木器加工厂、金都橡胶厂、北京中能发电力设备有限公司等企业进行现场逐一督查，对问题企业，要求其立即停产整改。根据《北京市延庆区空气重污染应急工业分预案（2017年修订）》，制定辖区黄色、橙色、红色预警期间制造业企业停产限产名单，细化空气重污染应急措施，同时要求企业重新制定停限产方案，做到“一企一策”，明确到具体生产线，确定具体减排量。全区启动空气重污染预警9次，出动162人次，检查企业246家次。按照《北京市2013—2017年清洁空气行动计划重点任务分解2017年工作措施》第24项重点任务要求，所有涂料生产企业全部关停、清退，3家家具制造企业按要求完成整改。有序开展燃煤锅炉清洁能源改造工作。23家工业企业燃煤锅炉已全部停用并拆除，共压减燃煤1.97万吨（千克），完成目标任务的100%。推进创新发展和服务企业。起草《北京市延庆区人民政府关于紧抓绿色大事发展机遇全面推进大众创业万众创新的意见》及《中关村国家自主创新示范区延庆园促进创新创业发展支持资金管理办法（试行）》。完成215人的职工技能鉴定。面向企业开展2次业务培训，125家企业204人参加。全年出动97人次到企业53家次开展安全生产督导，发放《生产安全事故案例》光盘和指导单。组织安监、质监、消防、食药监、街道等职能部门开展联合大检查3次，检查企业7家。

单位名称：延庆区经济和信息化委员会

地　　址：延庆镇东外大街建业胡同2号

电　　话：69103310

（高建敏）

【5家企业获得市级“文明单位”奖】 4月5日，中小企业协会在全区企业开展“树新风、讲文明、体现社会责任”的主题活动。宏鑫药业集团、瑞康缘老年养护中心、北京印像林海园艺、光瑞机械制造、花田快捷酒店等5家企业获得北京市文明建设委员会授予的“文明单位”奖牌。20家企业代表参加活动

（高建敏）

【国资专场培训】 4月13日，在中银酒店会议室，举行“企业在经营中的涉税风险和筹划方法”培训会。由区经济信息化委中小企业服务中心会同区国资办组织召开。全区51家国有企业、97名财务负责人及工作人员参加培训。

（高建敏）

【中农绿康获“京津冀协同创新优秀奖”】 5月17日，第11届北京发明创新大赛结果揭晓，中农绿康（北京）生物技术有限公司参赛项目——“抗重茬微生态滴灌肥的研制与应用”获 “京津冀协同创新优秀奖”。该项目是中农绿康（北京）生物技术有限公司与中国农业大学合作，根据植物微生态学理论在“益微”基础上研制成功的应用于农作物上的高科技产品。

（高建敏）

【疏解整治检查验收】 7月，北京市经济和信息化委员会对北京八达岭玻璃钢厂等2家一般制造业企业退出进行实地核查，并对北京农商银行高塔路支行锅炉改造及香水园街道占道经营等6家市级目标任务的“散乱污”企业进行检查。企业均按照要求完成了疏解退出及改造整治任务，顺利通过验收。

（高建敏）

【开展“散乱污”企业夜查行动】 9月14日，区经济信息化委联合区环保局对中关村延庆园和康庄镇散乱污企业整治落实情况开展夜查，重点检查违规企业整改措施落实、关停取缔企业“两断三清”及违规生产等情况。在北京振兴运华玻璃纤维制品有限公司，执法人员发现企业在未办理环评等相关手续的情况下，异地生产。执法人员当场要求企业负责人停止生产，并对企业实施查封断电。同时对康庄镇的木材洁具加工厂“两断三清”落实情况进行突击抽查，确认企业正在进行生产设备、产品和原料清理。

（高建敏）

【中小企业素质提升培训】 10月19日，由市中小企业服务中心主办，区经济信息化委承办的“延庆区中小企业素质提升”培训会在中银酒店举行。中关村延庆园内高新技术企业及部分乡镇中小企业74家，107人参加培训。会议对《北京市支持中小企业发展资金管理暂行办法》《北京市高精尖企业产业发展资金管理暂行办法》和《高新技术企业认定管理办法》进行政策解读和申报技巧的实操培训。

（高建敏）

【安全隐患大排查大清理大整治专项行动检查】 11月21日，区经信委相关人员到康庄镇、中关村延庆园2家单位检查落实安全隐患大排查、大清理、大整治专项行动情况。查阅康庄镇、中关村延庆园制定的专项行动方案、落实措施及检查企业安全生产情况。现场检查北京汇磁粉体材料有限公司、北京环都拓普空调有限公司等4家企业，要求企业加强重点区域部位的排查整治力度，建立健全隐患台账，并逐

项整改落实。

（高建敏）

【“中小企业经济运行监测”培训】 12月14日，区经济信息化委中小企业科举办“中小企业经济运行监测”培训会。邀请经济运行监测系统平台工程师进行监测系统培训及答疑。15个乡镇21人参加培训。

（高建敏）

【银企对接】 12月21日，为解决中小企业融资难、融资贵的困惑和难题，搭建企业与金融部门需求的服务直通车平台，延庆区中小企业服务中心与建行延庆支行举办银企对接座谈会，40位企业家代表参加。会议现场签订“中小企业融资服务战略合作协议”。

（高建敏）

【职业技能鉴定培训】 年内，完成3个批次215人的职工技能鉴定工作。其中，包括北京北菜园农业科技发展有限公司“花卉园艺工”83人，“食品检验工”和“作物种子繁育工”两个工种65人，以及北京八达岭世界葡萄博览中心和北京印像林海园艺有限公司“花卉园艺工”67人。

（高建敏）

【新能源环保产业发展】 年内，受到龙头企业中材科技以及信都净化、东晨阳光等企业产值增速下降的影响，新能源和环保产业增幅较小，完成产值47.4亿元，同比增长5.3%。重点企业中材科技受“弃风限电”影响，完成产值29.8亿元，同比下降6.1%；东晨阳光完成产值3114万元，同比下降46.4%。北玻院完成产值5亿元，同比增长38.9%；京能清洁能源完成产值2.6亿元，同比增长15.6%；环都拓普完成产值1.7亿元，同比增长20.8%。

（高建敏）

【重点园区工业运行】 年内，中关村延庆园规模以上工业完成产值76.7亿元，占全区规模以上工业总产值的94.8%。其他区域规模以上工业完成产值4.2亿元，同比下降1.5%。

（高建敏）

【疏解退出和“散乱污”清理整治专项行动】 年内，开展一般制造业企业疏解退出，完成北京昌茂金属制品加工有限公司等3家企业退出工作，实现年度目标任务的150%。加大对一般制造业环境保护专项整治力度，八达岭酒业有限公司等23家企业燃煤锅炉拆除，实现年度目标任务的100%。配合属地乡镇、街道，组织协调工商、环保、安监等执法部门开展联合执法，集中清理整治“散乱污”企业。清理整治市级任务45家，完成总任务量的100%；清理整治区级任务805家，完成总任务量的100%。

（高建敏）

中关村科技园区延庆园

【概况】 中关村国家示范区延庆园成立于2012年10月，规划面积490.06公顷，包括北京八达岭经济开发区304.66公顷、北京延庆经济开发区129.3公顷、康庄农民就业产业基地57公顷。2014年5月，成立中关村科技园区延庆园管理委员会。延庆园位于北京市西北部延庆区，与河北交界，毗邻京包铁路、京藏高速、京新高速等多条重要交通干道，是北京市辐射西北地区的重要通道，也是北京“两城两带”中北部研发服务和高技术产业带的重要拓展区域。园内未开发利用土地271公顷，占规划面积的55.2%，且多数集中连片、开阔平坦，有利于高端产业资源的聚集发展。园区基础设施完备，生态环境优美，配套服务设施齐全，政府服务高效，初步形成“一园多基地”空间布局和“121”产业集群创新引领的发展格局，整体定位为首都绿色科技新磁极，京津冀协同发展新支点。园内企业均可享受国家、北京市、中关村示范区的各类优惠政策。园内原八达岭经济开发区1992年8月经市政府批准成立，2000年12月晋升为市级经济开发区，2006年3月被发展改革委确定为北京市保留的16家市级开发区之一，2009年6月被认定为“北京市新能源产业基地”。2012年被认定为市第三批生态工业试点园区。2015年5月，北京八达岭经济开发区管理委员会更名为北京八达岭经济开发区管理中心。园区实现道路、供水、排水等“九通一平”，先后引进中材科技、国家能源风电叶片研发中心、中科院智能电网研发中心等一大批新能源与节能环保科技企业和研发机构，建成我国首个、亚洲最大的塔式太阳能热发电站——八达岭太阳能热发电实验电站，建设的“北京市新能源产业基地智能微电网建设项目”是国内首个政府主导的较大规模的新能源应用及智能微电网示范项目。原延庆经济开发区1992年8月经市政府批准成立，2004年升级为市级开发区，2006年通过ISO 14001国际环境管理体系认证，成为第四批通过发展改革委审核的市级开发区。2015年5月，北京延庆经济开发区管理委员会更名为北京延庆经济开发区管理中心。园区实现“八通一平”，北京卓文时尚纺织有限公司、北京华润高科天然药物有限公司等多家知名企业入驻，形成了以纺织服装、生物医药、绿色食品等产业为特色的三大产业聚集区，主导产业初步实现规模化、集聚化发展构想。原康庄农民就业产业基地地处北京八达岭经济开发区和“北京市新能源及环保产业基地”西北侧，康庄镇依托八达岭经济开发区和新能源基地，实施整体运作、联动开发，大力实施集中供暖、供水等基础设施建设，不断提高北京和合拉链公司、北京光瑞机械制造公司等现有企业的产能以及一批重点项目建设，着重开发和引进总部经济。延庆园立足延庆区资源基础与产业特色，紧抓世界园艺博览会举办、冬奥会承办等绿色发展大事契机，进一步强化与中关村产业对接，坚持以新能源和节能环保为核心，大力发展现代园艺产业和体育科技产业、能源环保产业，积极提升科技服务、互联网金融、电子商务等智慧服务业水平，完善研发创新、高端制造、创新服务等产业链条，促进产业融合发展，打造产业发展特色，增强产业示范应用效应，不断强化产业竞争力、创新力和带动力，发展目标是：建设产业高端、产城融合、宜居宜业的绿色产业尖端区、生态科技融合区，成为以节能环保创新为主导的中关村创新分中心。年内，园区10家企业被认定为国家高新技术企业，累计42家；11家企业被认定为中关村高新技术企业，累计36家。2017年，中关村延庆园缴纳各项税金41.03亿元，形成区级财政收入9.05亿元，同比增长21%，完成年度任务的100%。其中实体企业纳税3.76亿元；规模以上企业完成工业总产值76.70亿元，同比增长15%；完成固定资产投资28.40亿元，同比增长290%。

单位名称：中关村科技园区延庆园
地　　址：康庄镇紫光东路1号
电　　话：61166802

（王雪）

【配套服务建设】 年内，出台《中关村延庆园创新创业支持资金管理办法》，设立创新创业支持资金3000万元。会同中关村管委会编制能源互联网产业及体育产业专项支持措施，配合世园办研究制定园艺产业支持政策。建立“一站式”综合服务平台，提供工商、税务等政务服务以及知识产权、法律咨询等中介服务。完善金融服务平台，与邮储银行延庆支行达成具体合作，将对能源环保、冰雪体育等产业企业创新金融产品和服务举措。主动对接中关村融资担保公司、中关村发展集团金融部，就“金融超市”合作达成初步意向。与中关村智能硬件产业联盟就智能硬件产业基金落地达成一致。加快推进里炮新村人才公租房项目。与区教委就联合推动园区人才子女入学工作达成初步一致。与延庆青年创业者联合会等就创业社区、投融资、培训等服务本地中小微企业措施正在开展合作，延庆园创新创业服务体系初步形成。

（王雪）

【综合保障项目运行】 年内，八达岭供暖中心PPP项目完成煤改气，如期实现107万平方米供暖，同时启动电锅炉安装、供电接入、开闭站建设等工作。完成八达岭园区污水管网与康庄镇污水管网连接项目的路由测绘、施工图编制、设计概算编制等工作。

（王雪）

【招商推介】 年内，延庆园管委会招商引资专项小组对接华为集团、百度大学、中关村智造大街、启迪之星等百余家企业；中关村智造大街和启迪之星公司入驻园区；与启迪协信科技城公司等近10家企业达成入驻意向；与全国工商联环境商会、中关村民协、中关村环保产业促进中心等10家产业中介组织初步达成合作意向。全年引进企业399家，注册资本金126.75亿元。其中，实体企业7家，注册资本金1.96亿元；注册型企业392家，注册资本金124.79亿元。

（王雪）

入园企业

【北京大兆新元停车设备有限公司】 北京大兆新元停车设备有限公司成立于2002年，是集机械式停车设备产品的研发、制造、安装、维护保养为一体的现代化专业厂家。是国家重机协会停车设备工作委员会团体会员单位。先后获得北京市高新技术企业、中关村高新技术企业、优秀医院停车设备供应商企业、销售20强企业等多项荣誉；公司总部设在北京海淀科技园区，拥有现代化生产基地——北京延庆生产基地。已取得国家质监总局颁发的《特种设备制造许可证》和《特种设备安装改造维修许可证》，是行业内较早通过质量、环境、职业健康“三标体系”认证评审的企业之一，公司严格按照体系要求进行企业的运营和管理，保持证书的持续有效。为北京市安全生产标准化三级企业。公司位于交通便利的延庆经济技术开发区，产品技术源于韩国和中国台湾地区，并结合国情进行多项改进和创新，获得多项国家实用新型专利和发明专利。工厂生产及检测设备齐全，其中包括大型剪板机、大型数控折弯机、新型环保抛丸机、普通车床、立式铣床、龙门刨床等机加工设备和二氧化碳气体保护焊等焊接设备，并将喷漆车间升级为高效环保的喷漆房，满足停车设备生产加工的需要。目前公司具有升降横移、简易升降、多层循环、平面移动、垂直升降（塔库）、汽车专用升降机等六大类几十个品种的机械停车设备产品及汽车回转盘、智能化管理收费系统等辅助设备配套设施产品，营销和售后服务网络覆盖全国大部分地区。2017年，公司通过公开招投标及内部邀标等形式中标并签订合同12个项目，销售3944个车位，销售产品分布北京、四川、重庆、陕西、湖南、山西、天津、福建、辽宁、贵州等省份，并有产品出口加拿大、乌克兰等地。2017年，公司总收入2749万元，纳税159.5万元，新增加就业岗位12个。

地址：中关村科技园区延庆园服务中心
双杏东街48号

电话：63390445

（王雪）

【北京迪威尔石油天然气技术开发有限公司】

北京迪威尔石油天然气技术开发有限公司（下称“公司”），是集科研、生产、服务于一体的高新技术企业。2002年，落户延庆经济开发区设立机电设备分公司，占地30亩（2公顷）。2008年9月，中国石油集团公司收购公司所有股份，公司正式由股份制公司转变为国有企业。2010年1月，公司与中国石油集团工程设计有限责任公司北京分公司整体合并，在北京分公司内部独立运行。2016年，公司与中国石油工程建设有限公司重组合并，业务调整以设计和科技研发为主，逐步缩减机电设备分公司制造业务比重。2017年，公司停止生产制造任务，保留部分设计项目。公司拥有电子实验室、化学实验室、油气流程模拟实验室。在油气处理橇装设备、自动控制、阀门、加热换热设备、油田化学药剂等领域处于国内领先水平。年内，销售自行研制生产的各种橇装设备800多台（套），各类阀门及仪器2000多台（套），化学药剂上万吨。公司具有自主知识产权的油气处理设备、加热换热设备、油田自动化技术与设备、采油工程设备、阀门、仪器仪表、油田化学药剂等7大类、30个系列、500多个规格型号的产品，用户几乎覆盖国内所有油气田，并在非洲、中东、北欧等国外油田得到推广和应用。公司先后获得专利证书70多项，拥有中华人民共和国进出口企业资格证书、机电设备施工资质证书；拥有压力容器设计（A1、A2和A3）和制造（A1、A2）证书、ASME U 证书、GC2级压力管道安装资格证书、压力管道元件组合装置制造许可证、特种阀门生产许可证；通过QHSE质量、职业健康安全和环境管理体系认证。截至年底，机电设备分公司员工14人。产值3773.27万元，实现利税271.88万元。

地址：延庆镇菜园南街8号

电话：81195555

（王雪）

【北京光瑞机械制造有限责任公司】 北京光瑞机械制造有限责任公司为股份制企业，2001年6月成立，注册资金369万元。占地面积14571平方米，建筑面积7830平方米。2017年，员工137人。具有与各公司合作开发设计医用X线机及生产制造能力。公司分为钳工车间、机工车间、喷漆车间、组装车间4个生产车间。拥有机械加工、焊接、钣金冲压、电器安装、组装、喷漆表面处理等加工生产能力。公司先后通过了ISO 9001-2000质量管理体系认证，ISO 13485-2003医疗器械质量管理体系、ISO 14001-2004环境管理体系认证。产品为医用X线机系列产品：遥控床、摄影床、数字胸片架、UC臂、导管床、移动床等各种不同类型，主要为国内外医疗公司配套服务。公司先后获得中华全国总工会及国家安全生产监督管理总局“安康杯”竞赛优胜单位、中华全国模范职工小家和北京市优秀职工小家、北京市就业与社会保障先进民营企业、北京市和谐劳动关系先进单位、首都非公经济“文明单位”、北京市厂务公开民主管理示范单位、纳税信用A级企业、北京市非公经济组织党建示范单位、北京市工商联诚信经营承诺示范单位、延庆区创建学习型企业先进单位、延庆区优秀职工之家，等称号。公司钳工车间班组被评为全国“安康杯”优胜班组。017年实现工业生产值3675万元，实现产品销售收入3773.1万元；上缴各种税金414.79万元；净利润106.68万元。

地址：康庄镇康祥路11号

电话：61119657

（王雪）

【北京京能清洁能源电力股份有限公司】 北京京能清洁能源电力股份有限公司是由北京能源投资（集团）有限公司控股的外商投资企业，公司注册地为中关村科技园区延庆园服务中心，注册资本68亿元，营业范围包含电力生产、供热服务及投资咨询等业务，公司于2011年12月在香港联交所挂牌上市。公司主要从事风电、天然气发电、水电、节能环保和光伏发电等发电业务。在北京、内蒙古、广西、云南、四川、宁夏等省（直辖市、自治区）投资了数十个燃气发电、风力发电、水力发电、光伏发电等清洁能源项目，同时积极推进能源资源综合利用和节能环保等项目，发展垃圾发电、地热与余热资源综合利用、区域供热管网等工程。2017年，总资产510.18亿元，投产装机容量8031.62 MW。

地址：中关村科技园区延庆园服务中心

电话：64469719

（王雪）

【北京京仪绿能电力系统工程有限公司】 北京京仪绿能电力系统工程有限公司（以下简称京仪绿能）由北京京仪集团有限责任公司（控股股东）、北京能源投资（集团）有限公司、保定英利能源（中国）有限公司合资组建的高科技新能源企业，于2010年2月10正式注册成立，注册资金11875万元。中关村科技园区延庆园服务中心内的京仪绿能光伏系统生产基地，占地面积6万平方米，规划总建筑面积4.7万平方米，其中一期建筑面积1万平方米，2012年3月正式投入生产应用，已形成150—200 MW光伏并网逆变器年生产能力。京仪绿能公司是中国光伏发电产业的先驱者之一，整合了北京自动化技术研究院与北京京仪椿树整流器有限责任公司2家企业在光伏产品与系统集成业务上的能力，依托在光伏并网逆变器相关产品、技术上的核心优势和长期在光伏电站上的研究与探索，致力于为客户提供完整的光伏发电系统集成解决方案。京仪绿能具有自主知识产权的光伏逆变器及相关产品，可提供3kw—1mw光伏并网逆变器、并网配套附件、电站数据监控软件、太阳能路灯及控制器、光伏水泵等产品。除了光伏核心产品，还具备光伏发电系统集成能力。是国内首批获得金太阳认证的企业之一；同时，也是首批通过TUV、CE及DK5940认证的中国逆变器企业之一。2017年，京仪绿能实现产值5亿元；实现销售收入4.96亿元，解决就业118人。

地址：中关村科技园区延庆园服务中心西康路22号4幢

电话：61165988转6007

（王雪）

【北京九龙制药有限公司】 北京九龙制药有限公司始建于1983年，于1996年入驻开发区，是集研发、生产、营销为一体的高科技企业。注册资金2040万元，占地面积54711平方米。公司的理念是“诚信、务实、拼搏、奋进”，本着对产品精益求精，对社会承诺负责，做好人，做好药，全力打造“北京药、品质药、放心药”。生产车间完全按照GMP标准设计施工。生产设备均为国内的先进制药设备；检验及试验的仪器设备齐全；生产过程中采用先进的生产监控系统及计算机管理系统，可实现生产的可视监控及自动化管理。公司为GMP认证企业，国家高新技术企业，ISO 9000和ISO 14000认证企业。九龙制药拥有国内一流的中药提取设备和技术，可进行高温溶剂提取、低温浸渍、低温梯度渗滤以及真空减压浓缩、双效蒸发浓缩、醇沉、乙醇回收、乙醇蒸馏和真空减压烘干等多种方法的中药有效成分的提取。2017年，公司有6种剂型的生产线，即滴丸剂、片剂（薄膜衣）、颗粒剂、口服溶液剂（10—200 ml）、合剂、胶囊等28个品种，另有12个品种的中药提取。单班年生产能力为：口服液2000万瓶，滴丸8亿粒，胶囊2亿粒，颗粒剂6000万袋，片剂8亿片。公司与北京中医药大学合作建立研究生培养基地，合作开发具有自主知识产权的创新药物。2017年，上缴税收500万元，完成产值6000万元。

地址：延庆镇妫水南街13号

电话：69182080

（王雪）

【北京三吉利新材料有限公司】 北京三吉利新材料有限公司成立于2001年7月，是中国北方稀土（集团）高科技股份有限公司控股旗下一家专业稀土合金制备的高科技公司。公司位于中关村科技园区延庆园服务中心，公司引进日本设备，采用先进的真空速凝薄片技术，专门研究、生产和销售稀土合金材料，特别是高性能钕铁硼合金材料。主导产品合金薄带年生产能力为6000（千克），是国内第一家，也是国内最大的钕铁硼合金薄带生产和销售的专业厂家。公司产品质量、性能等指标国内领先，达到国际先进水平，产品出口日本、欧洲等发达国家。公司已通过ISO 9000质量管理体系、ISO 14000环境体系。2017年，产品产量6569（千克），年销售收入8.46亿元。

地址：延庆镇益祥北街3号

电话：81196955

（王雪）

【北京众和聚源混凝土有限公司】 北京众和聚源混凝土有限公司于2002年入驻延庆经济开发区，占地2.33万平方米。主营商品混凝土的生产和销售，注册资金1000万元。公司主要机械设备有：生产量180立方米/小时的混凝土生产线3条，水泥仓储量2000（千克），混凝土搅拌运输车60辆，混凝土汽车泵6辆，装载机3台。试验室配置了能检测混凝土、水泥、砂、石、外加剂、掺合料等试验设备。完全具备生产C60及C60以下普通砼和高强、高抗渗、抗冻融、自密实等特种砼的能力。2017年，有员工96人，90%的员工为延庆籍，公司11名有职称的工程技术和经济管理人员中，2名经济师，2名会计师，5名工程师。公司制度健全、管理体系完善，于2003年7月通过ISO9001质量管理体系认证，同年获得北京市建筑委员会认定的《建筑企业资格》三级资质证书；2005年被评为“AA级信用企业”；2007年分别成立党支部和工会组织；2012年被北京市住房和城乡建设委员、北京市发展和改革委员会、北京市环保局评选为预拌混凝土绿色生产达标搅拌站，2014被延庆县安全生产监督管理局评为安全生产标准化三级企业。2017年，公司年生产混凝土量为43万立方米，产值1.93亿元，上缴税金341万元。

地址：延庆镇东卓家营村

电话：61129381

（王雪）

【北京卓文时尚纺织股份有限公司】 北京卓文时尚纺织股份有限公司（以下简称“公司”）作为具有国际竞争力的全球知名毛针织服装供应商，已成为国内毛针织服装行业领军企业。公司主要从事毛针织服装的设计、开发、生产和销售，即毛针织服装的ODM与OBM业务。公司深度参与产品的设计开发，通过与品牌服装商合作开发新产品、共享信息，成为品牌服装商供应体系的重要组成部分。公司具有针织成衣全套生产流程及先进的生产设备，拥有1900台（套）的编织横机、缝合机，现有员工523人，具备年出品针织制品1800万件的生产能力。公司通过ISO 9001-2000质量管理体系认证、ISO 14001-2000环境管理体系认证和28001—2001职业健康安全管理体系认证。近年来，公司凭借强大的纱线设计能力、优质的客户群体、严格的质量管理体系、敏锐快速的市场反应能力以及规模化的供应链资源管控能力，与国内外优质服装品牌商和供应商建立稳定的合作伙伴关系。经过多年的国际市场开拓，公司为国、内外近百家服装品牌商提供自设计、生产管理、质量管理和物流等供应链服务，服务的客户包括全球服装排名前四位的H&M、ZARA、GAP和C&A等80家国际服装品牌商和中国服装零售排名前列的美特斯·邦威、森马、李宁、七匹狼等20家服装品牌商。公司与H&M签订《战略合作伙伴协议》，是与H&M达成战略合作伙伴关系的唯一一家国内针织服装供应商。ZARA和GAP将公司列为一级供应商（Very important supplier），C&A将公司评为中国唯一的一家金牌供应商。在拓展国际市场的同时，公司积极发展自主品牌“思诺芙德”。2009年“思诺芙德”品牌被北京市工商局认定为“北京市著名商标”，2011年12月，“思诺芙德”品牌被国家工商行政管理局商标局认定为“中国驰名商标”。同时被授予“北京时装之都北京市十大热销服装品牌”称号和“北京十大最具潜力时装品牌”称号。依据中国服装协会统计，2016年，公司位列服装行业“产品销售收入”百强企业第84名，位列服装行业“利润总额”百强第77名，位列服装行业“销售利润率”百强企业第59名。在自有品牌市场建设方面，“思诺芙德”品牌正在从传统渠道向线上渠道发展。2017年，“思诺芙德”品牌成为天猫商城羊绒类销售第一品牌，进入唯品会亿元俱乐部（营业额超亿元）。同年，公司再度被北京市国家税务局被认定为“出口退免税一类企业”，实现营业收入8.97亿元，完成工业产值5.17亿元。

地址：延庆镇迎泉街3号

电话：53275188

（王雪）

【金果园老农（北京）食品股份有限公司】 金果园老农（北京）食品股份有限公司（以下简称：公司）成立于2006年12月，是一家集果仁深加工、专卖店连锁及产品代理为一体的专业休闲食品加工、销售型企业。公司注册资本6545.22万元，资产总额近3亿元，拥有北京市著名商标“果园老农”自有品牌系列休闲干果食品。2008年年初，为进一步扩大产能，公司在北京八达岭经济开发区兴建占地1.33万平方米、建筑面积10000平方米的现代化干果食品加工基地，引进世界一流的全自动深加工流水线，其单线达到年处理果仁6000吨（千克）的生产能力。公司已经通过ISO 9001质量管理体系认证、ISO 22000（HACCP）食品安全管理体系认证及ISO 14001环境管理体系认证及食品工业企业诚信管理体系。公司所经营的产品主要分为三大类，分别为果仁、果干、蜜饯。公司产品在北京及北方果仁休闲产品市场中占有较大市场份额，销售渠道已覆盖北京98%以上的KA卖场、连锁综超和百货商场（如家乐福、沃尔玛等），以及近2000家中小型C、D类超市，团购客户500家，40多个外埠市场。公司从2008年开始在北京市内开设“果园老农”休闲食品专卖店，截至2017年已开设百余家。并于2011至2013年，分别在西安、成都设立控股子公司，在山东济南设立办事处。公司成立以来，始终把强企富民作为企业发展的根基。依托当地优势资源，在不断注重企业品牌培育与塑造的同时，积极采用龙头企业+专业合作社+农户的方式，有效解决当地农产品的销售问题。公司通过专业合作社采购延庆及周边山杏核、核桃、板栗、山楂等农产品，采购面覆盖延庆周边大庄科乡、四海镇等11个乡镇的万余名农户。公司2011年获得第五批农业产业化国家重点龙头企业称号。2017年，工业产值3.3亿元，销售业绩3.6亿元，缴纳税金2000万元。

地址：中关村科技园区延庆园服务中心东环路1号

电话：84598760转8009

（王雪）

【中材科技风电叶片股份有限公司】 中材科技风电叶片股份有限公司（简称“中材叶片”）成立于2007年6月，注册资本4.4亿元，位于中关村科技园区延庆园服务中心，由中材科技股份有限公司作为主要发起人组建，隶属于国务院国资委下属中央企业中国建材集团有限公司。承继北京玻璃钢研究设计院50多年玻璃钢/复合材料研究开发的技术和经验，是专业从事风电叶片及模具设计、制造、销售和技术服务的具有完全核心自主知识产权的高新技术企业，是国内最早形成兆瓦级风电叶片产业化的公司之一，是国内知名、北京地区唯一的兆瓦级风电叶片制造商，是中国风电叶片行业龙头企业。中材叶片成立以来，以技术创新为先导，产品开发实现了从1.0 MW到7.0 MW系列化推进，拥有6大系列50个型号产品。拥有北京延庆、甘肃酒泉、江苏阜宁、吉林白城、内蒙古锡林、江西萍乡和河北邯郸等7个兆瓦级风电叶片产业基地，具备年产4000套兆瓦级风电叶片的生产能力，规模化、专业化水平在国内位居行业前列。中材叶片拥有多家国内外一流风电主机客户。产品分布在中国、美国、加拿大、德国、印度、泰国、韩国、巴拿马等国家的500多个风电场装机，运行效果持续稳定可靠，得到了客户的普遍青睐，国内市场占有率连续6年排名第一。截至年底，全球销售装机超过32 GW。2017年，实现工业总产值34.82亿元；实现销售收入29.5亿元。

地址：中关村科技园区延庆园服务中心东环路1号

电话：84097712

（王雪）

信息化建设

经济和信息化建设

【概况】 北京市延庆区经济和信息化委员会设立信息化科，负责全区信息化工作。依法对全区软件实行行业管理；负责全区政务网络与信息安全管理，统筹协调全区网络与信息安全建设和管理；统筹协调推进全区城乡一体化中的信息化建设；协调推进有关信息化建设试点示范工作；组织拟订信息化领域的发展规划、年度计划和相关政策；按照规定权限，核准、备案和上报规划内和年度计划内信息化产业固定资产投资项目，并组织实施；配合社会信用体系建设；组织执行软件和信息服务业技术规范和标准；指导和监督政府部门、重点行业的重要信息系统与基础信息的安全保障；负责各乡镇电子政务绩效考核；负责全区无线电管理，开展信息化领域对外合作与交流。基础设施建设。年内，中国铁塔延庆分公司规划新建的100个基站，完成14个乡镇对接，完成4G基站61个；在2G、3G基站上整合共享完成48个。完成延庆区科学技术馆、延庆区延庆博物馆、延庆园服务中心三地免费Wi-Fi建设。完成区委政府大院、教委指挥中心和74所学校、127处乡镇重点区域的监控系统建设；完成城区高点监控4处12个点位建设和软件系统开发工作。门户网站群建设和管理。年内，推进北京延庆门户网站群升级改版项目。完成主站以及各子站共58个站点的系统搭建，经过试运行于7月份正式上线。协助区政协、区人力社保局、区统计局关闭旧网站并完成新网站的搭建整合、上线。落实政府网站内容建设细则要求，配合政府办每月开展2次区内站群内容检测，并由政府办下发各单位进行整改，确保顺利通过全国政府建设达标要求。信用体系建设。制发《延庆区加强区域信用环境建设整改工作方案》，并于6月1日上线运行“信用延庆”信息公示平台，成员单位37个。截至年底，平台共归集信用信息8801条，其中信用动态865条、双公示7712条、红黑榜8条、制度规范182条、典型案例6条、信用知识7条，联合奖惩9条，信用承诺公示4条、行业管理信息8条。接到各类投诉及反映问题43件并已全部按时回复。信息安全与应急保障。完善应急预案，加强两会、“一带一路”峰会、中共十九大等重点时期的政务网络与信息安全防护。制定《十九大期间通信保障工作方案》《十九大期间通信保障应急预案》，保障十九大期间应急通信指挥调度工作迅速、高效、有序地进行，确保通信的安全畅通。采取有效措施，及时防范应对“一带一路”峰会期间“勒索病毒”攻击事件，政务网用户未出现病毒感染案例，确保政务网用户数据安全。持续开展政务网终端安全漏洞扫描，按月发布政务网安全漏洞扫描报告11期，各单位完成电脑漏洞整改2137台。全年针对区政府网站检测网络攻击13.56万次，未发生信息安全事件。

单位名称：延庆区经信委信息化科
地　　址：延庆镇东外大街建业胡同2号
电　　话：69103310

（高建敏）

【“智慧延庆”顶层规划设计项目启动】 5月15日，组织召开“智慧延庆”顶层规划设计项目启动会。会议强调智慧延庆建设工作的重要性，并对此次项目提出具体工作要求。项目执行单位对项目规划思路进行介绍。并对项目调研内容、工作安排、调查问卷填写等进行讲解。区政府办、区委宣传部、区发展改革委等单位主管领导参加会议。

（高建敏）

【节前通信保障检查】 9月30日，区经信委到移动延庆分公司、联通延庆分公司、电信延庆分公司、延庆歌华、铁塔延庆分公司进行现场检查。主要检查各单位通信保障预案制定、设施巡查计划、巡查抢修队伍建设、应急值守等工作情况。向各单位传达市、区两级工作要求，强调各单位要全面启动应急机制，在国庆、中秋、中共十九大期间，按照“谁主管、谁负责、谁运营、谁负责”的原则，做好全区通信线路及设施的检测和运行保障工作。

（高建敏）

【通信运营商安全检查】 12月15日，区经信委到移动、电信公司实地检查安全隐患大排查大清理大整治工作落实情况。向2家公司传达市、区两级对安全工作的具体要求，各单位每天要向经信委报送排查台账，以备经信委了解各单位实际工作情况，方便对各单位的安全工作开展指导，保障全区通信安全。

（高建敏）

【北京谷赞电子商务有限公司成立】 年内，北京绿富隆农业股份有限公司与北京兴业富民果蔬种植专业合作社联合设立“北京谷赞电子商务有限公司”，在农副产品品牌推广、农资销售渠道拓展、农民群体致富增收方面开展先行先试，打造“互联网+延庆优质农产品”精准帮扶平台。平台上线首日，成功销售鲜果黄杏2048斤。

（高建敏）

通讯企业

【中国联合网络通信有限公司北京市延庆区分公司】 中国联合网络通信有限公司北京市延庆区分公司，隶属中国联合网络通信有限公司北京市分公司，设6部8中心，分别是综合管理部、党群工作部、集团客户部、客户服务部、网络分公司网建部、网络分公司运维部，营销支撑中心、网络分公司客户响应中心、网络分公司网络维护中心，以及城关、永宁、康庄、龙庆峡、大榆树营服中心。营销支撑中心下设城关、东外大街、南菜园、康庄、永宁5个营业厅。年内，完成“第六次宽带提速”工作，100 M以下光纤宽带用户免费提速至100 M，100 M提到200 M，200 M提到500 M。与区经信委协作，以国家三级等保和B级数据中心标准建成数据中心机房，为区政府提供基础设施及相关运维服务保障，推动政务云实现各系统之间的软硬件和数据共享，提供区内电子政务建设由分散型建设向集约型建设转变的基础通信能力，助力智慧延庆的信息化进程。在2017年两会和中共十九大会议期间，实行全网封网管理，执行24小时值备班和零汇报制度，确保网络安全畅通。雨季防汛期间，建立防汛通信应急保障小组，按照“统一管理，分级负责”的原则，落实各项应急预案工作要求，确保全区网络安全度汛。年末,中国联通与北京2022年冬奥会和冬残奥会组织委员会在中国联通大厦举行签约仪式，正式成为北京2022年冬奥会和冬残奥会官方通信服务合作伙伴，跻身于北京冬奥组委市场开发计划最高级别的赞助企业之列，并推出1662022××××冬奥会专属移动号码号段。

地址：延庆镇东外大街107号

电话：69141003

（窦文艳）

（栏目编辑：景冰芳）

商贸服务业

综 述

【概况】 北京市延庆区商务委员会（简称区商务委），挂北京市延庆区粮食局（简称区粮食局）牌子，是负责延庆区内外贸易、对外经济合作和粮食流通工作的区政府工作部门。设办公室、政工科、流通发展科、服务交易科、外经外贸科、安全监管科6个行政科室，辖商务执法监察队、粮食管理中心、会展促进中心3个事业单位。公务员编制20人，事业单位编制28人。年内，落实“双创”标准，通过改造维护商业设施设备，开展交通秩序、环境卫生等整治工作，营造商业文明氛围。完成2017年（第四届）中国葡萄酒大会、2017北京延庆汽车文化节、第二届京张优质农产品推介会等各大展会的组织筹办工作。2017年，全区社会消费品零售额完成94.2亿元，同比增长7.5%；外贸进出口总额完成1.1亿美元，实际利用外资509万美元，合同外资4291万美元。

单位名称：延庆区商务委员会
地　　址：延庆镇新城街2号
电　　话：69101551

（律琳）

【生活性服务业品质规范提升】 年内，联合区财政局制发《延庆区生活性服务业品质提升资金管理暂行办法》；完成60个便民服务网点提升；引入6家京精果蔬社区店、义利等连锁企业；构建利嘉生活服务圈线上服务平台和京东延庆特色商品销售线上平台；支持主食加工配送企业发展；疏解南菜园建材市场；制定改造特色餐饮街区工作方案和提升奖励方案。

（律琳）

【服务业扩大开放综合试点工作启动】 年内，编制《北京市延庆区关于落实深化服务业扩大开放综合试点工作的实施方案》，在围绕市级措施的基础上，以服务保障世园会、冬奥会、接轨旅游国际化、设立重大项目协调机制为发展侧重，以康庄世园风情小镇、张山营冬奥冰雪小镇为培育重点，以公共保税库、中关村现代园艺产业创新中心为突破对象。

（律琳）

【内贸市场运行平稳】 年内，全区重点监测的13家商业企业销售额18.3亿元，同比增长2.9%；8家重点餐饮企业销售额完成8468.4万元。

（律琳）

【外贸环境优化发展】 年内，办理外资企业新设、变更备案27件，加工贸易企业经营状况及生产能力证明1件，对外贸易经营者备案登记58件。

（律琳）

【全区生活必需品三级供应体系建设】 年内，与北京首农食品经营有限公司签订“建立延庆区域‘一个配送中心+两个配送节点+若干社区直营店’生活必需品三级供应体系”战略合作框架协议，重点推进配送中心项目建设。

（律琳）

【再生资源回收站点清理】 年内，清理台账内再生资源回收站点100家，规范整治20家；另清理台账外无照商户156家和有照商户9家。

（律琳）

【粮食行业管理】 年内，与南口面粉厂签订应急加工协议，与妫川保成公司签订区储备粮承储合同。收购玉米7300万千克，轮换区储备小麦300万千克，批准转储玉米2700万千克。

（律琳）

【商务执法检查】 年内，出动执法检查人员1365人次，检查行业内各类经营单位414家次，做出行政处罚决定96起，立销案程序6起，罚款15000元。开展联合执法行动28次。

（律琳）

商贸企业

北京市延庆区商贸总公司

【概况】 北京市延庆区商贸总公司（简称区商贸总公司）设五科一室：政工科、纪检监察科、计财科、资产管理科、安全科和办公室；在职干部、职工174人。有基层经营单位5个，分别是：延庆人民商场有限责任公司、夏都顺祥糖酒商贸中心、长城酿造有限公司（已实行改制，党务、职工统筹等由总公司代管）、延食拓业劳务服务社、北京市华庆资产管理中心。年内，商贸总公司隶属关系由北京市延庆区商务委员会变更为北京市延庆区人民政府国有资产监督管理委员会。截至年底，实现自营销售收入6466.65万元，同比上升8.68%；折合地方财政收入177.67万元，同比上升10.6%；资产负债率18.52%，同比上升0.27个百分点；租金收入1365.68万元，同比上升20.3%；上缴税金343.8万元，同比上升13.6%；职工收入增长率为15%；国有资产保值增值率97%。

单位名称：延庆区商贸总公司
地　　址：延庆镇东街11号
电　　话：69101143

（吴纪芳）

【煤改电】 10月13日，食盐销售中心拆毁4台传统烧煤取暖锅炉，投入6万元对130平方米的办公区及门店改造为用电地暖。

（吴纪芳）

【安全管理硬件设施建设】 10月，公司投资9万元，对百货大楼消防中控系统烟感、双语广播、中控主机进行升级更换；投资3万元提升华庆资产管理中心消防自动化水平，使华庆地下室通风系统实现联动化控制。

（吴纪芳）

【信访会议纪要落实】 11月9日，针对川北西社区30、31号楼信访自来水管线问题，认真落实《延信联纪〔2017〕15号》会议纪要，投资13.19万元，完成川北30、31号自来水管线的更新工作。

（吴纪芳）

【安全隐患排除】 11月20日至12月底，在全市开展安全隐患“大排查、大清理、大整治”专项行动中，公司对所有资产进行自查，查出易燃材质房屋14处，更换拆除易燃材质房屋1180平方米。

（吴纪芳）

【夏都顺祥自营销售】 年内，夏都顺祥糖酒商贸中心开展自营销售，所属五粮液酒专卖店恢复营业。截至年底，实现自营销售收入6359万元，同比上升19%。

（吴纪芳）

延庆粮油总公司

【概况】 北京市延庆粮油总公司的前身是北京市昊利恒粮油贸易有限责任公司，是由原延庆县粮食局整体转制组成的市属国有独资企业，公司从事粮食贸易经营，承担国家和地方储备粮储存、管理，退耕还林粮食供应，救灾粮供应等职责。公司占地地面积67.57万平方米，建筑面积13.24万平方米。截至2017年，有北京市延庆粮食收储库（下属大榆树、康庄、大柏老、永宁、张山营、沈家营6个粮库）、北京京粮隆庆贸易有限公司、北京市昊利恒粮油贸易有限公司、北京市八达岭食品厂、北京康拓饲料公司、北京市成龙工程公司7家企业，业务涉及粮油贸易、粮油储备、不动产经营三大产业，形成以贸易为龙头、仓储和不动产经营齐头并进的经营格局。年内，公司坚持“以收储为基础、以经营为根本、以效益为中心”的工作方针，加强市场研判，创新经营思路，不断提升粮源采购能力和市场反应能力。公司总资产2.14亿元，粮油仓储容量1.9亿千克。粮食贸易经营总量39亿千克，不动产经营土地面积23万平方米，年汇总收入近4.7亿元，汇总利润201万元。

单位名称：延庆粮油总公司
地　　址：延庆镇京张路口南400米
电　　话：69144716

（李薇）

【包仓制总结推进会】 4月8日召开。会议主题是推进储备粮规范化管理。要求各单位建立规范保管台账和质量档案，开展“一符四无”（一符：账实相符。四无：无虫害，无变质，无鼠雀，无事故）评比。公司法人代表现场同保管员签订包仓管理责任书，将储粮数量、质量、费用、安全及规范化纳入包仓管理内容，确保粮食数量准确、质量良好、费用合理、安全无事故。

（李薇）

【第十届职业技能竞赛暨首席职工评选】 9月22日，在大榆树粮库举办公司第十届职业技能竞赛暨首席职工评选，经过前期竞赛，各粮库保管员、检验员15人进入决赛。保管员经过业务知识笔试、害虫识别、熏蒸防护装备空气呼吸器的使用3个环节，检验员经过业务知识笔试、粮食水分测试定、粮食脂肪酸值实验等级3个环节的比赛，评选出公司2017年度首席职工10人。

（李薇）

【第一届职工代表大会】 11月6日召开。大会审议通过《公司行政工作报告》《工会工作报告》《工会财务报告》《机关工作人员管理办法》《新入职员工薪酬管理办法》《职工考勤管理及请销假制度》《职工考勤管理及请销假制度的具体说明》《延庆粮油总公司援助资金使用和管理规定》。

（李薇）

【改制更名】 12月，“北京市延庆粮油总公司”改制更名为“北京市延庆粮油有限公司”；“北京市延庆粮食收储库”改制更名为“北京市隆庆粮食收储有限公司”；“北京市隆庆夏都军粮供应站”改制更名为“北京市隆庆夏都军粮供应有限公司”；“北京康拓饲料公司”改制更名为“北京康拓饲料加工有限公司”。

（李薇）

【合同审核会签实现信息化】 年内，完成系统升级，实现合同审核会签网上信息化流程。公司签订合同192份，其中买卖合同70份，租赁合同107份，运输合同4份，建设工程施工合同1份，技术、委托、承揽合同8份，其他类合同2份；涉及金额6.04亿元，其中销售收入3.77亿元，租金收入448.78万元。

（李薇）

【基础设施建设】 年内，与下属成龙工程公司签订维修合同和《基建管理安全责任书》，完成大榆树粮库罩棚顶部翻建工程、大榆树25、26号房式仓墙体加固工程、大柏老办公楼装修项目、大柏老粮库、张山营粮库燃煤锅炉供暖改造工程。完成康西粮食收储库2栋平房仓绿化工程。

（李薇）

【网银支付收购款】 年内，改变粮食收购现金结算方式，由收购单位完全使用银行卡网上结算，截至年底，网银支付收购资金1.30亿元，既保证了结算资金的安全，也方便了农民。

（李薇）

延庆区饮食服务总公司

【概况】 北京市延庆区饮食服务总公司是隶属延庆区国资委的国有饮食服务企业。公司机关设政工科、财务科、劳资科、业务科、办公室，2017年，有机关人员16名。公司党委下设同丰酒店党支部、同祥酒店党支部、同凯酒店党支部、公司机关党支部、老干部党支部、北京顺德祥达商贸有限公司党支部、北京永宁豆腐宴餐饮有限公司党支部，2017年，有党员117名。公司下属机构包括：北京市延庆区饮食服务总公司同丰酒店（原北京市新风大酒店）、北京市延庆区饮食服务总公司同昊酒店（原新风分店）、北京市延庆区饮食服务总公司同祥酒店（原北京市延庆燕春饭店）、北京市延庆区饮食服务总公司同喜大酒楼（原北京市延庆县新城服务楼）、北京市延庆区饮食服务总公司同凯酒店（原北京凯思大酒店）、北京顺德祥达商贸有限公司、北京博艺苑印章有限公司、北京永宁豆腐宴餐饮有限公司8家企业。公司固定资产7200万元，建筑面积3.5万平方米。在岗职工418人，其中城镇工242人，农民工176人。各类技术人员235名，其中高级技师97名。年内，完成营业收入7693.4万元，同比下降13.6%；实现利润7.8万元，同比下降88.7%；上缴税金335.6万元，同比下降16.7%；核销待摊费33.3万元，同比下降76.7%；人均应发工资5.4万元，同比增长10.2%；人均劳效19.54万元，同比下降1%。

单位名称：延庆区饮食服务总公司
地　　址：延庆镇京张路口东南角（新风分店）
电　　话：69103218

（张旭靖）

【搭建“中央厨房+社区配餐”经营模式】 3月，成立同心分店，携手区民政局，搭建“中央厨房+社区配餐”经营模式，在温泉南区东里、格兰山水二期、新兴西社区等8家社区，1个养老驿站建立配餐点，并为8个幼儿园提供配送服务。截至年底，实现营业收入59.32万元。

（张旭靖）

【新城服务楼翻扩建项目启动】 4月2日，新城服务楼翻扩建项目正式开工，截至12月底，基本完成主体结构工程。

（张旭靖）

【业务交流活动】 6月，12名厨师长参加第六届北京餐饮文化促销季暨京津冀餐饮饭店业发展论坛；10名企业管理人员到北京西贝莜面村六里桥店学习交流。9月，依托区饮食行业协会，1名企业管理者参加全国餐饮同行到四川成都等地的学习交流。

（张旭靖）

【第二十一届职业技能大赛】 7月，组织第21届职业技能大赛，42名选手参加中式烹调师、中式烹调凉拼、中式面点师、餐厅服务员和刀工5个项目的比赛，22名选手进入比赛项目前三名。

（张旭靖）

【获评国家级称号】 8月，在唐山召开的第五届国家钻级酒家年会上，新风大酒店被评为国家钻级酒家示范点，新风经理张利君获得国家钻级优秀管理者称号。

（张旭靖）

延庆区供销合作总社

【概况】 北京市延庆区供销合作总社（简称区供销社）是综合经营的集体所有制商业企业。机关设办公室、人事劳资保卫科、资产经营管理科及工会委员会、共青团总支、女工委员会组织。下属企业有城关、康庄、大榆树、旧县、张山营、四海、千家店7个乡镇级基层供销社。直属企业有鑫妫川购物中心、土产公司、生产资料公司、永安宏业商贸中心。全系统在职职工88人，退休人员979人。年内，按照区委组织部包村工作要求，选派一名科级干部到村兼职第一书记；对65户低收入户，机关干部每人包6户，并按照区政府要求，开展扶贫助困工作。截至年底，全系统商品销售额5167万元，税金完成96.2万元，实现利润2.2万元；资产负债率56.4%。

单位名称：延庆区供销合作总社
地　　址：延庆镇东外大街26号
（鑫妫川购物中心5楼）
电　　话：69103212

（徐所柱）

【安全隐患排查整治】 11月20日至12月31日，区社“安全隐患大排查、大清理、大整治”专项工作领导小组出动30人次深入基层，督促检查下属单位23家次。发现一般安全隐患

11处，按时按规定完成整改。

（徐所柱）

【全系统棚户区改造完成】 年内，配合区委、区政府抓好南菜园棚户区改造工作。涉及全系统7个单位，57户居民，建筑面积2269平方米，按要求做好各户房屋面积核实认证工作，并及时报送有关部门备案，确保南菜园拆迁改造工程顺利进行。

（徐所柱）

【燃煤改电改气完成】 年内，按照区委、区政府、区环保局燃煤改电改气要求，基层单位拆除燃煤锅炉1台，小煤炉35台，投资70万元，在供暖前完成改造任务。

（徐所柱）

【10家小企业疏解】 年内，按照“疏解、整治、促提升”工作要求，到年末区供销社疏解退出一般制造小企业10家，配合区有关部门做好治理工作。

（徐所柱）

北京市延庆区烟草专卖局

【概况】 北京市延庆区烟草专卖局（公司）（简称延庆烟草），负责延庆辖区的卷烟经营和市场管理。设七科二室：专卖监督管理科、营销网建科、配送仓储科、法制科、人事劳资科、党建工作科（纪检监察科）、财务科、办公室（安保科）、内部管理监督办公室。在岗职工62人。年内，销售卷烟13918.96箱，增长7.22%。实现单箱销售额27676元/箱。实现税利6681.9万元，同比增长17.13%。

单位名称：延庆区烟草专卖局
地　　址：延庆镇妫水南街9号
电　　话：81196686

（孙刚）

【冬奥世博项目涉拆客户摸底】 10月，开展冬奥会、世博园涉拆客户摸底工作。通过重点走访，掌握区域拆迁规模，统计涉及拆迁的零售客户数量，核实拆迁区域内人口数量，预估对卷烟销售可能造成的影响，分析制定辖区新的卷烟增长点，确保卷烟销售平稳。

（孙刚）

【快递物流企业监管】 11月，为防止涉烟违法犯罪分子利用快递物流运输违法卷烟扰乱正常卷烟销售秩序，组织专卖人员对辖区内的物流快递等场所进行摸底调查，加强与公安、邮政、交通等部门的协作力度，把物流快递行业作为卷烟打假打私的切入点，建立信息共享和长效工作机制，开展物流寄递环节涉烟整治，规范物流寄递环节监管工作，并组织物流快递从业人员学习烟草专卖法律法规和相关管理政策，在物流快递经营场所张贴宣传画报，警示从业人员守法经营。

（孙刚）

【普法宣传】 年内，开展“3·15”“6·29”“12·4”普法宣传活动，通过发放资料、现场咨询、设立展板等形式，向广大零售户和消费者宣讲涉烟常见违法行为及处理办法和卷烟真伪鉴别知识；宣传“12313”烟草举报电话，提高群众的自我保护意识，鼓励群众积极举报涉烟违法行为。

（孙刚）

【卷烟打假打私】 年内，查获各类违法卷烟案件62起，查获违法卷烟271.36万支，案值110.66万元。其中，假私烟27.68万支，案值19.14万元。查办运输环节大要案5起，查获违法卷烟158.92万支，案值78.79万元。

（孙刚）

【烟草证照办理】 年内，延庆烟草专卖行政大厅实行“一站式”证件办理服务，办理“先照后证”零售客户290户，其中新办90户，变更及延续200户。截至年底，辖区有持证户1267户。

（孙刚）

【安全管理】 年内，开展专项安全检查8次，日常检查12次；梳理危险源30项，并针对5项重要危险源制订应急措施；全年未发生重大安全事故。

（孙刚）

北京八达岭国际会展中心

【概况】 北京八达岭国际会展中心（简称“八达岭国展”）位于延庆区庆园街65号。占地26.8万平方米，建筑面积5.3万平方米，在岗60人，设办公室、资产经营部、财务核算部、会展部、工程部、保障部和北京妫川荣成会展服务有限公司、北京八达岭国际葡萄酒交易中心有限公司、北京八达岭长城会展中心有限公司3个全资子公司。主要职责是代表政府对八达岭国展资产进行经营管理。八达岭国展企业化经营后确定“政府扶持、市场化导向”发展目标，坚持“品牌化、专业化、市场化、国际化”办展原则，聚焦“世园会、冬奥会”重大绿色机遇及首都生态涵养区优势捆绑一起发展，强管理、重效益，打造与其相关的国际性高端专业展会。成功获得世园会“布展服务类”和“设备租赁类”服务供应商。年内，以市场化运作的方式引进全国苗商大会，召开2017中国葡萄酒大会，连续举办两届中国（北京）景观苗木博览会。为北京国际自行车博览会、京张优质农产品推介会等大型展会提供场地保障。与廊坊会展中心合办2017首届北京延庆户外用品渔具展；自办“延庆汽车文化节”“延庆特色产品端午汇”等活动；为各类会议活动提供场地保障和会务服务。截至年底，举办博览会19场、举办会议35场，博览会比上年增加7场、会议比上年增加26场。

单位名称：八达岭国际会展中心
地　　址：延庆镇庆园街65号
电　　话：69148188

（韩雪）

【相关奖项】 年内，参与2017年国际冬季运动（北京）博览会延庆展区的设计、搭建和展会接待等工作，获得“优秀展示奖”。获中外会展杂志社颁发的“2017年度金五星优秀会展场馆奖”；中国会展产业交易会组委会颁发的“2017中国会展（会奖）产业金手指奖最具影响力会展场馆经营奖”；中国会展杂志社、中国国际会展文化节组委会颁发的“2016—2017年度中国会展标志性展馆”。

（韩雪）

（栏目编辑：景冰芳）

旅游业

综　述

【概况】　中共延庆区委旅游发展工作委员会（简称区委旅游工委）与延庆区旅游发展委员会（简称区旅游委）合署办公。区委旅游工委是负责旅游系统党的建设、思想政治工作和干部管理工作的区委派出机构。区旅游委是负责全区旅游发展统筹协调、产业促进和行业管理的区政府工作部门。区委旅游工委下辖旅游工委机关党委、八达岭特区办事处党委、八达岭旅游总公司党委、龙庆峡管理处党委。区旅游委设办公室、规划发展科、行业监督管理科、公共服务科、政工科（监察科）5个机构。区旅游委下辖延庆区旅游宣传中心、延庆区旅游信息服务中心、延庆区旅游产品研发中心、延庆区旅游发展研究中心、延庆区乡村旅游发展中心、延庆区旅游标准化促进中心6个事业单位。公务员编制18名、事业编制45名。全区各类旅游企业140家，景区景点30处，其中A级旅游景区20家（5A景区1家：八达岭长城。4A景区6家：龙庆峡、千家店百里山水画廊、松山森林旅游区、八达岭水关长城、野鸭湖国家湿地公园、世界葡萄博览园）。宾馆饭店96家（其中星级饭店12家），有旅行社20家，特色旅游购物场所2家，星级民俗村43个，星级民俗户1108户，特色业态72家。年内，区旅游委践行全域发展理念，推进全域旅游建设。召开2017年旅游大会，以区委、区政府的名义印发全域旅游文件，确立全域旅游发展战略。组建由区委、区政府主要领导为组长、全区90家单位负责人为成员的领导小组，建立统筹督查考核机制，推进8个方面142项创建任务。正式发布《北京市延庆区“十三五”时期旅游业发展规划》；推进旅游综合监管机制建设，组建完成八达岭、龙庆峡景区2个工商旅游所。按照绿色发展大事需求，实施旅游服务设施建设。出台《北京市延庆区服务保障世园冬奥全域旅游发展资金管理办法》，设立旅游产业发展专项资金。制订《世园会全区区域内旅游接待组织方案》《北京2022年冬奥会和冬残奥会延庆赛区旅游接待保障工作方案》，建立涵盖102家重点单位的住宿台账。完成金隅八达岭温泉度假村等9家宾馆的阶段性改造任务，升级八达岭长城游客服务中心等10家咨询站和22座旅游厕所。云瀑沟登山步道、岔道“五个一工程”项目建设完成。完成三星以下宾馆饭店等级复核。

单位名称：延庆区旅游委
地　　址：延庆镇妫水北街72号
电　　话：81191198

（谢雅娟）

行业管理

【景区重点项目用地指标需求座谈会】　2月22日，在区旅游委会议室召开。会议就建设用地需求上报过程中可能存在的一些客观问题进行研讨，区国土分局工作人员明确上报需求时的重点注意事项，并从建设用地指标方面解答各项目的可行性及手续办理相关事宜。区国土分局与13家景区负责人参会。

（谢雅娟）

【延庆与河北崇礼区达成旅游合作意向】 2月24日，区旅游委、区体育局、万科石京龙滑雪场等单位组成调研小组，由主管副区长带队，到河北崇礼区就区域旅游协同发展、冰雪旅游、住宿接待能力等方面进行调研学习，并与崇礼文化旅游体育广电新闻出版局相关人员进行座谈交流。双方就冰雪旅游产业发展情况、存在问题、工作举措等方面交换意见，并就共同起草《滑雪场旅游安全地方标准》和编制《延怀赤崇旅游交流图》达成合作意向。

（谢雅娟）

【旅游安全标准化培训】 3月10日召开。区旅游委传达市旅游委关于安全生产标准化工作的会议精神，并就下一步工作提出具体要求。区安监局按照国家相关法律法规，对各企业进行安全培训。安科研培技术有限公司作为安全生产标准化工作的咨询顾问公司，对旅游安全生产标准化工作进行详细介绍。全区各A级旅游景区以及各宾馆饭店主管安全负责人参会。

（谢雅娟）

【湿地公园保护与恢复工程开工】 4月28日，由北京野鸭湖国家湿地公园承建的“野鸭湖国家湿地公园保护与恢复工程”正式开工。该工程位于野鸭湖国家湿地公园科普宣教区与合理利用区，总占地面积78公顷。项目批复资金9101万元，建设内容主要有绿化工程、湿地恢复工程、驳岸工程、公共服务设施工程等。

（宋亮楠）

【旅游工作大会召开】 6月8日，延庆区旅游工作大会在新华人寿培训中心报告厅召开。会议总结延庆“十二五”旅游工作，并对全域旅游创建任务进行详细部署。区农委、千家店镇、八达岭旅游总公司、原乡水泉（北京）酒店管理有限公司、万科石京龙滑雪场、泛太平洋跳伞俱乐部等重点单位分别结合各自工作做典型发言。市旅游委和区四套班子领导出席，区直属单位、乡镇、街道以及旅游企业负责人和民俗户代表260人参会。

（谢雅娟）

【《北京市旅游条例》培训会】 7月31日，区旅游行业贯彻落实《北京市旅游条例》培训会在区旅游委一楼会议室召开。邀请市人大常委会法制办公室副巡视员对条例的背景、主要规定和基本要求进行详细解读。全区各宾馆、饭店、景区、旅行社、民宿负责人以及区旅游委部分干部职工80人参加。

（谢雅娟）

【旅游咨询站评定】 9月14日，市旅游委咨询中心评定小组对八达岭游客中心等5个咨询站进行评定指导，根据《北京市旅游咨询站达标评定管理办法》，从房屋面积、设施情况、设备情况、人员情况以及旅游宣传品5个方面逐项进行。各咨询站对评定小组提出的问题完成整改。10月市评定委员会对初评结果进行复核，并将达标的5家咨询站在北京市旅游发展委员会官方网站上进行公示。

（谢雅娟）

【旅游从业人员交流】 9月25—29日，由区旅游委与北京二外旅游教育培训中心联合承办的2017年京北生态（冰雪）旅游圈旅游管理及从业人员交流活动——2017京蒙对口帮扶旅游从业人员交流培训班和延庆、怀来旅游从业人员交流培训班，在金隅八达岭温泉度假村国际会议中心第一会议室举行。培训班采取专家授课、分组讨论、座谈与实践教学相结合的形式。理论课内容涉及《旅游行业的协同管理模式创新》《旅游消费心理分析》《民宿+民俗旅游产品的开发》《旅游+融合发展》《管理与品牌宣传》等。开放式实践课堂设置在延庆石峡民俗村及北京市内景点。对口支援地区及京北生态（冰雪）旅游圈旅游管理人员等30人参训。

（谢雅娟）

【春季旅游项目推出】 年内，以“美丽延庆 踏青赏花”为主题，挖掘全区旅游资源推出不同主题的春季旅游项目。主要包括：赏花、登山健身、自行车骑游、农事体验、果蔬采摘、休闲养生、民俗美食等。

（谢雅娟）

【世园会培训教材编制完成】 年内，聘请北京联合大学旅游学院培训中心编制《2019北京世界园艺博览会节事服务培训教材》。教材内容分为“世园会概览、服务接待实务、延庆旅游资源介绍、常用知识”4个部分。教材印刷1万册，下发全区旅游行业，由各单位组织全员培训。

（谢雅娟）

【冬奥会赛区住宿保障工作启动】 年内，成立以主管区长为组长的2022冬奥会旅游接待工作领导小组。区旅游委成立“两会服务保障办公室”。编制《2022冬奥会延庆赛区旅游接待保障工作方案》，建立102家住宿业单位基础台账，从住宿、餐饮、公共服务、市场推广、智慧旅游等方面开展重点项目。

（谢雅娟）

【旅游行业培训】 年内，根据旅游经营管理人员的实际需求和存在问题，开展“订单式”培训，重点进行景区、酒店新员工岗前培训，一线员工基本素养培训，管理人员理念培训，民俗户烹饪技能培训等实操培训，全年开设培训班46个，参加培训5220人次。

（谢雅娟）

【旅游投诉处理】 年内，区旅游委接到各类旅游投诉375件（其中八达岭景区234件），所有投诉均予处理，办结率100%，游客满意度100%。另接区领导专项批示办理单17件、市政府旅游市场秩序督办通知单8件、区政府下发的每日舆情事项办理批办单30件，均按时予以调查处理。

（谢雅娟）

【旅游市场管理】 年内，组织专项联合执法检查行动20次。结合日常执法检查工作出动执法检查车辆1000辆次；出动检查人员2700人次；检查旅游企业450家次；检查旅游车辆6000辆次；检查导游员6200人次；查处黑旅游大巴车4辆，罚款4万元；查处“黑导”3名，罚款5000元；处罚违规导游员2名，罚款100元；劝阻清退拉客、揽客等违法违规人员100人次；违法使用电气焊人员1名、违法开设黑旅店人员1名。

（谢雅娟）

【旅游安全检查】 年内，区旅游委与70家旅游接待单位签订责任书；法定假日、全国两会、“一带一路”等重要时期，开展安全生产专项检查，出动执法人员1100人次，出动执法车辆880辆次，检查企业2500家；推广“双随机”抽查机制，全年对70家旅游企业进行抽查；开展火灾防控、食品安全管控、安全用电管理和特种设备等安全隐患专项排查50次；开展为期40天的消防安全隐患大排查大清理大整治和“两检查一整治”专项行动，其间检查旅游企业150家。

（谢雅娟）

【A级景区质量等级复核】 年内，启动A级景区质量等级复核工作，涉及八达岭古长城、八达岭森林公园、石京龙滑雪场、辉煌国际会议度假区、古崖居、阳光时代马球俱乐部、八达岭野生动物世界、八达岭滑雪场8家景区。复核按照旅游交通、旅游安全、旅游购物、综合管理、资源和环境保护等8大方面进行复核。除八达岭滑雪场由于修建兴延高速和延崇高速的原因延期复核外，其余7家3A级景区全部通过等级复核。

（谢雅娟）

【延怀旅游协同发展】 年内，区旅游委组织行管、民俗、宣传、咨询等业务科室负责人与河北怀来县相应科室，就2017年两地旅游协同发展工作进行具体对接，达成如下合作事项：签订《延庆怀来旅游协同发展合作意向书》；编制《延怀赤崇旅游交通图》；在行业管理方面，就景区、饭店、民俗户的标准化建设和培训方面达成合作计划；双方就微信、微博、旅游网、在线销售等宣传、销售平台达成互为链接的合作事宜；举办“延怀旅游自驾车”启动仪式系列活动。

（谢雅娟）

【旅游咨询站点建设】 年内，区旅游委对营城子、康庄、四海、大庄科、绿富隆等旅游咨询站点进行踏勘，并对各旅游咨询站设备、设施、宣传品及咨询员服务进行规范管理。运用“互联网+”新技术，打造线上线下相结合的咨询平台，完善旅游咨询服务体系。通过建立全时空、全方位、全过程的线上服务，实现旅游咨询服务的全覆盖。

（谢雅娟）

景区管理

【八达岭特区办事处】 八达岭特区办事处作为北京市延庆区人民政府的派出机构，负责辖区内的行政事务和社会公共事务，发展旅游事业和公益事业，贯彻执行法律、法规、规章和市、区人民政府的决定、命令，完成市、区人民政府部署的各项任务。设办公室、党建办公室、人事科、财政科、基建科、综合治理办公室、文物管理科、外事办公室、监察科、保卫科、旅游应急办公室、经济合作办公室12个职能科室。辖宣传营销中心、票务管理中心、后勤服务中心、环境保洁中心、游客服务中心、信息管理中心、园林绿化中心、综合管理中心、长城文化研究中心9个科级事业单位，正式职工312人，合同制工人309人。年内，《八达岭—十三陵风景名胜区总体规划》获得国务院批复；编制完成《八达岭—十三陵风景名胜区控制性详细规划》文本及图件。中国宋庆龄基金会与中组部联合举办的“民族团结一家亲”主题活动、“珍爱长城　邮驿传情”——纪念中国长城学会成立30周年暨长城列入世界自然与文化遗产名录30周年大型专题长城文化服饰及邮品预购新闻发布会、“智慧女性·智慧生活”（2017）第四届北京国际青年关爱女性及传统文化志愿者体验活动先后在八达岭长城景区举办。全年接待中外游人932.43万人次，同比增长7.1　%。实现旅游收入3亿元，同比增长6.67%。接待三级以上外事勤务106次，其中接待外国元首3人次。完成游客服务72万人次，同比增长31%。其中，咨询服务28.36万人次，便民服务36.99万人次，广播服务6.53万人次，医疗处置及门诊售药3705人次，医疗紧急救助180人次，残障服务425人次；在景区旅游重要节点设立志愿服务岗7个，培训志愿者23次、400人次；开展志愿服务活动28次，活动时长45天，参与人员2300人；全年服务23万人次，服务项目包括指路、咨询导览、饮水、医疗、无障碍登城、发放宣传资料、问卷调查等。委托北京建工学院重新编制《长城—八达岭景区段保护规划》。完成八达岭长城景区友谊林至北五楼应急疏散及消防通道改造工程。改造长度1600米。完成八达岭长城景区滚天沟口卫生间改造工程，改造面积237平方米。完成岔西停车场、黑龙潭停车场绿化工程，种植乔木700株，灌木580株，在绿化隔离带种植绿篱、草坪，完成高速58号出口裸露岩体的绿化美化工作。完成八达岭长城景区汛期安全隐患整改工程，对景区游客服务中心楼后山体、月亮湾山体、综合楼南侧山体和詹天佑对面（琅山）两侧山体共计1445.4平方米危岩体进行防护加固；完成北10楼敌台抢险修缮工程。巡查长城600人次，发维修通知单44次、重大事项维修单3次，更换磨损严重的地面砖、台阶砖80块、松动封顶砖65块、维修焊接扶手栏杆6处，更换扶手立柱18处；完成万里长城—八达岭（关城部分）防雷工程和消防工程，项目预算2000万元。针对景区假日旅游接待、文化交流和员工风采等内容在中央电视台、北京电视台和延庆电视台进行电视宣传报道18次；在《人民日报》和《北京日报》等市级报纸对景区风光、服务接待、交通秩序、文明旅游等进行平面新闻报道21篇次；在人民网、新华网、中国网、北京旅游信息网等网络媒体刊载八达岭长城相关新闻433篇次；利用八达岭长城微信公众号“八达岭长城”平台宣传推送40期，全年完成国际国内媒体采访和媒体拍摄50次，接待境内外媒体记者80人次，影视拍摄接待17次；与北京及周边630家旅行社和北京市内270家三星级以上宾馆饭店签订合作协议；完成专题调研及季度调研报告19份；完成出版《长城聚首——500位国家元首、政府首脑与八达岭长城》大型文献画册；策划组织并协助完成各类文体活动19场次。全年出动检查人员700人次，发现环境秩序、市场秩序、服务设施、食品安全、服务质量等内容的问题140个，派发整改通知单135份，督促责任部门限期整改并进行回访，确保消除问题和隐患；组织156天，12批次，4886人次实施安检。整治滚天沟停车场市场秩序，取缔商摊占道、占车位超范围经营现象。开展集中清理10次，出动保洁员729人次，清运固体垃圾1705.33吨、液体垃圾1884吨。

开展森林防火、社会消防、内保防盗、燃气安全、锅炉安全等各类安全检查、自查自纠检查150次，检查对象800家（次）。检查中共发现各类安全隐患300处，整改率95%以上；组织各类重点专项检查50次；发放安全生产、防火宣传材料1000份；发布各类安全生产预警信息1100条；发放《长城条例》《中华人民共和国文物保护法》等宣传材料3000份。

（张晓赫）

【八达岭旅游总公司】 北京市八达岭旅游总公司属国有企业，按区属二级班子单位管理。设八部一室，包括办公室、人力资源部、监察审计部、党群工作部、财务部、经营管理部、市场营销部、基建工程部、事业发展部。下辖企业25家，即北京古崖居望湖宾馆、北京京都八达岭旅游发展有限公司、北京八达岭旅游发展有限公司、北京长城五洲风采文化传播中心、北京古崖居风景名胜区旅游中心、北京八达岭世界葡萄博览中心 、北京八达岭水关旅游开发有限责任公司、北京八达岭索道有限公司、北京八达岭畅安地面缆车运营有限公司、北京八达岭饭店有限公司、北京八达岭巨龙工艺品有限责任公司、北京长城全周影院有限公司、北京八达岭国际旅行社、北京八达岭智慧旅游有限公司、北京八达岭伟业停车场有限公司、北京八达岭岔道古城旅游开发有限公司、北京市八达岭综合市场中心、北京市八达岭水关长城旅游公司、北京八达岭残长城旅游观光有限公司、北京八达岭森林旅游开发有限公司、北京八达岭传奇旅游发展有限公司、北京万科八达岭旅游开发有限公司、北京八达岭势至旅游管理有限公司、北京八达岭户外运动管理公司、北京九眼楼长城旅游开发公司。现有职工967人。年内，总公司成立北京八达岭户外运动管理公司，负责实施延庆世葡会周边蔡家河地区生态林景观提升工程项目的开发建设及运营管理。成立北京九眼楼长城旅游开发公司，开发建设及运营管理九眼楼景区。八达岭南线索道技术改造后的地面缆车正式通车运营，最高运行速度为8米/秒，单向运力2000人次/时。全周影院与三弦有限公司合作打造的梦幻长城球幕影院于6月1日开业运营。总公司成为2019年中国北京世界园艺博览会特许生产商和特许零售商，“北京世园会特许零售店·八达岭店”正式开业。年内，实现旅游收入3.08亿元，比上年同期2.45亿元，增加6287万元；上缴税金形成区级财政收入1071万元，比上年同期988万元，增加83万元；实现利润2273万元，比上年同期2012万元，增加261万元。

（杨亚慧）

【龙庆峡管理处】 龙庆峡管理处1987年成立，属政府派出机构，同时成立北京市龙庆峡旅游公司，属国有企业，1990年8月，龙庆峡脱离水利部门，1998年加盟北京控股公司，成立北京龙庆峡旅游发展有限公司，属中外合资企业，2008年5月归属京泰实业集团有限公司。

2017年，景区内有北京龙庆峡旅游发展有限公司、北京市龙庆峡旅游公司、北京腾龙游乐有限公司、延庆县龙庆峡管理处、北京玉渡山旅游发展有限公司5个单位联合办公，有20个科室部所，职工773人，其中正式工474人、农民合同工194人、古城村劳务派遣105人。主要负责龙庆峡景区和玉渡山景区的日常管理、旅游开发、服务接待等工作。年内，全面落实“安全第一，预防为主”方针，把安全管理工作纳入重要议事日程，成立安全工作领导小组，健全安全生产责任制，与各部门签订安全责任书，完善《龙庆峡景区安全生产工作方案》《龙庆峡风险防控方案》等10项工作方案，开展安全检查30次，落实整改措施30条，开展旅游市场综合整治15次，开展各类应急演练13次，全年未发生重大安全事故和旅游投诉事件。宣传促销方面，在北京、天津、河北等电视台播放景区的天气预报。在《北京青年报》《北京晨报》等报刊杂志上刊登景区旅游信息，扩大景区的宣传覆盖面。与区委宣传部、区旅游委微信平台对接，发布景区旅游信息。参加“2017海峡旅游博览会”“2017西安丝绸之路国际旅游博览会”等旅游博览会，委托唐山华夏旅行社在河北地区对景区进行宣传和推广并代售景区门票。双方共同举办“冬季冰灯包场”、2017年“中国旅游日”暨“幸福旅游、惠民河北”等主题活动。截至年底，与景区签订协议的旅行社1600家。全年接待游客75.2万人次，北京龙庆峡旅游发展有限公司实现营业收入6606万元，旅游公司实现营业收入765万元。玉渡山景区接待游客24万人次，旅游收入867万元。

（付艳春）

【康西草原管理处】　“康西草原管理处”和“康西草原旅游公司”于1989年12月经延庆区人民政府批准成立，管理处和旅游公司为一套机构两块牌子，归旅游办管理，属于企业性质，独立核算，自负盈亏，总占地面积580.05亩（38.67公顷）。1990年正式对外开放营业，同年2月经延庆区机构编制委员会延编发字〔1990〕第4号文批准，康西草原管理处为自收自支事业单位，实行企业管理。2005年9月，北京康西草原旅游开发公司整体转制。大部分职工进入民营企业（北京中坤投资集团成立的“北京中坤康西草原旅游开发有限公司”）。康西草原旅游公司职工102人与原公司解除劳动合同，78名职工与北京中坤康西草原旅游开发有限公司签订劳动合同。康西草原旅游公司保留，承担转制前遗留的债权、债务问题。2006年1月13日根据延编办〔2006〕第02号文件要求，重新组建“延庆区康西草原管理处”（2015年12月改称延庆区康西草原管理处），确定为全额拨款事业单位，履行服务、协调、监督职能。内设办公室和综合治理办公室，编制8人，在职7人。

（方俊杰）

【野鸭湖湿地自然保护区管理处】　野鸭湖湿地自然保护区（简称野鸭湖），是1997年7月批准成立的县级自然保护区，2000年晋升为市级自然保护区，2013年国家林业局对野鸭湖国家湿地公园进行授牌。2011年3月，延庆县编办批准成立北京野鸭湖国家湿地公园管理处，与北京延庆野鸭湖湿地自然保护区管理处合署办公，编制30名，主要职能为：贯彻执行国家有关湿地管理的方针、政策和法规，拟定并监督实施野鸭湖的管理政策；拟定并实施野鸭湖的规划、计划；承担野鸭湖湿地的保护、管理和开发利用，确保资源永续利用；组织开展对外宣传；协助有关部门开展科学研究和科普教育；协调解决辖区内及周边乡镇、村的各类问题；完成县政府交办的其他事项。野鸭湖被学习型延庆创建办公室授予“市民终身学习服务基地”。年内，推进湿地公园总体规划修编工作，申报完成湿地保护补助资金项目，实施湿地保护与恢复工程，进一步完善基础设施建设、提升科研监测水平，全面发挥科普宣教功能和提高旅游服务质量。

（宋亮楠）

【北京延庆世界地质公园管理处】　延庆世界地质公园管理处，设综合管理科、地质遗迹保护与建设科、地质科普与宣传科、地学旅游与开发科，下属事业单位延庆区地质博物馆，有编制21名，在编17名。2017年是延庆世界地质公园再评估年，围绕再评估工作，管理处完善公园基础设施建设、加大地质遗迹保护力度、多渠道全方位开展科普宣传活动。完成八达岭、古崖居2个陈列室建设，对原有161处地质遗迹点进行修整和完善，并新增古崖居、莲花山、云瀑沟等景区地质遗迹点47处；完成恐龙足迹化石1号点围岩加固，开展高精度三维扫描及化学保育工程；完成同希腊莱斯沃斯地质公园合作的硅化木化石三期保育项目；开展园区讲解员科普知识培训班，千家店、龙庆峡、八达岭、古崖居、世葡园等景点46名讲解员参加培训；利用新闻、报纸、网络等渠道宣传报道地质公园，提升地质公园知名度；完成长寿岭地质人家升级改造工作，突出地质旅游亮点特色；开发地质公园特色宣传品、纪念品和特色农产品，发挥地质公园带动旅游发展的重要作用。

（李昀倩）

【中国长城博物馆管理处】 中国长城博物馆为正处级事业单位，内设五部一室，分别为办公室、人事部、财务部、业务部、社教部、保卫部，2017年，有职工48人（其中合同制员工13人）。年内，举办临时展览4个，分别为鸡祥如意——2017丁酉鸡年文化展、跨越百年——京张铁路影像展、北京市第一次全国可移动文物普查工作成果巡回展览、中国非物质文化遗产系列展·根雕艺术——玄清根艺作品展，接待观众41.4万人次。举办主题教育活动34场次，分别为“了解长城文化，做守卫长城的战士”活动、“爱国　感恩　责任　成长”成人仪式、“长城见证成长　青春绽放芬芳”毕业典礼活动、“放飞童年　筑梦未来”庆“六一”活动、“深刻识长城，悟爱国情怀”主题活动等，参与活动3744人次。同时配合延庆区17所中小学校开展以“知我家乡，妫川之旅”为主题的社会大课堂参观活动，接待师生2697人次。截至年底，长城博物馆接待观众74.76万人次，其中学生10.76万人次，外宾1.2万人次；免费讲解952次，连续多年保持接待零投诉。

（王丽萍）

景点介绍

【八达岭长城】 八达岭长城位于北京市延庆区南部八达岭镇域内，距北京市区60千米，始建于明朝弘治十八年（公元1505年），由戚继光、谭纶督建，历经弘治、正德、嘉靖、隆庆、万历五代皇帝（1505—1589年），是扼守京西北居庸关—八达岭关沟军事防御体系的重要组成部分。据明代《长安客话》：“路从此分，四通八达，故名八达岭，是关山最高者。”八达岭长城1958年正式对游人开放，国保段全长7741米，游览开放段全长3741米，19个敌楼。景区规划面积70.1平方千米，核心景区面积55平方千米。年内，八达岭长城接待游人932.43万人次，同比增长7.14%；实现门票收入2.89亿元，同比增长6.67%。截至2017年年底，接待世界各国元首和政府首脑511位。

（张晓赫）

【八达岭古长城】 八达岭古长城景区位于八达岭长城西南10公里处，是八达岭长城防御体系的西大门，景区于2000年4月29日正式对外开放，属国家AAA级风景区，是北京市爱国主义教育基地。古长城是在原来城体的基础上进行一种维持原貌的加固和修缮，保存原始，虽然残缺，雄峰犹存，断壁残垣，让人能从心底感受长城应有的历史沧桑感和厚重感。古砖窑遗址和采石场还都有保留，供游人了解城砖的烧制过程和长城建造的历史，具有很高的考古价值。年内，景区接待游人5.45万人，实现旅游收入169.12万元。

（杨亚慧）

【水关长城】 水关长城位于北京西北40千米，此段长城是八达岭段长城东端，因修建中国第一条自主设计的京张铁路而截断，属国家AAAA级旅游景区。水关长城历史悠久，古老沧桑又不失雄伟壮观，是明长城的遗址，距今已有400余年的历史，是拱卫京畿的重要关口之一，由抗倭名将戚继光督建，以宏伟的景观、完善的服务设施和深厚的历史文化内涵而著称。年内，景区接待游人79.89万人，实现旅游收入2110.3万元。

（杨亚慧）

【中国长城博物馆】 中国长城博物馆坐落于八达岭长城景区内，是一座以长城为主题全面反映长城历史、军事、建筑、经济、文化艺术及现状的专题性博物馆。1994年9月建成开馆，由时任国家主席江泽民题写馆名。2007年全面改陈，建筑面积4000平方米，展览面积3200平方米。展览主题为“世界奇迹·历史丰碑”。

（王丽萍）

【龙庆峡】 龙庆峡是国家AAAA级景区，距北京市区70千米；古称“古城九曲”，是一处水绕山环风光秀丽的峡谷，属于自然水域风光型景区，既有南国山水的妩媚秀丽，又不失北国山水的雄浑壮观。1973年10月建龙庆峡水库，大坝高70米，坝顶长90米，整个水库流域面积119平方千米，库区面积34万平方千米，库容852万立方米。1984年成立旅游公司，开始发展旅游事业。龙庆峡是新北京十六景之一，年均接待游客80万人次，其中外宾人数20万人次。

（付艳春）

【玉渡山景区】 玉渡山景区为国家2A级景区，隶属于北京龙庆峡旅游发展有限公司，2002年7月正式对外接待游人。有财务科、旅游开发科、公园管理科和办公室4个科室。景区位于燕山第一高峰“海坨山”脚下。地域面积75平方千米，植被覆盖率90%以上；区内有维管束植物105科380属713种，乔木、灌木种类繁多、覆盖山野；山中溪水长流，春夏秋时节、花开不断。空气含氧量比市区高2~3倍，堪称天然“氧吧”。夏季凉爽宜人，最高温度只有28℃，比市区低5~6℃，是消夏避暑的佳地。年内，借助微信、微博、互联网、报刊等新闻媒媒介，宣传景区的旅游资源，通过举办首届“玉渡山818户外运动节”，第二届玉渡山高山草甸露营音乐节和保护后河峡谷环境徒步等户外活动，开发平北抗日军分区司令部旧址等红色景点。全年接待游客25.82人次，同比增长69%。旅游收入902万元，同比增长36%。

（付艳春）

【康西草原】 康西草原是北京地区唯一的草原，草原风光特色突出。截至2017年，拥有草场9199.95亩（613.33公顷）。景区北依海坨山、西邻官厅水库，地广水阔，水草丰茂，景色秀丽。草原动植物种类众多，有苜蓿、野菊花等草类植物50余种，野兔、田鼠等动物10多种，野鸭、灰鹤等鸟类20余种。草原气候宜人，是温带和中温带半干旱与半湿润过渡地带，属于大陆性季风气候，年平均气温9℃，年平均降水量494毫米，是理想的避暑地之一，为骑马爱好者提供了广阔的空间。康西草原20世纪90年代被评为北京新16景之一，曾与八达岭、龙庆峡、松山等景区齐名，成为延庆旅游业的支柱企业。曾经举办“万马奔腾迎亚运”“康西杯优马大赛”“那达慕大会”“京津冀三地优者赛马大会”等颇具影响力的赛事活动，车马大赛项目开创中国赛马项目之先河，让马文化迅速传播于北京周边各省市地区。

（方俊杰）

【北京野鸭湖国家湿地公园】 野鸭湖国家湿地公园位于北京市延庆区西北部，新中国“建国第一库”官厅水库之滨，北依松山、大海坨山；是由官厅水库延庆辖区及环湖海拔479米以下淹没区及滩涂、河流、库塘、沼泽组成的湿地系统。公园总面积283.4万平方米，位于北京市面积最大、生物多样性最丰富的野鸭湖湿地自然保护区的实验区，是北京地区重要鸟类栖息地，也是国际鸟类迁徙路线东亚——澳大利亚路线的中转驿站。每年迁徙季节，有众多鸟类在此停歇，其中雁、鸭种类和数量最多，野鸭湖由此得名。野鸭湖湿地动植物资源丰富，已经记录到国家一级保护鸟类10种，国家二级保护鸟类43种，植物472种，高等植物456种，其中野大豆（Glycine soja Sieb.）、绶草（Spiranthes sinensis）为国家二级保护植物。有昆虫182种、鱼类40种，是人们亲近自然、放飞心灵的好去处。年内，公布《2017年野鸭湖新增鸟类情况及最新名录》，登记在册鸟类19目64科325种。

（宋亮楠）

【延庆地质博物馆】 延庆地质博物馆是以延庆世界地质公园为依托，集地质科普、延庆地质遗迹、自然景观与人文风貌于一体的综合性、公益性博物馆。博物馆全面展示地质科普知识、延庆典型地质遗迹类型以及与地质与文化、社会发展的关系等内容。展览主题为“燕山之魂”。先后挂牌“中国地质大学教学科研基地”“北京市科普地”“延庆区中小学生社会大课堂实践活动基地”“延庆区中小学地质科普知识师训基地”和“全国科普基地”。年内，地质博物馆部分展厅升级改造，新设地面3D画、世界地质公园大家庭抠像系统、姊妹公园篇展墙、矿产勘探展板展柜及论文查询系统等。招募志愿者39名，服务时长1277个小时。全年接待中小学生社会大课堂活动4000人次；接待游客3.2万人次，其中个人游客2.65万人次，团队游客60批次5500人次。

（李昀倩）

【古崖居】 古崖居景区位于延庆区张山营镇域内，南邻妫水，北依海坨，1991年初步对外开放，是由一支不见史志记载的古代先民在陡峭的岩壁上开凿的崖居洞窟。属国家AAA级旅游景区，是中国目前已发现规模最大的崖居遗址；有石室137个，大小不均、形状不一，上下多层、层层相通。全部石室或园或方，均合乎美学规矩，表现出一种原始的审美情趣，古崖居的来历至今仍是千古之谜。年内，景区接待游人10.08万人，实现旅游收入313.63万元。

（杨亚慧）

【葡萄博览园】 世界葡萄博览园位于北京市延庆区张山营镇的东南部，是葡萄主题公园，属国家AAAA级旅游景区。2014年7月25日正式对外开放，是集葡萄品种展示、观赏采摘、生态体验、景区游览、科普教育、休闲娱乐等功能于一体的综合性博览园。园区落实“以农业为基础、以教育为支撑、以旅游为补充”的规划目标，打造“四季有花”的农业主题，举办郁金香文化节、百合文化节、菊花文化节、葡萄文化节以及冰雪节和文化庙会。年内，接待游人23.22万人，实现旅游收入共760.73万元。

（杨亚慧）

【万科石京龙滑雪场】 万科石京龙滑雪场位于延庆区张山营镇东北部，始建于1999年，是北京地区首家滑雪场，也是全国首家采用人工造雪的滑雪场。2016年年底，滑雪场重装开业，成为国内首家互联网滑雪场。营造开放式、平台式、友好型滑雪体验，客户可通过手机移动端实现网络订票、现场取票、雪具租赁、消费、滑雪等所有功能，实现滑雪场内无现金化消费。2017—2018雪季，接待游客8.92万人，实现旅游收入2166万元。

（杨亚慧）

旅游活动

【第二届北京野鸭湖冰雪马拉松举行】 1月7日，第二届北京野鸭湖冰雪马拉松开幕，中国奥运会前秘书长魏纪中以及区领导李志军、穆鹏等出席开幕式。有2022名选手报名参赛，意在“预热”2022年北京冬奥会。中国选手沙宇超、张新分别获得男女冠军。

（宋亮楠）

【第十三届“龙庆峡杯”国际冰雕雪雕大奖赛举办】 1月14—16日在龙庆峡景区举办。大赛以2019年世园会和2022年北京冬奥会为主题，用冰雪雕作品展现冬季体育运动的普及和对盛会的期盼。西班牙、印度、哥斯达黎加以及吉林、哈尔滨、牡丹江、延庆等国家和地区24支代表队、48名选手参加比赛。选手创作冰雕作品48件、雪雕作品24件。延庆龙庆峡2队参赛作品《花仙子》《鱼戏》《中国娃》获得特别成就和谐奖。

（付艳春）

【龙庆峡第三十一届冰灯艺术节开幕】 1月15日，以“冰雪延庆、激情冬奥”为主题的延庆区第三十一届冰雪欢乐节暨龙庆峡冰灯艺术节在龙庆峡文化广场开幕。本届冰灯艺术节占地面积20万平方米，分为彩灯区、娱乐区、冰展区3大区域，有花灯作品350组、树灯2000棵、冬奥会主题雪雕3组、冰灯作品350件、冰雕作品200件、雪雕作品100件。开幕式上进行《快乐竹马》《冰雪舞动》《冰雪延庆》《冰雪鼓动》等具有延庆区文化特色的歌舞表演以及《龙灯》《旱船》等非物质文化遗产的展演，区技能达人现场展示具有延庆特色的14项创意礼物。

（付艳春）

【2017冰雪情——中韩缘文化节举办】 1月20—22日在龙庆峡景区举办。文化节以“纪念中韩建交25周年”为主题，展区内布置有“希望树”、济州岛“思索之苑”、忠清南道“雄飞塔”、公州市GPMA熊以及“龟船”“河回假面”、2018年平昌冬奥会吉祥物“Soohorang”等韩国自然、人文景观为元素的冰灯作品，还有试穿韩服、韩国游戏等文化体验活动。开幕式上，韩国忠南国乐管弦乐团和“Tteunsoe”艺术团进行韩国传统打击乐“四物游戏”等传统文化展演。文化节期间，3万人次参观韩国馆。

（付艳春）

【首届延庆世葡园冰雪文化庙会举办】 1月28日至2月2日，以“长城内外一家亲”为主题的延庆世葡园冰雪文化庙会成功举办。庙会推出大鼓长廊、灯笼长廊、风车长廊、长城雪乡、“一带一路”气球展等景观，提供餐饮、商品、游戏等售卖摊位，丰富庙会活动内容。共接待游人11.65万人次，实现综合收入383.76万元。

（杨亚慧）

【3单位入选“北京市红色旅游景区”】 1月，由北京市旅游发展委员会组织的红色旅游景区评定工作揭晓，昌延联合政府旧址、平北抗日烈士纪念园、平北红色第一村沙塘沟村3家单位入选“北京市红色旅游景区”。

（谢雅娟）

【八达岭与法国勃朗峰结为友好景区】 2月15日，法国霞慕尼市市长埃里克·福尼耶带队到访，代表勃朗峰景区与八达岭长城景区签署友好合作备忘录。与会人员观看延庆和霞慕尼市宣传片，八达岭特区办事处负责人介绍八达岭景区相关情况。随后，双方围绕加强合作、共同发展等内容进行交流。胡耀刚等区领导出席签约仪式。

（时亚辉）

【残疾人登长城摄影】 3月7日，“助力冬残奥会，相聚美丽延庆”残疾人登城摄影活动在八达岭长城举办。20名残疾人通过残疾人通道登上长城，体验无障碍设施，并用相机拍摄影像图片。活动由区残疾人联合会主办，延庆摄影家协会、光影印象摄影志愿者服务队承办。

（张晓赫）

【约旦王国佩特拉古城嘉宾到访】 3月29日，约旦王国佩特拉古城嘉宾访问八达岭特区办事处并游览长城。双方座谈研讨在旅游营销等方面的发展与合作事宜。

（张晓赫）

【科技教师观鸟培训】 3月31日，野鸭湖管理处联合延庆区教委开展野鸭湖畔“认”鸟飞——科技教师观鸟培训活动。延庆区教委科技教师、小丰营雏鹰野保站及野鸭湖职工70人参与活动。活动中延庆区教委和延庆科技馆共同授予野鸭湖“科技教育基地”称号。

（宋亮楠）

【“美丽延庆”微信线下骑游】 4月8日，“穿越长城看花海，追寻别样的浪漫”主题骑游活动在八达岭古长城景区举办。活动由“美丽延庆”微信平台进行招募，采取线上报名和线下活动的形式相结合，22对骑游伙伴报名参加。骑游线路自地质博物馆出发到达八达岭古长城，由专业骑游公司提供自行车、领队指导、保障车服务。活动期间，“美丽延庆”公众号新增粉丝284名。

（谢雅娟）

【北京市第35届爱鸟周活动启动】 4月8日，北京市第三十五届“爱鸟周”宣传活动启动仪式暨“北京雨燕杯”野鸭湖春季观鸟邀请赛在北京野鸭湖国家湿地公园举办，北京市园林绿化局、北京野生动物保护协会、延庆区政府相关负责人参加启动仪式并致辞。北京市园林绿化局属各单位代表队、十佳观鸟地及区园林绿化局代表队、北京高校代表队和北京中小学代表队200人组建20组观鸟队伍参加观鸟赛。

（宋亮楠）

【中国健身名山赛】 4月8日，由中国登山协会、中国风景名胜区协会主办的中国健身名山赛活动在古长城景区举办，近千名运动员参加登山活动，同时为古长城景区挂牌为“中国健身名山”。

（杨亚慧）

【第四届古长城杏花节举办】 4月8—23日，古长城景区举办“春游杏花海、梦回古长城”为主题的第四届杏花节，通过“流动式”的古装表演等形式展现古长城的历史文化。共接待游客7651人。

（杨亚慧）

【英国水禽与湿地基金会首席执行官马丁考察】 4月13日，WWT（英国水禽与湿地基金会）首席执行官马丁•斯普瑞先生与国家林业局湿地国际办一行3人，到野鸭湖湿地考察交流。

（宋亮楠）

【公益植树】 4月14日，中华环保联合会2017年公益植树活动在葡萄博览园举办。十一届全国人大常委会副委员长顾秀莲、十一届全国政协常委、政协人口资源环境委员会主任张维庆、全国工商联原副主席孙晓华、著名表演艺术家田华、中华环保联合会副秘书长张永红等参加。

（杨亚慧）

【地球日科普宣传】 4月19—22日，延庆世界地质公园开展地球日科普宣教“四进”活动，组织工作人员20人走进香营学校、温泉东里社区、地质博物馆、金锣湾广场等地举办地球日宣传教育讲座。受众3200人，其中中小学生800人。其间发放宣传册和宣传折页3000份。

（李昀倩）

【区中小学生地面粉笔画活动开展】 4月20日，由延庆区教委、延庆区青少年活动中心、延庆世界地质公园、野鸭湖管理处共同举办以“让地球更健康，跟着童画游湿地”为主题的延庆区中小学生地面粉笔画活动，28所学校300人组成53个队参加活动，44个队获一等奖。

（宋亮楠）

【"走近世园花卉——2017"花卉展览】 4月26日至6月10日，由北京世界园艺博览会事务协调局、市科委、市园林局和区政府主办的"走近世园花卉——2017"在葡萄博览园举办，世界各地1200种花卉参展。其中，室内展出特色植物、花艺园艺装饰、中医药植物及园艺企业精品等；室外展示中国名花、野生花卉、国内自育花卉品种、国外引进花卉品种、中医药植物及新优高质植物等。

（杨亚慧）

【北京八达岭跳伞基地启动运营】 4月30日，北汽集团所属北京通航旗下泛太平洋跳伞俱乐部北京八达岭跳伞基地在八达岭机场正式启动运营。北京汽车集团有限公司党委书记、董事长徐和谊，延庆区委书记李志军及国家体育总局、北京市体育局相关负责人出席。

（常磊　黎海军）

【长城马拉松赛举行】 5月1日，古长城景区与天贵诚有限公司联合举办2017年"第十六届长城国际马拉松赛"。29个国家和地区的200位运动员分别举行全程马拉松赛、20公里、10公里、5公里比赛。

（杨亚慧）

【第二十二届消夏避暑季开幕】 5月19日（中国旅游日），延庆联合国教科文组织世界地质公园地学科普游精品线路发布暨延庆区第二十二届消夏避暑季启动仪式在延庆地质广场举办。全市140名地学科普游体验者，在专业地学讲解员带领下，通过徒步、骑行、自驾等不同形式，分别体验不同的地学科普游线路。区旅游委进行消夏避暑季旅游资源推介。其间举办端午文化节、柳沟风筝风车节、世葡园百合文化节等活动。地质公园推出"地学科普自驾、骑行、徒步旅游路线"。

（谢雅娟）

【地学科普游精品线路发布】 5月19日，在第16个中国旅游日之时，地质公园举办"迎世园、盼冬奥、畅游地质海洋，延庆联合国教科文组织世界地质公园地学科普游精品线路发布会"，正式推出15条"地学科普自驾、骑行、徒步旅游路线"，并在全市范围内招募140名地学科普游爱好者，现场参与体验活动。

（李昀倩）

【第五届北京市中小学观鸟赛举办】 5月20日，第五届北京市中小学观鸟赛开幕式——暨实地观鸟赛，在北京野鸭湖国家湿地公园举行，全市15个区60所中小学300名学生晋级市赛。活动记录到鸟种数118种，比春季观鸟邀请赛的104种增多14种，当天还发现国家一级保护鸟类金雕和本季节原来未记录到的赤嘴潜鸭。

（宋亮楠）

【卫星定位探究大杜鹃迁徙路线项目实施】 5月30日至6月4日，北京野生动物救护中心和英国鸟类基金会合作，在野鸭湖"环志"三只大杜鹃，它们将从北京出发，在未来一年里，向人们揭示大杜鹃的迁徙路线。延庆四中、延庆珍珠泉小学等多所学校参与，为雄性大杜鹃起名"小松"。

（宋亮楠）

【龙庆峡杯"第十三届"中华缘"比赛】 6月3日在韩国国会议事堂举办。大赛以"中韩史缘观往知来"为主题，旨在进一步增进韩国民众对中国文化的理解、对中韩友好的珍视，续写两国美好未来。22组选手参与演讲和演出单元成人、少年组8个奖项的决赛。韩国外国语大学"金兰之交"组合以及成人组"IQ—Online"组合夺得两个单元的最高奖项。

（付艳春）

【世界环境日宣传】 6月5日，是第46个世界环境日。延庆世界地质公园管理处联合区环保局、区文明办、延庆国土分局走进格兰社区开展环境日主题宣传活动，围绕"绿水青山就是金山银山"主题，倡导大家爱护延庆的生态环境，保护延庆的地质遗迹资源，遵循科学的可持续发展理念。

（李昀倩）

【第三届北京百合文化节举行】 7月15日至8月15日，葡萄博览园举办"花漫美丽延庆创建文明城区”为主题的第三届北京百合文化节，活动以“一路四海”为规划设计主线，集中展示了中轴路两侧百合花带及四海晓梦迷蝶、花艳花语、画满庭芳、草花花海四片百合花海。同时在科普馆推出百合主题插花作品展示等内容。活动期间还举办2017战跑soldiergo主题活动、“第二届百合公主”选美大赛、第四届中国农庄电影节、“畅游世葡园、水上大闯关”主题活动。其间共接待游人24831人，实现综合收入87.71万元。

（杨亚慧）

【联合国教科文组织再评估考察】 8月7日—10日，联合国教科文组织对延庆世界地质公园进行为期3天的首次再评估考察。评估专家克里斯丁·朗内斯（挪威）、渡边真人（日本）听取汇报，查阅档案资料，并实地考察延庆世界地质公园四大园区、地质公园博物馆以及地质公园战略合作伙伴世界葡萄博览园。专家肯定延庆世界地质公园4年的发展建设成绩，并提出建议。

（李昀倩）

【旅游魅力指数排行榜】 9月6日，由人民日报社指导、人民网和《国家人文历史》杂志社主办、百代旅行承办的“2017中国全域旅游魅力指数排行榜”评选结果揭晓，全国41家地级市，79家区县参选。延庆区作为北京唯一全国区县级代表，获得第四名，入围“2017中国全域旅游魅力指数排行榜区县级TOP20”，并受邀参加颁奖典礼。

（谢雅娟）

【首届延怀河谷葡萄文化节举行】 9月8日至10月10日，由北京市园林绿化局、张家口市林业局、延庆区人民政府和怀来县人民政府主办、延庆区园林绿化局、怀来县林业局、张山营镇人民政府和八达岭旅游总公司承办的首届延怀河谷葡萄文化节在葡萄博览园举办。文化节以“品味长城脚下葡乡风情　畅游官厅湖畔延怀美景”为主题，其间，举办延怀河谷优质鲜食葡萄擂台赛、延怀鲜食果品观光采摘游、国庆主题趣味活动、葡萄趣味乐翻天等活动。

（杨亚慧）

【第九届北京菊花文化节】 9月16日至10月10日，葡萄博览园举办“弘扬长城文化，谱写丝绸新篇”为主题第九届北京菊花文化节。园区集中展示喜迎中共十九大，共筑中国梦、龙腾虎跃、五颜六色、千姿百态、天女散花、艺菊、畅游花海等菊花主题大型园艺立体雕塑。期间，接待游客9204人，实现收入31.82万元。

（杨亚慧）

【“中国福”文化石刻落成】 9月30日，“中国福”文化石刻落成剪彩仪式在八达岭长城景区举行。“中国福”文化景观石刻高4.7米，宽1.9米，重15.8吨，由中国著名福寿文化学者、爱新觉罗皇家写福文化传承人观同书写。中国观赏石艺术届泰斗侯康乙，中国著名教育家、演讲艺术家王洪庆“中国福”创作者观同等文化艺术界专家学者（120人）出席仪式。中国著名福寿文化学者、爱新觉罗皇家写福文化传承人观同现场书写的“福”字赠予中国长城博物馆收藏。

（张晓赫）

【国际减灾日演练】 10月13日，是第28个国际减灾日。延庆世界地质公园走进千家店地质科普学校，举办“如何正确应对地质灾害”讲座，并组织学生开展应急演练，提高学生应对突发灾害事故的紧急避险、应急逃生和自护自救能力。

（李昀倩）

【龙庆峡景区亮相“2017年首尔中国日”】 10月22日，龙庆峡景区参加“2017年首尔中国日”活动。旨在宣传龙庆峡景区的特色风景，加深当地民众对龙庆峡的了解。龙庆峡景区作为中国北京的特色景区已连续5年受邀参加活动。

（付艳春）

【观鸟文化季开幕】 11月4日，北京野鸭湖2017秋冬观鸟文化季开幕。观鸟季分为“北京野鸭湖第十六届高校观鸟赛”“北京野鸭湖鸟友摄影作品展”“2017年新增鸟类认证”和阿拉善SEE“任鸟飞”志愿鸟导培训等活动。北京大学、北京师范大学、北京林业大学等22支队伍150名师生参加，活动观测到鸟种84种，其中青头潜鸭为珍稀鸟种。

（宋亮楠）

【野鸭湖新增鸟类情况及最新名录公布】 11月4日，全国鸟类环志中心、北京林业大学、北京师范大学等高校专家根据近年来在野鸭湖湿地自然保护区监测到的鸟类物种进行资料审阅、分析和鉴定，对野鸭湖鸟类名录进行重新修订。野鸭湖据此公布《2017年野鸭湖新增鸟类情况及最新名录》，登记在册鸟类有19目64科325种。

（宋亮楠）

【第三十二届冰雪欢乐节启动】 12月3日，延庆区第三十二届冰雪欢乐节暨第二届中国残疾人冰雪运动季启动，冰雪节以“冰雪延庆 激情冬奥”为主题，以传播奥运理念、推广冬奥运动项目、带动民众参与冰雪体育运动为目的，开展冰雪赛事、冰雪文化、冰雪旅游、冰雪培训等4大类40项冰雪活动，推出13条冰雪旅游线路和1条冰雪红色拓展线路。冰雪欢乐节持续至次年2月底结束。

（谢雅娟）

【“金牌科普志愿者”选拔】 年内，延庆世界地质公园管理处联合区教委开展为期4个月的“十百千万”中小学生科普志愿者活动，在全区近万名中小学生中选出百名科普志愿者，进行理论知识培训和考察选拔，产生10名“金牌科普志愿者”。在联合国教科文组织对延庆世界地质公园进行再评估考察期间，用英语为评估专家讲解，获得好评。

（李昀倩）

乡村旅游

【中国民宿产业发展论坛邀请参会】 5月19日，2017中国民宿产业（京津冀）民宿发展论坛在北京国际展览中心举行，延庆区作为北京乡村民宿发展的典型代表受邀参加。论坛由中国旅游协会民宿客栈与精品酒店分会主办，是聚焦京津冀区域民宿发展的专题会议，京津冀和山西、陕西、上海、山东等地的民宿及相关领域200人出席。

（谢雅娟）

【《延庆美丽乡村心生活》宣传片拍摄】 6月26—29日，区旅游委聘请专业影视拍摄制作团队，拍摄延庆乡村旅游宣传片，宣传片分为倾心·修馔，随心·畅玩，本心·筑梦和匠心·造物4部分，分别对延庆区乡村旅游的特色美食、体验活动、乡村民宿和特色商品等进行整体介绍。宣传片于7月上旬制作完成。

（谢雅娟）

【乡村旅游文化节开幕】 7月21日，以“清凉夏都，恋恋乡情”为主题的延庆乡村旅游文化节在旧县镇北京龙湾国际露营公园举行。开幕式上，区旅游委与北京银行签订融资战略性合作协议；永宁镇与途家网、延庆民宿代表“石光长城”与游多多网分别签署战略合作协议。延庆区下湾、东龙湾、慈母川村分别与河北张家口尚义县3个民俗村签订友好合作协议。区旅游委为新成立的民宿联盟、餐饮联盟，以及共享单车“骑行驿站”颁牌。现场还举办“百米长桌宴”和“山货大集”活动，同时评选出美食大赛金、银、铜奖。开幕当天同期举行2017北方民宿大会。市委农工委、市农委，延庆区四套班子领导以及区农委、区文委和15个乡镇相关部门负责人出席。

（谢雅娟）

【延庆入选“中国优秀国际乡村旅游目的地”】 7月30日，国家旅游局发布十大“中国优秀国际乡村旅游目的地”名单，延庆区成为北京市唯一入选对象。

（谢雅娟）

【获全国民宿产业发展示范单位称号】 11月22—23日，由中国旅游协会、民族团结杂志社、湖北省旅游委等单位联合主办的第三届全国民宿大会在湖北省恩施州举行。大会评选出“全国民宿产业发展示范区创建示范单位”，延庆区作为北京市唯一一家，同浙江省丽水市、湖北省恩施州等8家单位入选首批全国民宿产业发展示范区创建示范单位。

（谢雅娟）

（栏目编辑：景冰芳）

交通 邮政

交通运输

【概况】 延庆公路分局作为北京市交通委员会路政局的派出机构，设办公室、计划科、工程管理科、养护管理科、路网管理科、安全质量监督科、乡村公路管理科、财务科、政工人事科、监察科、宣传科11个职能科室；辖公路路政执法大队1个直属机构，在岗70人。分局党委下设3个党支部，党员41人。全区公路总里程1926千米，其中国道85.8千米（含高速公路39.3千米），市道244.6千米，县道430千米，乡道656.1千米，村道480千米，专用道路29.5千米，路网密度96.6千米/百平方千米，在全市10个郊区中排在第7位。年内，分局管养县级以上公路里程为692.19千米。其中，国道1条，31.62千米；市道9条，230.335千米；县道39条，430.235千米。桥梁157座，隧道10座。全年完成总投资4.41亿元，其中路政局建设和养护类项目完成4.14亿元，乡村公路监管与建设项目完成0.27亿元。实施建设类项目5项。新建工程1项（房柳路）3.8千米，续建工程1项（滦赤路）7千米；提级改造工程3项（延康路、康张路、黑艾路）21.9千米。实施养护类项目10项，其中大修工程6项（永偏路、香刘路、香龙路、大西路、玉海路、河东路）66千米；预防性养护工程2项（延下路、八峪路）18.6千米；郊区综合治理项目1项（G6辅路）；切块资金项目1项（中小修、绿化、交通、路网、地灾防治等工程）。实施乡村公路大修工程17项，改造公路19千米，涉及大榆树镇、井庄镇、旧县镇等10个乡镇；实施村村通公交配套道路工程2项，解决周边7个村村民出行难题。完成冬奥会考察、延庆国际自行车赛、第二届北京百里山水画廊森林马拉松赛、北京国际马球公开赛等重大活动和节假日的道路交通保障工作。全年保障24次40天（其中冬奥会保障7次23天），出动人员6000人次、机械900台次。汛期备勤35次，备勤人员5600人次，备勤机械车辆2700辆次，清理塌方1.7万立方米，汛期未发生任何造成社会负面影响的事件。特别是“7·20”暴雨期间，分局全体干部职工以雨为令，坚守在抗击暴风雨的第一线，出动抢险人员180人次，机械车辆60台次，清理塌方2.5万立方米，确保六处下凹式立交桥未出现积水情况，管养道路安全畅通。全力做好道路铲冰除雪工作，备勤5次，出动人员640人次、车辆机械340台次。继续实施与昌平分局、交管部门及首发集团等单位的除雪保通联动机制，最大限度减少降雪对市民出行的影响。全面拓展公众出行服务内涵，通过可变情报板对外发布动态信息6200条，接听值守电话150次，800兆电台420次，未发生投诉及延误、未接现象，投诉率为零全年检测车辆数124万辆，卸载车辆77辆，卸载货物740吨，超限率0.062‰。开展联合执法24次，检测车辆718辆，查获超限运输车辆72辆。处理违法案件447件，拆除违法非公路标志342块，清理堆物堆料及违法摊点等93处；办理路政许可案件15件，收取补偿费26万元。路政大队获评延庆区“最美窗口”称号。

单位名称：延庆公路分局
地　　址：延庆镇东外大街50号
电　　话：69142546

（许静）

【消防应急救援演练】 6月22日，分局联合延庆消防队支队永宁中队，在滦赤路（红石湾—河西段）应急改造工程施工现场开展消防应急救援演练，市交通委路政局、区应急办、区安监局观摩此次演练。

（许静）

【5条道路实施大修】 7月初，延庆区周边5条

道路实施大修工程，以改善城区周边出行道路的舒适度，提高道路通行能力，提升全区公路整体路况水平，为助力世园会做准备。工程涉及大西路、延下路、香刘路、香龙路、永偏路共46.39千米，“十一”前全部完工。

（许静）

【延康路提级改造工程第二标段开工】 10月4日，延康路提级改造工程第二标段开工。起点为规划东姜路，终点为康庄镇政府，路线全长6.61千米，设计等级为一级公路，机动车道两上两下，设计车速为60千米/小时。工程涉及三座桥梁，分别为下屯桥、东红寺桥及西红寺桥，主要对现有病害进行修复，并对桥面重新施做。工程于年底完工。

（许静）

【黑艾路提级改造工程开工】 11月1日，黑艾路提级改造工程开工。黑艾路位于延庆区东北部，起点北京市延庆区旧县镇黑峪口村，终点河北省赤城县后城镇艾河滩村，是北京市与河北省的京津冀一体化接线道路。黑艾路提级改造工程为北京段，起点为延庆区屈家窑村K0+742，终点为北京市界K9+250，道路全长8.51千米。设计速度30千米/小时，路基宽7.5米，路面宽6.5米。

（许静）

【康张路提级改造工程开工】 12月3日，康张路提级改造工程开工。工程先期实施康庄路京藏高速至延康路段，路线全长3.46千米。设计等级为一级公路，机动车道两上两下，设计车速为60千米/小时。同步实施交通、绿化等附属工程。

（许静）

【滦赤路应急改造工程交工通车】 年内，全市重点疏堵工程项目——滦赤路应急改造工程正式交工通车。开工建设于2015年9月的滦赤路改造工程路线全长7千米，二级路，设计时速60千米/小时，路基宽8.5米，路面宽7米。路线2次跨越白河，1次跨越现红旗甸河，新建预应力混凝土连续箱梁桥3座。

（许静）

交通行业管理

【概况】 北京市延庆区交通局（简称区交通局），区交通局以服务保障世园会冬奥会为重点，加强交通行业综合管理、综检治超运政执法暨安全检查等各项工作，以人民需求为导向，持续提高服务水平，推进污染物协同减排，构建绿色、人文和谐统一的大交通环境。年内，全区有公交客运企业1家，区域内运营线路47条，区域公交配车285辆（其中LNG天然气公交车130辆，纯电动公交车105辆，燃油公交车50辆），区域内运营长度1895千米，跨区域公交车（919）配车130辆，均为LNG天然气公交车，919运营长度161千米，清洁能源、新能源公交占公交车总数的87.65%，年客运量约1100万人次，年运营里程约1100万千米；市郊铁路S2线延庆站、八达岭站到发旅客243.6万人，客流同比增长17.68%；出租汽车个体经营者5家，出租企业3家，汽车459辆，其中电动出租企业1家，区域电动出租车150辆；汽车租赁企业10家，车辆39辆；货运企业2254家，运营车辆4743辆，其中化危品运输企业4家，运营车辆23辆；水运游船企业6家，游船178艘；汽车维修企业125家；驾培机构3家，教练145人，教练车157辆。制定《春运和春节期间交通运输安全保障工作方案》，结合延庆区实际情况和节日特点，增发客运车辆；加强货运企业、出租企业、汽车租赁企业、汽修企业及客运场站安全监管，确保节日安全；协调铁路部门春节期间确保S2线运力；建立应急队伍，对区域内公交线路、站点进行巡查，做好大客流应对准备工作及雪、雾天气应急保障。春运期间，运送旅客27.1万人次。

单位名称：延庆区交通局
地　　址：延庆镇百泉街10号
电　　话：81196331

（杨森）

【全年“清空”暨交通执法行动启动仪式】 2月28日，在张山营综检站举行“清空”行动暨交通执法行动启动仪式。旨在加强与公安、环保等部门的配合，对全区路面实行网格化管理，通过以重点路口为点，连线设片，分片设定检查区域，固定区域执法人员，实现交通执法检查工作全覆盖，无盲区。

（杨森）

【货运维修行业质量信誉考核】 3月起，开展货运、维修行业质量信誉考核工作，评出机动车维修企业AAA类11家，AA类23家，A类24家，B类1家。评出货运企业AAA类78家，AA类11家，B类2家。

（杨森）

【京张高铁主线征拆任务完成】 4月28日，区交通局牵头负责的京张高铁（延庆段）主线征拆工作全部完成并交地，在京张高铁沿线的区县中率先完成任务，至11月底，支线征拆任务全部完成并交地。

（杨森）

【水运游船开航安检】 4月，对水运游船进行开航前安全检查，检查企业3户次，检查非自航船舶101艘，合格率100%。

（杨森）

【电动出租汽车更新置换完成】 5月5日，区交通局下属企业背景妫川出租汽车有限公司150辆电动出租车更新置换工作全部完成，运行千米数提升至220千米，续航能力大幅提高。

（杨森）

【水上交通安全知识进校园】 6月28日，到张山营小学举办小学生水上交通安全知识讲座，通过案例讲解、师生互动等方式，讲解水上交通标志、水上救生求助、乘船及防溺水常识等知识。

（杨森）

【端午节龙舟赛水上安保】 6月，加强对龙舟赛区和重点游船单位的安全隐患排查，并在赛时进行现场督查，共派出工作人员6人次，其间未发现安全隐患，未发生安全事故。

（杨森）

【货车尾气检测】 6月，在张山营、下营、康庄高速、西康4个综检站协助区环保局安装尾气检测设备，对进京货车进行尾气检测，由环保局对尾气不合格车辆进行处罚和劝返。

（杨森）

【纯电动公交和电动出租启用】 7月31日，举行纯电动公交、电动出租运营启动仪式，首批引入55辆纯电动公交，其中5辆为双层公交，供873路、920路使用。截至年底，引入105辆电动公交，其中5辆为双层公交。

（杨森）

【机动车维修行业专项整治】 8月1日起，组织延庆镇、区工商局、环保局、安监局、市政管委、城管执法局、延庆公安分局8部门共同开展机动车维修行业“无证无照”综合整治行动，全年清理“无证无照”非法经营门店44户。

（杨森）

【首都外围治安查控防线二期建设】 8月29日，首都外围治安查控防线二期建设工作启动，涉及张山营、下营、康庄高速、西康、白河堡5个综检站，9月2日正式开工，至年底完成主体结构建设。

（杨森）

【驾培机构监管】 8月30日，区交通局与交管局车管所、驾培机构进行对接，接手延庆区驾培机构管理工作。全年共出动执法人员18人次，入户监管7户次。

（杨森）

【秋冬季大气污染治理】 9月11日起，正式启动秋冬季大气污染治理攻坚工作，制定下发攻坚方案，修订空气重污染应急分预案。9月至年底，启动黄色以上空气重污染应急预案4次，其间协调增加公交、出租运力；减少或停止部分重型货车上路行驶；机动车维修企业封停喷烤漆房，停止电气焊作业；综检站加强洒水降尘；加大路面运政执法力度。

（杨森）

【安全隐患大排查大整治大清理】 11月21日起，开展交通运输行业安全隐患大排查大整治大清理行动，重点对机动车维修企业进行清理整治。共注销维修企业31户，停业整顿全部三类维修业户89户，对22户存在安全隐患的一、二类维修企业采取限期整改措施。

（杨森）

【行政执法职权梳理】 年内，区交通局梳理行政执法职权350项，其中行政许可审批事项6大项、22小项；行政检查7大项、37小项；行政强制11大项、17小项；行政处罚36大项、249小项；其他执法权10大项、25小项。

（杨森）

【交通执法检查】 年内，区属6个综检治超站检测货车293.87万辆，查处超限货车6.84万辆，查获百吨王106辆，站内超限率2.33%。依托5个综合检查站持续开展严查劣质煤行动，劝返劣质煤运输车辆907辆。截至年底，出动行业行政检查人员1541人次，检查777户次，做出行政措施63起。出动运政执法人员1.62万人次，检查货运车辆21.92万辆次，做出行政处罚1772起，罚款155.37万元，比2016年增加598起，72.57万元。

（杨森）

【公交线路优化调整】 年内，调整优化10条公交线路。将Y16（延庆—瓦庙）线路终点调整为大庄科，同时调整线路走向，线路调整后瓦庙、西沙梁、铁炉等村群众乘车到城区的时间大幅度缩短；调整Y31（延庆—解字石）线路走向，Y16路线路调整后罗家台、马蹄湾、五座山等村的群众出行更加方便，调整Y10（延庆火车站—延庆火车站）线路走向，增加延庆七中和悦安居小区站；将Y34（延庆—仓米道）线路终点延伸至沙梁子；开通Y44（延庆—中关村延庆园）线路；调整Y01路（延庆—农场—下营）、Y45（延庆—下营）路，增加下营村东站；Y03（延庆—宗家营）每日增加4车次；Y07（延庆—旧县建雄小区）、Y08（延庆—艾官营）线路末班车发车时间由原来的18：00点调整为19：00。

（杨森）

【国Ⅰ国Ⅱ准轻型汽油车清退】 年内，全区有7辆国Ⅰ国Ⅱ准轻型汽油车，通过自主公示方式注销6辆，剩余1辆升级为国Ⅲ标准。

（杨森）

【化危品运输车辆处置】 年内，区交通局与消防、交管等部门联合处置化危品运输车辆交通事故5起，未发生二次安全事故。

（杨森）

【行政审批事项管理】 年内，办理货运、维修许可业务1086件，其中货运业户许可238户，货运车辆许可838辆，维修行业新开业业户3户，经营范围或地址变更7户。注销4002件，其中货运业户600户，维修业户31户，货运车辆476辆，从业资格证2895个。

（杨森）

【铁路道口安全监管】 年内，出动检查人员947人次，检查铁路道口832处次，接送客货列车11558列次，进行安全教育112人次，铁路道口全年无事故。

（杨森）

【人大建议政协提案办结】 年内，承办完成人大建议、政协提案8件，主要涉及公交线路优化调整、汽车服务市场规范等方面，办结率100%，满意率100%。

（杨森）

邮 政

【概况】 中国邮政集团公司北京市延庆区分公司（简称延庆区邮政分公司）隶属中国邮政集团公司，受集团公司和区委、区政府的双重领导，国有通信企业，担负着全区邮政通信管理经营服务工作。2017年，有职工240人（其中承揽人员17人）。设综合办公室、人力资源部、计划财务部、市场经营部、监督检查与安全保障部5个职能部室；以及代理金融业务分局、商函分局、报刊发行分局、电商分销局和集邮公司5个专业局；全区有邮政服务网点24个，设立投递道段45条（其中汽车邮路11条）；设立机要专投1条。服务面积1994.88平方千米，服务人口32.7万人。全公司设邮路道段44条，包含汽车邮路10条、全长935千米；电动车道段34条，全长2295千米；设信筒、信箱410个（含村邮站内376个）。主要设备有汽车35辆，电动三轮车55辆；自有房屋面积14790平方米，固定资产总值3326.61万元。业务功能主要有：金融、集邮、发行、包件、函件、汇兑等传统业务和电子商务、礼仪分销、DM广告策划制作等新型业务。年内，参与区文明办志愿服务活动。成立“鸿雁学雷锋志愿服务队”，开展“文明交通引导”“清除母亲河白色垃圾”“背街小巷环境清理”等多项志愿服务活动，结合邮政多元化业务，为百姓提供贴心便民服务，助力延庆区精神文明建设。截至年底，资费业务收入完成5232.65万元，完成年预算进度的103.64%，同比增长10.23%；净利润实现411.95万元，完成年预算进度的109.01%；成本费用完成4704.73万元，完成年预算进度的105.55%，同比增长3.66%。

单位名称：延庆区邮政分公司
地　　址：延庆镇庆园街16号
电　　话：69102695

（邵雪娇）

【世葡园冰雪文化庙会临时邮局设立】 1月28日至2月2日，区邮政分公司在世葡园冰雪文化庙会设立临时邮局，为游客提供全方位的邮政服务。

（邵雪娇）

【全国集邮巡回展览举办】 7月29日至8月2日在延庆国际会展中心举办。旨在宣传“一带一路”倡议、喜迎中国共产党第十九次全国代表大会的胜利召开。活动由中共延庆区委宣传部、中国邮政集团北京市分公司主办，北京市邮票公司、北京市集邮协会、北京市延庆区邮政分公司、延庆区集邮协会承办。展览主题为“驿路　丝路　复兴路”“行走新丝路，喜迎十九大”，巡展涵盖“一带一路、世园会、冬奥会、长城和建军90年”5方面内容。展览期间接待观众5000人。

（邵雪娇）

（栏目编辑：景冰芳）

城乡建设　环境保护

市政建设

【概况】 延庆区城市管理委员会（简称城市管理委）是负责全区城乡环境建设综合协调、城市综合管理协调和相关市政公用事业、市容环境卫生管理的区政府工作部门。设市政行业管理科、市政设施规划管理科、市容环境管理科、城乡环境整治科、办公室、政工科、财务科、燃气管理办公室8个科室。辖区环境卫生服务中心、延庆区市政管理处、延庆区市政工程公司、延庆区市政材料设备供应站、延庆区市政供暖所、延庆区供暖管理办公室、延庆区地热资源研究开发中心、延庆区垃圾渣土管理办公室、延庆区农村环境管理办公室、延庆区市政工程项目管理办公室、延庆区城市管理指挥中心11个基层事业单位。编制367名，实有314人。年内，开展城市管理体制改革工作。启动2019北京世园会市政配套8条道路建设。开展春季环境专项整治行动、双创百日整治行动、农村百日整治行动、农村秋冬季环境综合整治行动。实施延庆城区交通环境整治工程和市级重点环境建设工程。推进城乡垃圾分类工作和网格化城市管理体系运行。推进城区重点区域夜景照明二期工程。完成“陕京四线”输气管道及门站建设工程。推进燃煤锅炉清洁能源改造及“送气下乡”“煤改气”工作。

单位名称：延庆区城市管理委员会
地　　址：延庆镇东外大街89号
电　　话：69103648

（张冰）

【城市管理体制改革】 年内，开展城市管理体制改革工作。“北京市延庆区市政市容管理委员会”更名为“北京市延庆区城市管理委员会”，“北京市延庆区城乡环境建设委员会办公室”更名为“北京市延庆区城乡环境建设管理委员会办公室”。此次改革，以原市政市容委为基础，划入煤电油等能源日常运行管理、新能源汽车充电桩（站）建设运营、再生资源回收、城市建成区城市道路两侧绿化带的环境卫生、河湖管理范围内（不含水域）的环境卫生以及地下综合管廊等管理职责，成立区城市管理委员会，同时承担对城市管理工作的业务指导、组织协调、指挥调度、专项整治和检查评价职责。

（张冰）

【市政工程建设】 年内，启动2019北京世园会市政配套8条道路建设，推进芳荷路续建工程，完成东街、东顺城街道路改造以及百莲路停车场改造，完成广兴街、东街及湖北西路东段雨污水合流管道整治工程。

（张冰）

【交通环境整治】 年内，在城区安装护栏350米；实施广兴街改造工程，将机动车道改为上下两车道，施划路侧停车泊位180个，新建隔离绿化带，增设非机动车道和人行道，铺设雨水管线672米；重新施划城区内东外大街、妫水大街、高塔路等重点街道交通标线3.30万平方米；修补沥青路面3500平方米、人行步道1800平方米、整修树池口1200座；更换高塔路中段人行步道透水砖、东顺城街北段人行步道透水砖2300平方米；安装路口挡车石320根；对城区18处路口进行无障碍坡化改造，对146处盲道加铺提示盲道砖；完成35处公共自行车租赁点1000辆自行车的运行监管。

（张冰）

【城乡环境建设】 年内，完成“一带一路”国际合作高峰论坛环境保障工作；推进东外大街等10条道路环境整治；打造永宁、沈家营、香营3个精品小镇；打造上磨等15个美丽乡村；实施冰川绿谷景观带、铁炉村以及京新高速（G7）、大秦铁路延庆段环境综合提升工程；整治环境问题1200处，清理垃圾渣土9000立方米；启动企事业单位强制垃圾分类；推进建筑垃圾运输消纳违法违规行为综合整治，建立夜间常态化执法检查机制。截至年底，共出动执法检查人员3474人次，出动车次1638车次；城区38个住宅小区建设分类桶站846处，分类指示牌42座，废旧衣物回收箱45个，投入分类桶2874个，安装桶架276套，安装垃圾桶外衣69套。截至年底，全区台账内1803家餐饮单位全部签订餐厨垃圾规范收运协议，签约率100%。网格化城市管理引入第三方暗查，将暗查中发现问题及社会热线、舆情纳入网格化平台中，登入23215件，办结22840件，办结率98%。

（张冰）

【背街小巷环境整治】 年内，编制《延庆区背街小巷环境整治三年（2017—2019）行动方案》，根据“十有、十无”整治提升任务要求，完成31条背街小巷环境整治。

（张冰）

【城市运行管理】 年内，完成夏都公园、妫川广场周边建筑，妫水大街、东外大街两侧建筑，妫水北街行道树照明及东外大街庭院装饰灯的基础设施建设，敷设电缆22万米、亮化建筑120栋、安装高杆步道灯600盏、地埋腰鼓灯1000盏。

（张冰）

【清理建筑物天际线专项行动】 年内，完成城区建筑物屋顶户外广告牌匾标识专项整治工作。截至年底，拆除广告牌匾196块，并启动乡村拆除工作。

（张冰）

住房和城乡建设管理

【概况】 北京市延庆区住房和城乡建设委员会（简称区住房城乡建设委）加挂北京市延庆区政府住房保障和改革办公室、北京市延庆区房屋征收办公室牌子。区住房城乡建设委是负责延庆区住房和城乡建设行政管理的区政府组成部门。设办公室、政工科、工程管理科（行政审批科、安全管理科）、建筑业管理科、房屋登记科、房屋征收补偿科、住房保障科7个行政科室；工程质量安全监督站1个参公事业单位；建材办、招投标办、房屋鉴定站、房屋市场管理中心、小区办、房屋租赁办、住保中心、房屋征收事务中心、承发包交易中心、检测中心、测绘所、危改康居办、重大项目协调服务中心（内设综合科、规划科、宣传联络科、棚改环境整治办公室、公路拆迁办公室、重点项目推进办公室6个科室）13个事业单位，在编138人。全年重点工程100项，开复工64项，（政府投资41项，社会投资23项，完工6项）。完成线性工程拆迁补偿工作12项。建筑业总产值59.20亿元，同比增长28.8%。完成固定资产投资76.16亿元，超额完成3%。完成建筑和房地产业税收1.9亿元，同比增长12.4%。完成563套公租房摇号选房，完成620套共有产权房开工建设和申购登记。完成新建商品房签约1731套，存量房网上签约1157件。完成城区14个小区雨污合流改造。办理施工许可证16项，总建筑面积22.79万平方米。办理竣工验收备案19项，总建筑面积15.73万平方米。建筑工程项目安全生产监管63项、工程质量监管59项，全年未发生建设工程安全、质量事故。

单位名称：延庆区住房和城乡建设委员会
地　　址：延庆镇东外大街89号
电　　话：69103360

（王海余）

【建筑工程安全管理】 年内，与企业法定代表人签订“安全生产文明施工责任书”20份，召开安全生产例会12次，开展各类安全生产专项检查活动8项，组织项目管理人员100人参加安全生产月咨询日活动，组织建筑工人100人接受体验式安全培训，发放安全生产知识宣传品700份，受教育人员覆盖全区各施工工地。建筑工程安全监督执法检查涉及项目63项。其中，房建工程45项，建筑面积141.81万平方米；市政工程18项，16.49万平方米。出动安全监督检查人员1950人次，检查工程项目430项次，消除各类安全隐患760项，下发责令改正通知书60份，实施行政处罚49起，罚款19.2万元。其中，简易处罚22起，罚款2.2万元；立案处罚27起，罚款17万元。全年未发生建筑工程安全生产事故。

（王海余）

【建筑工程质量管理】 年内，建筑工程质量监督执法检查涉及项目59项，其中房建工程42项，市政工程17项。完成竣工验收工程18项，验收合格率100%。质量监督执法检查500人次，行政处罚36起，处罚金额2.91万元。受理工程质量投诉170起，办结率98%，满意率95%以上。全年未发生质量事故。

（王海余）

【重点工程安全质量监督】 年内，对世园会、冬奥会16项重点工程全程开展质量、安全监督执法，出动监督检查人员900人次，检查工程项目200项次，消除各类质量、安全隐患320项。实现对世园会项目中市政基础设施和场馆监督执法全覆盖，提前介入冬奥会管廊项目。

（王海余）

【施工现场扬尘专项治理】 年内，召开施工现场扬尘治理工作会5次，与45个项目建设单位、施工单位、监理单位签订《施工扬尘治理责任书》，出动扬尘治理执法检查人员3658人，检查施工项目1754项，停工整改35起，移交城管处罚14项，报市建委停标2起，区内停标5起。全区细颗粒物（PM2.5）累计平均浓度为49微克/立方米，同比下降18.3%，与怀柔区并列全市第一。

（王海余）

【综合执法】 年内，对区内施工现场扬尘治理、房屋市场行为、违法建设、建筑市场、建筑材料、企业资质、房屋租赁、房地产中介、小区物业、房屋安全及设备管理、地下空间等方面开展综合执法检查，实施行政处罚47起，罚款93.06万元。其中，简易处罚22起，罚款1.4万元；立案处罚25起，罚款91.66万元。检查非政府投资项目16项，劳务企业55家，下发检查记录单224份，下发责令整改通知书38份，约谈总包企业、劳务企业32次，处罚劳务企业13家。接待来访并协调解决拖欠农民工工资问题7起586万元。

（王海余）

【房屋征收补偿】 年内，完成南菜园1—5巷棚户区改造项目北侧单位建房区域3户滞留户签约；推进南菜园1—5巷棚户区改造项目二期腾退工作，涉及腾退住宅76户，非住宅5户；完成南菜园1—5巷棚户区改造项目南侧单位私房区域房屋征收工作计划。完成南辛堡村、民主村、百眼泉村棚户区改造项目房屋征收补偿工作，拆除房屋建筑面积29.92万平方米。完成小营、石河营及康庄一、二、三街棚户区改造项目宅基地初步认定工作，进入补偿安置方案编制阶段。

（王海余）

【保障性住房建设】 年内，通过市级备案的保障房家庭563户，市场租房补贴家庭6户，公共租赁住房租金补贴家庭52户，享受廉租住房租金补贴家庭15户。发放租金补贴22.08万元，其中廉租房租金补贴3.65万元、市场租金补贴1.13万元、公租房租金补贴17.30万元。完成沈家营天成家园公租房摇号选房工作，房源563套（含悦安居公租房项目3套房源），其中中户型419套、小户型144套。完成延庆区天润·和丽嘉苑共有产权住房申购登记工作。沈家营保障房项目552套限价房竣工备案，天润·和丽嘉苑项目620套共有产权住房开工。

（王海余）

【行政审批管理】 年内，办理施工许可证16项，建筑面积22.79万平方米；施工登记意见书17项，建筑面积7.83万平方米；办理竣工验收备案19项，建筑面积15.73万平方米，包括装修工程1项，建筑面积3.98万平方米，市政工程1项，建筑面积1.05万平方米。新设立建筑业企业资质22项、增项13项，变更36项；房地产企业新办暂定资质5项、暂定级变更5项，暂定级延续5项，暂定级升四级1项，四级延续8项，四级变更9项。完成二级建造师初始注册37人，增项注册5人，变更注册50人，延续注册55人，注销30人，重新注册25项，补办1项。

（王海余）

【房屋市场管理】 年内，完成预售许可受理3件，1486套；现房销售备案4件136套。新建商品房签约1731套，其中预售签约854套，安置房现房签约877套。存量房交易网签完成购房资格审核1545人次，签约1157件，房源核验1225套，核验注销59件，存量房合同注销86份，整理留存交易档案2527份。房地产交易市场监管执法检查43次，发放责令改正2件，约谈告诫执法对象4次，行政处罚2件；接待群众来访、来电及网上投诉58件。开展业务操作和政策法规培训讲座3场，培训房地产从业人员130人次。非住宅项目专项检查16次，开展全民普法宣传活动5场，发放宣传材料4000份。全年“商改住”现象零增长。

（王海余）

【小区物业管理】 年内，办理新增物业服务项目合同备案3个项目，物业服务企业资质变更1家；物业服务企业资质审批1家，物业服务合同备案变更14个项目；物业服务合同注销4个项目。对物业服务企业相关人员120人进行“安全生产培训”和“物业法规政策讲解”。审核商品住宅专项维修资金57件866.36万元，其中屋面防水工程55件845.25万元，外墙维修2件21.11万元。完成城区14个小区雨污合流分流改造，其中区住建委负责实施康安小区、恒安小区、泰安小区、高塔、新兴1#—44#和51#—53#、北关小区、高塔高层7个小区，改造涉及231栋住宅楼1117个单元，居民12649户。

（王海余）

【城镇房屋安全管理】 年内，与52家普通地下室安全使用责任人签订2017年度《延庆区普通地下室安全使用责任书》。专项执法检查4次，整改安全隐患60处，发放限期整改通知单19份，约谈告诫4人次，实施处罚3例1.2万元。全年未发生普通地下室安全使用事故。完成对国有土地上613.39万平方米的城镇房屋进行安全检查，其中完好房486.63万平方米，基本完好房96.34万平方米，一般破损房30.17万平方米，严重破损房0.24万平方米。排查超期公建4处0.39万平方米，发放《超过合理使用年限继续使用的公共建筑进行鉴定的督促通知书》1份，督促产权单位进行加固或维修等措施，重新界定使用期。制定《2017年北京市延庆区城镇房屋安全迎汛工作要点》，修改完善《2017年区城镇房屋防汛应急预案》，发布《延庆区2017城镇房屋防汛公告》；汛期接到报修电话49个，处理积水38处、补苫或加固13间32幢45处，疏通排水4间18处，排除地下储物间倒灌13处155平方米。接到北京市房屋安全管理事务中心危房报告单（鉴定报告设备编码：T0102801201700147），确定北京市延庆区松山国家级自然保护区松山苑宾馆餐厅为危险房屋，通过督导该房屋已经腾空，准备筹备资金重建。

（王海余）

【招投标与承发包交易】 年内，办理入场登记105项，涉及工程项目22万平方米；完成合同备案105项，其中施工合同备案68项、监理合同备案37项；入场项目公开招标80项（施工52项，监理28项）、邀请招标23项（施工16项，监理7项）、直接发包2项（监理2项）。收取交易服务费344万元。

（王海余）

【建材行业管理】 年内，办理9家建设单位15项节能专项验收备案，面积9.95万平方米。其中，住宅6项，面积5.02万平方米；公建9项，面积4.93万平方米。开展综合执法检查12次，并多次组织建材、禁止现场搅拌、建材采购备案、建筑节能及热计量装置、建筑节能与钢管扣件等专项检查，纠正不按施工图设计标准进行施工等行为，新建民用建筑在施工阶段执行节能设计标准达到100%。办理民用建筑专项资金收缴手续2项、建筑面积0.92万平方米。收缴新型墙体材料专项基金2项9.2万元；收缴散装水泥专项资金30项15.66万元。联合市建委专家及区环保局对4家搅拌站进行绿色生产管理专项联合检查，使搅拌站生产全密闭化并逐步达到《预拌混凝土绿色生产管理规程》要求。

（王海余）

【重点工程项目推进】 年内，八达岭长城南线索道改造、延庆区三四阶段中小河道治理工程、青少年素质教育基地升级改造一期项目、延庆新城小区雨污水分流工程、延庆世界地质公园中期评估配套基础设施升级改造项目、房柳路6项重点工程完工，落实重大项目固定资产投资142.7亿元。全年组织召开重点工程协调会434次，撰写重点工程简报105期、快报26期，会议纪要50期，国家高山滑雪中心、国家雪车雪橇中心、冬奥综合管廊等冬奥工程开工建设，兴延高速、延崇高速、电网改造等项目顺利施工。

（王海余）

【棚户区改造】 年内，棚户区改造工作取得实质性进展。9月20日，南菜园1—5巷棚户区改造项目通过规划设计方案专家评审会；11月8日，通过市发展改革委立项审批。5月3日，南辛堡、民主村、百眼泉村棚户区改造项目启动；9月8日启动宅基地协议搬迁工作，9月30日取得拆迁许可证，截至年底该项目共计签约1015户，占总户数的96.75%。7月25日，小营、石河营棚户区改造项目启动入户调查工作和宅基地初步认定工作；12月28日补偿方案通过小营、石河营村民代表大会，12月30日宅基地认定结果公示，补偿方案以宣传手册的形式发放至村民。

（王海余）

【线性工程征拆补偿】 年内，完成兴延高速公路、延崇高速公路、南山环线（一期）工程、房柳路、配电网改造工程、延康路提升改造、康张路提升改造、百康路、延农路、东姜路、昌赤路道路征地拆迁11项拆迁补偿工作。延崇高速北京段项目征地拆迁工作地上物补偿协议签订完成94%，各标段均已进场施工；兴延高速公路主线征拆工作完成；房柳路、康张路、延康路均完工通车；南山环线（一期）工程、配电网改造工程、百康路、延农路、东姜路、昌赤路道路征地拆迁工作正在同步推进。

（王海余）

规划管理

【概况】 北京市规划委员会延庆分局由市规划委垂直管理，负责组织实施延庆区域内的规划编制、规划审批和规划监督管理工作。设办公室（政工科、综合业务科、纪检监察科）、规划科（建设用地管理科、乡村建设管理科）、建设工程管理科、市政交通工程管理科、北京市延庆区规划监察执法队5个科室，下设北京市延庆区城市建设档案馆、北京市延庆区规划信息中心、北京市延庆区规划展览中心、北京市延庆区规划设计所、北京市延庆区测绘勘察所5个事业单位。年内，完成规划审批和服务事项199件。其中，核发选址意见书10件（其中，市政工程9件，核定总用地面积49.28万平方米；城镇建筑工程1件，核定总用地面积3.12万平方米），核发建设用地规划许可证16件（其中，市政基础设施工程7件，总用地面积

121.31万平方米；城镇建筑工程9件，总用地面积28.44万平方米）。核发建设工程规划许可证18件。其中，市政基础设施工程2件，总建筑规模0.80万平方米；城镇建筑工程16件，总建筑规模39.24万平方米。核发规划条件82件，其中市政基础设施工程59件（市政规划条件57件，市政授权字规划条件2件），城镇建筑工程14件（自有用地13件、土地前期储备整理1件），乡村建设9件。核发建设项目规划意见复函54件，其中市政基础设施复函4件，市政基础设施函复26件，城镇建筑14件，设计方案审查意见3件，设计方案审查意见函5件，乡村建设项目审查意见2件。核发规划许可有效期延续（城镇建筑）1件、建筑物命名1件、规划验线8件、规划验收9件。

单位名称：延庆规划分局
地　　址：延庆镇东外大街89号
电　　话：69180038

（王欢）

【规划研究和编制】 年内，启动延庆区分区规划编制，印发《北京市延庆区乡镇总体规划编制要求》，完成包括张山营冬奥冰雪休闲小镇、康庄世园风情小镇在内的14个乡镇总体规划初步方案，完成29个美丽乡村规划报审。组织编制《延庆区停车场专项规划》《延庆区海绵城市规划研究》《延庆区百街百巷环境整治设计导则》，完成《延庆新城无障碍改造要求》，启动《2022年冬奥会延庆区无障碍改造实施方案》编制工作。

（王欢）

【项目审批】 年内，核发南菜园1—5巷棚户区改造项目安置房地块（北区）项目建设项目选址意见书，核发东关地块居住项目、延庆区中医医院迁建一期工程项目、沈家营镇公益性文体中心、北京恒阳研发中试中心、延庆区四海中心小学操场工程、井庄镇柳沟村古城修复等项目《建设用地规划许可证》，核发北京龙妫园农业生态技术研发中心项目、沈家营镇文化中心建设工程、北京妫河.建筑创意区国际培训中心等项目《建设工程规划许可证》。

（王欢）

【监督执法】 年内，核发建设工程规划核验意见17件，建筑面积30.85万平方米。其中，建设工程规划验线合格通知书8件，建筑面积22.42万平方米；建设工程规划核验（验收）意见（合格告知书）9件，建筑面积8.43万平方米。出具规划审批情况认定函156件，核发责令停止建设通知书2件；核发行政处罚决定书2件，处罚金额1458.24万元。核发限期拆除决定书1件，接待信访40批次65人次，信访办结率100%。

（王欢）

国土资源管理

【概况】 北京市国土资源局延庆分局（简称“市国土局延庆分局”）承担辖区内国土资源、规划、建设方面的巡查工作，并向相关部门报告违法违规行为；承担国土资源基层矛盾纠纷排查化解工作；受理、调查核实国土资源方面的信访举报事项；承担土地规划编制、地籍管理的基础性事务性工作；承担国土资源等方面的法制宣传教育工作。设办公室（财务科）、地籍科（地质矿产科）、土地利用科（耕地保护科）、综合科4个内设机构。设纪检监察科（政工科）。设不动产登记事务中心、土地利用事务中心、土地整理储备中心、执法监察队和国土资源管理一、二、三、四、五、六所等10个事业单位。编制145人，其中机关行政编制23人，机关工勤编制2人，事业编制120人（其中参照公务员法管理的事业单位编制32

人，纳入工资规范管理的事业单位编制15人，全额拨款事业单位编制73人）。年内，配合推进世园会、冬奥会等重点项目手续办理，完成区重点折子工程、固定资产投资及精品小镇美丽乡村建设工作。完成土地利用总体规划调整，取得《北京市人民政府关于延庆区土地利用总体规划调整方案的批复》。会同规划分局共同推进“两图合一”深化校核工作，开展现状校核及“两图合一”规划编制，初步方案经区政府审核后报市规土委审查。全年不动产登记中心受理不动产登记业务7035件，发放证书5414本。办理建设项目用地预审15件，回函58件，规划修改5件，动态维护3件。完成建设项目压覆重要矿产资源核查9件。

单位名称：市国土局延庆分局
地　　址：延庆镇香苑街6号
电　　话：69101119

（张景怡）

【55处砂场（坑）关停】 3月，关停全区55处砂场（坑），其中11个砂石场（坑）纳入土地整治范围，剩余44个场（坑）纳入新一轮百万亩平原造林范围予以整治。

（张景怡）

【征地及农用地转用项目用地管理】 年内，完成征地批准和征地前期工作11宗，涉及面积5987.55亩（399.17公顷）；完成农转用前期5宗，涉及面积198.45亩（13.23公顷）。

（张景怡）

【土地整理及耕地占补平衡】 年内，完成高标准基本农田建设项目工程验收1个，总建设规模1.08万亩（720公顷），总投资0.26万元。完成市财政投资土地整理项目工程验收1个，总建设规模0.16万亩（106.67公顷），总投资0.22万元。完成社会投资土地整治项目立项3个，总建设规模0.3万亩，新增耕地0.14万亩，总投资0.54万元。完成耕地占补平衡建设项目4个，补充耕地663.3亩（44.22公顷），政府收益994.95万元。

（张景怡）

【土地供应计划及实施】 年内，康庄三街集体土地租赁住房供地113.85亩（7.59公顷）。大榆树镇统筹利用集体产业用地试点工作完成土地使用权划拨供地9宗，面积266.7亩（17.78公顷）；办理建设项目施工和地质勘查临时用地审批4宗，面积496.65亩（33.11公顷）；完成设施农业备案1宗。

（张景怡）

【保障性住房用地供应】 年内，延庆区保障性安居工程用地计划落实总量300.6亩（20.04公顷），其中棚户区安置住房用地37.65亩（2.51公顷），定向安置房用地262.95亩（17.53公顷），均为新增供应。截至年底，完成定向安置房供应158亩（10.53公顷）。

（张景怡）

【土地储备开发】 年内，在施一级开发项目13个，总用地面积8129.55亩（541.97公顷），在施土地面积7083.6亩（474.24公顷），规划建筑规模252.87万平方米；新增项目1个，总用地面积515.1亩（34.34公顷），规划建筑规模10.1万平方米；供应项目2个，供应面积777.9亩（51.86公顷），规划建筑规模62.61万平方米。

（张景怡）

【不动产登记】 年内，受理不动产登记业务7035件，发放证书5414本。完成46个用地单位的权籍调查工作，土地面积1.83万亩（1222.5公顷）；完成权属审查56个项目，涉及面积602.98万平方米；完成地类认定项目6个，土地面积1564.01亩（104.27公顷）。完成前2个季度遥感检测核查图斑322块，涉及面积5582.3亩（392.15公顷）。

（张景怡）

【土地执法监察】 年内，土地违法查处立案202宗（含2016年度卫片、土地驻点督察及上级交办的案件），其中下达行政处罚决定书13宗，未实施处罚决定189宗（案件调查过程中，已全部实施拆除），罚款105.2万元。结案192宗，未结案11宗，其中10宗是区政府对不动产移交未批复，1宗正在申请法院强制执行。受理土地违法相关诉讼、复议案件24件（其中复议申请6件，诉讼案件18件），胜诉22件、胜诉率91.6%。

（张景怡）

【6起地质灾害事件发生】 年内，发生6起崩塌事件，崩塌土石方2121立方米，均无人员伤亡情况。

（张景怡）

【信访接待】 年内，受理信访举报事项230件次，同比增加65.4%。其中，信访事项128件次，同比增加127%；举报事项102件次，同比下降26.6%。接收来信18件，同比减少66%。来访202批次408人次，同比增加134.8%，集体访6批次98人次同比增加50%，重复访117批次215人次同比增长36.7%。网上信访192件次，同比增加83.8%。

（张景怡）

城管监察

【概况】 延庆区城市管理综合行政执法监察局，是负责延庆区城市管理综合行政执法工作的区政府直属行政执法机构，具有综合协调、综合执法、综合监管职能。年内，根据《北京市机构编制委员会关于调整区级城市管理体制下移执法重心有关问题的通知》《北京市延庆区城市管理综合行政执法监察局主要职责内设机构和人员编制规定》，开展城市管理执法体制改革，下移执法重心，调整组建18支街道（乡镇）执法队伍，将其日常管理权（人财物）移交街道办事处和乡镇政府，实现全区城管执法力量全覆盖。主要职能做出调整后，强化对街道（乡镇）城管执法工作的业务指导、专业培训和执法监督职责，主要负责对街道（乡镇）城管执法工作的督查和跨区域重大复杂违法案件的查处职责，在开展重大执法行动时，负责跨区域调动指挥相关街道（乡镇）执法队伍。机构调整后，局机关由原有的157人缩减至58人，科室由9个合并成5个，直属机构由13个减少为2个。全年查处无照经营、黑车运营、非法小广告、渣土运输、施工扬尘、露天烧烤等各类违法行为4507起，同比增长3.27%；罚款253.88万元，同比增长14.1%。

单位名称：延庆区城市管理综合行政执法监察局
地　　址：延庆镇京张路口北
电　　话：69174116

（王跃杰）

【城管执法体制改革启动】 8月25日，区委、区政府主要领导主持召开“三街一镇”城管执法队成立誓师大会，标志全区城管执法体制改革正式启动。会同区人力社保局、区编办、区社会办联合发布《延庆区街道（乡镇）城管执法队双重管理办法（试行）》并发布施行，旨在推进城管体制改革，下沉执法力量，探索队伍管理新体制。截至年底，完成18支街道（乡镇）执法队伍组建和干部选拔任用工作，将辖区城管执法队日常管理权移交属地政府，实现城管执法队伍辖区全覆盖。

（王跃杰）

【施工与露天烧烤污染查处】 年内，严查施工扬尘、泄露遗撒和露天烧烤。查处施工工地类违法行为104起，罚款126.46万元；查处露天烧烤29起，罚款15150元。

（王跃杰）

【非法小广告治理】 年内，成立“非法小广告”专业巡查队，落实非法小广告“日产日清”责任制。全年收缴各类非法小广告7.7万张，清除11.2万处，清除玻璃贴字1645处、临窗广告1223处。

（王跃杰）

【安全生产专项整治】 年内，对全区供气和用气单位进行隐患排查，更新完善安全监管台账，杜绝安全隐患。开展黑车无证照经营和景区环境秩序治理，加大对城区商圈、旅游景区等高发点位的巡查力度，严查无照经营、严打黑车黑导、治理“门前三包”。截至年底，查处燃气类违法行为24起、黑车无证照经营8起、电动三轮车无照经营197起。

（王跃杰）

【拆违控违】 年内，拆除或协助拆除违法建设205处32.9万平方米。其中，拆除市专项任务台账30处，建筑面积16.5万平方米，完成全年8万平方米专项台账任务的206.5%，超额完成市、区拆违工作任务。

（王跃杰）

【占道经营整治】 年内，牵头、协调各街道和相关乡镇，组织工商、公安、综治等职能部门，实施联合整治行动，截至年底，查处占道经营类违法行为3824起，罚款11.51万元。

（王跃杰）

【日常监管】 年内，城管执法协调办向属地政府派发《监管通知单》2197件次，编发《延庆区城市管理综合监管通报》47期，完成北京市城管执法协调办向延庆区政府派发《监管通知单》50件，反馈率100%。

（王跃杰）

环境保护

【概况】 北京市延庆区环境保护局（简称区环保局）是对辖区内环境保护工作实施统一监督管理的区政府工作部门。设政办室（安全生产科）、行政审批科、污染源管理科（土壤环境管理科）、生态科、大气环境管理科，所属事业单位环境保护监察队、环境保护应急保障中心、机动车排放管理站、环境保护监测站。有干部职工111人，其中公务员14人，行政执法专项编制27人，事业50人，未规范事业20人；本科以上学历占93.7%，党员占58.6%。年内，完成《北京市延庆区申报第一批国家生态文明建设示范区工作报告》《北京市延庆区申报第一批国家生态文明建设示范区技术指标完成情况说明》《北京市延庆区申报第一批国家生态文明建设示范区环境信息公开情况报告》，获得“第一批国家生态文明建设示范区”称号。初步编制《延庆区创建国际一流生态文明示范区指标体系研究报告》《延庆区创建国际一流生态文明示范区指标体系》。编制完成《北京市延庆区生态环境（绿色GDP）核算体系研究报告（2015年度）》《延庆区落实严格监管污染物排放环境保护管理制度的工作机制》等13项。完成水污染追根溯源台账、建立乡镇水环境区域补偿机制、完成乡镇级及以上集中式饮用水水源地环境状况评估、开展加油站防渗漏改造、实施妫水河世园段水生态治理工程、实施“河长制”、实施小区和道路雨污分流改造工程、养殖面源污染治理等工作。大气主要污染物二氧化硫、二氧化氮、可吸入颗粒物、PM2.5平均浓度分别为8、36、71、49微克/立方米。二氧化硫同比下降20.0%，二氧化氮同比上升5.9%，可吸入颗粒物同比下降4.1%，PM2.5同比下降18.3%。

单位名称：延庆区环境保护局
地　　址：延庆镇香苑街102号
电　　话：69104029

（张振环）

【噪声污染防治】 7—10月，开展餐饮单位噪声、中高考期间噪声专项整治行动，向重点商户普及噪声污染相关法律知识。出动执法人员250人次，检查噪声单位120家次，制止噪声污染行为8起。

（张振环）

【大气污染防治】 年内，制定《延庆县

2013－2017年清洁空气行动计划重点任务分解2017年工作措施》。完成1017.66蒸吨燃煤锅炉清洁能源改造；以外埠过境大货车、城区周边柴油货车、老旧机动车为监管重点，防治机动车污染。配合区公安部门开展大货车和农用车治理，检查各类机动车81.4万辆，劝返外埠超标机动车2947辆，环保处罚超标机动车4585辆，处罚金额223.77万元，淘汰老旧机动车4599辆。

（张振环）

【水污染防治】 年内，通过对辖区涉水污染物排放企业、污水处理厂、垃圾填埋场、饮用水水源保护区隐患排查，发现环境违法问题11个，均立案处罚，下发处罚决定8个，罚款206.08万元。开展畜禽养殖专项执法检查，建立并完善一厂一档工作，发现存在环境违法的单位9家，均立案处罚，下发行政处罚决定 3家，罚款11万元，其余正在走程序。利用新环保法4个配套办法对1家利用渗坑排放污水的单位负责人移送公安。对张山营饮用水源地、官厅水库水源一级保护区、白河堡饮用水源保护区二级保护区检查，依法对位于白河堡饮用水源保护区二级保护区范围内的北京乐活公社文化发展有限公司违法建设进行拆除，对北京朔方燕山天池宾馆、北京唯客寒舍旅游管理有限责任公司责令关停。对辖区内松山、白河堡、太安山、金牛湖等自然保护区开展专项摸排检查，检查各类污染源20家次。会同区园林绿化局、北京松山国家级自然保护区管理处、野鸭湖市级自然保护区管理处及相关属地乡镇政府对31处遥感监测图斑进行实地核查。

（张振环）

【土壤污染防治】 年内，开展土壤专项执法检查。重点检查涉及危险废物企业的环评及环评批复、危险废物集中处置设施和场所建设、危险废物转移联单、分区分类存放情况、标志标识等，发现15处环境违法行为，均责令其立即停止违法行为，并处罚。

（张振环）

【医疗行业执法检查】 年内，检查辖区医疗废物暂存库，危险废物标识标志，医疗废物和一般固体废物做到分类收集、分区存放，以及医疗废物管理台账等。医疗废物由区卫计委统一收集，交由北京金州安洁废物处理有限公司进行处置，并严格执行危险废物转移联单制度。

（张振环）

【制药行业执法检查】 年内，检查医药制造企业环境影响评价、环保“三同时”制度、污染物达标排放、危险废物贮存处理处置、污染防治设施运行等情况。发现2家企业存在环境问题，均责令立即整改，并处罚。

（张振环）

【固体废物管理】 年内，对辖区内工业固体废物、生活垃圾、医院危险废物统一监管、统一收集、集中清运、安全处置。机关学校产生的电子废物交与北京市危废处置中心进行安全处置，收集废旧灯管（泡）6337根、电池12204节、硒鼓4259个、墨盒2215个以及电脑等电子废弃物283件。全部交与有处置资质的相关单位处置。

（张振环）

【辐射环境监管】 年内，对全区31家具有射线装置的单位（合计66个Ⅱ类、Ⅲ类射线装置）进行执法检查（无涉源单位），未发现环境违法问题。

（张振环）

【违法建设项目清理整治】 年内，清理整治13个环保违法违规建设项目，其中淘汰关闭项目数7个，整顿规范项目数3个，完善备案项目数3个。全年环境影响评价审批279项，环境影响登记表备案207项。

（张振环）

【主要污染物减排】 年内，通过环保部、市政府污染减排和绩效考核现场检查核查，全年消减氮氧化物、二氧化硫、化学需氧量、氨氮四项污染物分别为37.44万千克、93.89万千克、73.90万千克、6.90万千克；减排比例分别为15.71%、25.75%、13.36%、7.99%；超额完成市政府制定的15%、20%、3.2%、3.3%减排任务。

（张振环）

【环保执法检查】 年内，出动8978人次检查各类污染源4256家次，环境违法问题立案125家次，罚款550.86万元，查封排污设施违法企业29家次，移交公安拘留1起。对21家“散乱污”企业移交相关部门全部完成清退工作。

（张振环）

【排污费征收】 年内，企事业单位排污费征缴784.38万元，其中建设工程施工工地扬尘排污费455.27万元，一般企业排污费329.11万元。

（张振环）

【环境监测】 年内，编写《2016年延庆区环境质量报告书）》《2016年延庆县环境状况公报》《2016年延庆县污染源监测年报》。继续开展国家重点生态功能区县域生态环境质量监测、评价和考核。开展北京市、河北省地表水跨界断面联合监测工作。配合妫水河治理，对白河调水后妫水水质变化情况开展高密度监测。全年完成18个地表水断面、4个地下水监测点位监测232次；完成22个降尘点264个大气降尘监测、195个点位的噪声常规监测、70家次污染源废气监测、29家污染源废水共200次监督性监测；完成3家重点污染源的9次在线自动监测设备的比对监测。完成信访监测53次，应急监测3次，考核监测6次。全年报出各类监测数据1.8万个，同比增长84%。

（张振环）

【环境信访】 年内，接待各类环境信访585件，其中涉及水方面73件、大气方面295件、噪声方面76件、固废方面7件、其他134件；立案处罚14起。处理率100%。

（张振环）

【网格化环境监管】 年内，组织各乡镇街道网格员培训10次，培训500人，发放《北京市延庆区环保网格员工作任务》小手册500份。运用延庆区网格化社会服务管理系统，对网格员上报的环境问题进行及时处理，全年接到事件43件，办结30件，转至其他部门13件。组织环保监督员对环境隐患进行排查。收到热点网格预警53个，发现问题40个；报警点位推送108处，发现问题65个。开展双随机执法检查公开，全年双随机执法检查242家次。

（张振环）

【环保宣传】 年内，围绕清空净水、生态文明建设、环保执法等工作，及时跟踪报道，在媒体刊发环保新闻88篇。结合“6·5”世界环境日、世界地球日等主题日，到机关、企业、社区、学校、农村开展环境主题日宣传、环保大讲堂活动，发放环保资料2万份、宣讲30场，受众1万人。

（张振环）

【环境应急】 年内，编制实施《延庆区突发环境事故应急预案》《延庆区突发水环境事故应急预案》，并报市应急中心备案。编制发布《延庆区集中式水源地突发环境事故应急预案》。全年完成企业环境应急预案备案50家。

（张振环）

【环境管理体系建设】 年内，对59个部门内审员进行新版标准培训，全部通过考试取得资格证书。进行环境管理体系内部审核，认证中心年度监督审核通过，延庆区继续保持环境管理体系认证资格。

（张振环）

【化学品调查】 年内，根据国家公布的优先控制化学品名录，对高风险化学品生产、使用进行严格限制，并逐步淘汰替代。调查妫水河、黑河、白河、白河堡水库、2个工业园评估环境和健康风险，落实防控措施。

（张振环）

【冬奥环境保障】 年内，编制《2022年北京冬奥会及残奥会延庆赛区环境保护管理手册》。落实延庆赛区筹办任务手册，推进延庆赛区可持续性承诺和延庆赛区核心区规划环评任务。

（张振环）

园林绿化

【概况】 北京市延庆区园林绿化局（延庆区绿化委员会办公室）是负责全区园林绿化工作的政府部门。设6个内设机构（办公室、政工科、计财科、绿化公园科、林业科、林政资源管理科），辖1处2所（北京市延庆区森林公安处、北京市公安局延庆分局四海森林公安派出所和千家店森林公安派出所），46家财政补助事业单位（含纳入工资规范管理事业单位1个：北京市延庆区果品服务中心）。在职567人，其中高级职称16人、中级职称98人、初级职称48人。年内，紧抓京津冀协同发展、筹办世园会和冬奥会的重大机遇，有序推进重点工程建设。深入实施生态文明发展战略，不断优化城乡人居环境，持续加强森林资源保护，积极推动绿色产业发展。全区森林覆盖率提高到58.7%，林木绿化率70.15%，人均绿地面积46.26平方米，人均公园绿地面积39.09平方米。与相关单位签订防火责任书16945份。

单位名称：延庆区园林绿化局
地　　址：延庆镇城隍庙街4号
电　　话：69103770

（刘艳萍）

【葡萄及葡萄酒促进中心参展】 1月7日，区葡萄及葡萄酒促进中心参加2017年中国葡萄酒大会暨第四届中国葡萄酒产业盛典论坛，展出设施大棚一年两熟技术的葡萄及干红、夏黑半甜半红、桃红、干白、北京白兰地等10款葡萄酒。年内，延怀河谷葡萄酒产区的葡萄酒品牌标入中国酒庄旅游地图。

（刘艳萍）

【国家林业局到区检查森林防火】 3月6日，国家林业局森林公安局相关领导到区检查森林防火工作，并在松山胡巴沟模拟突发森林火情进行扑防预演。5月14日，国家林业局以及市园林绿化局领导到区森林消防大队及千家店中队检查森林防火工作。检查组领导对各中队防火工作准备情况和队伍备勤情况表示满意。10月21日，国家林业局森林防火预警监测信息中心及市森林公安局相关领导到区检查中共十九大期间森林防火工作。

（刘艳萍）

【世园会绿化工程苗木检疫工作协调会召开】 4月10日，2019北京世园会绿化工程协调会在区召开，市林业保护站、区林业保护站、2019北京世园会围栏区内9家中标施工单位和3家监理公司的相关人员参加会议。区林保站负责人与世园会园区9个重点绿化工程负责人签订《2019北京世园会景观一期园林绿化工程苗木检疫责任书》。

（刘艳萍）

【爱鸟周宣传】 4月28日，区园林绿化局开展爱鸟周宣传"三进（进校园、进社区、进景区）"活动。发放折页、粘贴画、宣传袋等11000件。

（刘艳萍）

【消防队伍观摩交流】 6月6日，昌平区园林绿化局、森林公安处及森林消防队相关人员到区观摩交流。双方就消防队伍管理建设中的经验、问题进行交流探讨，并实地观摩延庆、永宁中队营房、物资库、机房、健身房等。

（刘艳萍）

【延怀两地科技合作】 7月27日，区葡萄及葡萄酒产业促进中心与怀来县梦园华葡萄种植专业合作社达成科技成果合作意向，双方签订《科技成果合作协议》。

（刘艳萍）

【京秀葡萄获全国葡萄优质奖】 8月1日，在第二十三届全国葡萄学术研讨会上，区葡萄及葡萄酒产业促进中心选送的“京秀”葡萄品种获得“全国葡萄优质奖”。

（刘艳萍）

【延怀赤三区县开展林业有害生物踏查】 8月2日，延庆、怀来、赤城三区县的林保、森防部门在海坨山脚下联合开展林业有害生物踏查活动，并对部分昆虫进行活体捕捉和样本采集。

（刘艳萍）

【景观苗木博览会暨京津冀生态工程苗木交易会举行】 9月3日，为期2天的“2017年第二届中国（北京）景观苗木博览会暨京津冀生态工程苗木交易会”在区召开。会议展示苗木行业发展新动态，为北方各地苗商搭建供需对接、交流合作的平台。京津冀苗商代表及园林绿化行业相关专业人士300人参会。

（刘艳萍）

【林业有害生物防治专家考察】 9月6日，区林业保护站邀请市林业有害生物防治协会、中国林业科学院等6位专家到区实地考察。专家针对杨树炭疽病及白蜡、柳树早期落叶病等相关问题进行指导。

（刘艳萍）

【葡萄采摘节举办】 9月16日，“采绿色葡萄、住高端民宿”葡萄采摘节在张山营镇后黑龙庙村举办。400名游客参与采摘。市园林绿化局相关负责人出席活动。

（刘艳萍）

【首届“延怀河谷”葡萄文化节——吃葡萄大赛】 9月23日，区园林绿化局主办、北京市八达岭旅游总公司承办的首届“延怀河谷”葡萄文化节——吃葡萄大赛活动，在世界葡萄博览园举办。活动分自制葡萄酒知识普及、葡萄知识有奖竞猜及现场吃葡萄大赛3个环节。

（刘艳萍）

【京津冀葡萄产业协同发展研讨会召开】 10月8日，由中国农学会葡萄分会、北京市园林绿化局、河北省葡萄学会、天津市园艺学会、延庆区人民政府、怀来县人民政府、涿鹿县人民政府联合主办的京津冀葡萄产业协同发展研讨会在延庆区召开。研讨会共邀请国内相关专家、学者50余人，对京津冀葡萄产业协同发展及将葡萄产业作为京津冀扶贫攻坚的途径做大做强等方面进行研讨。中国农学会葡萄分会秘书长张鹤主持，农学会葡萄分会会长刘俊、中国农学会葡萄分会常务副会长田淑芬、中国农学会葡萄分会副会长沈育杰等做报告。

（刘艳萍）

【林木绿地认养】 10月13日，河北晨阳工贸集团有限公司到妫水河上游出资认养林地10.05亩（0.67公顷），栽植樟子松、银杏、旱柳、山桃4000株。中华环境保护基金会、河北晨阳工贸集团有限公司以及区园林绿化局的相关领导共同为林地揭碑，并为认养的樟子松悬挂标牌。

（刘艳萍）

【森林防火宣传】 11月17日，区森林防火指挥部在妫川广场设立主会场，15个乡镇及有林单位在辖区内设立分会场，举办以“保护绿水青山　森林防火当先”为主题的森林防火宣传活动。当日全区设立宣传站13个，广播宣传2000次，悬挂横幅500条，发放森林防火宣传册、挂历、宣传布袋等各类宣传材料2万份。

（刘艳萍）

【“延怀赤”第二十五届森林防火联防会议举行】 12月1日，延怀赤三区县主管区县长以及政府办、园林绿化局、森林公安等30人在区召开第二十五届森林防火联防会议。会议就三区县统一研究部署联防区域的基础设施、队伍装备等建设，加强信息沟通，组织联合扑火演练，提高区域防控能力等方面达成共识。

（刘艳萍）

【市园林绿化突发灾害应急抢险演练在区举行】 12月1日，市园林绿化突发灾害应急抢险演练在延庆江水泉公园举行。市林保站、区园林绿化局、各区林保站、百瑞鸿霖防控队等有关领导和工作人员70人参加演练活动。

（刘艳萍）

【西城区园林绿化局参与共建世园】 年内，区园林绿化局与西城区园林绿化局携手共建，完成延庆夏都公园驿站项目主体及2座共建主题花坛建设。夏都公园驿站位于夏都公园西侧广场内，总建筑面积193.35平方米，共一层。2处花坛分别位于夏都公园东门前和漂流驿站前。以2019世园为主题。

（刘艳萍）

【重点工程建设】 年内，完成2019年世界园艺博览会周边绿化建设工程566.67公顷（8500.05亩）；完成京津风沙源治理工程2466.67公顷（3.70万亩）；完成平原生态林管护9733.33公顷（14.60万亩）；推进彩色树种造林200公顷（3000亩）；完成山区林木抚育8933.33公顷（13.40万亩）。启动区2017年平原地区重点区域绿化工程，包括平原地区80公顷（1200亩），京藏高速（延庆段）景观提升工程153.33公顷（2299.95亩）永定河流域妫河生态走廊景观提升工程760公顷（1.14万亩）。

（刘艳萍）

【冬奥会绿化规划完成】 年内，配合市园林绿化局完成《2022年冬奥会（延庆赛区）外部园林绿化保障规划（2017—2025年）》；完成《北京2022冬奥会冬残奥会延庆赛区本底综合考察总结报告》简本；编制完成《2022年冬奥会延庆赛区树木补种方案》；配合区政府完成冬奥森林公园选址；成立冬奥动植物保护监督领导小组。

（刘艳萍）

【国家森林城市创建】 年内，启动城区街道景观提升项目；完成城区公园景观提升1个，公园修缮项目2个；建设园艺驿站1个；打造花园式单位2个，花园式社区1个；完成空间立体绿化2000平方米。

（刘艳萍）

【绿色产业建设】 年内，完成高效节水现代化果园33.33公顷（499.95亩），改造老旧果园33.33公顷（499.95亩）；新增蜂群2000群，生产蜂蜜约210吨、蜂花粉2.5吨，蜂王浆1吨，实现产值约303万元；林下经济累存面积2873.27公顷（4.31万亩），其中新增面积645公顷（9675亩），总产值7296.2万元，带动就业人数3000人。

（刘艳萍）

【野生动物监测保护】 年内，野鸟监测实行日报制，监测野鸟1000余万只，未发现异常情况；全年对26家驯养繁殖单位进行日常检查2次，八达岭野生动物世界检查10次，对发现的不合格问题，要求限期整改。全年野生动物损害涉及12个乡镇，138个行政村，1539户，造成农作物面积损失51.78公顷（776.7亩），造成损害家禽家畜933只，损失金额962990元，按损失金额的70%进行补偿，补偿金额787245元。全年救助野生动物27起28只，其中国家级保护野生动物18只，北京市保护野生动物8只。

（刘艳萍）

【山区生态林管护员轮岗】 年内，完成年度管护员轮岗，产生管护员7740人。对生态林管护员上岗尽责情况以及在轮岗过程中资格审查、选用、公示等程序进行监督检查，并组织管护员开展林下可燃物清理工作。

（刘艳萍）

【自然保护区管理】 年内，加强自然保护区的属地管理和行业监管，配合环保局完成白河堡自然保护区内的“山里乐活”违建拆除工作，推进野鸭湖自然保护区范围内违法经营占地等违章建筑拆除工作。

（刘艳萍）

【湿地保护】 年内，完成“湿地保护奖励试点”项目规划设计及招投标工作；完成湿地发展总体规划初稿；开展“加强湿地保护修复，提升绿色空间质量”——我们一起行动湿地日宣传活动，普及保护湿地知识，发放各类宣传材料2600件。

（刘艳萍）

【林业有害生物测报检疫】 年内，设立国家级中心测报点1个、市级测报点40个、区级测报点80个。应用测报APP技术，实行手机上报。

全年发布林业有害生物发生趋势2次，发布林保情况20次，上报虫情10次。设置各类虫情监测点1100个，利用诱捕器、太阳能监测灯对美国白蛾等60种林业有害生物进行调查监测；检疫检查花圃、苗圃、引种果园基地277家、3985.37公顷（5.98万亩）、5894万株；木材经销点12家；建材门市部12家。复检苗木1406车、51个树种、115269株。开具《植物检疫要求书》《产地检疫合格证》《植物检疫证书》574份，外调苗木15.4万株；开具新建种苗繁育基地检疫检查记录单5份，枯死木鉴定43份。

（刘艳萍）

【林业有害生物防治】 年内，全区完成林业有害生物防治面积9733.33公顷（14.60万亩），其中山区3466.66公顷（5.20万亩），川区6266.67公顷（9.40万亩）。设置美国白蛾监测点80个，监测到美国白蛾越冬代成虫16头。

（刘艳萍）

【京冀林业有害生物协同防控】 年内，区林保站与怀来县森防站开展两次交流座谈，商讨建立交流平台、开展联合调查和召开联席会等有关事宜。与怀来县森防站在北辛堡镇联合开展美国白蛾防控宣传与监测活动，并对部分苗圃和林地进行林业有害生物踏查与普查。分别在河北省怀来县月亮岛园艺场、河北省赤城县召开京津冀林业有害生物协同防控（京西片区）联席会。与怀来县森防站、涿鹿县森防站和小五台国家级自然保护区森防站在河北省小五台国家级自然保护区联合开展林业有害生物普查活动。

（刘艳萍）

【林业案件查处】 年内，区森林公安接报警128起，同比上升28%。经处警初查，立林业行政案件55起，同比下降22%。已办结林业行政案件43起，同比下降17%，造成直接经济损失39610.5元。处理违法单位20个，违法个人23人，行政罚款272254.2元，补种树木5520株。立非法狩猎刑事案件1起，取保候审1人。

（刘艳萍）

【森林防火设施建设】 年内，修建防火路44公里、新建水源地8处、新建瞭望塔1座，维修瞭望塔16处。新购置扑火设备300多台（套），更新消防车16辆，购置无人机和消防火箭炮，修建靠前驻防点20处，改造永宁、四海中队办公楼，新建300平方米的物资储备库。

（刘艳萍）

【林地和森林资源管理】 年内，审核审批占用林地54件，388.80公顷（5832亩），收取森林植被恢复费106316.77万元；办理林木采伐审批623件，采伐林木37846.61立方米，73.43万株。受理城区树木砍伐移植24件，批准砍伐树木231株，批准移植树木48株。

（刘艳萍）

【古树名木保护】 年内，对全区183株（其中一级89株，二级94株）古树名木生长状况进行调查，使用森林植被恢复费91.7万元；对7株古树名木实施保护措施。

（刘艳萍）

【全民义务植树】 年内，全区参加义务植树20.3万人，完成义务植树57.3万株，其中新植树木2.7万株。

（刘艳萍）

【绿化美化创建】 年内，创建首都绿化美化花园式单位2个：延庆区瑞康缘老年养护中心和张山营镇上郝庄新村——夏都湾社区。创建首都绿化美化花园式社区1个：兴运嘉园社区。创建首都绿色村庄6个：大庄科乡铁炉村、永宁镇北关村、张山营镇东门营村、珍珠泉乡八亩地村、刘斌堡乡周四沟村、井庄镇王仲营村。

（刘艳萍）

水 务

【概况】 北京市延庆区水务局（简称区水务局）是区人民政府的水行政主管部门，统一管理全区地下水、地表水和再生水等水资源；统一管理本地区的供水、节水、排水、污水处理、水土保持、水环境治理以及防汛抗旱、水政监察等工作。有行政科室7个，参照公务员管理事业单位3个，规范工资事业单位3个，财政补助事业单位8个，经费自理事业单位4个。在编162人。年内，完善城乡供排水设施，启动实施平原区地表水供水（二期）工程；完成49个村饮水健康行动项目；完成城西再生水厂及配套管网建设；完成康庄镇、张山营镇污水处理厂升级改造工程；完成乡镇污水管网铺设156千米；完成26个村级污水治理项目。全面推进节水创建工作，完成13个村庄、4家单位节水创建工作；安装节水器具7695套；初步完成《2018至2020年节水行动计划》编制工作；完成农业节水灌溉建设8046亩（536.4公顷）。持续开展河湖生态环境治理工作，完成29平方千米小流域治理任务；按照全市统一部署启动河长制工作，完成河长制工作方案制定印发，构建起区、镇、村三级河长体系，开展河长制“三查、三清、三治、三管”工作。开展防汛工作，汛期应对5次强降雨过程。持续开展水库移民后期扶持工作。落实水资源管理制度考核办法，批准开凿机井3眼。全年受理全程办事代理事项296件，其中审批事项197件，办结188件；服务事项99件，全部办结；咨询事项135件，全部予以答复。截至年底，万元地区生产总值水耗下降4%，污水处理率85.4%。

单位名称：延庆区水务局
地　　址：延庆镇龙庆南路6号
电　　话：69101385

（韩东方）

【救灾抢险】 年内，全区发生5次强降雨，发布预警响应11次，其中暴雨预警响应7次，地质灾害预警响应5次。出动巡查人员7158人次，处置道路积水、塌方、路基路面损害、防空洞倒塌等各类险情81次，居民房屋漏雨、进水607间，地下室进水21处，树木倒伏107株；旅游部门关闭百里山水画廊、八达岭、野生动物园等山区景区42次；全区28处重点工程施工工地停工140次；转移安置山洪泥石流、危旧房屋、孤寡老人等险村险户和世园、冬奥等重点工程施工人员15570人次。

（韩东方）

【水资源公报】 年内，地表水资源量为0.27亿立方米，入境水资源量1.33亿立方米；地下水资源量0.65亿立方米；全区水资源总量为2.25亿立方米。人均（不含入境水）水资源量为271立方米/人，人均（含入境水）水资源量为662立方米/人。

（韩东方）

【水资源调度】 年内，白河堡水库入库水量8524万立方米；出库水量9704万立方米，其中向密云水库输水9360万立方米，向延庆西湖输水344万立方米。

（韩东方）

【水影响评价】 年内，受理全区建设项目水影响评价文件42个、全区建设项目防洪评价报告18个，全部获得水务局批复。受理水影响评价事项咨询90次，全部予以答复。

（韩东方）

【供水】 年内，全区总用水量5504.30万立方米，其中农业用水2240.01万立方米，工业用水211.31万立方米，家庭居民生活用水1133.38万立方米，公共服务用水643.96万立方米，园林绿化用水498.47万立方米，其他用水777.17万立方米。

（韩东方）

【排水】 年内，延庆区镇级以上污水处理厂污水处理量1427.49万立方米，村级污水处理设施污水处理量17.75万立方米，污水处理率85.4%，利用再生水972.84万立方米。办理和更换排水许可证77件。

（韩东方）

【供排水管理】 年内，修订完善《延庆区“十三五”时期农村饮水提质增效规划（2015年—2020年）》；完成《关于延庆区农村饮水水质问题分析及解决方案》《2017年以来农村饮水水质检测工作进展及下一步工作意见》《关于农村饮水水质检测的现状及下一步工作意见的报告》编制工作。开展乡镇集中供水厂及部分村级供水站水质抽测，镇级水厂水质合格率100%，抽检的287个村级供水站水质（水源水）合格率89.9%。

（韩东方）

【降雨量统计】 年内，经人工观测统计，全区全年平均降雨量488.5毫米；比去年同期降雨量583毫米减少94.5毫米，减少16.2%；与多年平均降雨量443毫米相比增加45.5毫米，增加10.3%。降雨量最大的人工站为大庄科站629.9毫米，最小站为井庄站371.2毫米。汛期降水量370.4毫米，比去年同期降水量432.4毫米减少62毫米，减少14.3%，与多年平均降雨310.1毫米相比增加60.3毫米，增加19.4%，汛期内多次出现局地短时强降雨过程，最大降雨日发生在8月22日，全区平均降雨量77.4毫米，单站降雨量最大的是大庄科站114.6毫米，最小站为康庄镇24.1毫米。

（韩东方）

【古城水库除险加固】 年内，实施帷幕灌浆10640米，更新溢洪道5扇闸门、灌溉管闸阀和电气控制系统，加固坝后工作钢桥，溢洪道及排沙泄水孔出口实施混凝土防碳化处理1931平方米，拆除坝顶管理用房32平方米，新建面积54平方米，维修排沙泄水孔工作闸房10平方米，恢复大坝安全监测设施，疏通排水孔、测压孔、观测孔等64个。

（韩东方）

【污泥处置】 年内，完成污泥无害化处置厂建设并投入运行。该工程位于旧县镇常家营村，新建处理规模130吨/天（含水率80%），采用好氧堆肥工艺。

（韩东方）

【小型农田水利重点县建设】 年内，新增改善高效节水灌溉面积8046亩（536.4公顷），其中滴灌5258亩（350.53公顷），小管出流1781亩（118.73公顷），微喷577亩（38.47公顷），半固定微喷430亩（28.67公顷）。

（韩东方）

【小城镇污水处理配套管网建设】 年内，完成污水管网建设156.0千米。其中，污水网管一期工程，涉及7个乡镇37个行政村，完成污水管网建设15.7千米；污水网管二期工程开工建设张山营、沈家营、千家店、延庆镇、刘斌堡、四海镇、大庄科7个乡镇24个村，完成污水管网建设90.0千米；单村污水管网建设完成50.3千米。

（韩东方）

【乡镇污水处理】 年内，大榆树、井庄污水处理厂地下结构基本建设，完成香营污水处理厂一体化设备混凝土基础及一体化设备安装。完成康庄镇污水处理厂升级改造并通水运行，规模由5000立方米/天提升到8900立方米/天，采用A2O+MBR工艺。

（韩东方）

【农村地区供水改造】 年内，统筹上年农村供水工程、2017年农村饮水健康行动工程资金，解决13个乡镇44个村庄供水问题。安装单户除氟设备52套，完成供水管网55204米，旧井房拆除4座，新建井房9座，维修井房6座，新打大口井1眼，配套消毒设备21套，新建及维修蓄水池8座。

（韩东方）

【排污口治理】 年内，完成妫水河、三里河沿线排污口集中排查工作。其中，妫水河排水口62处，包括雨水口44处，污水口5处，再生水口13处；三里河段排水口27处，包括雨水口17处，污水口10处。依据调查结果，完成对妫水河、三里河段15处污水口及重点雨水口的台账建立及整治工作。

（韩东方）

【村级污水治理】 年内，完成26个村污水治理工作。其中，新建10个村村级污水处理设施，升级改造3个村村级污水处理站，纳入村级污水收集管网10个村。完成大榆树镇簸箕营村、旧县镇车坊村、大庄科乡铁炉村污水治理工作。

（韩东方）

【农村污水监测系统建设】 年内，完成36座污水处理站在线监测设备安装工作，其中镇级污水处理厂5处，城带村安装5处，农村污水处理设施安装26处。

（韩东方）

【妫河世园段水生态治理】 年内，完成清淤并利用淤泥堆筑浅水湾生境岛63.11万立方米，更换农场橡胶坝坝袋，维修农场橡胶坝上游左岸副坝，修建景观栈道2524平方米。

（王文凯）

【生态清洁小流域综合治理】 年内，完成38平方千米生态清洁小流域综合治理任务，完成投资2566万元。工程分3个项目，其中，2016年延庆县京津风沙源小流域综合治理工程20平方千米，涉及永安堡小流域8平方千米，东羊坊小流域12平方千米；2017年延庆区生态清洁小流域综合治理工程9平方千米，涉及高庙屯小流域9平方千米；2016年延庆区中央财政资金水土保持项目工程9平方千米，涉及马坊小流域9平方千米。

（韩东方）

【水库移民后期扶持资金发放】 年内，登记核定农业户口水库移民24550人，按照每人600元标准，发放直补资金1473.3万元；登记核定农转非水库移民4364人，按照每人560元的标准，发放无固定职业就业培训补贴244.832万元。以上双核登记总人数28914人，发放资金1718.132万元。

（韩东方）

【移民精准扶持】 年内，完成教育补贴、大病救助、创业扶持3个项目。其中，登记核定符合创业扶持人员21人；延庆镇3人，康庄镇2人、张山营镇7人、旧县镇3人、永宁镇4人、八达岭镇2人。其中，优秀高校毕业生创业3人、新型农业经营主体乡村能人13人、双学双比女能人5人。按照每人3000元扶持标准，发放扶持资金6.3万元。登记核定符合大病救助人员89人，救助金额71.8万元。2017年教育扶持工作于8月1日开始登记核定，截至年底，各乡镇已经完成登记工作，全区大专、本科、研究生665人，发放教育扶持资金121.7万元。

（韩东方）

【移民接收村专项资金扶持】 年内，启动实施移民后扶专项资金项目42个，向乡镇拨付资金3000万元。工程涉及供排水改造、产业发展、基础设施建设、环境改造等内容。

（韩东方）

【节水型社会建设】 年内，创建节水型单位4个，节水型村庄13个；在温泉馨苑、双路小区、格兰一期推广节水型器具1861套，完成市级下达任务。在香水园街道推广高效节水花洒7695套，其中市级补贴4795套，区级补贴2900套，超额完成市级任务。

（韩东方）

【大庄科乡沙塘沟村雨洪利用工程建设】 年内，完成大庄科乡沙塘沟村雨洪利用工程建设和验收工作。该工程位于延庆区大庄科乡沙塘沟村东南侧，包括集雨池工程、护岸工程、灌溉工程和景观提升工程。集雨池容积7730立方米，工程总投资219.45万元。

（韩东方）

【水务执法监察】 年内，水政大队按照广泛宣传，加强巡查，严格执法工作原则，针对非法凿井、侵占河道、排污等涉水违法行为开展行政执法检查147次。查处或接到举报涉嫌非法取水、非法凿井、非法排污、侵占河道、河道采石等水事违法行为37起（其中立案11起，一般案件3起），罚款26.068万元；简易程序案件8起，均给予警告，经复查已改正违法行为。参加排污、水源地违建拆除、禁养区执法调查关停、施工扬尘及泄漏遗撒、盗采砂石、占道经营、市场疏解联合执法等30次。

（韩东方）

【水务工程质量监督】 年内，监督在建水利工程项目43项，其中承接上年未完工程项目26项，新完成17项水利工程项目监督注册办理。日常实体监督检查60次，参与隐蔽工程验收10次，分部工程验收167次，单位工程验收16次，竣工验收7次，形成45份监督检查记录，提出整改建议20条，下达《质量监督检查结果通知书》11份，约谈监理单位2次，对监理单位进行经济处罚6次。并对检查中发现的质量问题进行复查。

（韩东方）

【水务安全管理】 年内，完成水利工程建设动态44期，安全月期间发放宣传材料2400份，各类安全教育培训4期，应急演练4场，参加活动1100人，各类展板、标语70块，发现隐患20项次，整改率100%。全年安全备案的在建水务工程36项，安全检查出动检查人员1975人次，检查生产经营单位共488家次，发现隐患问题61项次，签发安全生产监督检查整改单38份，经复检整改合格率100%。

（韩东方）

【“河长制”落实】 年内，制订并印发《延庆区河湖生态环境管理“河长制”工作方案》，完成河长制机构设立，设区级河长13名、乡镇级河长36名，村级河长553名。完成河长制公示牌设立315块，出台巡查、信息报送等8项河长制配套制度。完成市级河长制工作验收。实施全区46条河道一河一策编制工作。

（韩东方）

气　象

【概况】 北京市延庆区气象局（简称延庆气象局）受北京市气象局及区政府的双重领导，负责全区气象工作及气象行政管理，协助管理国家气象局档案馆延庆分馆和北京市人影办炮械库。下辖延庆国家基本气象站和佛爷顶国家一般气象站，设6个科室：综合办公室、业务管理科、社会管理与法制科，气象台、气象服务中心和人工影响天气办公室。主要工作职能为气象观测业务类（地面观测、区域气象站观测、生态气象观测、设施农业观测、卫星接收与雷达），气象预报预警服务类（常规天气预报预警服务、决策气象服务、公众气象服务、专项气象服务），以及农业气象服务、气象防灾减灾服务和人工影响天气服务、气象行政执法。辖区有区域气象站54个、防雹增雨站10个、高山地基增雪烟炉13个、土壤水分站2个、生态气象观测站1个和设施农业观测站3个。现有气象编制职工17人，人影编制职工8人。在2022年冬奥会延庆赛区建设高山滑雪赛道自动气象站8个，在2019年世园会园区内建设综合气象观测站1个。年内，开展科普巡展4次，科普讲座5次，观测场开放参观3次。

单位名称：延庆区气象局
地　　址：延庆镇湖南西路12号
电　　话：81196359

（杨航）

【全年气象】 年内，全区平均降水量479.0毫米，较去年同期610.0毫米偏少131.0毫米。延庆城年降水量546.5毫米，较常年同期439.7毫米偏多106.8毫米，较去年同期636.2毫米偏少84.7毫米；年平均气温10.5℃；年日照时数2851.5小时。

（杨航）

【气象服务保障】 年内，汛期延庆地区出现35次降雨过程，其中有“6·22”“7·6”“7·20”“8·2”“8·22”5次重大天气过程。制作发布各类气象信息195期，其中地质灾害气象风险预警8期，《天气情况》53期，《重要天气报告》122期，雨情信息330期，公众气象服务信息380期，发布气象服务短信100万条。

（杨航）

【人工影响天气作业】 年内，组织火箭增雨作业4日次，发射火箭弹10枚；组织防雹作业10日次，发射防雹炮弹1345发。开展增雪作业63次，燃放烟条396根（全年，海坨山地区开展增雪作业24次，燃放烟条137根）；向海坨山地区运送烟条5次816根。

（杨航）

防震减灾

【概况】 北京市延庆区地震局（简称区地震局）承担区地震监测预报和地震灾害预防、地震应急管理、震后救灾与重建及防震减灾科普宣教、防震减灾依法行政等职责，是区政府负责管理地震工作的职能部门。设办公室、监测预报科（审批科）、震灾防御科和应急救援科，在编10人。下属地震观测台点有松山观测站、南老君堂观测点、旧县盆窑观测点、新庄堡观测点和14个宏观测报点（震情灾情速报点）。主要针对首都圈地区尤其是京西北延怀盆地、晋冀蒙交界地区开展地震前兆观测，利用SODE和MapSIS等软件对观测数据进行处理和分析，及时反馈地震异常情况。年内，区所在延怀盆地小震活动较弱，共发生1.0级以上地震17次，其中延庆5次，怀来7次，涿鹿5次。最大的是2017年12月13日河北怀来 ML1.8级地震。全年完成56期周、月会商和加密会商，2016年，松山水汞和数字化气氡测项观测资料在北京市2017年度观测资料评比会获得优秀奖，获评2017年北京市地震监测预报工作先进单位。

单位名称：延庆区地震局
地　　址：延庆镇康安小区11号楼3层
电　　话：69144269

（尤美倩）

【农村民居地震安全培训】 1—3月，区地震局分期举办农村工匠地震安全知识培训班，全区425名农民工匠和500名村民参加培训。

（尤美倩）

【地震公共安全宣教】 4月25日至12月4日，开展防灾减灾科普宣传和应急演练活动19场次，发放各类宣传资料和宣传品2万份，受益群众6000人次。

（尤美倩）

【农村民居简易隔震技术推广】 7—10月，在延庆大庄科乡里长沟村村委会办公楼开展农居简易隔震技术应用的试点研究与推广工作。

（尤美倩）

【地震灾情速报员培训】 9月26日，在中银酒店举办区2017年地震灾情速报工作培训会议暨世园冬奥地震应急知识培训班，18个乡镇（街道）、8个重点单位主管领导和防震减灾助理员、3个街道地震灾情速报员等80人参加培训。11—12月，联合15个乡镇开展地震灾情信息速报培训。

（尤美倩）

【京晋冀蒙交界地震联防区合作】 11月13日—14日，区地震局代表北京市参加在河北省张家口市召开的京晋冀蒙交界地震联防区2017年度会议并作交流发言，联防区成员单位（延庆区、张家口市、大同市、乌兰察布市）地震部门就共同联合开展2019年北京世园会和2022年北京冬奥会地震安全保障工作达成共识。

（尤美倩）

【地震行政执法】 年内，开展各类行政执法双随机检查59次，行政处罚1次，向社会群众发放法律类宣传材料8000份。

（尤美倩）

【震后应急跟踪和处置】 年内，勘察分析张山营镇西大庄科泉眼溢水结冰异常和延庆镇西北片村庄自来水浑浊异常，形成书面结论，排除地震前兆异常的可能性。

（尤美倩）

【地震应急避难场所建设】 年内，完成区体育场综合应急避难场所和北京八达岭国际会展中心地震应急避难场所建设。全区地震应急避难场所增至4处，面积52万平方米，可基本满足延庆区及外来游客26万人的应急疏散和安置需要。

（尤美倩）

公用事业

供　电

【概况】 国网北京延庆供电公司（简称延庆供电公司），是北京市电力公司直属供电企业，设办公室、发展建设部、党委组织部、财务资产部、安全监察质量部、监察审计部、党建工作部、电力调控中心8个职能部门，设置运维检修部（检修分公司）、营销部（客户服务中心）2个业务支撑与实施机构，下设12个班组、7个农村供电所，负责延庆地区范围内的电网规划建设、运行管理、电力销售和供电服务工作。在岗员工582人。2017年，有客户15.20万户，其中第一产业0.31万户，第二产业0.19万户，第三产业1.17万户，居民客户13.53万户。重要客户9户，其中特级0户、一级0户、二级9户。年内，围绕中共十九大供电保障和重点工作，成立“煤改电”临时党支部、冬奥会（世园会）电网建设临时党支部、“柔直四通一平”临时党支部、电网运行保障临时党支部、综合服务保障临时党支部5个临时党支部。通过“双百创建”活动号召公司党员当先锋、做表率，引导全体干部员工进一步增强使命感、紧迫感、荣誉感，聚力攻坚，推动公司和电网发展全面争先。在行业媒体、社会媒体开展内外宣传发布信息220篇次，公司微信、微博发布重要选题25篇次，制作专题宣传片3组，完成企业文化长廊建设任务，开展道德讲堂活动26次，《深化道德讲堂的创新实践》成果入选国网公司2017年企业文化储备项目。落实市公司“五新”专项行动计划。建立世园会冬奥会2件绿色大事重点项目报装绿色通道，确保世园会冬奥会重点项目顺利用电。“三供一业”和“清煤降氮”工作有序开展。开展“煤改电”冬季供电保障演练以及供暖客户测负荷工作，完成冬季供暖任务。完成中共十九大、全国两会、“一带一路”峰会、高考、中考等各类供电保障任务35项，其中特级保电任务3项，累计保电130天，同比增涨41.5%。中共十九大保电期间，投入现场保障人员12447人次，保障车辆1836车次，巡视变电站405站次，红外测温84站次，超声波检测28站次，巡视输配电线路3.4万千米，获得“一带一路”国际合作高峰论坛供电保障贡献单位”荣誉称号。2017年蝉联“全国文明单位”荣誉称号，连续11年获得“首都文明单位标兵”称号。获北京市电力公司2017年“煤改电”工程突出贡献单位，北京市电力公司2017年中共十九大供电保障贡献单位，延庆区交通安全先进单位，取得“海洋王”杯QC成果发布赛多个奖项。

单位名称：延庆供电公司

地　　址：延庆镇庆园街53号

电　　话：69101219

（颜渊）

【电网规划与建设】 年内，修编延庆区“十三五”配套电网规划，完善电网布局，结合地区电网现状和预测负荷结果，完成延庆区2035年变电站空间布局规划。成立重大工程项目建设指挥部和主网基建工程专项指挥部两级指挥体系，根据“电网建设攻坚战行动方案”逐项工程排定里程碑进度节点计划，并通过日汇报、周调度的管控方式，推进电网建设工作。500千伏柔直换流站“四通一平”工程，完成圈地18.87公顷（283亩）。220千伏西白庙输变电工程确定全架空方式进线，确定选址选线方案。冬奥会（世园会）配套3座110千伏输变电工程，完成选址选线、可研评审任务。永东“煤改电”配套工程正在立项核准、文评推进中。耿家营变电站完成可研评审任务。

（颜渊）

【营销与优质服务】 年内，建立服务风险管控台账，依靠闭环管理模式，全过程管控每一起服务事件。全年受理投诉57件，同比下降30.49%，投诉处理完成100%。年度投诉总量和五类投诉均实现同比下降的目标。

（颜渊）

【安全生产】 年内，制定27大项46小项安全监督工作重点和具体措施，出动检查人员242人次，治理各类安全隐患142件，治理完成率100%。开展安全第一责任人讲安全课活动，收到讲课课件16份。272人参加年度安全技能等级评价考试。

（颜渊）

【经营管理】 年内，完成年度问题清单梳理，形成2项问题整改决议和2项问题专项报告，6项重点问题纳入公司督办体系，制定31项问题整改方案，每月追踪各问题整改进度和佐证材料。公司同业对标综合排名、业绩排名第14名，管理排名第15名，实现业绩指标和管理指标双提升，获得北京公司同业对标综合进步标杆单位称号。公司问题清单梳理“四上四下”（即：同一个问题分阶段四次上传材料到国网公司和北京公司，国网公司和北京公司分阶段4次将材料下达。）的做法，得到国网公司和北京公司的高度评价。

（颜渊）

供　热

【概况】 延庆区供暖管理办公室设于区城市管理委员会，负责全区供暖、供热公用事业管理工作。年内，全区有供热单位17家，锅炉房19座，供暖总面积739万平方米。其中，居民供热面积517万平方米，占总面积的70%；非居民供热面积222万平方米，占总面积的30%。城区有居民　4.20万户，市政供暖所供暖3.07万户，延庆开发区公用事业服务中心供暖1.13万户，2家供暖单位均属于集中供暖。

单位名称：延庆区供暖办

地　　址：延庆镇城东热源厂

电　　话：69101826

（张冰）

【运行管理】 年内，全区供暖单位完成供暖设备设施维修、燃煤储备、运行保障等任务。全区18家供热单位筹措资金，开展设施建设、维修和改造工作，其中更新设施设备26处，更新锅炉33台，更新水泵50台，更新供暖管线7.56千米，设施设备大修55处，管网检修15处。开展全区供热单位燃煤锅炉清洁能源改造工作，完成34台335.5蒸吨改造。

（张冰）

供　气

【概况】 延庆区燃气管理办公室设于区城市管理委员会，行使延庆区燃气行业管理职能。

年内，全区有5家天然气企业，铺设次高压管线45千米、中低压管线209千米，6家液化石油气企业（其中5个充装站、1个储罐站）。

单位名称：延庆区燃气管理办公室
地　　址：延庆镇东外大街89号
电　　话：60168635

（张冰）

【陕京四线延庆段竣工】 年内，完成“陕京四线”北京段延庆境内全部管线焊接，10月30日实现通气。该工程全长72.78千米，涉及张山营镇、旧县镇等6个乡镇、56个村庄，建设分输站1座、阀室3座、隧道2条。

（张冰）

【送气下乡】 年内，完成15个乡镇361个行政村开户工作（其余村使用天然气、沼气）。建设村级换瓶点282个，开户4327户，销售21.7万瓶。累计开户6.7万户，累计销售72.6万瓶。

（张冰）

【农村煤改气】 年内，36个村庄通气，安装壁挂炉5720台，敷设燃气管道13.6万米，改造村庄数量占全市完成总量的4%，减少农村地区用煤量1907万千克。

（张冰）

环境卫生

【概况】 北京市延庆区环境卫生服务中心隶属北京市延庆区城市管理委员会，负责城区清扫保洁、垃圾清运、公厕维护及主要环卫基础设施管理等工作。下设北京市延庆区环卫清扫保洁一队、北京市延庆区环卫清扫保洁二队、北京市延庆区环卫清运一队、北京市延庆区环卫清运二队、北京市延庆区小张家口粪便消纳站、北京市延庆区小张家口垃圾卫生填埋场、北京市延庆区永宁垃圾卫生填埋场、北京市延庆区环卫公厕保洁队、北京市延庆区环卫垃圾综合处理中心9个正科级作业单位，内设行财科、政办室、管理科、安全科、收费室5个副科级科室。编制156名，实有127人。年内，完成城市清扫保洁、垃圾清运、公厕管理、填埋场管理工作，启动小张家口垃圾综合处理厂PPP改革。

单位名称：延庆区环卫服务中心
地　　址：延庆镇广兴街72号
电　　话：69103800

（张冰）

【清扫清运】 年内，道路清扫管护面积222.5万平方米，投放4辆干吸式机扫车、11辆纯电动扫路车、3辆纯电动步道冲刷车、9辆洒水车、6辆洗扫车、4辆电动扫地车全天候运行。为居民免费清运渣土1200万千克，抽运粪污1706.8万千克，清运生活垃圾5432.72万千克、餐厨垃圾588.15万千克、清理大件垃圾4045件。

（张冰）

【公厕管理】 年内，为6座公厕安装除臭设施，为12座公厕粉饰外墙、做防水。维修设备设施1350次。管理公厕总数44座。

（张冰）

【垃圾处理】 年内，完成综合处理厂调试运行及验收工作，调整厨余垃圾进餐厨线处理，餐厨线处理能力由处理5000千克/天提高至1.5~2万千克/天。截至年底，分类处理生活垃圾622.7万千克、厨余垃圾182.8万千克、餐厨垃圾208.9万千克，生产工业油脂4.8万千克，营养土48.4万千克。末端填埋的生活垃圾减量50%，餐厨垃圾减量90%，节省库容0.6万立方米。

（张冰）

【渗沥液规范收集】 年内，完成小张家口填埋场、永宁填埋场和垃圾综合处理厂3处渗沥液处理设施水污染物排放自动监测设备安装工作，投入使用4座垃圾中转站渗沥液收集池，实现渗沥液规范收集和全密闭管理。

（张冰）

（栏目编辑：池尚明）

科技 教育

科 技

【概况】 北京市延庆区科学技术委员会（简称区科委），是区政府管理全区科技工作的职能部门。设有办公室、管理科、综合科、知识产权科、科技协作服务部5个科室，在职干部职工23人。截至年底，全区有科普场馆10个，其中科技馆4个、科学技术博物馆6个；市级科普教育基地14个，其中国家级科普教育基地4个；科普画廊320个；城市社区科普（技）活动专用室30个；农村科普（技）活动场地368个；科普宣传专用车4辆；科普专职人员205人，科普兼职人员1250人。年内，《延庆区全民科学素质行动计划纲要实施方案（2016—2020年）》正式发布，编制完成《科技世园“2019”延庆区科技专项支撑实施方案》，会同区经信委和中关村延庆园制订《中关村国家自主创新示范区延庆园促进创新创业发展支持资金管理办法（试行）》。1项科技项目（课题）被列为市级科技项目，获市扶持资金450万元；7个项目（课题）通过市科委验收。国家高新技术企业增至58家，市专利试点单位增至20家，市级创新型科普社区增至9家。完成全区科技类民办非企业单位年检初审工作，5家单位全部通过年检。全年完成技术合同成交额5.1亿元，同比增长1.51倍。在全区15个乡镇、3个街道开展科普之春、科普之夏、全民科普日活动112次，其间举办各类科普和知识产权宣传、科技政策法规专题培训10期，培训5000人次。对全科农技员、乡土专家、农业产业专业技术人员进行科技培训38次，培训7200人次。科技下乡6次，发放各类科普资料4000份，受益农民1000人次。开展科普宣传活动56次，发放宣传品2.3万份，受众1.29万人次。

单位名称：延庆区科学技术委员会
地　　址：延庆镇高塔街58号
电　　话：69142014

（罗振）

【市级专利试点企业通过考核验收】 3月7日，“北京紫光制药有限公司”通过市知识产权局的考核验收，获得市专利试点企业证书。北京紫光制药有限公司是清华控股有限公司所属的全资子公司，坐落于区八达岭经济开发区，是国内单厂建筑面积最大的药品制剂生产企业。

（罗振）

【科技项目通过专家论证】 3月29日，区科委组织梳理的科技创新课题“天敌捕食螨繁育技术集成与应用示范”通过市级专家论证。该课题计划在两年内研发智利小植绥螨扩繁技术，建成智利小植绥螨饲养车间及生产线；主要用以防控叶螨在全区农业生产中的危害，确保世园会展区及区园艺植物虫害的绿色、生态防控措施顺利实施，确保化学农药施用零增长。

（罗振）

【知识产权宣传】 4月26日，区知识产权局联合区政府办、区文委、区工商局、区科协、中关村延庆园12330工作站等部门在张山营世葡园开展以“创新创造改变生活　知识产权竞争未来”为主题的知识产权宣传活动，市知识产权局领导出席活动。现场发放知识产权宣传材料、书籍及物品5500份（册），展出宣传展板12块，接受宣传群众3000人次。

（罗振）

【专利试点单位培育】 4月，区知识产权局组织推荐鼎翰恒海生物科技股份有限公司和北京华润高科天然药物有限公司2家企业申报2017年北京市专利试点培育单位获批。

（罗振）

【绿色发展主题科普活动项目立项】 5月1日，绿色发展主题科普活动正式立项，项目主要是围绕陶艺知识科普体验、独山中秋赏月、世园会和冬奥会的召开，开展绿色发展为主题的系列科普活动。

（罗振）

【科普旅游】 5月22日，北京延庆野鸭湖湿地自然保护区、延庆地质博物馆列入京津冀之旅2条科普之旅“湿地之旅”和“地质之旅”线路。年内，借助现有区域科技旅游线路，整合区内科普资源，将长城博物馆、詹天佑纪念馆等市级科普教育基地列入线路之内。截至年底，到区科普旅游线路参观的中小学生有10000人次。

（罗振）

【区第23届科技活动周举办】 5月23日，以“科技强国　创新圆梦”为主题的2017北京科技周延庆主场暨延庆区第23届科技活动周启动仪式，在旧县镇盆窑村陶艺园举行。科技周期间，区科普联席会30个成员单位及各科普教育基地、创新型科普社区代表等200人参加活动，发放宣传资料3万份，受众3.8万人次。

（罗振）

【7个技术创新项目完成验收】 5月，完成“金属注射成形技术系统化提升”“马铃薯博物馆展厅部分功能升级”“冶金行业鼓风环式冷却机水密封系统”“滴灌技术在葡萄园区应用示范”“茶菊脱毒苗的繁育及示范推广”“西瓜新品种引进与示范”和“葡萄新品种试种及棚间矮化果树种植示范”7个技术创新能力建设项目的验收工作。

（罗振）

【《奖励办法》及《实施细则》废止】 8月，根据《国务院办公厅印发关于深化科技奖励制度改革方案的通知》要求，《延庆县科学技术奖励办法》延政发〔2009〕43号）和《延庆县科学技术奖励办法实施细则》（延政发〔2009〕44号）同时废止。

（罗振）

【科技世园4个项目通过专家论证】 10月31日，由北京国色牡丹科技有限公司、北京林业大学承担的“北京牡丹新品种培育与产业化关键技术研究”，北京农业生物技术研究中心、北京四海种植专业合作社、北京林业大学园林学院共同承担的“延庆地区药食同源菊花、玫瑰的品种培育和产业化关键技术的研发与应用”，北京绿富隆农业有限责任公司承担的“北京世园会观赏蔬菜园艺展示及关键技术研究”，北京昌延新谷苗木种植有限公司、中国农业大学共同承担的“北京世界园艺博览会月季新品种推广应用与创新”4个课题一并通过市科委专家组课题方案可行性论证和财评。

（罗振）

【3所学校获得市知识产权教育试点认定】 11月1日，延庆3所学校首次获得北京市知识产权教育试点、示范学校认定并授牌。其中，延庆一中获得北京市知识产权教育示范学校；延庆四中和延庆二小获得北京市知识产权教育试点学校。

（罗振）

【首届延庆天文科普发展论坛】 11月3—4日，在旧县镇文体活动中心、华海田园天文农庄举办首届延庆天文科普发展论坛，开展2017年京津冀“寰宇探秘”青少年天文科普系列活动，为青少年提供学习、交流、实践平台，促进天文科普教育发展。全区各乡镇、社区和中小学校师生代表400人参加活动。

（罗振）

【农业科技园区建设项目通过专家验收】 11月23日，北京延庆国家农业科技园区经现场验收和视频答辩、评估，通过科技部农村司组织的专家验收。

（罗振）

【专利执法】 年内，延庆区知识产权局执法人员到环球新意屈臣氏门店、北京明和堂医药有限公司、北京百信仁康大药房等20多家药店及商场进行专利行政执法检查，查出涉嫌假冒专利产品18件，对涉嫌假冒专利产品上报市局立案处理。

（罗振）

【国家高新技术企业增加】 年内，京仪绿能电气系统工程有限公司、东晨阳光（北京）太阳能科技有限公司、环都拓普空调有限公司等32家延庆区企业获得国家高新技术企业认定，其中首次认定为国家高新技术企业的有15家，原国家高新技术企业有效期到期重新认定的有17家。截至年底，全区有国家高新技术企业58家，同比增加15家。

（罗振）

教 育

【概况】 延庆区教育委员会（简称区教委）是主管全区教育事业的职能部门。区教委与区教育工委合署办公，设教育工委办公室（教工委机关党委办公室）、行政办公室、人事科、财务科、基建科、体育美育科、小学学前教育科、中学教育科、职业教育与成人教育科、政策法规与综合治理办公室、审计科、德育科、督政科、督学科，代管延庆区人民政府教育督导室。机关总编制58人，其中公务员43人、工勤15人。全系统在岗教职工4984人，专任教师3578人。年内，对申请教师资格认定人员474人进行考评。经评审对447（非师范类专业毕业人员160人）认定教师资格，其中初级中学教师资格40人、小学教师资格206人、幼儿园教师资格201人。招聘104人补充师资队伍，其中北京市85人、京外19人，高中教师16人、初中教师8人、小学教师20人、幼儿教师55人，会计5人。全系统完成改善办学条件设施设备配备总投资1.70亿元。全面落实国家各项减免政策，涉及资金1147.62万元，惠及学生49939人次。

单位名称：延庆区教育委员会
地　　址：延庆镇高塔街51号
电　　话：69143122

（赵文新　张美丽）

【名师名校长培养项目启动】 1月11日，启动全区名师名校长（“双名工程”）培养项目。“双名工程”是区“十三五”教师队伍建设规划重要项目之一。此次从全区市级学科带头人与市级骨干教师、中小学校长中遴选出10名“名师”和11名“名校长”，采取“双导师制”进行培养，培养周期从2017年1月至2019年1月。北京教育学院、延庆区委、延庆教委相关负责人参加启动会。

（高天学）

【学习型先进单位个人评估评选】 1月13日，进行上年学习型组织先进单位评估认定工作。通过听取创建工作自查报告、召开座谈会、查看创建工作档案、查看学习环境等评估，认定妫水女手工艺发展促进协会和延庆五幼为区级学习型组织先进单位。1月17日，进行上年学习之星评选。依据评审标准，从上年各单位推荐申报36名学习之星候选人中，评出区级学习之星29人。推选7人参加市级评选，3人获北京市“首都市民学习之星”称号。

（宋佳　高寒）

【教育合作】 1月16日，区教委与北京联合大学生物化学工程学院开展教育合作。双方就合作内容进行解读并签订合作意向书，在资源建设、课程建设、师资培训、学生实践4个方面合作。典型合作项目有：生态实验园和高端实验室建设指导，大学先修课程和职业生涯规划课程开设，生物、化学、科技学科师资培训，大学校园及实验室开放参观，实践实习服务等。区教委与联合大学生化工程学院合作期限为2年（2017年1月至2018年12月）。

（赵文新）

【十佳美德少年评选】 2至5月，区教委和区委宣传部、区文明办等单位联合举办十佳美德少年评选活动。全区中小学生中尊师孝亲、诚信有礼、助人为乐、自立自强等方面表现突出者，经过校级初评、事迹展播、最终评选和公示环节，评出曹琳珠、李昕博等“十佳美德少年”和吴子琢、时书鑫等“十佳美德少年”提名奖各10人。

（张美丽　李向勇）

【中小学法律讲座】 3月15日，举办中小学法律大讲堂活动。邀请首都师范大学法律顾问以“校园安全的法律思考”为题，结合校园暴力事件和学生生理、心理、法律追究刑事责任和量刑后果等相关知识进行专题讲座。教育系统干部教师100人参加。

（张美丽）

【市法制教育基本功大赛获奖】 3至6月，组织教师参加北京市中小学教师法制教育基本功大赛。根据授课教师基本法治素养、教学设计能力、主题班会和主题教育活动设计能力等评比标准，各校推荐46人参加区级比赛，经评比推荐2人参加市级比赛（全市58人参加，评出一等奖14人、二等奖24人），延庆教师获一、二等奖各1人。

（张美丽　王好生）

【骨干教师科研培训班结业】 4月25日，为期一年的首师大——延庆区第四届骨干教师科研培训班结业。首师大基教院教师采取集中授课、小组讨论、下校调研、到北京收集文献等方式，讲授“教育科学研究方法的理念、学习基本科研选题的方法、学习文献分析的方法”等内容。学员33人全部结业，评出优秀学员12人。

（张美丽）

【校级干部挂职培训】 4月和9月，延庆区学校干部到东城区参加挂职培训。培训方式为每周集中一天参加讲座、考察特色校、教研活动等，其余四天固定在一所学校进行挂职锻炼；挂职干部以校长助理身份在所挂职学校承担一定工作任务，所在学校安排挂职干部参加行政会和市区两级重大教育教学活动。年内举办2期培训，每期10人、为期半年。经考核，挂职干部全部获得北京教育学院东城分院干部培训结业证书。

（张美丽）

【建设学习型城区成果展示交流】 5月16日，在延庆区青少年剧场举行。会议观看延庆区学习型城区建设专题片“奔流吧，妫川”；区教委、区青少年活动中心分别介绍创建经验；与会人员观看学习型城区建设成果汇报表演“妫川绽放”；分组参观青少年活动中心；并到黄柏寺民俗培训基地了解区职业教育情况；实地考察区社会大课堂教育基地世界葡萄博览园。市教委领导，市学习型城市建设专家指导组成员以及清华大学、人民大学、北京教科院、北京市社区教育指导中心、中关村学院相关负责人，海淀、昌平、密云、通州、怀柔、平谷、顺义、门头沟、丰台、大兴、房山等11区主管领导以及区政协、区委宣传部、区教委等部门领导200人参加。

（宋佳）

【优秀班主任评选】 5—6月，评出区级“八达岭长城杯优秀班主任”一等奖50人，二等奖70人；从区级长城杯优秀班主任一等奖教师中推荐12人参加市级评选，获得北京市中小学紫禁杯优秀班主任特等奖1人，一等奖2人，二等奖2人。

（张美丽　章璐）

【第三届社团嘉年华活动举办】 6月10日，举办第三届中小学社团嘉年华活动。内容包括民俗传统文化、手工艺制作、剪纸衍纸等11个社团展示区和舞蹈歌曲器乐类，民俗艺术、体育类和曲艺歌舞类3项舞台展演。各社团通过展板、表演、现场互动等形式介绍社团相关情况，观众在展板上为喜欢社团点赞，评出人气社团和精品社团各20个。全区43所中小学校94个社团、988名学生、55个节目参加展示。区委宣传部、区文明办、区教育两委领导以及全区各中小学师生等5000人参加。

（张美丽　李向勇）

【校园综治工作部署会】 6月28日，召开校园综合治理工作部署会并进行安全检查。会议从学生思想道德和师德师风建设、家校共育、学校安全防范、落实督导检查等6个方面做出部署；井庄中学介绍师德建设等方面管理经验。区委、区政府和相关委办局领导及教育系统基层单位200人参加。会后，区教委分成12个检查组对55所学校进行安全检查。

（宋佳）

【学习型组织复评】 6月28—29日，完成全区学习型组织创建工作复评。通过听取创建单位自评报告、召开座谈会和实地考察创建特色工作等环节，新风酒店、延庆三幼、旧县镇白草洼村、八达岭镇小浮沱村4家学习型组织全部通过复评。复评工作每5年进行一次。

（宋佳　高寒）

【教委机关内设机构调整】 7月，区教委机关由上年13个科室调整为14个。撤销延庆区人民政府教育督导室原基础教育责任督学和职业成人教育责任督学，督导室新设立督政科和督学科，并成立区人民政府教育督导委员会；撤销原计划财务科，设立财务科、基建科；撤销原审计监察科，设立审计科。督政科主要负责区政府教育督导室制度建设、督导研究和日常工作等；督学科主要负责对全区中等及以下学校、教育机构办学行为、教育教学工作、发展状况和质量进行督导检查、评估、监测等；财务科主要负责指导审核教育系统经费预、决算编制工作、依据市区相关政策依法筹措教育经费等；基建科主要负责组织编制教育系统基本建设投资规划、计划及预算编制等；审计科主要负责教育系统审计工作、研究制定本系统审计规章制度等。

（张美丽）

【学生中午在校就餐休息新模式】 9月4日，区教委以延庆三小为配送餐试点，探索学生中午在校就餐和休息新模式。延庆三小中午580名学生就餐，一二年级学生在学校食堂就餐后午休；三至六年级学生由餐饮公司配送营养餐，学校安排教师轮流担任“责任老师”，全程监护用餐期间安全，带他们在操场散步，再回到教室休息。截至年底，延庆一小、延庆十一学校小学部均予推广，惠及学生450人。

（赵文新）

【养成教育三年行动计划解读】 9月14日召开养成教育三年行动计划解读会。会议对《北京市中小学养成教育三年行动计划（2017—2019年）》（简称《行动计划》）进行解读。市教科院德育研究中心专家结合北京市新颁布《中小学生日常行为规范》，与《行动计划》进行对比解读，全区中小学幼儿园校长（园长）、书记、德育副校长、德育研训员、部分机关科室负责人等140人参加。

（张美丽）

【教育收费抽查】 9月19—21日，区治理教育乱收费局际联席会议办公室专项检查组对全区教育收费工作进行抽查。在全区各中学、小学、幼儿园全面自查基础上，区教委、区发改委、区财政局组成专项检查组抽取12个单位，了解教育收费各项内容及相关工作，发现个别单位代收费、教育收费公示等方面存在不规范现象，给予纠正，限期整改。

（张美丽　焦剑锋）

【学习型家庭评估】 9月21—27日，进行全区学习型家庭评估。通过听取创建家庭汇报，查看学习环境，与家庭成员座谈等方式，分组对街道和乡镇申报50户参评家庭进行入户评估，选出先进学习型家庭45户，其中典型家庭9户。

（宋佳　高寒）

【全区幼儿园安全检查】 10—11月，分4个检查组对全区65所幼儿园，包括35所教育部门公办园、2所村办园、6所民办园和22所无证园进行安全检查。检查内容包括安全管理、消防安全、食品安全、设施设备安全，以及监控设备安装使用等。核查教师资格、食堂台账、房间电路等。11月23日，市教委到区检查学校幼儿园安全隐患排查、清理、整治专项行动开展情况。

（高天学）

【寻找美丽乡村学校校长教师活动启动】 11

月9日，在延庆康庄小学召开启动会。活动由北京市教育学会和北京教育音像报刊总社主办，旨在发现更多美丽乡村学校，发现更多扎根农村、默默奉献、执着探索、卓有成效美丽乡村校长和教师，促进乡村教育优质均衡发展。市教委、北京教育新闻中心、北京市教育学会、北京教育音像报刊总社及各区教委领导等100人参加。

（高天学）

【全民终身学习活动周启动】 11月15日，启动第13届全民终身学习活动周。活动以“贯彻党的十九大精神，服务延庆建设，助力绿色发展”为主题，表彰学习型家庭先进户代表6人、创建学习型组织示范单位6个。区学习办解读延庆区“十三五”时期学习型城市建设指导意见；举行主题为“参与生态文明建设，垃圾分类一起来”知识讲座和“相约世园，牵手冬奥”文艺节目展演。区委、区政府、区教委、卫计委、文明办及各相关单位负责人230人参会。

（宋佳 高寒）

【川山区学校煤改电工作完成】 11月17日，教育系统川山区学校煤改电、煤改空气源冬季供暖工作完成。燃煤锅炉清洁能源改造工程是针对川山区学校实施的一项政府折子工程，涉及22个单位，包括14个单位煤改电、8个单位煤改空气源。

（赵文新）

【幼儿园安全工作会召开】 11月28日，召开幼儿园安全工作会。会议宣读《北京市延庆区教育委员会关于进一步加强幼儿园安全管理的通知》，传达市教委学前安全工作紧急会议精神，部署下一阶段重点工作，并提出相关要求。区教委及相关科室领导和直属园、中心园、校办园、村办园、有证民办园负责人60人参会。

（高天学）

【师生美术书法作品联展】 11月28日至12月15日举行。展览由区教委和区文委共同主办，以“笔歌十九大 艺苑展风采”为主题，展出318件作品，包括油画、板画、书法和篆刻等。活动组委收到1320件作品，聘请专家评出一二三等奖作品608件。一等奖和部分二等奖作品参展。

（赵文新）

【校园隐患排查整治】 11~12月，开展校园隐患排查整治工作。区政府、区综治办、区安监局、区消防支队等部门与教委联合，对全区教育系统所有单位，民办学校、幼儿园，及无证园进行排查整治，重点包括消防安全、冬季交通安全、供暖安全、教师情况、内部管制度等问题隐患。排查突出问题隐患62处，涉及48个单位。区教委建立专项工作台账，针对排查出的问题隐患开展专项整治，确保校园安全。

（宋佳 高天学）

【教育科研年会】 12月7日召开。年会以“科研助力教育改革与发展”为主题，大会总结教育科研工作，对8所区级科研先进校和论文获区级以上奖励3229人及在市级以上刊物发表文章教师113人进行表扬，宣布2017—2018学年“课题指南”。北京专家、区教委领导、区教科研中心相关人员、各中小学及幼儿园主管科研干部等200人参加。

（张美丽）

【师德榜样进校园宣讲】 年内，举办师德榜样进校园宣讲活动。教育系统师德榜样10人，以“相遇，让每个生命都绽放精彩”“重担在肩，幸福前行”“农民学员的小棉袄”等为题，到全区中小学宣讲16场。

（张美丽 杨帆）

【教师岗位交流】 年内，城区学校派出教师93人（全职交流教师78人、兼职交流教师15人）到对口川、山区任教，其中骨干教师25人，67人从农村学校到城区学校、幼儿园挂职培训。

（张美丽）

【干部理论大讲堂举办】 年内，举办干部理论大讲堂活动7期。包括“党内廉政建设和反腐败工作永远在路上”“新媒体时代的舆论引导”等专题培训。全系统领导干部1500人次参加。

（张美丽　任坤）

【创城志愿服务活动】 年内，以“百日创城攻坚　万人志愿服务”为主题，全系统各单位在原有创城万人志愿者基础上分别成立75个（20000人参加）志愿服务队，开展“多彩端午　微笑传递——小手拉大手　一起做香囊”、捡拾白色垃圾、端午经典诵读、“放飞童心　做文明延庆人”才艺展示、诗歌朗诵和知识问答竞赛等志愿服务活动。

（张美丽　闫富丽）

【干部教师培训】 年内，中小学干部市级培训52人次，区级培训619人次。中小学教师境外培训83人次，国内培训2408人次。

（张美丽）

学前教育

【概况】 全区幼儿园54所，其中教育部门办园35所，集体办园2所，民办园17所。教育部门办园35所中，独立办园9所，乡镇中心园和学校办园26所。教职工788人，其中专任教师598人。教学班202个，入园幼儿2291人（本市户籍2157人），在园幼儿5931人（北京市户籍5590人），离园幼儿1763人（本市户籍1636人），幼儿入园率95%。年内，延庆区第七幼儿园和沈家营中心幼儿园建成并投入使用；全区有北京市示范园3所、北京市一级幼儿园14所。北京市社区儿童早期教育示范基地15所。

（高天学）

【第二届娃娃庙会举行】 1月19日，永宁幼儿园举办第二届娃娃庙会。以“共庆新春佳节　喜迎冬奥盛会”为主题。开幕式上，大班幼儿表演舞蹈“金鸡报晓”，永宁镇利民街舞龙队、青年教师竹马队和幼儿小高跷队及团体“花会大团圆”进行表演。开展赏龙灯、剪窗花等16种传统游戏。中央电视台等多家媒体采访、摄制。500名幼儿和家长参加。

（高天学）

【学前教育社会领域开放】 3月21日，在延庆一幼举行开放活动。与会人员观摩教学活动，市幼教专家进行点评。市早期教育研究所、海淀进修学校及延庆学前教育五大领域工作室成员30人参加。

（高天学）

【永宁幼儿园传统文化活动向全市开放】 5月5日举行开放活动，主题是“融地域文化资源，创园本特色发展”。市教委学前处、市贯彻《3—6岁儿童学习与发展指南》研究共同体专家以及全市20个学前单位干部教师160人参加。

（高天学）

【一幼建园60年展示】 7月8日，延庆一幼举办庆祝建园60周年展示活动。以“情系幼教六十载·体验育人展风采”为主题，贯穿“体验育人”办园理念，浓缩延庆一幼60年发展史。市教委学前处、区人大、政协和区教委领导，以及师生代表等1000人参加。

（高天学）

【学前干部教师专业化培训】 7—8月，邀请华东师范大学教授、上海黄浦区教研员为全区学前干部教师进行3次专业化培训。培训内容包括：名师现场教学观摩、pck社会领域核心经验概述、pck教育理念在数学认知中应用等。全区各幼儿园园长、学前研训员和学前骨干教师等440人次参加。

（高天学）

【2所新建园开园庆典】 9—10月，延庆区第七幼儿园和沈家营中心幼儿园分别举行开园庆典。与会领导按动开园启动球，参观幼儿园文化建设、公共活动区域、班级环境等。区委、区人大、区政协领导和区政府教育督导室、区教委、沈家营镇相关负责人及家长、幼儿等1000人参加。

（高天学）

【幼儿健康传播行动启动】 11月2日，延庆幼儿健康传播行动启动仪式在延庆二幼举行。延庆二幼表演情景剧、武术、舞蹈等节目，展示日常健康教育活动情景；与会领导向各园所发放幼儿健康宣教图书。市健康教育所、延庆疾控中心、延庆卫计委、延庆教委相负责人及全区40所幼儿园保健主任、保健医70人参加活动。

（高天学）

中小学教育

【概况】 全区中小学校舍总占地面积137.41万平方米，总建筑面积51.72万平方米。固定资产总值123347.77万元。年内，小学28所（其中中心校24所、完小4所），教学班445个，招生2028人，在校生1.23万人（其中外省市户口借读生1940人），毕业1890人；小学入学率、巩固率、毕业及格率均100%；教职工1316人，其中专任教师1147人。全区中学20所，其中初中12所，完全中学2所，高中2所，一贯制学校4所；教学班302个，其中初中197个、高中105个。毕业3125人，其中初中1909人，高中1216人；招生2965人，其中初中1816人，高中1149人；在校生8577人，其中初中4866人、高中3711人，在校生中外省市户口借读生531人。初中入学率100%，巩固率99.89%，毕业合格率100%；高中入学率98.09%，毕业合格率94.68%，普通高考专科以上录取率98.04%。教职工2060 人，其中专任教师1209人。特殊教育单位1个，教学班9个，其中小学班6个、初中班3个，在校生69人（小学25人，初中44人），教职工34人（专任教师29人）。残疾儿童入学率100%。校外教育单位2个，教职工59人（专任教师42人）。中小学教师学历合格率99.8 %（小学100%，初中100%，高中99.1 %）。中小学市级特级教师15人，高级专业技术职务教师408人（小学49人，初中191人，高中168人）。全区1340人参加高考，本科上线率91.59%，同比提高2.09个百分点；一本上线率34.95%，同比提高8.87个百分点，高考录取率98.04%。延庆一职126名学生被高职院校自主招生录取。

（高天学 赵文新）

【手拉手开放办学】 3—6月，全区28所小学与北京史家小学、奋斗小学、北京大学附属小学等56所市区名校、优质学校开展67次手拉手活动，2300人次参加学习交流。组织小学5个学区课例研讨、基本功展示、专题讲座等活动49次，参与干部教师3463人次。

（高天学）

【阅读教学现场展示】 4月21日，在延庆十一学校举办现场阅读教学。主题为“阅读领航成长 书香浸润人生”。与会人员观摩六年级《特别的女生撒哈拉》导读课和五年级《狼王梦》阅读分享课。操场上开展“整本书推荐”阅读实践汇报活动，学生现场诵读《论语》《诗经》《弟子规》等书籍。区教委、区教科研中心领导和学科研训员、小学教学干部、语文骨干教师及“中国好老师”项目学校教师代表200人参加。

（高天学）

【首届中小学生风筝节举办】 4月23日，延庆区教委举办以“盼冬奥 迎世园 放飞梦想”为主题的中小学生风筝节。全区23所学校180名学生组成36支代表队参加，姚家营中心小学、太平庄中心小学、延庆二小、张山营学校、下屯中学、延庆五中分获各组别团体第一名。37名选手分获各组别个人一等奖。

（赵文新）

【延庆一中开放日活动观摩】 5月10日，中小学干部观摩延庆一中常态开放日。活动以“构建区域和谐教育生态 助力妫川学子健康成长”为主题。与会人员观看延庆一中3个年级13节常态展示课、33节推门课，了解“以学生为主体”生态课堂特色实施策略；听延庆一中做“生态教育擎起延庆高中教育碧水蓝天”学校变革与未来报告。区教委相关负责人、各中小学幼儿园法人代表、德育副校长130人参加。

（赵文新）

【市特级教师吴正宪做示范课】 5月12日，市特级教师吴正宪在延庆十一学校做教学示范课。参会人员观摩延庆十一学校教师穆银娥

“植树问题”和教师吴正宪“重叠问题”两节课，并进行研讨交流。市政府教育督导室、区教委相关负责人及怀柔、丰台、延庆三区小学教师170人参加。

（高天学）

【首届延教杯课堂教学评优课展示】 5月17日，首届中学“延教杯”课堂教学评优课展示活动在延庆三中举行。活动以“构建智慧生态课堂，让课堂充满生命的活力”为主题，展示一等奖优课2节。区教委现场解读智慧生态课堂指导意见，并对获得初、高中组一等奖的教师代表、获得优秀组织奖的学区及评委代表进行表彰。各中学校长、教学管理干部、教科研中教研训员、获一等奖教师及部分评委代表300人参加。

（赵文新）

【小学语文教学研讨】 5月26日，在延庆四小召开研讨会。教师史月红以“关注语文学科素养让学生爱上阅读”为主题，运用小组合作学习方式进行“走近中华传统文化——民间故事”课堂教学展示，并结合教学进行“营造阅读磁场使阅读成为一种习惯”经验介绍。西城区教育研修学院副院长、语文特级教师刘悦结合《小学语文课程标准》对综合实践课程特点和具体实施方法进行专题讲座。区教委、区教科研中心相关负责人、全区小学教学管理干部及部分语文教师60人参加。

（高天学）

【中国教育学会小学教研活动开展】 6月9日，延庆大榆树中心小学和北京市崇文小学2个会员学校承办中国教育学会小学教研活动。活动由中国教育学会小学教育专业委员会北京地区学术研究中心主办，在大榆树中心小学举行，主题是“深化教学改革创新，促进城乡协同发展”。与会人员参观大榆树中心小学校园文化建设，观摩该校3名教师和崇文小学3名教师6节课堂教学展示课例；市3名教育专家对课堂教学做点评。全市各会员学校100名干部教师参加。

（高天学）

【中学生汉字听写比赛】 6月12—13日举办。参赛选手为全区初中二年级学生，大赛分为校级初赛、区级预赛、全区决赛3个阶段。赛制与“中国汉字听写大会”赛制相同。8支代表队40名选手参加决赛，延庆二中获一等奖，永宁学校、延庆四中、十一学校获二等奖，大榆树中学、延庆八中、康庄中学、八达岭中学获三等奖。

（赵文新）

【全国首个小学校园足球联盟成立】 6月15日，全国首个小学校园足球联盟在延庆区康庄中心小学成立。现场播放康庄小学专题片“校园足球发展之路”，康小宣讲校园足球特色学校友好共建倡议书。河北、河南、广东、湖北、新疆等省足球友好共建校校长代表发言，与会领导为“全国小学校园足球联盟”揭牌。中央教科所体卫艺研究所以“校园足球 步步为营 教体双赢”为题，从10个方面对校园足球发展工作进行梳理。“全国小学校园足球联盟”是北京、新疆、广西、四川、江苏等省（自治区、直辖市）22所小学组成的自愿性组织，旨在以“康庄小学足球模式”为基础，以提升校长校园足球理念、提高教师足球教学能力和训练水平为重点，推动校园足球健康发展。中央教科所、教育部校园足球专家委员会以及市区相关领导及22所全国足球特色学校校长教师100人参加。

（赵文新）

【专家调研指导“春雨计划”种子校】 7月10日，市农村地区义务教育质量提升行动研究项目“春雨计划”专家团队到区大柏老中心小学调研指导工作。6所种子学校大柏老中心小学、八里庄中心小学、千家店学校、永宁学校、八达岭中学和张山营学校分别介绍基本情况，汇报在项目研究过程中取得的进展和遇到的问题。项目组专家对每所学校进行分析和专项指导。市项目组专家、区政府教育督导室负责人及区种子学校校长等16人参加。

（赵文新）

【全国冰雪运动冠军走进学校】 9月27日，延庆千家店学校举办全国冠军进校园暨千家店学校冰雪活动季启动仪式。千家店学校学生展示国学诵读、轮滑展演。全国冬季运动会自由式滑雪雪上技巧冠军王禹森讲述成长经历，并对学生提出期望，现场指导学生如何在滑雪模拟机上练习滑雪技巧。学校利用每天体育课、社团活动时间让学生登上滑雪模拟机，体验滑雪乐趣。

（赵文新）

【国旗班首任班长为山区学生作报告】 10月9日，天安门国旗班首任班长董立敢以“传递红色圣火、绽放花样年华”为主题，到延庆大庄科中心小学为学生作“国旗在我心中”报告；董立敢就国旗诞生、设计和象征意义进行讲解，并结合自身感受和经历，讲述关于五星红旗故事。

（高天学）

【学科实践活动课程研讨】 11月2日，延庆小学第一学区学科实践活动课程研讨会在延庆一小召开。第一学区成员学校以“基于核心素养培育的学科实践活动课程设计与实施”为主题进行交流研讨。区教委领导、全区小学校长、教学干部和教师140人参加。

（钱景赟　高天学）

【外籍教练培训足球教师】 12月7日，邀请阿根廷足球教练罗德里戈·奥拉希奥为全区中小学体育教师进行足球技能培训。教练针对比赛实际存在问题设计训练科目，如技战术全面活动、墙式二过一、身体协调素质练习等。全区中小学80名体育教师参加。

（赵文新）

【冰雪运动进课堂】 年内，组织中小学开展冰雪运动进课堂活动。以“助力冬奥”为主题，在北京石京龙滑雪场，聘请该公司滑雪教练指导，练习单双板直行、转弯、旋转、跳跃等技能。全区14所学校3000名学生参加。

（赵文新）

职业与成人教育

【概况】 全区职业高中1所，学校占地面积16.07万平方米，建筑面积7.08万平方米。固定资产总值16253.72万元。年内开设专业19个，教学班54个，毕业481人，招生311人，在校生1234人；教职工239人，其中专任教师171人。全年经费投入6994.60万元，其中国家拨款6982.93万元，自筹11.67万元。全区区级成人学校3所，占地总面积2.28万平方米，建筑总面积2.01万平方米，固定资产总值7135.81万元。年内开设专业43个，招生2153人，在校生6206人，教职工168人（其中专任教师114人），全年学历教育毕业2009人，各类培训结业15.89万人次。教育经费投入4782.89万元，其中国家拨款3369.77万元，自筹509.06万元。全区乡镇、街道成人学校15所（其中市级示范性乡镇成人学校6所），市级示范性村成人学校35所。全年职业与成人教育系统开展各类培训涉及12万人次。

（宋佳）

【农村财会中专班开班】 4月13日，在康庄镇开办农村财会中专班。招收农民学员65人，学时3年，开设“会计学基础”“财经法规与职业道德”“初级会计电算化”等10门课程，成绩合格学员取得毕业证书，通过考试可获得会计从业资格证书。

（宋佳　高寒）

【学分银行启动】 4月26日，区全民读书日暨百泉街道“学分银行建设工程”启动。为百泉街道9个社区颁发“延庆市民终身学习卡”，讲解学习卡使用方法。社区居民参加图书置换、手工艺品制作和艺术插花学习等活动。“延庆市民终身学习卡”实行积分制，一户一卡，可通过参与社区教育活动进行积分，兑换社区提供的物品，并作为街道评选学习型家庭、学习之星等依据。区委、文明办、教委相关负责人及社区居民305人参加。

（宋佳　高寒）

【延庆一职参加市职业技能大赛获奖】 5月20日，延庆一职参加北京市中职组烹饪专业技术技能大赛获奖。大赛设中餐热菜、中餐面点、冷拼与雕刻、西式烹调、西式面点5个项目。劲松职业高中、延庆一职等8所学校89人参赛。延庆一职获冷拼与雕刻项目一等奖1人，二等奖1人；西式面点二等奖1人，三等奖1人。

（宋佳　高寒）

【农民果蔬花卉中专班开课】 6月13日，在珍珠泉乡上水沟村开办农民果蔬花卉中专班。招收村民30人，开设流苏茶种植与管理、园艺花卉、蔬菜种植、果树种植、小杂粮种植等课程，学时3年，免费学习，成绩合格取得国家成人中专学历证书。

（宋佳）

校外教育

【概况】 全区有校外教育机构2个，即延庆区青少年活动中心和延庆区科学技术馆，2个单位合署办公。占地面积1.33万平方米，建筑面积1.00万平方米。年内，延庆区青少年活动中心开设舞蹈、书画、器乐、体育等40个专业，招生5600人次。教职工40人，其中专任教师24人。图书馆藏书2600册。固定资产总值3137.60万元。全年教育经费投入1635.08万元。学校信息化经费投入50.20万元，拥有计算机93台，多媒体教室座位19个，校园网出口总带宽800 Mbps，数字资源量200 GB。延庆区科学技术馆内设展览教育部、培训部、办公室3个机构。教职工18人，其中专任教师18人。图书馆藏书4000册，电子图书1.2万册。固定资产总值379.13万元。全年教育经费投入485.50万元。学校信息化经费投入5.2万元，拥有计算机32台，多媒体教室座位120个，校园网出口总带宽100 Mbps，数字资源量1070 GB。

（赵文新）

【市青少年科技创新大赛获奖】 3月23—26日，区科技馆组织全区中小学参加第37届北京青少年科技创新大赛获奖。延庆12所学校师生申报74件作品，分别为青少年发明项目9项，青少年科技论文16份，少年儿童科幻画40幅；教师类科技创新类成果7份；优秀科技实践活动2份。市比赛中科幻画获奖31幅，一等奖3幅，二等奖11幅，三等奖17幅。青少年发明项目，西屯中心小学的立式教学演示蜂箱获二等奖，其余8个项目均获三等奖。青少年科技论文12篇获市级三等奖；教师类科技创新类成果获二等奖3项，三等奖3项；优秀科技实践活动均获三等奖；科技馆获优秀组织奖。

（房艳霞）

【合唱团助力世园会倒计时牌揭幕】 4月28日，延庆少年合唱团应邀参加在八达岭长城举行世园会倒计时牌揭幕活动。2019年中国北京世界园艺博览会倒计时两周年计时牌揭幕暨优秀世园歌曲发布会中，合唱团40人演唱获奖世园歌曲《绿色北京 Green China》。

（高云飞）

【乡村学校少年宫总结交流会】 6月16日召开。会议传达全国乡村学校少年宫项目建设工作推进会精神。9所项目学校针对乡村学校少年宫运行情况、经费使用、活动内容以及出现问题进行汇报。区教委对乡村学校少年宫管理运行工作进行培训。区文明办、区教委及乡村学校少年宫负责人20人参加。

（赵文新）

【首届中小学生天文竞赛】 10月31日举行。全区9所学校36支参赛队108名选手参赛。现场操作比赛分天文望远镜组装、现场答辩、模拟星空观测3个环节。评委根据组装时间、回答问题、观测结果进行评分，产生一等奖23人，二等奖35人，三等奖40人。

（赵文新　郑艳玲）

【中小学生羽毛球比赛】 12月7—8日举行。活动以“创文明城区　迎世界盛会”为主题，区教委体美科主办、延庆区青少年活动中心承办。比赛分小学甲乙组、初中组、高中组4个组别，全区中小学14所学校16支代表队90名学生参加团体比赛；100名学生参加个人比赛。延庆一小、延庆四中、延庆一中分获各组别团体冠军。延庆一中、延庆三中、延庆四中、延庆三小、延庆一小学生分获各组别单打冠军。

（赵文新）

特殊教育

【概况】 延庆区特殊教育中心占地面积1.98万平方米，建筑面积0.40万平方米，体育场（馆）面积1.04万平方米。图书馆藏书2.32万册，电子图书1万册。固定资产总值1053.88万元。年内，教育经费投入1059.23万元，学校信息化经费投入149.25万元，拥有计算机75台，多媒体教室座位40个，校园网出口总带宽100 Mbps，数字资源量300 GB，“信息技术”课程2课时/周。普通教室7个、专用教室20个。教职工34人，其中专任教师29人。开设教学班7个。毕业11人、招生7人、在校生69人，初中44人，小学25人，寄宿生18人。智力障碍34人，自闭症10人，听力障碍1人，视力障碍1人，脑瘫9人，肢体障碍6人，多重残疾6人，精神残疾2人。

（周英杰）

【社会实践】 3—4月，以“参与社会，方便生活”为主题，组织学生开展社会实践活动。活动以开发银行、超市课程为背景，前期教师在课堂中讲解相关知识，后期进行实践操作。低年级学生认识银行、餐馆的标志和设施；中年级学生学习使用ATM机存取款；高年级学生学习填单开户。全体学生学习乘车到指定超市，了解购物规则、挑选商品、结账付款等环节。140人次参加。

（周英杰）

【社会大课堂体验】 4—9月开展。组织学生在中华民族园，以“56个民族，56种骄傲”为主题，学生通过图文讲解、舞蹈、唱歌、知识问答等形式，介绍傣族、蒙古族和土家族相关知识。学生在延庆绿富隆公司体验制作纸杯蛋糕，品尝自己制作食品；到盆窑村参观陶艺展馆，了解延庆盆窑历史和文化，尝试彩绘盘子、素坯装饰和拉坯机制作。学生在怀柔生存岛参与扎染、蜡染、丝网拓印、拉坯、软陶、石膏上色、制作冰淇淋和蛋糕等活动。188人次参加。

（周英杰）

【融合教育】 4—11月，组织学生到各自划片普通中小学参加日常活动，随堂上课、参与课间活动、参观校园。特教中心学生与延庆大柏老中心小学学生参加融合足球训练，两校学生参加射门、守门、运球、传球、转身5项训练，并组队参与足球比赛。融合教育活动涉及延庆一小、延庆二中等22所中小学，中心学生225人次参加，教师80人次巡回指导。

（周英杰）

【学生性健康教育师资培训】 5月5日举办。培训以“性健康教育与我们的距离”为主题，从现状、真实案例、性健康教育知识，以及如何对学生进行性健康教育等方面对教师进行培训。23名教师参加。

（周英杰）

【第二届特殊运动会举行】 5月19日召开。运动会以“我参与，我阳光，我快乐”为主题，特邀大柏老中心小学部分师生参加。设置25米往返跑、100米、400米、双手投球、足球射门、骑小车等9个个人项目和原地传接球、蚂蚁搬家等3个集体项目。两校师生和家长140人参加。

（周英杰）

【课程改革】 9月，增设个训课，通过行为功能介入、动作训练等方法，对存在严重行为问题、情绪问题学生实施小班教学，将6名学生分为2组，在前期评估基础上，进行训练；增设职业训练课，对16—18岁学生进行洗车、烹饪、种植等方面职业训练，并将职业理念、职业道德、职业准则融入教学内容；增加生活适应和劳动技术课程课时，对学生自理能力、劳动能力等进行训练。个训课每周18课时，分为2组，由8名教师参与实践。

（周英杰）

【延庆特奥融合足球队获市级冠军】 11月1

日，延庆特教中心和大柏老中心小学组建的融合足球队获得“2017国际特殊奥林匹克东亚区北京特奥融合学校足球联赛”冠军。融合球队参加7人制比赛，由6名特教中心队员、4名大柏老中心小学队员组成。此次足球联赛有平谷、密云、东城等8支融合足球队参加。

（周英杰）

高等教育

【北京科技大学延庆分校】 北京科技大学延庆分校是一所公办全日制普通高等职业院校，由北京科技大学、延庆县政府于1984年联合创办，学校设有外语系、文法系、土木工程系、计算机科学系和基础部；2017年开设6个专业，包括英语教育、幼儿英语教育、文秘（新闻传播），数字媒体技术，动漫设计与制作，工程造价。有在校生273人，其中外国语学院149人、土木与环境学院56人、数理学院46人、文法学院22人。

单位名称：北京科技大学延庆分校

地　　址：延庆镇庆园街69号

电　　话：69103148

（尤志华）

【思想政治教育落实】 年内，把握“责任担当、生命智慧”的思想教育主题，全方位、全过程抓好学生思想政治引领和价值观引领。全年举办团课、班会14场，素质讲堂4期，志愿活动20次，文体类活动8场，制作、发布政治思想教育微信100条。

（孙凡）

【高职升本录取率提升】 年内，推荐40名学生参加高职升本考试，录取36名，录取率90%，同比提升10%，比全市平均录取率超出40%。其中，外国语学院、文法学院录取率均100%。

（尤志华）

【困难学生资助】 年内，发放国家助学金22.17万元。为52名家庭经济困难学生发放饮用水、洗澡、电话补助9620元；培养选拔勤工助学人员6名，发放报酬8770元。

（孙凡）

【就业服务】 年内，以“感恩成长，为校争光”为主题，举办“走进职场交际礼仪”和“创业之星之人生发展”专题讲座；开展就业形势与政策辅导，就业前的准备、简历制作、求职技巧，签订三方协议书或劳动合同的程序和注意事项等内容的就业课程。建立网上“毕业生之家”、毕业生微信群、QQ群，提供就业知识解答、就业政策学习、招聘信息发布等服务。全年组织实习就业专场宣讲会7次，提供实习岗位200个；提供就业信息30条次，提供就业岗位160个。截至年底，毕业生就业率82.25%。

（孙凡）

教育督导

【概况】 延庆区人民政府教育督导室在岗7人，其中主任1人，科长2人，借调专职督学4人。另聘45名专职责任督学。年内，继续推进教育管、办、评分离，创新责任督学挂牌督导和特色工作。成立“延庆区人民政府教育督导委员会”。修订《延庆区督学管理暂行办法》，选聘新一届52名专兼职督学，增设督政科、督学科，成立评估监测中心。完成责任督学挂牌督导创新区评估认定，开展教育法律法规执行情况督导检查和开学专项督导，推进办学体制机制建设综合督政工作。完成幼儿园办园行为督导检查，推进素质教育督导自查和综合督导，完成国家义务教育质量监测、学前教育发展状况监测和义务教育阶段减轻学生过重课业负担督导监测。

（宋佳　康艳宁）

【开学情况督导检查】 2月16—21日进行。挂牌责任督学通过听取汇报、查阅相关资料、实地考察、召开座谈会、个别访谈等方式对全区53所中小学（含职业学校）、幼儿园进行督导检查，反馈、发现问题并督促学校整改。

（宋佳　李树敏）

【国家义务教育质量监测完成】 5月25日，完成国家义务教育质量监测。抽样四年级和八年级部分学生及相关教师，监测科学和德育两个学科。全区13所小学，8所中学，567名学生接受测试，190名教师参加问卷调查。

（宋佳　李树敏）

【首届新任督学培训】 6月14日，召开首届新任督学培训会。会议从督学基础知识、“减负”监测工作、教育督导信息系统使用等方面对全区义务教育阶段督学进行培训。新任督学43人参加。

（李树敏　宋佳）

【减负督导监测】 6月15—26日，开展“减轻中小学生过重课业负担（简称“减负”）督导监测。责任督学分别对42所挂牌学校进行实地考察，通过与学校干部、教师、学生、家长访谈，听课，查阅相关档案资料等方式，完成减负督导监测数据网上填报工作。

（李树敏　宋佳）

【新任责任督学培训】 8月22—23日进行。市政府教育督导室督学以“把握督导改革要求，履行督学工作职责”和“有关采集整理学校督导信息实践与总结”为题，解读教育督导相关制度、形式、原则、规律和教育督导改革发展顶层设计等，介绍审阅自查报告、听取学校领导汇报、查阅相关档案资料等16种采集整理学校督导信息途径与方法。北京教科院以“争创责任督学挂牌督导创新区的实践与思考”为题做发言。市、区政府教育督导室相关领导及专兼职督学52人参加。

（宋佳）

【教育督导委员会成立】 9月27日，延庆区人民政府教育督导委员会成立暨第一届督学聘任会召开。大会宣布经区编委、编办批复同意，设立区政府教育督导委员会，督导室内设督政科和督学科，聘任督学52人。教育督导委员会为区政府议事协调机构，办公室设在区政府教育督导室，主要职责为在区政府领导下独立行使教育督导职能；构建督政、督学、监测工作体系，创新督导方法和技术。市政府教育督导室、区委、区政府、区教委相关领导及督学60人参加。

（宋佳）

【幼儿园办园行为督导评估】 10月，在全区各幼儿园自评基础上，区政府教育督导室联合区教委小学学前教育科、职业成人教育科、人事科等有关职能科室，成立2个督查组，抽取各类幼儿园进行督导评估。通过听汇报、实地查看、查阅档案资料、随机听课、召开座谈会等方式进行督导。督查组对园所特色亮点工作给予肯定，对发现问题提出整改意见和建议。

（高天学）

【幼儿园责任督学挂牌督导启动】 12月5日，延庆区幼儿园责任督学挂牌督导启动。聘任幼儿园挂牌责任督学31人，分管全区公办、民办、村办和自办幼儿园61所。按照依法办园、安全管理、卫生保健、保育教育、师德师风等八方面对幼儿园管理和教育教学进行监督、检查、指导和服务。区政府教育督导室、区教委、各幼儿园负责人及责任督学100人参加。

（宋佳）

（栏目编辑：王新华）

文化 传媒

文 化

【概况】 北京市延庆区文化委员会是负责全区文化、文物、新闻出版、广播影视工作的区政府工作部门。内设政办室、文化科、文物科、文化市场管理科（行政审批科）、财务审计科、文化行政执法队6个部门，下属文化馆、图书馆、文物管理所（博物馆）、公益电影放映中心、文化中心后勤服务中心、新华书店6个基层单位。现有干部职工174人。年内，积极推进公共文化服务体系示范区建设，全面启动长城文化带建设工作，文化遗产得到有效保护，文物抢险修缮和展示利用成果显著，文化文物市场安全稳定。乡镇文体中心、基层图书室不断健全，农村公共文化设施冬季取暖工程全部完成，品牌活动不断创新发展，文化惠民工程全面覆盖。成功举办延庆区首届世葡园冰雪文化庙会、2017年消夏避暑季“群众文艺大汇演”暨夏日文化广场活动、“长城飞劲舞 喜迎十九大”第八届群众舞蹈大赛、“唱响主旋律 喜迎十九大”戏曲艺术节等多项大型群众文化活动。全年完成星火演出1128场、周末场演出54场、百姓周末大舞台6场。完成“一场三式”高端精品演出89场，受众2.5万人次。完成公益电影放映1.5万场，观看群众85万人次。举办大型展览8次，进行移动博物馆巡展活动7期。开展社会大课堂、红领巾读书等宣传教育活动14项，完成妫川大讲堂讲座10场。开展文化骨干培训482期次，参训9456人次。

单位名称：延庆区文化委员会
地　　址：延庆镇高塔街57号
电　　话：69183652

（徐攀）

文化活动

【元宵花会展演】 2月11日，以“红火元宵呈吉庆 绿色大事谱新篇”为主题，组织2017元宵花会展演活动。选拔全区40档优秀花会，融合世园、冬奥和非遗等多种元素，在庆园街、广兴街、庆隆街至新城街1.8千米环形路段进行展演，活动历时3小时，现场3万市民观赏。

（徐攀）

【端午节活动】 5月28—30日，在夏都公园、妫川广场、会展广场举办第九届北京端午文化节和北京市第四届“非遗大观园”端午游园会活动，同期全区15个乡镇、3个街道分别在本辖区开展特色端午活动。活动以“休闲延庆·多彩端午”为主题，包括开幕仪式和4大板块、12项活动，其间集中展示全市市级以上“非遗”项目52项。

（徐攀）

【刚果（金）舞蹈与节奏艺术团到区演出】 8月7日，世界文化·延庆行——刚果（金）舞蹈与节奏艺术团到区交流，在区文化馆小礼堂举行演出活动。“世界文化·延庆行”是中外文化志愿者系列交流活动的组成部分，艺术团由北京演艺集团对外文化交流中心邀请。全区各乡镇、街道文化骨干和舞蹈爱好者观看演出。

（徐攀）

【第十二届“舞动北京”舞蹈大赛获奖】 11月27日，第十二届“舞动北京”群众舞蹈大赛颁奖典礼暨精品节目展演在首都图书馆二期大剧院举办。区文化馆选送的《快乐竹马》《筑梦世园》《粽叶情思》3支原创舞台舞蹈，分获少儿组金奖、青年组金奖和老年组银奖。

（徐攀）

文化事业

【文化基础设施建设】 年内，推进大庄科乡、香营乡、井庄镇、千家店镇、大榆树镇、沈家营镇的文化中心建设，完成7个图书室建设和全区190个行政村文化设施冬季采暖设备安装。对23个行政村文化室进行升级改造方案设计和项目包装立项。

（徐攀）

【图书馆基础服务】 年内，配送图书110次、52643册，回收图书15355册；增购图书报刊517种、49350册。新办读者证1560个，截至年底，持证读者26232人，到馆阅览19.48万人次。

（徐攀）

文化市场

【行政审批制度改革】 年内，梳理确认33项行政许可事项审批事项，其中16项为文化市场审批事项，17项为文物审批事项。全年完成64项行政许可事项，群众满意率100%。完成90家出版物零售单位年度核验工作，通过核验76家（从业人员262人、销售总额1709万元）、缓期核验12家、注销2家。

（徐攀）

【文化执法】 年内，开展文化执法专项行动22项，出动执法人员1613人次，检查各类文化娱乐场所960家次，实施行政处罚13起，罚款1.7万元。开展全区“扫黄打非”进基层工作，18个乡镇街道、104个村（社区）“扫黄打非”联络站挂牌。

（徐攀）

文物管理

【文物保护】 年内，完成大庄科辽代冶铁遗址群保护利用规划编制工作，并以长城文化带建设为重点，完成大营楼、野鸭湖烽火台等重点文物保护修缮项目16项，40余处文物古建得到保养维护。

（徐攀）

【考古发掘】 年内，对2019年世园会围栏区进行考古勘探，面积262万余平方米，发掘汉至明清古墓葬1143座。对北京冬奥会、冬残奥会延庆赛区进行文物探查，新发现古村落、古城等文物遗址，为赛区规划编制提供依据。

（徐攀）

传 媒

【概况】 北京市延庆区广播电视中心（简称区广电中心），是隶属区委宣传部的区级财政补助（全额拨款）规范管理事业单位，辖延庆人民广播电台、延庆电视台、延庆区新闻中心（负责《延庆报》采访编辑出版）。负责制定广播电视新闻事业发展规划并组织实施；负责广播电视新闻业务研究、培训、交流等工作；负责广播电视节目的采录、制作、播放、转播与广播电视事业的技术服务、设备管理维护以及农村广播电视覆盖工作；负责新闻采访、编辑、制作、发布以及主报出版等工作。设15个科室：办公室、人事科、财务科、总编室、媒体融合科、新闻科、专题科、文艺科、广播科、社教科、广告科、技术科、播控科、纸媒采访科、纸媒编辑科；3个科级事业单位：北京市延庆区电视转播站、北京市延庆区广播电视记者站、北京市延庆区广播电视服务部。此外，内设“基层报道部、基层新闻部、党建办、工会、食堂、内保科”6个部门，全年在岗干部职工168人。延庆电视台自办栏目有《延庆新闻》《聚焦时分》《天气预报》《印象妫川》《寻找世园达人》《百姓大舞台》《妫川英语大家说》《消费风向标》《万事大吉》《宏超讲故事》；联办栏目有《法庭内外》《检察视点》《妫川税务》《一路平安》《金盾之光》《阳光民政》《绿色家园》《延庆教育》《水润妫川》《妫川清风》《乐游延庆》《妫川美食》《工商视点》。延庆人民广播电台自办栏目《延庆新闻》《生活导航》《今日农村》《快乐调频928》《戏曲欣赏》；联办栏目《工商进万家》《大东说消费》《食药连着我和你》《世园连着我和你》；书场类节目《名家讲坛》《百家书场》《广播剧场》《小说连播》和汽车类栏目《远誉快车道》。年内，《延庆新闻》制播365期，总时长5600分钟；《延庆报》出报153期，刊发正版版面612个，加刊版面100个，刊发版面700个，撰写编辑新闻稿件200万字。年内，明确“广电姓党、广电属红”的核心定位，按照“党建+”的工作理念，努力实践党建与媒体融合。在北京电视台播出延庆新闻170条，居北京各区电视台榜首。在中央电视台播出延庆新闻25条，在新媒体视频发稿6条。《延庆报》外宣发表20条，延庆人民广播电台外宣102条。获得北京市新闻出版广电局2017年公益广告一类传播机构奖。

单位名称：延庆区广播电视中心
地　　址：延庆镇高塔街73号
电　　话：69103462

（胡洋）

【《世园连着我和你》开播】 5月8日，广播栏目《世园连着我和你》开播。传播2019北京世园会动态，引导市民积极为世园会做贡献。全年播出34期。

（胡洋）

【《印象妫川》开播】 5月21日，电视文化专题栏目《印象妫川》开播。年内播出寺庙壁画系列4期、红色文化系列3期、妫川水脉系列5期，“十一”特别节目1期，妫川工匠系列4期以及妫川花会等系列节目。

（胡洋）

【《聚焦时分》栏目开播】 10月14日，电视新闻专题节目《聚焦时分》开播。年内播出22期，内容包括《河长制解读》《大气污染治理见成效》《文明出行大家谈》《棚改政策惠民生》等，腾讯视频播放量50.4万次。

（胡洋）

【中共十九大宣传报道】 年内，《延庆新闻》策划播出“砥砺奋进的五年”“十九大时光　我的幸福生活”“喜迎十九大　撸起袖子加油干”“寄语十九大”“一张蓝图绘到底　打造首都生态文明金名片”“解读报告”“进一步在京华大地形成生动实践　更加奋发有为地推动延庆新发展”“学习贯彻落实十九大精神”访谈等系列报道。《延庆报》刊登中共十九大特刊3期16个版面，包括30篇十九大专题新闻报道。中共十九大前夕及会议期间，刊登十九大主题整版报道19个，会后刊登中共十九大主题整版报道24个，相关报道100条，刊登学习区委全会精神报道10篇，中共十九大相关报道30篇。

（胡洋）

【环保宣传】 年内，《延庆新闻》全年报道环保新闻150条，曝光类20条，“疏解整治促提升”专项行动新闻20条。《延庆报》围绕清空净水、抗击雾霾、烟花爆竹禁限放等刊登报道150条，其中清空净水新闻37条、专栏8个、专版20个；另有城乡环境整治新闻241条、专栏15个、专版48个；环保督查新闻10条、专版3个。

（胡洋）

（栏目编辑：王新华）

卫生 体育

医疗卫生和计生管理

【概况】 延庆区卫生和计划生育委员会（简称区卫生计生委）是负责全区卫生和计划生育工作的区政府工作部门。机关设9个科室，包括办公室（卫生应急办公室）、公共卫生科（行政审批科）、医政科、中医管理科、计划生育基层指导科（流动人口计划生育服务管理科）、计划生育综合发展科、健康促进科（爱国卫生工作办公室）、财务审计科（综合治理办公室）、人事科。全系统有30个单位，其中卫生计生单位9个，包括卫生计生监督所、疾病预防控制中心、卫生干部进修学校、中心血站、社区卫生服务管理中心、信息中心、卫生和计划生育宣传中心、计划生育家庭服务中心、卫生应急保障中心；人民团体1个，即计划生育协会；行业协会1个，即医学会。全区有医疗机构320家，其中二级医疗机构4家，包括区医院、区中医医院、妇幼保健计划生育服务中心（加挂北京市延庆区妇幼保健院”“北京市延庆区第四医院”“北京市延庆区牙病防治所”牌子）、区精神病医院；社区卫生服务中心15家，社区卫生服务站57家，村卫生室168家，其他医疗机构76家，其中新登记注册医疗机构7家。全系统编制病床1037张、卫生技术人员1855人，每千人拥有床位3.04张、执业（助理）医师2.67人、注册护士1.80人。年内，撤销监察科并划转行政编制4名至区纪委机关。委机关公共卫生科加挂行政审批科牌子。区精神病医院加挂区精神卫生保健所牌子。区级公立医院综合改革试点领导小组职责整合并入区委全面深化改革领导小组教育科技卫生体制改革专项小组。区突发公共卫生事件应急指挥部并入区突发公共事件应急委员会。推进北京市医药分开综合改革；开展创建国家卫生城市、创建北京市慢性病综合防控示范区、全国基层中医药先进单位复审工作；在全系统开展“优质服务”百日专项活动。完成4个样本点80例调查对象的《2017年全国生育状况抽样调查》。牵头开展国家卫生城市创建，完成八达岭镇国家卫生镇复审，创建北京市健康促进示范单位4家；创建北京市健康促进示范村104个、健康示范社区11个。组织开展健康素养传播、健康中国行等活动，组织社区居民开展全民健康生活方式演讲比赛。开展健康大课堂278场，受众1.3万人次。利用微信公众号发布健康科普文章462篇，转发量7800人次，总阅读量25.4万人次。利用广播、电视、报纸、杂志、网络等媒体广泛开展卫生计生宣传，在国家级报刊刊登14篇、市级刊登7篇、区级刊登9篇，北京广播电台、延庆电视台以及市、区网站、北京市卫生计生宣传微信群发布500篇。全年开展医师多执业机构备案的医疗单位19家，53名医师申请多点执业。查处非法行医案5件，均予以取缔，没收违法所得0.02万元；罚款人民币0.4万元。接到投诉举报案件98起，其中医疗卫生23起、生活饮用水29起、控烟44起、公共场所2起。经查证相符42起，不相符35起，部分相符6起，无法查证15起。给予行政处罚12起，罚款人民币1.5万元。

单位名称：延庆区卫生和计划生育委员会
地　　址：延庆镇东顺城街26号
电　　话：69101695

（龚伟）

【全区首个“紧密型”医联体试点启动】 5月22日，北京中医医院延庆医院大榆树院区正式挂牌，启动全区首个“紧密型”医联体试点工作。由北京中医医院和延庆中医医院专家定期入驻大榆树院区坐诊、带教、会诊，主要服务于大榆树镇域及周边区域群众。逐步解决群众看病难和挂专家号难问题。

（龚伟）

【首都医科大学延庆教学医院揭牌】 12月27日，首都医科大学延庆教学医院在北医三院延庆医院揭牌。区委书记李志军、首都医科大学党委书记呼文亮为教学医院揭牌。穆鹏等区委、区政府领导出席。

（时亚辉）

【生命统计】 年内，全区出生率14.61‰，死亡率7.79‰，人口自然增长率6.82‰。因病死亡2067人，占总死亡人数的93.15%。死因顺位前十位疾病依次为脑血管病，恶性肿瘤，心脏病，呼吸系统疾病，损伤和中毒，内分泌、营养和代谢等其他疾病，神经系统疾病，消化系统疾病，精神障碍，泌尿生殖系统疾病。人均期望寿命79.75岁，其中男性78.21岁、女性81.42岁。

（龚伟）

【人才队伍建设】 年内，通过公开招聘、定向生培养、引进非京生源等方式补充系统内所属事业单位工作人员58人，其中硕士研究生16人、本科5人、大专37人。招录市内公务员4名，其中硕士研究生1名，本科3名。为9辆急救车配备医疗辅助工作人员27名。全区医疗机构续聘退休专家53人，其中初级职称8人、中级职称30人、高级职称15人。

（龚伟）

【社区卫生服务】 年内，15个社区卫生服务中心全部完成标准化建设。全区社区卫生服务站点在岗卫生技术人员667人。其中，全科医师180人，社区护士163人。全年门急诊266.39万人次，上门服务7232人次。建立健康档案21.27万份，建档率65.06%，使用率57%；其中建立电子健康档案20.94万份，建档率64.04%。建立社区卫生服务团队100个，签约6.9万户、12万人，签约率37.21%，其中重点人群签约92.2%。5所二级医院、2所三级医院613人支援社区卫生服务机构2036.5天，其中门诊9767人次，转诊20人次。

（龚伟）

【农村卫生管理】 年内，全区有村级卫生室168个，均为非营利性集体所有制。村卫生室和农村社区卫生服务站覆盖率59.8%。注册乡村医生280人，组织乡村医生理论培训和技能培训100学时。

（龚伟）

【传染病防治】 年内，报告法定传染病15种1106例，发病率351.84/10万。其中，乙类传染病报告11种425例，发病率135.20/10万；丙类传染病报告4种681例，发病率216.64/10万；无甲类传染病。报告死亡2例，死亡率0.64/10万。发病率前三位的疾病是流行性感冒、手足口病、其他感染性腹泻病，分别发生274例、223例、146例，发病率分别为87.16/10万、70.94/10万和46.45/10万。报告人感染H7N9禽流感病例2例，死亡1例。处理手足口病聚集性疫情14起，涉及病例35例，无重症及死亡病例。新登记管理结核病76例，监化督导率100%，治愈率89%。新生儿卡介苗接种率100%。大学生结核菌素皮肤实验（PPD）监测2138人，结核菌感染120人，结核菌感染率5.6%，检出肺结核患者1例。新发性病、艾滋病151例（其中艾滋病7例，规范治疗7例），发病率46.53/10万。开展性病门诊哨点监测220人份，社区暗娼问卷调查和血清学检测103人份，接受自愿咨询607人次，开展暗娼、农民工、男性性接触人群（MSM）、吸毒人群、性病就诊者5类人群行为干预62204人次。开展流感样病例监测110.2万人次，检出流感样病例6875人，流感样病例的发病百分比为0.62%。

（龚伟）

【慢性非传染性疾病防治】 年内，新成立糖尿病管理小组30个、高血压自我管理小组60个。脑卒中高危人群随访1933人，肿瘤随访809例。

（龚伟）

【地方病防治】 年内，监测居民碘盐309份；尿碘监测809件，其中育龄妇女200件、孕妇200件、成年男子200件、小学生209件；全区无地方性氟中毒、碘缺乏病报告。未发现鼠间鼠疫和人间鼠疫病例。采集布病高危人群血标本76份，阳性13件，阳性率21.15%；全年报告布病11例。

（龚伟）

【精神卫生】 年内，全区有在档重性精神病患者2086人，发病率4.92‰。其中，6种重性精神病患者1772人，系统治疗1443人。年内，完成精神病患者随访12000次。969名患者参加免费服药项目，同比增加19人，发放免费药品11628人次。重性精神疾病患者规范管理率94.74%，在管患者规范管理率97.91%，在管患者病情稳定率99.67%，检出患者管理率87.06%。

（龚伟）

【学校卫生】 年内，全区应检学生21665人，实检20989人，受检率96.9%。检测视力20963人，视力不良患病率57.5%；检测营养不良20163人，患病率13.2%；检测超重肥胖20163人，超重患病率13.48%，肥胖患病率25.28%；检查恒牙龋齿20590人，患龋率9.1%；检测贫血20416人，患病率3.96%；检测沙眼20952人，患病率0.00%。

（龚伟）

【计划免疫】 年内，全区预防接种建卡3528人，建卡率100%。应接种脊髓灰质炎、百白破、白破、麻风、麻风腮、流脑、流行性乙脑、乙肝、甲肝等疫苗73273人次，接种率100%。接种不良反应发生率31.29/10万针次，调查处理疑似预防接种异常反应39例，其中一般反应28例、异常反应9例、偶合2例。开展应急接种麻疹疫苗1次122人次。外来民工接种麻疹疫苗和A+C群流脑疫苗共135人次。接种流感疫苗19000人，其中学生免费接种5845人，接种率57.01%；60岁以上老人免费接种12775人，接种率62.27%；保障人员免费接种37人；自费接种343人。

（龚伟）

【控烟监督】 年内，控烟监督检查3154户次，责令改正226户次，受理控烟举报投诉案件47件，处罚控烟不力单位3家，罚款1.5万元；处罚个人1人，罚款50元。2017年，全区有无烟医院18家，无烟学校覆盖率100%，无烟机关13家。

（龚伟）

【卫生监督】 年内，辖区内有各类公共场所491户。截至12月31日，量化分级399户，量化比例100%。其中，A级254户，占63.66%；B级129户，占32.34%；不予评级16户，占4%。监督检查3823户次，监督覆盖率98.78%，合格率98.06%。处罚35户次，其中简易处罚24户次、一般程序11户次；罚款1.6万元。

（龚伟）

【饮用水卫生】 年内，辖区内有供水单位478户。生活饮用水卫生监督318户次，监督覆盖率98.61%，监督合格率97.70%。行政处罚23件，其中简易程序20件，一般程序3件；罚款金额3万元。

（龚伟）

【医疗卫生检查】 年内，全区有医疗卫生机构315家，其中开展临床用血工作的医疗机构4家，开展母婴保健技术服务工作的5家。完成对各级各类医疗机构监督检查1325户次，监督覆盖率99.36%，合格率99.45%；对血液安全监督检查10户次，监督覆盖率100%、合格率100%；对母婴保健监督检查11户次，监督覆盖率100%、合格率100%。行政处罚8户次，其中简易程序7件、一般程序1件；罚没金额0.42万元。

（龚伟）

【传染病防治和消毒产品卫生】 年内，全区有传染病防治和消毒产品被监督单位327户，监督检查传染病防治和消毒产品相关检查1510户次，行政处罚14户次，其中简易程序10件、一般程序4件，罚款金额2万元。

（龚伟）

【妇幼保健】 年内，辖区有孕产妇4123人，孕产妇系统管理率97.12%，住院分娩率100%。高危产妇2629人，高危孕产妇管理率98.78%。剖宫产1447例，剖宫产率43.26%。孕产妇死亡0例。婚前检查399人，婚检率7.28%，疾病检出率6.02%。辖区0—6岁儿童13484人，系统管理率97.07%，贫血患病率2.29%。6个月内母乳喂养率84.98%，纯母乳喂养率66.12%。全年辖区新生儿活产数4161人，高危新生儿404例，高危新生儿管理376人，高危新生儿管理率93.07%。新生儿死亡11例，死亡率2.64‰。婴儿死亡13例，死亡率为3.12‰。5岁以下儿童死亡16例，死亡率为3.85‰。出生缺陷发生率11.34‰，主要出生缺陷病种是多指（趾）、先心病、外耳异常。

（龚伟）

【生育服务】 年内，全区育龄妇女81050人（户籍75087人，流动5963人），其中已婚育龄妇女58337人（户籍54200人，流动4137人）。出生人数3736人（户籍3623人、流动113人），计划生育率99.78%。出生人口性别比112.62（女性=100）。年内办理一孩生育登记1579例、二孩生育登记1462例、三孩及以上再生育行政确认127例，流动人口二孩以内生育登记22例。

（龚伟）

【流动人口生育管理】 年内，在延庆镇司家营村、胜利街村开展流动人口动态监测工作，调查流动人口育龄群众40人，为国家卫计委了解流动人口卫生计生工作情况提供一手材料。落实流动人口免费计生“四术”10人次。向各乡镇（街道）拨付资金30万元，在重大节日期间开展丰富多样的流动人口计划生育宣传活动和送温暖活动，惠及流动人口计生家庭1000户。

（龚伟）

【避孕药具服务与管理】 年内，全区有避孕药具人工发放网点481个，自助发放机31台。全年调入各类药具14.01万盒（金额17.72万元），截至年底，全部发放到各乡镇、街道、企事业单位。

（龚伟）

【生殖健康服务】 年内，为559对待孕夫妇开展免费孕前优生健康检查和咨询服务。全年开展生殖健康服务月活动，接受服务10万人次。农村长效节育户籍已婚育龄群众免费健康体检项目参加体检8356人。对全区新婚、孕产、术后、新入户等重点人群进行生殖保健上门服务6000户，服务率96%。

（龚伟）

【独生子女家庭奖励】 年内，符合计划生育奖励扶助政策人员32365人，奖励金额572.73万元。其中，享受独生子女父母奖励29580人，奖励金额177.48万元；享受一次性奖励对象893人，奖励资金89.3万元；一次性经济帮助对象12人，帮助金额12万元；农村部分计划生育家庭奖励扶助对象1673人，奖励扶助金额240.91万元；独生子女家庭特别扶助对象114人，扶助金额68.4万元；独生子女伤残家庭特别扶助对象93人，扶助金额44.64万元。

（龚伟）

【独生子女家庭综合保险服务】 年内，全区参保35920份、138万元，受益家庭同比增加7000户。其中，计生家庭意外伤害保险投保17470份、52万元；“两癌”保险投保9178份、36万元；劳动力保险投保8631份、43万元；针对在校学生新增家庭子女综合意外伤害保险，投保641份、6万元。14个乡镇街道投入补贴16万元。开展“幸福工程”项目，为335位独生子女父母办理农村独生子女家庭养老保险补贴，投入资金3.35万元。

（龚伟）

【医疗服务】 年内，门急诊266.42万人次，其中门诊254.48万人次，急诊11.94万人次。出院20127人次，病床使用率77.56%，平均住院日8.43天（不含精神专科医院），死亡率1.28%，住院手术6160人次。

（龚伟）

【对口支援】 年内，派出3名医疗骨干作为第九批第一期援疆医疗队员，赴新疆和田地区开展为期1年的医疗服务工作。接收河南省内乡县5名骨干医务人员进修学习。组织延庆区、河北省张家口市怀来县、内蒙古自治区乌兰察布市兴和县80名超声医生，举办技术交流研讨会。组织延庆区、兴和县、怀来县卫生计生管理干部，在清华大学公共管理学院举办为期4天的全脱产培训班。

（龚伟）

【无偿献血】 年内，自愿无偿献血506人次730单位，其中团体无偿献血53人次60单位，街头自愿无偿献血453人次670单位。机采血小板760人次1430单位。临床共用悬红细胞2364单位、血小板112单位、血浆85600 ml。成分输血占临床用血总量的100%。

（龚伟）

【信息化建设】 年内，为15家社区卫生服务中心、区精神病医院、结核病防治所建设社区卫生终端安全管理系统，为310台内网电脑提供安全保护。完成区卫生计生委值守办公系统建设；完成13家社区卫生服务中心及精神病医院自助挂号系统建设；完成区疾控中心综合管理系统以及区医院医院感染管理系统建设。

（龚伟）

延庆区医院

【概况】 延庆区医院为延庆区卫生计生委直属、差额拨款的全民所有制事业单位，是全区集医疗抢救、教学科研、预防保健为一体的综合性二级甲等医院。占地6.8万平方米，2017年，有床位604张。在职职工1154人，其中硕博研究生95人，专业技术人员中，高级职称131人、中级职称387名、初级职称519人。全院设16个职能科室，26个临床科室，10个医技科室，1个健康体检中心，1个120分中心。拥有核磁成像仪、全身螺旋式CT机、新型数字减影血管造影机、高压氧舱、彩色超声诊断仪、全自动生化分析仪、免疫测定仪、肾透析机、CR、DR影像处理系统、心脏彩色多普勒超声仪、经颅多普勒脑血流检查仪TCD、脑地形图仪、电子胃肠镜、腹腔镜、宫腔镜及各种内窥镜等大型医疗设备器械。全年门诊87.07万人次，急诊12万人次，出院17831人次，住院手术4554例，病床使用率76.67%。体检站接待体检33414人次，其中高考体检1555人。年内，开展新技术、新项目50项。特级护理合格率98.8%，护理技术操作合格率98.74%，护理文件书写合格率98.86%，急救物品完好率100%，基础护理合格率99.06%。

单位名称：延庆区医院

地　　址：延庆镇东顺城街28号

电　　话：69103020

（龚伟）

延庆区中医医院

【概况】 延庆区中医医院是一所中西医并重，集医疗、教学、科研、预防保健、康复为一体的综合性二级甲等中医医院。承担延庆地区中医医、教、研、预防和基层指导任务。是国家级区级公立医院改革试点单位、国家中医药管理局第四批“治未病”预防保健服务试点单位、国家中医药管理局针灸理疗康复重点建设单位、“北京市示范中药房”单位、北京市中医皮肤特色诊疗中心协作单位，也是延庆区老年护理保健院和河北北方学院教学实习医院。医院占地面积1.35万平方米，开放病床120张，日均门诊量1400人次，年出院病人4200人次。医院有在职职工350名，其中正、副主任医师38人，双高人才5名，博士生3名，硕士研究生30　名。有25个临床医技科室，包括3个北京市重点专科，2个北京市中医管理局国家中医重点专科（1+X+N）辐射工程首都区域专科，2个基层老中医传承工作室，设有专病专台。有多排螺旋CT、全自动生化分析仪、体外冲击波碎石机、彩色多普勒超声诊断仪、大型X光诊断仪、腹腔镜、宫腔镜、电子胃肠镜等大型设备20台件，中医诊疗设备127件。中药房常备中药饮片530种，可提供普通饮片、小包装饮片及中药配方颗粒等多种制剂。

单位名称：延庆区中医医院

地　　址：延庆镇新城街11号

电　　话：69146621

（龚伟）

体 育

【概况】 北京市延庆区体育局是负责全区体育工作的行政职能部门，设政办室、业务科2个职能科室；社会体育管理中心（体育产业发展中心）、体育中心和青少年业余体校3个事业单位，编制38人，编外合同工12人。年内，获评延庆区先进单位、区先进基层党组织、区安全生产先进单位和首都精神文明单位。全区有43个体育生活化社区，24个体育特色村，19个体育单项协会，体育人口15.5万人。全年举办区级比赛36次，承办市级比赛5次，承办国家级比赛4次，承办国际级比赛4次，19个体育协会举办体育活动30次，体育活动参加人11.39万人次。举办社会体育指导员和体育骨干培训班4次，培训1000人。制定《北京市延庆区提升冰雪运动水平实施意见》，向市体育局青少年运动管理中心申请训练资金254.79万元，联合区教委开展冰雪运动队暑期训练，为2022年冬奥会储备优秀的冰雪运动人才。组织机关单位职工8000人次参与滑冰滑雪运动，普及冰雪运动知识。青少年运动员参加北京市青少年锦标赛、北京市首届短道速滑锦标赛，4人次获得第一名、8人次获得第二名、8人次获得第三名、9人次进入前8名。全区有15所学校被命名为体育传统项目学校，其中市级体育传统项目学校4所、区级体育传统项目学校11所、青少年体育俱乐部7所。全区设电脑体育彩票专营店20家，彩票年销售额2987.05万元。对1000人进行国民体质监测，按照国家体育锻炼标准对全区2000名群众开展达标测试工作。常规更新健身器材130件，集中更新健身器材253套，新建专项体育场地39块。开展《北京市全民健身条例》宣传活动。为全区街道、乡镇、社会组织和社会团体发放该条例读本200本。经区体育局推选，市体育局命名北京石京龙滑雪娱乐有限公司为北京市体育产业示范单位，命名北京国际自行车骑游大会为北京市体育产业示范项目。经区体育局推荐，延庆区旧县镇入选全国第一批运动休闲特色小镇试点项目，并获批300万启动资金。

单位名称：延庆区体育局
地　　址：延庆镇湖北东路118号
电　　话：69144456

（贾子豪）

【2022名市民八达岭登高迎新年】 1月1日，“中国体育彩票”2017全国新年登高健身大会北京主会场活动在八达岭长城举行。全市16个区以及亦庄开发区和燕山地区的2022名市民参加活动，拉开北京市2017年全民健身活动和延庆区第31届冰雪欢乐节的序幕。国家体育总局、市政府、市体育局以及延庆区委、区政府相关领导出席。

（贾子豪）

【第三届北京冰雪季、体育公益社区行启动】 1月7日，“第三届北京市民快乐冰雪季——2017北京市体育公益活动社区行启动仪式暨延庆区世葡园冰雪嘉年华”活动，在延庆区世界葡萄博览园内举行。活动由市体育局、市体育总会主办，市体育基金会、市社会体育管理中心、延庆区体育局承办。活动以传承民族民俗传统体育项目和体育公益为主题，以筹办2022年冬奥会为契机，宣传普及冰雪运动知识。活动现场宣传廊及通道两侧陈列冬奥会历史展和冬奥运动项目知识展板。北京小松鼠趣玩滑雪俱乐部、小狼俱乐部、“星星的孩子”燕阳天艺术团的小朋友们，参与滑冰、雪橇、冰壶、冰车等娱乐项目。市人大常委会、市体育局、延庆区委、区政府相关领导出席。

（贾子豪）

【国际雪联越野滑雪中国巡回赛】 1月9日，2017国际雪联越野滑雪中国巡回赛在万科石京龙滑雪场举行。中国、瑞典、挪威、法国等12个国家的80名专业运动员参加。挪威选手Hakon Hjelstuen和中国选手李馨分获男子和女子组别冠军。国家体育总局冬季运动管理中心、冬奥组委体育部、区委、区政府相关领导出席。

（贾子豪）

【第二届中国冰蹴球邀请赛举办】 1月12日，第二届中国冰蹴球邀请赛在延庆区井庄镇柳沟村冰雪欢乐园开赛。全国各地40支队伍、200名选手参加。赛事由中国少数民族传统体育协会指导，北京冬奥组委延庆运行中心支持，延庆区政府主办，区体育局、市民族传统体育协会共同承办。碧水蓝天冰蹴球队、夫妻组合冰蹴球队、天天家园社区冰蹴球队获得一等奖。中山冰蹴球二队、永外街道冰蹴球队、鸿雁冰蹴球队获得二等奖。天津市民族文化宫冰蹴球队、河北衡水学院体育学院冰蹴球队、青山绿水冰蹴球队、前泥洼冰蹴球队、魅力四射冰蹴球队、仙人掌冰蹴球队获得三等奖。

（贾子豪）

【首都大学生第十一届高山滑雪赛】 1月16日，助威冬奥首都高校大学生第十一届高山滑雪比赛在北京延庆万科石京龙滑雪场开赛，北京25所高校200名大学生参加。比赛由北京市大学生体育协会主办，北京市大体协滑雪分会、万科石京龙滑雪场和延庆区体育局承办。北京农学院的赵正午和中国青年政治学院的赵冰姝获得男子双板、女子双板个人冠军；北京大学的张子晨和杨诗琦获得男子单板、女子单板冠军；北京大学队夺得团体赛冠军。

（贾子豪）

【全国大众速度滑冰马拉松系列赛（延庆站）】 1月22日，全国大众速度滑冰马拉松系列赛延庆站比赛在延庆举办，大赛由国家体育总局冬季运动管理中心、中国滑冰协会、延庆区人民政府主办，延庆区体育局和延庆区井庄镇承办。黑龙江、吉林、辽宁、内蒙古、天津、河北等省（自治区、直辖市）150名运动员参赛，哈尔滨劲道SV战队夺得女子3公里、6公里及接力赛的冠军，北京瑞野冰雪运动俱乐部的戴登文和新疆师范大学的杨镇江获得男子5公里和10公里冠军，哈尔滨劲道SV战队获得男子接力冠军。

（贾子豪）

【第二届延庆海坨冰雪徒步大会】 2月4日，走向2022迎冬奥第二届延庆海坨冰雪徒步大会在延庆区世界博览园举办。活动由区政府、市徒步运动协会主办。乒乓球世界冠军邓亚萍、花样滑冰世界冠军陈露、前北京国安足球队队长谢朝阳与2022名市民参加。

（贾子豪）

【参加市业余体校乒乓球赛获奖】 2月11日，选派创铮乒乓球俱乐部17名队员参加北京市业余体校第二阶段乒乓球比赛。闫艺嘉、白佳钰分别获得女子D组单打比赛第5名和第6名。

（贾子豪）

【区首届青少年速度滑冰赛】 2月13日，由区体育总会主办的2017“迷你冬奥会 快乐亲子行”暨延庆区首届青少年速度滑冰比赛在延庆夏都滑冰场举行。比赛设幼儿组、少年组和青年组3个大组，110名选手参赛。李淳宇获得男子青年组第一名，杨桂芬获得女子青年组第一名，王彤越、刘坤汉、郑义获得男子少年组前三名，卢佳文、徐家祎、哈宜琳获得女子少年组前三名，韩奇骏获得幼儿组第一名。

（贾子豪）

【“三八”节女神跑活动】 3月5日，区体育局协助区长跑协会举办，活动设3公里体验跑、5公里欢乐跑、10公里挑战跑三个项目，70名女选手参加。

（贾子豪）

【工间操社会体育指导员培训】 4月11—12日，联合区总工会举办职工工间操社会体育指导员培训班。培训以创意工间操“踩踩踩”和第九套广播体操为主要内容。全区各单位156名学员参加。

（贾子豪）

【健身气功社会体育指导员培训】 4月13日在

区体育馆举办健身气功社会体育指导员培训班。聘请国家级社会体育指导员高延迎授课。全区各街道、社区、健身团队100名学员参加。

（贾子豪）

【第五届退休干部趣味运动会】 4月17—19日在区体育场举行。运动会设置五大项比赛，包括世园知识问答、套圈、门球射门、投飞镖和沙包打地靶。全区2000名退休干部参加。

（贾子豪）

【广场舞社会体育指导员培训班】 4月21日，在区体育馆举办。聘请市科学健身专家讲师团成员、北京体育大学研究生许兴月教授广场舞《火了火了火》。全区各乡镇、街道、社区200名学员参加。

（贾子豪）

【围棋比赛】 4月30日，“海坨杯”围棋联赛在区体育中心围棋教室举行，赛事由区体育总会、区围棋协会主办。段剑华、马建同的组合获得冠军，张亚光、王思远，肖泉明、迟尚明分别获得亚军和季军。8月19日，“夏都杯”围棋赛举行。全区50名围棋爱好者参加。秦春海，赵福利，冯朗组合获得团体冠军；秦春海获得男子个人冠军；刘若曦获得女子个人冠军。7月14日，区体育总会和区围棋协会主办暑期少儿围棋分龄赛，40名小棋手参加。陈与刘若曦分别获得少年组男女冠军，付容泽与赵祎楠分别获得少儿组男女冠军。

（贾子豪）

【篮球联赛】 5月11日，延庆区“北京农商银行杯”篮球联赛在区体育场举行，全区12支代表队参赛。比赛分单循环和小组间交叉2个阶段。追梦二小代表队赢得冠军，众诚追梦代表队和地质公园代表队分获亚军和季军。延庆工商局代表队和利嘉商圈代表队获得体育道德风尚奖，延庆公安局代表队和延庆区法院代表队获得优秀组织奖。

（贾子豪）

【第三届儿童轮滑竞速赛】 5月20日在会展中心广场举行。比赛由川影冰雪轮滑俱乐部主办，区体育局和北京延庆官方微信平台支持。全区各个中小学幼儿园96名小选手分别参加少儿甲组、乙组、丙组和少年甲组、乙组的比赛。

（贾子豪）

【第二届北京妫河女子半程马拉松赛】 5月21日，第二届北京妫河女子半程马拉松赛在延庆区夏都公园开跑，2019名运动员参赛，奥运冠军、王者传奇创始人王丽萍、中国台北知名艺人徐洁儿出任领跑嘉宾。江西运动员罗川获得冠军，青海运动员马玉贵、贵州运动员牛丽华分获第二、三名。

（贾子豪）

【首都高校大学生第七届龙舟锦标赛】 5月28日，首都高等学校第七届大学生龙舟锦标赛在延庆夏都公园举办。全市13所高校的20支代表队320名大学生参加。北京工业职业技术学院获得男子组冠军，北京农学院、北京大学分获男子组亚军和季军。中央民族大学获得女子组冠军，北京农学院、北京工业职业技术学院分获女子组亚军和季军。

（贾子豪）

【京台龙舟友谊交流赛】 5月29日在夏都公园举办。延庆14支代表队和京台联队390人参加比赛。教工委获得第一名，旧县镇、政法委、经信委、张山营镇、旅游工委分获第二至六名，京台龙舟联队获得友谊奖。

（贾子豪）

【《全民健身条例》宣传贯彻工作】 6月5日召开《全民健身条例》宣传贯彻工作会。会议强调落实《北京市全民健身条例》及迎接市人大检查工作的重要性，对全民健身器材更新情况进行通报，并将实施《国家体育锻炼标准》工作、2018年体育设施建设需求调查工作和专项场地建设工作进行部署。区体育局、各街道乡镇主管领导及文化宣传委员参加。

（贾子豪）

【市农民“姚记扑克”比赛获奖】 6月9日，选派20名队员和1名教练参加北京市农民“姚记扑克”双升级大赛。区代表队获得优秀奖。

（贾子豪）

【区毽球协会成立】 6月11日，延庆区毽球协会成立大会在区体育局四楼会议室召开。会议通过毽球协会章程和协会选举办法，并选举产生会长、副会长和秘书长。区政协、区体育局、区发改委相关负责人参加。

（贯子豪）

【第七届北京国际自行车骑游大会】 6月17日—18日，2017“美利达—正新杯”第七届北京国际自行车骑游大会在延庆八达岭国际会展中心举办，第四届北京国际自行车及户外运动博览会暨文化节同期举行。大会突出世园会和冬奥会特色，以“休闲延庆、骑乐无穷、喜迎世园、助力冬奥”为主题，推出精品路线骑游、公路自行车比赛、山地自行车越野赛、趣味游戏活动等多项内容。世界各地5000名自行车骑游爱好者参加。

（贯子豪）

【首届延庆“国展杯”钓手排名赛】 7月1日，在区田宋营垂钓基地举行。100名钓鱼协会会员及钓鱼爱好者参加比赛。时雷获得冠军，赵硕获得亚军，罗怀臣获得季军。

（贯子豪）

【广场舞大赛】 7月14日举办。全区15个乡镇、3个街道45支代表队1000人参加比赛。国润家园社区、石河营东社区、东外社区、康安社区、振兴北社区获得社区组一等奖，八达岭镇、旧县镇、刘斌堡乡获得乡镇组一等奖。

（贯子豪）

【市青少年锦标赛获奖】 7月17日，区武术协会和大掌门武术馆代表延庆区参加北京市青少年锦标赛武术套路、篮球、举重、跆拳道项目比赛。大掌门武术馆4名运动员分别获得女子丙组初级棍术的第一名、女子丙组初级枪术的第二名、女子丙组初级剑术的第三名、女子丙组少年规定拳第二名、女子丙组初级三路拳的第一名和第三名。武术协会一人获得女子乙组传统器械的第二名。举重项目中，罗梦获得女子甲组69公斤级第一名，闫雪含获得男子丙组44公斤级第二名。跆拳道项目中郭浩和王江珊分别获得男子乙组78公斤级和女子甲组52公斤级第三名。

（贯子豪）

【第四届延庆徒步大会】 7月30日，由区政府、市徒步运动协会主办，市社会体育管理中心、区体育局、团区委、共青团张家口市委员会、北京野鸭湖国家湿地公园承办的“走向2022——赏美丽延庆 为冬奥加油”2017（第四届）延庆徒步大会，在野鸭湖举办。2022名徒步爱好者参加。

（贯子豪）

【全民健身日5×2km跑步混合接力赛】 8月8日在区体育场举行。活动由区体育局、体育总会支持，区长跑协会举办，以“全民健身 助力冬奥 燃情接力”为主题，20支队伍、100名跑步爱好者参加。

（贯子豪）

【市《国家体育锻炼标准》分站赛区选拔赛】 8月12—13日，由区体育局、区总工会共同承办的2017年北京市《国家体育锻炼标准》分站赛延庆区选拔赛在区体育场举行，400名参赛选手根据年龄段体质特点，完成力量、速度、耐力、灵敏、柔韧等方面测试。根据测试成绩选派50名群众（男25人、女25人）参与《国家体育锻炼标准》分区赛。

（贯子豪）

【市农民篮球比赛获奖】 9月2—24日，区农民体育协会选派12名农民篮球爱好者参加北京市农民篮球比赛，获得体育道德风尚奖和个人三分球冠军。

（贯子豪）

【“千森杯”国际自盟公路越野职业一级赛】 9月6日在妫河自行车森林公园举行。20个国家和地区31支代表队参赛。组委会还特邀比利时、荷兰、美国、澳大利亚、英国等国的国家冠军及世界杯冠军参赛。林曦获得国内男子业余组冠军；获得国内女子业余组冠军。Yorben VAN TICHELT、Joyce VANDERBEKEN分别获得UCI精英赛男子、女子冠军。

（贯子豪）

【全民健身技能展示】 9月11—14日，在区体育中心举行北京市第十一届全民健身体育节——2017北京市体育公益活动社区行暨延庆区全民健身技能展示活动。全区3个街道41支代表队900名健身爱好者参加。

（贾子豪）

【市青少年皮划艇赛艇项目获奖】 9月16日，选派王鑫淼、巩梦瑶、吴雨晴和吴黄达4名选手参加北京市青少年锦标赛皮划艇、赛艇比赛。巩梦瑶获得女子乙组500米单人双桨冠军，王鑫淼获得女子乙组1000米单人双桨季军，巩梦瑶和吴雨晴获得女子乙组500米双人双桨亚军和女子乙组1000米双人双桨亚军。

（贾子豪）

【北京国际马球公开赛】 9月20—23日在延庆举办。赛事由区体育局、康庄镇政府、北京阳光时代马球运动有限公司、北京骐骥时代旅游文化发展有限公司承办。南非队获得冠军。

（贾子豪）

【市短道速滑锦标赛获奖】 9月22—24日，2017年北京市短道速滑锦标赛在昌平华星沙河冰球训练基地举办。延庆区选派5名运动员参加男子乙组、女子乙组、男子丙组的比赛。卢佳雯获得女子乙组四圈追逐赛第八名、500米第七名和1000米第8名；车弘远获得男子乙组四圈追逐赛第八名、乙组1500米第八名；贺泓熹获得乙组500米第七名。

（贾子豪）

【广场舞大赛】 9月24日，2017年全国广场舞大赛暨首届“茅台王子杯”全国广场舞公益大篷车推广万里行活动在区体育中心举办。16支代表队300人参加。百泉街道国润家园火岩健身队表演的“起来嗨”获得第一名，成功晋级市级总决赛。

（贾子豪）

【法国金鸡集团与区体育局签署合作战略协议】 10月26日，法国金鸡集团与区体育局在北京金隅八达岭温泉度假村签署合作战略协议，双方就冰雪装备制造、企业项目落地、赛事活动组织以及延庆区青少年冰雪运动培训等方面进行座谈交流。法方赠送区青少年滑雪队滑雪板15套。

（贾子豪）

【市青少年足球锦标赛获奖】 10月28日—11月11日，北京市青少年足球锦标赛在北京绿茵阳光足球俱乐部举行。延庆区十一学校、康庄中学、延庆区康庄小学和延庆区足球队分别参加北京市青少年足球锦标赛男子乙组、女子乙组、男子丙组、女子丙组的比赛。延庆区获得女子乙组第七名和男子乙组第八名。

（贾子豪）

【“同心圆梦·一带一路”文体推广系列活动启动仪式】 11月4日，同心圆梦·一带一路文体推广系列活动启动仪式暨全民骑游助力冬奥活动（延庆站）在延庆区千家店镇百里山水画廊启动，活动由中国文化管理协会、延庆区人民政府、中国文化管理协会与互联网文体推广委员会、西窗广告（苏州）有限公司、沐雨户外主办，区体育局、区旅游发展委员会、区千家店镇政府协办。系列活动以体育为载体，以群众为途径，达成不同地区、国家、民族之间人文精神的传递与文化传播。助力北京冬奥会、冬残奥会的筹备。国家体育总局、北京奥运城市发展促进会、中国文化管理协会以及延庆区政府相关领导出席。

（贾子豪）

【中国社会足球发展论坛举行】 11月4—5日，第三届奥伦达部落杯（五人制）足球赛暨中国社会足球发展论坛在张家口市怀来县奥伦达部落举行。活动由延庆区体育局、清华大学中国足球发展研究中心、奥伦达部落联合主办。北京市体育局、中国足球协会、北京足球运动管理中心相关负责人及著名足球教练金志扬出席。

（贾子豪）

【“体育彩票杯”羽毛球公开赛】 11月25—26日在区体育馆举办，全区各机关单位31支球队200人参加比赛。快乐联盟1队获得冠军，星云新希望3队、锦城2队分获二、三名。

（贾子豪）

【第二届长跑日暨区直机关工委越野赛】 12月1日，以“学习十九大精神，喜迎辉煌新时代”为主题的延庆区第二届长跑日暨区直机关工委第二届职工越野赛举行。区直机关工委系统、宣传部系统及检察院机关1300名干部职工参加比赛国土局陈长志、文委刘侠、妇联王丽萍、文委王小丽分别获得越野赛男子甲组、男子乙组、女子甲组、女子乙组的冠军。

（贾子豪）

【“北科国杰健康城杯”桥牌联赛】 12月2日—3日举办。12支代表队60人参赛。冠山俱乐部二队获得冠军，冠山俱乐部一队、实验场队分获二、三名。

（贾子豪）

【滑雪专业技能人员培训】 12月8日—17日举办，区教委、区滑雪协会、区海坨滑雪队的48名滑雪爱好者参加。经过10天的专业技能培训，学员全部通过考核，24名青少年获得瑞士国家职业滑雪指导员培训认证书；23名成人获得国际和中国双重认证的滑雪教练指导员一级教学证书，并具备ISIA联盟39个会员国执教资格。

（贾子豪）

【乒乓球比赛】 年内，先后举办各类乒乓球比赛四次。4月22日—23日，“国税杯”乒乓球公开赛在区体育馆举办。38支团体及个人单打500人次参加。聚光代表队获得男子团体冠军，儒林街道代表队获得女子团体冠军，贾良、赵海英、周尚兴、宋素君分别获得男子单打、女子单打、老年男子单打、老年女子单打冠军。5月13日—14日，市第十一届“和谐杯”乒乓球比赛暨延庆区第十三届“节水杯”乒乓球公开赛在区体育中心举办。30支团体400人次参加比赛。香营卫生院2队获得男子团体冠军，工商局代表队获得女子团体冠军，薛亮 纪冉、岳淑芳 袁红岩、岳淑芳 纪冉、王勇、宋素君、郭绍颉、闫艺嘉分别获得男子双打、女子双打、混合双打、老年组男子单打、老年组女子单打、小学组男子单打、小学组女子单打冠军。12月2日，由区体育局、体育总会主办，区乒乓球运动协会承办的“首钢杯”2017年北京市乒协团体会员联赛延庆站暨延庆区乒协杯乒乓球公开赛在区体育馆举行。42支球队、300人参赛。快乐乒乓队、十一学校1队获得男团、女团冠军；纪冉、贺佳、姬书玉、袁红岩、孙萧桐、万雨轩分获男单、女单、老年男单、老年女单、小学男单、小学女单冠军。12月9日，“延怀杯”乒乓球友谊交流赛在延庆区会展中心体育馆举办。怀来县乒乓球协会12位选手与延庆区乒乓球协会会员进行团体赛和对抗赛，怀来县乒协代表队获得团体总分冠军。

（贾子豪）

【象棋比赛】 年内，先后举办象棋比赛4次。3月30日，区第二届农民象棋赛在旧县镇文体中心举行。全区14个乡镇的14支代表队56名农民棋手参加比赛。延庆镇、康庄镇、永宁镇分别获得团体第一、二、三名。延庆镇的于占涛、四海镇的曹艳军、延庆镇的王和利获得个人第一、二、三名。3月22日—24日，区象棋协会组队参加市第十八届农民象棋比赛，获得团体赛第7名，个人赛第14名。4月9日，第十二届象棋会员联谊赛在体育局象棋室举办。比赛采用个人带团体的形式，经过7轮140局棋的积分编排赛，延庆外籍精英队获得团体冠军，马永超获得个人冠军。

（贾子豪）

【科学健身大讲堂活动】 年内，联合区总工会、儒林街道、香水园街道、百泉街道以及八达岭镇、井庄镇和张山营镇，先后7次开展科学健身大讲堂活动。邀请市科学健身专家讲师团秘书长、国家级社会体育指导员赵之心，讲解科学健身知识。140名职工、350名居民和300名农民参加。

（贾子豪）

【全民健身基础设施升级改造】 年内，申请市体育彩票公积金经费1334.46万元，对2008年以前安装的250套居家工程、2套标准工程、1套市级工程健身器材进行更新。并申请市体育彩票公积金1057.78万元，为八达岭镇、张山营镇、康庄镇等11个乡镇建设39块球类体育专项场地。

（贾子豪）

（栏目编辑：王新华）

社会管理　居民生活

人力资源和社会保障

概　况

2017年，延庆区人力资源和社会保障局有行政、事业科室30个，其中行政科室15个，事业科室15个（含副处级事业单位2个，其中社会保险事业管理中心内设18个科室，人力资源公共服务中心内设6个科室）。现有编制253个，工作人员270人（其中在编人员207人）。工作职责包括促进就业、统筹建立覆盖城乡的社会保障体系、指导事业单位人事制度改革等14项以及行政权责事项175项。具体职能包括6个板块：就业、社保、人才、人事、收入分配（工资）和劳动关系。年内，主动服务延庆生态涵养发展区功能定位，融入京津冀协同发展大格局，以"民生为本、人才优先"为主线，以全民共享发展成果为目标，全面提升人力资源和社会保障工作质量和效能，服务和保障全区经济社会又好又快发展。两节期间，对困难失业人员、困难企业职工和安置农民工较多的企业进行走访慰问。配合做好世园会占地安置，对谷家营、李四官庄两村开展软件操作培训，协助开立社保账户，完成809名转非劳动力和562名超转人员的参保、补缴信息入库和809名转非劳动力的社会保险趸缴工作，趸缴金额1.37亿元，同时完成征地村胜利街的社保开户及102名转非劳动力信息采集入库工作。广泛宣传就业创业扶持政策，定期组织创业就业顾问座谈，建立高校毕业生创业服务体系，发放全区首个高校毕业生《就业创业证》，与北京银行联合召开小额贷款及贴息政策解读座谈会，为创业型企业发展提供支持。鼓励城乡劳动力实现创业99人，带动就业256人。举办社保所业务培训班和知识竞赛；完善村级就业服务站，推动就业服务向基层延伸。香水园街道社保所被评为2017年全国人力资源社会保障系统先进集体。继续推广"寻找技能达人活动"成果，打造精品人才培养项目，设计制作创意礼物明信片册、工匠宣传册，开展技能技艺、特色礼物专项资助等活动。完成年度公有经济企事业单位人才资源统计调查工作，截至年底，全区参统人员中管理人才3668人，专业技术人才8462人，工勤技能人才5484人。专业技术人员中，高级专业技术人才1121人，主要集中在教育、卫生、工程技术及农业技术领域，占比13.25%。

单位名称：延庆区人力资源和社会保障局
地　　址：延庆镇高塔街53号
电　　话：69181846

（任雪莲）

人事管理

【人才引进和服务】 年内，为区内企事业单位引进双高人才1人，引进非京生源毕业生114人，高学历留学人员2人，为11人解决两地分居，为243人办理居住证新办、续签、随迁等相关手续。落实《关于农业系统事业单位增加的高级职称评聘指标的使用办法（试行）》，为区种植中心下达高级职称评聘指标2个。按照科研机构标准，调整区种植中心推广站、农科所2家事业单位职称结构比例，解决13名高级专业技术人员晋升问题。

（任雪莲）

【专业技术人才培养选拔】 年内，指导区教委完成2017年出国（境）培训项目计划的申请及2019—2020年出国（境）培训备选项目的申报，“骨干教师信息通信技术的创新教育研修班”出国（境）培训项目成功获批。推荐1人参加2017年百千万人才工程国家级人选，推荐5人参加2017年百千万人才工程市级人选。受理中关村延庆园区内注册企业领军人才教授级高工评审工作，推荐北京玻璃钢研究院1人进入全市评审。

（任雪莲）

【人事考试】 年内，组织人事考试22场，13082人次参加。其中，参加事业单位公开招聘工作人员笔试1860人；参加全国计算机应用能力考试132人；参加一级建造师执业资格考试1909人；参加二级建造师执业资格考试1557人；参加全国一级注册消防工程师考试319人；参加北京市各级机关考试录用公务员公共科目笔试3248人；参加中央机关及其直属机构2017年考试录用公务员公共科目858人；参加全国经济专业技术资格笔试466人；参加编外合同制工人招聘笔试2924人。

（任雪莲）

【公务员管理】 年内，公务员招考99人，公务员调动201人，公务员调任52人，公务员辞职4人；纳入规范人员招聘95人，纳入规范人员调动25人，纳入规范人员辞职5人；科级干部任免618人。截至年底，全区有公务员、参公事业单位工作人员2565人，纳入规范管理人员1443人。科级及以下公务员参加在线学习1671人，通过率100%。

（任雪莲）

【军转干部管理】 年内，接收并安置计划分配的营职及以下职级和技术类、体育类军转干部25人，接收自主择业军转干部10人。完成自主择业军转干部信息采集工作，采集44人。为12名随军家属办理接收手续。

（任雪莲）

【大学生“村官”管理】 年内，2014届次大学生“村官”合同期满人数133人，已就业128人。其中，公务员53人，事业单位42人，专项事业编10人，企业8人，编外合同制工人3人，自主创业3人，续签2人，考研2人，灵活就业5人，未就业5人。就业率96.24%。大学生“村官”与选调生工作并轨，招录大学生“村官”（选调生）33人。启动“我是村官”系列活动，开展“最美大学生村官”评选、寻找“大学生村官骄子”“把脚印留在妫川大地上”等主题实践活动，助力大学生“村官”创立“长城脚下的蜂蜜”“野菜小王子”等产业品牌，有效带动低收入农户增收。

（任雪莲）

【编制外合同制工人管理】 年内，全区承接行政事业单位编制外合同制工人涉及15家单位、在岗职工4224人。全年新签劳动合同398人，续签劳动合同303人，解除劳动合同186人。

（任雪莲）

【人事代理和档案管理】 年内，新增流动人员档案6326份，转出4573份，接转失业人员档案4817份，档案总量23712份。全年有立户存档单位968家，委托存档3528份。办理改派手续189份，查阅、借阅档案369份，与毕业生签订三方协议108份。转入和新参统社会保险人员2368人，转出2211人，参保总人数1698人；为483名存档人员办理退休手续。

（任雪莲）

【退休人员管理】 截至年底，全区实行社会化管理退休人员8871人，建立数字化档案，实现联网共享。走访慰问高龄重病、鳏寡孤独退休人员，联合区中医院开展大型义诊活动。管理和服务科级及以下退休干部4635人，举办第九届退休干部文化节，设置文娱活动、参观考察、书画比赛、知识讲座、文艺演出等5大类22项内容，参加活动5800人次。

（任雪莲）

创业就业

【人力资源公共服务中心成立】 年内，成立人力资源公共服务中心，在原有每周五定期招聘会的基础上，每周二、三、四上午增开小型精品日常招聘会，增设素质测评、远程面试等专用工作室，依托局网站、微信公众号、led显示墙和信息显示屏发布招聘信息。加强京津冀蒙协作帮扶，在就业培训、资源共享、工作联动等方面实现对接。截至年底，采集空岗信息9610个，办理求职登记1126人，推荐成功就业267人次；组织招聘会97场，参加招聘企业2097家次，提供岗位4.9万个次，参会求职3.18万人次，达成就业意向8440人次，成功就业492人；全年开展职业指导6906人。

（任雪莲）

【3.9万人稳定就业】 年内，宣传和落实市、区两级用人单位岗位补贴和社会保险补贴政策、灵活就业（自谋职业）社会保险补贴政策、公益性就业补助政策、绿色生态就业补助政策。全年落实促进就业资金5.95亿元（其中市失业保险基金3.07亿元，区财政2.88亿元），促进3.9万人稳定就业。

（任雪莲）

【城乡劳动力就业】 年内，实现城镇新增就业8655人，城镇登记失业人员就业3696人，城镇就业困难人员就业2044人，农村劳动力转移就业4374人。城镇登记失业率4%，城镇登记失业人员就业率56%。生态就业岗位安置农村就业困难人员7897人；社区公益性就业岗位安置城乡就业困难人员2931人。

（任雪莲）

【农村与城市服务岗位对接就业】 年内，延庆区作为城市公共服务类岗位安置农村地区劳动力就业促进农民增收试点地区，为实现农村劳动力“成建制、走得出、干得好、留得住”，从公交乘务管理、轨道交通安检、环卫作业“三岗”着手，组织就业需求调查，与5家企业签订合作协议，研究制定补贴政策，保障每人每月2500元补贴资金，召开13场招聘会，成功输送431人。

（任雪莲）

【高校毕业生就业】 年内，接收862名高校毕业生档案，通过就业调查，开展未就业高校毕业生实名制登记就业服务和就业指导，实行困难家庭毕业生一对一帮扶，暂未就业26人，就业率96.98%。

（任雪莲）

社会保险

【机关事业单位养老保险制度改革】 年内，完成机关事业养老保险及职业年金准备期补缴14576人，补缴金额3.17亿元。完成改革后退休人员职业年金虚账户补缴1083人，补缴金额1190.04万元。

（任雪莲）

【城乡居民基本医疗保险制度整合】 年内，完成城乡居民基本医疗保险制度整合，提高城乡居民医保待遇，制定补充保障政策，做好政策宣传、信息采集、社保卡制发、新增定点医药机构验收和系统升级改造工作，为2018年城乡居民医保制度的顺利实施奠定基础。城镇居民医疗保险参保缴费22645人，同比增长10.16%。新型农村合作医疗参合145219人，基金收入1.74亿元，支付2.19亿元。

（任雪莲）

【社会保险待遇调整】 年内，调整企业退休人员基本养老金，平均增幅6.3%；城乡居民基本养老保险基础养老金增幅19.6%，城乡居民老年保障福利养老金增幅23.5%，失业保险金增幅6.3%；调整工伤保险待遇，包括伤残津贴、供养亲属抚恤金和生活护理费，分别增加9.6%、10.4%和9.2%。

（任雪莲）

【城乡居民养老保险服务】 年内，参加城乡居民养老保险人数59584人（其中农村居民58845人），收缴金额6474.21万元。领取养老金人数26392人（其中农村居民25823人），领取保险金额2.02亿元。基础养老金上调100元，上调后基础养老金标准为每人每月610元。

（任雪莲）

【社会保险基金管理】 年内，五险收缴17.19

亿元，增加4.19亿元，同比增加32.25%；五险发放14.45亿元，增加4725.54万元，同比增加3.38%。社保稽核单位182家，涉及职工4414人，23家单位补缴基数差额26.6万元；发放催缴通知书313件，企业补缴金额112.75万元。

（任雪莲）

【医保审核】 年内，医疗费用审核结算156.82万人次，同比增加12.50%。其中，基本医疗保险审核结算137.71万人次，占总人次数的87.81%；城镇居民基本医疗保险、工伤保险、生育保险、离休人员医疗费用审核结算人次数分别为17.59万人次、3940人次、3188人次、8053人次，分别占总审核人次数的11.22%、0.25%、0.20%、0.51%。基金支付金额5.2亿元，其中城镇职工基本医疗保险基金应支付金额4.73亿元，占总金额的90.97%。城镇居民基本医疗保险、工伤保险、生育保险、离休人员应支付金额分别为2613.77万元、438.90万元、937.45万元、706.50万元。

（任雪莲）

【福利养老金管理】 截至年底，城乡无社会保障老年人享受福利养老金人数24238人，同比减少5.99%。发放福利养老金1.62亿元，同比增长15.99%。福利养老金上调100元，上调后人均月养老金标准为525元。

（任雪莲）

【社会保险参保率增长】 截至年底，基本养老保险参保4293户，同比增长19.95%；参保93826人，同比增长4.00%。失业保险参保4179户，同比增长15.09%；参保76622人，同比增长6.55%。工伤保险参保4361户，同比增长15.71%；参保85896人；同比增长9.26%。生育保险参保4096户，同比增长15.45%；参保75433人，同比增长6.58%。基本医疗保险参保4023户，同比增长16.78%；参保120537人，同比增长2.20%。

（任雪莲）

【退休审批】 年内，审批企业退休1381人，其中正常退休863人、特殊工种提前退休182人、病退16人、退职9人、职工保险转居民保险311人；行政审批补缴养老保险16人、个人账户补填3人、更改职工信息3人、延期退休备案22人。审批机关事业退休325人，其中公务员85人，事业管理人员38人，专业技术人员143人，编内合同制工人59人。

（任雪莲）

技能培训

【职业技能培训】 年内，对农村劳动力、城镇失业人员3513人开展森林管护、花卉园艺等技能培训，其中，失业人员再就业培训270人，农村劳动力转移就业培训827人，其他人员2416人。申请职业培训补贴50.66万元。

（任雪莲）

【职业技能鉴定】 年内，组织参加鉴定653人。其中农村劳动力考核336人，职技院校学生双证考核317人。取得职业资格证书604人，全部为中级。鉴定涉及保育员、中式烹调师、绿化工、美容师、美发师等7个职业工种。

（任雪莲）

【公务员培训】 年内，开展为期15天的科级公务员任职培训，区内各行政单位新晋升科级干部的公务员130人参加培训。开展为期12天的公务员初任培训，全区新录用公务员156人参加培训。举办2期面试考官培训班，全区机关事业单位面试考官240人参加培训。举办为期3天的人事考试监考员培训班，全局入库工作人员及考务工作人员170人参训。

（任雪莲）

劳动保障

【劳动能力鉴定】 年内，落实鉴定工作标准化建设，通过硬件设施建设、窗口服务建设、开辟绿色通道组织专场鉴定，改善鉴定服务环境，提升鉴定服务质量。发放服务评价表400份，满意度100%。充实完善医疗卫生专家库，补充选聘10名医疗卫生专家，专家库人数49

人。组织专家业务培训10次，提高医疗专家鉴定水平。组织劳动能力鉴定294人。其中，工伤评残263人，同比上升24.1%；已达到伤残等级218人，未达到伤残级别45人；因病鉴定24人，达到完全丧失劳动能力20人；委托鉴定1人，配置辅助器具确认6人。

（任雪莲）

【工伤认定】 年内，强化对交通事故、第三人伤害、突发疾病等重点案件的核实，办理工伤认定410例，认定工伤373例，不予认定工伤1例，终止工伤认定6例。工伤认定时限内办结率100%。全年有14名工伤职工进行康复治疗。组织开展工伤保险主题宣传活动，发放各类宣传材料10000份。落实“同舟计划”，以建筑业为重点推动工伤保险扩面，46个建筑项目实现参保。

（任雪莲）

【劳动人事争议调解仲裁】 年内，优化办案流程，探索实行要素式办案机制，设立庭前调解小组，案件实行简繁分流。妥善处理“青扬五洲”重大集体争议案件，开通“追薪维权绿色通道”，仲裁文书直接送达，严格适用终局裁决。受理各类争议案件683件，同比减少34.52%。其中，集体争议38件，涉及职工339人，同比减少28.33%。全年结案率99.12%，调解率46.97%，一裁终局比例43.89%，为申请人追回劳动报酬及其他赔偿620万元。从案件类型分析，因劳动报酬引发争议356件，保险福利18件，经济补偿及赔偿230件，其他原因79件。从案件处理结果分析，用人单位胜诉比例占31.4%，个人胜诉比例占33.12%，双方部分胜诉比例占35.48%。

（任雪莲）

【劳动监察】 年内，以冬奥会、世园会、政府保障房项目等政府投资类建筑工地为重点，摸底排查农民工欠薪隐患，规范工资支付渠道。以住宿餐饮业和劳动密集型企业为重点，开展执法宣传专项活动。日常检查用人单位599户6.3万人次，查处劳动违法案件88件，追发补发工资886人1072.62万元；为3人补缴社会保险，为3人补签劳动合同，发放责令改正通知书29份，行政处罚2起，罚金1.2万元。

（任雪莲）

【劳动合同履行】 年内，对重点行业、重点企业实施劳动合同监控，办理劳动合同季报240家，涉及劳动者5478人次，合同签订率98.47%。推进各项劳动关系审批备案工作，截至年底，集体合同备案单位180家，涉及职工13461人；综合计时工时工作制单位129家，涉及11290人；不定时工作制单位17家，涉及360人；劳务派遣单位51家。

（任雪莲）

工资福利

【企业收入分配宏观调控指导】 年内，制订区属国有企业负责人薪酬制度改革方案和在岗职工平均工资水平统计办法，会同区国资办做好国有企业工资内外收入调查工作，完成人保部和市局两次薪酬调查。9月1日起，企业最低工资标准从1890元提高到2000元，增长5.8%。

（任雪莲）

【考核奖励】 年内，全区90家单位3979名处级及以下公务员和纳入规范事业单位工作人员参加年度考核。参加考核人员中，优秀等次773人，称职等次3043人，参加考核不确定等次162人，不称职1人。未参加考核5人。经考核，941人获得奖励。其中，179人获三等功（处级领导44人，科级及以下人员135人）；762人获嘉奖（处级领导175人，科级及以下人员587人）。事业单位工作人员年度考核共涉及全区37个主管部门287家事业单位9339名工作人员，其中参加考核9308人，未参加考核的31人。参加考核的人员中，优秀等次1778人，合格等次7432人，基本合格等次1人，不合格等次2人，未定等次95人。

（任雪莲）

民 政

【概况】 北京市延庆区民政局是负责全区民政事业、民族事务、宗教事务的区政府工作部门。设14个科室（其中7个行政科室，7个事业科室），辖属单位10个。在岗150人。年内，为14类3万人发放19项民政救助资金1.63亿元。有注册志愿者71098人，志愿服务队伍1778支。有登记注册社会组织228个。城乡低保标准调整为900元。年内，完成旧县镇、香营乡等13家捐助站点规范化建设。为586名急难群众发放救助资金127.51万元。救助大病家庭100户、突发事件家庭2户，发放救助款210.9万元。为119名大学新生发放高等教育新生入学救助资金52.74万元。救助低保家庭在读学生351人，发放助学款48.24万元。接收各类善款280.27万元。争取福彩资金703万元用于光荣院建设。完成北京市应急救灾物资储备库延庆分库项目选址、设计布局规划方案及地上物评估等工作。全年建设养老驿站6家，实现运营2家；建成乡镇养老照料中心6家。开展第三届青年新“24孝”孝星评选活动，评选出10名新孝星。张山营镇、大榆树镇2家爱心家园升级改造为慈善超市并投入使用。

单位名称：延庆区民政局
地　　址：延庆镇东外大街59号
电　　话：69141405

（王晓云）

养老服务

【重阳节敬老活动】 10月，开展北京“重阳文化节”延庆系列文化活动，以“长城寄乡愁　慈孝暖京华”为主题，分为感受重阳、感动重阳、感恩重阳三大板块，包括十大系列66项活动。

（王晓云）

【区养老核心区运营】 11月15日，延庆区养老核心区挂牌运营。养老核心区位于延庆妫水南街，其中包括区级养老服务指导中心、区级养老院、区光荣院、区军队离退休干部活动中心、湖南社区养老服务驿站和南菜园社区卫生服务中心，占地2.5万平方米，内设床位543张。包括养老服务商20家、养老机构31家和农村助老服务队11支，辐射服务全区范围内60岁以上老年人6.3万名。老人只需拨打热线电话（010—61116969）即可“一键式”预约，该中心安排距离老人最近的为老服务单位派单前往服务，并对服务商、服务过程、服务质量等进行全程监管和实时监测。

（王晓云）

【老年营养餐服务体系建立】 年内，制定《延庆区社区老年营养餐服务体系建设方案》和《延庆区“中央厨房+社区配餐”服务补贴办法》，明确政府为餐饮企业免费提供配餐场地、水电等扶持政策；设立9个社区老年配餐服务站，辐射居家老年人5000人。20家村级餐桌，为1200名老年人提供用餐、助餐服务。老年人凭证件享受8折优惠。

（王晓云）

【“1+1”关爱空巢助老项目】 年内，11个乡镇107个村开展慈善“1+1”关爱空巢助老服务项目，650名志愿者为885名困境老年人提供上门服务。

（王晓云）

【百岁老人祝寿机制建立】 年内，建立为百岁老人祝寿长效机制，为2名百岁老人祝寿，每人送去1000元慰问金。

（王晓云）

【养老机构管理】 年内，为12家养老机构发放运营补贴178.98万元，完成8家养老机构67名老人生活自理能力评估工作。录入2568条入住老人信息、650条机构工作人员信息、32条机构信息。组织29家养老机构投保养老机构综合责任保险。联合区质监局制定《2017年延庆区养老机构星级评定实施方案》，区光荣院、瑞康缘老年养护中心、香营乡敬老院参与评定，区光荣院、瑞康缘老年养护中心评定为一星，香营乡敬老院评定为二星。推进养老机构公办民营工作。年内，养老机构拆除燃煤锅炉31台，实现清洁能源取暖。实地检查老机构108次。联合区消防支队、安监局、食药监局对32家养老机构开展为期40天的安全隐患大排查大清理大整治活动，发现部分养老机构存在未设置火灾自动报警系统和自动灭火系统、未设置双回路供电系统、仅设置一部疏散楼梯等问题，对存在问题的养老机构，已要求责令整改，问题严重的已责令停业整顿。

（王晓云）

【惠老政策落实】 年内，为9344名80周岁及以上老年人养老助残卡，充值991.24万元；为65~79周岁的老年人发放北京通——养老助残卡30818张；为346人60~64周岁老年人办理老年人优待证346本；为832名90~99周岁及以上老年人发放高龄津贴73.98万元，为16名百岁老人发放高龄津贴2.64万元；为18名95周岁及以上老年人报销医药费0.44万元；春节、重阳节期间，慰问百岁老人、特困老人1200人次，发放慰问金36.3万元；为3885名60周岁以上“低保、特困、优抚”老年人统一购买老年人意外伤害保险19.43万元；完成540户困难老年人家庭适老化改造工作。

（王晓云）

社会救助

【慰问救助资金751.8万元落实】 年内，慰问5大类28小类民政对象7342人（户），慰问延庆区光荣院、延庆区儿童部、延庆区瑞康缘老年养护中心3家福利机构。慰问救助资金751.8万元。

（王晓云）

【城乡最低生活保障】 年内，城乡低保标准从家庭月人均800元调整为900元；城乡特困分散供养标准从家庭月人均1120元调整为1350元；城乡特困集中供养标准分别从家庭月人均1485.6元和839.25元统一调整为1350元；城乡低收入标准从家庭月人均1050元调整为1410元。全区有城乡低保对象2940户4313人，支出低保金4518.41万元；城乡特困人员807户813人，支出资金1305.88万元。发放城乡低保和城乡特困人员电价补贴33.56万元。

（王晓云）

【城乡低保复审】 年内，对全区18个街乡4183户城乡低保对象和城乡特困人员进行复审，清退188户348人。

（王晓云）

【发放低保和特困家庭采暖补贴】 年内，对依靠燃煤自采暖的3465户低保家庭和分散供养特困人员给予采暖补助346.5万元；为66户集中供热采暖的低保家庭和分散供养特困人员发放集中供热采暖补助6.67万元。

（王晓云）

【医疗救助】 年内，为10283人次社会救助对象发放医疗救助资金1304.59万元。集中资助符合参保参合条件的城乡社会救助对象个人缴费部分，资助参保317人，支出资金12.51万元；资助参合5413人，支出资金86.61万元；共资助5730人，支出资金99.12万元。参保率98.45%，参合率100%。为134户因病致贫家庭发放医疗救助资金110.53万元。

（王晓云）

【定期生活补助】 年内，发放定期生活补助1681.36万元。其中，新接收延庆镇谷家营、李四官庄、胜利街3个村征地超转人员566人，为全区征地超转人员发放补贴款1418.19万元；为孤残儿童发放孤儿基本生活费115.99万元；为白河伤残民工发放补贴款146.41万元；为季发定救人员发放补贴款0.77万元。

（王晓云）

【“SOS”紧急救助10人】 年内，对因重大疾病、意外事故等原因无力承担医药费的10名急难群众，每人一次性给予5000元救助金，发放救助款5万元。“SOS”紧急救助项目入选北京市民政局十个最佳创新项目。

（王晓云）

【对河北怀来贫困家庭学生帮扶】 年内，联合河北省怀来县民政部门，针对怀来县困难情况开展贫困家庭学生帮扶项目，为48名困难家庭学生发放帮扶款12.6万元。

（王晓云）

【残疾人两项补贴发放】 年内，对享受“两项补贴”待遇人员进行资格审核审定，发放两项补贴资金5723.62万元，其中困难残疾人生活补贴资金4866.80万元，重度残疾人护理补贴资金856.82万元。

（王晓云）

【留守儿童关爱服务】 年内，开展留守（困境）儿童“合力监护、相伴成长”专项行动和“助力成长”留守（困境）儿童关爱行动。通过政府购买服务方式委托北京市延庆区鹏鲲社会工作事务所开展留守儿童（困境未成年人）关爱服务项目，服务期限自2017年6月1日起至2019年5月31日止。

（王晓云）

【儿童紧急救助庇护站建立】 年内，在刘斌堡乡敬老院建立延庆区留守（困境）儿童紧急救助庇护站，辐射东部山区千家店镇、四海镇等7个乡镇，可紧急庇护留守（困境）儿童338名。

（王晓云）

【流浪乞讨人员救助】 年内，出动巡视车辆260台次，出动街面巡视人员1040人次，对城区主要街道、城中村、5个重点区域进行巡视，街面巡视劝返38人次。站内救助流浪乞讨人员103人次，其中女受助人员13人次，儿童4人次，老年人11人次，残疾人（智力残疾、肢体残疾）12人次，危重病人、精神病人4人次。全年受助人员住站214天；自行离站83人次；亲属接领8人次；跨省护送6人次；护送返乡3人次；流出地救助站接领4人次；其他方式离站2人次。

（王晓云）

【防灾减灾救灾】 年内，完成5次自然灾害统计核查报送工作。新创建农村综合减灾示范社区4个。开展社区防灾减灾知识大课堂进社区活动84次。完成“5 · 12”全国防灾减灾日和“10 · 13”国际减灾日宣传演练活动。

（王晓云）

【募集善款】 年内，“送温暖 献爱心”募捐活动募集善款95.73万元。“共产党员献爱心”募捐活动募集善款184.54万元。每月25日开展“爱心捐赠日”敞开收活动，“冬衣送暖”活动接收捐赠衣物50包1300件；敞开收捐衣物350包1.09万件。

（王晓云）

军民融合

【双拥共建】 年初，区双拥办走访驻延部队发放《部队需求调查表》，了解官兵实际需求。协调教委安置现役军人子女就学55人，其中幼儿园16人，小学23人，初中15人，高中1人。部队为全区1150名高一新生开展军训活动。部队开展与地方结对精准扶贫活动投入资金10万元。两节期间全区各级、各部门和区企业慰问部队投入经费180万元。

（王晓云）

【学雷锋志愿服务】 3月4日，联合区文化馆志愿者服务队，到旧县镇厚德敬老院，开展以“继承英烈遗志，弘扬雷锋精神”为主题的学雷锋志愿活动，为老人打扫卫生、表演节目，为20名老人诊疗。

（王晓云）

【清明祭英烈万人行动】 3月27日至4月7日，区民政局联合区教委，组织全区47所中小学校的1.3万名中小学生到平北抗日烈士纪念园缅怀先烈，接受爱国主义教育。

（王晓云）

【区首届清明诗会举办】 4月2日，在平北抗日烈士纪念园，以“海坨魂·中国梦——为有牺牲多壮志”为主题，举办延庆区首届清明诗会。活动开始前，全体人员向平北抗日战争纪念碑敬献花篮。诗会分为抗战起烽烟、英雄赴国难和共筑中国梦3个篇章，各篇章间设置红色歌舞节目。诗会共征集诗词作品100篇。少年儿童、退队干部、党员、群众和官兵80人参与朗诵。老一辈播音表演艺术家铁成参与活动并朗诵诗歌。

（王晓云）

【平北抗日根据地党的建设专题馆建成】 年内，平北专题馆建成，投入建设经费1589万元。专题馆建筑高度为6.15米，分为地上一层、地下一层，总面积2011平方米，呈回字形设计。其中，地上一层由展厅、报告厅、讲解接待中心、会客接待室组成；地下一层由展厅、文物仓库、阅览室、研究室组成。截至年底，完成“法宝——平北根据地党的建设专题展”全部布展工作。

（王晓云）

【优待抚恤】 年内，为2370名各类优抚对象发放抚恤补助金3247.77万元、慰问金186.56万元、集中供热采暖补助170.43万元。对2116名优抚对象全部进行核查，数据核查率100%。为300名义务兵发放义务兵优待金和义务兵家庭补助金842.4万元；为255名优抚对象报销2016年超支医疗费210.6万元，为14家卫生院下达2017年基本医疗费预算152.1万元；完成21名优抚对象危房翻建工作。为113名困难优抚对象发放临时救助10万元。全年新增优抚对象32人，去世优抚对象98人。

（王晓云）

【退役士兵安置】 年内，接收2016年度退役士兵103人，其中自主就业退伍士兵98人，符合政府安置工作5人。发放自主就业一次性经济补助791.99万元，发放待安置期间生活补助2.07万元。组织退役士兵11人参加短期技能培训，发放教育培训资金0.72万元。

（王晓云）

【建军90周年义诊】 年内，与延庆区中医院联合开展走进部队义诊活动，为200名官兵进行义诊。双方结成长期共建对子，区中医院将长期为部队提供医疗服务。

（王晓云）

【光荣院建设】 年内，争取703万福彩资金优化硬件环境建设。提高入院优抚老人零花钱标准，在现有的基础上每人再增加100元。与延庆区南菜园社区卫生服务中心、北京中医医院延庆医院签订医养结合合作协议，老人享受免费定期体检、享受绿色通道服务可优先入住。建成荣誉室，包括光荣院发展区、荣誉展示区、革命传承区3个版块。

（王晓云）

民族宗教

【宗教界扶贫】 10月27日，市宗教界捐助延庆区少数民族乡村贫困户善款30.2万元，区14个民族村151户贫困家庭受益。

（王晓云）

【宗教节信众活动】 年内，平安夜、圣诞节接待信教群众及参观人员2300人次。开斋节和古尔邦节会礼活动接待穆斯林群众400名。

（王晓云）

【少数民族村获得发展专项资金770万元】 年内，在北京市2017年度少数民族乡村经济发展专项资金以奖代补考评工作中获得7个奖项、奖金770万元，其中延庆区政府获得区级主体作用发挥优秀奖一等奖，奖金500万元；井庄镇政府获得乡镇主体作用发挥优秀奖三等奖，奖金60万元；慈母川村、新华营村、南张庄村、吴坊营村分别获得特色发展示范奖、精准帮扶优秀奖及经济发展进步奖，分别获得奖金50万元、20万元、20万元和20万元；井庄镇王仲营村获得国家民委命名的“中国少数民族特色村寨”称号，奖金100万元。

（王晓云）

【民族乡村发展项目落实5个】 年内，完成5

个少数民族乡村经济发展项目，分别为康庄镇东官坊村满族文化特色村庄建设项目、永宁镇吴坊营村农业设施建设项目、井庄镇南老君堂村满族文化特色村庄建设项目、井庄镇王仲营村特色村寨建设二期工程、大庄科乡大庄科村满族文化特色村寨环境整治建设项目。项目总投资588.63万元，获得市民委以奖代补扶持资金560万元。

（王晓云）

社会专项事务

【全市率先完成首批“北京通”发卡工作】 年内，在全市范围内率先完成首批“北京通—民政一卡通”发卡工作，发卡4307张，其中“民政优待卡”84张，“民政普通卡”4223张。

（王晓云）

【见义勇为人员权益保护】 年内，为24名见义勇为人员发放慰问金和生活困难补助8.22万元。组织24名见义勇为人员免费体检。

（王晓云）

【婚姻和收养登记】 年内，办理婚姻登记4976件，其中结婚登记2870件，离婚登记1206件，补领婚姻登记899件，出具婚姻登记记录证明1件，依法登记合格率100%。全年办理收养登记13件。

（王晓云）

【残疾人就业】 年内，全区31家福利企业安置职工1048人，其中集中安置残疾人职工481人，残疾人职工所占比例46%，超比例安置残疾人职工219人，残疾人职工月平均工资2436元，超出北京市最低工资标准546元。

（王晓云）

【殡葬管理】 年内，接运、火化遗体1851具，土葬区安葬338具；发放丧葬补贴45.5万元；对经营性公墓、殡仪馆进行逐一检查和排查摸底，未发现违规行为；殡仪馆不存在对遗体存放、未登记、销售殡葬用品未明码标价等违规行为；对丧葬用品市场联合执法检查，依法查处10家违规经营封建迷信用品的店铺。确定八达岭陵园为生态自然葬定点服务单位。

（王晓云）

【殡仪馆基础设施改造】 年内，新建骨灰堂工程项目建设完成，寄存格位20259个，可满足全区治丧群众的寄存需求。年内，寄存骨灰1798份。申请财政资金36万元，对2台捡灰炉进行维修。申请财政资金53万元，升级改造平板炉1台。

（王晓云）

【福利彩票销售】 年内，全区23家销售站销售福利彩票3268.70万元，其中电脑福利彩票2642.02万元，即开型福利彩票626.68万元。

（王晓云）

【社会保障资金发放】 年内，为21.95万人次发放老龄、低保、社救、优抚等社会保障民政资金1.63亿元。

（王晓云）

民政社会治理现代化

【社会工作人才服务中心成立】 6月7日，经区编办批准将延庆区民政局内设机构民政科和所属事业单位延庆区社区工作办公室职能合并，延庆区社区工作办公室更名为北京市延庆区社会工作人才服务中心。

（王晓云）

【村（居）委员会统一社会信用代码】 年内，完成376个村委会和46个居委会信息采集、审核、比对工作，全部录入“全国村（居）委会统一赋码管理系统”。

（王晓云）

【半数行业协会商会与行政机关脱钩】 年内，以区委区政府名义印发《北京市延庆区行业协会商会与行政机关脱钩实施方案》，全区行业协会商会45家，24家单位完成脱钩工作，脱钩数量占行业协会商会总数的二分之一。

（王晓云）

【行政审批科成立】 年内，将内设机构社团办加挂行政审批科牌子，负责全局涉及法律、法规、规章规定本行业、领域权限范围内的14项行政审批工作事项。

（王晓云）

【京冀行政区域界线联检】 年内，配合河北省开展京冀线联检工作，对全线156.6千米的行政区域界线、1枚界桩进行联检，依据界线协议书及附图，完成2017年京冀线联检及档案电子化录入工作。

（王晓云）

【社区服务】 年内，全区有注册志愿者71098人，志愿服务队伍1778支。区社区服务平台网站系统发布信息1219条。开展社区大课堂45节，受益3105人。为全区2017年度首都社区优秀志愿者40人和区级优秀志愿者329人进行志愿服务回馈，标准为每人面值100元通信卡；为其中35名优秀志愿者骨干进行健康体检。

（王晓云）

【社会组织管理】 全区有登记注册社会组织228个，其中社会团体146个，民办非企业单位82个。社会团体中专业性社团86个、行业性45个、学术性社团5个、联合性社团9个、社会公益性1个。办理社会团体成立登记2个，变更登记39个，注销登记2个，撤销登记7个，行政警告4个。民办非企业单位中社会工作类35个、教育类20个、体育类7个、科学研究类4个、生态环境类3个、农业及农村发展类2个、法律类2个、卫生类3个、文化类4个、职业及从业者组织2个。办理民非成立登记6个，变更登记7个，注销登记4个，撤销登记1个，行政警告1个。

（王晓云）

【社会组织评估】 年内，委托北京正弘公共绩效评估管理服务中心对符合评估条件的8家社会组织评估，其中3家被评为3A级社会组织，4家被评为2A级社会组织，1家评为1A级社会组织。

（王晓云）

【“诚信建设行”活动】 年内，制定《北京市延庆区民政局关于开展社会组织“诚信建设行”活动的方案》，向全区社会组织印发，并组织全区社会组织召开工作部署。187个社会组织撰写“诚信建设承诺书”向社会公开承诺。

（王晓云）

居民生活

【概况】 年内，全区人民生活水平继续稳步提高。城镇居民人均可支配收入41599元，同比增长8.2%；农村居民人均可支配收入21248元，同比增长8.5%。随着人民收入水平的提高，消费品市场繁荣活跃，按产业经营地核算，全年全区实现社会消费品零售额941848万元，同比增长7.5%。

（林茹）

【城镇居民收入和支出统计】 年内，根据城镇居民家庭抽样调查统计，城镇居民人均可支配收入达41599元，比上年增长8.2%。工资性收入为29943元，增长4.9%。城镇居民人均生活消费性支出27109元，同比增长9.3%，八大类消费支出中除生活用品及服务支出下降外，其他类支出均有不同程度增长。其中，增速最快的是医疗保健支出，同比增长34.0%，其次分别是其他用品和服务、教育文化娱乐、居住、衣着、交通和通信、食品烟酒，增速分别为27.5%、22.3%、9.0%、5.8%、3.9%和3.0%。

（林茹）

【农村居民收入和支出统计】 年内，根据农村居民住户调查资料显示，农村居民人均可支配收入21248元，同比增长8.5%。其中，工资性收入13730元，增长8.3%；经营净收入3591元，增长8.9%；财产净收入692元，增长6.0%；转移净收入3235元，增长9.3%。在农村居民收入增长的推动下，农村居民人均生活消费支出达到15641元，同比增长7.9%。八大类消费支出中除生活用品及服务支出、衣着支出和食品烟酒支出下降外，其他类支出均有不同程度增长。其中，增速最快的是教育、文化和娱乐，同比增长46.9%，其次分别是医疗保健、交通和通信、居住、其他用品及服务，分别增长21.4%、15.5%、4.4%和1.0%。

（林茹）

社会建设

【概况】 中共延庆区委社会工作委员会（简称区委社会工委）是负责全区社会建设工作的区委派出机构，与延庆区社会建设工作办公室（简称社会办）合署办公。主要负责制定政策、综合协调、社区建设、社会组织建设、社会队伍建设、志愿者工作、社会公共服务和社会领域党的建设。设科室3个，编制9人。年内，完成区级社会组织孵化中心建设，引入6家社区社会组织入驻；市社会建设专项资金购买社会组织服务项目申报获得批复19个，批复资金272万元；制定《非公企业和社会组织党支部规范化建设试点工作方案》，建立非公有制经济组织和社会组织党建工作联席会议制度。区物业改革领导小组办公室开展延庆镇、旧县镇、康庄镇、永宁镇属地范围内成规模、成建制的居民住宅小区基础信息收集工作；完成百泉街道4栋公安局自管楼及香水园街道2栋财政局自管楼、4栋中银自管楼和4栋水利局自管楼向属地街道交接工作。与区文明办共同印制下发《关于推行街巷长工作的实施方案》，举行全区街巷长上岗启动仪式；街道绿化补植苗木4万株，城区3个街道范围内住宅小区绿化覆盖率85%；停车管理工作、绿化养护工作及设施维护工作专项检查4次，季度综合性集中检查3次，聘请物业改革社会监督员36名，上报各类事件750件，其中物业管理范畴事件670件，办结636件，办结率95%；开展废旧物品置换，清理小区楼道内废旧自行车和闲置物品，完成小区机动车停车位施划，安装小区自行车棚；完成胜芳园社区等4个社区规范化示范点创建任务，完成8个老旧小区自我服务管理试点创建工作，完成20个村级社会服务管理示范点创建工作，推进永安社区等6个智慧社区创建工作；开展2017年社会领域党组织书记培训班集中培训120人，党建指导员工作培训40人；社区工作者骨干能力提升培训班培训37人；对非公有制企业和社会组织进行党建品牌重点指导培育20家，定期走访直接联系的非公企业5家。

单位名称：中共延庆区委社会工作委员会
地　　址：延庆镇妫水北街70号
电　　话：69177830

（胡琳）

【社会领域党组织书记培训】 8月，对全区社区党组织书记、两新组织党组织书记及党建指导员120人进行了为期3天的集中培训，学习北京市十二次党代会精神以及市委书记蔡奇到延庆调研的讲话精神。

（胡琳）

【社工队伍建设】 9月，举办社区工作者骨干能力提升培训班，对37名社工骨干进行集中授课、体验式学习、拓展训练及学习参观。同期，对全区200名报考社会工作职业水平考试的社工进行为期4天的社会工作职业水平初级中级考试培训。截至年底，全区128人取得社工师职业资格证书，全区社工持证率39.5%。

（胡琳）

【社会领域党组织建设】 年内，制定《2017年全区非公企业和社会组织党建工作重点任务》《非公企业和社会组织党支部规范化建设试点工作方案》，建立非公有制经济组织和社会党建工作联席会议制度，与区工商局、民政局建立联动机制，定期对乡镇、街道进行调研走访，创建非公企业和社会组织党支部试点6家。开展社会领域“不忘初心跟党走　平凡岗位做贡献”百姓宣讲活动和“学习贯彻十九大精神”党建知识竞赛，非公企业党组织和社会组织党组织30家参加；培育非公有制企业和社会组织党建优秀典型20家。

（胡琳）

【住宅小区绿化】 年内，印制《延庆区住宅小区绿化养护管理工作手册》，加强检查指导，借助园林绿化部门绿化资源优势及技术人员优势，为各街道绿化补植苗木4万余株。截至年底，城区3个街道范围内住宅小区绿化覆盖率达到85%以上。

（胡琳）

【物业考核监督】 年内，停车管理、绿化养护及设施维护工作专项检查4次，季度综合性集中检查3次。聘请社会监督员36名，利用网格民生服务平台对小区物业服务情况进行实时监督，上报事件750件（其中属于物业管理事件670件），办结636件，办结率95%。

（胡琳）

【停车标线施划】 年内，委托专业人员对3个街道6个试点小区的机动车和非机动车停车标线进行施划，在高塔小区内安装自行车棚30平方米。

（胡琳）

【社区示范点创建】 年内，完成胜芳园社区、莲花苑社区、川北西社区、新兴东社区4个社区规范化示范点创建任务，完成8个老旧小区自我服务管理试点创建工作；将村级社会服务管理创新示范点工作与网格化体系建设工作相结合，采取“点站共建”模式，完成20个村级社会服务管理示范点创建工作；完善“1+30”社会建设站群网络体系，推进永安社区、胜芳园社区、川北西社区、振兴北社区、莲花苑社区6个智慧社区创建工作。

（胡琳）

【社会组织建设】 年内，完成区级社会组织孵化中心建设，配置必要办公和活动设备，提供必要活动场地，聘请市第三方机构代运营，引入6家社区社会组织入驻。

（胡琳）

（栏目编辑：池尚明）

街　道

香水园街道

【概况】 香水园街道工委、街道办事处是区委、区政府的派出机构。负责辖区内宣传贯彻党的路线、方针、政策和国家的法律、法规，执行上级党组织、政府的决议决定。负责辖区内党建、思想政治工作和精神文明建设，协调辖区内社会单位、组织、团体。做好社区治安综合治理、计划生育、社区环境整治、民政、残联、社保、文化体育等工作。辖区以妫水湖中心线以北、妫水北街以东，北至团结路和庆园街、东至龙庆路和京银路，辖区面积7.5平方千米。辖12个居委会，居民楼房302栋，总人口1.6万户，4.9万人。有11个社区党委，63个社区党支部，8个两新组织党支部，2个机关党支部，党员2505人。有行政科室4个、事业科室7个、外派站所4个。街道公务员23人、事业干部78人、社区专职工作者75人，“4050”人员328人。

年内，香水园街道以党建统领全局，建立集部署、汇报、检查反馈于一体的街道微信群，对2505名党员实施“一员一卡一册一库”（为每位党员填写党员信息卡、党员手册，全面记录党员各项基本信息以及参加组织生活等情况）规范管理，举办党建知识竞赛和宣讲26场次，聘请12名党风政风监督员，党员配发十九大学习读本、党章、学习用品，选取13个试点支部对“一规一表一册一网”（一规是《党支部工作规范》，一表是《党支部学习活动年度安排表》，一册是《党支部工作手册》，一网是北京长城网、党员E先锋微信公众号为重点的网络平台）进行试用，完成支部规范化建设，重新设置社区党支部，积极开展“3+X”（重温入党誓词、诵读党章、缴当月党费+自选动作）主题党日活动。打造新兴西、高塔、恒安、东外精品社区，高标准打造石河营西、兴运嘉园精品示范社区，接待延庆区、北京市和外省市参观学习18批次。组织12个社区开展党建观摩式检查评比，新成立5个两新组织党支部和人民团体，建雄之星党支部被评为延庆区先进基层党组织，全友家私党支部获全区党建知识竞赛一等奖。

全年辖区内安装主题雕塑12座，更新更换宣传栏2000块，制发宣传品3万份、宣传材料5万份；成立12支老党员先锋队，参与党员834人，开展志愿活动400次，北京市老干部局“双先”事迹拍摄中，街道优秀党员闫素平、刘轩的事迹在北京电视台播出。街道社保所被评为全国社会保障系统先进集体。街道被北京市团委定为“青年五大行动志愿服务进社区”试点单位，成立23个“小巷管理志愿服务队”，开展志愿服务项目96个。接待台湾参访团2批次57人，促进4个社区与台湾高雄社区签订框架协议。组织实施“1+2+X精准帮扶”项目，投入30万元，对辖区79户困难党员、弱势群体开展菜单式服务500次。对25家提供诚信、优质服务的商户“一刻钟服务圈”进行升级改造。完成党组织服务群众建设项目50项，解决川北西、恒安2个社区党群活动室用房问题。街道被评为2017年度市级交通安全先进单位、区级安全生产先进单位。

单位名称：香水园街道办事处
地　　址：延庆镇妫水北街70号
电　　话：69177807

（宋玉霞）

【闲置物品兑换】 5月23日，香水园街道联合区创城办、区商委在石河营西社区共同开展“资源永续　扮靓家园　全民‘双创’幸福你我暨香水园街道‘双创’百日攻坚”活动启动仪式。同时开展闲置物品兑换活动。9月19日，香水园街道联合区商委在新兴西社区共同开展“鲜花装点扮靓世园　文明停车彰显素质——香水园街道喜迎十九大　筑梦冬奥会系列活动”，开展闲置物品兑换，区饮食服务行业协会独家赞助2000盆鲜花作为兑换物品，街道办事处制作临时停车牌、分类垃圾袋、环保无纺布袋。将每个月最后一周的周六定为“闲置物品兑换大集”，年内收到自行车等废旧物品近万件，向居民发放鲜花等宣传品20万件。

（宋玉霞）

【街道执法队成立】　8月，成立香水园城管执法队。香水园城管执法队有11名公务员（1名队长、1名教导员、2名个副队长、1名内勤、6名队员）和40名协管员，办公地点在区城管执法局。香水园城管执法队全年查处相关违法行为31起，罚款63740元，受理热线举报、处理监管通知单、督办单、首环办台账等161起，回复率、整改率均100%，查处违法建设9起，拆除面积710.78平方米。

（宋玉霞）

【疏解整治促提升行动】　年内，确定23名街巷长，组建小巷管家委员会、街巷志愿服务队，按照“十无、十有、五好”标准（十有：有自治组织、有街巷长、有公示牌、有问题台账、有设施维护、有绿地养护、有文明秩序、有居民公约、有志愿服务活动、有胡同文化。十无：无私搭乱建、无“开墙打洞”、无立面乱象、无道路破损、无违规牌匾、无秩序乱象、无绿地缺失、无凌乱架空线、无乱堆乱放、无环境脏乱。五好：公共环境好、社会秩序好、道德风尚好、共创共建好、宣传氛围好）完善台账，重点整治金宸西街、新城街南段、建业胡同、三小路口，完成11条背街小巷环境整治提升工作。年内，街道6家市级挂账“散乱污”企业通过市经信委验收，剩余130家全部实现动态清零。封堵“开墙打洞”19处，完成全年任务目标的211%；整治无证无照经营行为12起，完成全年任务目标的200%。

（宋玉霞）

【社区环境建设和治理】　年内，完成东外、川北西、川北东社区综合提升改造工程；完成高塔、恒安、新兴西、泰安社区雨污分流改造工程和新兴西社区绿地改造升级工程。开展各社区主要干道、背街小巷、卫生死角等重要点位环境整治，街道出资清理社区堆积物、建筑垃圾450车，开展环境专项整治行动30次，参与活动3万人次，清理整治创卫办、首环办、网格舆情等各种台账230处，整改率100%。清退经营性小煤炉52台，拆除石河营东辖区北京面香村食品厂院内0.5蒸吨燃煤锅炉1台。全年查处大气污染类违法行为11起，其中施工工地类4起，罚款3.8万元；运输车辆类6起，罚款1.8万元。开展“全天候，无缝隙”巡查和看护，为100家办喜事家庭入户送鲜花，免费配备电子炮设备等。

（宋玉霞）

【河长制落实】　年内，街道成立河长制工作领导小组，指挥部下设河长制办公室，制定并下发《香水园街道进一步全面推进河长制工作方案》，制定河长制会议制度、信息共享制度、信息报送制度、督导检查制度、巡查制度、考核办法、工作验收办法7项制度，确定街道级河长、社区级河长、社区河长巡查员的三级管理体系，建立每日巡查、集中检查、执法检查机制。

（宋玉霞）

【物业服务市场化份额提升4%】　年内，街道建立社区《环境综合治理台账》、一日双查检查机制、物业管理与考核办法、公共设施维护员管理考核办法、社区环境考核细则等制度，落实“四查三责”机制（日查即反、周查即改、月查通报、季查上会，落实领导督办、科室督查、社区整改三级责任）。街道12个社区全部完成自我服务管理试点工作，新引入物业公司管理北高塔、石河营西、恒安中银院等居民楼10栋，物业服务市场化份额提升4%。

（宋玉霞）

【生活设施维修】　年内，解决新兴小区53号楼地下室多年的渗水问题。完成兴运嘉园社区、恒安社区28号楼消防安全设施维修改造改造项目。运用50%小型项目维修资金完成更换楼道纱窗等物业难题90项。在6个社区广场、公园等人员密集活动场地和出入口安装高清监控探头和视频系统。对辖区高大树木进行修剪，消除树枝树干砸车、伤人隐患，雇车辆清理清运枯草烂叶，消除火灾隐患。

（宋玉霞）

【垃圾分类】 年内，实施居委会和街道对外聘公司的双向考核双向管理，引进社会资源购买分类垃圾袋、分类果皮箱、厨余垃圾桶，安装遮雨棚，引导居民垃圾分类常态化，各社区厨余垃圾分类正确率95%以上。将14.39万平方米绿地采取外包的形式承包给专业的绿化养护公司，实行专业养护与物业维护的双重管理模式。对恒安、尚书苑、石河营东等社区进行绿化补植、栽种花草、安装绿地围栏。对辖区黄土露天、建筑垃圾等进行专业苫盖1730平方米。

（宋玉霞）

【社会保障】 年内，开发保洁性公益性就业岗位36个，托底安置246名。“4050”人员就业246人，完成全年指标的129%。就业培训109人，完成全年指标109%；职业介绍空岗采集543个，完成全年指标119%；职业指导514人次，完成全年指标114%。街道联合区民政局在新兴西、川北东、高塔社区共同建立“中央厨房+社区配餐”服务体系，由“中央厨房”统一制作餐食，建立老年配餐服务站，为老年人解决吃饭难的问题。坚持“十上门服务”，预防和保健并重，为3668人次进行B超、妇科、中医、乳腺等项目的健康检查，组织1568名育龄妇女参加“两癌筛查”工作。组织40对夫妇参加孕前优生检查，与中医院共同完成家庭医生签约工作。

（宋玉霞）

【安全社区建设】 年内，街道企业总数640家，2017年检查3800家次，覆盖率97.8%。辖区企业信息完善率99.86%，小微企业达标50家，完成不合格灶具淘汰工作。对70家燃气使用餐饮单位开展燃气安全检查，下达责令改正通知书54份，处罚14起，罚款7000元。安全隐患大排查大清理大整治专项行动出动检查人员2590人次，累计检查1213家次，发现一般安全隐患889处，整改553处，其中三合一、高危密集居住场所隐患175家次。完成兴运嘉园社区、恒安28号楼高层建筑消防安全设施维修改造项目，确定交通安全、消防安全、社会治安、安全生产、校园安全、居家安全及建筑与燃气安全7方面11个安全促进项目，实现辖区内重要安全点位全覆盖，完成创建评审工作。

（宋玉霞）

【网格化管理】 年内，依托街道网格化社会服务管理平台，将综合治理、民生服务、城乡环境等事项整合，一站式办理，将应急管理、非紧急救助服务、舆情信息和新设立的24小时便民服务热线等民生服务工作，全部纳入网格化服务管理范围。5月成立“娘子军”网格督查队，有队员9人，在街道三楼办公，全面督查辖区内发生的各类事件。2017年网格化社会服务管理平台上传网格事件7085件，接区派发各类诉求1049件（6件转派），全年“三率”指标达到回复率100%，满意率67.54%，反馈率90.20%。调处各类矛盾纠纷58起，调解成功58起，纠纷受理率达到100%，调处成功率达到100%。扩大法律援助范围，纳入城市拆迁、征地补偿、劳动争议、农民工讨薪等民生问题，街道办理非诉讼案件11件，民事案件29件，法援案件21件，中彩金案件34件，代书110件。街道法律顾问审理合同3份，为街道办理民事案件一审2件。

（宋玉霞）

【文化建设】 年内，香水园街道有舞蹈、健身、合唱等文体团队50支；居民文化骨干100名；各类团队队员3000人。开展送春联慰问、花会大赛、滑冰滑雪培训、健身知识大讲堂、消夏文艺演出、健身操舞大赛、“市民英语100句”培训等系列活动，参与人数5万人。打造“水园香”英语、合唱、行进有氧健身操、大鼓、太极“五百”特色团队，其中合唱团连续6年获区合唱比赛一等奖；行进有氧健身操队蝉联两届北京市全民健身大赛冠军；舞蹈队多年连获舞蹈大赛一等奖。年内荣获奖项30项，其中获国家体育总局颁发的“2013—2016年度群众体育先进单位”、北京第二十届中老年优秀健身项目表演一等奖、第四届北京市民健身操舞大赛总决赛二等奖、区群众舞蹈大赛一等奖等。

（宋玉霞）

2017年香水园街道社区基本情况统计表

表2

序号	居委会名称	党支部书记	居委会主任	户数（户）	人口（人）
1	川北东社区	张志亮	张志亮	1706	4610
2	川北西社区	张荣强	张荣强	1288	3805
3	石河营东社区	高合春	刘云涛	1560	4400
4	石河营西社区	彭永军	彭永军	1030	2865
5	新兴东社区	曹玉环	曹玉环	990	3868
6	新兴西社区	王惠荣	王惠荣	3000	8827
7	高塔社区	贾元兴	董　强	2654	6741
8	恒安社区	吴小亭	吴小亭	1371	3803
9	东外社区	于庆霞	李怀滨	895	2345
10	双路社区	张富臣	马立新	1023	3056
11	泰安社区	郝洪勇	郝洪勇	709	2238
12	兴运嘉园社区	张培新	张培新	218	545

百泉街道

【概况】 百泉街道工委、街道办事处是区委、区政府的派出机构。负责辖区内宣传贯彻党的路线、方针、政策和国家的法律、法规，执行上级党组织、政府的决议决定。负责辖区内党建、思想政治工作和精神文明建设，协调辖区内社会单位、组织、团体。做好社区治安综合治理、计划生育、社区环境整治、民政、残联、社保、文化体育等工作。辖区位于延庆城区南部，东至京银路路中，西至汇川街和延康路，南至东江路、百泉街和姜家台村南侧，北至妫水河中线，面积6.2平方千米。设党政办公室、社区事务管理科、综合治理办公室、城管执法大队4个行政科室，社会保障事务所、社区服务中心、文化体育管理中心、社区工作服务管理站、信访接待中心、安全生产监督检查所、城市管理指挥分中心7个全额拨款事业科室和残疾人联合会。有“爱相随”“常青藤”2个志愿服务组织。行政、事业干部66人、社区专职工作者63人。辖9个社区居委会和行政、企业、事业单位61家，辖区楼房223栋、常住人口户数11339户31839人，常住户籍人口户数6284户14122人，外来人口686人。含蒙古族、回族、新疆维吾尔族、壮族和满族5个少数民族。有中、小学校及幼儿园10所，医疗卫生服务机构4所，敬老院、集中供暖所、集中供气所各1处。

年内，街道工委下辖党总支4个、党支部17个，党员959人。“百泉印象”微信公众号上线。9个社区统一建党员活动室、党员电教室。将社区公益性经费10%、街道综合性经费的10%补助党建工作，投入经费20万元购买学习资料、电教室设备。开展党员“4433”综合管理模式，即：进行结对帮扶、关爱管理、组织志愿服务、严格监督4类管理；开展“看、听、访、说”4类教育；安排理想信念教育“必修课”、能力素质选学课、党风廉政教育警示课3类课：实行党支部统一选题、党小组自由选题、个人按需选题3种选题模式。以“党建+”模式发挥党建工作的引领能力。实行“走动式工作法”，通过走、看、听、问、记、办“六步流程”发现、解决问题500件。建立一刻钟扶老助残服务圈，对173户特殊家庭上门服务，补助服务商8万元。通过“出门一把抓，回头再分家”的工作模式解决问题1000件，查找安全隐患300件。整治无证无照经营32家。建党群议事厅，开展“党员议事日”活动，让党员对社区事务“先知、先议、先行”，带动社区居民自治建设。开展社区志愿服务总队加“小棉袄”“小拐杖”“小油灯”“小雨点”“小绿树”五支党员志愿服务分队共同服务的志愿服务模式，清理安全隐患出动4000人次。开展科普、医疗卫生、文化体育等服务50次，建立在职党员临时党委，下设9个党总支、48个党支部，227个党小组，与25户老弱病残家庭签订帮扶协议。“七一”表彰先进基层党组织7个，优秀共产党员35人，慰问16人。2名党员分获区级优秀党员、优秀基层党组织书记称号。街道振兴南社区获“先进基层党组织”称号。“常青藤”党员志愿服务队获优秀党员志愿服务队称号。

全年完成开墙打洞整治任务44家，清理整治“散乱污”企业48家，无证无照经营26家，占道经营398处、无照游商69处，发放违章告知书628份。完成9个小区及药厂南街、药厂北街、功德巷、育人巷等街巷环境提升工作，粉饰外墙立面2.3万平方米，铺设沥青混凝土路面3.2万平方米，铺设步道砖6944平方米，铺设停车位7877平方米，铺设草坪砖888平方米，安装道牙7592米，新建散水1001平方米，新换井盖271个，更换小棚顶3347平方米，新建自行车棚3座，更新围栏1125米，整理绿化用地及绿化32826平方米，补植苗木2273株。为莲花苑、燕水佳园南区、湖南小区南区、北区和空军家属院安装雨水管及雨水连接管7253米，雨水检查井及雨水口581座。莲花苑小区架空线入地，安装孔井115座，四孔格栅管300米，九孔格栅管8600米，镀锌钢管5250米。振兴南、振兴北、舜泽园、国润家园、颖泽洲、上都首府家园社区路面修补951平方米，社区小井下陷修复174个。湖南、莲花苑、燕水佳园的雨污分流和小区基础设施提升改造。为9个社区安装文明养犬狗便袋（纸）箱130个。更换破损垃圾桶156个，精准固定摆放850个。购买垃圾袋100万个。采集空岗信息722条；对565人次开展职业指导服务；举办2次专场招聘会和技能培训班，培训失业人员76人次；全年接、转、借、还档案916份；新增登记失业人员313人，促进登记失业人员就业346人，就业困难人员就业171人，登记失业人员就业率达到63.37%；为63家企业办理招聘备案手续；对1056名社会化管理退休人员进行养老金资格认证，认证率100%，异地认证30人次；辖区城乡居民基本医疗保险参保525人，医保卡补换卡192人次，药费报销50人次。为44人办理城乡居民养老保险参保。享受灵活就业398人。办理残疾证73个，残疾人助残券393人次，完成残疾人信息采集填报录入系统100人；完成残疾人城乡养老保险审核16人；春节慰问59人，慰问金7600元；扶残助学1人，发放4500元；办理残疾人保险一次性补缴1人，缴费15200元；办理残疾个人保险补贴8人，共51465元；为4名残疾人发放燃油补贴共1040元。

截至年底，百泉街道获得北京市住房保障工作先进单位、创建全国文明城区工作先进集体、延庆区环境建设先进单位、“法治延庆”建设先进单位、学雷锋志愿服务金牌团队。获2017年北京市体育公益活动社区行优秀组织奖。国润家园社区《嗨起来》代表延庆区参加2017年全国广场舞大赛北京站决赛获三等奖。星霞舞蹈队《阳光路上》在2017年北京市老年人防跌打毛巾操汇报演出获区级一等奖。街道爱相随志愿者协会打造的“幸福同行　失独老人关爱”项目，在延庆区政府购买社会组织服务项目中获得“项目实施优秀奖”。街道颖泽州社区被评为全国优秀科普社区。

单位名称：百泉街道办事处

地　　址：延庆镇鸿川北路6号

电　　话：59512703　69186601

（朱振银）

【共创文明城演出】　5月17日，街道工委、办事处举办以“同心共筑妫川梦　携手共创文明城”为主题的文艺汇演活动。有大合唱，独唱、二重唱、歌伴舞、快板、才艺展示13个节目，区政协、文委、社会工委领导参加。

（朱振银）

【非法小广告清理】　7月14日，开展非法小广告清理整治专项行动，9个社区志愿者、在校学生、物业公司人员、社区巡视员、共建单位等200人参加。清理非法小广告524处。

（朱振银）

【家庭故事宣讲】　9月27日，街道妇联组织开展“家和万事兴”最美家庭故事宣讲活动，8位宣讲员讲述自己的家庭故事。辖区45个家庭50名代表和9个社区的妇联主任60人参加。

（朱振银）

【“党群翼家”APP启用】　10月26日，延庆首家党建APP在百泉街道启动。“党群翼家”APP是百泉街道与北京电信公司延庆分公司共同开发的互联网+党建创新平台，设置百泉新闻、掌上党建、社区风采、志愿服务、居民沟通五大板块。辖区党员通过党群翼家APP，能够随时随地上党课，居民能够第一时间了解百泉动态，及时反映社情民意，街道或社区通过平台发布志愿服务活动，居民志愿者通过参与志愿活动，获得电子积分，积分可兑换商品或家政服务等。

（朱振银）

【重污染执法检查】　11月3—6日，街道城管执法队、食药所、环保监察科、安全科出动执法人员90人次、道路网格化巡查600人次、物业保洁人员300人次，检查工地并责令停工5家，检查餐饮单位60家，需要整改9家，已完成整改。发放宣传资料3000份。重点道路每日增加1次以上清扫保洁。单位公用车辆停驶80%。

（朱振银）

【妇联第一届二次执委会议】　11月10日，街道妇联召开第一届二次执委会议，会议选举产生妇联主席1人，副主席1人。

（朱振银）

【就业援助116人】　11月17日，街道社保所联合区人力资源与社会保障局共同组织“就业援助　真情相助”招聘会。36家用人单位提供就业岗位907个，应聘400人，达成就业意向116人。

（朱振银）

【安全隐患整治】　11月27日，街道联合区消防支队、区安监局、工商局、辖区派出所、城管执法队、食药所对辖区排查出的“三合一”、人员密集场所、彩钢板建筑、违法出租房屋等场所的安全隐患开展执法检查专项行动。出动检查人员182人次，检查企业场所14家次。

（朱振银）

【违规广告牌匾拆除】　12月11日，对辖区内的户外广告、灯箱、门头牌匾等进行全面摸底排查，向违规广告牌匾业主发放《致广大业主的一封信》，与无法自行拆除的商户签订《屋顶广告牌匾帮拆同意书》，由市政和街道联合帮助商户拆除违规广告牌匾13家。

（朱振银）

【垃圾分类试点建设】　年内，街道为各社区建立垃圾分类奖励试点“绿色小屋”15个。居民办理回收平台智能积分卡，根据厨余垃圾分类标准投入对应的垃圾桶就会获得相应积分，用积分兑换卫生纸、洗衣粉、大米、油等生活用品，200户居民注册。

（朱振银）

【废旧非机动车清理671辆】 年内，开展清理长期停放废旧非机动车专项整治行动。辖区9个居委会通过废旧非机动车换礼品和物业集中清理的方式清理废旧非机动车671辆，投入资金3.36万元。

（朱振银）

【计划生育】 年内，办理再生育行政确认6例；流动人口两孩以内生育服务登记27例、独生子女父母光荣证6例、新生儿随父入户手续18例、社保人员存档证明手续35例、接待居民电话和来访咨询385人次、办理一孩生育登记服务单56例，二孩生育登记服务单104例，新生儿出生上报153人，计生手术上报32人，新婚上报93人，计生政策符合率100%。完成审核上报18周岁以内独生子女父母人数1463人，独生子女家庭一次性奖励37人，独生子女家庭一次性经济帮助1人，总金额13.48万元。重新对4556条信息进行数据匹配对比核实，全员系统信息录入整改率和准确率100%。

（朱振银）

【食品药品安全管理】 年内，辖区核发、延续、变更《食品经营许可证》120件。其中食品流通66件，餐饮服务54件。快速检测、流通快检190件，餐饮快检30件，保健食品快检6件。处理食品类投诉举报22起，办结率100%。办理一般程序行政处罚案件5件，罚没款5.04万元，简易处罚案件3件。

（朱振银）

【清洁空气行动】 年内，联合执法280次，实现对车辆、渣土、施工工地、扬尘等的严格管理。拆除燃煤炉70台，回收燃煤2.85万千克，配送清洁燃煤2.4万千克。采取送鲜花、鼓子秧歌送祝福等措施宣传禁限放政策，严禁露天烧烤、焚烧秸秆、焚烧垃圾，出动看护力量10776人次。

（朱振银）

2017年百泉街道社区基本情况统计表

表3

序号	居委会名称	党支部书记	居委会主任	户数（户）	人口（人）
1	颖泽洲社区居委会	孙思明	孙思明	1441	3831
2	湖南社区居委会	马　里	马　里	1587	4924
3	燕水佳园社区居委会	侯学丽	侯学丽	1123	2662
4	莲花苑社区居委会	张　龙	张　龙	1005	3084
5	振兴北社区居委会	沈石立	沈石立	1644	5217
6	振兴南社区居委会	赵鑫磊	赵鑫磊	1867	5568
7	国润家园社区居委会	王慧清	王慧清	1436	3475
8	舜泽园社区居委会	王冬华	王冬华	798	1898
9	上都首府家园社区居委会	王　帅	王　帅	438	1180

儒林街道

【概况】　儒林街道工委、街道办事处是区委、区政府的派出机构。负责辖区内宣传贯彻党的路线、方针、政策和国家的法律、法规，执行上级党组织、政府的决议决定。负责辖区内党建、思想政治工作和精神文明建设，协调辖区内社会单位、组织、团体。做好社区治安综合治理、计划生育、社区环境整治、民政、残联、社保、文化体育等工作。辖区东至妫水北街，南至妫水湖中心线，西至西丁路和北靳路，北至高塔街。辖区内有9个社区居民委员会；3个社区党委，16个社区党支部，1个机关党支部，4个非公经济党支部，2个社会组织（儒林劳务服务中心党支部和出租驾校党支部）；驻区企事业单位78个。机关内设行政科室，党政办公室（人大工委办公室）、社区事务管理科（计划生育办公室）、综合治理办公室（信访办公室），行政执法科室（儒林街道城管执法队），事业科室（文化体育管理中心、信访接待中心、社区服务中心、安全生产监督检查所、社会保障事务所、社区服务管理站、城市管理执法分中心）和残疾人联合会。有机关和社区事业干部68人、社区专职工作者65人，各类协管员342人。2017年，新建社区党支部4个，发展中共党员7名，转正9名。有基层党组织26个，其中党委3个，党支部23个；党员764名。成立街道党校，开展集中学习155次，上党课12次，送学793人次，主题党日活动48次。为街道539户党员家庭挂牌亮身份，组建“儒林薪火”老党员先锋队，与永宁镇清泉铺村32户低收入户结对帮扶。成立康安社区、温泉馨苑社区“雨污分流”工程临时党支部。创新“周末大课堂”获第二批“首都学雷锋志愿服务金牌项目”和首都未成年人思想道德建设创新案例提名奖。

年内，检查生产经营单位1248家次，出动2496人次，下达执法文书1648份，发现隐患问题399项，整改率100%，对辖区640家企业登记造册。联合执法10次，整治无照经营13家；整治无照游商28起，店外经营459家，排污不达标8家，违规广告13处，拆除私搭乱建小棚3个24平方米；整治辖区内“散乱污”企业85家；封堵开墙打洞经营行为11家。对辖区内687个单位、门店，建立污染源动态台账136家；拆除经营性小煤炉16家33台；康安、永安、儒林苑3个社区19户平房自采暖居民100%使用优质无烟型煤取暖，购买优质无烟型煤47吨。

社保所城镇登记失业人员就业229人，帮助就业困难对象就业再就业75人，组织就业再就业培训60人；空岗信息采集554个；职业指导390人；帮助19名失业人员公益性就业，办理灵活就业社会保险补贴80人，实发失业保险金625人次，78.2923万元。另外全年发放社保卡570张，办理“一老一小”保险230人，定点医疗机构变更160人次，对领取城镇老年保障待遇的163人实施动态管理，为46户申请家庭办理保障性住房资格审核。

截至年底，儒林街道被评为北京市人民调解工作先进集体，获得北京市第十一届全民健身体育节全民健身技能展示活动优秀组织奖；北京市第十一届“和谐杯”乒乓球比赛优秀组织奖；2017年全国广场舞大赛北京站一等奖；北京市2017年健身操舞大赛三等奖；全国百城千村健身气功大赛，气功大舞和导引养生功十二法获得三等奖；巾帼扮靓世园最美庭院（阳台）优秀组织奖。温泉南区东里社区“放学都来吧　多彩新课堂”案例获得首都文明办创新案例提名奖。格兰山水二期社区居民崔占霞获2017年北京榜样提名奖。“社会治安综合治理优秀单位”称号，2017年寻找“最美家庭”荣获优秀组织奖，延庆职工第三十五届象棋比赛优秀组织奖，区职工第四届乒乓球比赛优秀组织奖，区第八届群众舞蹈大赛表演奖。

单位名称：儒林街道办事处
地　　址：延庆镇康安小区16-2
电　　话：69100237

（李慧敏）

【“七五”法治文化苑建设】 1月5日，温泉南区东里社区200平方米的“七五”法治文化苑建成，周围设立六块宣传展板，宣传“七五”普法规划、居民公约、安全生产与用药、综合治理等法律常识，展板内容每季度更换1次。

（李慧敏）

【法治微电影播放20场次】 5月25日，延庆区司法局为儒林街道司法所拍摄“创建文明城区　传递正能量”法治微电影，讲述快递员面临抉择寻求司法帮助的故事。年内在街道9个社区电子屏、司法开放日、文艺演出等活动中播放20场次，总时长160分钟。

（李慧敏）

【孝老敬亲评选】 6—10月，举办第五届人口文化奖暨“孝老敬亲”模范人物评选活动，刘华果等10人获得“孝老敬亲”模范人物称号。

（李慧敏）

【创城普法宣传队成立】 7月14日，成立“小小儒林创城普法宣传队”，成员8人，社区未成年人担任小志愿者向社区居民分发创城普法宣传手册，组织填写创城知识调查问卷，宣讲创城普法知识，受教育群众210人次。

（李慧敏）

【儒林城管执法队成立】 8月29日，延庆区儒林街道城管执法队成立，成员44人，8人在编、36名协管员。

（李慧敏）

【“心悦调解室”成立】 9月14日成立。“心悦调解室”是在悦安居社区人民调解委员会基础上建立的一个特色品牌调解室，“心悦”是源于社区文化“心悦安居”，日常工作是调民纠，解民忧，宣法律，咨询20人次，涉及婚姻、赡养和劳动纠纷等方面。

（李慧敏）

【楼顶广告牌匾拆除】 11月24—30日，社管科拆除辖区内41处楼顶广告牌匾45组，其中台账内34处38组，台账外7处7组。

（李慧敏）

【社区文化建设】 年内，开展“春之声”“夏之舞”“秋之韵”“冬之恋”文化四季歌活动，第七届“亮儒林彩灯　创文明城区　迎世界盛会”元宵灯展灯谜会、第六届社区文化艺术节、第五届“孝老敬亲”人口文化奖演出等活动，文艺汇演45场次。

（李慧敏）

【微信公众号“早安儒林”运行】 年内，运行“早安儒林”微信公众号，由宣传室工作人员编辑，定期发布街道各科室各社区新鲜事、学习动态、榜样事迹和工作动态等内容。

（李慧敏）

【计划生育】 年内，生殖健康体检4500人次，其中免费孕前优生健康体检48对待孕夫妇；发放避孕套11174盒，外用和口服避孕药325盒。发放独生子女父母一次性奖励费3.3万元、独生子女父母奖励费4.7万元，特别扶助对象兑现10人。办理两孩以内生育服务单，一孩93例，二孩88例，流动人口生育服务单5例。发放独生子女父母光荣证3个。全年出生97人（其中男47人、女50人），没有违法生育现象，政策符合率100%。

（李慧敏）

【创城在行动百姓宣讲】 年内，开展“创城在行动”百姓宣讲，宣讲团成员由社区居民、物业经理、志愿者和社区干部组成，全年宣讲20场，受众1000人次。成员辛德双获得区“十佳”百姓宣讲员称号。

（李慧敏）

【民政慰问】 年内，筹集慰问物资米面3760千克，油104桶，棉被84条，慰问金2.16万元，慰问残疾人、大病、高龄老人及优抚对象147人。

（李慧敏）

【残联服务】　年内，发放残疾人生活困难补助12.1万元，助残券4.8万元，护理补贴12.1万元，完成残疾人专项调查502人，入户调查385人，电话调查104人，死亡10人，入户率96.52%。筹集慰问残疾人物资米84袋、面168袋、油84桶、棉被84条，慰问金1.28万元。

（李慧敏）

【社会救助】　年内，为11户低保家庭申请供暖补贴1.12万元。为24户39人发放低保金39.46万，为2户大病家庭申请慈善大病救助7.2万元。为低保家庭子女申请助学金3.17万元。为35名重性精神病患者监护人申请看护补贴7.64万元。

（李慧敏）

【垃圾分类】　年内，引进北京微环境管理有限公司管理垃圾分类工作，开展垃圾分类培训、讲座等39次，发放垃圾分类宣传材料2400份，围裙200条，垃圾袋1万个；每季度支持垃圾分类钩、分类夹80套，冬季清洁垃圾桶工具80套，棉马甲80件，夹马甲104件，大垃圾分类袋3840个；开展餐厨垃圾及废弃油脂的排放登记，组织辖区内170家餐饮服务单位签订《北京市餐厨垃圾及废弃油脂收集运输服务协议》，建立全程追溯档案。

（李慧敏）

【小型维修管理】　年内，为温泉南区西里小区建文化休闲小广场、温泉南区东里社区格兰山水小区拆除倾斜围墙、温泉馨苑绿化土地整理；抢修温泉南区东里、温泉南区西里、儒林苑、格兰二期污水主管道、自来水入户管道、井身坍塌下沉及维修门禁系统等54次69.4万元。

（李慧敏）

【康安小区增划停车位1076个】　年内，天下永宁物业公司接手康安小区物业管理工作，在格兰二期、康安、温泉馨苑以及儒林苑等社区重新施划停车线及消防通道线2430米，增划停车位1076个，在施划停车位同时标注停车指示标识、标示行车方向，并在康安小区安装新型停车管理系统。

（李慧敏）

【绿化养护】　年内，9个社区补植月季12250株，丁香700株，连翘200株，萱草1万珠，玉簪、胭脂红、马蔺等15840株，共计3.9万株，绿化面积23.44万平方米。

（李慧敏）

【环境整治】　年内，在区医院东门南北两侧、东门公路对面施划自行车停车位15处200平方米，街道投资26.4万元制作商亭，“三修”商户全部移至恒生市场商亭。制作街巷长致全体商户一封信1万张，发放背街小巷环境整治提升工作手册500本，建立“一户一账”“一点一账”的街巷管理工作台账18本，街巷长巡查321次，发现问题229个，解决问题225个，上报问题4个。

（李慧敏）

【国家卫生区创建】　年内，开展大型宣传活动3次，制作“创卫”宣传展板18套，宣传横幅36条；开展“除四害”，组织培训会，开展“翻盆倒灌”专项行动，蚊虫滋生地喷药、鼠饵站投放老鼠药，有效预防媒介性生物传染病，对卫计委下发的36项“创卫问题整改通知单”整改完成。

（李慧敏）

【河流污染源管理】　年内，建立“一牌一网一图一册”工作运行模式，社区内的727个垃圾桶、2834个各类探井、991个箅子、93个排水沟和177家污染源企业门店巡查责任落实到人，相关工作在全区做典型发言。

（李慧敏）

【全国文明城区创建】　年内，制作创建全国文明城区宣传栏157块、电子屏28块、公益广告522处，创建“早安儒林”公众号和微信群。发动“薪火”老党员志愿“志愿花开”“微管家”等28支先锋志愿服务队、楼门长、网格员投入到“创城万人行　志愿服务进社区”、社区环境治理、烟花爆竹禁放等工作中，走访10587户，将印有社会主义核心价值观、市民公约、《致居民朋友的一封信》等内容的创城宣传手册、创城扑克牌、分类垃圾袋等送到居民家中。举办“创城那些事 看你知多少”“亲子竞答”“文明创城盼冬奥彩绘文化衫”、以及“文明东里”未成年人暑期系列活动100次。1037名未成年人带动1037个家庭成为文明家庭。开展环境整治专项行动，清理661个楼道6577处地下室。打造康安菊花主题社区、儒林苑百合主题社区等，用鲜花、大米等置换废旧自行车、桌椅，解决“僵尸车”占道、“乱堆乱放”等问题。在格兰山水二期社区123个停车位画停车指示标识，消防通道4300米，并对其他8个社区2000个停车位补画停车指示标识，在格兰二期社区、温泉东、儒林苑建立老人食堂。

（李慧敏）

【综治中心服务大厅建设】 年内，建设街道综治中心96平方米服务大厅，设立综治维稳、信访接待、法律咨询、国家安全、群防群治、安全生产、出租流管7个服务窗口以及信息化建设视频会议室和矛盾纠纷调解室。

（李慧敏）

【舆情处理】 年内，处理各类事件196件，其中每日舆情45件、创城专报114件、《曝光台》2件、网站工作单3件、居民热线4件、微信网友7件、QQ网友1件、创卫整改通知单2件，办结率100%。每月公布网格化管理绩效月报，反映各居委会和处置单位具体实施网格化管理的工作情况。

（李慧敏）

2017年儒林街道社区基本情况统计表

表4

序号	居委会名称	党支部书记	居委会主任	户数（户）	人口（人）
1	温泉南区东里社区居委会	郤凤云	郤凤云	1783	5349
2	温泉南区西里社区居委会	李景全	李景全	646	1845
3	温泉馨苑社区居委会	贾国庆	贾国庆	415	679
4	格兰山水二期社区居委会	刘满成	刘满成	3166	4500
5	胜芳园社区居委会	王淑玲	王淑玲	606	2400
6	永安社区居委会	尹晓临	尹晓临	909	2070
7	儒林苑社区居委会	胡晓霞	胡晓霞	370	1190
8	康安社区居委会	王景宇	赵俊英	2010	6023
9	悦安居社区居委会	王春娟	王春娟	682	1910

（栏目编辑：池尚明）

乡　镇

延庆镇

【概况】 延庆镇位于延庆区中心区域，是延庆区委、区政府所在地。全镇总面积75平方千米，另有接收山区整体搬迁村山场面积1670公顷。下辖45个行政街村、11个物业管理小区。2017年，全镇户籍户数2万户；户籍总人口4.11万人，其中农业人口1.89万人，城镇居民人口2.22万人。另有流动人口1.02万人。农村从业人员2.20万人，从事一产的0.23万人，从事二产的0.29万人，从事三产的1.68万人。全年出生人口599人，出生率14.54‰，死亡人口254人，死亡率6.16‰，人口自然增长率8.38‰。全镇有经营单位1163家，其中法人企业265家、个体工商户898家。新增注册经营单位495家，其中个体工商户335家，企业160家。中心小学校2所、分校3所，成人学校1所。幼儿园16所，其中公办幼儿园1所、集体所有制园2所。镇级卫生院1所，敬老院1所，家庭寄养指导中心 1 所。健身广场37处，达标村级文化大院35个。文物古迹49处，其中市级文物保护单位2处，区级文物保护单位11处。古树12株。年内，镇党委辖基层党支部58个，其中农村党支部45个；全镇中共党员2333名，农村实用人才271名。

2017年，有耕地面积2918.2公顷，其中粮田面积366.5公顷，蔬菜面积221.2公顷，果林面积155.1公顷。年产蔬菜933.36万千克、干鲜果品125.86万千克。设施园区300公顷，有日光温室605栋，春秋棚1246栋。可利用水域面积133公顷，鱼塘面积800公顷，规模养殖小区7个。畜牧生产，奶牛存栏2212头，年产奶1158.5万千克，出栏肉牛346头，出栏生猪5275头，出栏羊4782只，出栏家禽2.69万羽，鲜蛋产量78.45万千克，水产产量26.4万千克。全镇农村经济总收入46.47亿元，农民人均劳动所得22682元。财政收入2767.2万元，财政支出9847.2万元。旅游收入3858.7万元，接待游客50.46万人次。招商引资到位资金12.33亿元。

完成延崇高速、冰上项目运动训练中心、圣百街、阜康路南段、百康路、世园路、03街区等重点工程征占拆补130.3公顷，完成芳荷路、北靳路189户宅基地搬迁腾退。世园村（李四官庄、谷家营）、东关和丽嘉园项目主体工程已完工，南辛堡—民主村—百眼泉棚户区改造项目涉及1047户，签约率97.6%。完成唐家堡围栏工程及玫瑰产业园现代化节水灌溉主体工程，完成西白庙扬水站改造工程，为西北片更新2眼机井，为东北片6个村铺设污水处理配套管网，修建石河营村南一体化污水处理设备2个前池，完成卓家营草莓园铺设滴灌管道260亩。北京唐家堡金栗种植合作社荣获“北京四星级休闲园区”称号，卓家营龙海庄园和北京印象林海园艺荣获“国家三星级休闲园区”称号。

完成城镇失业人员就业585人，农村劳动力转移就业724人，为353名失业人员发放失业金208万元，发放失业人员过节费17.65万元，完成谷家营、李四官庄2个村728名转非劳动力安置和480名人员超转；城乡居民养老保险8027人，缴费金额827.90万元；新型农村合作医疗参合人数1.8万人，报销医药费3009万元；参加“一老一小”医疗保险399人，报销医疗费266.79万元。完成城镇低保复审2次，农村低保复审1次。有城乡低保、城乡特困360户，其中新增27户，撤销48户，低收入户新增1户。为低保垫付医药费180人次、10.70万元，五保户垫付医药费155人次、10.90万元；非大病低保户门诊住院医药费报销385人39.70万元，大病低保户门诊住院医药费报销91人32.60万元，享受住院押金减免即时报销77人次29.60万元；教育救助35人10.37万元，慈善大病救助3人次6.30万元，大病临时救助13人次7.02万元，因病致贫9人15.30万元。完成218户公租房初审、12户公租房租金补贴资格年度复核。投入30万元为村级妇女体检，对15名考上一类大学本科独生子女颁发奖金2.05万元，为161名独生子女父母发放一次性奖励金每人1000元，为302人发放奖励扶持金43.48万元，为独生子女失独家庭、困难独生子女户、独生子女伤残户发放慰问金18.06万元，发放独生子女费25.42万元，计生家庭保险参保3681份13.30万元，镇补贴独生子女家庭保险1671份1.67万元。全镇低收入户321户523人，人均可支配收入2.09万元，新办理低保户5户11人，新办理残疾证8人，为卓家营1人提供大病救助和临时救助2.12万元，实现就业人员27人，向51户低收入户产业帮扶发放资金和实物7.65万元。筹资30万元对中华人民共和国建国前老党员、困难党员、困难群众、劳动模范、离休干部进行慰问。

发放2016年抗震节能补贴348.5万元，完成2017年325户抗震节能改造房屋申报和检测，购买优质型煤1750万千克，完成祁家堡、米家堡、蒋家堡3个村煤改气和老仁庄、西白庙2个村煤改电工程，完成水库移民5774人双核工作，发放移民资金348万元。清理街村道路沿线渣土5万立方米，整治“三乱”1900处，粉刷小广告2万条；投资400万元购买60个垃圾大箱、240个垃圾桶、4辆农用车、1辆拖车、2辆挖掘机和1辆铲车，购买6200套垃圾分类桶、150辆分类车，实现垃圾分类村32个；对西关桥头小市场、大秦铁路西侧综合整治，清理整顿1.2万平方米，栽植苗木2万株，铺设人行步道800米；完成祁家堡区级“十佳村”，鲁庄、郎庄、付于屯3个垃圾分类优秀村创建；为54条背街小巷设立街巷长。取缔无照经营摊点85个，规范店外经营65起，规范乱停乱放28起，拆除广告牌匾306块，查处露天焚烧1起，检查22处施工工地，罚款38.9万元。做好中共十九大、“一带一路”高峰论坛、国际骑游大会、妫河女子马拉松等重大活动维稳安保，出动群防群治力量3万人次，完成镇级综治中心和27个村级综治中心规范化建设。打造“阳光餐饮”102家。实现安全生产标准化三级达标企业5家、小微企业岗位达标50家，安全生产责任保险投保企业40家，完成313户城乡困难群体淘汰不合格燃气灶具、安装燃气安全辅助设备和独立式烟感火灾探测报警装置。镇政府获评2017年度乡镇街道（园区）安全生产检查队规范化建设突出贡献奖、北京市和延庆区2017年度安全生产工作先进单位。

单位名称：延庆镇政府
地　　址：延庆镇湖北东路109号
电　　话：69101687

（黄荣）

【“好党员、好干部、好村民”表彰】　1月20日，延庆镇开展2016年“三好”表彰暨2017年新春团拜会，对全镇评选的148名“好党员、好干部、好村民”进行表彰。随后为200名观众表演由机关干部自导自演的文艺节目。

（黄荣）

【唐家堡玫瑰园建设】　2月，唐家堡村打造玫瑰产业园，种植玫瑰花200亩（13.33公顷），培育密花玫瑰、四季玫瑰、双瓣果玫瑰、单瓣果玫瑰等6个品种，亩产鲜花500~600千克。为世园会培育盆景苹果8种、月季花品种8个10万株。

（黄荣）

【“平安侠”志愿服务】　4月28日，成立“平安侠”志愿服务队，由村级综治员、保洁员、护林员、水管员、志愿群众等2100人组成，参与辖区群防群治。8月30日、9月11日举办2期“平安侠”培训班。“平安侠”志愿服务活动被评为2017年北京市安全生产月最佳活动奖。

（黄荣）

【镇党委党校成立】　5月9日，中共延庆镇委员会党校成立，45个村党支部书记、党员代表和村级后备干部代表参加开班典礼，与会全体党员集体宣誓，重温入党誓词，并对当前形势下党员如何发挥作用进行第一次培训。

（黄荣）

【首届端午文化节举办】 5月21日，延庆镇在卓家营村举办“情暖端午 传承文明”首届端午文化节，现场设有演出、品尝、比赛、体验、服务等分区，开展“粽”情端午趣味活动、法治服务和慰问活动。

（黄荣）

【强降雨防汛】 6月21—23日，全镇启动强降雨天气应急预案，镇村两级干部连续3天全员在岗，应急队伍备勤，排查排洪沟区、下凹式桥涵积水、坑塘、危房险户、养殖小区、设施园区等防汛风险点，出动人员728人、应急车辆63辆、铲车8辆、挖掘机5台、清运车17辆，转移危房险户78人。

（黄荣）

【我把歌声献给党演出】 6月29日，延庆镇在司家营村举办“我把歌声献给党”——庆祝建党96周年文艺演出，镇机关干部、村党员代表400人参加活动。10月16日，延庆镇举办“喜迎十九大——青山绿水家园情”文艺演出。

（黄荣）

【棚户区改造项目签约】 9月8日，延庆镇南辛堡—民主村—百眼泉棚户区改造项目协议搬迁签约工作启动，项目涉及1047户，签约率98%，签约房屋全部拆除。

（黄荣）

【安全隐患整治】 11月20日，延庆镇召开消防安全隐患大排查大清理大整治专项行动部署会，开展为期40天排查清理整治行动。其间联合执法50次，出动人员4568人次，检查生产经营、出租房屋等场所2432家次，整改问题隐患455项，整改率98%。

（黄荣）

【村级环保网格员受聘】 11月23日，延庆镇召开村级环保网格员受聘仪式，新聘45名环保网格员，制定管理制度及考核办法，并进行岗前培训。

（黄荣）

【疏解整治促提升专项行动】 年内，制止新生违建108处，拆除违法建设109处、11.58万平方米，规模较大的有王庄小产权房、司家营养殖场、广积屯大棚房，对广积屯大棚房拆除后复耕，种植小麦200亩。清理整治占道经营418起，取缔非法摊位60个，查处无证无照商户45户，治理开墙打洞21家，整改市级挂账60家、自我加压10家“散乱污”企业，对4家企业进行“三清”，拆除市级挂账19家燃煤锅炉、125家190台经营性小煤炉，清理再生资源回收站点184处，关停2家规模化养殖中心和1所培训学校，整治违规汽修48家。

（黄荣）

2017年延庆镇村委会基本情况统计表

表5

村委会名称	党支部书记	村委会主任	户数（户）	人口（人）	经济总收入（万元）	农民人均所得收入（元）
解放街	闫建利	闫建利	311	723	2360.2	25966
自由街	李双武（负责人）	李双武（负责人）	490	1271	21041.9	25609
民主街	陈壮有	徐长泽	390	786	13532.7	22210
胜利街	赵利萍	赵利萍	546	1045	27660.5	26626
东　关	鲁世春	黎四彦	999	1820	23252.0	26195
西　关	张印明	张印明	488	930	9167.3	20055
北　关	雷胜利	雷　军（负责人）	830	1837	19468.0	21862
蒋家堡	唐瑞云	解爱军	276	506	5486.4	18644

续表5

村委会名称	党支部书记	村委会主任	户数（户）	人口（人）	经济总收入（万元）	农民人均所得收入（元）
双　营	贺玉明	潘　贵	274	529	3911.4	18817
广积屯	黄二利	王金荣	483	921	14154.3	20795
王泉营	王金锁	王广庆	616	1193	11376.5	19505
司家营	张志安	马计民	793	1588	19053.9	18648
百眼泉	郭书银	郭书银	503	1043	8271.8	22695
民主村	郭　宏	王子华	329	635	10756.0	24723
南辛堡	王秀记（负责人）	王秀记	559	1089	17787.6	25686
李四官庄	祝胜利	刘卫民	373	798	4034.5	32173
谷家营	张岩松（负责人）	谷　宁	656	1391	14999.0	30129
小　营	张玉仑	王　伟	901	2010	36166.2	26324
石河营	张学昌（负责人）	刘志清	948	1930	42919.8	29823
莲花池	房文生	白云峰	566	1143	18336.3	19669
上水磨	孙立京	孙立京	180	560	4882.0	19545
下水磨	潘贵利	潘贵利	260	551	4840.8	22947
王　庄	王东林	车记娥	186	397	1847.3	18880
三里河	刘金华（负责人）	刘金华	501	1043	5026.7	20579
赵　庄	贺爱忠	王建利	477	874	6342.3	17999
八里庄	史军利	史军利	530	1014	6439.2	20039
孟　庄	孟祥立	孟祥立	681	1208	7005.2	19262
老仁庄	刘根柱	刘根柱	194	366	2160.9	17465
祁家堡	郝东长	郝东长	101	182	2829.8	26096
米家堡	贺志永	袁　明（负责人）	272	525	14049.3	19409
唐家堡	吴建军	李长有	214	389	4142.5	21992
卓家营	鲁振忠	卓鑫宇	330	604	23433.3	26854
陶　庄	吴三成	吴三成	188	351	3581.7	18174
鲁　庄	鲁红兵	鲁秀银	180	344	3128.5	17493
郎　庄	郎永福	郎永福	280	554	2747.4	18447
张　庄	张仕功	张仕功	163	293	2947.4	19116
西辛庄	王　波	王　波	528	1039	6475.8	22446
小河屯	贺　伟	赵立新（负责人）	172	305	2485.0	18128
付余屯	陈开明（负责人）	陈开明	408	820	4081.7	18775
东五里营	吴国珍	吴国珍	517	966	3508.1	19561
新白庙	李建军	李建军（负责人）	428	871	2878.1	19332
东　屯	王东明	王东明	280	532	4421.9	18796
中　屯	段明晨	段伯田	367	701	6219.9	20321
西　屯	马占清（负责人）	马石富	701	1344	7143.7	21668
西白庙	于宗乐	于宗乐	547	1076	8326.5	21129

康庄镇

【概况】 康庄镇地处延庆区西南，距延庆城区12.5千米，镇域面积100.7平方千米，辖31个村委会、2个社区居委会。全镇户籍户数1.41万户，其中农业户7280户、非农业户6863户。户籍总人口2.62万人，其中男性1.32万人、女性1.30万人；农业人口1.44万人、非农业人口1.18万人。全年出生人口524人，出生率19.98‰；死亡人口320人，死亡率12.20‰；人口自然增长率7.78‰。镇域内延康路、康张路、天佑路、西官路、西环路、百康路、南环路、汇通路、兴隆街纵横贯通。镇内有邮电所2处、电管站1处、通信营业厅1处、农业银行1处、农商银行1处。全镇有大学2所，教职工398人，在校生6205人。中学1所，教职工71人，在校生262人。小学3所，教职工142人，在校生926人。幼儿园1所，教职工59人，入园儿童380人。成教学校1所，教职工4人，全年培训2630人。卫生院1所，医护人员65人。卫生服务站3所，村级卫生室11所。

年内，镇党委下辖基层党组织46个，其中镇机关党支部3个、农村党支部31个、社区党支部2个、企事业单位党支部10个，中共党员1739名。全镇农村经济总收入13.9亿元，农民人均劳动所得20730元，财政收入1620万元，完成任务指标的512%，同比增长125.6%。粮食作物播种面积1.61万亩（1070.53公顷），亩产558.43千克，总产量896.73万千克。主要农作物播种面积和产量：玉米播种面积1.60万亩（1069.20公顷），总产量892.72万千克；蔬菜作物播种面积5472亩（364.80公顷），总产量1507.79万千克；园林果品种植面积2780亩（185.33公顷），总产量79.60万千克。全年生猪出栏10193头，存栏3493头；肉牛出栏18头，存栏1624头；羊出栏5403只，存栏3216只；家禽出栏30.3万羽，存栏15.16万羽。牛奶产量414.41万千克；鲜蛋产量157.62万千克；肉类总产量133.76万千克；干鲜果品总产量81.95万千克；渔业产品产量4.9万千克。造林2700亩（180公顷），栽植树木12万株。

全镇立足“园艺风情小镇、科技创新家园”发展定位、“一城三区”功能布局和“一体两翼”产业布局，全面推进五位一体建设，成功申报全国第二批特色小镇。完成世园大道所涉6村6000亩土地流转、京张高铁和延崇高速重点工程所涉村庄征拆任务、世园会围栏区土地一级开发征地及迁坟任务。百康路道路工程征地进展顺利。中关村延庆园土地一级开发、一街二街三街棚户区改造、大王庄、小曹营新型农村集体建设用地项目和王家堡美丽乡村建设按计划完成全年任务，三街村集体土地建设租赁房项目有序推进。促进产业发展，以园艺为主题的都市现代农业规模继续扩大，多家农业企业入驻园区；助推欧罗科技等工业企业完成厂房建设、设备调试促进产业升级；在世园会周边村打造园艺景观和“世园人家”高端民宿，推动旅游休闲产业发展。拆除违法建设4.23万平方米；清理整顿占道经营193处，无证无照经营17家，开墙打洞12户，“散乱污”企业51家，直管公房12户，禁养区规模养殖场2家；对全镇汽修企业进行检查，按要求完成清理整顿。落实“清空净水”，完成22个村庄减煤换煤1258.55万千克、榆林堡等8个村煤改电，累计安装空气源热泵1208台，储能式电暖气748户，东官坊村201户完成煤改气，拆除经营性小煤炉57台，取缔散乱污企业8家，取缔无资质搅拌站1家，查封1家新建沥青厂，取缔8家大型砂石厂的非法生产工序，2家砂石厂场清地平。狠抓环境整治，实现垃圾分类全覆盖，生活垃圾处理率100%；完成14条街巷“十有、十无”整治问题53件；完成屯军营、火烧营2村污水管网和西桑园等8个村庄移民专项工程环境建设改造。农村合作医疗参合人数14662人，参合率99%，全年报销医药费1214万元；举办招聘会3场，转移农民就业457人，促进城镇居民就业360人；招聘绿岗、生态就业900人；全年组织文体活动36场次，放映电影1290场次，开办各级各类成人培训22期，培训人数2320人；构建平安康庄，强化社会管理综合治理，连续5年被评为区级社会治安综合治理优秀乡镇；2017年被评为北京市“六五”普法先进集体。

单位名称：康庄镇政府
地　　址：康庄镇四街
电　　话：69131007

（肖蓓）

【防灾减灾日活动】 5月12日，举行主题为“减轻灾害风险，提升减灾能力，共建安全康庄”的宣教活动。在政府机关院内进行疏散演练和火灾模拟逃生帐篷体验，机关干部60人参加。

（肖蓓）

【尽情放“粽”“艾”在康庄】 5月28日，康庄镇“爱世园　艾端午”第九届端午文化节在太平庄村狂飙农场举行，为期3天。内容包括“玩射柳　看马球”端午民俗表演，“过端午　到延庆”世园主题文艺表演、“识百花　斗百草”园艺花卉知识比赛、“闻花香　品粽香”　园艺风情粽子比赛、“爱园艺　艾端午”果蔬盆栽园艺展示、“打火勺　品美食”本土特色小吃体验。

（肖蓓）

【棚改项目合作签约】 7月6日，康庄镇一、二、三街村棚改项目合作签约仪式在八达岭温泉度假村会议中心举行。康庄镇政府与城建兴华康庆房地产开发有限公司双方代表进行签约。一、二、三街村棚改项目是康庄镇建设园艺风情小镇、科技创新家园的重要实施单元，项目用地面积45.75公顷，代拆范围2.8公顷，涉及镇区内3个行政村，涉及搬迁人数2183人。

（肖蓓）

【共庆“八一”亲子活动】 7月30日，在狂飙农场举行“八一”建军节特别策划亲子活动，由康庄镇武装部主办，部队的90对家庭参加。活动包括地道战、刨土豆、沙滩寻宝等娱乐项目。

（肖蓓）

【康庄镇入选全国特色小镇】 8月28日，住房和城乡建设部公布第二批全国特色小镇名单，延庆区康庄镇入选。康庄镇在此次评选中，在择优推荐的基础上，经过现场答辩、专家评审和公示环节，成为延庆区唯一入选单位。

（肖蓓）

【低收入户专场招聘】 10月27日，康庄镇与国创智能设备制造股份有限公司合作，为低收入户家庭组织召开专场招聘会，招聘焊接工、操作工、测试工等，200人参加笔试，60人达成就业意向。

（肖蓓）

【重阳节活动】 10月27日，举办　“手拉手共度重阳节　心连心共庆十九大”系列活动。活动包括为老人赠福字、送冬衣、义诊、免费理发、举办最美孝星颁奖仪式和重阳节文艺汇演等内容，镇19名90周岁以上的高寿老人代表，残疾人代表，康庄1+1志愿服务队的8名受助对象，以及社会各界人士500人参加。

（肖蓓）

【安全隐患专项行动】 11月20日，开展为期40天的安全隐患大排查、大清理、大整治专项行动。重点对商业街、兴隆市场、农民产业就业基地、农业设施园区、施工工地、出租房、出租大院、养殖场、待疏解或正拆除场所等，围绕彩钢板建筑、厂房库房、仓储物流、餐饮、门店等开展排查整治。检查企业335家次，出动检查人员906人次，消除隐患项160项，清理拆除彩钢板建筑2180平方米，上报挂账的89项隐患全部整改完成。

（肖蓓）

【冬奥宣传活动】 11月28日，康庄镇团委、康庄青春乐园社区青年汇在康庄镇文体中心开展以“我心中的冬奥会”为主题的海报绘制冬奥宣传活动。康庄地区高校、社区的21名青年参与活动。

（肖蓓）

【残疾人书画摄影培训】 年内，在温馨家园开办残疾人书画摄影培训班。残疾人学员在专业教师的指导下，学习书法艺术鉴赏、字体类型及简单的摄影构图技巧，全年上课22节，70名残疾人学员参加。

（肖蓓）

【地源热泵供暖建设】 年内，地源热泵系统建设是康庄镇王家堡村美丽乡村建设内容之一，主要包括地源热泵机房系统、室外地埋管系统、空调末端系统及太阳能补热系统。项目解决该村182户500人冬季供热及夏季供冷问题。

（肖蓓）

2017年康庄镇村委会基本情况统计表

表6

村委会名称	党支部书记	村委会主任	户数（户）	人口（人）	经济总收入（万元）	农民人均所得收入（元）
榆林堡村	陈淑春	陈淑春	1069	2250	8057.6	19932
一街村	吕海顺	王建柱	382	1260	3238	20460
二街村	马志刚	张建新	171	400	5756	22900
三街村	宋文柱	宋文柱	167	424	6200	22170
四街村	梁　磊	梁　磊	368	826	3660	18789
马坊村	王玉龙	王玉龙	244	523	3694	21759
西桑园村	谢春金	康　强	378	512	3397	21104
西红寺村	罗桂存	陈爱民	438	720	3606	21083
刁千营村	赵延生	赵延生	315	850	7024	20753
郭家堡村	段秀成	王　强	410	758	7645	24083
小北堡村	李桂山	李桂山	173	308	2909.1	24698
大丰营村	卢建文	无	243	456	2547	22961
大营村	王爱国	无	819	1420	10589	26162
火烧营村	王桥海	王桥海	95	216	524	16759
太平庄村	徐海珠	徐海发	366	621	2886.4	20602
张老营村	张同柱	张文利	398	568	2323.3	20525
许家营村	鲁顺利	吴树泉	283	560	1727.3	19220
马营村	孙金文	孙金文	663	1100	3000	18282
苗家堡村	胡爱民	何　莽	290	530	1994.2	18381
刘浩营村	张树山	张树山	299	571	1980.3	22692
屯军营村	王二永	王二永	415	1200	6640	19508
小曹营村	王艳波	闫卫军	193	310	1690	20645
大王庄村	王　勇	聂永泉	652	1185	4393.5	19093
北曹营村	曹艳永	曹艳永	182	300	1943	19833
南曹营村	曹建波	曹建波	152	296	1469	21858
小王庄村	张进军	张进军	224	360	2917.6	20258
小丰营村	崔全利	崔全利	1157	2080	20925.3	26685
东红寺村	谢金海	闫俊峰	416	865	5043.3	16660
大路村	赵保军	赵保军	145	267	674	17528
王家堡村	杨卫宁	无	251	290	2306	18483
东官坊村	哈玉民	王志强	231	322	1406.2	25584

八达岭镇

【概况】 八达岭镇位于延庆区最南端，镇域面积96平方千米，辖15个村民委员会。2017年，全镇户籍数4366户，户籍总人口8289人，出生人口134人，出生率16.1%，死亡人口68人，死亡率8.2%，人口自然增长率7.9%。镇域70%为山区，30%为平原和丘陵，有建设用地14062亩（937.47公顷），耕地9388亩（625.87公顷），基本农田2315亩（154.33公顷），林地面积6.4万亩（4266.67公顷），林木绿化率77.2%。镇域内有10千伏高压输变电站、110千伏变电站等基础设施，华北联网的50万伏高压电网、110千伏高压线路穿越镇域；有中科院太阳能1兆瓦光热发电示范电站，有供水场、污水处理厂等节能设施。中学1所，小学1所，中心幼儿园1所，学前班1所。社区卫生服务中心1所，村级卫生室9个，社区服务站2个。

年内，镇党委下辖基层党组织24个，其中农村党支部15个；全镇有党员798名。完成镇机关党支部换届选举，镇党校正式挂牌成立。全镇实现农村经济总收入10.5亿元、农民人均劳动所得29471元，完成财政收入1500万元，招商引资固定资产到位资金2.114亿元，全年民俗旅游接待25.84万人次，收入2558万元，同比增长39.1%。京张高铁、兴延高速、延崇高速、南山环线和500千伏柔性直流变电站项目施工有序进行。“疏解整治促提升”专项行动拆除违建3.5万平方米，清退低端企业3家，整治“散乱污”企业33家，关停废品回收点4处，改造15家25台103蒸吨燃煤锅炉，完成小浮坨、东曹营2个村煤改气、煤改电工程。“大排查、大清理、大整治”专项行动，整改安全隐患260处，完成30家小微企业岗位达标、1家安全生产三级达标工作。

首批新型农村社区试点之一的八达岭社区完成营城子、南园、程家窑、东沟、石佛寺（三堡）新村建设，建设新民居1594套，980户农民搬入新居；石峡关社区完成里炮新村农民安置住宅1100套，552套分配完成；岔道新村建设安置住宅648套；小浮坨村5万平米新民居竣工，营城子国际健康城项目征拆工作完成90%。通过“国家卫生镇”复审迎检。为124户低收入户270口人建档立卡，实时监测，通过基地帮扶、企业结队、优先就业和“爱心超市”救助，特殊、临时困难群体及时救助等帮扶济困措施，使全镇低收入户实现100%脱贫。为146名享受低保人员发放低保金109.10万元元。为1901名残疾人发放生活补助124.61万元。为1253名残疾人发放护理补贴19.11万元。为101名残疾人发放助残券11.93万元。粮食直补、生态就业补偿、三权到户等各项惠民政策全部落实到位，新型农村合作医疗参合率100%。《岔道传统村落志》编纂工作启动。播放电影610场，完成星火工程演出45场。

单位名称：八达岭镇政府
地　　址：八达岭镇西拨子村
电　　话：69120395

（李炎琪）

【巾帼志愿者义务理发】 2月27日，镇妇联组织八达岭镇“爱心集结号”巾帼志愿理发队12名志愿者到帮水峪村义务为村里30名行动不便的老人理发。

（李炎琪）

【“3·15”宣传活动】 3月15日，镇食药监管所联合区局餐饮服务监管科、八达岭特区工商所、八达岭特区办事处在八达岭景区开展“3·15”联合宣传活动，发放宣传材料500

份，接待群众咨询50人次。

（李炎琪）

【农民象棋比赛】 3月21日，在镇文体活动中心举办八达岭镇2017年农民象棋比赛，全镇各村30名队员参加。

（李炎琪）

【微商的推广和应用培训】 4月21日，八达岭镇“全民提素大讲堂”开讲，镇教委协同旅服中心、农服中心等科室共同举办微商的推广和应用培训，全体机关干部、村“两委”干部、农村实用人才150人参加。

（李炎琪）

【“厚德润妫川”端午节活动】 5月25日，10名志愿者开展端午志愿服务活动，为空巢老人包粽子、打扫卫生、整理菜园、做午饭、陪老人聊天、为老人们洗头发、理发、打扫房间。

（李炎琪）

【小学和幼儿园视力检查】 5月25日，镇妇联到八达岭中心小学，为246名小学生、108名幼儿园小朋友检查视力，对发现的问题与学校和家长进行沟通，告知治疗途径。

（李炎琪）

【建党96周年庆祝活动】 6月29日，八达岭镇开展“不忘初心·永远跟党走”中国共产党成立96周年庆祝活动，全镇800名党员参加，各村代表队表演歌舞、相声等节目。7月1日，八达岭镇开展红色主题体验活动，镇机关党支部50名党员走进红色革命老区大庄科乡，通过“体验长征路”、参观纪念馆等活动庆祝中国共产党成立96周年。

（李炎琪）

【里炮村金秋旅游采摘节举行】 9月25日，“首届金秋旅游采摘节”在里炮举行，活动包括采摘里炮苹果、骑行、主题民俗文化展演、特色农产品展销、体验本土特色小吃等内容，采摘节为期16天，接待游客2万人。

（李炎琪）

【群众舞蹈大赛获奖】 9月28日，延庆区在水关长城活动广场举办“长城飞劲舞 喜迎十九大”为主题的2017年第八届群众舞蹈大赛，镇营城子、石佛寺、东曹营、南园等村的24名队员组成的舞蹈队，以申办北京2022冬奥会为大背景的舞蹈《冰雪之梦》，荣获“最佳表演奖”。

（李炎琪）

【“石光长城”中秋传统文化节举办】 10月1—7日，在石峡村以“品石烹乡宴、宿古村华屋、赏拜月仪式、讲长城故事”为主题，举办挖掘设计农产品展示、手工艺体验、石光童磨坊、石光咖啡休闲阅览等10大特色活动。游客9000人次参加。

（李炎琪）

【重阳节庆祝活动】 10月9日，八达岭镇各行政村分别开展重阳节庆祝活动，各村包片领导、包村组长等共26人下村参与文化汇演，并走访慰问70岁以上老人。

（李炎琪）

【喜迎中共十九大故事宣讲】 10月25日，八达岭镇喜迎中共十九大“家和万事兴最美家庭”故事宣讲活动在镇举行，来自各村9位宣讲员讲述自己的故事，镇全体机关干部、大学生“村官”90人参加。

（李炎琪）

【残疾人冰雪活动体验】 12月8日，镇残联组织150名残疾人到石京龙滑雪场参加万人上冰雪活动。由专业的教师带领大家体验滑雪，雪圈，雪地摩托3个项目。

（李炎琪）

【“巧娘”布艺培训】 12月20日，镇妇联邀请区妫水女手工艺发展促进协会副会长、镇巧娘延红为南元村妇女培训手工堆秀，参加培训妇女30人。

（李炎琪）

【法制教育】 年内，多种形式开展法制教育。其中，2月23日，镇中心小学举办法制教育讲座，康庄派出所副所长张涛以讲故事形式，介绍青少年犯罪的性质、类型、犯罪手段，剖析诱发青少年犯罪的主要原因。3月6日，举办巾帼志愿《中华人民共和国反家庭暴力法》知识培训会，北京金栋律师事务所的孙玲律师结合《中华人民共和国反家庭暴力法》讲解相关法律知识以及妇女运用合法手段维护自身权益。4月14日，镇司法所举办“法律明白人”培训班，全镇15个行政村100人参加。5月19日，开展残疾人维权宣传活动。

（李炎琪）

2017年八达岭镇村委会基本情况统计表

表7

村委会名称	党支部书记	村（居）委会主任	户数（户）	人口（人）	经济营业收入（万元）	农民人均所得（元）
石峡村委会	彭长根		83	186	1523.6	25269
帮水峪村委会	董　山	彭永东	365	718	2719.1	16769
里炮村委会	张　良		194	401	2441.1	34489
外炮村委会	田吉祥	白燕军	168	295	1165.6	20993
营城子村委会	王万发		600	1126	10120.0	25361
东曹营村委会	邢　东		386	700	4698.3	19682
大浮坨村委会	耿秀林	康海涛	639	1157	7739.5	22135
小浮沱村委会	李　红		336	631	4318.7	24385
程家窑村委会	王金生	王雪生	272	488	3501.5	20676
岔道村委会	艾宝江	陈　刚	597	1252	36113.6	47733
西拨子村委会	李志刚		256	415	8178.9	33000
南园村委会	史志刚	孙建超	135	292	1554.8	18973
东沟村委会	李建华		126	253	1802.9	23043
石佛寺村委会	姬时雨		162	295	14243	59356
三堡村委会	宋海英		47	80	1070.4	28750

永宁镇

【概况】　永宁镇位于延庆区中部，辖区面积146.5平方千米，耕地面积61970亩（4131.33公顷），辖36个村民委员会。2017年，全镇户籍户数13789户，其中农业户8082户、非农业5707户；户籍总人口26553人，农业人口17007人、非农业人口9546人。2017年出生人口319人，出生率为12‰。死亡人数291人，死亡率10.9‰。人口增长率为1.10‰。镇内有永宁古城、妫水源头、青龙潭等旅游景点，有九年一贯制学校1所，在校生883人，教职工183人。幼儿园1所，入园儿童330人，教职工60人。有社区医院1家。年内，镇党委辖基层党组织43个，包括党总支1个，党支部42个，中共党员1683名。全镇农作物耕种面积2.35万亩（1565.67公顷），化肥使用量1.10万公斤。主要农作物玉米的播种面积、总产量和单产分别为13326亩（888.4公顷）、6322千克和474.4千克；蔬菜播种面积和单产分别为4390.6亩（292.71公顷）、885.1千克；干鲜果总产量33.39万千克，其中鲜果2275千克。全年生猪出栏35366头，存栏22018头；羊出栏4038只，存栏5394只；肉牛出栏330头，存栏340头；鲜蛋产量2764.8千克。农村经济总收入7.23亿元，人均所得15442元。

全镇就业人口9844人，其中外出就业人员4431人。公共职业介绍机构空岗信息采集数454人，全年指标为450人，完成指标率101%。新型农村社会养老保险参保人数13029人。全镇残疾人数2271人，比2016年增加154人。其中，视力残疾387人，肢体残疾1176人，精神残疾152人，智力残疾153人，听力残疾280人，言语残疾15人，多重残疾108人。新型农村合作医疗参保人员为17529人，参合率达到99%。年内为1004人审核上报门诊报销药费124.42万元，报销医疗费36.9万元。为503人审核上报住院报销药费总额10999.9万元，报销医疗费497.8万元。为104人办理大病二次补偿手续，补偿金额核准费用344.25万元，起付线20569元，报销134.57万元。

全镇以永宁镇环城路、永宁法庭至北关新区、昌赤路利民街至阜民街路段、延琉路吴坊营、新华营路段为重点整治路段，针对示范区内的环境进行综合整治及绿化，整治土地面积6000平方米。落实“九无一好”，即无店外经营、无占道经营、无乱堆乱放、无私搭乱建、无非法广告牌和小广告、无露天垃圾点、无乱倒渣土菜秧、无黑车载客、无乱设自产自销摊点。镇区247家商户做好“门前三包”。开展联合执法行动1250次，出动执法人员3600人次，告知、告诫、规范、教育各种违规行为3000起，查处店外经营、非法营运、非法散发小广告等违法行为960起。举办民俗旅游接待培训班5期，30家民俗户参加，培训300人次。组织2017年乡村美食比赛、农历正月十五灯会等特色旅游活动。

单位名称：永宁镇政府
地　　址：永宁镇永宁大街39号
电　　话：60171741

（邹磊）

【“福满古城”残疾人文艺汇演】 1月20日，举办以“创文明城区、迎世界盛会”为主题的《2017年永宁“福满古城”温馨家园文艺汇演》。58位残疾人和残疾人家属参加演出。有诗朗诵、三句半、小品、歌曲、舞蹈、乐器演奏、魔术15个节目。演出中穿插创城知识问答，表彰2016年优秀残疾人工作专职委员8人。

（邹磊）

【残疾工作者参观蔬菜基地】 3月6日，组织基层残疾工作者到井庄镇王木营村的北京市扶贫助残蔬菜种植基地参观，学习把蔬菜当观赏植物栽种花盆里作为居家装饰的技术。

（邹磊）

【镇党校成立】 3月21日，中共永宁镇委员会党校成立。镇党校是全区首个挂牌成立的乡镇党校。区委副书记、区委党校校长出席揭牌仪式，区委组织部、区委党校相关领导，各乡镇党委副书记，街道工委副书记，区直机关工委、农工委、社工委、教工委副书记以及永宁镇36个村党支部书记参加。

（邹磊）

【残疾人义诊】 5月17日，永宁镇社区卫生服务中心8名医护人员到二铺村为残疾人义诊。为30名残疾人量血压、测血糖、称体重等，为残疾人讲解保健知识；现场指导肢体残疾人如何行走锻炼，发放健康宣传材料30份。

（邹磊）

【残疾人红色教育实践活动】 7月11日，永宁镇温馨家园组织“残疾人红色教育实践活动”。带领进40名残疾人到“平北红色第一村”——大庄科沙塘沟，重温平北革命斗争史。

（邹磊）

【环境整治】 年内，出动专业作业人员12万人次，发动其他人员2万人次，清理街巷胡同180条，清理卫生死角210处，清理堆物堆料1200处，出动车辆2560辆次，清运垃圾1500立方米，绿化美化街路9600平方米。

（邹磊）

【违建拆除】 年内，违法建设拆除文书现场勘验8户、询问笔录9户、案件协查函31户、停建通知书50户、限期改正通知书36户、限期拆除40户、催告通知书27户、强拆通知书27户、到场通知书8户、自拆协议书17户；完成街面23

处私搭乱建的拍照和台账；完成新华营村18处养猪场、牛场的拍照和台账。拆除违章建筑54处2.16万平方米。

（邹磊）

2017年永宁镇村委会基本情况统计表

表8

村委会名称	党支部书记	村委会主任	户数（户）	人口（人）	农村经济总收入（万元）	人均劳动所得（元）
河　湾	桂献杰	安素荣	221	436	712.7	12253.16
北　沟	张振宗	张存山	26	43	105.6	12222.22
清泉铺	张石良	池春红	335	670	972.7	12120.79
罗家台	沈茂生	沈海龙	175	338	436.0	12319.55
王家堡	李仕春	郝代石	77	153	228.2	17731.96
水口子	李树林	—	54	114	407.9	20536.23
偏坡峪	钱志龙	刘春亮	37	80	358.28	20536.23
二　铺	吕长有	吕德新	123	241	1005.8	12969.85
营　城	徐晓菲	卫满福	226	423	2066.4	17484.94
马蹄湾	巴士义	谢连庆	65	141	241.1	12500.00
西山沟	宋立民	宋立民	151	300	638.6	11908.75
永新堡	李秀环	李怀顺	184	389	551.2	13525.40
狮子营	韩　颖	—	187	350	821.8	13373.50
上　磨	国爱学	訾景成	237	457	2445.3	17739.47
吴坊营	吴秀起	吴荣富	635	1196	4149.1	14424.10
小庄科	魏石兰	罗树友	295	562	1080.7	14522.55
前平坊	韩贵洲	韩贵洲	161	323	841.7	13330.94
孔化营	梁志磊		712	1366	4526.4	15924.95
新华营	朱长富	时芝东	1190	2226	7539.3	20514.70
左所屯	张造有	—	1277	2433	5448.7	14952.21
北　关	苏金全	王永合	246	480	7574.9	18657.14
西　关	董海江		869	1753	5633.2	17495.60
小南元	闫占江	闫占江	173	332	720.1	12163.33
盛世营	纪凤起	李　森	166	315	622.0	13000.00
南　关	陈　鹏	陈　鹏	363	693	1103.9	12038.66
太平街	杨金禄	杨金禄	788	1470	2354.3	13871.88
利民街	盛长栓	陈石来	898	1696	4360.5	11551.35
和平街	颜铁柱		519	1006	1914.1	12235.00
阜民街	杜永斌	李士强	821	1501	3693.1	16751.77
王家山	张树立	张彦廷	471	963	2112.6	18951.85
南张庄	张振林	张永强	184	390	1425.2	20514.30
东灰岭	赵金柱	杨友泉	539	1045	3224.4	20583.20
彭家窑	彭永强	彭永强	244	514	697.9	1215.22
西灰岭	高双富	孙皂红	357	718	1212.5	11530.88
头　司	赵晓兵	赵小文	79	152	290.0	15583.33
四　司	陈钇锦	陈钇锦	144	318	415.2	13522.73

旧县镇

【概况】 旧县镇位于延庆区城东北15千米处，辖区面积109.7平方千米，下辖22个行政村，户籍户数10843户，总人口2.3万人。全年出生343人，出生率17.77‰；死亡166人，死亡率8.65‰；人口自然增长率9.22‰。镇域有延庆古八景中的三处：“古城烟树”“神峰列翠”“独山夜月”。有烧窑峪“摩崖造像”明代石佛像群，有“陶艺之乡”美誉的盆窑村，有云瀑沟景区。妫川牡丹园占地523亩（34.87公顷），种植牡丹200亩（13.33公顷），是集观光、采摘、餐饮、住宿为一体的多功能生态园区。全镇有中小学校4所。幼儿园3所，其中公立2所、私立1所。医院1所，床位50张，投入使用20张。数字影院23个，其中固定影院22个，流动影院1个。健身广场23个。

年内，镇党委辖基层党组织29个，其中农村党支部22个；全镇中共党员1497名。镇域粮食作物播种面积2.25万亩（1501.07公顷），总产量263.6万千克。其中，玉米播种面积2.17万亩，产量753.34万千克；谷子播种面积245亩（16.33公顷），产量1.99万千克；大豆播种面积555亩（37公顷），产量7.97万千克；红小豆播种面积25亩（1.67公顷），产量3000千克。年内羊出栏4269只，羊存栏5464只；牛出栏951头，牛存栏3337头；猪出栏6849头，猪存栏5764头；家禽出栏32.12万羽，家禽存栏8.62万羽。2017年财政收入188.9万元，完成任务指标的120.4%；完成招商引资1.71亿元；2017年农村经济总收入135340.8万元，比2016年的131782.7万元增加2.7%。实现农民人均劳动所得25977元，比2016年的24740元，增长5%。

全年荒滩造林359.7亩（23.98公顷）。新建抗震房527户，其中新建翻建385户，单项保温户110户，门窗6户，综合改造户26户。收集审核全镇村民房屋翻建信息材料涉及11个村210户。完成旧县村煤改地源热泵工程立项批复、勘察、设计招标等工作；“煤改电”烧窑峪村安装空气源和电暖气131台；旧县村安装空气源60台；东龙湾村“煤改气”实现全村“无煤化”；全镇推广优质燃煤658.1万千克，拆除大型燃煤锅炉36蒸吨，拆改经营性小煤炉16台。减煤换煤771.39万千克，更换炉具32台。全镇拆除违法建设8处3.2万平方米。完成烧窑峪村、旧县村、东龙湾村、古城界碑石环境综合整治“一事一议”项目9个。完成电影放映970场，星火演出66场，组织文艺演出18场，观看演出人员7500人次，为3个村安装健身器材33件；完成12个村文化活动室外墙保温和14个文化活动室取暖及改线工作。镇村图书流转村3643本；组织化妆、摄影、烙画、贴花等培训活动5次。镇舞蹈队获得区第八届群众舞蹈大赛二等奖，镇龙舟队获得区第九届北京端午文化节龙舟竞渡比赛二等奖。

单位名称：旧县镇政府
地　　址：旧县镇旧县村
电　　话：61151206

（吕秀芳）

【全国运动休闲特色小镇试点项目启动】 9月29日，旧县镇运动休闲特色小镇启动仪式及首届“独山夜月”旅游文化体验季活动，在北京龙湾国际露营公园举行；活动现场表演文艺节目以及500人参加的休闲荧光跑。旅游文化体验季活动持续至10月8日，主要内容包括“梦幻陶艺之旅”“运动美食之旅”与“畅游体验之旅”。市人大常委会委员、民盟市委专职副主委宋慰祖和区领导穆鹏、陈合安等出席开幕式。

（宋亮楠）

【镇域内"陕京四线"工程完成】 10月，"陕京四线"旧县段工程全线竣工。主管道途径镇域内8个村、总长度9千米。截至月底，各村管道通气，村民使用上方便清洁热源。

（吕秀芳）

【"两田一园"高效节水工程实施】 年内，镇域内的治理任务1.53万亩（1017.4公顷），范围外用水大户（流转地）1.82万亩（1218.06公顷），共3.35万亩（2235.46公顷）。农业高效节水治理任务分2年实施，2017年建设任务涉及5个村2320亩（154.67公顷）已完成，其余全部为2018年建设任务。

（吕秀芳）

【2个村小流域治理工程完成】 年内，白草洼村和烧窑峪村污水管网收集及处理厂站建设项目完成。此工程是上年区水务局京津风沙源小流域治理工程项目之一。

（吕秀芳）

【低收入村户增收】 年内，镇共有低收入户共796户1791人，人均可支配收入达到15533.4元，增长38.8%，人均可支配收入超过11160元以上农户721户，占全部低收入户90.6%。

（吕秀芳）

【林下可燃物清理】 年内，镇平原地区生态林管护总面积9573.4亩（638.23公顷），清理旧小路林下可燃物及垃圾764.6亩（50.97公顷）、八峪路两侧1842亩（122.8公顷）。清理原有林内林下可燃物及垃圾2164.4亩（144.29公顷）、龙庆峡三期林下可燃物439.3亩（29.29公顷）、龙庆峡四期1394.7亩（92.98公顷）、龙湾河2178.9亩（145.26公顷）。共清理林下可燃物9143.6亩（609.57公顷）。

（吕秀芳）

【垃圾分类】 年内，完成大柏老村、旧县村两个村的垃圾五分类收集，全镇22个村均实现垃圾五分类收集，垃圾细分类收集率100%。创建垃圾分类示范村3个，占垃圾细分类收集村庄的50%。

（吕秀芳）

【民俗旅游】 年内，全镇旅游接待49.34万人次，收入1574.2万元，同比增长10%。东龙湾继续发展"健康+精品民宿"产业，采用"公司+合作社+农户"模式，2017年3月2日开业，周末入住率80%以上，假期入住率100%。

（吕秀芳）

【村庄绿化美化】 年内，在2016年绿化面积360亩（24公顷）的基础上，新增绿化面积100亩（6.67公顷），种植百日草、黑心菊、波斯菊、翠菊、福禄考等；种植形式实行各村承包制。

（吕秀芳）

【5条河道清理整治】 年内，对西龙湾河、西龙湾右支一河、白草洼河、北张庄河、古城河5条河道上13处问题河段进行清理，出动巡查清理1500人次，出动车辆1000次，拆除违建面积2.86万平方米，清理废弃物4300立方米。

（吕秀芳）

2017年旧县镇村委会基本情况统计表

表9

村（居）委会名称	党支部书记	村（居）委会主任	户数（户）	人口（人）	经济营业收入（万元）	农民人均所得（元）
白草洼	陈进行	陈进行	159	350	1862.9	19345.86
三里庄	唐爱青	陈所囤	506	1054	1830.0	11242.23
烧窑峪	李来有	李来有	126	277	574.3	11239.31
北张庄	田金来	田金来	468	1065	2105.2	11217.90
白羊峪	程学军	程学军	54	120	237.3	11364.58
黄峪口	程立存	程立存	174	351	481.6	11260.68

续表9

村（居）委会名称	党支部书记	村（居）委会主任	户数（户）	人口（人）	经济营业收入（万元）	农民人均所得（元）
白河堡	赵庆中	赵庆中	126	265	384.9	11916.25
阎家庄	郭纪红	闫石柱	937	1778	2803.0	11908.45
耿家营	闫立民	赵会君	407	782	1581.1	14515.85
车坊	王海龙	刘合昌	486	931	2570.0	11829.45
旧县	高华彪	高华彪	1423	2938	15757.3	30834.14
东羊坊	李相平	李相平	513	992	2169.6	15482.85
米粮屯	王小玮	王小玮	998	1905	6344.1	20332.61
古城	乔爱忠	乔爱忠	945	1880	14632.0	52839.57
常家营	王爱柱	王石军	406	837	2707.6	20362.80
常里营	马淑华	李腾飞	272	494	1178.8	11709.74
盆窑	王海涛	王海涛	293	543	2795.3	25236.64
团山	赵桂祥	赵桂祥	575	1075	3544.9	16862.99
大柏老	陈建明	陈建明	1165	2248	37879.3	51605.24
小柏老	刘玉林	赵爱东	179	389	1940.4	27233.76
西龙湾	张新艳	张新艳	410	773	7562.7	39056.60
东龙湾	裴玉慧	裴玉慧	258	490	1268.8	14005.57

张山营镇

【概况】 张山营镇位于延庆最西北部，镇域面积267平方千米。全镇户籍数13743户，户籍总人口2.54万人。全年出生人口185人，出生率7.3‰，死亡人口206人，死亡率8.1‰，人口自然增长率—0.8‰。全镇有九年一贯制学校1所，小学2所，中心幼儿园3所，社区卫生服务中心1所，村级卫生室6所，文体中心1座，数字影厅26座，健身广场21处。2017年完成镇机关党支部换届选举，镇党校正式挂牌成立。镇党委下辖基层党组织45个，其中农村党支部32个；全镇党员1632名。全镇粮食作物播种面积1.34万亩（893.33公顷），粮食总产量672.5万千克。其中玉米播种面积1.26万亩（840公顷），产量647万千克。农业支持保护补贴面积9707.5亩（647.17公顷）。实现农村经济总收入11.6亿元，同比增长1.7%。农民人均所得1.89万元，同比增长3.0%。完成财政收入733.2万元，完成基数（732.9万）的100.4%。完成固定资产投资1.7亿元。

年内，全镇根据“一核、双区、六组团、多节点”镇域布局规划，确定建设张山营镇区公共服务核心区、西大庄科冬奥运动片区、龙聚山庄冰雪休闲片区等特色区域，对接京张冰雪产业带建设。完成陕京四线张山营段回填及管道打压，签订延崇高速张山营山区段地上物补偿协议及临时占地协议，签订平原段辛家堡村、田宋营村、西羊坊村地上物补偿协议，综合管廊项目1、4、5、6号地开始施工，冬奥核心区2条进区路（分别是1.14千米和3.8千米）通车，签订核心区A部分征地补偿协议及B部分征地补偿安置协议。

全年植树造林2.8万株。拆除违法建设4万平方米，整治店外经营23处、堆物堆料8处、违规广告牌匾152块、非法小广告210处、私搭乱建22处，查处店面无照经营144起。完成27个村7563户的煤改清洁能源工作，淘汰劣质燃煤1600万千克，劝返运输劣质煤车辆62辆，查处劣质煤销售行为13起；拆除经营性小煤炉86台，安装煤改电设备7123套，煤改气设备182套，完成剩余5个村的减煤换煤工作，完成锅炉改造182套，实现动态清零工作目标。疏解“散乱污”企业42家，拆除砂场15家，清退规模奶牛养殖场1处、千只以上规模养鸡场3处。在现有1200立方米污水处理厂基础上，新建污水处理厂2600立方米。2个村实现五类垃圾细分，30个村实现三类垃圾粗分。

全镇新型农村合作医疗参合率99.2%。全年为417名享受低保人员发放低保金509.7万元。为418名残疾人发放生活补助218.4万元。为287名残疾人发放护理补贴45.2万元。为262名残疾人发放助残券31.4万元。全年播放电影1000场，完成星火工程演出32场，非专业演出64场。对3个市级民俗村127户民俗户规范化管理，新建高端民宿5处。全年接待游客20万人次，民俗户总收入1100万元。

单位名称：张山营镇政府
地　　址：张山营镇佛峪口村南
电　　话：69111051

（陈述升）

【冰雪运动培训基地合作意向书签署】　3月8日，镇政府与北京环球飞雪冰雪运动学校签署“环球飞雪冰雪运动培训基地”合作意向书。协议在张山营镇建设冰雪运动培训基地，强化双方合作，助推冰雪产业发展。北京奥运城市发展促进会副主席出席活动并致辞。国家体育总局冬季运动管理中心副主任，奥地利驻华大使馆特使和延庆区委、区政府领导以及世界冠军李妮娜、张丹、钱红、杨凌、陈中出席。

（陈述升）

【天然气CNG站工程开工】　5月9日，延庆CNG加气母站天然气工程（LNG储备站）在张山营镇中羊坊村米黄路西侧开工。项目总占地2万平方米，由北京燃气集团负责具体施工，10月底竣工后接入陕京四线天然气管线，利用陕京四线项目向延庆区输出天然气。

（陈述升）

【海坨滑雪队成立】　7月11日，海坨滑雪队在世界葡萄博览园举办成立仪式。滑雪队成员18名，绝大部分为张山营镇农民，平均年龄30岁，平均雪龄10年。

（陈述升）

【申冬奥成功2周年纪念演出】　7月28日，张山营镇组织星火工程演出团队到延崇高速九标段项目部演出，庆祝申奥成功2周年。延崇高速各标段建设者代表及西大庄科村村民等400名观众观看演出。

（陈述升）

【20家媒体到张山营镇采访】　8月10日，20家中央和市级媒体就张山营镇西大庄科村在服务保障冬奥会筹办举办中涌现出来的先进典型进行集中采访，通过电视新闻、广播等报道30次，对张山营镇服务保障冬奥会筹办做出的贡献给予宣传和肯定。

（陈述升）

【全市首个扶贫社工服务站成立】　8月10日，全市首个扶贫社会工作服务站落户张山营镇胡家营村。该站是朝阳区妇女儿童公益慈善促进会援建的帮扶对接服务平台，服务内容包括邀请乡贤共商发展、组织党员志愿服务、设立养老驿站、举办健康义诊、搭建电商销售平台、开展文化挖掘整理等。

（陈述升）

【独生子女升学奖励】　8月20日，镇举办2017年独生子女考学奖励表彰会，表彰40名考入一类和二类本科院校以及28名考入重点高中的学生，发放奖励金11.9万元。自2006年设立独生子女考学奖励金政策以来，张山营镇已连续12年为586人次发放考学奖励金90万元。

（陈述升）

【西大庄科村获评全国文明村镇】　11月17

日，西大庄科村在第五届全国精神文明建设表彰大会上获得“全国文明村镇”称号。西大庄科村党支部书记徐建喜作为北京市全国文明村镇唯一代表，出席表彰大会。

（陈述升）

【河长制管理体系落实】 年内，制定张山营镇河长制工作管理办法及考核细则，设立镇河长2名，村级河长48名（含景区和辖区单位5人），成立河道巡查队伍47名。

（陈述升）

【贺玉凤获评“北京榜样”】 年内，小河屯村村民“环保奶奶”贺玉凤，获得2017年“北京榜样”称号。20多年来，贺玉凤在延庆妫河两岸义务捡拾数以万计的塑料袋、快餐盒等白色垃圾。家人包括孙儿都参与到她的志愿环保活动，她组织“夕阳传递”环保志愿服务队100人，定期到妫河两岸、延庆各大景区、海坨山冬奥会赛场等地开展志愿环保活动。

（陈述升）

2017年张山营镇村委会基本情况统计表

表10

村名	党支部书记	村委会主任	户数（户）	人口（人）	村级总收入/万元	人均劳动所得/元
下　营	刘志军	刘志军	832	1890	7139.2	18873.01
东门营	孙铁合	孙铁合	438	935	5528.5	18717.64
姚家营	郭维奇	王国伟	560	1260	6732.9	18261.90
胡家营	胡顺泉	胡顺泉	308	592	3439.9	18086.14
水　峪	刘明富	刘明富	130	284	1521.7	21197.18
佛峪口	杨根山	杨根山	191	310	1152.8	21774.19
西大庄科	徐建喜	徐建喜	38	80	1220.8	31800.00
西五里营	盛永民	盛永民	530	1300	5063.7	19993.07
前黑龙庙	王合亮	王合亮	230	525	2818.9	22019.04
后黑龙庙	杜皂银	杜皂银	152	378	1773.0	18087.30
西卓家营	张小龙	张爱勤	175	370	2357.2	18678.37
马　庄	马海山	马海山	61	140	492.1	18850.00
张山营	卢兴民	卢兴民	546	1395	7925.9	20642.29
上芦凤营	卢瑞明	卢瑞明	104	214	1090.2	18009.34
下芦凤营	宋凤存	宋凤永	148	335	2169.6	18000.00
小河屯	赵　巍	赵　巍	554	1269	5376.2	18313.63
玉皇庙	吕　华	吕　华	85	174	3022.4	20281.60
上板泉	李同会	李向新	481	1080	6892.5	18296.29
下板泉	刘志涛	刘志涛	516	1124	3661.8	18047.15
西羊坊	李海深	李海深	353	580	4407.2	18413.79
辛家堡	陈春双	陈春双	200	398	1744.8	18025.79
丁家堡	苏跃兰	苏跃兰	276	530	2932.0	18918.86
田宋营	徐宇亮	徐宇亮	346	1011	3627.3	18076.16
吴　庄	卢铁墩	卢铁墩	96	200	1315.0	18000.00
靳家堡	薛桂宝	薛桂宝	320	760	3766.5	18592.10
晏家堡	王富贵	晏二小	260	560	3017.0	18303.57

续表10

村名	党支部书记	村委会主任	户数（户）	人口（人）	村级总收入/万元	人均劳动所得/元
龙聚山庄	郭明德	赵　杰	220	588	14889.6	21287.41
中羊坊	许跃斌	于富江	450	1030	2905.6	18185.43
黄柏寺	佟兰红	佟红利	262	550	4045.0	18405.45
韩郝庄	段桂赛	吴瑞新	212	506	2005.4	18142.29
上郝庄	张书民	孙全海	61	141	730.6	21985.45
苏　庄	古文叶	古文叶	135	305	1519.9	18013.11

四海镇

【概况】 四海镇位于延庆城东46千米处，镇域面积115.7平方千米，辖18个行政村，6个自然村。全镇户籍户数3539户，其中农业户2528户、非农业户1011户。户籍总人口6861人，其中农业人口5468人，非农业人口1393人。全年出生人口28人。镇域四面环山，森林资源丰富，森林覆盖率为79.42%。全镇平均海拔700米，昼夜温差大，年积温2700℃，平均气温7.4℃，年降水量在550—700毫米之间，无霜期155天左右，光照充足，平均年日照时间2826小时，属温带大陆型气候。有明代天顺八年（公元1464年）修筑的四海城遗址，万里长城第一楼之称的“九眼楼”长城、西沟里自然风景区以及天门关“摩崖石刻”。辖区设有35千伏变电站、电信支局、手机信号接收塔。境内延四路、琉四路、安四路、四沙路4条三级公路穿越。18个行政村全部实现公路村村通。有社区服务中心院1所，医务人员45名，床位15张，下设16个村级卫生室。

年内，镇党委下辖基层党组织26个，其中乡机关党支部3个、农村党支部18个、社区党支部1个、事业单位（卫生院）党支部1个、供销社党支部1个、“村官”党支部1个、种植合作社党支部1个，全乡中共党员806名。全镇花卉种植面积5600亩（373.33公顷），主要种植经济类花卉，有万寿菊、百合、串红、蓝花鼠尾草、马鞭草、醉蝶、茶菊等。全年加工茶菊35吨，对产品包装升级，商标提档认证。全镇旅游综合收入4569万元。农村经济总收入2.16亿元，人均劳动所得15265元，同比增长3%。

全乡创建市级星级示范民俗户33户，南湾3D主题民俗村获得“全国休闲美丽乡村”荣誉称号。举办端午文化节及赏花季活动。动态监测低收入农户654户1457人，其中低保户148户，五保户78户，残疾户226户。低收入村5个，低收入户相对集中村1个。精准帮扶 654户，帮扶率100%。全乡低收入户人均可支配收入11630元，同比增长15%。为全镇残疾人提供就业岗位100个；城乡居民基本医疗保险参保率100%。举办文艺中专班、现代农艺培训班，培训1万人次，培养农村实用人才6人；新建村级卫生室2个；完成星火工程演出36场，各种群众文化活动8场。17个数字影厅放映电影210场，流动放映点放映电影10场，文化资源共享工程放映108场。为公路沿线民俗户、商店统一制作牌匾10块、露天标识6块。更换垃圾桶565套，投入资金6.78万元。截至年底，整治环境问题1000处，接收整改台账160处，整改率100%，完成城市环境秩序综合监管任务，整改率90%以上。

单位名称：四海镇政府
地　　址：四海镇四海村
电　　话：60187772

（武卉）

【困难党员慰问】 6月28日，区人大、区委组织部领导，到西沟外村对2名中华人民共和国建国前老党员及1户困难户进行慰问，送上慰问金每人2000元。

（武卉）

【“八一”走访慰问】 7月31日、8月1日，镇党委书记、镇长带队，对镇内抗战老兵、现役军人家属，以及支援乡镇防汛工作的武警部队走访慰问。慰问黑汉岭、南湾等11个村16户，送去米、面、油、鸡蛋等慰问品。

（武卉）

【淘汰不合格燃灶行动】 8月22日，区安监局相关科室人员与镇主管领导及安全科全体成员针对更换不合格燃气灶具工作召开协商会，并于23日启动相关工作，开展安装燃气安全辅助设备和独立式感烟火灾探测报警器专项行动。

（武卉）

【人工湖投放鱼苗1350千克】 9月27日，区水产中心为四海镇提供平均重量0.25千克重的草鱼、鲤鱼1350千克，全部投入人工湖。

（武卉）

【红色1+1志愿服务】 9月，前山党支部联合延庆团区委、北京林业大学园林学院学生党支部，开展“红色1+1——相聚前山村，携手共采菊”的志愿活动，帮助当地采摘茶菊。

（武卉）

【区中共十九大精神宣讲团到镇宣讲】 11月17日，镇党委邀请区中共十九大精神宣讲团成员解读中共十九大精神，全体机关干部、大学生村官、村“两委”干部120人参加。

（武卉）

【食品安全检查】 年内，以四海镇小学为原点，对其周边地区进行排查。出动执法车辆10辆次，人员21人次，检查28户次，未发现问题食品。

（武卉）

2017年四海镇村委会基本情况统计表

表11

村（居）委会名称	党支部书记	村（居）委会主任	户数（户）	人口（人）	经济营业收入（万元）	农民人均所得（元）
四　海	巩长海	王书海	360	693	2972.6	15943
海字口	王　江	陈春江	408	868	2476.7	16042
岔石口	曹　旭	卫德友	262	548	1535.9	16004
郭家湾	任淑凤	任正常	171	346	935.0	15182
椴木沟	赵久满	赵久满	219	411	1244.0	14080
永安堡	赵贵梅	李久江	214	391	1324.5	14056
菜食河	朱立平	朱立平	193	395	827.8	12914
西沟里	刘德印	刘德印	66	126	665.2	16504
西沟外	张树平	张树平	176	297	890.8	16451
石　窑	王金莲	王金莲	89	180	549.9	15368
黑汉岭	闫书芳	闫书芳	300	582	1820.4	16426
大胜岭	王永发	李彦新	178	338	1110.6	16007
南　湾	侯红颖	张立华	326	597	1625.6	16919
楼　梁	夏俊英	夏俊英	83	173	382.5	14813
王顺沟	韩成强	韩成强	140	260	649.3	14333

续表11

村（居）委会名称	党支部书记	村（居）委会主任	户数（户）	人口（人）	经济营业收入（万元）	农民人均所得（元）
前 山	王永怀	王永怀	102	190	494.2	15000
大吉祥	闫付臣	葛 伟	183	374	1889.0	17011
上花楼	高 仁	胡 旺	69	128	434.2	16422

千家店镇

【概况】 千家店镇地处延庆东部山区，距城区60千米，是全市最边远山区大镇。面积371平方千米，占区域面积的1/6。辖19个行政村83个自然村，户籍户数5707户，户籍人口1.16万人，属全市人口密度最低区域，镇生态林面积47.6万亩，占全区生态林面积的1/4；林木绿化率71.44%，林木覆盖率63.51%；黑白两河流经镇域，每年为市区供给饮用水3.15亿立方米。镇域内有“百里山水画廊”景区。其中有硅化木、乌龙峡谷、滴水壶、朝阳寺、龙王庙、关帝庙6处景点和秀水湾等12个“山水人家”乡村旅游接待村，接待户300家。是北京市首家涵盖全镇范围，实现“镇景合一”的大型国家4A级旅游景区。2017年，全镇粮食作物播种面积14563亩（970.87公顷），总产量452.2.3万千克。蔬菜作物种植面积705亩（47公顷），总产量57.35万千克。全镇农村经济总收入5.22亿元，同比增长2.9%，农民人均劳动所得实现2.2万元，同比增长2.9%；接待游客86.9万人次，旅游收入7655.5万元。

年内，镇党委辖28个党支部，党员1177名。为各村党组织选派党建指导员19名和党建指导组19个，开展党校示范教学8次，受教育党员干部900人次；利用党建经费84万元打造标准化党员活动场所和宣教设施。完成科级领导干部岗位调整17人，新选拔任用正科级干部9人，副科级8人。选拔任用38名村级后备干部和19名专职党务工作者。党委书记上示范党课，处级班子成员、基层支部书记入村、入校园讲党课31场次。文艺演出、专题宣讲等活动10场次。发放学习资料5000份，开展“我为画廊添光彩”党员志愿服务活动5000人次。大石窑党支部与京西北集团携手打造“百里乡居精品民宿休闲度假产业示范园”，年均增收2万元。白河流域4个党支部成立民俗产业合作社，民宿产业收入同比增加10%。打造“中药材示范产业园”，每亩年产值5000元。发展黄芩特色种植和加工产业，每亩年产值3000元。

全年拆除违法建设2.42万平方米，查处占道经营行为50起，整治无证无照经营8户，关停废品收购站1处，完成“散乱污”民俗户的疏解整治13家，为19个行政村配置车载垃圾箱36个，新增果皮箱40个。河口村安装空气源热泵97台、蓄能式电暖气36台；配送燃煤总量139.73万千克，查处售卖劣质燃煤行为7起。完成锅炉“煤改气”12蒸吨，拆除经营性小煤炉39家62台。完成秸秆回收利用100万千克。关停河南村砂石场。PM2.5累积浓度为38微克/立方米，与珍珠泉乡并列全区第一。降尘累积浓度为4.5吨/月·平方千米，列全区第二；对11条180千米河流实施河长制管护，拆除5处养殖场24111平方米，拆除4处违法建设2875.45平方米。污水处理厂升级改造，铺设污水管网7.2千米，完成工程量的90%。完成千家店排字岭民俗村污水管网建设，完成千家店排字岭、下湾民俗村污水处理站招投标。全年水质监测断面平均达到地表水II类标准。

实施彩叶林工程2400亩（160公顷），完成3个村五边绿化92亩（6.13公顷）。完成低收入村户数据动态监测，投入资金255万元，推动开展花盆村黄芩茶、水头村野生猕猴桃、大栜树村中药材3个低收入项目，低收入户人均可支配收入增速达到10%，全年完成对485户共1066人的低收入户摘帽任务，摘帽率达94.5%；完成18名村级专职社保员招聘上岗工作，基层社保力量得到加强，提供就业岗位835个，新增向二三产业转移就业220人。参加合作医疗8072人，参合率99.9%，实现城乡居民医疗并轨。对1820名妇女开展两癌筛查，完成2个村级卫生室建设，投入资金18.9万元，对五保、低保、优抚对象开展危房改造。全镇适龄儿童入学率100%，幼儿入园率90%。启动1+1关爱空巢助老项目，开展“千家乐”志愿服务活动。全镇推出戏剧周、围棋赛、马拉松、自行车赛、端午文化节、重阳文化节、摄影大赛等文化体育活动；成功举办“百里乡居”品牌发布会和百里乡居星空音乐会以及百里山水画廊休闲度假冰雪欢乐节。在《人民日报》《北京日报》、北京电视台、千龙网等市级以上媒体发稿36条，其中电视新闻4条、广播新闻5条，平面新闻19条，网络媒体8条。

单位名称：千家店镇政府
地　　址：千家店镇东店村西
电　　话：60188345　60188048

（辛雨）

【镇第一届元宵节花会展演】 2月6日，“红火元宵呈吉庆　百里画廊谱新篇”千家店镇第一届元宵节花会展演在朝阳寺广场举办。12个行政村13支团队参加，红石湾高跷队、石槽高跷队、千家店秧歌队获得一等奖，菜木沟等代表队获得二等奖，花盆等代表队获得三等奖。

（辛雨）

【义务植树200棵】 4月1日，千家店镇组织全体机关干部到大栜树与村民共同开展义务植树活动，栽植树木200棵。

（辛雨）

【戏曲文化墙绘画】 6月21日，在千家店镇域主街道墙体完成戏曲文化墙绘画，绘画墙总长为201米，京剧、豫剧、黄梅戏、评剧、越剧5个剧种的剧种简介和剧种情节，共55幅。

（辛雨）

【“百里乡居”精品民宿开业】 7月15日，百里山水画廊旅游文化节开幕暨“百里乡居”品牌发布在延庆区千家店镇大石窑村举行。历时2年打造的“百里乡居”精品民宿，位于大石窑村，有古村文化气息特色的创意小院23座，配有中、西餐厅。

（辛雨）

【第七届少年围棋升段赛举办】 7月27—28日，千家店镇举办第七届“百里山水画廊杯”围棋升段赛，全市800名小棋手参加。

（辛雨）

【第二届千家店山水戏剧周举办】 8月4—12日，“2017千家店山水戏剧周”在镇文化广场开幕。镇文化广场、朝阳寺停车场为主会场，下设六道河等8个分会场，历时8天，演出17场，惠及游客及当地群众3万人次。

（辛雨）

【第三届森林马拉松举办】 8月27日，中国延庆世界地质公园千家店园区、国家4A级旅游风景区百里山水画廊成功举办“第三届北京百里山水画廊森林马拉松”，来自全国各省市及英国、德国、日本等国家的5000名选手参赛。

（辛雨）

【镇第二届重阳文化节】 9月28日，举办以“相约长寿岭　欢乐过重阳　献礼十九大”为主题的第二届重阳文化节。开展送一份爱心服务、送一身新衣、送一条红围巾、送一句温暖的问候、送一台文艺节目、送一餐长寿宴“六送”活动，取意“六六大顺”，祝福老人福寿安康。

（辛雨）

2017千家店镇各行政村基本情况统计表

表12

村　名	村书记	村主任	户数（户）	人口（人）	村级总收入/万元	人均劳动所得（元）
河　口	贾祥山	贾祥山	129	319	1663.8	24806
石　槽	周尚臣	王　海	57	120	729.8	27083
红石湾	李　健	刘海全	361	569	2650.5	20773
千家店	纪亚东	葛娅惠	702	1382	9908.8	24707
河　南	张晓辉	张晓辉	410	642	2932.9	22167
下德龙湾	纪凤贵	纪凤贵	359	626	3871.5	28877
水　头	郝建超	郝建超	123	229	1544.5	29996
大石窑	侯文有	李　刚	123	296	1753.2	23986
红旗甸	韩志国	韩志国	150	306	1999.2	20353
六道河	刘秀国	李永忠	402	735	3555.9	22449
大楝树	高德强	高德强	427	762	3243.3	18845
沙梁子	祁文春	郭成全	361	648	2766.2	18086
四潭沟	刘兴军	刘兴军	130	301	1538.5	17854
下　湾	纪文福	翟秀军	117	306	2347.0	25967
菜木沟	司利铭	刘玉富	303	495	3047.5	23578
牤牛沟	郭海英	郭汉军	81	130	672.5	20477
水泉沟	郤凤元	郤汉利	196	288	2073.4	18333
花　盆	高尚礼	周举国	430	730	3086.5	16918
平台子	白广辉	白广辉	266	490	2807.5	23200

沈家营镇

【概况】 沈家营镇位于延庆城东4千米，面积37.3平方千米。辖22个行政村。2017年，全镇户籍户数6101户；户籍总人口12285人，其中农业3791户8418人，非农业2310户3867人，男性6216人、女性6069人。全年出生人口197人，出生率16.03‰；死亡人口80人，死亡率6.51‰；人口自然增长率9.52‰。镇域内有初级中学1所、中心小学1所、打工子弟学校1所、幼儿园1所，社区卫生服务中心1所。村级卫生室12个，村级服务中心3个，数字影院23个、健身广场22个。2017年镇党委辖基层党支部33个，其中农村党支部22个；全镇中共党员1036名。在5个村试点推行“党小组+”模式，在22个村实行“两委”干部坐班值班制度，完成5个软弱涣散村党支部整顿转化，在12个村党支部开展支部规范化建设。推进两新组织党组织“两覆盖”，覆盖率100%。落实党风廉政建设“一岗双责”，开展“为官不为”“为官乱为”专项整治。制定《沈家营镇机关督查制度》，对全镇工程建设、农村“三资”管理、惠民惠农资金管理、安保情况、清空净水工作情况、环境情况等重点领域开展督查，违纪违规现象零发生。

年内，全镇实施适度规模经营，玉米播种面积同比减少11%，用于扩大有机果品、优质花卉园艺、蔬菜、药材等种植面积，形成西部果品、中部园艺、南部蔬菜、东部杂粮4个产业分区雏形，完善葡语农庄、龙世博花卉基地、涵碧泉百菊园3个世园会园外园建设规划，通过北京都市型现代农业（高效农业）示范乡镇年度监测评价。全镇税收完成3387.99万元，财政收入834.58万元，同比增长10%；农村经济总收入84595.3万元，人均劳动所得22341元，同比增长3%。粮食作物播种面积1.51万亩（1003.26公顷），亩产538千克，总产量809.7万千克。主要农作物玉米播种面积1049万亩（998.99公顷），产量806.2万千克。蔬菜作物播种面积684.45亩（45.63公顷），总产量193.5万千克。鲜果产量24.1万千克。全镇奶牛存栏1321头、生猪存栏4741头、蛋鸡存栏17.62万只。镇域有北京庆和食品有限责任公司、北京岭北筑路材料有限公司等工业企业4个，从业人员470人。产品主要有毛衣制品、腐乳等。完成企业总产值1.88亿元，企业利润总额655.82万元。

全镇立足“厚德仁宗故里，生态宜居小镇”的功能定位，清理整治高污染、高耗能产业，关停禁养区养殖小区1处，关停废品回收站、涂料厂各2家，治理“散乱污”企业29家，建立八里店村食品药品监管“基层联络站”，成立农村自贸市场。打造延琉路沿线7.8千米“集中连片”样板示范区，修复连魏路、西塘路、八临路等坍塌路面及边沟。在香前路、西塘路等路段安装围栏。拆除违法建设1.45万平方米，留白增绿2.5万平方米。开展“背街小巷百日攻坚”整治行动，清理建筑垃圾及生活垃圾5.2万立方米，22个村全部设置垃圾分类收集员，取消垃圾堆放点和地埋垃圾池50个，新增垃圾大箱21个，垃圾分类车160辆，垃圾分类桶400套。燃煤替换285万千克；河东、新合营两村的整村煤改电工程完工，香村营等7个村1490户完成煤改气工作，经营性小煤炉挂账并销账15家24台，7家企业完成燃煤锅炉清洁能源改造，10蒸吨及以下燃煤锅炉清零，燃煤锅炉供热改造12家单位3万平方米，关停砂场6个。联合开展河道排污口、违法建筑物、清淤疏浚等河道专项治理工程，清理拦河建坝9处，清理建筑及生活垃圾2000立方米，清理水面浮萍5000平方米；上花园等7个村15.94千米污水管网全部开工建设，香村营村污水管网及厂站建设主体工程完工。

全年安置就业困难人员723人。居民养老保险续保3334人，完成城乡医保参保人员信息采集6170人；为170户246名城乡低保人员发放保障金206.5万元；159人享受医疗救助，发放救助金33万元；为320人办理生活困难补贴，发放金额205万元；为250人发放护理补贴37万元；办理助残券1968人次19.7万元。为118户居民办理公租房申请及变更手续。独生子女一次性奖励、升学奖励等各项补贴足额兑现；全镇确定一老一小食堂3户、社会餐饮2户，为阳光餐饮单位。实施3个村级卫生室建设。星火工程演出88场，电影放映960场，举办迎新春群众文艺汇演、元宵节花会展演、“七一”文艺汇演、农民趣味运动会和舞蹈大赛，沈家营等10个村举办村晚。全镇举办压花知识，冰雪知识、冬奥等专题讲座，听众500人。

单位名称：沈家营镇政府
地　　址：沈家营镇沈家营村
电　　话：61131575

（赵曦）

【镇第一届人代会第三次会议】 12月15日，镇第一届人民代表大会第三次会议召开，参会代表42人。会议审议通过《2017年沈家营镇政府工作报告》《2017年沈家营镇人大工作报告》及《2017年财政预算执行情况及2018年财政预算报告》，与会代表对镇村经济发展、民生保障等方面工作提出意见建议12条。

（赵曦）

【精准帮扶219户】 年内，选派80名机关干部对全镇219户379名低收入户人员开展重点帮扶，其中34户得到有效增收，人均增收6600元；374人次享受医疗救助，27人享受教育救助；为152户困难居民及低收入农户更换燃气灶具。

（赵曦）

【志愿服务活动】 年内，开展志愿服务活动400次，服务时间1.05万小时，孤寡老人、重病或残疾人、农民工子弟等弱势群体1900人次得到帮助。

（赵曦）

【文化设施建设】 年内，完成15个村3372平方米文化活动场所电力增容改造和采暖设备安装，为22个村配备音响、锣鼓、图书流转箱、书柜等设施设备，16个村安装体育健身器材，建设新合营门球场、北梁网球场、连家营篮球场3个专项场地。

（赵曦）

【厚德镇建设】 年内，开展理想信念、社会主义核心价值观、"四德"教育40场次；开展"寻找身边感动、推荐身边好人"活动，通过宣传凡人小事、凡人善举和层层举荐，围绕助人为乐、见义勇为、诚实守信等10个方面，开展"最美沈家营人""最美家庭"等典型榜样评选，在机关干部、村民、警察、医生、教师、环卫人员、司法人员、残疾人中选树榜样100人。以"砥砺奋进，共建厚德沈家营"为主题，组织镇百姓宣讲团在全镇进行巡回宣讲28次、观众1500人。

（赵曦）

【安保维稳和安全生产】 年内，完成全国两会、"一带一路"峰会、中共十九大等重点时期安全保障工作，实现"六个不发生"目标；实施镇综治中心升级改造，新建下花园、魏家营、曹官营等13个村级综治中心；健全5710安全生产监管体系，建立健全安全生产五大责任和七项制度，安全隐患排查出动人员1700人次，检查生产经营单位500家次，发现隐患300项次，整改率99%，全年未发生安全生产事故。

（赵曦）

2017年沈家营镇村委会基本情况统计表

表13

村（居）委会名称	党支部书记	村（居）委会主任	户数（户）	人口（人）	农村经济总收入（万元）	农民人均所得（元）
沈家营村	孙石根	无	370	733	6007.4	28755
东王化营村	段振忠	谢建辉	197	382	2148.6	22493
冯庄村	王怀礼	王怀礼	113	203	1357	23366
曹官营村	王成一	无	432	912	7518.2	24120
新合营村	徐桂莲	杨华	192	395	1814.6	22034
临河村	宋兰根	张岩	428	872	4630.6	22530
前吕庄村	张铁军	张铁军	375	749	3904.8	21380
连家营村	郑宏伟	郑宏伟	192	381	2305.6	20396
魏家营村	张海山	王世民	216	394	2880.6	24618
兴安堡村	李根伏	焦海鹏	348	672	9366.0	20912
北老君堂村	李海旺	无	327	659	7109.3	23570
香村营村	胡文发	胡文发	679	1370	9855.9	23584
后吕庄村	刘振华	刘振华	319	669	2466.9	20164
马匹营村	周留锁	周留锁	194	382	2320.9	21477
孙庄村	段四利	段四利	177	360	1706.2	22153
下郝庄村	张会敏	赵建华	70	149	1229.9	19116
北梁村	孙占奎	孙付军	110	242	665.7	14579
西王化营村	史来玉	史来玉	299	560	2395.6	20564
八里店村	刘书龙	苗秀慧	598	1220	10224.9	22740
下花园村	李　涛	郭振远	176	329	1394.8	21962
上花园村	刘石锁	刘石锁	78	165	1278.7	20072
河东村	侯金栓	无	211	487	1912.3	19624

大榆树镇

【概况】 大榆树镇位于延庆区城东南部，镇域面积60.7平方千米，辖25个行政村。2017年，全镇户籍数6019户；户籍总人口16512人。其中男性8296人、女性8216人。全年出生人口168人，出生率10.17‰；死亡人口116人，死亡率7.02‰；人口自然增长率3.15‰。镇域内有中学2所，小学2所，幼儿园1所，镇级社区服务中心1所，村级卫生室16家，健身广场26处。2017年镇党委辖基层党组织34个，其中农村党支部25个；全镇中共党员1239名。成立大榆树镇委员会党校。全镇粮食作物播种面积14527亩（968.47公顷），总产量906.4万千克。蔬菜作物种植面积3072.5亩（204.83公顷），总产量986.8万千克。牛、羊、家禽存栏量分别是250头、5372只、14.17万只。全年接待游客15万人次，旅游收入140万元。实现财政收入1304万元，农村经济总收入4.48亿元，农民人均劳动所得20137元。

年内，世园会围栏区李四官庄和谷家营村回迁安置房、京张高铁、世园大道周边绿化等10项重点工程服务保障工作有序推进，征占土地2000亩（133.3公顷），涉及13个村800户。下屯改造和小张家口搬迁联动、“牡丹风情小镇”“公交生态小镇”和东杏园村被划入新城09街区，实施旧村改造并进场施工。《大榆树镇镇域总体规划》完成初稿。中央和地方农业综合开发项目及增量项目完成，总投资3721.8万元，涉及14个村，包含护村坝、田间路、风沙林补植、河道疏浚等建设工程；完成陈家营饮水工程、高庙屯村南居民供排水治理工程，完成镇区及程家营村污水厂站及管网建设，完成宗家营、簸箕营、阜高营村的污水厂站建设与修缮并投入使用；完成司连路杨户庄段和程军路大修工程。制订《大榆树镇“河长制”实施方案》及相关考核政策，成立镇、村两级河道管护队伍，制定河道巡查制度，建立河湖及水利设施专项档案。拆除违法建设1.12万平方米，复绿1.33万平方米，治理“散乱污”企业24家。对25个村、公共道路两侧、世园会周边等区域以清、拆、整、绿为重点，开展市容环境整治和背街小巷环境整治，对西杏园村墙面进行以牡丹为主题的美化包装，聘请北京农学院并投资100万元对姜家台村庄环境设计进行重点打造。南红门、簸箕营、陈家营、阜高营四个村“北京市美丽乡村”建设通过市级验收。

全镇低收入农户316户629人。镇政府实施助医、助学、助困、助残四项兜底帮扶措施。贯彻落实“扶贫先扶志”的精准扶贫方略，对全镇低收入户逐户建档，举办低收入家庭专场招聘会，11家用人单位提供涉及餐饮、机械加工、文员、保洁等401个岗位，应聘230人，达成初步就业意向65人；低收入农户人均收入全部达到11160元的线上标准。登记失业人员就业人数155人，就业困难人员就业人数16人，农村劳动力转移就业人数241人，采集空岗信息575人，职业指导165人，城镇居民和农村劳动力实现灵活就业136人，发放失业金47人。农村合作医疗参合人口9833人，参合率99.68%，报销门诊、住院496人次197万元。办理城乡养老保险续保4118人，全镇领取养老金1762人、1239万元；领取无保障老年人福利养老金1474人、853万元。城镇“一老一小”“无业居民”参加大病医疗保险527人；复审城乡低保166户243人，五保35户36人，残疾人1124人。发放各类政策资金和救助金1000万元。投入10万元为1200名育龄妇女提供免费健康体检，针对独生子女困难家庭，在不同节点开展各类慰问、救助活动，镇村累计投入计生事业性经费60万元。完成数字影厅、文化大院、全民健身工程、文化资源共享工程、益民书屋建设，覆盖率100%；完成镇内25个村文化活动室的冬季采暖工程；镇级综合文化活动中心投入使用。打造南、北红门村“猪头狮子团”、高庙屯村“一枝花秧歌队”、姜家台村“传统老秧歌队”、小张家口村“高跷队”、簸箕营村“真诚农民艺术团”等30支民间文艺团队。完成星火工程演出80场，电影放映2000场。

单位名称：大榆树镇政府

地　　址：大榆树镇大榆树村52号

电　　话：61182045

（张琳婧）

【种植银杏树200棵】 3月28日，北京电视台生活频道与延庆区政府联合在大榆树镇举办“2017共筑北京　一片蓝天”植树节主题活动，100位热心观众栽种银杏树200棵。

（张琳婧）

【法治宣传】 4月18日，大榆树镇司法所在姜家台村开展“增强国家安全意识　筑牢全民安全防线”主题法治宣传活动。司法所所长讲解国家安全相关知识、答疑解惑。发放《中华人民共和国国家安全法》《中华人民共和国反间谍法》等法律法规知识宣传资料100份。

（张琳婧）

【第二届北京牡丹科技文化节】 5月9—29日，“倾城牡丹　芳郁京都”——2017第二届北京牡丹科技文化节在延庆区大榆树镇国色牡丹园举办。此次科技文化节由北京市园林绿化局、北京世界园艺博览会事务协调局、北京市延庆区人民政府、北京林业大学联合主办，以赏花会、科技创新与产业发展高峰论坛、文创市集及手机摄影大赛为主要内容，园区内分为赏花游园区、综合特色展区、创意集市区，展示面积30万平方米，有600种100万株牡丹。2个获得自主知识产权的北京本地牡丹品种“京云冠”和“京墨洒金”首次展出。该园是集牡丹科研科普、牡丹产业推广、牡丹文化体验、牡丹主题休闲度假等多项功能于一体的“国家牡丹栽培综合标准化示范区（北京）”、北京园林绿化“科技创新示范区”、国家“863”计划与科技支撑计划项目研发基地，是国家重要的牡丹基因库、研发中心和观光牡丹园。

（张琳婧）

【残疾人包粽子比赛】 5月25日，大榆树镇残联举办主题为“粽情粽意”喜迎端午文化活动。30名残疾人参加包粽子比赛，经过紧张激烈的比赛角逐，时海燕、宋淑霞获得一等奖，刘建华、白会军获得二等奖，彭美英、李冬华获得三等奖，其他参赛选手获得参与奖。

（张琳婧）

【首届端午文化节】 5月30日，大榆树镇举办首届端午文化节活动，内容包括：“国色牡丹　粽情端午”端午诗文诵读大会，通过初赛、复赛选拔出的12组选手，在国色牡丹园演出《离骚》《端午颂歌》《端午抒怀吊屈原》等经典诗词；大榆树镇小学的《儿童舞狮》，镇“真诚农民艺术团”自编自演的京东大鼓《修身养德心向善》，镇高庙屯村“一枝花舞蹈队”表演的《大红腰鼓扭起来》等节目，100人参加。

（张琳婧）

【1138张助残折发放】 6月28日，创维集团在大榆树镇开展“善行北京延庆　扶贫助残惠万家”活动。创维集团投入45万元，以扶贫助残折方式，下发放扶贫助残折1138张。持证残疾人凭扶贫助残折购买产品优惠400元。

（张琳婧）

【“五谷丰登宴”获金奖】 7月21日，镇选送的“五鼓丰登宴”获得“延庆乡村旅游文化节”美食大赛金奖。大赛在北京延庆龙湾汽车露营公园举行，全区30支代表队参加。“五鼓丰登宴”由大榆树忆江南农家餐厅推出，将本土特有的野菜、豆腐、南瓜等有机农产品融入菜品，粗粮细作，粗菜精作，寓意风调雨顺，五谷丰登，国泰民安。

（张琳婧）

【广场舞大赛获奖】 7月31日，大榆树镇舞蹈队参加延庆区2017年广场舞大赛，参赛舞蹈《火了火了火》获得全区二等奖。

（张琳婧）

【全国残疾预防日宣传】 8月25日，镇残联开展主题为“推进残疾预防 健康成就小康”的全国残疾预防日宣传活动。发放宣传手册、张贴宣传海报100份，解答残疾人的健康咨询、康复咨询，60名残疾人参加。

（张琳婧）

【“最美家庭”故事宣讲】 10月20日，镇妇联与镇宣传部门联合举办大榆树镇“最美家庭”故事宣讲会，10名宣讲员，宣讲自己或身边人的“最美家庭”故事，130人参加。

（张琳婧）

【大榆树榜样评选】 年内，大榆树镇开展“榆树好人——大榆树榜样”评选活动，评选标准为积极践行社会主义核心价值观，具有良好综合道德素质，体现助人为乐、诚实守信、敬业奉献、孝老爱亲、勤劳节俭等10个方面的道德品质，侧重在服务保障冬奥世园建设、积极参与创城创卫、疏解整治等工作中的先进典型人物的评选。15人参评，6人被评为“大榆树榜样”。

（张琳婧）

2017年大榆树镇村委会基本情况统计表

表14

村（居）委会名称	党支部书记	村（居）委会主任	户数（户）	人口（人）	总收入（万元）	农民人均所得（元）
姜家台	潘晓华	吴国庆	247	630	1784.6	22321
陈家营	王延宾	王大泉	193	502	1469.3	22327
杨户庄	张　京	杨三九	219	580	1356.0	21392
阜高营	曹桂华	路宝臣	211	550	1708.2	23638
奚官营	张红岩	张雪峰	125	302	406.9	15539
下辛庄	乔小四	李志勇	215	530	1466.6	22729
上辛庄	杨土来	郭　启	94	274	552.6	16304
宗家营	李德利	李建宾	332	855	1971.5	21920
大榆树	高春海	李秀启	279	696	1804.3	22412
高庙屯	李明珠	李春忠	393	967	1611.8	15599
刘家堡	李永泉	张鑫龙	126	306	876.7	17676
北红门	王爱军	杨秀贤	134	318	660.7	15649
南红门	宋宝良	宋宝良	132	323	690.2	15470
东桑园	申玉龙	李志强	283	614	1922.8	22731
大泥河	胡艳青	赵春生	595	1570	4705.4	18822
小泥河	刘黎明	刘浩东	69	171	647.0	19560
小张家口	刘　洋	张小宝	183	420	923.1	14127
下　屯	夏振焜	陈来昌	625	1346	6253.3	24872
东杏园	翟志亮	陈　东	249	689	1746.8	23186
西杏园	闫三平	王春久	150	435	868.0	21860
岳家营	王爱英	岳云生	140	364	766.9	21941
簸箕营	王士记	王京友	355	970	5568.4	23801
新宝庄	康国余	邵海云	230	550	2058.0	23088
程家营	刘向云	刘海强	200	494	1487.7	23174
军　营	张景义	张景义	240	626	1430.0	17694

井庄镇

【概况】 井庄镇位于延庆区中部偏西，距城区12.5千米，镇域面积126.1平方千米，辖31个行政村。全镇户籍数6959户，户籍总人口1.25万人。全年出生人口123，死亡人口137，人口增长率0.98%。镇内有中学1所，中心小学2所，校办幼儿园两所，敬老院1所，卫生院1所，村卫生室4处。镇党委辖基层党支部36个，基中农村党支部31个，全镇党员1167人，2017年成立镇委党校。全镇有林地面积13万亩（0.867万公顷），其中果园面积1966亩（131.07公顷），主要品种有杏、梨、葡萄、苹果等，坚果和鲜果年产量53.32万千克。耕地面积35107.5亩（2340.47公顷），退耕还林1.16万亩（7733公顷）。粮食作物播种面积17967亩（1197.8公顷），秋粮产量995.8万千克；经济作物播种面积850亩（公顷），产量4.4万千克；蔬菜播种面积603.8亩（40.25公顷），产量149.8万千克。肉鸡出栏3.24万只，禽蛋产量46.39万千克。肉牛出栏120头，奶牛存栏1194头，鲜奶产量547.6万千克。猪出栏3611头，山羊、绵羊出栏2279只。农村经济总收入3.97亿元，比2016年3.89亿元增长2%。农民人均劳动所得完成16532元，比2016年16050元增长3%。工业总收入4816万元，工业产值3977万元。财政收入122.5万元，财政支出7299.8万元。

年内，制订《井庄镇人民政府关于低收入农户动态监测工作实施方案》，监测农村劳动力6113人，就业6038人，未就业75人。对建档立卡的374户727人低收入农户进行调查及数据更新。为低收入农户提供就业岗位14个，人均增收6886元。吸收714名低收入人员为合作社帮扶成员，建立入社固定分红机制，每人分红增收400元，对37户38名特困人员进行助病、助老助学救助，增收8.0万元，人均增收2105元。低收入农户人均可支配收入12457.5元，比2016年11325元增长10%，全部实现脱贫。全年为88户申请抗震节能项目补贴资金176万元。为25户门窗保温项目申请补贴资金25万元。为78户节能保温项目申请补贴资金39万元。10个村完成煤改气。清理整顿“散乱污”企业14家，企业燃煤锅炉改造3家，清理柳沟民俗户小煤炉87个。打造“原乡里 · 三司”精品民宿。开展法治宣传教育活动25场次，发放法治宣传材料1万份。发放低保金359.33万元，发放五保金75.4万元，发放五保家庭慰问金13.64万元。全年救助1449人次，救助金额58.09万元。

单位名称：井庄镇政府
地　　址：井庄镇井庄村
电　　话：61192367

（翟金永）

【清明祭英烈】 4月1日，镇全体机关干部、大学生“村官”、部队官兵200人到艾官营村烈士纪念碑前，开展“缅怀先烈、学会感恩”清明祭英烈活动，向英烈敬献花圈。

（翟金永）

【环燕羽山越野挑战赛举办】 5月7日，以“激情冬奥、爱跑你我、文明延庆牵动你我”为主题，举办首届乡宴柳沟醉美井庄——环燕羽山越野挑战赛。比赛路线为闭合型路线，比赛起点和终点设在延庆柳沟古村。含燕羽山经典户外徒步路线。赛道为山地、树林、碎石等混合路面，全程累计爬升1300米，途中设2个打卡点，2个补给点。分为5千米组和20千米组，700名专业运动员和跑步爱好者参加，其中包括来自8个国家的16名国际友人。

（翟金永）

【司法宣传】 6月5日，镇司法所开展疏解整治促提升人民调解促和谐活动，发放宣传材料100份，并提供法律咨询。

（翟金永）

【柳沟马拉松公益挑战赛举办】 10月29日，镇第二届“延庆青商”杯半程马拉松公益挑战赛在柳沟村开赛。挑战赛以“不忘初心跟党走、踏上美好新征程”为主题，500名专业运动员和跑步爱好者参赛。

（翟金永）

【百姓宣讲比赛】 12月8日，镇宣传科举办“不忘初心跟党走　乡村振兴奔小康”百姓宣讲比赛。16人参加，评出一等奖2名、二等奖3名、三等奖5名。200名观众观看比赛。

（翟金永）

【镇第一届人代会第二次会议】 12月16日召开，47名代表出席。会议听取并审议《井庄镇人民政府2017年政府工作报告》，书面审议人大工作报告和财政工作报告。

（翟金永）

【柳沟冰雪马戏嘉年华开幕】 12月29日，“纳波湾欢乐世界——2018柳沟冰雪马戏嘉年华”开幕式在柳沟举行。园区内有雪地坦克、雪地闯关车、雪地香蕉船等冰雪游乐项目，有“狮虎当家”“快乐熊孩子”等马戏。

（翟金永）

【农业支持保护补贴提高到150元】 年内，农业支持保护补贴标准由原来的每亩97元调整到每亩150元。涉及30个行政村，2633户16111.9亩（1074.13公顷），补贴资金241.68万元。

（翟金永）

【火盆锅豆腐宴收入7274.5万元】 年内，柳沟村“火盆锅豆腐宴”有民俗户163户，全年旅游接待121.95万人，收入7274.5万元。

（翟金永）

【窑湾村103户迁入新居】 年内，窑湾村共有200户，签订搬迁协议180户。迁入新居103户

（翟金永）

【安全隐患专项整治】 年内，“三大行动”（安全隐患大排查大清理大整治专项活动）专项整治出动360人次，整理上报检查单位139家，发现隐患112项，完成整改率100%。

（翟金永）

【房柳路建设】 年内，建房柳路3.8千米。道路工程分两部分：第一部分为房柳路主线，全长2.9千米；第二部分为房柳路支线，全长为0.9千米。道路等级为二级公路，设计速度60千米/小时，路基宽12米。

（翟金永）

2017年井庄镇村委会基本情况统计表

表15

村委会名称	党支部书记	村委会主任	户数（户）	人口（人）	经济营业收入（万元）	农民人均所得收入（元）
南老君堂	刘全利		318	669	2935.4	22900
艾官营	韩文杰	韩殿臣	160	388	1310.7	14635
王木营	杨宏梁	刘全德	383	1064	3261.8	13647
井　庄	徐世利	李智利	281	797	2671.5	14868
三　司	张永田	张永田	162	373	1241.6	15941
柳　沟	胡宝祥	胡宝祥	360	991	6757.2	19171
房老营	房书明	房书明	131	314	1179.7	13818
东小营	李　钢	李　钢	218	671	2585.1	15350
宝林寺	罗顺利	罗顺利	86	278	1075.2	15454
小胡家营	胡吉明	胡吉明	85	230	711.10	16641

续表15

村委会名称	党支部书记	村委会主任	户数（户）	人口（人）	经济营业收入（万元）	农民人均所得收入（元）
东石河	张六林	张六林	143	372	1099.6	15808
二　司	高来所	高来所	98	242	918.7	17948
果树园	武爱虎	张玉明	72	199	1821.9	16000
王仲营	霍广才	霍广才	53	154	1085.10	23213
东红山	赵玉龙	韩云龙	70	164	997.9	15805
张伍堡	韩维江	韩维江	56	135	982.8	16831
八　家	张爱宁	王德发	106	283	742.5	15528
西红山	张土山	张土山	148	330	843.3	14730
西二道河	陈建国	孟金华	102	270	716.0	15529
东　沟	梁爱民	尹时光	109	233	636.9	15280
窑　湾	赵明志	崔永启	103	319	975.8	14622
老银庄	王拥民		133	296	770.8	15559
冯家庙	孙石根	时建军	103	252	1016.6	22269
孟家窑	马爱山	王永峰	86	227	683.3	15052
莲花滩	方　勇	沈合义	57	156	446.0	15075
箭杆岭	李　琳	王　剑	30	66	245.1	14550
曹　碾	高落实	高落实	21	43	226.8	13438
碓臼石	张金柱	王　伟	45	91	367.6	13866
门泉石	朱怀荣	朱怀荣	24	56	295.8	16770
北　地	张学余	张学余	44	104	330.0	20856
西三岔	丁春宇	丁春宇	12	24	99.8	18615

大庄科乡

【概况】 大庄科乡位于延庆区东南部，全乡面积126.5平方千米，下辖29个行政村、40个自然村全乡户籍户数2152户；总人口5892，其中农业人口4881人，城乡居民人口1011人。另有流动人口5人。农村从业人员3153从事一产的2074人，从事二产的59人，从事三产的1020人。2017年，出生人口50人，出生率0.84%，死亡人口40人，死亡率0.67%，人口自然增长率0.17%。乡党委下辖基层党支部33个，其中农村党支部29个；全乡中共党员779名。沙塘沟村被评为区级先进基层党组织，河北村被评为区级“三公开”先进村；新增6名农村实用人才，全乡农村实用人才达到273人。全乡经营单位133家，其中小微法人企业8家、个体工商户123家、在建工程2家。中心小学校1所，成人学校1所。幼儿园1所。乡级卫生院1所，敬老院1所。健身广场5处，村级文化大院29个。文物古迹8处，其中国家级文物保护单位1处，区级文物保护单位7处。古树13株。

年内，全乡粮食播种面积128.4公顷（1926亩），蔬菜播种面积14.85公顷（222.8亩），果园面积374.8公顷（5622亩）。年产蔬菜36.1万千克、干鲜果品201.8万千克。畜牧业生猪存栏197头，出栏生猪161头，家禽存栏1.48万只，鲜蛋产量7.6万千克。蜂蜜产量5.1万千克。年内，农村经济总收入1.5亿元，同比增长0.5%，农民人均劳动所得15777元，同比增长4.3%。财政收入331.5万元，同比增长330.5%；财政支出7696.04万元。旅游收入1764.4万元，接待游客26.2万人次。

完成年度农业综合开发项目，王庄、东三岔、暖水面、水泉沟、大庄科、小庄科、东二道河段13.2 Km陕京四线重点工程全线贯通。成立乡河长制办公室，设立20块村界牌，完成35块河长制信息公示牌更新。清理河道垃圾、渣土、建筑垃圾、淤泥量1.52万立方米，投入人工3235个，车工751个，机械工159.5个。完成解子石、西沙梁等村新打岩石井2眼，完成慈母川、暖水面等村岩水井配套工程。沙塘沟新建集雨水池，蓄水量7800立方米；水泉沟新修蓄水池，蓄水量120立方米。完成黄土梁、沙塘沟等14村一事一议项目，投资914.99万元；完成2016年8个村一事一议项目验收。拆除违法建设15处5526平方米。做好全国两会和“一带一路”峰会、中国共产党第十九次全国代表大会等重大活动维稳安保，出动群防群治力量5000人次，新装一氧化碳报警器670个。完成重点行业领域、建设工程专项整治行动21次，完成经营单位生产安全检查463家次，实现乡域企业安全检查全覆盖。

全乡公路沿线专项整治共清理乱堆乱放160处、清理建筑垃圾450立方米、清除小广告860处，修整停车场12个，整治公路沿线小公园4个，绿化美化面积9000平方米，新安装路灯200盏；清理村内“三乱”487处，清理垃圾24.5万千克，清除小广告780条；景区环境专项整治清理建筑渣土120立方米，清除小广告510条；在昌赤路和西铁路旁集中打造休闲长廊和观景亭；完成霹破石村区级“十佳村”创建工作。完成167户新建翻建房抗震节能房屋申报，其中单项保温8户，整体翻建159户，327户农宅进行抗震结构检测；27个村购买型煤186.41万千克；安装优质锅炉57台；推进董家沟、慈母川、里长沟、黄土梁山区搬迁工作；河北、香屯、瓦庙、里长沟、松树沟5个村被市农委评为美丽乡村。完成铁炉村申报2017—2018年北京市最美乡村，完成生态文明先行示范村建设工程。

全年农村劳动力转移就业73人，为8名失业人员发放失业金，城乡居民参保总人数2063人，参保金额219.36万元；新型农村合作医疗参合人数4302人，全年报销373人次，报销金额113.92万元，“一老一小”医疗保险28人。有低保户82户129人，医疗救助低保户、低收入户346人次，救助金额20.3万元；为340名老年人申请办理意外伤害保险，为2929人次的80岁老人发放养老助残金29.3万元；为22名符合条件的困难学生申请各类助学救助，累计发放助学金6.9万元；对45户优抚人员发放供暖补贴6.8万元；为17名90岁老人办理高龄津贴，发放金额1.49万元；为158名劳动年龄段的残疾人发放养老保险补贴10.3万元；为38户视力残疾人进行燃气改造。为543名妇女进行体检，体检率45%；兑现独生子女升学奖励2人4000元；独生子女父母1000元一次性奖励11人。

单位名称：大庄科乡政府
地　　址：大庄科乡大庄科村南
电　　话：60189429

（贾文程）

【腊八节活动】 1月5日，大庄科乡在慈母川举办“喜迎冬奥行善举，浓情腊八暖民心”腊八节活动，内容包括同吃腊八粥、慈孝堂敬祖、文化演出等活动，300名村民参加。

（贾文程）

【元宵节花会展演】 2月9日，乡举办元宵节花会展演活动，29档花会参演。包括传统秧歌、旱船及现代舞蹈表演，其中沙塘沟村拥军秧歌凸显当地红色文化。

（贾文程）

【红色体验活动举办】 4月8日，“追寻先辈足迹　传承红色基因——我们的队伍向太阳”红色体验活动在大庄科乡开放式红色体验基地举行。活动包括走革命路、听红色故事、吃行军餐，并设置随军文艺演出、红廉文化问答等环节。首都高校、党校师生、驻村第一书记、纪检干部等400人参加。

（贾文程）

【慈孝之乡建设启动】 5月26日，大庄科乡端午文化系列活动暨慈孝之乡建设启动仪式在慈母川村举行。内容有慈孝文化演出、革命故事畅谈和绿色骑行送温暖等6项系列活动。其中，延庆地税局和大庄科乡机关干部组成百人骑行队，为10户低保户送粽子、挂艾蒿，共度佳节。

（贾文程）

【党建主题知识竞赛】 9月25日，慈母川村举行“两贯彻一落实，喜迎十九大” 党建主题知识竞赛，机关干部、基层党员100人参加，分为24个小组。竞赛以中共中央总书记习近平系列重要讲话精神和治国理政新理念新思想新战略及两次视察北京重要讲话精神为内容，采用个人必答、小组必答、抢答和风险题4种形式，决出前三名。

（贾文程）

【乔迁新民居124户】 9月28日，大庄科乡铁炉村举行“移风易俗传承好家风 砥砺奋进喜迎十九大——乔迁新民居圆梦新农村”活动，300名村民参加，家家户户悬挂五星红旗，迎接国庆、中秋和中共十九大。截至年底，全村170户中已有124户迁入新居。

（贾文程）

【重阳文化节开幕】 10月26日，2017北京重阳文化节延庆系列文化活动开幕式“长城寄乡愁 慈孝暖京华”活动在大庄科乡慈母川村举行。首都文明办、北老干部局、市老龄办等部门领导，全区10位慈孝家庭代表、10对金婚夫妇代表以及各界嘉宾等300人，共同登山祈福、品菊茶、观看文艺表演。

（贾文程）

【黄土梁村帮扶对接】 11月3日，市食品药品监管局和同仁堂集团领导，到大庄科乡黄土梁村开展帮扶对接活动。先后考察村容村貌及农副业情况，入户走访慰问困难家庭、党员示范户；开展对接帮扶座谈会，探讨联系点今后综治工作和经济发展工作方向，确定帮扶工作重点和项目。

（贾文程）

【祭奠先烈主题仪式教育】 12月2日，“不忘初心 牢记使命 高举旗帜 团结奋进——祭奠革命先烈主题仪式教育”活动在平北红色第一村沙塘沟举行。大庄科乡全体700多名党员重温入党誓词、听党支部书记讲党课、重走革命道路，以仪式教育的形式触发党员干事的激情，以实际行动践行中共十九大精神。此次活动是第一次大庄科乡全体党员同时参加的红色教育活动，也是首次采用仪式教育的形式。

（贾文程）

【白色垃圾换取日用品活动】 年内，大庄科乡开展白色垃圾换取日用品活动，29个行政村5000名村民参与。全年开展4次，换取白色垃圾约8万千克。此项活动已连续开展6年。

（贾文程）

【低收入精准帮扶】 年内，全乡低收入户561户1164人，人均可支配收入12384.04元，同比增长34.5%。为346人次医疗救助20.3万元，为20户提供残疾人救助，为47户提供生态公益就业岗位，引进“鸡司令”项目帮扶8户，金盏菊种植项目帮扶1户，里长沟村搬迁帮扶23户。

（贾文程）

2017年大庄科乡村委会基本情况统计表

表16

村委会名称	党支部书记	村委会主任	户数（户）	人口（人）	经济总收入（万元）	农民人均所得收入（元）
东二道河	温建国	郭双柱	114	320	760.1	15950
台自沟	马自清	陈丁丁	110	221	434.9	13710

续表16

村委会名称	党支部书记	村委会主任	户数（户）	人口（人）	经济总收入（万元）	农民人均所得收入（元）
榆木沟	刘造环	刘造环	26	41	71.5	15512
东太平庄	刘殿群	刘殿群	65	165	217.3	12000
黄土梁	刘殿全	韩殿虎	44	115	172.5	11565
小庄科	李雪昆	杜绍锋	100	267	748.7	19921
里长沟	田文海	赵文海	116	260	387	12846
大庄科	田玉华	沈桂明	120	334	1534.4	20719
河　北	赵有刚	赵有刚	105	236	366.2	13542
河　南	王长河	蒋永利	240	515	927.0	15437
董家沟	胡瑞山	李亚军	98	204	638.3	11887
慈母川	高稳明	岳　春	194	384	1281.8	23060
沙　门	闫贵发	闫贵发	23	56	107.9	15482
景而沟	胡彩广	刘宝权	55	122	206.8	14648
沙塘沟	张海元	张红霞	147	316	689.8	13924
霹破石	杨春德	杨忠云	98	209	320.3	13589
铁　炉	韩台山	韩　河	172	354	594.0	15124
西沙梁	韩贵全	赵秋来	37	95	259.0	20116
瓦　庙	王海霞	王海霞	36	72	218.5	18750
车　岭	张　玉	张　玉	34	56	100.0	13750
松树沟	刘仕旺	张仕礼	73	161	286.3	14938
暖水面	宋立军	卢德勇	118	252	1293.4	15913
水泉沟	谢久所	闫海明	116	301	1335.9	15385
旺泉沟	于守进	于守欣	58	112	219.4	15920
龙泉峪	王建国	王书民	41	67	129.5	13209
香　屯	王俊清	王绍军	39	73	420.3	18082
东三岔	付　强	付　强	95	269	1200.6	15576
解字石	祝元清	张秋莲	81	170	329.4	13841
东王庄	王有军	王有军	45	101	159.5	13069

刘斌堡乡

【概况】 刘斌堡乡位于北京市延庆城区东部25千米处，乡域东、南、北三面环山，属山谷盆地。全乡面积116.2平方千米，辖16个行政村。全乡户籍人口3765户7022人，其中农业人口2162户5618人，非农业人口1603户1404人。全乡有中学、小学、幼儿园各1所；社区卫生服务中心1所，医护人员22名，社区卫生服务站2个，农村卫生室5个；敬老院1所，在院老人4人；北京农商银行支行1所，国家电网网点1个。2017年乡党委下辖基层党组织19个，其中乡机关党支部1个、农村党支部16个、社区党支部1个、事业单位（卫生院）党支部1个，全乡中共党员803名。

年内，全乡粮食作物播种面积1.19万亩（794.23公顷），粮食总产量549.6万千克。其中，玉米播种面积1.08万亩（718.47公顷），产量528.7万千克。农业支持保护补贴面积9302亩（620.15公顷），惠及1345户。蔬菜补贴344.85亩（22.99公顷），惠及7个村农户、合作社。退耕还林基本口粮田建设项目发放复合肥5万千克。发放作物健康保障一卡通420张。减肥减药，推广生物农药8种180千克，生物防治天敌4种。全年农业产值3121.5万元。生态林面积13.69万亩（9123.5公顷），其中“五河十路”生态林管护项目2138.7亩（142.58公顷）。山区森林健康经营工程7056亩（470.4公顷）。果品总产量23.4万千克，实现林业产值721.9万元。全年共出栏生猪2492头、肉鸡0.66万只、羊2540只，出售鲜蛋9.8万千克。实现畜牧总产值874.1万元。实现农村经济总收入16539.2万元，同比增长2%。人均可支配收入13301元，同比增长6.1%。

全乡依法拆除违章建筑13处4340平方米；开展联合执法40次，清理规模性占道行为24起，整治占道经营点位72处，查处无照游商和占道经营33起；开展重点地段环境提升工程项目2处，清理垃圾三乱450处8350立方米，清理非法小广告1995处。疏解3家挂账“散乱污”企业，2家挂账企业停产，1家挂账餐厅已取得各项手续。开展违法出租房屋排查整治行动3次。完成乡、村两级综治维稳中心建设，完成禁毒踏查工作。全年建立并完善餐饮信用监管档案43户，流通信用监管档案39户，化妆品信用监管档案5户，药品信用监管档案2户，保健品信用监管档案4户。推进明厨亮灶工程8家。食品药品安全法律法规宣传活动6次，抽检流通食品样品131个，餐饮服务单位食品样品30个，未发现不合格食品。

全年为251户385名农村低保户、五保户、城市低保户发放低保金394.42万元，发放残疾人补助136.14万元、残疾人护理补贴30.6万元，助残券15.26万元。完成合作医疗参合人数5542人，参合率99.77%；为481人次报销新农村合作医疗费用195.82万元，办理丧葬补贴63人31.5万元；落实老年人“三免一补”政策，办理北京通养老助残卡560人，其中367人享受助残卡补助44.04万元，为31名90周岁以上的高龄老人办理每月100元的高龄津贴。投入计划生育事业经费5万元，为2000名育龄妇女健康体检，孕检率及服务率均99%以上。全年出生人口76人，计生率100%，全年无违法生育。

单位名称：刘斌堡乡政府
地　　址：刘斌堡乡刘斌堡村
电　　话：60181485

（侯得书）

【乡残联第二届代表会】 10月31日，乡残疾人联合会第二届代表大会召开。会议选举产生新一届乡残联主席1人、副主席1人、理事长1人，推选出席区残联代表大会代表4人。

（侯得书）

【乡第一届人代会第三次会议】 12月16日召开。会议听取和审议乡长代表乡人民政府所做的《政府工作报告》。

（侯得书）

【低收入户增收】 年内，实施低收入产业扶持项目11个，包括林果业、花卉、中药材、蔬菜等。低收入项目建设直接使用本地用工612人。通过林业、保洁、文化、农技等生态就业1293人，其中使用低收入家庭劳动力837人；实施2016年、2017年“一事一议”项目15个，用工475人。通过组织技能培训、招聘会等形式，农村低收入劳动力实现转移就业20名。14个低收入村、低收入集中村均与社会单位结对，建立帮扶体系。对1524户低收入户3345人进行摸底，对符合办理低保条件的，通过村民代表会研究通过后，给予办理低保。

（侯得书）

【乡村旅游服务管理】 年内，联合乡安全科对辖区33家民俗接待户进行食品卫生、用电、消防等安全综合检查，民俗户实现实名登记。组织3家民俗户和4个民俗村参加升级评星工作，组织乡内民俗户负责人和工作人员参加“百千万”京郊旅游从业人员培训班，为33家民俗户和重点旅游观光园区配置旅游标识。以“隐居乡里”项目为支点，成立民宿学院，盘活全乡55处农村闲置房屋。举办野菜文化节、虎文化节、金秋节、民宿学院开业等旅游推荐活动，制作刘斌堡乡旅游地图。截至年底，全乡接待游客21302人次，同比增加13.5%，收入100.73万元，同比增加30.9%。

（侯得书）

【清洁空气行动】 年内，建立污染源台账。推进减煤换煤、煤改气，全乡购优质型煤270万千克，完成燃煤锅炉改造3个，依法拆除经营性小煤炉45个，完成姚官岭等煤改气工程。

（侯得书）

【河道清理】 年内，由书记、乡长担任“河长”负总责，制定《刘斌堡乡落实河长制工作方案》。清除河道及水面杂草、垃圾8处166方。完成山东沟村污水管网建设。乡政府与各村签订防汛责任书，下发《刘斌堡乡防汛预案》。对各村进行隐患排查，确定转移路线和安置场所。对周四沟、大观头、红果寺、营盘等4个村周边的6条河道进行清理，确保行洪畅通，物资储备充足。

（侯得书）

【文化建设】 年内，结合元旦、春节、妇女节、重阳节、中共十九大等节日，开展群众文艺大汇演、村级春晚、健身操比赛、广场舞展示等群众文化活动。成立“砥砺奋进的五年”百姓宣讲团，在全乡、全区开展10次宣讲。为7个村更新大众健身设施，为12个村配备电脑，在姚官岭建设乡情村史陈列。定期开展文化组织员例会，对文化组织员开展摄影、电脑操作、化妆、乐器等专业技能的培训。

（侯得书）

【安全隐患排查行动】 年内，对16个村进行隐患排查，出动检查人员477人次，检查单位328家次，发放安全隐患专项行动告知书50份，悬挂宣传条幅5处，发现一般隐患95项，主要隐患包括：取暖设备不合格、消防设备不到位、电气线路不规范、住宿区和厨房是彩钢房、经营场所乱堆乱放。对于已发现的安全隐患全部清理、整改完毕。对16个村燃气安全员进行课程培训和实操练习的安全培训。

（侯得书）

2017年刘斌堡乡村委会基本情况统计表

表17

村（居）委会名称	党支部书记	村（居）委会主任	户数（户）	人口（人）	经济营业收入（万元）	农民人均所得（元）
刘斌堡村	卢兴勇	韩志勇	882	1888	7486.1	13303
大观头村	侯海民(1—6月)	马玉朋	342	774	2538.0	13294
周四沟村	陈桂香	陈桂香	194	444	908.0	13302
红果寺村	陆彩华	宋　云	108	228	390.7	13280
上虎叫村	张有德	张有德	50	94	282.8	13663
下虎叫村	张有旺	时永纲	62	142	270.5	13496
营盘村	郭长华	郭长华	158	368	791.6	13014
营东沟村	闫学付	韩　利	24	50	131.7	13200
马道梁村	闫怀富	闫怀池	160	392	808.4	13283
山西沟村	郝明辉	胡　杰	186	368	881.0	13264
山东沟村	雷占余	雷占余	95	201	445.5	13299
山南沟村	赵志忠	赵志忠	63	133	302.4	13565

续表17

村（居）委会名称	党支部书记	村（居）委会主任	户数（户）	人口（人）	经济营业收入（万元）	农民人均所得（元）
小观头村	贾广军	贾广军	62	130	328.0	13672
观西沟村	张秋来	张秋来	93	204	509.1	13282
姚官岭村	张晓静	张春生	50	104	230.7	13299
小吉祥村	宋兰坤	宋兰坤	47	98	234.7	13264

香营乡

【概况】　香营乡位于延庆城区东北部20公里处。辖区面积120平方千米，山区面积79平方千米，占全乡总面积的67%。辖20个行政村。全乡4507户；总人口8668人，其中劳动力5096人。全年出生105人，死亡71人。乡域有“燕山天池”美誉的白河堡水库，明代烽火台、长城边墙遗址等自然、人文景观。全乡有九年一贯制学校1所，有教职工68人，在校学生193名。中心幼儿园1所，入园儿童64名。社区卫生服务中心1所，卫生技术人员22名。卫生服务站2所，村卫生室7所，乡村医生12人。全乡耕地面积2.14万亩（1.43万公顷）,果林面积5945亩（396公顷），设施农业238.5亩（15.96公顷），农作物播种面积1.2万亩（827.8公顷），以种植玉米和水果为主。

年内，乡党委辖基层党支部29个，其中农村党支部20个、事业单位党支部1个、社区党支部1个、机关党支部3个、非公有制企业联合党支部1个、非公有制企业党支部1个、社会组织党支部2个，共有党员651名。乡党委履行“一岗双责”责任，完善党建工作专项考核方案，严格党员日常教育和管理。在全乡10个党支部开展“B+T+X”体系建设（B是全市统一规定的党支部工作基本规范，T是各区各系统结合实际提出的特色规定，X是基层的创新做法和典型经验），使用“一规一表一册一网”开展支部活动。开展“不忘初心，牢记使命”主题党日活动，包括重温入党誓词、向党说句心里话、观看巡回演出、开展专题研讨等；组织十九大精神主题巡演和参观“砥砺奋进的五年”大型成就展。开展寻找“身边的榜样”“缙善缙美”香营人、“两学一做”榜样等活动，培树第一书记张涛、村党支部书记国文会、优秀党员雷东海等一批典型，为党员树立“身边的榜样”“看得见的标杆”，用典型的力量产生润物细无声的教育效果。截至年底，东白庙、后所屯、小堡三3个基层党支部活动场所“危旧狭小”改造基本完成；为20个行政村更换公开栏；慰问老党员43名，发放粮油和慰问金11.55万元；乡党委被区委区政府评为五好乡镇党委和招商引资先进单位。全乡财政收入156.2万元，同比增长78.5% 。农村经济总收入5.99亿元，农民人均所得17468元。

乡域内世欣沃沃农业有机苹果园做为世园会五大园外园之一，年内开展示范和推广八棱脆海棠、西瓜等水果种植，提升苹果、杏、葡萄等传统林果业品质，打造优质缙阳御果。有机果园与北京顺丰速运签订战略合作协议，缙阳御果在“顺丰优选”“百度外卖”等网络平台销售。东白庙村麒麟民俗文化发展有限公司的灯笼制作室营业。开发新庄堡村杏林湾土豆宴、东白庙村小媳妇手擀面，带动村内农户增收。引进藜麦种植、马铃薯原种繁育等项目，推动高附加值农产品发展。在“延庆区2017年乡村旅游文化节”活动中，新庄堡“多彩土豆宴”和东白庙村留海阳农家院的手擀面分别获得乡村美食银奖和铜奖，并加入延庆区美食联盟。

全乡8个“一事一议”工程项目，涉及资金448.28万元，截至年底，完成里仁堡绿化美化工程、新庄堡护坡工程、聂庄河道治理和环境整治工程、下垙村村庄整治及道路硬化工程。东白庙绿化美化二期工程、黑峪口绿化美化工程和孟官屯排洪渠工程。全年拆除违法建设3.62万平方米，关停禁养区规模养殖厂1家，清理挂账回收站点3家，整治“散乱污”企业18家、无证无照经营9户，查处占道经营50起。清理河道垃圾、渣土1700立方米。清理乱堆乱放800处，清理柴草500处，清理小广告300处，清运生活垃圾2000立方米，清理渣土5万立方米，后山公路沿线清理垃圾7000千克，免费为500户村民清运建筑垃圾5万立方米。整治店外经营20起，拆除私设广告牌匾20块,规范停放僵尸车50辆，清理垃圾回收站点3家。实施昌赤路（黑峪口—聂庄）等道路以及进村路景观工程9万平方米，强力推进“三线两区”专项整治行动，加大村容村貌整治力度，全面提升乡域生态景观品质。乡政府投入环境建设资金131万元,完善环境卫生设施，购置清运车辆1台，垃圾大箱17个，电动垃圾收集车2台，在昌赤路乡政府门前路段设置果皮箱15个，规范建成1个建筑垃圾填埋场。做好乡域内32条建制乡村公路沿线环境的维护工作，先后完成上垙、屈家窑2个村进村道路翻修项目。提升敬老院院内景观水平，铺设1500余米篱笆围栏。投资20万元，统一对乡政府、卫生院、敬老院、电管站楼体安装靓化灯带。香营学校西侧和乡政府通往三闸管理处周边道路安装篱笆围栏1800米，树立孟官屯环境标杆村。创建2个绿化村，栽植乔木250株，花灌木200株，宿根花卉28200株，乔木500株。

建立并完善安全生产监管体系和辖区内各生产经营单位基本台账和16类安全生产管理档案。与20个行政村、乡域内各企事业单位、个体工商户、宾馆饭店、医疗机构、建筑工地等签订《安全生产责任书》112家。举办12场宣传活动，发放宣传材料6000份，张贴、发放安全生产宣传海报40张，企业负责人培训2次。联合执法16次，出动检查人员520人次，检查生产经营单位475家次，发现隐患问题220项次，下达执法文书146份，整改率100%。为期40天的大排查大清理大整治，整改安全隐患128处，整改率100%。

全乡通过公益岗位就业940人，向万达集团、金果园老农干果厂和庆和食品有限公司输出劳动力450人。推进敬老院公办民营；为低保户、低收入户家庭淘汰不合格燃气灶具，安装成套灶具113户，单独报警器安装46户。医疗救助121人，救助金额175438.78元。办理住院押金减免17人，救助金额55035.18元。为300户贫困家庭发放米、面、油等物品；为76名严重精神病的监护人发放看护管理补贴8.04万元，为16名低保家庭学生申请妫川希望助学金和教育临时救助金5.9万元，为4名低收入农户家庭大一新生申请教育救助1.77万元；为186户肢体重度残疾人家庭进行无障碍设施改造，为3户低保残疾人危房翻建申请每户3000元补助，为363名残疾人发放生活困难补助金134.45万元，为212名残疾人发放护理补贴金24.46万元。

全年举办就业培训班18期，培训2000人次，90人获得相关技能证书。开办成人学历班5个，参加学习160人；开办农村中青年人才培训班，培训人才100名。全乡各类培训累计6000人次。举办“创文明城区，建法治家园”农民文化节群众文艺大汇演，参与演出人员200人次。配备健身器材11个村，放映电影890场，星火演出60场，借阅图书3000人次。先后举行香营乡“粽享快乐”包粽子比赛和端午节知识竞赛、庆“七一”主题文艺演出、“话七夕看变化晒幸福”——喜迎“十九”大七夕主题活动、“同心颂祖国喜迎十九大”农民歌手大赛以及“欢歌迎盛世唱响新生活”学习贯彻“十九”大精神主题巡演活动，在全乡巡演15场，受众4000人次。

单位名称：香营乡政府
地　　址：香营乡香营村
电　　话：60161043

（高春艳）

【“香约世园 · 杏福花开”杏花节启动仪式】 4月15日，由北京世园局、延庆区委宣传部主办的“香约世园 · 杏福花开”杏花节暨延庆区2017年度“秀美乡村 · 成风化人”大型彩绘等园艺主题艺术行活动启动仪式在香营乡新庄堡杏树基地举行。教育部思政司、市教工委、区委宣传部相关负责人以及17所首都高校的师生代表200人参加活动。启动仪式推出以文艺演出、民族乐器、汉服展示、书画展示、摄影采风等为主要内容的踏青赏花文化活动，旨在营造全社会关注、参与和奉献世园的浓厚社会氛围，塑造“山水缙阳 · 养心之乡”品牌，提升香营旅游文化品位。

（高春艳）

【鲜果采摘文化节】 6月10日，由香营乡政府、北京顺丰速运有限公司共同主办，以“香郁京城•采摘杏福•顺丰领鲜”为主题的香营乡鲜果采摘文化节正式启动，并在新庄堡村举办“缙阳御杏顺丰”首发仪式。活动内容包括民俗文艺演出、亲子采摘体验、园艺大讲堂、健康科普互动、杏林寻宝游戏、杏产业文化综合展、特色产品展卖等活动；旨在推动“互联网+”现代农业和旅游休闲深度融合，让香营缙阳御果走向全国。活动期间全乡销售鲜杏4万千克。

（高春艳）

【农村中青年人才班开设】 年内，在全乡筛选出100名农村中青年人才，开设农村中青年人才专题培训班。培训形式以集中培训为主，结合实地参观、交流发言、入村调研等，旨在打造一支有文化、懂技术、善经营、会管理、思进取的新型农村党员干部人才队伍，为党支部储备后备力量。

（高春艳）

【乡域中心公园建成】 年内，整体推进主要道路沿线连片疏解腾退，解决好老旧市场腾退空间再利用问题，在拆除违法建设5872平方米的范围内，“留白增绿”，建设4.6万平方米乡域中心公园。栽植国槐、油松、杏、海棠、玉兰等乔灌木，融入群众休闲健身娱乐功能，成为村民休闲游乐的“后花园”。

（高春艳）

【平安香营建设】 年内，开展“平安香营”创建活动，组织全乡100名人民调解员开展各类学习培训4场次。成立以人民调解志愿者为骨干的香营乡缙善缙美法律服务团，并为20个行政村聘用常虹律师事务所和延恒律师事务所担任村级法律顾问。乡政府聘请的律师为乡政府代理案件19件，审核合同4件，排查矛盾17次。乡村两级调委会解决纠纷57件次，全乡初信、初访化解率100%，重信重访化解率95%以上，疑难复杂及历史积案化解率90%以上，未出现重大信访问题。

（高春艳）

【疏解整治促提升】 年内，建立“疏解整治促提升”专项工作台账和突出难题“清零”机制，确定3大类5项77个具体任务，按照“一点一策”制定整治方案，逐一明确整改目标、完成时限、责任人，逐项落实、减法销号、动态更新。关停禁养区规模养殖厂1家，清理挂账回收站点3家，整治“散乱污”企业18家、无证无照经营9户，查处占道经营50起，全部完成疏解整治促提升区级任务台账。

（高春艳）

【“清空净水”工程实施】 年内，完成东边、香营等6个村替换清洁燃煤工作，取缔燃煤小煤炉15台，实施完成上垙、下垙、屈家窑、山底下、孟官屯、后所屯、高家窑、三道沟、南窑和八道河10个村“煤改气”工程，全乡70%的村实现煤改清洁能源。制定“三烧”治理整顿方案，护林员、农技员等加大巡查力度，加强村级考核。重点时段机关干部全员停休入村巡查。固化联合检查长效机制，对施工工地扬尘进行严格控制，严格落实重污染天气应急措施。

（高春艳）

【低收入村户帮扶】 年内，乡政府为低收入村引进藜麦种植、光伏发电等8个增收项目。中信公证处“产业发展帮扶基金”落户香营乡新庄堡村，并捐资60万元，用于发展增收项目。全乡7个低收入村和1个低收入农户集中村的低收入农户828户、1750人，均建立分类帮扶台账；全年开展就业帮扶、生态建设帮扶、社会力量帮扶、土地流转帮扶、产业项目帮扶等措施。截至年底，低收入农户人均收入14872.96元，同比增长52.3%，全乡低收入农户脱低率91.5%。

（高春艳）

【就业促增收输出劳动力350人】 年内，举办“春风送温暖 就业促增收”、手拉手精准帮扶低收入农户岗位等招聘会5场，参加人数1200人，达成意向500人，实际输出劳动力350人。

（高春艳）

【专业合作社增加5个】 年内，新成立北京艾在杏乡农业发展有限责任公司、北京延彩生态农业有限公司、新庄堡村杏林湾乡村旅游、花海杏香农副产品和下　村旅游等专业合作社；同时发挥杏产销协会、富香民农民专业合作社的引领作用，提高农民进入市场的组织化程度。

（高春艳）

【土地流转82公顷】 年内，黑峪口村流转土地320亩（21.33公顷），种植芍药、八棱脆海棠；下　村流转土地410亩（27.33公顷），种植北美冬青海棠；新庄堡村流转土地500亩（33.33公顷），种植西瓜。

（高春艳）

2017年香营乡村委会基本情况统计表

表18

村委会名称	党支部书记	村委会主任	户数（户）	人口（人）	家庭经营收入（万元）	农民人均所得（元）
八道河	柳艳云	柳石锁	27	61	369.5	16766
屈家窑	屈金安	屈金安	83	158	887.0	15541
黑峪口	刘九来	刘九来	127	217	1376.0	16826
上　垙	孙立斌	卢富成	77	148	755.0	14048
下　垙	郭磊	郭磊	97	195	1130.0	16878
山底下	赵树奎	赵树奎	58	146	899.0	17333
东白庙	徐有祥		657	1255	6791.0	16431
孟官屯	聂云龙	聂学锋	437	851	4321.0	17280
小　堡	乔书明	乔书明	334	680	4031.0	18696
香　营	李荷花	郭晓朗	512	1069	6670.0	18758
新庄堡	于振平	于振平	437	838	5589.4	16206
后所屯	王全立	尤长石	610	1114	7410.0	17143
里仁堡	国文会	国文会	449	958	6815.6	19479
聂　庄	周海龙		160	322	1690.0	17545
庄　科	薛进良	薛进良	27	53	378.0	14245
高家窑	高成	高　成	37	68	404.0	15833
小　川	闫皂荣	闫皂荣	25	31	327.0	18700
三道沟	李桂海	李桂海	33	57	403.0	16864
南窑	吴进存	吴进存	23	43	317.0	16000
东边	王金燕	孙进有	16	26	181.2	17654

珍珠泉乡

【概况】　珍珠泉乡位于北京市延庆区东北部山区，距离城区55千米，全乡总面积144平方千米，林木绿化率88.13%，森林覆盖率68.39%。辖15个行政村，29个自然村。总人口3911人，其中农业人口3197人，非农户人口714人。2017年出生人口43人，出生率11.0‰；死亡人口43人，死亡率11.0‰；人口自然增长率0‰。境内有珠泉喷玉、齐仙岭、仙壶沟等景区。四宝路贯穿全乡，Y18、Y29、Y30、Y34、Y37路公交车穿境而过。乡内中心小学1所，幼儿园1所，在校生94人，教职工25人；社区卫生服务中心1所，医务人员3人，村级卫生室7所。二级旅游咨询服务中心1处，数字影厅16座。公共厕所10座。农民专业合作社26家，北京村村牛种植专业合作社和北京魅力珍珠山水乡村旅游专业合作社为市级示范社。乡党委辖18个党支部，包括15个行政村党支部、2个机关党支部、1个社区党支部；全乡中共党员545名，村级党员志愿服务队18个。乡领导班子成员入村入户讲党课30次。张贴“十九大报告里的大白话”宣传海报20张。全体机关干部、第一书记、大学生村官交流学习经验15次。

年内，全乡完成森林健康经营项目工程5662亩（377.5公顷），实施国家重点公益林4585亩（305.7公顷），完成腮扁叶蜂防治2000亩（133.3公顷），红脂大小蠹防治8000株。在原有700亩（46.7公顷）大榛子基础上，增种340亩（22.7公顷），形成千亩大榛子种植基地；种植五味子200亩（13.3公顷）；继续保持乡域花卉种植面积500亩（33.3公顷）以上；玫瑰种植面积430亩（28.7公顷）。上水沟村种植流苏茶10亩（0.67公顷），投资50万元；庙梁村流转土地培育大蒜种苗2亩（0.13公顷），林下种植黄芪360亩（24公顷）。全乡经济总收入1.36亿元，农民人均劳动所得15644元。乡村旅游接待游客69.5万人次，旅游收入2248.7万元。

全年拆除违建3070平方米。整治占道经营50处，完成总量的100%。拆除燃煤锅炉4台、经营性小煤炉23台。整治无证无照经营3户。整治“散乱污”企业13家，包括3户小商店和10户民俗户。换购优质型煤121.3万千克，换购节能炉具60台。完成下花楼村106户空气源热泵项目和称沟湾村85户取暖设备安装。在全区PM2.5排名保持前列。实施仓米道、桃条沟、小川3个村309户新民居建设工程。拓宽6米转山子自然村道路，实现公交村村通。建设阳光浴室9处，新建停车场4座，完成80户农宅保温申请和40户新建翻建申请。为各村各户配齐分类垃圾桶，购置垃圾清运大箱14个。年内，全乡有低收入村8个，低收入农户677户1402人。低收入农户人均可支配收入15592.2元，同比增长20.5%。有572户人均收入超过11160元，超过标准线所占比例84.5%，南天门、上水沟2村低收入户全部超过标准线。有低保户82户144人；五保户85户86人，涉及13个村，全部纳入低收入户范围。提供公益性就业岗位1134个，占全乡劳动力57%。新农村合作医疗参合率99%。9个村成立文艺演出队，演出45场次。放电影690场次；9个村文化活动室完成外墙保温工程；8个村健身器材设备更新，珍珠泉村建成小型多功能运动场地1座。

单位名称：珍珠泉乡政府
地　　址：珍珠泉乡珍珠泉村
电　　话：60186546

（张琪）

【水泉子村第九届“鸟节”举办】　2月12日

（农历正月十六），在水泉子村文化广场举办水泉子村第九届“鸟节”，30口大锅同时做饭，5000多名村民和游客参加，在广场上喂鸟祈福，同吃鸟饭，祝愿新的一年幸福美满。

（张琪）

【“珍珠山水”官方微信号开通】 4月28日，开通“珍珠山水”微信公众号，推送珍珠泉故事、风景美食、民俗旅游、微视频等。年内。“珍珠山水”公众号共刊登微文46篇，曾作为“这里的星星会眨眼”——水泉子村游记征文活动的投票平台，活动关注量8000人。

（张琪）

【庙梁村第二届“仙水壶文化节”举办】 6月29日（农历六月初六），珍珠泉乡庙梁村举办第二届“仙水壶文化节”，全村百姓与游客参与，活动内容包括“赏仙女赐水”“观民俗表演”“品仙水饺子”3个部分。

（张琪）

【综合治理】 年内，完成9个行政村综治中心规范化建设。全年排查各类矛盾纠纷24件次，23件得到有效化解。检查企业263家次，发现隐患79处，下发责令整改通知书61份，整改61处，整改率100%。组织各类安全培训28次，开展专项宣传活动20次，发放宣传和培训材料2200份，受教育人数1000人次。

（张琪）

【高端民宿打造】 年内，全乡有民俗户135户，星级户101户。南天门村与浮生小筑（北京）文化有限公司合作，利用闲置农宅，签约高端民宿10户；水泉子村与原乡水泉（北京）酒店管理有限公司合作，打造“原乡里小院”，已租用3户；惠爱乡居公司和杏林源合作社在水泉子村各租赁一处农家院进行高端民宿改造。

（张琪）

【“三千花谷”项目开发】 年内，与西诺（北京）花卉种业有限公司合作，租用小川、小铺村土地170亩（11.3公顷），在榆树湾开发“三千花谷”项目，建设球宿根花卉种业基地，打造“芝樱谷”品牌。

（张琪）

【下花楼村迁居楼房】 年内，下花楼村泥石流易发区搬迁工程完成搬迁112户211人，加上2016年搬迁的22户61人，下花楼完成搬迁134户272人。

（张琪）

2017年珍珠泉乡村委会基本情况统计表

表19

村委会	党支部书记	村委会主任	户数（户）	人口（人）	农村经济收入（万元）	农民人均所得收入（元）
珍珠泉	于甫琴	于甫琴	297	547	1729.7	17662
称沟湾	范长宇	范长宇	114	214	552.2	13000
庙梁村	张石永（第一书记）	崔富国（负责人）	312	613	1948.0	18409
下水沟	陈玉林	陈玉林	58	118	417.9	15261
上水沟	张建军	张树合	117	224	577.2	15703
下花楼	周汉兴	周汉兴	142	276	698.3	16220
转山子	姜言海	姜言海	184	363	745.0	15037
八亩地	于海林	于海林	111	211	747.2	17066
水泉子	石长海	石长海	264	501	1495.0	16173
双金草	靳满才	靳满才	86	142	445.8	17711
小川村	崔勇	崔勇	186	313	792.7	15109

村委会	党支部书记	村委会主任	户数（户）	人口（人）	农村经济收入（万元）	农民人均所得收入（元）
小铺村	王占义	黄文义	58	86	227.0	14828
桃条沟	翟永亮	翟永会	55	102	185.9	14137
仓米道	刘玉臣	刘玉臣	32	61	149.0	14696
南天门	于亚全	于德来	74	140	277.1	13807

（栏目编辑：池尚明）

附　录

年度工作报告

北京市延庆区人民代表大会常务委员会工作报告

——2017年12月27日在北京市延庆区第二届人民代表大会第四次会议上

北京市延庆区人大常委会主任　胡耀刚

各位代表：

我受北京市延庆区第二届人民代表大会常务委员会委托，向大会报告工作，请予审议。

一年来的主要工作

2017年，区人大常委会在中共北京市延庆区委的坚强领导下，全面贯彻党的十八大、十九大精神，深入学习贯彻习近平新时代中国特色社会主义思想，在市人大的正确指导下，认真贯彻区委部署，全面落实区二届人大一次会议决议，认真履行职能，扎实开展工作，较好地完成了各项工作任务，为我区经济社会健康发展提供民主法治保障。全年共召开8次常委会会议，审议了39项议题，作出了6项决定，任免了78人次国家机关工作人员，组织了41人次宪法宣誓。

一、保证区人民代表大会依法行使职权

区人民代表大会是代表全区人民统一行使地方国家权力的机关。常委会作为区人民代表大会的常设机关，根据宪法的规定，把保证区人民代表大会依法行使职权作为首要责任，认真筹备和召集区人民代表大会会议，努力提高大会会议质量，保障人民当家做主的权利通过人民代表大会依法有序地得到实现。

按照中央和市、区的统一部署和安排，2017年，区人民代表大会共召开三次会议，分别选举产生区监察委员会主任、选举出席北京市第十五届人民代表大会代表、听取和审议“一府两院”和常委会2017年工作报告，对全区经济社会发展重大问题作出决定。深化国家监察体制改革是以习近平同志为核心的党中央作出的一项重大决策，对于推进党风廉政建设和反腐败斗争，推进国家治理体系和治理能力现代化，具有重大而深远的意义；选举出席北京市第十五届人民代表大会代表，是党的十九大胜利闭幕后，全市、全区政治生活中的一件大事，更是市委、市人大交付的一项重要政治任务；每年一度的区人民代表大会审议决定全区重大决策，充分发挥人民代表大会制度的内在优势，集中表达全区人民的共同意志和愿望，为推进延庆经济社会发展凝聚力量。

为提高会议质量，加强会议的服务和保障工作，常委会成立了由主要负责人任组长的大会筹备工作领导小组，对每次会议的议程、日程、大会及主席团会议流程进行反复研究，

制定出切实可行的方案，并报区委批准。经过参会代表的共同努力，圆满完成了二次、三次代表大会的议程，选举产生了区监察委员会主任，选出了22名出席北京市第十五届人民代表大会代表。区二届人大四次会议召开前夕，以乡镇、街道为单位，组织代表集中开展了联系选民活动，广泛听取群众意见。动员代表积极准备议案、建议，精神饱满地参加大会，集中精力完成大会各项任务。

二、加大监督工作力度

常委会全面贯彻实施监督法，立足人大监督的性质、特点和优势，坚持问题导向，突出监督重点，综合运用听取和审议专项工作报告、执法检查、规范性文件备案审查等监督形式，不断提高监督实效。

（一）围绕区委中心工作开展监督

围绕冬奥会世园会两件大事的筹办工作开展监督检查。常委会组织全体代表对世园会建设进展情况、京张高铁建设进展情况、兴延高速建设进展情况进行视察，关心、支持、督促重点工程顺利实施。

根据区委提出的全力打造国际一流的生态文明示范区的目标要求，常委会有针对性地对区政府贯彻实施《中华人民共和国森林法》《北京市森林资源保护管理条例》及近期林业重点工程建设情况进行了检查。推动区政府在原有成效基础上，利用新一轮城市道路建设契机，全面改造提升城市道路绿化带品质；做好森林资源二类清查数据开发利用，确保冬奥会世园会有一个良好、稳固的生态屏障。

为办好两件绿色大事创造良好的卫生环境，常委会对区政府贯彻实施《北京市生活垃圾管理条例》情况进行了检查。针对存在问题，建议区政府：就垃圾问题对群众进行环保知识教育，积极倡导绿色、低碳、健康的生产方式和生活方式；建立协同配合的执法机制，形成整治合力；规范再生资源回收业的经营行为，促进再生资源的循环利用。

常委会听取和审议了区政府关于环境状况和环境保护目标完成情况的报告，还专门听取了区政府关于上一年度环境状况和环境保护目标完成情况审议意见落实情况的报告，通过持续关注，跟踪监督，推动区政府加快对环境保护目标和措施的落实。

（二）围绕推进“一府两院”严格执法、公正司法开展监督

听取和审议区政府关于依法行政情况的专项工作报告，针对存在的问题，提出：要增强政府工作人员依法行政意识,加大考核评价和督促检查力度；要推进行政决策科学化、民主化、法治化。对事关我区经济社会发展全局和涉及群众切身利益的重大行政决策事项，扩大公众参与，广泛听取意见。对涉及专业性、技术性较强的决策事项，应当组织专家、专业机构进行论证；要落实严格规范公正文明执法各项措施，加大涉及群众切身利益、环境保护等重点领域执法力度。区政府对常委会提出的意见高度重视，研究制定了处理方案，并及时向常委会送交了报告。

听取和审议区检察院关于开展公益诉讼试点工作情况的专项工作报告，针对存在的问题提出建议：要深化思想认识，增强做好公益诉讼工作的责任感和紧迫感；要围绕我区功能定位和京津冀协同发展战略，着眼世园会冬奥会筹办举办和民生发展问题，着力发挥法律监督作用，推动侵害公益问题的有效解决，推动区人民检察院进一步提高公益诉讼的质量和效率。

常委会把规范性文件备案审查作为发展社会主义民主政治、推进全面依法治国的一项重要措施，制定了《北京市延庆区人大常委会规范性文件备案审查办法(试行)》，将区政府以及乡、镇人民代表大会在其法定职权范围内制定，涉及公民、法人和其他组织权利和义务，具有普遍约束力的文件全部纳入备案审查范围，努力做到“有件必备、有备必审、有错必纠”，通过加强人大监督，维护国家法制统一。

（三）围绕人民群众普遍关心的问题开展监督

常委会始终把人民利益摆在至高无上的地位，着力推动解决教育、医疗、住房和低收入农户增收等重点问题，不断改善民生。以我区教师队伍建设情况为重点，对《中华人民共和国教育法》实施情况进行检查；以推动居家养老服务的逐步实施为目标，对北京市2015年颁布的《北京市居家养老服务条例》实施情况进行检查；听取了区政府关于低收入农户增收工作情况的专项工作报告、关于保障性用房建设及棚户区改造工作进展情况专项工作报告、关于村卫生室全覆盖及村医队伍建设情况专项工作报告以及区政府重点工作折子工程和为群众拟办重要实事工程安排情况的专项工作报告，并通过组织调研、专项视察等形式，推动政府工作的落实。区政府制定政策、出台方案、加大资金投入，解决了一批群众关心的实际问题，在学有所教、病有所医、老有所养、住有所居、弱有所扶上不断取得新进展，确保我区改革发展成果更多更公平地惠及全区人民。

（四）围绕计划、预算的执行开展监督

常委会听取和审议了区政府2017年上半年国民经济和社会发展计划执行情况的报告、关于2017年上半年财政预算执行情况的报告、关于2016年度本级预算执行和其他财政收支的审计工作报告、关于2017年财政预算执行情况和2018年财政预算草案的报告。审查和批准了区政府关于2016年财政决算的报告、关于2017年地方政府债务限额及预算调整方案的报告。要求区政府及相关部门聚集财力，保证绿色大事筹办；要细化预算编制，保障农业、科技、民生等支出持续增长；要加强专项资金全程监督管理，确保财政资金使用安全；要加强政府债务管理，有效防范风险；要加强绩效管理，提高财政资金使用效益。

三、充分发挥代表主体作用

常委会认真贯彻落实新修改的代表法和区委第一次人大工作会议精神，完善代表工作格局，改善服务保障工作，保证代表依法行使职权、充分发挥作用。

（一）积极为代表履职创造条件

全区18个乡镇、街道充分发挥“人大代表之家”的作用，组织代表学习党的十九大、市第十二次党代会、区委全会精神；组织开展法律法规和人大基础知识培训；为代表订阅了《中国人大》《北京人大》等报纸杂志；建立微信平台，印发《延庆人大信息》，更新区人大常委会网站内容，畅通代表知情知政渠道。

（二）密切常委会与代表的联系

坚持《区人大常委会主任、驻会副主任、委员分片联系代表小组制度》《市、区人大代表列席常委会制度》和《代表联系选民、联系群众制度》。一年来，有27人次代表受邀列席常委会会议，审议相关议题并作会议发言；有108人次代表参加了常委会或专门委员会组织的调研、视察和执法检查等工作；常委会还组织代表集中开展了视察活动。

（三）做好代表建议办理工作

依法提出议案和建议是人大代表的法定职权。区二届人大一次会议期间，人大代表共提出代表建议110件。其中，年内解决的建议59件；列入工作计划，预计两到三年内可以解决的建议37件；受法规、政策、财力和物力等客观条件限制，目前难以解决的建议14件，已向代表做了解释说明。在办理过程中，常委会先后两次听取区政府关于代表建议办理情况的报告，对一些重点建议加强实地督办检查和具体指导。区政府有关领导高度重视代表建议办理工作，对办理工作中的一些关键环节及时进行调度。各承办部门加强与代表沟通，及时回应关切，既解决了实际问题，又推动了工作的改进。由区民政局、旅游委和城市管理委负责办理的《关于建立临时大病救助机制，提高大病封顶金额的建议》《关于借助绿色大事发展高端民宿旅游业的建议》《关于提升延庆新城美化亮化工程的建议》等，都取得了良好效果。

四、加强同市、乡镇人大联系

常委会注重加强与市人大、乡镇人大的交流联系，依法为市、乡镇人大履行职责提供支持，共同推进人大工作和民主法治建设。

（一）加强对基层人大工作指导

年初，召开了乡镇、街道人大工作会议，加强工作指导。坚持常委会主任、副主任和工作机构分片联系乡镇、街道人大工作制度，通过年中、年底集中下乡活动，密切与基层人大的联系。依法规范乡镇人大学习培训和代表活动。在开展视察、调研和执法检查中，注重与乡镇人大联动，形成工作合力。

（二）配合市人大做好相关工作

受市人大委托，协助全国人大就《中华人民共和国人民法院组织法（修订草案）》《中华人民共和国人民检察院组织法（修订草案）》，征求人大代表和群众的意见和建议；协助市人大常委会就《北京市院前医疗急救服务条例》落实情况到我区开展执法检查；就《北京市非物质文化遗产保护条例》开展立项论证调研，对《北京市种子条例（草案）》进行讨论，并提出建议；协助市人大常委会工作部门，就发展居家养老服务、一二三产融合发展等开展调研。为延庆区的市人大代表开展活动提供服务，保障市人大代表依法履行职务。

五、加强常委会自身建设

始终把思想政治建设放在首位，深入学习贯彻党的十九大精神，进一步强化“四个意识”，在思想上政治上行动上同以习近平同志为核心的党中央保持高度一致；深入推进“两学一做”学习教育常态化、制度化建设，坚持用习近平新时代中国特色社会主义思想武装头脑、指导实践、推动工作，进一步坚定“四个自信”。深入推进党风廉政建设，严格执行中央、市委和区委关于改进作风的各项规定，营造风清气正、干净干事的良好氛围。对常委会工作机构进行优化调整，更好地发挥其在人大工作中的参谋助手和服务保障作用。加大学习培训力度，组织常委会党组集体学习12次，举办常委会组成人员专题培训班2期，开展常委会机关周四学习日活动37次，突出人大知识的学习，充实对赛会筹备、经济发展、生态建设等领域知识的学习，常委会组成人员和机关干部的履职能力不断提高。常委会还出台了《区人大专门委员会工作规则》，加强对各专门委员会的领导，各专门委员会结合实际认真履行法定职责，做了大量富有成效的工作。

各位代表：一年来，常委会顺利完成了区二届人大一次会议确定的各项任务，各方面工作取得了新的进展和成效。这是在区委正确领导下，全体人大代表、常委会组成人员、各专门委员会组成人员和区人大常委会机关工作人员坚持不懈、辛勤工作的结果，是区人民政府、区人民法院、区人民检察院以及乡镇人大、街道人大工委密切配合、共同努力的结果。在此，我代表区人大常委会向大家表示崇高的敬意和衷心的感谢！

回顾过去一年的工作，我们清醒地认识到，常委会的工作还存在一些差距和不足：监督工作的实效需要进一步增强；代表履职的服务保障工作需要进一步改进；常委会组成人员的履职能力和机关干部的素质水平也需要进一步提高。对于这些问题，我们要高度重视，并将在新一年的工作中认真研究、加以改进。

今后一年的主要任务

2018年是我国改革开放40周年，是我们向赛会筹办冲刺、为跨越发展蓄力的重要节点，做好人大工作意义重大。区人大常委会工作的总体要求是：在区委的坚强领导下，高举中国特色社会主义伟大旗帜，深入学习贯彻党的十九大精神，以习近平新时代中国特色社会主义思想为指引，坚持党的领导、人民当家做主和依法治国的有机统一，充分发挥人民代表大会制度的优势和作用，依法履行法定职责，积极开展工作，为全力攻坚冬奥会筹办，决战决胜世园会筹办，奋力推动延庆绿色发展迈上新台阶做出新的贡献。

2018年常委会主要工作和议题建议安排如下：

一、深入学习贯彻党的十九大精神

把学习贯彻党的十九大精神作为常委会的首要政治任务。坚决贯彻落实好中央决定和市委、区委实施意见，联系人大工作实际，在学懂、弄通、做实上下功夫，把思想统一到党的十九大精神上来、统一到习近平新时代中国特色社会主义思想上来，把力量凝聚到党的十九大确定的各项任务上来。以深入学习贯彻党的十九大精神为动力，全面履行宪法法律赋予的职责，扎实做好各项工作，确保党的十九大精神落地生根。

二、实行正确监督、有效监督

实行正确监督，就是始终坚持区委的领导，严格按照法定职权和法定程序进行监督，正确处理监督与支持的关系，促进“一府两院”依法行政、公正司法，形成加强和改进工作的合力；实行有效监督，就是紧紧围绕全区中心工作，坚持问题导向，找准加强监督的着力点，完善监督的方式方法，推动问题的解决。新的一年，常委会要牢牢把握延庆正处于赛会筹办决战决胜期、生态涵养提质跃升期、绿色发展攻坚突破期的基本特征，重点加强对冬奥会世园会配套设施工程建设、新版北京城市总体规划落实、低收入农户增收、住房保障、安全生产和新的百万亩平原造林等工作开展监督。抓好预算、计划执行情况的监督，制定《延庆区预算审查监督办法》。

三、讨论决定重大事项

按照中央《关于健全人大讨论决定重大事项制度、各级政府重大决策出台前向本级人大报告的实施意见》的要求，根据市人大的统一部署，在区委的领导下，研究制定区政府向区人大常委会报告重大事项的具体制度和程序。根据需要，听取和审议区政府关于2018年预算调整方案的报告并做出决议；听取和审议2017年决算草案报告，批准2017年区级决算。

四、深化和拓展代表工作

要从保障人民当家做主的高度，尊重代表主体地位，自觉接受代表和人民监督，为代表依法履职、发挥作用营造良好环境。加强信息工作，拓宽代表知情知政的渠道。创新活动方式，组织更多的代表参加常委会的执法检查、专题调研以及专门委员会的有关会议、学习培训活动等。按照市人大的统一部署和要求，落实市人大代表联系区人大代表、区人大代表联系乡镇人大代表、各级人大代表联系选民工作制度。进一步完善代表建议督办协调机制，不断提高代表建议办理的质量和实效。

五、加强常委会自身建设

始终把政治建设摆在首位，带头旗帜鲜明讲政治，坚决维护习近平总书记在党中央和全党的核心地位，坚决维护以习近平同志为核心的党中央权威和集中统一领导。深入开展“不忘初心、牢记使命”主题教育。坚决执行中央八项规定实施细则和市委、区委实施办法。不断提高常委会和专门委员会组成人员履职能力，提高服务和保障水平。进一步加强对乡镇人大工作的指导和联系。

各位代表，千川汇海阔，风好正扬帆。让我们在中共北京市延庆区委的坚强领导下，紧密团结在以习近平同志为核心的党中央周围，全面贯彻落实党的十九大精神，不忘初心、继续前进，不断开创人大工作新局面，为发展社会主义民主政治，奋力推动延庆绿色发展迈上新台阶而努力奋斗！

中国人民政治协商会议
北京市延庆区第二届委员会常务委员会
工作报告

——2017年12月25日在北京市延庆区政协二届二次会议上

延庆区政协主席　陈合安

各位委员、同志们：

我受政协北京市延庆区第二届委员会常务委员会的委托，向大会报告工作，请予审议，并请列席会议的同志提出意见。

一年工作回顾

2017年，是延庆区政协二届委员会的开局之年。政协常委会在中共延庆区委的领导和市政协的指导及社会各界的支持下，认真学习贯彻党的十九大精神，以习近平新时代中国特色社会主义思想为指引，深入贯彻落实习近平总书记两次视察北京重要讲话和对北京工作的一系列重要指示精神，紧密围绕市委和区委决策部署，牢牢把握团结和民主两大主题，扎实有效地履行政治协商、民主监督、参政议政职能，较好地完成了二届一次会议提出的工作目标和任务，充分发挥了协调关系、汇聚力量、建言献策、服务大局的作用，为建设国际一流的生态文明示范区和美丽延庆做出了积极贡献。

一、适应新特点，全力抓好开局之年工作

常委会针对届首之年领导班子组成人员新、委员队伍新等特点，注重加强思想理论和队伍建设，积极营造良好工作氛围，为做好政协工作打下了坚实基础。

（一）强化理论学习，夯实思想基础

把学习贯彻党的十九大精神作为首要政治任务，坚持正确的政治方向，夯实各界委员共同团结奋斗的思想基础。邀请区委领导作辅导报告，深入学习领会报告中的新思想、新观点、新论断。举办常委暑期读书班，认真学习习近平总书记人民政协工作重要思想及中央、市委和区委会议精神。区委书记李志军同志在开班式上做了专题报告，委员们深入学习讨论，努力做到融会贯通。办好“政协委员知情明政大课堂”。吃透“上情”，加强对发展形势的认识和统一战线、人民政协理论知识的学习培训，切实提高把握大势、服务大局的能力。掌握“区情”，邀请区委研究室就区第二次党代会精神作详尽解读，区发展改革委、住建委、教委、卫生计生委等部门就有关情况进行了通报，为更好知情议政创造条件。了解“外情”，结合参观考察、调研视察等活动，帮助委员开阔视野，积极履职尽责。

（二）加强队伍建设，激发履职活力

有效发挥常委会领导作用，进一步强化“四个意识”，统筹安排常委会议题，共谋新思路，做到了与区委、区政府同频共振、同轴运转、同向推进。调整机关机构设置，规范专委会工作职能，为做好政协工作奠定基础。激发委员主体活力，努力探索新形势下发挥委员主体作用的新途径、新方法，充分调动了委员履职的主动性、积极性和创造性。加强委员学

习培训和履职管理，注重提高政治把握能力、调查研究能力、联系群众能力、合作共事能力，着力打造“懂政协、会协商、善议政”的政协委员队伍，政协“智库”作用得到更好发挥。尊重和保障委员权利，让每位委员在政协干事有舞台、建言有渠道、工作有作为。健全和完善委员联系制度，为委员履职尽责创造良好条件，让委员愿进政协门、乐做政协人、爱干政协事。

二、贯彻新理念，奋力推动延庆跨越发展

常委会准确把握延庆功能定位，深入践行五大发展理念，围绕改革发展重要问题，集中力量做好协商议政、视察调研、提案督办等工作，为建设绿色健康之城、休闲宜居之城、山水心灵之城献计出力。

（一）坚持问题导向，积极协商议政

贯彻落实中央、市委关于加强政协协商民主建设的决策部署，市政协吉林主席来延调研指示精神，按照区委关于制定延庆区政协年度协商工作计划的要求，围绕全区经济社会改革发展重大问题，多次征求各方意见，区长穆鹏率政府领导班子成员到政协就重点协商议题进行专题座谈，制定了《延庆区政协2017年协商工作计划》，切实做到了党委、政府的主战场放在哪里，政协工作重点就聚焦到哪里。听取世园会工程建设和冬奥会延庆赛区重点工作开展情况通报，视察京张高铁、延崇高速等工程项目，从大力发展花卉园艺、冰雪旅游和乡村旅游等方面提出了意见建议。听取清洁空气行动和河长制落实情况的通报，视察了“煤改气”“煤改电”建设工程和“陕京四线”延庆门站工程，从强化工地监管、加强扬尘管控、提升治水兴水质量等方面提出了意见建议。深入村镇、景区调研旅游产业发展情况，提出了完善旅游基础服务设施、提升旅游综合服务能力的建议。视察中关村延庆园和康庄镇科技创新家园建设情况，提出加快构建绿色科技产业体系，不断提高区域经济实力。听取精品小镇、美丽乡村建设情况通报，到井庄、大庄科等乡镇视察，从加快规划编制、强化部门统筹、加大搬迁力度等方面积极建言献策。

（二）聚焦热点难点，深入调查研究

二届一次全会以来，围绕抓紧抓实生态环境建设、深化农业供给侧结构性改革、推进休闲体育和现代园艺产业发展、促进低收入村户增收、优化公共服务、创新实施社会治理、提升社会文明水平等课题，深入开展视察调研活动，完成了《关于中关村长城脚下的创新家园建设发展问题的思考》《关注家庭教育，建设和谐延庆》等多篇调研报告。围绕助力打赢“清空净水”攻坚战，组织课题组到环保局、水务局等单位部门听取工作情况通报，了解掌握实际情况，形成了《关于延庆区空气中颗粒物来源浅析及治理对策建议》《关于延庆区水环境污染现状和治理对策调查》等报告，有效促进了全区环境质量的改善。围绕全域旅游示范区创建工作，深入刘斌堡乡、千家店镇等乡镇调查视察，就相关问题深入座谈讨论，形成了《以绿色大事为引领，带动“国家全域旅游示范区”建设》《延庆区乡村旅游升级简析》等报告，其中全面推动现代农业、商业商务、文化体育与旅游融合发展，抓好旅游公共服务体系建设等建议得到区委、区政府领导高度重视，成为决策的重要参考。

（三）强化责任意识，做好提案工作

认真贯彻“围绕中心、服务大局、讲求实效”的提案工作方针，强化责任意识，狠抓工作落实，提案办理工作做到件件有着落、事事有回应。二届一次全会以来，共收到委员书面建议137件，审查整理后形成正式提案110件。提案内容涉及世园会冬奥会筹办、环境污染治理、绿色产业发展、城乡基础建设、文明素养培育、增进民生福祉等方面内容。召开四次重点提案办理协商会，区委、区政府分管领导到会，听取委员意见，提出明确的办理要求，督促承办单位提高办理实效。选取部分重点提案作为主席、副主席督办件，在开展调研、视察、专题协商等活动中，对委员提案办理工作进行督查。建立完善提案办理答复意见公开、

提办双方互评和督查机制，增强职能部门办理落实政协提案的责任感，激发了委员高站位建言、高层次议政、高水平献策的积极性。强化提案办理工作宣传，努力营造全社会广泛关注、积极参与、大力支持提案办理工作的良好氛围。一年中，政协委员提案全部办复，委员们对提案办理结果较为满意。

三、顺应新期盼，努力促进民生保障落实

常委会始终坚持把实现好、维护好、发展好人民群众的根本利益作为政协工作的出发点和落脚点，做到参政为民着想，议政为民谋利，建言为民述情，推动发展成果更多、更公平、更实在惠及全区人民。

（一）围绕民生关切，促进成果共享

坚持以人民为中心的履职思想，做到了“群众关心什么，政协反映什么”。围绕满足人民日益增长的美好生活需要,听取区政府重点工作折子工程和为群众拟办重要实事工程进展情况的通报，就市民群众在就业、教育、医疗、居住、养老等方面面临的难题，在民主、公正、安全等方面的需求，开展广泛协商，推动相关工作的改进和问题的解决。紧扣社会关注的重大改革举措和群众反映集中的热点难点，听取医药分开综合改革工作情况、教育事业发展情况和居家养老工作情况的通报，视察中央厨房和社区配餐点，就相关问题提出建议。专题听取全国文明城区创建情况、创建国家卫生区工作情况和疏解整治促提升专项行动推进情况的通报，视察文明社区、村建设情况，实地查看恒生市场和东外大街、香苑街等道路街巷环境整治情况及老旧小区基础设施提升工程完成情况。就“禁限放烟花爆竹”召开议政座谈会，听取区政府《关于进一步加强烟花爆竹禁限放安全管理工作的实施方案》的通报，提出了大力宣传禁限放措施、保持严打严整态势等意见建议。

（二）把握性质定位，推进民主监督

认真学习贯彻中央、市委《关于加强和改进人民政协民主监督工作的意见》，协助区委制定实施意见，做到了党委、政府决策部署到哪里，政协民主监督就跟进到哪里、监督力量就集聚到哪里。规范深化民主监督内容，聚焦中央方针政策的贯彻情况，市委区委决策部署的执行情况，群众关注的热点难点问题的解决情况，党政机关及其工作人员履行职责、遵纪守法、工作作风、廉洁从政情况等方面进行监督，推动相关工作改进和发展。不断拓展丰富民主监督形式，加大监督力度，紧紧把握“尽职不越位、帮忙不添乱”的原则，组织和引导委员通过会议发言、座谈讨论等形式，加强会议协商监督；通过推荐委员担任特约监督员、行风评议员等，加强民主监督员监督；积极支持委员参加区政府常务会和有关部门组织的调查检查等活动，加强民主评议监督。委员们以饱满的政治热情开展民主监督工作，做到了勇于监督、敢于监督、善于监督，得到了被监督单位的尊重和肯定。

（三）关注社情民意，当好群众“代言”

高度重视社情民意信息工作，积极反映市民呼声和诉求，努力让群众感到政协离自己很近。认真学习贯彻《政协北京市委员会反映社情民意信息工作条例》，把反映社情民意作为参政议政的重要渠道，列入议事日程，形成了“政协主席带头抓、分管主席重点抓、专委会具体抓”的工作机制。注重从走访联系、专题调研视察等环节收集社情民意，积极反映带有全局性、倾向性、苗头性和前瞻性的重大问题。植根基层，重点反映与人民群众利益密切相关的社会事业、民生改善和公共服务等热点、难点问题。发挥好“直通车”优势，继续办好《情况反映》，及时把人民群众的意愿要求和委员建议报送区委、区政府领导。一年来，《关于加强对城乡公路维护维修管理的建议》《关于解决温泉馨苑小区排水管道问题的建议》《关于加强流浪狗管理的建议》等多篇社情民意信息得到了区政府主管领导批示，并责成相关部门办理，促进了社会热点问题的解决。

四、把握新要求，凝聚建设美丽延庆合力

常委会注重把握团结和民主两大主题，充分发挥政协优势，坚持突出界别特色，引导各党派、各族各界人士，把智慧和力量集聚到实现延庆跨越发展的各项目标任务上来，做到服务大局担当有为。

（一）牢牢把握主题，汇聚发展合力

重视发挥团结统战功能，把团结各界、凝聚人心摆在政协工作更加突出的位置，使智者尽其谋，勇者尽其力，为实现奋斗目标减少阻力、增加助力、形成合力。广泛深入宣传“创文明城区、办百姓实事、迎世界盛会”等主题活动以及清空净水行动等全区发展重大战略部署和紧迫任务，引导市民群众关心、支持、参与延庆的发展建设。密切与各民主党派、工商联、人民团体、无党派人士和社会各界的联系、交流和沟通，加强与民族宗教界人士以及新的社会阶层的联系和团结，凝聚和增进共识、巩固和扩大团结，最大限度汇聚新时代推动延庆跨越发展的不竭动力和强大正能量。深入开展“走访委员听心声、汇聚力量促发展”活动，多次深入到委员所在部门和企业，与委员面对面沟通交流，积极协调解决委员在学习、生活和履职中遇到的实际困难和问题，把春风化雨般的关怀融入联络服务委员中，营造了温馨和谐的工作氛围。

（二）积极发挥优势，促进社会和谐

有效激发委员主体作用，注重发挥委员的专业特长和才智，为全区各项事业发展服务。积极参与“七五”普法工作，联合区司法局，组织社会法制界委员到张山营镇胡家营村开展“弘扬法治精神，助力世园冬奥——2017年法治春联下乡”活动；参加司法行政开放日活动，就切实做好全区普法工作提出了意见建议。组织民族宗教界委员听取全区民族宗教工作情况的通报，就进一步做好民族宗教工作提出意见建议。组织委员听取全区残疾人事业发展情况的通报，看望慰问香水园残疾人温馨家园学员，并送去了慰问品。组织委员参加北京第三十一届卢沟桥醒狮越野跑活动，传承和弘扬伟大的抗战精神。开展“展风采、促履职”女委员活动，举办摄影采风、健步走等文体活动，进一步激发了委员们热爱延庆、建设延庆、发展延庆的热情。委员们还积极投身社会公益事业和慈善捐赠救助活动，体现了强烈的使命感和责任意识。

五、抢抓新机遇，提升机关工作科学化水平

常委会顺应新形势新任务的需要，把提高政协队伍整体素质，作为发挥职能优势、彰显自身特色的重要方面，常抓不懈，强力推进，做到内强素质、外树形象，政协工作的科学化水平得到了进一步提高。

（一）坚持党的领导，牢记职责使命

坚持和加强党对政协工作的领导，坚决维护以习近平同志为核心的党中央权威和集中统一领导。坚定“四个自信”，自觉在政治立场、政治方向、政治原则、政治道路上同以习近平同志为核心的党中央保持高度一致。扎实推进“两学一做”学习教育常态化制度化，筑牢思想根基，深化作风建设，制定和修订了《关于加强思想作风建设的决定》《常委会工作规则》等制度，形成了规范有序、团结和谐的工作氛围，进一步提高了政协工作的科学化水平。坚决执行中央八项规定实施细则和市委、区委实施办法，认真落实党风廉政建设责任制，坚持不懈开展廉政教育，努力在政协系统营造风清气正的良好政治生态。

（二）推进工作创新，提升服务质量

积极协调服务好市政协委员暑期读书班集体学习、实地考察和交流研讨等活动，圆满完成了读书班各项服务保障工作，得到了市政协领导的充分肯定。在宣传部、文委、史志办和四海镇等单位的支持下，配合市政协完成了《长城踞北延庆篇》的编撰工作，为推进长城文化带建设发挥了作用。通过延庆电视台、延庆报等新闻媒体，及时报道政协重要工作，使更多的人了解、支持政协工作。加强政协网站建设和管理，切实发挥网站对外宣传、服务

委员的窗口作用。认真做好新农村结队帮扶、社区共建等工作，积极开展献爱心送温暖等活动，向社会传递正能量。不断提升机关干部队伍素质和服务水平，建设政治坚定、学识丰富、务实高效、作风优良的政协干部队伍，为政协工作提供了有力保障。

各位委员、同志们：

2017年，二届政协常委会与时俱进、改革创新，取得了新的成绩，在推进我区经济社会科学发展中发挥了积极作用。一年来，区政协常委会的工作得到了市政协的指导、中共延庆区委的高度重视和区人大、区政府及社会各方面的大力支持。在此，我代表政协常委会向所有关心支持政协工作的各级领导、有关部门、单位和社会各界表示崇高的敬意，向所有为区政协工作辛勤努力、无私奉献的委员们、同志们、朋友们，表示衷心的感谢！

二届政协工作虽然取得了预期的工作效果，但是对照新形势新任务新要求，我们的工作还存在一些不足和薄弱环节。一是在增强学习的针对性和有效性，发挥学习对政协工作的引领和支持作用上还需多下功夫。二是在规范协商机制和流程，推进政协协商民主制度化、规范化、程序化上还需加大工作力度。三是在丰富民主监督组织形式，开展富有成效的监督活动上还需进行有效探索。四是在密切同政协委员和各界群众联系，广泛凝聚各方思想共识上还需进行不懈努力。所有这些，我们将在今后的工作中认真加以研究和改进。

2018年工作安排

2018年是我国改革开放40周年，是我们向赛会筹办冲刺、为跨越发展蓄力的重要节点。延庆正处于赛会筹办决战决胜期、生态涵养提质跃升期、绿色发展攻坚突破期。区委二届五次全会提出了贯彻落实党的十九大精神的具体要求，确定了2018年工作的指导思想：高举中国特色社会主义伟大旗帜，深入贯彻落实党的十九大精神，以习近平新时代中国特色社会主义思想为指引，坚定不移实施生态文明发展战略，全力攻坚冬奥会筹办，决战决胜世园会筹办，高标准高质量完成全年目标任务，更好满足全区人民日益增长的美好生活需要，奋力推动延庆绿色发展迈上新台阶。区政协常委会要深入学习贯彻党的十九大精神，认真贯彻落实市第十二次党代会、市委十二届三次全会和区委二届五次全会的决策部署，坚持团结和民主两大主题，把推动延庆跨越发展作为履行职能的首要任务，把增进人民福祉、促进人的全面发展作为出发点和落脚点，充分发挥党组领导核心作用，认真履行政治协商、民主监督、参政议政职能，更好发挥协调关系、汇聚力量、建言献策、服务大局作用，务实落实，助力给力，为奋力推动赛会筹办和加快建设国际一流的生态文明示范区做出新贡献。

一、认真学习贯彻党的十九大精神，切实发挥人民政协优势作用

党的十九大是在全面建成小康社会决胜阶段、中国特色社会主义进入新时代的关键时期召开的一次十分重要的大会。常委会要把学习贯彻党的十九大精神作为当前和今后一个时期首要政治任务。一是要丰富学习形式。通过“政协委员知情明政大课堂”和举办理论研讨会、学习报告会、座谈交流会等形式，深入学习好、领会好、贯彻好十九大精神，切实发挥好政协优势作用，积极履行好政协职能。二是要突出学习重点。深入学习十九大精神和习近平新时代中国特色社会主义思想，深刻领会关于协商民主和人民政协工作的新部署、新要求，全面贯彻市委十二届三次全会和区委二届五次全会精神，立足本职，扎实工作，为促进全区经济社会又好又快发展做出新的贡献。三是要注重学习实效。把学习十九大精神与延庆具体实践相结合、与政协工作相结合，准确把握人民政协性质定位，牢固确立在党的领导下开展政协工作的政治理念，推动政协履职的各项工作取得新进展。

二、深入推进政协协商民主建设，围绕全区中心工作献计出力

政协协商是我国政治生活和民主建设的重要内容。常委会要围绕中心、服务大局，多建利民之言、多谋发展之策，努力推动协商民主取得新成效。一是深入贯彻落实中央、市委和区委关于加强社会主义协商民主建设相关文件精神，充分发挥政协作为协商民主重要渠道和专门协商机构作用，切实将协商民主贯穿于政协履职的各个环节、各个方面。二是主动加强与区委、区政府的沟通与衔接，紧紧围绕全区经济社会发展中重大问题，紧紧围绕涉及群众切身利益的实际问题进行协商，集良策、谋善举、建诤言，为区委、区政府科学决策提供有力参考。三是推进协商民主常态化，突出协商重点，丰富协商形式，充分调查研究，有针对性地选择协商议题，积极开展专题协商、对口协商、界别协商和提案办理协商，不断提高协商质量，力争说到点子上，议到关键处。四是积极探索发挥界别作用的新途径，充分地体现和反映社会各界的愿望诉求，发挥人民政协协调关系、汇聚力量、建言献策、服务大局的重要作用。

三、有效履行政协民主监督职能，促进经济发展社会和谐稳定

政协民主监督是我国社会主义监督体系的重要组成部分。常委会要深刻把握政协民主监督创新发展的新要求，不断提高民主监督质量和实效。一是全面贯彻落实中央、市委和区委关于加强和改进人民政协民主监督工作的相关要求，大胆发声、对症“开方”，充分履行民主监督职能。二是明确监督重点，保障监督工作有的放矢。着重加强对重点领域和关键环节的监督，重点了解和帮助解决党委政府重视、各界普遍关注、广大群众最关切的热点和难点问题，致力于推动问题的解决。三是拓展民主监督渠道，增强民主监督活力。将民主监督职能尽可能地体现在政协的各项工作和各类活动中，寓民主监督于协商议政之中、于提案办理之中、于社情民意之中，充分发挥特邀监督员和行风评议员作用，不断提高民主监督成效。四是深化监督调研，提高民主监督实效。把民主监督与调研、视察、考察等活动相结合，最大限度集中委员和各界别、团体的智慧，使民主监督实现“言之有物”“言之有理”，努力为党委政府改进工作出实招、献良策。

四、不断丰富拓展参政议政内容，奋力推动延庆发展实现新跨越

参政议政凸显人民政协的责任担当。常委会要不断拓宽参政议政领域，不断丰富参政议政内容，不断创新参政议政形式，为推进延庆经济、政治、文化、社会和生态文明建设做出新贡献。一是要围绕世园会冬奥会冬残奥会筹办举办的服务保障工作，开展协商座谈，积极建言献策。特别是要通过调查研究、视察考察等活动，深入协商“利用筹办世园会冬奥会契机，大力推动花卉园艺产业和冰雪旅游产业发展”等重要问题，提出具有前瞻性、科学性、可操作性的意见建议。二是要围绕落实新版北京城市总体规划赋予延庆四个功能定位，重点就宜居新城、精品小镇、美丽乡村建设等问题、聚众智、建诤言、支实招、献良策。三是要围绕建设国家生态文明示范区、创建全国文明城区和国家森林城市、打好大气污染防治攻坚战、实施乡村振兴战略、推进疏解整治促提升专项行动和不断改善民生水平等重大改革发展问题，深层次开展调查研究和协商议政，为区委、区政府科学决策提供重要依据，为各部门单位改进工作提供有力支持，为改善百姓生活提供更多帮助。四是要加强对政协所提意见建议的跟踪督办和落实反馈，努力促进参政议政成果有效转化。

五、牢牢把握团结民主两大主题，广泛凝聚建设美丽延庆力量

人民政协是最广泛的爱国统一战线组织。常委会要始终坚持大团结大联合，不断凝聚和增进共识、巩固和扩大团结，为延庆改革发展稳定增添正能量。一是发扬求同存异、体谅包容的优良传统，密切与各民主党派、工商联、人民团体、无党派人士、新社会阶层以及民族

宗教等各界的联系、交流和沟通，为延庆改革发展增进最大共识、形成最大凝聚力。二是健全政协主席、副主席联系常委、常委联系委员、委员联系基层群众等制度，切实加强与人民群众的密切联系。组织广大委员开展形式多样的交流联谊活动，积极帮助解决委员面临的实际困难，不断提升委员的归属感。三是充分发挥委员在本职工作中的带头作用、在政协工作中的主体作用和在界别群众中的代表作用，积极鼓励政协委员参与社会实践活动，帮助群众解决生产生活中的实际问题，协助党委政府多做春风化雨、解疑释惑、协调关系、化解矛盾的工作,画出民心民愿的最大同心圆。四是加强与外界的交流联谊，广交朋友，扩大延庆的对外影响，促进区域协同共进、互利共赢。

六、加强党对人民政协工作领导，大力推进政协履职能力建设

常委会要主动适应新时代要求，以改革思维、创新理念、务实举措，不断加强和改进经常性、基础性工作，把政协工作往深干、朝实做、向前推。一是把学习贯彻党的十九大精神和习近平新时代中国特色社会主义思想，特别是习近平总书记两次视察北京重要讲话和对北京一系列重要指示精神作为一项重大政治任务，自觉做到以学固本、以学强基。二是着力提升议政建言质量，在深入调研上下功夫，多提针对性、前瞻性、操作性强的意见建议，使政协调查研究和协商议政真正成为党委、政府科学决策、民主决策的重要环节。三是充分发挥专委会的基础作用，不断拓宽专委会联系委员、联系党政对口部门、联系群众的渠道，突出政协界别特色，积极为界别委员履行政协职能搞好相关服务。四是加强对委员的服务管理，做有定力、有情怀、有担当、有作为的“四有”政协委员，使履职切实做到怀真心、付真情、建真言。五是深入开展“不忘初心、牢记使命”主题教育，切实加强机关党的建设，以建设学习型、创新型、服务型、廉洁型的政协机关为基础，努力建设一支政治坚定、学识丰富、务实高效、作风优良的高素质政协干部队伍，使政协工作不断展现新作为、焕发新活力。

各位委员、同志们：

“雄关漫道真如铁，而今迈步从头越。”党的十九大已经为我们描绘了决胜全面建成小康社会、夺取新时代中国特色社会主义伟大胜利的宏伟蓝图。贯彻党的十九大精神，加快延庆发展建设，人民政协责任重大、使命光荣、大有可为，让我们更加紧密地团结在以习近平同志为核心的党中央周围，在区委的坚强领导下，高举中国特色社会主义伟大旗帜，在新的长征路上，解放思想、敢于担当、开拓进取、扎实工作，为奋力推动赛会筹办和跨越发展取得新成绩，加快建设国际一流的生态文明示范区和美丽延庆做出更大贡献！

北京市延庆区人民法院工作报告

——2017年12月27日在延庆区第二届人民代表大会第四次会议上

延庆区人民法院院长　王罗颐

各位代表：

我代表北京市延庆区人民法院向大会报告工作，请予审议，并请政协各位委员提出意见。

2017年工作回顾

2017年，我院在区委的领导、区人大及其常委会的有力监督下，在区政府、区政协的大力支持和市高级法院的指导下，深入学习贯彻党的十八大和十八届三中、四中、五中、六中全会，党的十九大、市第十二次党代会和习近平总书记系列重要讲话精神，按照习近平总书记对政法工作作出的“防控风险、服务发展”“破解难题、补齐短板”等重要指示，认真履行宪法和法律赋予的职责，依法公正高效审理各类案件，深入推进司法体制改革，下大力气破解执行难，加强过硬法院队伍建设，各项工作均取得新的进步。全年受理案件14346件（不含旧存890件），同比上升9.1%，审结13691件，同比上升14.7%，一审服判息诉率达93.2%,法定审限内结案率达99.9%。

一、依法履行审判职责，服务保障区域经济社会稳定发展

充分发挥审判职能作用，依法审理各类案件，积极参与平安延庆、法治延庆、美丽延庆建设，为我区经济社会发展营造良好的法治环境。

（一）依法审理刑事案件，惩罚犯罪、保障人权。全年审结刑事案件206件，判处罪犯312人。一是严惩影响群众安全和社会治安的犯罪。依法严厉打击故意伤害、抢劫、盗窃等严重危害社会治安的犯罪，维护人民群众生命财产安全。二是稳步推进以审判为中心的诉讼制度改革。强化庭审实质化，严格贯彻罪刑法定、疑罪从无，准确区分罪与非罪的界限，加强对证据合法性的审查。完善法庭调查程序、法庭辩论规则，制作认罪认罚制度告知书，依法保障被告人行使权利。适用认罪认罚从宽处罚程序审结案件79件，占38.3%。其中，适用速裁程序审结的案件占审结全部认罪认罚案件的32%。三是加强未成年人案件审判工作，健全社会调查、心理干预机制，做好教育感化、判后回访工作，以防控校园欺凌为重点，开展送法进校园、进课堂活动10余次。

（二）依法公正审理民商事案件，化解矛盾、服务大局。全年审结民商事案件10231件，同比上升14.4%。一是充分发挥民商事审判权利救济功能，落实反家庭暴力法，依法签发人身保护令。维护妇女、儿童、老年人、残疾人合法权益，妥善审结涉养老服务合同纠纷案件28件。从严把控无争议分家析产案件，有效打击虚假诉讼。二是充分发挥民商事审判规范经济社会秩序的功能，针对房价波动导致买卖纠纷增多等情况，依法判定违约责任，促进形成诚实守信的市场秩序。准确把握民间借贷合同有效与无效的标准，审结民间借贷、金融借款等案件514件，促进形成良好的金融秩序。三是实行“全要素式”审判，提升审判质效。民事

审判全面推行“要素式”审判模式。将本辖区内常见的案件纠纷类型模板化。制作了包含离婚纠纷、继承纠纷等常见案件审判要素表，极大提升了审判效率。四是创新司法服务保障举措，充分贯彻落实民商事审判化解社会矛盾的功能，依法妥善处理涉及京津冀协同发展、疏解整治促提升专项行动、世园会、冬奥会等重点项目中发生的纠纷。立足区域重点工作，切实增强司法服务和保障的自觉性和主动性，制定出台《为世园会、冬奥会提供司法服务和保障的意见》，对涉及到的司法问题提前预判、提前汇报、及时应对、妥善处理，努力实现法律效果和社会效果的统一。

（三）依法公正审理行政案件，促进依法行政。依法保护行政相对人合法权益，监督行政机关依法行使职权，全年审结行政案件93件，同比增长102%。一是有案必立、有诉必理。依法审查行政行为合法性，维护行政相对人合法权益；二是大力支持行政机关依法行政。在疏解整治促提升专项行动中，依法审理涉及拆除违法建设、无证经营处罚案件，注重正面宣传，思想引导，引导行政相对人正确认识权利义务，努力推动行政纠纷实质性解决；三是加强司法与行政良性互动。深入行政机关开展法制讲座，邀请行政机关人员旁听行政案件的审理，助力提高依法行政水平。

二、加大执行力度，努力破解执行难

执行难是人民群众反映较为突出的问题，也是长期困扰法院工作的顽疾。在区委的坚强领导下，在全社会的大力支持下，我院明确基本解决执行难的路线图和时间表，确立“有财产可供执行案件在法定期限内基本执行完成”工作目标，向执行难问题全面宣战，下大力气破解执行难题，不断完善执行权运行模式及内外部监督机制，执行难问题取得阶段性进展。全年共受理执行案件3421件，执结3161件，同比分别上升5.3%和15.4%。

（一）开展专项治理行动，加强执行规范化建设。我院坚持眼睛向内看，首先向自身不规范执行“开刀”，完善执行办案网络平台建设，实现执行案件全部网上运行，做到全程监控、全程留痕、全程公开，有效解决消极执行、选择性执行等问题。开展执行案款集中清理专项行动，下大力气解决执行案款发放不及时的问题。开展“利剑行动促审判”专项活动，紧紧牵住审执质效、审执管理、积案清理三个牛鼻子，进一步加大执法办案工作力度。严格规范“终结本次执行程序”适用，畅通恢复执行渠道，保障当事人救济权利。建立完善立案、审判、执行各环节财产查控、财产保全协调配合机制，从源头上预防和减少执行难案件的形成。

（二）加强信息化建设，助力破解执行难。进一步完善具备网上查控、远程指挥、信息公开、信用惩戒等功能的执行指挥中心建设，完善统一管理、联动配合工作机制。开通最高人民法院“总对总”网络查控系统，实现了当事人户籍、车辆、工商登记、存款信息网上查控，有效缓解了执行财产查控难问题，通过网络查询执结案件700余件。

（三）重拳出击，形成打击“老赖”的高压态势。严厉打击拒不执行判决、裁定犯罪。全年共移送公安机关1人，司法拘留或拘传58人，限制乘坐高铁等惩戒措施607人，限制高消费607人次。在今日头条等新闻媒体公布失信被执行人信息45例。慑于压力，全年共有1000余名被执行人主动履行生效裁判确定的义务，“一处失信，处处受限”的效果逐步显现。

（四）完善执行联动机制，形成破解执行难工作合力。与河北省张家口市辖区17家基层法院签订执行联动协议，签订京津冀中基层法院司法合作协议，在立案、审判和执行各环节加强司法协助，简化异地执行手续，推动网络查控一体化，形成三地执法办案的“同城效应”。

三、全面深化司法体制改革，不断提升司法公信力

在市高院的统一部署下，在区委的坚强

领导下，我院发扬攻坚克难、“钉钉子”的精神，坚持问题导向，稳步推进司法改革。司法责任制进一步落实、审判团队基本组建、法官考核机制日趋完善、多元化纠纷解决机制初步建立，各项改革任务均取得新的成效。目前，员额法官57人，员额比例为33.1%。

（一）落实审判责任制，让审理者裁判、由裁判者负责。制定审判责任制管理办法，明确独任法官、审判长、合议庭成员的审判职责和权限，明确谁办案谁负责；为完成审判团队组建，将法官从事务性工作中解放出来，我院扩充审判辅助人员队伍，目前，审判团队基本实现1:1:1；为统一法律适用，规范审判权有效运行，制定了《法官会议运行规则》，将法官会议作为研讨专业疑难问题的咨询性平台，有效提升审委会运行效率，全年共召开法官会议60余次，研讨疑难案件100余件；制定院庭长权责清单，明确院庭长对重大疑难复杂案件履行监督管理职责，既不能越权，也不能失职，改变审判工作中逐级汇报、审批的行政化管理模式。

（二）积极推进多元化纠纷解决机制建设，有效化解矛盾纠纷。为加大矛盾化解力度，除强化人民调解工作外，我院还与北京联合大学签订长期共建协议，由该校委派12名师生担任特邀调解员轮流常驻我院。为提升调解效率，我院构建了“三位一体”调解工作格局，为调解员制定专用调解笔录等模板，确保调解员能够快速融入调解工作。同时加强诉调对接规范化建设，明确了调解员需履行包括诉讼材料交接、当事人争议焦点、证据交换等内容的工作职能，实现了诉调无缝衔接，极大提升了调解效能。全年分流案件3353件，调解成功3307件。

（三）制定院庭长办案规定，院庭长办案常态化。根据最高院和市高院的相关要求，制定了《院庭长办案规定》，要求院庭长带头审理重大、疑难、复杂、新类型案件，并明确了最低办案数量。为确保院庭长办案责任的落实，定期将院庭长案件办理情况进行公示，主动接受监督。院庭长全年办理各类案件3788件，占结案总数的27.7%。

四、践行司法为民、深化司法公开，努力让人民群众有更多获得感

我院坚持以人民群众的呼声为第一信号，坚持司法为民的理念，深化拓展司法便民举措，推进阳光司法，努力让人民群众共享法治发展成果。

（一）深化司法公开，完善监督制约机制。进一步完善司法公开三大平台，全年共上网裁判文书6193份，公开审判流程信息累计35419件、执行信息公开累计1349件，基本做到依法可以公开的全部公开；坚持“让当事人少跑腿，让数据多跑路”的原则，以便民为重点，充分运用互联网技术，拓宽阳光司法范围，推进电子卷宗随案同步生成③，当事人和代理人足不出户即可查阅、下载、打印电子卷宗材料；为保障人民群众参与司法，深化人民陪审员制度改革，随机选择人民陪审员参审，全年陪审案件690件；上线运行外部领导干部过问案件信息系统，做到过问案件全程留痕、有据可查；加大信息公开力度，全面运用互联网、微博、微信等发布社会关注的热点法律问题650余条，召开2场新闻通报会，及时将司法活动置于社会公众监督之下。

（二）完善便民举措，提升服务能力水平。我院以“全方位、零距离、无障碍”为标准，建设具备诉讼引导、材料转收、案件查询、诉调对接等服务功能的600平方米诉讼服务中心，加快实现诉讼服务中心的系统化、信息化、标准化、社会化，确保服务渠道更加多元、便捷。整合诉讼服务事项，积极为当事人提供一站式、综合性、低成本的诉讼服务，服务更加集中、高效。全年为当事人提供诉讼服务4万余次；加强人民法庭工作，构建司法便民网络。充分发挥人民法庭便于群众诉讼、便于审理案件的功能。基本完成永宁法庭的翻扩建工作，明确法庭布局设置、就地立案和参与

基层治理等工作标准，积极推进八达岭法庭选址新建工作，为发挥派出法庭化解矛盾前沿阵地作用提供硬件保障。派出法庭全年审结案件2988件。

（三）借助信息化，线上线下服务全覆盖。我院积极利用网络资源，在民商事速裁工作中探索使用微信调解，虚拟调解室，当事人仅需借助网络就能一次性解决纷争，及时有效的化解矛盾纠纷。同时尝试将常见的案件纠纷类型模板化，当事人可通过电脑下载相关模板，切实方便当事人诉讼，减轻诉累。

五、加强队伍建设，全面夯实法院发展根基

我院始终坚持以队伍建设为根本，坚持全面从严治党、从严治院，努力建设忠诚、干净、担当的法院队伍。

（一）狠抓党建工作，筑牢理想信念根基。深入学习党的十九大精神，开展十九大精神宣讲活动，将“两学一做”学习教育制度化、常态化，切实增强干警“四个意识”，特别是核心意识、看齐意识；组织全体入额法官向宪法宣誓；根据我院干警审理的真实案件改编、拍摄微电影《笑脸》，创作法官之歌《温度》，极大提升了法官的职业尊荣感和使命感，增强了队伍的凝聚力和向心力，引导全体干警争做公正为民好法官、敢于担当的好干部。

（二）狠抓司法能力建设，提升队伍整体素质。为进一步提升干警司法能力，每季度开展结案标兵、优秀裁判文书评选活动，同时还开展了法官、书记员、司法警察业务能力比赛，积极营造创先争优、干事创业的良好氛围；与区检察院、公安局签订队伍建设共建协议，合力提升队伍建设水平；加强审判规范化建设，中标市高院办案规范化项目编写工作，编纂民事审判办案手册；注重调查研究，我院重点调研课题在4570篇征文中脱颖而出，荣获第十二届中国法学青年论坛优秀奖。

（三）狠抓“健康法院”建设，保障法官履职。为实现“优雅工作、悠闲生活”的目标，我院坚持从优待警，关心关爱干警身心健康，将工会工作与审执、党建、队建工作深度融合，统筹推进，相互激发、相互促进、共同发展。温馨工程、健康工程全覆盖，在干警高负荷的工作下，更加关注干警的身心健康，与思想政治工作一起帮助干警解开心结、修复身心健康。激活每位干警身上的“提速键”，实现工会、党建、队建、审判执行工作的网格化布局、一体化服务。

（四）狠抓党风廉政建设，筑牢廉政防火墙。始终坚持“严”字当头，把严的标准落实到党风廉政、作风建设中，层层签订党风廉政建设责任书，落实从严治党责任，制定党风廉政建设主体责任和监督责任追究办法，推动问责工作规范化；加强廉政纪律教育，开展“讲规矩、守纪律、明底线”纪律教育活动；认真核查群众投诉反映的问题，运用好监督执纪“四种形态”，营造风清气正的良好生态。

六、自觉接受监督，不断改进工作。

增强依法接受监督的意识，自觉接受人大、政协、检察机关及社会各界的监督，加强和改进各项工作。积极配合区人大常委会开展专题调研和集中视察活动，认真听取意见建议。加强与人大代表的沟通联络，邀请市、区两级人大代表20余人次参加我院两场新闻通报会，使代表、委员深入了解、监督法院工作。

各位代表，过去一年延庆法院工作取得的进步，是区委坚强领导，区人大及其常委会有力监督，区政府、区政协和社会各界大力支持的结果。各位人大代表、政协委员对区法院工作给与充分的理解、信任、监督和支持，有力推动了法院工作的进步。在此，我代表区法院向大家表示衷心的感谢和崇高的敬意!

回顾过去一年的工作，我们清醒地认识到法院工作还面临着不少挑战和问题：一是立足审判服务保障区域经济社会发展的思路和措施有待进一步拓展。未来几年，延庆区将迎来重大发展机遇，诸如世园会、冬奥会等重点工作持续推进，法院提供强有力司法服务和保障的

意识有待增强，举措有待创新。二是法官司法能力水平与审判工作的要求、人民群众的期待还存在一定差距，特别是随着新业态的快速发展，新类型案件不断出现，法官的司法能力需要进一步提高。三是司法体制改革进入攻坚区和深水区，攻坚克难的任务更重。四是破解执行难虽然取得阶段性成效，但解决执行难的长效机制有待进一步完善，距离基本解决执行难的目标还存在差距，任务艰巨繁重。五是法院受理的案件数量持续上升，2017年法官人均办案数高达252件，同比上升31.9%，个别法官承办案件高达700余件,法官超负荷办案，压力不断增大。对这些问题，我们将高度重视，采取措施努力解决。

2018年工作思路

2018年，我院的总体工作思路是：认真学习宣传贯彻党的十九大精神，深入学习贯彻习近平新时代中国特色社会主义思想和对政法工作的重要指示精神，按照市委、区委决策部署，围绕全区中心工作，坚持稳中求进总基调，坚持司法为民、公正司法工作主线，服务保障区域经济社会发展，充分发挥审判职能，锲而不舍推进司法体制改革，建设过硬法院队伍，破解难题、补齐短板，不断提高司法能力、司法质量、司法效率和司法公信力，努力让人民群众在每一个司法案件中感受到公平正义。重点推进以下几方面工作：

一、围绕中心服务大局，着力为区域经济社会发展营造良好的法治环境。准确把握社会主要矛盾的变化、延庆区发展大局对审判工作的新要求，进一步发挥司法职能作用，全面提升防范各类风险挑战的能力和水平。一是聚焦区中心工作，精准施策。找准为世园会、冬奥会提供司法保障的着力点、切入点、结合点，成立世园会、冬奥会筹办工作司法服务和保障领导小组，统一协调部署相关工作。坚持化解与预防并重，既注重妥善处理案件，也注重从源头上预防，提前研判、提早布局、妥善应对，减少纠纷。建立联动协调机制，主动与相关行政部门协调沟通，提前研判，制定预案；有机结合法律与政策，准确把握法律与政策的关系，实现法律、政治、社会效果的有机统一，为世园会、冬奥会的成功举办提供有力的司法服务和保障。二是依法惩治刑事犯罪，维护区域社会稳定。三是依法审理民商事案件，为区域重点工作的开展营造良好的法治环境，更好地服务区域经济发展新常态。四是依法审理行政案件，支持监督行政机关依法行政，依法妥善化解行政纠纷。五是全力破解执行难，实现基本解决执行难的目标。进一步加大执行工作力度，建立执行长效机制，构建综合治理执行难的工作格局，坚决打赢基本解决执行难这场硬仗。

二、抓好执法办案第一要务，着力提高审判质效。坚持依法公正行使审判权，规范司法行为，提高审判质效。一是制定各类案件规范，提升规范化水平。明确各类案件裁判标准和办理程序，确保法官严格司法，统一法律适用，使案件办理结果符合实体公正，办案过程符合程序公正。二是探索应用大数据，提升案件质效。充分借助大数据在审判执行工作中的应用，为法官办案提供智能辅助，提高审判质效。

三、锲而不舍推进司法体制改革，加快建设公正高效权威的社会主义司法制度。坚持需求和问题导向，坚定不移地抓好中央、市高院已确定的改革任务的落实。一是健全多元化纠纷解决机制，加大与区相关单位的协同配合，形成矛盾化解的合力；二是稳步推进内设机构改革。在市高院的统一部署下，以机构精简、职能优化为目标，整合审判资源，实现各部门职能最优化。

四、坚持全面从严治党，建设高素质法官队伍。持续强化全面从严治党要求，狠抓党风廉政建设，坚决抵制“喘口气、歇歇脚”的念头，旗帜鲜明讲政治；深入学习贯彻落实党的十九大精神，认真开展“不忘初心，牢记使命”主题教育,切实增强“四个意识”，牢固树立“四个自信”，努力建设一支信念坚定、执法为民、敢于担当、清正廉洁的法院队伍。一是着力提升法官司法能力，提高法官庭审驾驭、事实查明、法律适用、裁判说理和做群众工作的能力，让法官成为公平正义的守护者、法律精神的诠释者、社会价值的引领者；二是加强职业道德教育，让当事人和社会公众真切感受到司法尊严和文明；三是从严管理，把严的标准落实到思想建设、组织建设、作风建设、反腐倡廉建设之中，把严的举措体现在管党治党的全过程和审判执行工作的各环节，确保从严治党要求落到实处。

各位代表，新的一年，我院将在区委的坚强领导下，在区人大及其常委会有力监督下,在区政府、区政协以及社会各界的关心支持下，以更加强烈的责任感、更加自觉的担当精神、更加昂扬的工作状态，忠诚履行宪法和法律赋予的职责，不忘初心、牢记使命，认真落实本次大会决议，为延庆赛会筹办和发展实现新跨越提供坚强有力的司法保障，为建设国际一流的和谐宜居之都做出更大贡献！

北京市延庆区人民检察院工作报告

——2017年12月27日在北京市延庆区第二届人民代表大会第四次会议上

北京市延庆区人民检察院检察长 段福华

各位代表：

现在，我代表北京市延庆区人民检察院,向大会报告工作，请予审议。

2017年主要工作

2017年，在区委和市检察院的正确领导下，在区人大及其常委会的有力监督下，在区政府、区政协及社会各界的关心支持下，我们深入学习贯彻党的十八届三中、四中、五中、六中、七中全会和党的十九大精神，深入学习贯彻习近平总书记系列重要讲话精神和治国理政新理念新思想新战略，牢固树立“三首”标准定位，紧紧围绕维护延庆大局稳定，积极服务延庆跨越发展，始终坚持以人民为中心，依法履行检察职能，扎实推进司法体制改革和监察体制改革，着力抓好队伍建设，努力让人民群众在每一个司法案件中感受到公平正义，为服务保障延庆推动冬奥会世园会筹办攻坚决胜、实现绿色发展提供有力司法保障。

一、坚决维护延庆政治安全，服务保障党的十九大胜利召开

我们坚决贯彻总体国家安全观，牢固树立政治意识、忧患意识，坚持底线思维、问题导向，落实防范措施，严厉打击犯罪，全力维护延庆安全。

（一）依法履行批捕起诉职能，回应人民群众平安需求。一是坚决打击邪教等各类邪教组织犯罪，共起诉此类案件被告人5人，与区委政法委、区公安分局等单位形成打击合力，确保政治效果。二是重点打击严重暴力犯罪、多发性侵财犯罪、危害民生民利的犯罪。今年我院共审查逮捕各类刑事犯罪嫌疑人191人，起诉

287人，严惩“村霸”和宗族势力、敲诈勒索等犯罪，持续增强人民群众的获得感、幸福感、安全感。三是加大对新型犯罪案件的审查力度，办理了区首例破坏交通工具案、非法吸收公众存款案，在深化“平安延庆”建设中发挥作用。

（二）践行“绿水青山就是金山银山”理念，强化生态环境司法保护。立足生态涵养功能定位，始终以保住生态为首要任务，呵护延庆碧水蓝天。一是加强与区环境监管部门的工作衔接，群策群力，完善信息共享、法律咨询、案件通报等机制，形成联动格局。二是履行公益诉讼职能，排查环境类公益诉讼案件线索111件，立案5件，制发检察建议5件。三是探索“专业化法律监督+恢复性司法实践+社会化综合治理”的生态检察模式，落实“补植复绿”从轻处罚等机制，推动环境治理、生态修复，为赛会打下美丽底色。

（三）全力推进疏解整治促提升，促进延庆社会治理创新。一是深入贯彻落实《京津冀检察机关服务和保障京津冀协同发展的合作框架意见》，加强与河北怀来、赤城检察机关的合作共建，提升京津冀检察协作水平。二是重点办理涉农土地及城乡结合地区疏解整治的刑事犯罪。起诉吴某等6名被告人伙同多名东北籍男子阻挠拆除违建，阻碍国家工作人员执行公务案件，形成有力震慑。三是落实“谁执法谁普法”责任制，开展“检察官以案释法”工作，深入重点领域、重点人群进行宣讲，营造良好的舆论氛围和法治环境。

（四）依法化解矛盾纠纷，最大限度增进社会和谐。一是落实宽严相济刑事政策，依法不批准逮捕43人，不起诉22人。二是妥善处理群众信访645批739人次，围绕争议焦点释法说理，定纷止争，既解“法结”又解“心结”，变“结案了事”为“案结事了”。三是严格落实“三同步”要求，将信访稳控工作纳入办案质量考核，努力将矛盾化解在“田间地头”。

（五）创新未成年人检察工作模式，提升延庆未成年人司法保护水平。一是持续推进未成年人法治教育。持续开展法制副校长工作，在我区中小学举办“拒绝校园欺凌”系列讲座，受教育师生累计达1万余人，为孩子们播下法律的种子。二是首次将“防性侵教育”引入课堂，实现我区28所小学全覆盖。三是召开我院首次临界预防工作会。组织5名参与盗窃的未成年人及其家长到场，通过帮教，预防再犯。四是严格规范办理未成年人案件特殊程序，推进了未成年人保护工作进程。

二、牢牢把握宪法定位，加强检察监督，在全面依法治国中展现新作为

我们始终保持定力，坚定信心，主动适应新形势，迎接新挑战，聚焦监督主责主业，努力做好检察监督这篇大文章。

（一）持续强化刑事诉讼监督职能。一是加强立案监督。以纠正侦查机关有案不立、有罪不究为重点，监督立案6件，撤案1件。健全“两法衔接”机制，定期召开联席会议，排查线索，建议行政执法机关移送涉嫌犯罪案件，推动行政执法与刑事司法“无缝对接”。二是加强侦查活动监督。通过派驻公安机关执法办案管理中心检察室工作模式，全程监督公安机关执法办案65件，调取案件材料26件，推动监督触角延伸。三是加强刑事审判监督。同步审查案件223件，针对审判活动中的不规范问题及时提出纠正意见，促进司法机关规范办案、公正司法。

（二）全面加强刑事执行监督。一是开展羁押必要性审查工作。网上筛查与重点审查相结合，办理羁押必要性审查案件21件，建议办案单位变更强制措施12人，全部被采纳。二是加强社区矫正检察。深入各乡镇司法所开展社区矫正工作百余次，及时纠正社区服刑人员脱管、漏管问题。三是突出安全防范检察。派驻看守所检察240余天，联合看守所开展安全防范大检查9次，确保监管场所秩序安全稳定。

（三）扎实推进民事和行政检察监督。一是开展为期四年的对破坏环境资源犯罪和危害

食品药品安全犯罪专项立案监督活动，保障生态安全和人民群众健康权益。二是积极适应修改后民事诉讼法和行政诉讼法的新变化，对不服法院正确裁判的案件，做好当事人息诉服判工作，维护司法权威。三是开展执行监督专项工作，针对执行案件情况进行摸底排查，与区法院举行座谈，努力使监督范围向纵深拓展。

三、坚定不移推进司法体制改革，进一步提高司法质量、效率和公信力

今年是全面深化司法体制改革决战之年，我们以坚定不移的决心和锲而不舍的精神，精耕细作，务实求效。

（一）推动司法责任制改革落实落地。一是严格选拔标准和程序，突出办案能力和业绩考核，选任第二批员额检察官7名，形成老中青结构优化、配置合理的检察官队伍。二是狠抓检察官办案责任制落实，完善我院“四个清单”，优化案件审批审核，合理界定对检察官授权范围，完善院领导下沉一线办案制度，真正做到“谁办案谁负责，谁决定谁负责”。三是在区委、区政府大力支持下，完成全年人、财、物统一上划管理工作。

（二）积极开展诉讼制度改革。一是适应以审判为中心的刑事诉讼制度改革。发挥检察机关“两主”作用，严格把握证明标准。共讯问犯罪嫌疑人287人次，询问被害人64人次，询问证人26人次。注重检察官在审查案件中的亲历性，对68件案件主动调查取证。二是贯彻证据裁判规则。对证据的瑕疵问题，要求侦查机关补充侦查35件，二次退回补充侦查15件。三是推进刑事案件速裁程序和认罪认罚从宽制度试点工作。规范适用条件，建立健全速裁案件集中起诉和保障当事人诉讼权益等机制，共办理认罪认罚刑事案件74件，速裁程序案件61件，该类案件平均审查起诉时间缩短至5天，大幅度提高了诉讼效率。

（三）圆满完成公益诉讼改革试点工作。一是以延庆生态环境和资源保护领域为重点，对5件公益诉讼案件启动诉前程序，督促相关部门恢复林地草场5.4亩，监督关停违规生产企业2家，办理的我区两家无资质搅拌站违规生产案，入选最高人民检察院行政诉前程序典型案例。二是打好碧水攻坚战，切实履行好属地责任。对官厅水库延庆库区存在13处违法建设向北京市水务局发出检察建议，有关单位及时进行整改，有效保护了河道生态环境以及堤防设施安全。

四、坚决贯彻党中央深化国家监察体制改革部署，服从服务反腐败工作大局

切实提高政治站位，深刻领会国家监察体制改革对于完善国家监察制度顶层设计，深入推进党风廉政建设和反腐败斗争的重大意义，坚决拥护改革，自觉支持改革。

（一）准确领会党中央意图，把思想和行动统一到党中央部署要求上来。深入学习习近平总书记关于国家监察体制改革的系列重要讲话精神，细致做好我院检察人员，特别是职务犯罪侦查、预防队伍的思想政治工作，确保思想不乱、队伍不散、工作不断。

（二）全力配合做好试点工作，探索建立检察机关与监察委员会的工作衔接机制。一是全力做好人员转隶工作。截至4月20日，我院16名检察人员全部转隶至区监委。二是成立职务犯罪检察部专门负责与区监委进行工作对接，完成车辆、设备等资产划转。三是完善制度建设。与区监委探索建立案件线索移送、管辖协调和强制措施等机制，保障职务犯罪案件办理顺畅衔接。

（三）坚决贯彻以零容忍态度惩治腐败的要求，继续抓好查办职务犯罪工作。一是保持惩腐肃贪节奏不变、力度不减。清理职务犯罪案件线索45件，提前介入调查，受理首例区监委移送职务犯罪案件。二是全力追缴赃款，为国家挽回经济损失共计170万元。

五、自觉接受人民监督，确保检察权依法公正行使

我们牢记监督者更要自觉接受监督，坚持将检察权置于人民监督之下，完善检察权的内

外部监督制约体系。

（一）依法接受人大监督。一是向区人大常委会专题报告公益诉讼试点工作情况，认真研究落实审议意见。二是围绕代表关注的司法改革和生态环境司法保护等主题，召开座谈会，全面梳理代表的意见建议，及时分流到相关内设机构办理。三是支持人大代表发挥主体作用，邀请人大代表参与我院不起诉公开听证会，就代表委员直接参与不起诉案件办理工作进行有效探索。

（二）自觉接受民主监督。一是主动邀请区政协到我院开展专题调研，通报检察工作，认真听取意见建议。二是完善与工商联的沟通协调机制，开展行贿档案查询482件733人次，共同保障和促进非公有制经济健康发展。

（三）主动接受社会监督。一是开展公众开放日活动，邀请人民群众走进检察、监督检察。二是落实律师执业权利保障机制，自觉接受当事人、律师、发案单位监督。三是坚持新媒体与传统媒体并用，全方位报道检察工作。四是突出抓好案件信息公开，发布重要案件信息1381条，公开法律文书114份，让检察权在阳光下运行。

六、认真履行全面从严治党主体责任，加强检察机关党的建设和队伍建设

我们贯彻全面从严治党各项要求，坚持党对检察工作的绝对领导，按照“五个过硬”的要求，努力建设一支信念坚定、执法为民、敢于担当、清正廉洁的检察队伍。

（一）认真贯彻落实党中央关于全面从严治党的重大决策部署，加强检察机关党的建设。一是始终把政治建设摆在首位。持续推动“两学一做”学习教育常态化、制度化，切实增强“四个意识”，抓好习近平新时代中国特色社会主义思想的学习贯彻。二是认真落实意识形态工作责任制。建立检察人员思想动态分析机制，重点加强对青年检察人员、老检察人员的引导。三是坚持从严治检不动摇。认真贯彻落实中央八项规定精神和廉洁自律准则、纪律处分条例等纪律规定。扎实开展“以案为戒，正风肃纪”专项活动，真正以“全覆盖、零容忍”的态度反腐惩恶。

（二）着力解决“本领恐慌”，加强业务能力建设。一是积极推进“学习型检察院”建设，领导干部和业务骨干走上讲台，引导我院检察人员加强对新知识、新技术的学习应用。二是构建教、学、练、战一体化培训体系，分类分层对检察人员进行培训。三是成立专题理论小组和信息小组，承担重点调研课题，多次在《法学评论》《人民检察》等核心刊物发表，有效发挥了检察调研对业务工作、改革创新和人才培养的促进作用。

（三）彰显基层特色，深化检察文化建设。一是坚持文化自信。坚持以“以人为本、改革兴院、以质领先、规范立院”的院训为指引，深化“双一流”创建活动，彰显具有延庆检察特色、时代特点和地域特征的检察文化，今年我院被评为第五届全国文明单位。二是始终注重法治精神和职业情操的培养，积极倡导“忠诚、为民、担当、公正、廉洁”的检察职业道德。三是注重发挥文化教育引导作用，评选“身边的榜样”，传递检察正能量，唱响延检好声音。

各位代表，我院开展的工作和取得的成绩，离不开各界的有力监督和大力支持。在此，我代表延庆区人民检察院，向各级领导，向人大代表、政协委员和社会各界表示衷心的感谢！

在总结成绩的同时，我们也清醒地认识到，我院工作与党和人民的要求仍存在一定差距，主要表现在：

一是党建工作还存在薄弱环节。个别党支部政治引领功能不强，一些党员先锋模范作用发挥不够充分。二是贯彻落实新发展理念，服务延庆大局能力亟待提升。我们在服务保障区域发展方面还存在针对性、实效性不强，抓不准需求、对接不到位等问题。三是回归宪法定位、端正政治定位、深耕监督主责主业有待进

一步加强。监督集中化、专门化尚待加强，监督效能仍需进一步凸显，还未形成检察监督的生动实践。四是司法改革一些项目推进后劲不足，统筹前后两次大的改革有待进一步探索。对新的组织机构和办案模式磨合时间较短，很多配套机制和措施还需要进一步健全完善。五是防控风险、参与社会治理创新有待进一步深入。检察机关参与社会治理创新不够深入，落实“三同步”和“三预”工作机制不够到位，发挥延伸职能有待加强。对这些问题，我们将紧盯不放，下大力气解决。

2018年工作安排

2018年，我们迈进新时代，必须要有新作为，展示新气象。继续坚持“三严”、做好“三事”、实现“三效”，以求真务实的工作作风，不忘初心、继续前进。始终坚持以司法办案为中心，以深化改革为动力，紧紧围绕延庆发展大局，把智慧和力量凝聚到贯彻落实党的十九大确定的各项任务上来,努力使党的十九大精神尤其是习近平新时代中国特色社会主义思想在京华大地落地生根，形成更加生动的延庆检察实践，谱写延庆检察事业的新华章!

一、充分履行检察职能，服务延庆发展大局

进一步强化大局思维，紧贴大局、服务大局，做好“一横一纵多项”检察工作。一是贯彻以疏解非首都功能为重点的京津冀协同发展战略。延伸检察工作服务京津冀协同发展的路径空间，确保见真章、出实效。二是服务保障冬奥会世园会筹办。部署专项工作，细化服务保障的具体项目，制定工作台账，突出服务效果。三是科学服务“一区”建设。确定工作重点，重拳清空净水，严厉打击污染水源、大气、土壤等犯罪，不断加强生态环境司法保护。四是围绕服务中关村延庆园建设，加强产权司法保护。完善科技、知识产权领域行政执法和刑事司法衔接机制，建立健全知识产权检察等专业化工作规范，有效惩治侵犯知识产权犯罪。

二、加强源头性、基础性工作，切实维护延庆安全稳定和谐

一是依法妥善办理危害国家政治安全案件。牢固树立政治意识、忧患意识，依法打击传播网络政治谣言和邪教组织捣乱破坏活动以及其他具有安全因素的刑事犯罪。二是严厉打击危害公共安全稳定的犯罪活动。严厉打击影响延庆社会大局稳定、影响人民群众安全感的涉爆涉枪、盗抢骗、制贩毒品、拐卖妇女儿童等犯罪。严厉惩治危害公共交通领域刑事犯罪。深入推进打击整治电信网络诈骗犯罪专项行动，坚决遏制电信网络诈骗犯罪高发势头。针对窃取、泄露、买卖公民个人信息犯罪新动向，深化专项行动，斩断上下游犯罪的灰色产业链。三是积极化解矛盾风险、参与社会治理创新。始终对各类风险保持高度警惕，综合运用检察建议、纠正违法通知书、信息简报、综合通报等方式进行错误纠正、漏洞弥补、风险预警和风险防范。

三、深化司法改革，充分释放改革红利

一是深化以司法责任制为核心的四项改革任务。进一步开展对“六个体系”的研究与落实，构建“两中心一平台”检察管理监督新体系，加强“四新”检察院建设，完善“四个清单”，促进司法责任制落地生根。二是深化提起公益诉讼工作。紧紧围绕“公益”这个核心，深入推进高检院“土壤污染治理专项活动”和市院部署的大气污染、水污染治理，涉农领域国有资产保护专项监督活动，继续打“系统战”，加强线索摸排，积极拓宽案源，扩大办案规模。三是深化认罪认罚从宽改革试点。健全刑事速裁程序，完善认罪认罚制度体系。强化对认罪认罚案件办理的全过程监督制约，确保试点工作依法有序开展。

四、聚焦监督主责主业，进一步提升法律监督的整体效能

一是强化侦查监督。积极适应公安机关

执法办案管理中心“一站式”管理的改革，充分发挥派驻检察室的职能，把好案件入口环节，更加注重立案监督问题，通过实地巡查、查阅电子卷宗、登录平台查看电子数据等方式，深挖监督线索，打开监督局面。二是强化刑事审判监督。要坚持以抗诉为中心，综合运用检察建议、纠正审理违法意见书等手段，围绕定罪、量刑、程序违法等各个环节，延伸监督触角。三是深化刑事执行检察办案模式。将刑事执行检察的业务范围、监督手段、工作程序体系化、制度化，推动刑事执行检察走向精细化、专业化。四是深入推进民事检察工作。发挥同级监督优势，积极转型升级，在公益诉讼、执行监督等领域打开工作局面。五是深入推进行政检察工作。坚持把行政检察监督作为新的增长点和发力点，统筹推进行政生效裁判、审判程序和执行活动监督。推动“两法衔接”信息平台建设，畅通监督线索渠道，促进依法行政。

五、严格落实新时代党的建设新要求，营造风清气正、干事创业的良好生态

一是坚持政治建检，进一步加强检察机关党的建设。深入学习习近平新时代中国特色社会主义思想，坚持用科学理论武装头脑、指导实践、推动工作。认真学习遵守新党章，创新开展经常性思想政治工作，持续推进“两学一做”学习教育常态化、制度化，深入开展“不忘初心，牢记使命”主题教育。二是严格监督管理，提升检察公信力。坚持严字当头，把思想教育、制度约束、及时查处相结合，加强警示教育、正面引导和业务培训，真正让严格执纪、规范司法成为思想自觉和行为习惯。三是抓住“关键少数”，加强领导班子和领导干部建设。落实“一岗双责”，争当讲政治、讲规矩的表率，加强党性修养，提高政治觉悟，严肃党内政治生活。多措并举，助推青年干警快速成长，加强专业化人才培养。

各位代表，我院将更加紧密地团结在以习近平同志为核心的党中央周围，在区委和市检察院的正确领导下，认真执行本次大会决议，依法履行宪法和法律赋予的职责，始终保持干事创业的热情、奋发有为的激情，锐意进取、埋头苦干，奋力推动赛会筹办和延庆跨越发展取得新成绩，为我区加快建设国际一流的生态文明示范区和美丽延庆，建设国际一流的和谐宜居之都做出更大贡献！

关于北京市延庆区2017年国民经济和社会发展计划执行情况与2018年国民经济和社会发展计划（草案）的报告

——2017年12月26日在北京市延庆区第二届人民代表大会第四次会议上

延庆区发展和改革委员会

各位代表：

受延庆区人民政府委托，现将北京市延庆区2017年国民经济和社会发展计划执行情况与2018年国民经济和社会发展计划（草案）的报告提请区二届人大四次会议审议，并请区政协各位委员提出意见。

一、2017年国民经济和社会发展计划执行情况

2017年，在区委正确领导下，在区人大及其常委会的监督和区政协的支持下，全区上下认真学习贯彻党的十九大精神，按照区委二届一次、四次全会和区二届人大一次会议确定的目标任务，立足生态涵养区功能定位，牢固树立新发展理念，坚定不移实施生态文明发展战略，以服务保障冬奥会世园会筹办举办为主线，坚持疏解与提升并重、经济与社会同步、生态与发展共赢、当前与长远兼顾，扎实有序推进各项工作，全区经济社会发展稳中有进、稳中向好，较好地完成了全年主要目标任务，奋力开创了全区发展新局面。

——经济发展质量不断提升。地区生产总值预计完成133亿元，按不变价同比增长8.1%；一般公共预算收入预计完成16.2亿元，同比增长18.8%；全社会固定资产投资预计完成超过140亿元，同比增长超过30%。

——城市人居环境明显改善。PM2.5年均浓度预计实现50微克/立方米左右目标，空气质量居全市首位；万元地区生产总值能耗预计下降5%；万元地区生产总值水耗预计下降4%；垃圾无害化处理率达到99.47%；森林覆盖率提高到58.41%；污水处理率预计达到85.1%。

——人民生活水平持续提高。城镇居民人均可支配收入预计完成41594元，同比增长8.2%；农村居民人均可支配收入预计完成21253元，同比增长8.5%；低收入农户人均可支配收入预计同比增长10%；城镇登记失业率预计控制在4%以内。

一年来，重点做了三个方面工作：

（一）突出大事带动，发展动力不断增强

认真贯彻落实区委二届四次全会部署，把筹办赛会作为中心任务，全面推进场馆设施建设和服务保障工作，始终坚持办大事、促发展、惠民生，全区上下形成聚焦聚力的高度共识和行动自觉。

冬奥世园全面发力。冬奥筹办编制完成赛区PPP项目实施方案，并报请市政府批准，招投标工作正式启动。赛区核心区规划通过冬奥会工作领导小组审议，主要场馆设计基本稳定，冬奥村方案正在深化。完成赛区生态环境本底调查和综合评估，以责任制形式逐步落实54项生态环境保护措施和34项可持续性承诺任务。基本完成冬奥森林公园规划设计方案，全球招聘知名研究机构启动冬奥会对延庆影响分析和发展战略课题研究，完成课题中期成果论证。全面启动核心区征拆工作，37项建设任务中13项已开工，4.94千米施工进场路高效贯通，基本完成国家高山滑雪中心赛道清表工作，8个小海坨高山滑雪赛道自动气象站布设完成，市政综合管廊和规划展示中心开工建设，储雪实验顺利完成。外围基础设施稳步推进，赛区外市政综合管廊、佛峪口河水生态廊道、水库水源保护和应急水源保障工程开工，电力迁改工程稳步推进。冠军之家等一批冰雪体育产业项目落地，北京市冰上项目训练基地、全民健身中心开工建设，成功举办国际雪联越野滑雪中国巡回赛、全国大中速度滑冰马拉松赛等系列活动，惊艳亮相第二届国际冬博会，实现群众上冰上雪13万人次，“冰雪之城”品牌影响力进一步加大，冬奥引擎动力逐步显现。世园筹办完成世园会土地一级开发，基本完成主要场馆地下主体结构和综合管廊工程，世园酒店及公寓住宅地块供地并开工。外围配套建设顺利进行，13条周边路网、地下综合管廊实现开工建设，周边绿化完成80%，输变电设施、综合通信等其他配套建设稳步推进前期手续。参展服务工作全面启动，31个国家和国际组织书面确认参展，31个省区市认领室外展园地块，首批86家推荐服务供应商确定，10项会时服务保障专项工作分解落实。现代园艺产业集聚区（HBD）建设顺利推进，HBD总部已经投入使用，盈达园林等3家HBD园艺企业已成功进入“2019北京世园会首批向参展者推荐服务供应

商名录”，深入开展“我为世园做贡献”等主题实践活动，世园会影响力进一步扩大。在冬奥世园带动下，京张高铁（延庆段）进地完成98%、兴延高速隧道建设完成70%、延崇高速（北京段）隧道建设全面开工，将彻底打通对外交通瓶颈；北靳路、湖南路、圣百街、西顺城等一批道路工程开工建设，区域交通系统进一步完善；陕京四线（延庆段）工程干线全线贯通，结束了延庆区没有管道天然气的历史；乡镇配电网改造持续推进，西白庙220千伏输变电站等一批电站工程有序推进，将极大地优化全区能源结构，城市运行保障能力实现了跨越式提升。

协同发展激发潜力。“疏解整治促提升”专项行动深入开展，在“疏”字上持续用力，在“舍”字上保持定力，在“优”字上集中发力，超额完成了10类18项专项行动任务。疏解退出一般制造业企业3家，治理“散乱污”企业850家，疏解关停南菜园生活消费品市场，关停禁养区规模养殖场12家，压缩培训机构3个，清理直管公房转租转借12户；拆除违法建设33.1万平方米,查处占道经营违法行为3873起，整治“开墙打洞”87处、无证无照经营282户，清理整治违法违规汽修厂108家，为吸引高端要素进入释放更多资源和更大空间。疏解整治的同时更加注重提升，完成新城、冬奥会和世园会周边区域31条背街小巷和18个镇街集中连片环境综合整治，违建拆除后“留白增绿”面积达到48.3万平方米，建成一批群众身边的绿地景观公园；规范提升60个便民服务网点，新增停车位688个，群众获得感、幸福感不断增强。控增承接有突破，严格执行《北京市新增产业的禁止和限制目录》，驳回不符合功能定位的主体咨询和登记340户次，严格审查4048户新设立的市场主体。主动承接符合功能定位的服务资源，完成延庆一职搬迁，区医院与北医三院、区中医医院与北京中医医院合作共建力度进一步深化。京津冀协同发展取得新进展，研究制定《2017年延怀对口合作工作要点》，重点围绕产业、教育、医疗卫生、旅游、生态环保和劳务输出等方面，确定了9大类28个合作项目。积极推动市级8个重点合作项目。与内蒙古兴和县签订了《携手奔小康行动协议书》，推动延兴两地在园区共建、旅游开发、农产品销售以及教育医疗等方面帮扶合作。与河南内乡县进行点对点对口协作，重点推进教育资源共享、远程医疗会诊、旅游资源开发等方面工作，区域协同发展进一步强化。

改革创新增添动力。经济、生态、政务、民生等领域的10大类21项改革任务稳步推进。认真落实市级关于“放管服”的工作要求，4项行政审批和206项中介服务事项清理规范，24个部门216项行政审批“一科制”改革全面铺开，162项基层证明和156项非行政许可审批事项清理完成，大气污染防治等13个专项责任清单编制完成，建立“五证合一、一照一码”工商税务联办换照机制，全面落实“双随机一公开”，基本实现“双随双百”目标，完成为民办实事25项，营商环境得到进一步优化。深化投融资改革，推动设立北京绿色发展基金，采取PPP模式引入社会资本，参与中关村延庆园八达岭片区供暖中心、小张家口垃圾综合处理、区小城镇污水处理等项目建设。国资国企改革逐步深化，绿富隆等区属国企改革方案确定，监管机制不断完善。医药卫生体制改革取得新突破，75家医疗机构全部实现医药分开，公立医院综合试点工作得到国务院通报表扬。生态文明体制改革持续推进，编制完成国际一流的生态文明示范区建设指标体系、绿色GDP体系、区域生态价值测算评估体系，生态文明先行示范区三项制度创新基本完成。编制完成国家新型城镇化综合试点实施方案，乡镇级集体产权制度改革有序开展，基本完成农村土地承包经营权确权登记颁证工作，启动康庄镇利用集体土地建设租赁住房市级试点工作。

（二）突出经济转型，发展活力不断提升

质量效益持续提升。产业结构不断优化，三产对地区生产总值拉动作用持续增长，1—9

月份，实现增加值60.2亿元，同比增长8.7%，占地区生产总值的68%，成为经济增长的主要动力。融资渠道不断拓宽，1—11月份，社会各项存款余额为454亿元，贷款余额为119.6亿元，存贷比为26%，有力支持了重要产业和重大项目推进，为经济稳增长提供新动力。创新要素不断积累，高端产业功能区（中关村延庆园）高新技术企业预计总收入100亿元，地均产出率13.5亿元/平方千米，劳均产出率130.1万元/人；1—11月份，万人发明专利拥有量27件，同比增长170%；技术合同成交额2.43亿元，同比增长84.1%，科创产业活力逐步释放。

内需拉动持续增强。投资支撑效果更加显著。完善综合调度机制，坚持高位协调、分解任务，充分运用市级绿色通道、“一会三函”等审批创新机制，突出冬奥世园、生态环境、基础设施、棚户区改造等可持续发展功能，全力推进市级25项、区级100项重点工程项目，实现全社会固定资产投资大幅增长，预计超过140亿元，同比增长超过30%，创历史新高，有效支撑了全区经济快速增长。消费基础作用稳步提升。认真落实市级生活性服务品质提升相关要求，制定实施生活服务业三年行动计划，推进“一个配送中心+两个配送节点+若干社区直营店”生活必需品三级供应体系建设。基本完成同喜生活广场主体工程，提升便民服务网点60个。引入东方家家、义利等连锁企业，连锁化率提升3个百分点，达到13%。不断探索“互联网+”发展新模式，构建利嘉生活服务圈和京东延庆特色商品销售线上平台，生活性服务业品质逐步提升。制定扶持会展业发展政策等措施，积极培育新型消费市场。社会消费品零售额预计完成93.7亿元，同比增长7%，实现了平稳增长。

高精尖经济结构加速构建。第三引擎作用持续发力，“中关村 · 长城脚下的创新家园”空间规划正式发布，村级征地补偿协议签订完成，为高精尖企业发展打下基础。引进91金融等企业签约入驻，启迪众创工社、中关村智造大街项目进驻延庆园，高新技术企业累计达到62家，高新技术企业收入占园区总收入比重达12%。加快推动同方药业、北京恒阳电缆厂等传统企业技改转型升级，光伏光热、风电等一批新能源环保企业持续集聚，能源互联网综合示范项目、新能源微电网示范区项目均以第一名的成绩通过国家能源局评审，新能源和环保产业预计完成产值46.5亿元，同比增长3.8%，占规模以上工业总产值59%；园内规模以上工业企业实现产值70亿元，占全区规模以上工业产值的88.8%。旅游高端化步伐进一步加快，以创建全域旅游示范区为契机，加快推动旅游业转型升级。完成金隅八达岭温泉度假村、新华人寿、中银等9家宾馆阶段性改造任务，升级改造八达岭长城游客服务中心等10家咨询站和22座旅游厕所，推进世园村酒店、清凉盛景大酒店、颖泽洲酒店、新长城庄园等酒店项目建设，中高端接待水平进一步提升。“百里乡居”“隐居乡里”“左邻右舍”等11处精品民宿开门迎客，北方民宿学院落成招生，乡村民宿和乡村美食联盟挂牌成立，荣获全国民宿产业发展示范区创建单位，推动乡村旅游向精品化、特色化、品质化发展。绿色旅游交通系统和智慧旅游服务系统建设加快推进，旅游服务接待能力显著提升。八达岭景区开通实名制网上售票系统，和市旅游集散中心合作开通多条“一日游”公交专线。积极开展“两检查一整治”专项执法行动，依法关停3家非法商店，旅游市场秩序进一步规范。成功举办第31届冰雪欢乐节、第22届消夏避暑季等系列重大节庆活动，品牌效应凸显。A级及以上景区旅游收入预计达到10.8亿元，同比增长16%，近三年增幅最高。都市型现代农业持续向好，积极培育花卉、苗木、盆栽等高效现代化园艺产业，成功引入西诺种业等10家企业、国家功能花卉研究中心北京分中心等2家科研基地，农业高端化发展方向更加清晰。完成国家有机产品认证示范区的审核验收，延怀河谷葡萄文化节、京张优质农产品推介会成功举办，有机农产品产值达到4.2亿元，占农业总产值的21.5%，有机农业规模不断扩大。集生物防控产品研发和销售于一体的北京阔野田园生物技术有限公司，被认定为国家高新技术企业，在绿色生物防治领域达到国内领先水平。“百里画廊”“四季花海”“冰川绿谷”等沟域建设持续提升，品牌影响力不断增强，有力践行了绿水青山就是金山银山的发展理念。

（三）突出民生改善，发展品质不断提高

生态品质显著提高。获评首批国家生态文明建设示范区。强力推进清空行动，加大能源结构调整力度，严格落实能源发展规划，完成400台1018蒸吨燃煤锅炉改造和82个村16177户煤改清洁能源，压减燃煤19.14万吨。加大监管处罚力度，持续开展外埠进京大货车严格管控、露天烧烤、秸秆和垃圾焚烧等专项整治，实行“环保取证、公案处罚”执法新模式，截至12月20日，PM2.5累计浓度48.6微克/立方米，同比下降18.6%，空气质量居全市首位。大力实施净水工程，城西再生水厂实现运行，建成井庄、大榆树、香营3座污水处理厂和23个村级污水处理设施，完成88.3千米污水管网建设、44个村庄饮水健康工程及14个老旧小区雨污分流工程。全面实行河湖生态环境“河长制”，46条河流实现河长全覆盖。完成妫河世园段12千米、63.1万立方米清淤和29平方千米生态清洁小流域治理，24个水环境跨界断面实现监测全覆盖，水环境向好趋势不断显现。扎实推进城乡环境综合整治三年行动计划，门前“三包”和秋冬季农村环境整治专项行动取得实效，延琉路等重点路段和东红寺等村庄环境脏乱差问题有效解决，八达岭地区“一带一路”高峰论坛环境保障任务高标准完成。垃圾分类收集运输体系基本形成，垃圾无害化处理率达到99.47%。积极创建国家森林城市，获评全市首个“全国森林旅游示范县”称号。基本完成野鸭湖国家湿地公园保护与恢复工程，累计完成京津风沙源治理、平原生态林管护与山区林木抚育31.7万亩，新增彩色树种造林1800亩，38个村“五边”绿化843亩，林木绿化率、森林覆盖率分别达到70.95%、58.41%。有效改善土壤环境，严格落实“土十条”各项工作，有效控制农村面源污染。

城乡品质有效提高。认真学习贯彻北京城市总体规划精神，准确把握减重、减负、减量发展和人口规模、建设规模双控等要求，全面完成永久基本农田划定工作，“两图合一”区级校核形成初步成果。14个乡镇总体规划取得阶段性成果，一批美丽乡村示范村规划出台，西大庄科冰雪小镇规划启动。协作规划工作制度有效发挥作用，责任规划师考评制度正在细化，加强宅基地建房管理，一张蓝图绘到底的制度保障得到加强。加强城乡建设，世园会安置房基本建成，南辛堡—民主村—百眼泉棚改征拆基本完成，南菜园1—5巷北区安置房正在进行基础施工。城区重点区域夜景照明二期工程完工，城市景观不断丰富。完成广兴街、新城街、东外大街、康庄兴隆街、房柳路等一批城乡道路提级改造，综合交通服务中心建设方案确定，康安等3个小区架空线入地，实现10个乡镇管道天然气贯通。康庄镇被评为全国第二批特色小镇，旧县镇被选定为全国96个体育小镇试点之一。成功创建6个首都绿色村庄，34个村获得“北京市美丽乡村”称号，四海镇南湾村成功创建中国美丽休闲乡村。全面提升城乡管理水平，全力推进全国文明城区和国家卫生区创建，完成区城管委组建工作。启动区城管指挥中心组建工作，完成区城管执法重心下移等机构设置和职能编制划转，城市管理、社会治安、社会服务三网融合工作有了新进展，住宅小区物业服务管理改革深入落实。120条背街小巷街巷长全部上岗，小巷管家管委会、街巷管理服务队作用有效发挥，3个社区之家示范区、8个老旧小区自我服务管理试点、20个村级社会服务管理示范点完成创建，社会精细化治理更加规范高效。

生活品质稳步提高。社会保障水平不断提高，全面落实各项就业政策，用足用好5.2亿元促进就业资金，实现新增城镇就业7644人。深入推进机关事业单位养老保险制度改革和城乡居民医疗保险制度整合，再次提高城乡低保、特困人员等认定救助标准。区级养老服务中心正式运营，建成6家乡镇养老照料中心、19个村级养老（助残）餐桌，并设立8个社区老年配餐服务站。全面落实15条精准帮扶措施，低收入农户增收实现年度目标。563套公租房摇号配租，完成“和丽嘉苑”共有产权房申购、正在审核，完成95户特困残疾人和优抚对象危房改造，完成农宅抗震节能改造7254户、山区搬迁1811户3803人。完成37个村饮水健康行动建设项目。公共服务能力持续增强，教育投入力度加大，第七幼儿园、沈家营幼儿园投入使用，三小等3所学校为学生提供中午营养餐，落实乡村教师岗位生活补助政策。二小、二中被评为北京市首批冰雪运动特色学校，成功组建全国首个小学校园足球联盟。高考本科上线率、录取率再创新高。医疗卫生水平进一步提升，中医医院迁改项目正式启动，区医院改扩建工程全部完工，建成40个村级卫生室，组建家庭医生服务团队100个，累计签约6.4万户11.5万人。市区两级专家下基层出诊实现常态化。打造阳光餐饮单位221家。文体氛围日益浓厚，实施190个行政村文化设施冬季采暖工程，保障了村民文化活动冬季正常开展。完成星火演出1128场、周末场演出54场、公益电影放映1.5万余场。推出《花开盛世》《冰雪之梦》等一批反映迎世园、盼冬奥题材的原创作品。成功举办第二届中国冰蹴球邀请赛、迎冬奥冰雪马拉松（半程）、走向2022迎冬奥延庆海坨冰雪徒步大会等冰雪赛事活动。组织参与各类全民健身活动93次，参与达1.4万余人次，为3000名市民进行了国民体质和国家体育锻炼标准测试，全民健身运动蓬勃开展。安全形势保持稳定。成立冬奥世园工程安全生产工作专班，构成全区安全生产“1+9”责任体系，深入开展安全隐患大排查大清理大整治专项行动，圆满完成“一带一路”高峰论坛、十九大等重大事件维稳安保任务，人民群众安全感在全市名列前茅。

过去一年，我们进一步明确城市功能定位，更加坚定生态文明发展战略，工作思路更加清晰，推进措施更加有力，集中力量推进了一批重大事项、解决了一批难点问题、办成了一批民生实事，成绩来之不易。同时，我们也清醒地认识到，延庆发展还存在不平衡不充分的问题，主要表现在：一是对冬奥世园两件大事的认识站位还不够高，工作不够聚焦，抓落实的狠劲不够，利用大事促发展的紧迫感不强。二是对疏解整治促提升工作的认识有待提高，在疏解上舍不得，在整治上标准不高，在提升上办法不多，生态环境品质与成为首都生态文明建设金名片的要求相比还有差距。三是经济基础依然薄弱，实体经济增长主要靠工业、交通运输、建筑业等传统产业，科技创新主体少，新动能不足，提质增效、绿色发展任务十分繁重。四是按照新一版北京城市总体规划要求，城乡规划亟待调整完善，宜居新城、精品小镇、美丽乡村建设速度与群众期盼有较大差距，城乡社会精细化治理水平不高。五是民生保障能力不强，就业、教育、医疗等公共服务资源供给不足，低收入群体增收任务艰巨等等。对此必须采取切实有效措施，下大力气加以解决。

二、2018年国民经济和社会发展计划安排

2018年是贯彻落实党的十九大精神的开局之年，是改革开放40周年，是决胜全面建成小康社会、“十三五”规划承上启下的关键一年。区委二届五次全会明确提出，延庆正处于赛会筹办决战决胜期、生态涵养提质跃升期、绿色发展攻坚突破期。2018年工作要坚持稳中求进总基调，坚决打好“防范化解重大风险、精准脱贫、污染防治”三大攻坚战，着力抓好“北京城市总体规划、以疏解非首都功能为‘牛鼻子’的京津冀协同发展、冬奥会及冬残奥会”三件大事。面对历史机遇，全区上下要进一步聚焦冬奥会世园会筹办，凝心聚力、奋

发有为、真抓实干，以超常规的力度，只争朝夕，加速攻坚，全力以赴实现全年各项任务目标。

（一）总体思路

区委二届五次全会深刻分析了当前我区的发展形势，明确提出2018年全区工作总体要求是：高举中国特色社会主义伟大旗帜，深入贯彻落实党的十九大精神，以习近平新时代中国特色社会主义思想为指引，坚定不移实施生态文明发展战略，全力攻坚冬奥会筹办，决战决胜世园会筹办，高标准高质量完成全年目标任务，更好满足全区人民日益增长的美好生活需要，奋力推动延庆绿色发展迈上新台阶。

（二）主要指标

为更好地贯彻落实党的十九大精神和深入实施新版北京城市总体规划，结合市级指标安排情况，并与区“十三五”规划目标衔接，在保持指标体系连续性、稳定性基础上，增加着力反映减量发展和质量提升的指标，着力强化反映生态环境和民生改善的指标，着力构建绿色“高精尖”经济结构。具体如下：

一是坚持城乡居民人均收入高于经济增长，切实保障改善民生。城镇居民人均可支配收入同比增长8.6%左右，农村居民人均可支配收入同比增长8.8%左右，低收入农户人均可支配收入同比增长9%以上，均高于经济增长速度。城镇新增就业数、重点食品安全监测抽检合格率、药品监督性抽验合格率均达到市级要求，单位地区生产总值生产安全事故死亡率为0.014人/亿元。

二是坚持以环境资源承载力为硬约束，切实加强环境保护。万元地区生产总值能耗降幅、新水用量及万元地区生产总值水耗降幅超全市平均降幅；PM2.5年均浓度和空气质量继续保持全市前列；能源消费总量、二氧化硫排放量降幅、氮氧化物排放量降幅、化学需氧量排放量降幅、氨氮排放量降幅、单位地区生产总值二氧化碳排放降幅、污水处理率、生活垃圾资源化率均达到市级要求；建立森林城市指标体系，森林覆盖率达到58.66%；拆除违法建设面积不低于11万平方米。

三是坚持科技和文化创新双轮驱动，切实提升发展质量。高端产业功能区高新技术企业总收入同比增长10%，高端产业功能区地均产出率、劳均产出率同比增长10%，技术合同成交额达到市级要求，一般公共预算收入同比增长6.5%左右，地区生产总值按不变价同比增长8.5%左右，旅游景区和观光休闲农业收入同比增长8%以上，规模以上文化创意产业营业收入同比增长9%左右。

三、实现2018年经济社会发展计划的主要措施

（一）紧扣关键工作重要节点，攻坚决胜冬奥会世园会筹办

瞄准赛时会时、着眼国际一流，拿出冲刺状态、决战精神，抓住重点要害，高效统筹协调，苦干实干快干，高标准完成各项建设任务，为全区跨越发展提供不竭动力。

加速攻坚冬奥会筹办。进入北京周期，冬奥各项筹办工作必须在2018年取得重大突破。一是场馆建设方面，核心区征地拆迁全部完成，工程项目全部开工。确定赛区PPP项目社会投资人，国家高山滑雪中心工程完成60%、雪车雪橇中心完成赛道U形槽结构施工、冬奥村和山地媒体中心结构施工完成50%，尽快落成规划展示中心。二是配套基础设施建设方面，加快外围配套基础设施建设，完成延崇高速平原段建设和京张高铁支线征拆，松闫路改线段完成主体施工，综合管廊完成总工程量的10%左右，确保佛峪口水库水源保护等4项水务保障工程、海坨110千伏输变电工程等4项电力工程、综合交通服务中心、气象服务保障工程建设取得实质性阶段进展。三是在可持续发展方面，继续推进54项生态环境保护措施和34项可持续性承诺任务逐步落实，完成张山营镇域、西大庄科村庄规划。强化赛区综合管理，打造智慧赛区建设管理模式。制定实施生态环境可持续管理方案，确保每项工程、每个点位均实

现绿色施工。四是冬奥服务保障方面，对标对表冬奥组委具体要求和标准，细化分解任务，明确时间进度，全面加强交通、餐饮、住宿、医疗及其他相关服务的保障工作。

全面决胜世园会筹办。统筹做好各项协调工作，积极配合推进世园会G地块土地一级开发和世园会相关场馆、园林景观、市政、世园酒店、运营中心、安保中心等世园会相关配套项目建设。完善世园会停车场、智慧交通、智慧安保等外围配套工程专项方案设计，完成百康等13条道路及高压迁改、园外综合管廊等配套工程建设，做好交通、安保、水电气热基础保障等筹备工作。全速展开十大会时专项服务保障工作，制定完善交通、住宿、餐饮等服务保障实施方案，新建4家、升级改造12家存量酒店，打造"世园人家"旅游接待户50家，精心打造特色商业街区，实施旅游标识导览系统建设，建成综合服务接待中心，完成生态旅游智慧服务系统功能升级，建立健全智能交通指挥调度体系和工作机制。统筹开展赛会志愿者招募培训和实战演练，完成订单式培训5000人次，做好会时安保维稳顶层设计、实施落地和实战演练，营造全民办世园的浓厚氛围。

紧抓赛会黄金窗口期。赛会带来的黄金窗口期逐渐缩短，机遇稍纵即逝，必须始终坚持"办大事、促发展、惠民生"总体要求，在借势集资引资、借力转型升级上下功夫、求实效，推动延庆绿色发展攻坚突破。聘请国内外知名机构，研究明确发展思路和战略措施，并积极推动成果应用。借助两件大事加大招商引资力度，大力发展冰雪项目装备、赛事服务、园艺花卉等相关产业，吸引全市乃至全球的冰雪、园艺资源向延庆集聚，积极促进冬奥冰雪小镇等项目建设，高标准推动91金融花卉技术交易中心等一批具有前沿科技和示范引领作用的科研项目落地。加大宣传力度，营造社会共同参与的氛围。

（二）紧扣赛会生态环境要求，着力打造生态文明金名片

牢固树立绿水青山就是金山银山的理念，对标赛会对清洁空气、干净水源、亮丽风景的高要求，巩固和强化生态优势，打造高品质宜居宜业宜游的人居环境。

全力以赴守蓝天。严格落实清空行动各项强化措施，全面强化落实秋冬季攻坚行动方案，着力推进能源利用结构调整，完成城东、城南燃煤锅炉改造，整体推进76个村约2万户煤改清洁能源工作，完成46个村1万户左右的煤改清洁能源任务，推进30个村的电力基础设施建设，实现冬奥会赛区、世园会园区周边基本无煤化，建成张山营、沈家营无煤镇，压减燃煤13.38万吨。严厉打击污染物排放违法行为，以全民共治、源头防治为原则，采取超常规措施清煤降氮、控车减油、打散治污、清洁降尘，重拳治理重型柴油车、高排放老旧机动车，严禁秸秆焚烧，不折不扣执行烟花爆竹禁限放规定，扎实推进排污许可证发放和第二次全国污染物普查工作。充分发挥"智慧环保"系统作用，严格落实重污染天气应急措施，强化督查检查执法处罚力度，有效落实环境保护职责分工和空气重污染应急预案，用足用好"环保法庭"，确保秋冬季PM2.5平均浓度同比下降25%以上，重污染天数同比下降20%以上目标任务。借助北京市环保督察进驻延庆机会，全面体检环保工作中存在的问题，不断提升环境保护能力和水平。

合力攻坚护碧水。严格落实水环境治理和三年污水治理行动任务，建设完成千家店等6个乡镇级污水处理厂、80千米污水管网，实施妫河南部水系连通等水生态修复工程、湿地森林公园建设，积极推进妫水河世园段水生态治理、三四阶段河道治理，确保各考核断面达到目标责任书要求，妫河水质达到Ⅲ类以上。加快推进平原区地表水供水二期、农村饮水健康行动等供水工程建设，完成57千米城南供水管线，实施2018—2020年节水行动计划，强化用水总量、用水效率双线管控，借力海绵城市试点建设推动节水工作，实现万元地区生产总值水耗下降达到市级要

求，持续创建水生态文明城市。充分发挥各级河长作用，落实“三查、三清、三治、三管”，解决河湖管理保护突出问题。健全土壤环境质量详查与监测网络，不断削减化肥和农药用量，有效控制农村面源污染。

久久为功筑美景。紧抓创建国家森林城市契机，持续加强浅山区生态修复和生态保护，系统规划全区生态环境建设，持续提升生态廊道和重要节点的生态环境质量，精雕细琢城市景观，加快绿景向美景转变。开展新一轮百万亩造林工程，完成3.7万亩京津风沙源治理、平原地区重点区域、浅山区、京新高速等绿化工程和15万亩林地景观改造。创建首都花园式单位2个，花园式社区1个，首都绿色村庄10个，首都森林城镇1个，实施2000米空间立体绿化、716.7亩道路绿化景观提升项目，不断提高人均公共绿地水平，加快提升城区园林化水平。全面启动小张家口垃圾填埋扩容等环卫场站建设，以新城为重点推进市级垃圾分类示范片区创建，进一步提高垃圾综合处理水平。

（三）坚持绿色发展转型升级，着力构建绿色“高精尖”经济结构

瞄准赛会对优质供给的需求，坚持中高端低密度发展方向，以供给侧结构性改革为主线，加快引资源、添动力、促协同，推动绿色产业高质量发展。

推进重点产业特色发展。坚持旅游主导产业地位，以全域旅游示范区创建为抓手，打造国际文化体育旅游休闲名区。编制完成全域旅游空间布局规划，促进旅游业高端化发展。完成张山营冬奥冰雪小镇镇域总体规划并启动镇区建设，推进万科石京龙滑雪场升级改造和启迪冰雪四季小镇建设，打造京张体育文化旅游带。举办一系列冰雪赛事活动，培养一批专业化国际冰雪体育人才。加快建筑创意产业园国际培训中心、旅游标识导览系统、百里画廊滨水步道、大庄科红色旅游设施等重点项目建设，实现八达岭森林生态体验基地开业，建设10家高端乡村民宿、10座旅游公厕，建立运行旅游市场秩序综合监管平台和统一受理的旅游投诉机制。持续发展新能源节能环保产业，抓住大力发展数字经济的有利契机，以国家能源局首批“互联网+”智慧能源示范项目为抓手，吸引聚集一批新能源微电网和应用服务领域的高技术企业与研发平台，打造北京延庆新能源产业示范区，推动美正生物、纳通医疗等高科技重点项目落地。大力发展绿色金融、文化金融、科技金融产业。大力发展高端农业，借力世园会筹办，实施延庆农场一期启动区基础设施建设，完成第一批10个重点产业园基础设施提升工程，实施多功能花卉新品种科技世园专项支撑项目，加大重点科研机构、园艺企业引进力度，逐步提升HBD品牌效应和行业地位。对接会时需要持续建设好绿色有机食品供应基地，以“延庆优质农产品”为重点，顺应精品、特色消费需求，实施“互联网+农业”，加大国光苹果、延怀河谷葡萄、燕山板栗等国家地理标识产品和“延庆·有机”品牌推广力度。

强化科技文化双轮驱动。以中关村·长城脚下的创新家园建设为抓手，高水平建设京西北科技创新特色发展区。主动承接中心城区科技要素转移，充分发挥北玻院等国家级重点实验室的科技创新平台作用，加快高端人才和前沿技术在我区的集聚。深入挖掘区域内科技要素资源，加大对科技型企业支持培育力度，力争推出一批上市科技企业。积极争取中关村管委会的支持，进一步完善中关村延庆园的准入标准，实施“互联网+”行动计划，促进华润高科、同方药业等传统产业转型升级，推动双创基地建设再上新台阶。以长城国家公园试点建设为契机，制定长城文化带（延庆段）、西山永定河文化带（延庆流域）保护建设规划和五年行动计划，明确年度重点任务。抓好下阪泉楼、谷家营烽火台、千家店朝阳寺、沙梁子龙王庙、花盆关帝庙、柳沟城隍庙等重要文物保护修缮工程。围绕世园会重大功能性文化设施，深入研究我区文化功能区布局与长城文化带相呼应，形成分工合理、各具特色的文化空间布局。制定文化创意产业指导意见，深度挖

掘优秀传统文化资源，策划首届长城文化节，深化大庄科开放式红色体验基地建设，修复大庄科乡后七村革命文物、平北司令部等旧址，加快推动长城文化研究院建设，推动文化、旅游、园艺等产业融合发展。完善公共文化服务体系，健全公共图书、文化活动、公益演出三大服务配送体系，完成23个村级文化室达标化建设工程，完成星火演出1128场、农村数字电影播放1.5万场。

增强投资消费拉动能力。提高投资质量，突出固定资产投资在稳增长中的重要作用，实现全社会固定资产投资总额超过143亿元。研究建立2018—2020年固定资产投资项目和重点产业项目储备库，用足用好“一会三函”、市级重点工程等审批机制，创新多渠道融资模式，继续拓宽民间资本投资，积极引入新型金融机构，提升投融资保障能力，聚焦冬奥世园，促进城乡基础设施、生态建设、社会事业、产业基础设施等重点领域建设。营造良好消费环境，深入推进生活性服务品质提升计划，着力解决便民消费问题，继续完善社区8类服务功能规范提升，重点推进6条餐饮街区改造提升，完成75个便民网点规范提升，建设延庆生活必需品三级供应体系，积极配合推进餐饮企业阳光工程建设，提升全区居民生活满意度。培育壮大新兴服务消费，适应市民健康、休闲娱乐等消费升级新需要，大力发展体育休闲、文化创意、会展等产业。积极培育新的消费热点，改变传统消费市场经营模式，建立更完善的服务和销售理念，着力促进网络消费，推动消费品市场持续繁荣稳定。

（四）坚持稳扎稳打，持续推进“疏解整治促提升”专项行动

围绕赛会环境保障，聚焦新城及冬奥世园周边重点区域，纵深推进“疏解整治促提升”专项行动，加大疏解整治力度，全面提升整治效果，打造干净整洁、规范有序的城乡环境。

加大专项行动力度。坚持力度不减、工作稳健、措施更实，制定2018年疏解整治促提升工作计划。健全巩固疏解成果的激励长效机制，强化督查考核，坚决防止反弹回潮。

狠抓重点任务推进。以“零容忍”的态度严厉打击违法占地违法建设行为，拆除违法建设不少于11万平方米，高标准完成浅山区违法占地违法建设治理任务，全面完成2017年度土地督察整改任务。疏解退出一般制造业企业10家、区域性市场8家，动态清零“散乱污”企业、违法违规汽修厂，创建8个占道经营违法行为“动态清零”示范街乡镇，挂销账无证无照经营82户，整治“开墙打洞”19处，街巷4个，加强地下空间、群租房、直管公房以及商住房日常监管。突出城区、园区、赛区，按照“十有十无五好”标准，高质量完成76条背街小巷环境整治提升，按照“清脏、治乱、增绿”的总体要求，推进农村环境整治，全面完成砂石场整治，持续治理乱堆乱放、露天烧烤等行为，为冬奥会、世园会举办营造良好环境氛围。开展国有土地、集体建设用地以及机关事业单位所属土地低效利用专项整治。

加强腾退空间利用。系统谋划用好腾退空间，进一步细化腾退空间分区产业利用方向，按照“拆一补一、先拆后补”的原则，谋划补充和替代设施，加大拆违后“留白增绿”力度，为群众增添更多的休憩空间，不断增强群众的获得感和幸福感。

营造共治共享氛围。深入挖掘总结专项行动开展一年来的典型案例和经验做法，加大宣传力度，进一步提升全区上下对专项行动重要意义和深远影响的认识，争取更广大群众的理解和支持。坚持人民城市人民建、人民城市人民管的理念，鼓励引导企业、群团组织、社会组织和社区居民等各方主体参与到专项行动中来，加快构建共建共享、共治共管的良好社会局面。加强日常舆情监测，及时回应社会关切，巩固群众基础，让专项行动更加深入人心。

努力推动协同发展。健全协同发展机制，与河北怀来县、内蒙古兴和县、河南内乡县，在交通一体化、生态建设与保护、环境污染治

理、产业园共建、人才交流等方面加强协同发展，实现协同发展重点领域率先突破。

（五）落实北京城市总体规划，着力提升城乡建设质量

把准城镇村服务赛会的不同功能，统筹推进宜居新城、精品小镇、美丽乡村建设，促进城乡功能不断完善、发展更趋协调、服务承载能力不断提高。

严格落实北京城市总规。全面落实延庆功能定位，坚持人口和建设规模双控机制，严守人口总量上线、生态控制线、城市开发边界三条红线。完成延庆分区规划、新城规划及街区控规、乡镇域总体规划、村庄规划、浅山区保护规划等编制工作，出台分区规划实施方案，为一张蓝图干到底提供科学支撑。落实“多规合一、减量提质”总体要求，推动城乡规划与土地利用、经济社会发展、环境保护等规划相衔接，制定2018—2020年城乡建设减量计划，促进空间布局优化和土地资源有效配置。落实市区两级规划事权调整改革方案，完成规划与国土部门机构整合，有效实施协作规划制度，建立责任规划师考核及退出机制，落实一年一体检、五年一评估常态化城市体检评估机制，坚决维护规划的严肃性和权威性。

加快宜居新城建设。加快新型城镇化综合试点建设，有效落实2018—2020三年棚改计划，完成南菜园1—5巷、南辛堡—民主村—百眼泉项目安置房主体工程，实现小营—石河营、康庄一二三街项目安置房开工建设，启动10个街村4325户的棚户区改造。继续实施城区环境提升工程，完成城乡环境综合整治三年计划，实施玉皇阁大街等3条道路交通环境整治工程，推进高塔路西延和三里河路建设，实施夜景照明三期工程和启动夜景照明四期工程，完成延庆妫川广场景观风貌改造工程，提升公园品质和城区绿化园艺水平，满足赛会需求。建成112块体育专项场地，实现全民健身中心工程完工。倡导绿色出行，优化公交线路4条，增加停车位700个。

实施乡村振兴战略。始终把发展“三农”作为工作重点，坚持农业农村优先发展。壮大集体经济，培育新型农业经营主体，发展具有区域特色的重点产业。继续开展都市型现代农业示范乡镇、“一村一品”示范村创建工作，实现康庄集体土地租赁住房建设开工，加速规划建设冬奥冰雪休闲小镇和世园风情小镇。整合力量开展120个美丽乡村建设，编制完成245个村庄规划建设实施方案。推动教育、医疗、体育、文化等公共服务向农村地区倾斜布局，完成刘斌堡中学主体工程和康庄中心小学改扩建项目，启动1680户农村危房改造三年工程。

全面加强精细化管理。按照精治、共治、法治的要求，进一步完善三网融合力量下沉管理机制，成立区城市管理指挥中心，推进多网融合及人员、资源、服务、管理下沉，为414个基础网格配备专职网格员，建成18个街乡镇实体化综合执法平台，充分有效发挥街巷长、小巷管家管委会、街巷管理服务队作用，加强交通拥堵治理，拓展停车电子收费试点，深化物业服务改革，提升城乡精治水平。继续推进全国文明城区创建工作，深化社会主义核心价值观，开展“延庆榜样”“身边好人”等选树工作，培育鼓励社会组织更多参与冬奥世园服务保障，不断提高全民参与文明建设、社会治理等热情，切实提升城乡共治水平。用好法律法规和制度标准，处理好层级执法力量配比，加强城乡法制建设，促进城乡规范有序发展。

（六）坚持办大事惠民生，不断满足人民美好生活需要

以增进民生福祉作为发展的根本目的，以办大事、促发展、惠民生的扎实成效，使人民获得感、幸福感、安全感更加充实、更有保障、更可持续。

坚决补齐民生领域短板。坚持幼有所育、学有所教。加强师资队伍和师德师风建设，加快推进延庆一职新校区建设，启动康庄中心小学改扩建项目，启动新城区域幼儿园建设，继续实施“无证幼儿园专项治理行动”，推进学

区制管理改革，全面普及校园足球、世园冬奥知识和冰雪运动。坚持病有所医。全力攻坚国家卫生区创建工作，完善创伤中心、康复中心等建设，筹建冰雪运动损伤中医治疗中心、心脏中心，加快医疗急救体系建设，完成珍珠泉乡社区服务中心建设，实施区中医院迁建一期项目，打造各类健康示范单位14家，启动大庄科乡社区卫生服务中心改扩建工程，新建80个村级卫生室，加快乡村医生队伍建设，继续丰富家庭医生签约服务内涵，完成城乡居民基本医疗保险制度整合后续工作。坚持老有所养。持续深化养老服务体系建设，实施旧县镇、香营乡、大庄科乡敬老院“公建民营”，实施慈善“1+1”关爱空巢助老项目，完善老年人用餐服务体系，继续推广“中央厨房+社区配餐”服务模式，实现新建社区全部配备老年餐桌，推进5家村级餐桌建设，推进建立志愿者为高能、失能老年人上门送餐服务模式。

着力提高增收保障能力。坚持劳有所得，继续实施产业发展、兜底保障、社会力量等专项帮扶，实现“六个一批”精准帮扶举措覆盖到村到户，90%以上低收入农户收入达标、低收入村产业项目落地，初步形成“造血”机能。坚持就业优先战略和积极就业政策，根据赛会服务保障和经济社会发展实际需求，在冰雪体育、园艺、能源互联网等产业领域开发更多的就业岗位，积极开展公共服务类岗位安置农村地区劳动力试点工作，促进城乡劳动力成建制、跨区域，有序输出就业，实现街乡镇社会公益性就业组织全覆盖，新增城镇就业6000人，城镇登记失业率控制在4%以内。实施精准化职业技能培训3000人，力争实现80%以上的求职登记人员绿色就业，不断提升城乡居民收入水平。

织密扎牢社会保障网。坚持住有所居。多渠道多途径筹集共有产权房2500套，调整公租房和市场租房补贴准入标准，满足区域住有所居需求。坚持弱有所扶。继续开展“妫川希望”助学、“拒绝绝望”大病救助、SOS紧急救助慈善项目，深化入户访问等精准化服务，做好城乡居民基本医疗保险制度整合后的工作。

全力维护社会安全稳定。牢固树立安全发展理念，严格落实安全生产责任制，深化安全隐患大排查大清理大整治专项行动，持续开展冬奥世园等重点工程安全专项执法行动，保持安全生产监管高压态势。启动首届政府质量奖评选工作，落实食品药品安全属地监管责任，完成80%的餐饮服务单位“阳光餐饮”工程建设，创建食品安全示范区，建成区食品药品应急指挥中心。深化“平安延庆”建设，强化全民反恐体系建设，推进立体化信息化社会治安防控体系建设，提高警务科技信息化水平，筑牢网络安全、消防安全防线，加大黄赌毒管控力度，切实维护首都安全稳定，为赛会筹办提供可靠安全保障。

（七）紧扣重点领域关键环节，着力深化改革开放

把全面深化改革作为推动赛会筹办、加快区域发展的重要抓手，推进各项重点领域改革任务落实，打通制约发展的关键环节，不断激发市场活力和社会创造力。

认真总结改革开放40年经验，梳理两件大事对延庆未来经济发展、城市建设、民生保障、协同发展等方面的带动作用，进一步深化改革开放，推动区域发展。全面优化营商环境改革，印发实施改革优化营商环境工作方案及要点，坚持服务发展在地实体企业与加大招商引资力度并重，健全税源建设工作机制，建立企业投资服务平台，落实联系服务企业和支持企业发展的系列办法，细化重点企业、成长企业和招商企业名单，健全重大项目、重点问题台账清单，推动“高精尖”经济要素的培育和集聚。研究制定推行“多证合一、一照一码”登记改革工作实施方案，构建中关村延庆园考核评价体系，细化服务企业发展的“政策工具箱”，用好旅游、园艺、冰雪等产业发展专项资金和生活性服务业资金政策。加快人才公寓、医疗养老等公共服务保障设施配套，保证

符合条件的来延企业随迁子女就近接受良好教育。持续加大生态文明体制改革力度，贯彻落实北京市绿色发展指标体系和生态文明建设考核目标体系，修订主体功能区建设试点示范实施方案，完成2014—2016年度生态环境核算体系研究报告，落实自然保护区生态保护红线管理制度。全面落实国资委统管国有企业的制度要求，扎牢国有资产保值增值管理制度，初步完成城市建设、文化旅游、国有资产、现代农业、城市商业等板块国企改革。推进事业单位分类改革，完成经营性事业单位改革。加快北京绿色发展基金在延庆设立，全面调动民间资本投资的积极性。稳步推进北京长城国家公园改革，进一步理清改革思路，安排好改革时间节点，妥善处理各方利益关系，确保改革平稳有序。推进农村综合改革，完成农村土地承包经营权确权颁证及信息系统建设，实施乡镇级集体产权制度改革，继续推进新型城镇化综合试点工作，稳步实现农民就地就近城镇化。深入推进医药卫生体制改革，探索引入社会资本参与医疗服务建设。深入推进教育综合改革，积极探索适应考试改革要求的课程教学模式。转变政府职能，抓实“放管服”改革，落实衔接中央、市级取消与下放行政审批事项，完善“一科制”审批制度，强化行政审批事中事后监管。

各位代表，新时代、新征程要求我们必须要有新气象、新作为。全区上下将在区委的坚强领导下，在区人大及其常委会的监督和区政协的大力支持下，以习近平新时代中国特色社会主义思想为指引，进一步增强责任感和使命感，凝心聚力，奋勇争先，以攻坚决胜的姿态按期完成赛会筹办各项任务，为世园会如期举办奠定坚实基础，为加快建设国际一流的生态文明示范区和美丽延庆而努力奋斗。

关于北京市延庆区2017年预算执行情况和2018年预算（草案）的报告

——2017年12月26日在北京市延庆区第二届人民代表大会第四次会议上

延庆区财政局

各位代表：

受延庆区人民政府委托，现将延庆区2017年预算执行情况和2018年预算（草案）提请区第二届人民代表大会第四次会议审议，并请区政协各位委员提出意见。

一、2017年预算执行情况

2017年，在区委的正确领导下，在区人大及其常委会的监督和区政协的支持下，认真学习党的十九大精神，按照区委二届一次、四次全会和区二届人大一次全会确定的目标任务，坚持稳中求进的工作总基调，牢牢把握生态涵养区功能定位，努力适应经济发展新常态，积极探索减量发展模式，有效促进从聚集资源求增长到疏解功能谋发展的方式转变，财政收入持续增长，支出规模稳步提高，财政监管更加严格，财政改革不断深化，全区预算执行情况良好。

（一）一般公共预算执行情况

1.全区一般公共预算总收入1367382万元。其中：

（1）一般公共预算收入161608万元，同比增长18.8%。按收入性质分：税收收入112188万元，同比增长18.5%。非税收入49420万元，同比增长19.4%。

（2）上级补助收入923673万元，包括：增值税税收返还收入8926万元，一般性转移支付收入598817万元，专项转移支付收入315930万元。

（3）上年专项结转收入81679万元。

（4）地方政府一般债券转贷收入150000万元。

（5）调入预算稳定调节基金18485万元。

（6）调入资金31937万元，包括：政府性基金预算调入31836万元，国有资本经营预算调入101万元。

2.全区一般公共预算总支出1287008万元。其中：

（1）一般公共预算支出1220249万元，同比增长32%。

（2）上解支出17560万元。

（3）补充预算稳定调节基金49199万元。包括：一般公共预算超收收入17363万元，政府性基金预算结余划转一般公共预算31836万元。

3.专项结转下年使用80374万元。

2017年预备费支出5400万元，按照《预算法》规定，主要用于燕水佳园社区“6·29”天然气爆燃事故第二期应急处置、北关小区12号、13号楼管网改造及京张路919车站改建等应急、民生相关领域支出项目。

（二）政府性基金预算执行情况

1.全区政府性基金预算总收入508606万元，其中：

（1）政府性基金预算收入366823万元，同比增长323.2%，收入上涨主要是受我区增加土地供应力度及其他综合因素影响，国有土地使用权出让收入大幅增加（其中土地一级开发企业前期成本306476万元）；

（2）上级补助收入117369万元；

（3）上年专项结转收入24414万元。

2.全区政府性基金预算总支出444918万元，其中：

（1）政府性基金预算支出405203万元，同比增长439.1%；

（2）上解支出7879万元；

（3）调出资金划转一般公共预算31836万元。

3.专项结转下年使用63688万元。

（三）国有资本经营预算执行情况

1.全区国有资本经营预算总收入461万元，同比增长70.4%。

2.全区国有资本经营预算总支出461万元，其中：

（1）国有资本经营预算支出360万元，同比增长64.5%；

（2）调出资金划转一般公共预算101万元。

（四）社会保险基金预算执行情况

社会保险基金预算由市、区共同负责编制，区财政只涉及城乡居民基本养老保险和新型农村合作医疗基金预算编制。

1.全区社会保险基金预算总收入140666万元。其中：

（1）社会保险基金预算收入60907万元，包括：城乡居民基本养老保险基金预算收入43471万元，新型农村合作医疗基金预算收入17436万元。

（2）上年滚存结余79759万元。

2.全区社会保险基金预算总支出59400万元。其中：

（1）城乡居民基本养老保险基金预算支出37010万元。

（2）新型农村合作医疗基金预算支出22390万元。

3.年末滚存结余81266万元。

上述情况是根据预算执行情况进行的初步汇

总，在财政决算编制完成后，还会有所变化。

（五）2017年预算执行效果

2017年，财政工作立足生态涵养区功能定位，围绕“促改革、调结构、补短板、防风险”各项任务，积极组织财政收入，优化财政支出结构，加强财政资金监管，集中财力“保基本、保民生、保重点、促发展”，有力推动全区经济社会平稳健康发展。

1.税源建设提质增效，区级收入再创历史新高

全区上下高度重视组织收入工作，不断加强财源税基建设，区级一般公共预算收入完成16.2亿元，创历史新高。从纳税行业分布情况看，第三产业完成税收收入9.4亿元，同比增长20.1%，占全区税收收入的83.5%。其中，租赁和商务服务业、金融业及房地产业三大重点行业完成税收收入7.4亿元，成为我区财政收入上涨的主要支撑力量。从主体税种完成情况看，企业所得税及增值税作为我区的主体税种，为全区收入上涨提供了有力保障，共完成收入8亿元，占全区税收收入的71.4%。其中，企业所得税完成3.9亿元，同比增长190.8%；增值税完成4.1亿元，同比增长52.4%。主要是受中国农发重点建设基金有限公司及新华人寿保险股份有限公司两家重点企业带动。从新增财源贡献情况看，近年新引入企业中国农发重点建设基金有限公司经过一段时间的发展运营，对我区财政收入的支撑作用逐步显现，全年共缴纳区级一般公共预算收入3亿元，同比增长14.9%，占全区一般公共预算收入的18.7%，新增财源质量和效益明显提升。

2.积极筹办绿色大事，切实激发区域发展活力

加快推进世园冬奥筹办工作，不断提升财政资金保障能力，为绿色大事成功举办奠定良好财力基础。投入资金14.2亿元，加快基础设施建设。扎实推进世园会周边道路基础设施建设，积极配合延崇高速征地拆迁工作，努力打破道路交通发展瓶颈，着力实现区域交通一体化。加快推进世园会周边基础设施升级改造，区域基础设施日益完善，为绿色大事成功举办奠定良好基础。投入资金4.6亿元，大力支持赛事场馆建设。全力推进2022年冬奥会及冬残奥会延庆赛区场馆设施建设、全民健身中心建设，带动全民健身热情，提高赛事举办保障能力。投入资金1.8亿元，提高服务绿色大事能力。持续深化社会治理水平，积极推进公安信息化及首都外围治安查控防线二期建设等维稳工作，服务绿色大事能力不断提高。投入资金0.2亿元，全面普及冰雪体育文化。支持成功举办国际雪联越野滑雪中国巡回赛、迷你冬奥会、迎冬奥冰雪马拉松等系列冰雪赛事活动，提升区域冰雪体育影响力。加强冰雪运动和冬奥知识的普及力度，群众上冰上雪13万人次，引进仿真冰进校园项目，7所学校近5500名学生初步掌握滑冰技能，广泛营造迎冬奥的良好氛围。

3.全力支持环境发展，落实生态涵养功能定位

牢牢把握生态涵养区功能定位，树立和践行绿水青山就是金山银山的理念，加快形成绿色发展方式。投入资金7.3亿元，大力推进造林扩绿建设。持续健全生态林效益补偿机制，支持重点公益林管护建设工程，落实完成京津风沙源治理、森林健康经营及国家重点公益林管护等林木抚育工程，森林覆盖率持续提高。支持基层农业综合开发与环境治理的有机结合，转变土地集约利用方式，实现土地资源和生态环境保护双赢。投入资金8.8亿元，进一步优化区域水环境。支持再生水厂建设与运行、农村污水治理及禁养区规模养殖场关停等工作，持续推进小城镇污水处理市场化配套管网设施建设、新城北部水生态治理及新城南部地区供排水管线建设等水环境治理工程，加快实施新城小区及道路雨污水分流改造工程，支持落实河长制，强化基层水务管理，节水净水力度持续加大。投入资金2.9亿元，推进城乡环境面貌改善。全力推进全国文明城区和国家卫生区创建、“疏解整治促提升”专项行动等工作，加

强环境综合整治，支持违法建设拆除、“散乱污”企业治理等专项行动有序推进，康安、泰安、莲花苑3个小区架空线入地，夜景照明提升二期工程完工，区域转型发展空间得到优化，城乡面貌焕然一新。投入资金1.8亿元，有效改善空气质量。支持开展农村地区村庄冬季清洁取暖、减煤换煤和优质燃煤替代等大气污染防治工作，加大过境大货车尾气排放污染控制力度，有效涵养区域生态环境，为筹办绿色大事创造良好生态条件。

4.坚持增进民生福祉，保障人民群众根本利益

多谋民生之利、多解民生之忧，在发展中不断加大民生保障力度，持续提高人民生活水平。投入资金9亿元，加大社会保障支持力度。以精准扶贫、精准脱贫为抓手，支持实施低收入村户增收攻坚工程，积极落实城乡低保、城市特困及农村五保等弱势人群的生活、就业、养老及医疗补贴政策，围绕群众所需所盼所想，统筹财政资金，强化政策落实，不断加大民生支出力度，切实解决人民群众反映强烈的民生热点、焦点问题。投入资金4.7亿元，高效保障医疗服务体系建设。支持落实新型农村合作医疗和城乡居民医疗保险等医疗补助政策，推进村卫生室和乡村医生队伍建设，支持全面实施医药分开综合改革，75家医疗机构全部实现医药分开，医药卫生体制改革取得积极成效，百姓看病难、看病贵等问题得到有效解决，群众改革获得感不断增强。稳步推进区级公立医院综合改革，支持实施中医院拆迁等项目，区医院改扩建工程全部完工，市级专家出诊实现常态化，就医环境逐步改善，区域医疗水平和服务能力有效提升。投入资金11.2亿元，不断提升教育教学水平。支持教育资源向农村地区倾斜，保障城乡教育均衡发展。推进延庆一职新校区、第七幼儿园、沈家营幼儿园等教育基础设施建设工程，改善基础教育办学条件。加强全国青少年校园足球试点区建设，11所学校被教育部认定为全国青少年校园足球特色学校，第二小学、第二中学被评为北京市首批冰雪运动特色学校，教育软硬件水平进一步提高。投入资金1.3亿元，完善公共文化服务体系。积极推进乡镇文化中心建设和农村文化设备购置，持续开展具有延庆特色的群众文化活动、农村文艺演出星火工程和“百千万”百姓文艺汇演等品牌活动，群众文化体育生活不断丰富。

5.构建高精尖经济结构，促进区域经济转型升级

持续优化产业结构，打造延庆产业品牌，激活区域发展活力。投入资金5.2亿元，支持农业转型升级发展。保障基本菜田及农业支持保护补贴支出，逐步推进基层农技推广体系改革，支持农民专业合作社实施特色种植、休闲农业等产业项目，促进农业发展更加现代化。投入资金1.7亿元，激发科技创新产业活力。加快中关村延庆园创新创业环境建设，支持新能源环保、现代园艺和冰雪体育等符合延庆区功能定位的重点行业，推动长城脚下科技小镇建设，加强统筹规划和政策扶持，积极营造以新能源环保产业为龙头的科技创新企业良好发展环境，不断增强区域经济发展后劲。投入资金0.6亿元，支持旅游产业融合发展。加强国家全域旅游示范区建设，突出旅游休闲产业主导地位，支持旅游规划、宣传推介、旅游市场秩序整治等项目，积极培育乡村旅游、酒店餐饮、现代园艺、冰雪体育等领域的优质企业，形成规模化特色产业链条。支持提升生活性服务业品质，提高区域旅游接待能力，不断提升区域旅游产业竞争力。

（六）财政主要工作完成情况

认真贯彻习近平总书记两次视察北京重要讲话精神，扎实推进“促改革、调结构、补短板、防风险”工作，财政收支平稳增长，财政改革稳步推进，财政管理水平日益提高。

1.积极涵养财源税基，助推区域经济转型发展

以税源建设工作小组为依托，持续强化重

点税源服务，区域税源建设工作不断加强。一是健全管理，完善税源建设机制。加大重点税源管理力度，全面落实“一企一策”制度，建立健全区领导牵头服务机制，做好“保姆式”服务，形成走访企业常态化、制度化的长效机制。二是加强调研，强化重点税源管理。确定服务重点企业名单，统筹制定重点企业年度走访计划，增强调研和服务的针对性，提升纳税服务水平，全年累计走访税源299户次，征询问题169项并全部解决。三是强化服务，切实解决企业困难。召开重点税源、重点行业座谈会90余次，与1000多户次企业进行交流研讨，就相关税收政策等问题进行现场解答，解决企业发展实际困难。

2.支出规模稳步扩大，财政保障能力不断增强

坚持“有保有压，统筹兼顾”的原则，强化统筹调度，加快预算执行，财政支出规模进一步扩大，为全区经济社会健康发展提供财力保障。随着世园冬奥筹办工作的开展，全区财政支出压力进一步增大，我区采取积极培植涵养优质财源、努力争取市级资金支持、合理安排新增债券资金、盘活财政存量资金等措施，加大可用财力的统筹力度，全年共盘活财政存量资金34.2亿元，盘活进度达到91.3%，有效保障了“促改革、调结构、补短板、防风险”等重点支出，充分发挥了财政资金对经济社会的推动作用。

3.不断加强财政监管，财政资金运行更加规范

坚持财政资金“分配与使用并重、监管与绩效并重”的原则，促进财政资金安全高效运行。一是积极推进行政事业单位内控建设。组织全区243个行政事业单位内部控制报告编制工作，为防范部门内部风险奠定基础，进一步规范部门资金管理行为。二是开展财务会计规范化检查。对全区15个乡镇、35个行政事业单位财务会计工作中涉及会计基础、专项资金使用管理、政府采购执行及内控制度建设等相关内容进行检查，财务规范化步伐不断加快。三是持续提高财政评审质量。完善财政评审制度，建立评审中介机构服务平台，投资评审规模进一步扩大，全年共完成351个项目的评审工作，审定金额18亿元，同比增长41.7%，审减率为20.9%，有效节约政府性投资项目资金，充分发挥财政资金使用效益。四是扩大预算绩效目标编制范围。加大预算绩效宣传引导力度，逐步树立部门预算绩效理念，进一步加强预算绩效目标管理，将预算绩效目标编制范围扩大至支出金额超过1000万元的区级项目，提高财政资金的经济效益和社会效益。五是加强国有资产管理。完善《延庆区行政事业单位国有资产处置管理办法》，国有资产处置工作更加规范。完成2016年度政府资产报告编制工作，进一步摸清政府家底，确保国有资产安全。六是做好一般性支出压减工作。坚持厉行节约，更加严格地控制“三公”经费等一般性支出，贯彻落实财政部压减一般性支出的目标，切实降低行政运行成本，为保障民生等重点领域支出提供有力支撑。七是打造阳光透明财政。严格按照《预算法》要求公开财政预决算信息，注重公开的及时性、内容的准确性、形式的规范性，设立公开统一平台，多次对部门预决算公开工作进行“回头看”，确保预决算公开透明化，除2个涉密部门外，全区64个一级预算单位全部公开预决算信息，公开率达到100%。

4.深入推进财政改革，发挥财政资金引导作用

深化财政管理改革，建立全面规范的预算管理体系，切实提高财政资金使用效益。一是支持构建高精尖经济结构。加大财政资金的支持和引导力度，设立5年期全域旅游发展专项资金，每年投入5000万元；3年期旅游饭店接待能力提升专项资金，每年投入1500万元；3年期生活性服务业发展专项资金，每年投入1000万元，支持休闲旅游于一体的配套服务设施建设，助推园艺、冰雪和旅游等产业融合发展。每年投入3000万元，设立中关村延庆园创新创业发展专项

资金，支持中关村延庆园优化企业发展环境，促进企业平稳健康发展。二是推进支出经济分类科目改革。贯彻落实支出经济分类改革各项要求，认真做好改革后的预算编制、预算执行、决算和会计核算等各项工作，推进改革进程，确保改革顺利实施，助力构建全面规范、公开透明的预算管理制度。三是扎实推进“放管服”改革。将涉企行政事业性收费、政府性基金清单内的收费信息，在门户网站对外公开并严格遵照执行，清单之外的涉企收费一律不得执行，认真落实各项涉企降费措施，全区共实施降费政策5项，切实减轻企业负担。四是进一步拓宽融资渠道。探索政府与社会资本合作（PPP）的融资模式，顺利完成乡镇污水厂站及配套管网建设项目二期、中关村延庆园八达岭片区供暖中心、污泥处置工程等PPP项目，发挥财政资金对社会投资的撬动作用。五是持续加强政府债务管理。健全债务风险预警机制，制定政府性债务风险应急处置预案，防范和化解财政金融风险，维护我区经济安全和社会稳定。截至2017年底，政府债务余额为34亿元，控制在政府债务限额34.97亿元内，债务风险平稳可控。其中，2017年新增政府债券资金15亿元，主要用于世园会周边市政道路基础设施改造、生态建设和环境保护等区域重点项目。六是加强政府采购及政府购买服务管理。积极发挥政府采购在提高资金使用效益、促进廉政建设等方面的重要作用。政府购买服务实行指导性目录管理，首次实现由各部门自主编制指导性目录，进一步转变政府职能，创新公共服务供给模式，提高财政资金使用效益。

2017年，财政工作紧紧围绕绿色大事筹办、生态建设、经济建设、社会建设，积极筹措资金，不断改进预算管理方式，全区预算执行情况良好，为经济社会平稳健康发展奠定了坚实基础。在取得成绩的同时，也应该认识到我区仍存在着实体经济贡献偏低、乡镇经济基础薄弱、财政收支矛盾日益加大、预算刚性约束及预算绩效管理需进一步加强、财政保障能力与人民日益增长的美好生活需要相比仍有差距等问题，需要在以后年度加以关注并逐步解决。

二、2018年预算（草案）

2018年预算编制和财政工作的总体思路是：全面落实党的十九大、市十二次党代会和区委二届五次全会精神，坚定不移贯彻创新、协调、绿色、开放、共享的发展理念，统筹推进“五位一体”总体布局，协调推进“四个全面”战略布局，集中财力“保基本、保民生、保重点、促发展”。深入贯彻落实《预算法》，完善预算管理体系，加强财政资金监督，深化依法理财，建立全面规范透明、标准科学、约束有力的预算制度，全面实施绩效管理，奋力向建设国际一流的生态文明示范区和美丽延庆迈出更加坚实步伐。

按照上述工作思路，根据全区经济发展状况编制财政收入预算；结合全区经济社会发展需要，按照统筹兼顾、勤俭节约、量入为出的原则，统筹安排财政支出预算。具体安排情况如下。

（一）2018年预算的总体安排

1. 一般公共预算安排情况。全区一般公共预算总财力888704万元，同比增长14.3%。包括：一般公共预算收入预期172113万元（税收收入124077万元，非税收入48036万元），比2017年预计完成数161608万元增长6.5%；上级补助收入710679万元，同比增长12.2%；调入预算稳定调节基金5912万元。

全区一般公共预算总支出888704万元，同比增长14.3%。一般公共预算收支平衡。包括：一般公共预算支出865745万元，同比增长12.4%；上解支出22959万元。2018年预算中安排预备费8700万元，按照一般公共预算支出额的1%设置，符合《预算法》的要求。另外，2018年预计将预算稳定调节基金43287万元调入一般公共预算安排支出使用。

2. 政府性基金预算安排情况。全区政府性基金收入预算是综合考虑往年基金收入预算执行等因素编制。支出预算按照以收定支、收支平衡、专款专用原则编制。

全区政府性基金预算财力8217万元，同比下降19.9%，主要是市级提前告知专项转移支付资金较2017年有所下降。全区政府性基金预算支出8217万元，同比下降19.9%。政府性基金预算收支平衡。

3. 国有资本经营预算安排情况。全区国有资本经营预算收入507万元，比2017年预计完成数增长10%。全区国有资本经营预算支出507万元，同比增长63.5%，主要用于国有企业改革及解决历史遗留问题等项目。国有资本经营预算收支平衡。

4. 社会保险基金预算安排情况。全区社会保险基金预算收入54021万元（城乡居民基本养老保险基金预算收入52396万元，新型农村合作医疗基金预算收入1625万元），预算支出51847万元（城乡居民基本养老保险基金预算支出47837万元，新型农村合作医疗基金预算支出4010万元），本年收支结余2174万元，年末滚存结余83440万元。

（二）2018年预算主要支出方向

2018年财政工作紧紧围绕党的十九大战略部署，牢固树立创新、协调、绿色、开放、共享的五大发展理念，加强财政收入管理，优化财政支出结构，提高民生保障水平和服务世园冬奥绿色大事能力，促进经济平稳健康发展和社会和谐稳定，为决胜全面小康、建设美丽延庆提供财力支撑。

1. 全力支持绿色大事，培育经济发展新动能

以服务保障世园冬奥筹办决战决胜期为工作主线，积极筹措市区两级资金，以完成世园会周边绿化建设、景观提升、水环境治理等重点工程和旅游接待、综合交通等专项工作作为服务保障的重点，支持推进基础设施、城乡建设、生态环境、绿色产业等各项事业发展，使服务保障赛会的过程成为推进经济发展进一步提质加速的过程，为今后发展积蓄强大动力。一是加大区域基础设施建设力度。加快推进延崇高速等道路征地拆迁配套建设，支持世园会园区输变电、地下综合管廊等综合配套设施建设，继续完善区内市政交通基础设施，持续加大生活性服务业提升、旅游基础设施建设的投入力度，为绿色大事筹办提供有力保障。二是全面开展环境综合整治与城乡绿化景观提升工作。紧紧围绕生态文明发展理念，加大环境综合整治、城乡绿化景观提升、世园冬奥周边水环境治理及现代园艺产业集聚区（HBD）建设等重点项目投入，营造绿色、休闲、宜居的人居环境。三是积极发展现代园艺、冰雪体育特色产业。紧抓世园冬奥战略机遇，积极构建具有延庆特色的绿色高精尖经济结构，加快推进冬奥冰雪休闲小镇和世园风情小镇建设，加大对现代园艺、冰雪体育产业、便民旅游服务配套设施、冰雪景观建设等项目投入，打造现代园艺、冰雪体育特色品牌，全力营造迎世园冬奥良好氛围。

2. 坚持生态涵养定位，着力打造美丽延庆

深入实施生态文明发展战略，加大对环境的保护和治理力度，大力改善空气质量和落实保水责任,持续提升区域生态环境品质。一是着力支持美丽乡村建设。安排资金4.9亿元，以宜居新城、精品小镇和美丽乡村建设为目标，支持实施乡村振兴战略，推动农村地区环境整治、绿化美化、生活垃圾、清洁取暖、饮用水提升和污水治理等基础设施和公共服务建设，稳步推进城中村、城边村改造提质，塑造特色城市风貌，提升城市环境品质。二是持续提升大气环境质量。安排资金1.9亿元，推进燃煤锅炉清洁能源改造、农村地区村庄冬季清洁取暖、减煤换煤等项目实施，加快调整优化能源结构，建成用好“智慧环保”系统，促进区域空气质量持续改善。三是不断改善区域水环境。安排资金1.8亿元，继续支持落实河长制，推进污水处理厂升级改造、水生态修复等工程，切实做好城乡供排水安全保障和节水型社会、海绵城市试点等建设工作，营造良好区域水环境。四是积极推进绿化美化工作。安排资

金9.3亿元，以国家森林城市建设为抓手，支持落实全市新一轮百万亩造林工程，推进平原造林、五河十路等重大造林养护绿化工程，提升城区绿化品质，巩固绿色生态建设成果，着力打造“长城脚下的森林城”。

3.践行共享发展理念，提高人民生活福祉

全力保障和改善民生，不断满足人民日益增长的美好生活需要，增进人民获得感、幸福感、安全感。一是支持社会保障和就业工作。安排资金4.8亿元，落实残疾人、城乡劳动力等人员就业补贴政策，促进农民增收，不断提高城乡居民就业质量。安排资金6.2亿元，推进社会保障体系建设，支持城乡优抚对象、残疾人、特困人员等弱势群体救助补助，落实城乡居民基础养老金和福利养老金标准调整工作，在老有所养、弱有所扶上不断取得新进展。二是支持医疗卫生事业发展。安排资金3.3亿元，落实城乡居民医疗保险和优抚对象医疗补助政策，支持推进城乡居民基本医疗保险制度整合，加大乡村医生补助力度，加快中医院、珍珠泉乡社区服务中心等项目建设，提高城乡公共卫生服务保障水平。三是促进教育事业蓬勃发展。安排教育支出10亿元，坚持优先发展教育，加快推进延庆一职新校区、康庄中心小学改扩建项目，支持实施素质教育和基础教育综合改革，加强教师队伍建设，全面提升区域教育教学质量。四是推进文化体育事业发展。安排资金2.4亿元，推进全国文化中心建设，支持公共文化资源向基层延伸，加强文物及历史文化保护，促进文化体育事业稳步发展。

4.深化供给侧结构性改革，促进区域经济高质量发展

发挥规划引领作用，积极构建高精尖经济结构。遵循“面向市场、因地制宜、突出特色、发挥优势”的原则，进一步优化产业结构。一是推动一产向都市型现代农业转型升级。安排资金8.1亿元，支持小型农田水利重点区、基本菜田、农业支持保护、低收入村户产业发展及水库移民后期扶持等补贴，着力打造现代农业。二是培育科技创新产业落地生根。积极筹措资金，落实《中关村国家自主创新示范区延庆园促进创新创业发展支持资金管理办法（试行）》和支持企业发展相关政策，激活企业创新能力，加快建设长城脚下创新家园，支持现代金融、体育休闲等高端特色产业，切实落实重点项目跟进机制和服务保障工作，在产业配套保障上为构建高精尖经济结构提供助力。三是提升旅游休闲产业发展水平。依托特色旅游资源，全力保障实施全域旅游发展战略，凸显旅游休闲产业主导地位，构造精品文化旅游主题板块，创建一批叫得响、美誉高的文化旅游品牌。推进长城文化带建设，加快乡村民俗文化、永宁古城文化等文化旅游项目的推进速度，打造一批享誉高、韵味深、吸引力强的旅游产品，延伸产业链条，将旅游业打造成为带动区域发展提质增效的驱动产业。

5.促进城乡发展一体化，提高服务基层水平

不断加强基层党组织建设，着力推进国家新型城镇化试点建设，加快建立健全城乡基本公共服务体系。一是加强基层党组织服务群众能力。安排资金0.9亿元，加大基层党组织服务群众力度，激发党建活力，为社会和谐稳定提供组织基础和精神动力。二是支持社会公共服务体系创新发展。安排资金1.3亿元，加强社会治安巡防和社会工作者服务基层力度，支持开展为民办实事工作，完善公共服务体系，不断满足人民日益增长的美好生活需要。深化物业改革，保障生活性服务业和社会建设的推进，提升社会服务水平和社会治理能力，不断增强人民群众安全感。三是支持农村基层建设。加大财政资金保障力度，支持推进农村基层公益事业及农村事业建设，激发乡镇内生发展动力，提升乡镇基本公共服务水平。

（三）2018年财政主要工作

根据上述财政收支预算安排情况，2018年财政工作将继续坚持稳中求进工作总基调，着力提升财源建设能力，优化财政支出结构，切实保障全区各项经济社会事业稳步发展。

1.全力以赴组织收入，提升财政统筹平衡能力

努力适应经济发展新常态，进一步强化企业纳税服务，着力培育税源增长点，统筹市区两级资金、财政存量资金和社会资本等各项资金，为区域各项事业发展提供坚实的财力保障。

（1）持续加强纳税服务，确保完成区级收入目标

继续把组织收入放在突出位置，促进全区财政收入持续稳定增长。一是创造良好营商环境。细化“一企一策”服务体系，依托重点支持企业、成长性企业名单，继续对重点存量税源提供有序、高效的“保姆式”服务，支持搭建全区统一的投资服务平台，构建审批、准入环节绿色通道机制，集中全区优势资源，突出精准、精细、精心的服务理念，以重点企业名单化、重点问题台账化、重点工作清单化的“三化服务”努力营造亲商、清商的营商环境。二是加大税源引入力度。始终坚持生态涵养区功能定位，抓住世园冬奥筹办历史机遇，推进现代园艺产业集聚区（HBD）建设，引入现代园艺、冰雪体育、旅游休闲等符合我区功能定位的实体企业，努力把生态优势转化为发展优势，打造具有延庆特色的绿色高精尖经济结构，壮大我区税源基础。三是深入挖掘纳税潜力。以世园冬奥为契机，持续关注优质重点税源税收动态，挖掘新引入税源纳税潜力，推动产业转型升级，增强地方税收实力。

（2）多渠道筹集资金，增强财政综合保障能力

紧抓绿色发展大事和京津冀协同发展机遇，通过多渠道筹集资金，进一步提升财政平衡能力，为各项事业发展提供坚实的财力保障。一是大力争取市级资金。围绕我区世园冬奥等重点项目和市级资金支持方向，找准切入点，加快建成区级滚动项目库，不断完善项目投资评审机制，发挥部门联动作用，落实各部门争取项目资金责任制，提高项目申报质量。二是争取政府债券资金支持。围绕世园冬奥周边重点工程项目征地拆迁及配套建设、城乡基础设施及环境综合整治、生态建设和环境保护、城乡绿化景观提升等重点项目，积极争取新增政府债券资金支持，为我区世园冬奥等重大项目提供资金保障。三是积极引入社会资本。充分发挥政府资金对社会资本的撬动作用，探索政府和社会资本合作（PPP）等融资模式，拓宽世园冬奥等融资渠道，加快推进冬奥场馆PPP项目落地，切实缓解政府资金压力，全力保障绿色大事稳步推进。

2.完善财政资金监管，提高依法理财水平

充分发挥财政源头治理作用，严格依法依规理财。一是加强部门财务会计规范化管理。按照连续三年开展财务会计规范化检查的工作计划，在2016年、2017年对各预算单位开展检查的基础上，结合部门内部控制制度建设等重点内容，加强对重点领域、重点部门、重点资金的监督检查，夯实基层会计工作基础。分步推进财务集中核算工作，进一步加强基层单位会计培训，提高基层会计工作的合规性和规范性。二是持续推进财政评审工作。继续加强政府投资项目评审，依托评审中介机构服务平台，规范政府投资评审行为，有效提高财政资金使用效益。三是完善全过程预算绩效管理体系。大力推进预算管理从重分配向重绩效转变，使预算资金使用结果从报账单向报成绩单转变，形成花钱问绩、支出问效的管理机制。将绩效管理与预算编制、预算执行与预算监督有机结合，努力营造重绩效、讲绩效、用绩效的社会氛围，确保财政资金高效运行。四是严格控制一般性支出。进一步严格预算约束，“三公”经费支出严格按照政府预算执行，在预算执行中对“三公”经费预算不予追加，同时压缩其他一般性支出，将更多的资金投向公共服务和民生领域，提高财政资金使用效益。五是完善预决算信息公开工作。进一步规范细化财政预决算信息公开，严格按照法定期限进行公开，适当提前公开时间，拓宽公开渠道，不断加大社会监督力度。

3.深化财政管理改革，加强预算执行管理

紧密围绕北京市深化财税体制改革总体思路，创新工作方式，以规范预算执行管理和深化财政改革为核心，持续推进财政管理改革，加强财政预算规范化管理，不断提升政府理财科学化、精细化水平。

（1）不断加快支出进度，盘活财政存量资金

强化支出分析，量化支出任务，明确支出责任，继续落实定期通报约谈机制，敦促部门支出进度不断加快。按照全市盘活存量资金工作统一要求，梳理结余资金，采取针对性措施进行分类清理消化。严格落实行政事业单位财政性结余资金管理办法，按规定收回盘活部门存量资金，大力压缩财政存量资金规模。加快预算执行进度，按照支出事项的重要程度合理安排财政资金，避免新增结余资金，从源头上控制和减少结余资金，最大程度发挥财政资金使用效益。

（2）创新财政管理方式，深化预算管理改革

全面深化财税体制改革，统筹兼顾，保障全区重点事项有效落实。一是支持深化“疏解整治促提升”专项行动。积极探索减量发展模式，从聚集资源求增长向疏解功能谋发展转变，积极推进专项行动任务实施，有效支持疏解非首都功能，充分发挥财政政策资金在推动“疏解整治促提升”专项行动方面的统筹导向作用。二是构建绿色高精尖经济结构。加大具有延庆特色的绿色高精尖产业投入力度，促进区域产业协调发展。支持设立园艺产业发展专项资金，积极推进全域旅游、中关村延庆园创新创业发展等专项资金引导作用，加大新能源环保产业、冰雪体育产业等重点产业和重点企业扶持力度，研究人才激励政策，优化企业发展环境。强化优质项目建设，不断提高项目竞争力，争取市级科技、文化等领域政策支持，更好地推动全区科技文化创新和经济社会发展。三是深化国库管理制度改革。推进国库集中支付电子化管理，实现财政资金运转更加安全高效。强化部门预算执行主体责任，深入推进动态监控工作，逐步加大财政资金覆盖范围，实现财政资金末端监管。四是加强政府采购和政府购买服务管理。严格执行国家节能环保、扶持中小企业的政府采购政策，充分发挥政府采购政策引导作用,加大对集中采购和政府采购代理机构的监督检查力度，有效规范政府采购行为。推进政府购买服务、政府和社会资本合作模式（PPP）等工作，有效引导社会资本服务区域经济社会建设。

各位代表，2018年是贯彻党的十九大精神的开局之年，是决胜全面建成小康社会、实施“十三五”规划承上启下的关键一年，区委二届五次全会深刻分析了延庆面临的新形势新任务，明确提出延庆正处于赛会筹办决战决胜期、生态涵养提质跃升期、绿色发展攻坚突破期。财政部门将深入落实十九精神，紧抓历史性绿色发展机遇，注重发展质量和效益，加快构建具有延庆特色的绿色高精尖经济结构，积极筹措资金，优化支出结构，切实保障各项工作稳步推进，为加快建设国际一流的生态文明示范区和美丽延庆而努力奋斗！

名词解释

财政预算：指遵循统筹兼顾、勤俭节约、量力而行、讲求绩效和收支平衡的原则编制，经法定程序审核批准的国家年度集中性财政收支计划。政府的全部收入和支出都应当纳入预算，地方各级预算一般不列赤字。

部门预算：指与财政部门直接发生预算缴、拨款关系的国家机关、社会团体和其他单位，依据国家有关法律、法规规定及其履行职能的需要编制的本部门年度收支计划。部门预算的实施，严格了预算管理，增加了政府工作的透明度，是防止腐败的重要手段和预防措施之一。

政府预算体系：由一般公共预算、政府性基金预算、国有资本经营预算和社会保险基金预算共同组成。四本预算保持完整、独立并相衔接，

全面反映政府收支总量、结构和管理活动。

一般公共预算：对以税收为主体的财政收入，安排用于保障和改善民生、推动经济社会发展、维护国家安全、维持国家机构正常运转等方面的收支预算。

政府性基金预算：对依照法律、行政法规的规定在一定期限内向特定对象征收、收取或者以其他方式筹集的资金，专项用于特定公共事业发展的收支预算。政府性基金预算应当根据基金项目收入情况和实际支出需要，按基金项目编制，做到以收定支。

国有资本经营预算：对国有资本收益作为支出安排的收支预算。国有资本经营预算应当按照收支平衡的原则编制，不列赤字，并安排资金调入一般公共预算。

社会保险基金预算：对社会保险缴款、一般公共预算安排和其他方式筹集的资金，专项用于社会保险的收支预算。社会保险基金预算应当按照统筹层次和社会保险项目分别编制，做到收支平衡。

预算稳定调节基金：指财政通过超收收入和支出预算结余安排的具有储备性质的基金，视预算平衡情况，在安排下年度预算时调入并安排使用，或用于弥补短收年份预算执行的收支缺口。预算稳定调节基金的安排使用接受本级人大及其常委会监督。

一般性转移支付：指上级政府为均衡地区间基本财力，根据下级政府在组织财政收入能力、必要支出需求、各地自然经济和社会条件差异等因素，按照基本标准和计算方法测算，将其无偿转作下级政府收入来源，并由下级政府统筹安排使用的转移支付。

专项转移支付：指上级政府对承担委托事务、共同事务的下级政府，给予的用于办理特定事项的转移支付。

结余结转资金：指当年预算已执行但工作目标未完成，或者因故未执行，下一年度需要按原用途继续使用的资金。

上解支出：指下级政府按照有关法律法规及财政体制规定，按照一定标准和计算方法测算，上交上级政府，并由上级政府统筹安排的资金。

调入（出）资金：指不同性质资金之间的调入（出）。

国有土地使用权出让金收入：指政府以土地所有者身份出让国有土地使用权所取得的收入，主要是以招标、拍卖、挂牌和协议方式出让土地取得的收入，也包括向改变土地使用条件的土地使用者依法收取的收入、划拨土地时依法收取的拆迁安置等成本性收入、依法出租土地的租金收入等。

预备费：指用于当年预算执行中的自然灾害等突发事件处理增加的支出及其他难以预见的开支。按照预算法要求，一般公共预算应当按照本级一般公共预算支出额的百分之一至百分之三设置预备费。

国库集中收付：指所有财政性资金纳入国库单一账户体系管理，收入直接缴入国库或财政专户，支出在支付行为发生时通过国库单一账户体系以直接支付和授权支付方式支付到收款人或用款单位的现代国库管理制度。

政府采购：指各级国家机关、事业单位和团体组织，使用财政性资金采购依法制定的集中采购目录以内的或者采购限额标准以上的货物、工程和服务的行为。政府采购是规范财政支出管理和强化预算约束的有效措施。

预算绩效管理：指在预算管理中融入绩效理念，将绩效目标设定、绩效跟踪、绩效评价及结果应用纳入预算编制、执行、监督全过程，以提高预算的经济、社会效益为目的的管理活动。预算绩效管理是一种以资金使用绩效为导向的预算管理模式，要求政府部门不断改进服务水平和质量，有效提高财政资金使用效益，并成为实施行政问责制和加强政府效能建设的重要抓手，是政府绩效管理的重要组成部分。

财政投资评审：指财政部门为加强财政资金管理，提高财政预算编制的科学性、准确性，运用技术手段对财政性资金投资项目预、决（结）算进行评价审查和专项检查的行为。财政投资评审是财政部门项目支出预算编制的重要环节和手段。

“三公”经费：指因公出国（境）费、公务用车购置及运行维护费和公务接待费。其中，因公出国（境）费反映单位公务出国（境）的国际旅费、国外城市间交通费、住宿费、伙食费、培训费、公杂费等支出；公务用车运行维护费反映单位按规定保留的公务用车租用费、燃料费、维修费、过路过桥费、保险费、安全奖励费用等支出；公务接待费反映单位按规定开支的各类公务接待（含外宾接待）支出。

政府购买服务：指通过发挥市场机制作用，把政府直接向社会公众提供的公共服务等事项，按照一定的方式和程序，交由具备条件的社会力量承担，并由政府根据服务数量和质量向其支付费用。

政府与社会资本合作模式（PPP）：指政府与社会资本为提供公共产品或服务而建立的全过程合作关系，以授予特许经营权为基础，以利益共享和风险共担为特征，通过引入市场竞争和激励约束机制，发挥双方优势，提高公共产品或服务的质量和供给效率。2017年，在区委的正确领导下，在区人大及其常委会的监督和区政协的支持下，认真学习中共十九大精神，按照区委二届一次、四次全会和区二届人大一次全会确定的目标任务，坚持稳中求进的工作总基调，牢牢把握生态涵养区功能定位，努力适应经济发展新常态，积极探索减量发展模式，有效促进从聚集资源求增长到疏解功能谋发展的方式转变，财政收入持续增长，支出规模稳步提高，财政监管更加严格，财政改革不断深化，全区预算执行情况良好。

中共延庆区委主要文件目录

中共延庆区委文件

京延发〔2017〕1号	中共北京市延庆区委北京市延庆区人民政府关于印发《延庆区全面推进新型城镇化加快建设精品小镇实施意见》的通知
京延发〔2017〕2号	中共北京市延庆区委关于做好出席北京市第十二次党代会代表选举工作的通知
京延发〔2017〕3号	中共北京市延庆区委北京市延庆区人民政府关于印发《2017年北京市延庆区委区政府重点工作折子工程任务书》的通知
京延发〔2017〕4号	中共北京市延庆区委关于印发《区委常委会2017年工作要点》的通知
京延发〔2017〕5号	中共北京市延庆区委关于印发《2017年北京市延庆区党风廉政建设和反腐败重点工作任务清单》的通知
京延发〔2017〕6号	中共北京市延庆区委关于印发《北京市延庆区深化监察体制改革试点实施方案》的通知
京延发〔2017〕7号	中共北京市延庆区委北京市延庆区人民政府关于表彰2016年度考核先进单位的决定

京延发〔2017〕8号	中共北京市延庆区委北京市延庆区人民政府印发《关于进一步加强烟花爆竹禁限放安全管理工作实施方案》的通知
京延发〔2017〕9号	中共北京市延庆区委北京市延庆区人民政府印发《关于服务保障世园会冬奥会大力发展全域旅游的实施意见》的通知
京延发〔2017〕10号	中共北京市延庆区委关于授予延庆区2017年优秀共产党员、优秀基层党组织书记、优秀村党组织第一书记、先进基层党组织、“三公开”先进村、优秀党员志愿服务队的决定
京延发〔2017〕11号	中共北京市延庆区委关于印发《中国共产党北京市延庆区委员会工作规则》的通知
京延发〔2017〕13号	中共北京市延庆区委关于印发《中共北京市延庆区委常委会带头落实全面从严治党主体责任的实施意见》的通知
京延发〔2017〕15号	中共北京市延庆区委印发《关于开展巡查工作的实施办法（试行）》的通知
京延发〔2017〕16号	中共北京市延庆区委北京市延庆区人民政府关于印发《延庆区坚持以疏解整治促提升全面推动城乡一体化发展的实施意见》的通知
京延发〔2017〕17号	中共北京市延庆区委北京市延庆区人民政府关于印发《北京市延庆区“十三五”时期加强学习型城市建设的指导意见》的通知
京延发〔2017〕18号	中共北京市延庆区委关于认真学习宣传贯彻党的十九大精神的实施意见
京延发〔2017〕19号	中共北京市延庆区委关于印发《二届区委常委工作分工》的通知
京延发〔2017〕20号	中共北京市延庆区委关于印发《李志军同志在中国共产党北京市延庆区第二届委员会第五次全体会议上的报告》的通知
京延发〔2017〕21号	中共北京市延庆区委关于印发《中国共产党北京市延庆区委员会工作规则》的通知

中共延庆区委办公室文件

京延办发〔2017〕1号	中共北京市延庆区委办公室北京市延庆区人民政府办公室印发《关于贯彻落实〈健全落实社会治安综合治理领导责任制规定〉的意见》的通知
京延办发〔2017〕3号	中共北京市延庆区委办公室北京市延庆区人民政府办公室印发《关于公职人员工作日期间中午严禁饮酒的规定（试行）》的通知
京延办发〔2017〕5号	中共北京市延庆区委办公室关于印发《政协北京市延庆区委员会2017年协商工作计划》的通知
京延办发〔2017〕6号	中共北京市延庆区委办公室北京市延庆区人民政府办公室关于印发《延庆区创建国家卫生区实施方案》的通知
京延办发〔2017〕8号	中共北京市延庆区委办公室关于印发《区委常委会2017年议题计划》的通知
京延办发〔2017〕9号	中共北京市延庆区委办公室关于印发《北京市延庆区2017年政党协商计划》的通知
京延办发〔2017〕10号	中共北京市延庆区委办公室关于印发《延庆区领导干部到党校讲课办法》的通知

京延办发〔2017〕11号　中共北京市延庆区委办公室关于印发《区级党员领导干部党建工作基层联系点制度》的通知

京延办发〔2017〕12号　中共北京市延庆区委办公室印发《关于推进“两学一做”学习教育常态化制度化的实施方案》的通知

京延办发〔2017〕13号　中共北京市延庆区委办公室北京市延庆区人民政府办公室关于印发《延庆区制止和查处违法用地违法建设工作联动办法》的通知

京延办发〔2017〕14号　中共北京市延庆区委办公室关于印发《深入学习贯彻习近平总书记系列重要讲话精神和治国理政新理念新思想新战略、深入学习贯彻习近平总书记两次视察北京重要讲话精神、学习宣传落实市第十二次党代会精神的工作方案》的通知

京延办发〔2017〕15号　中共北京市延庆区委办公室北京市延庆区人民政府办公室关于印发《北京市延庆区行业协会商会与行政机关脱钩实施方案》的通知

京延办发〔2017〕18号　中共北京市延庆区委办公室北京市延庆区人民政府办公室关于印发《北京市延庆区创建国家森林城市工作方案》的通知

京延办发〔2017〕19号　中共北京市延庆区委办公室印发《关于开展巡察工作的实施意见》的通知

京延办发〔2017〕20号　中共北京市延庆区委办公室北京市延庆区人民政府办公室关于印发《北京市延庆区进一步全面推进河长制工作方案》的通知

京延办发〔2017〕21号　中共北京市延庆区委办公室印发《延庆区关于市第十二次党代会报告重点任务分解落实方案》的通知

京延办发〔2017〕22号　中共北京市延庆区委办公室印发《北京市延庆区关于进一步加强基层党建工作基础保障的实施意见》的通知

京延办发〔2017〕23号　中共北京市延庆区委办公室印发《共青团北京市延庆区委员会落实〈共青团北京市委改革方案〉任务分解方案》的通知

京延办发〔2017〕24号　中共北京市延庆区委办公室关于印发《北京市延庆区妇联改革实施方案》的通知

京延办发〔2017〕25号　中共北京市延庆区委办公室北京市延庆区人民政府办公室关于印发《北京市延庆区深化街道、社区管理体制改革实施方案》的通知

京延办发〔2017〕26号　中共北京市延庆区委办公室北京市延庆区人民政府办公室关于印发《北京市延庆区坚持以疏解整治促提升全面推动城乡一体化发展的实施意见重点工作分工方案》的通知

京延办发〔2017〕27号　中共北京市延庆区委办公室北京市延庆区人民政府办公室关于印发《北京市延庆区加快推进三网融合加强网格化体系建设实施方案》的通知

京延办发〔2017〕28号　中共北京市延庆区委办公室印发《关于加强和改进人民政协民主监督工作的实施意见》的通知

京延办发〔2017〕29号　中共北京市延庆区委办公室北京市延庆区人民政府办公室关于印发《延庆区安全生产责任追究办法（试行）》的通知

京延办发〔2017〕30号　中共北京市延庆区委办公室北京市延庆区人民政府办公室关于印发《延庆区党政领导干部接访工作制度》的通知

京延办发〔2017〕36号　中共北京市延庆区委办公室北京市延庆区人民政府办公室关于印发《中共

	北京市委北京市人民政府安全生产第五督察组关于延庆区安全生产工作的督察反馈意见》的通知
京延办发〔2017〕38号	中共北京市延庆区委办公室北京市延庆区人民政府办公室关于印发《北京市环境保护督察组在延庆区期间服务保障工作方案》的通知
京延办发〔2017〕39号	中共北京市延庆区委办公室北京市延庆区人民政府办公室关于印发《北京市委市政府安全生产第五督察组反馈意见整改方案》的通知
京延办发〔2017〕40号	中共北京市延庆区委办公室北京市延庆区人民政府办公室关于印发《北京市环境保护督察组组长尹燕京、副组长姚辉、区委书记李志军同志在北京市第三环境保护督察组督察延庆区动员会上的讲话》的通知
京延办发〔2017〕41号	中共北京市延庆区委办公室北京市延庆区人民政府办公室关于印发《延庆区食品药品安全工作"党政同责"规定》的通知

延庆区人民政府主要文件目录

延庆区人民政府文件

延政发〔2017〕1号	关于印发政府工作报告的通知
延政发〔2017〕2号	关于印发强化区属企业国有资产及区属国家 出资企业监管若干规定（试行）的通知
延政发〔2017〕3号	关于印发全民健身实施计划（2016—2020年） 的通知
延政发〔2017〕4号	关于印发2017年度保障性安居工程用地供应计划的通知
延政发〔2017〕10号	关于重新划定禁止露天烧烤食品区域范围的通告
延政发〔2017〕11号	关于严厉打击抢栽、抢种、抢养、抢建行为的通告
延政发〔2017〕12号	关于遏止抢栽抢种树木苗木行为的通告
延政发〔2017〕13号	关于印发《延庆区医药分开综合改革实施方案》的通知
延政发〔2017〕14号	关于进一步加强烟花爆竹禁限放安全管理工作的通告
延政发〔2017〕15号	关于昌赤路遏止抢栽抢种树木苗木行为的通告
延政发〔2017〕16号	关于东姜路遏止抢栽抢种树木苗木行为的通告
延政发〔2017〕17号	关于延农路遏止抢栽抢种树木苗木行为的通告
延政发〔2017〕18号	关于发布延庆区第一批文物保护单位及保护范围的通知
延政发〔2017〕20号	关于印发对重大决策任务工作开展督查的工作方案的通知
延政发〔2017〕22号	关于印发《北京市延庆区土壤污染防治工作方案》的通知
延政发〔2017〕23号	关于南山环线三期工程遏止抢栽抢种树木苗木行为的通告
延政发〔2017〕24号	关于延琉路遏止抢栽抢种树木苗木行为的通告
延政发〔2017〕25号	关于取消和调整一批非行政许可审批事项的通知
延政发〔2017〕26号	关于宣布失效一批区政府文件的决定

延政发〔2017〕27号　关于紧抓绿色大事发展机遇全面推进大众创业万众创新的意见
延政发〔2017〕30号　北京市延庆区人民政府北京市延庆区人民武装部关于2017年征兵的命令
延政发〔2017〕31号　关于建立“十三五”保护发展森林资源目标责任制的通知
延政发〔2017〕32号　印发延庆区城市管理体制改革实施方案的通知
延政发〔2017〕35号　关于印发《北京市延庆区突发事件总体应急预案（2017年修订）》的通知
延政发〔2017〕36号　关于印发《北京市延庆区空气重污染应急预案（2017年修订）》的通知
延政发〔2017〕37号　关于印发《北京市延庆区“十三五”时期旅游业发展规划（简版）》的通知
延政发〔2017〕38号　关于调整对部分机动车采取交通管理措施降低污染物排放的通告
延政发〔2017〕39号　关于2017—2018年度森林防火的通告
延政发〔2017〕40号　关于印发“两田一园”农业高效节水三年工作方案的通知
延政发〔2017〕41号　关于印发《北京市延庆区政府质量奖管理办法（试行）》的通知
延政发〔2017〕42号　关于印发建立优质农产品营销网络实施方案的通知
延政发〔2017〕44号　印发《关于提升冰雪运动竞技水平的实施意见》的通知
延政发〔2017〕45号　印发《关于区属国有企业负责人薪酬制度》的通知
延政发〔2017〕46号　关于印发《延庆区政府投资工程建设项目招标投标监督管理办法（试行）》的通知

延庆区人民政府办公室文件

延政办发〔2017〕1号　关于印发退耕还林自查自纠实施方案的通知
延政办发〔2017〕2号　关于进一步加强区政府会议纪律的通知
延政办发〔2017〕3号　关于印发《延庆区关于加强村级医疗卫生机构和乡村医生队伍建设的实施方案》的通知
延政办发〔2017〕4号　关于印发农村集体土地征地补偿费管理使用指导意见的通知
延政办发〔2017〕5号　关于印发区级统筹低收入农户增收及低收入村发展资金使用管理办法的通知
延政办发〔2017〕6号　关于印发乡镇低收入农户增收及低收入村产业发展资金使用指导意见的通知
延政办发〔2017〕7号　关于印发《延庆区疏解整治促提升专项行动2017年工作方案》的通知
延政办发〔2017〕8号　关于印发《延庆区2013—2017年清洁空气行动计划重点任务分解2017年工作措施》的通知
延政办发〔2017〕9号　关于印发《延庆区2017年深化廉洁政府建设工作方案》的通知
延政办发〔2017〕10号　关于印发2017年缓解交通拥堵工作方案的通知
延政办发〔2017〕11号　关于做好“先照后证”改革衔接工作加强事中事后监管实施意见的通知
延政办发〔2017〕12号　关于印发“疏解整治促提升”无证无照经营和“开墙打洞”专项整治行动方案的通知
延政办发〔2017〕13号　关于印发《2017年延庆区农村地区村庄冬季清洁取暖工作方案》的通知
延政办发〔2017〕14号　关于印发《延庆区全面推进行政审批“一科制”改革实施方案》的通知
延政办发〔2017〕15号　关于印发《延庆区创建慢性病综合防控示范区实施方案》的通知

延政办发〔2017〕16号 关于印发中共北京市延庆区人民政府党组2016年度民主生活会查摆问题整改方案的通知
延政办发〔2017〕17号 关于印发《延庆区行政审批服务大厅建设实施方案》的通知
延政办发〔2017〕18号 关于印发延庆区食品药品安全三年行动计划的通知
延政办发〔2017〕19号 关于印发延庆区食品安全全程监管工作机 制的通知
延政办发〔2017〕20号 关于进一步提高会议工作质量做好《2017年区政府常务会议及区长专题会议议题计划》实施工作的通知
延政办发〔2017〕21号 关于印发《北京市延庆区安全生产工作考核办法》的通知
延政办发〔2017〕22号 关于印发《北京市延庆区人民政府党组关于2016年度民主生活会情况的通报》的通知
延政办发〔2017〕23号 关于印发《北京市延庆区水污染防治工作方案2017年重点任务分解》的通知
延政办发〔2017〕24号 关于印发《北京市延庆区土壤污染防治工作方案2017年重点任务分解》的通知
延政办发〔2017〕25号 关于印发《北京市延庆区食品药品安全工作评议考核办法》的通知
延政办发〔2017〕26号 关于印发进一步规范行政处罚自由裁量权行使的通知
延政办发〔2017〕27号 关于印发《大气污染防治专项责任清单（试行）》等专项责任清单的通知
延政办发〔2017〕28号 关于印发《延庆区全民科学素质行动计划纲要实施方案（2016—2020年）》的通知
延政办发〔2017〕29号 关于印发延庆区行政应诉工作规定的通知
延政办发〔2017〕31号 关于印发《北京市延庆区贯彻质量发展纲要实施意见2017年行动方案》的通知
延政办发〔2017〕32号 关于印发《延庆区畜禽规模养殖场（小区）监督管理意见》的通知
延政办发〔2017〕33号 关于印发2017年延怀对口合作工作要点的通知
延政办发〔2017〕34号 关于印发《延庆区2017年政务公开工作要点》的通知
延政办发〔2017〕35号 关于印发环境保护专项督查方案的通知
延政办发〔2017〕36号 关于印发《延庆区危险化学品安全综合治理三年行动计划（2017年9月—2020年5月）》的通知
延政办发〔2017〕37号 关于印发《北京市延庆区一般制造业企业调整退出资金管理办法（试行）》的通知
延政办发〔2017〕38号 关于印发《延庆区推进“阳光餐饮”工程实施方案》的通知
延政办发〔2017〕39号 关于印发《北京市延庆区文物安全工作方案》的通知
延政办发〔2017〕40号 关于印发政务服务体系建设工作方案的通知
延政办发〔2017〕41号 印发《延庆区2017年下半年促进农民持续增收行动方案》的通知
延政办发〔2017〕42号 关于印发关于印发加强区域信用环境建设整改工作方案的通知
延政办发〔2017〕43号 印发《关于建立旅游市场综合监管联合执法机制的意见》的通知
延政办发〔2017〕44号 关于印发《延庆区2017年国家土地例行督察整改工作实施方案》的通知
延政办发〔2017〕45号 关于印发《北京市延庆区规范国有企业改制工作意见》的通知
延政办发〔2017〕46号 关于印发《延庆区加强企业国有资产交易监督管理暂行办法》的通知
延政办发〔2017〕47号 关于印发2017年食品药品安全重点工作安排的通知

延政办发〔2017〕48号 关于印发浅山区违法占地违法建设专项治理实施方案的通知

延政办发〔2017〕49号 印发关于促进乡村旅游供给侧改革推动乡村旅游转型升级的发展意见的通知

延政办发〔2017〕50号 关于调整延庆区政务公开领导小组的通知

延政办发〔2017〕51号 关于印发《延庆区深化简政放权放管结合优化服务改革重点任务工作方案》的通知

延政办发〔2017〕52号 关于印发《关于无人机驾驶航空器监管责任划分的意见》的通知

延庆区旅游景区（点）名录

八达岭长城	AAAAA	69121225
龙庆峡风景区	AAAA	69191026
北京市八达岭水关长城旅游公司	AAAA	81181185
北京延庆百里山水画廊景区	AAAA	60188022
北京野鸭湖国家湿地公园	AAAA	69131226
北京延庆松山森林旅游区	AAAA	69112020
北京八达岭世界葡萄博览中心	AAAA	81186018
北京八达岭野生动物世界有限公司	AAA	69121842
北京古崖居风景名胜区旅游中心	AAA	69119228
北京八达岭森林公园	AAA	81181458
辉煌国际度假区	AAA	69111097
万科石京龙滑雪场	AAA	69190989
北京八达岭残长城旅游观光有限公司	AAA	69120820
北京八达岭滑雪俱乐部有限公司	AAA	69129955
北京阳光时代马球俱乐部	AAA	84648201
北京玉渡山景区	AA	69195188
绿富隆	AA	81177100
北京莲花山森林公园	A	60189824
神奇野山峡	A	84502930
长城铁花	A	69101568

延庆区学校和幼儿园名录

校外教育

北京市延庆区青少年活动中心	延庆镇庆园街78号	69189595
北京市延庆区科学技术馆	延庆镇庆园街78号	69183382

职业教育

北京市延庆区职业技术教育中心	延庆区南菜园功德巷10号	69141829
北京市延庆区第一职业学校	延庆镇湖南东路8号	69185797

中学

北京市延庆区第一中学	延庆镇高塔街5号	69182699
北京市延庆区第二中学	延庆镇菜园南街19号	81196606
北京市延庆区第三中学	延庆镇香苑街106号	69171191
北京市延庆区第四中学	延庆镇香苑街110号	69180892
北京市延庆区第五中学	延庆镇湖南东路10号	81198943
北京市延庆区第七中学	延庆镇西关村北	61111550
北京市延庆区第八中学	延庆镇广积屯村甲5号	69175356
北京市延庆区十一学校	延庆镇三清观29号	69184272
北京市延庆区体育运动学校	延庆镇赵庄村	69101175
北京市延庆区下屯中学	大榆树镇下屯村北	61110032
北京市延庆区大榆树中学	大榆树镇大榆树村东	61183693
北京市延庆区康庄中学	康庄镇榆林堡村东	61164849
北京市延庆区八达岭中学	八达岭镇西拨子村北	69120429
北京市延庆区井庄中学	井庄镇艾官营村西南	61191948
北京市延庆区沈家营中学	沈家营镇冯庄村北	61131284
北京市延庆区旧县中学	旧县镇旧县村西	61153400
北京市延庆区香营学校	香营乡香营村西	60161845
北京市延庆区永宁学校	永宁镇东门外	60171305
北京市延庆区刘斌堡中学	刘斌堡乡刘斌堡村东	60181629
北京市延庆区张山营学校	张山营镇下芦凤营村西	69113386

小学

北京市延庆区第一小学	延庆镇杨家胡同42号	69143708
北京市延庆区第二小学	延庆镇高塔街62号	69175158

北京市延庆区第三小学	延庆镇东外大街66号	69103581
北京市延庆区第四小学	延庆镇南菜园二区	81198749
北京市延庆区西屯中心小学	延庆镇新白庙村北	61111890
北京市延庆区莲花池小学	延庆镇莲花池村东	61111890
北京市延庆区司家营小学	延庆镇司家营村东	61111890
北京市延庆区八里庄中心小学	延庆镇八里庄村南	61121811
北京市延庆区广积屯小学	延庆镇广积屯村	51051227
北京市延庆区大榆树中心小学	大榆树镇大榆树村	61182347
北京市延庆区下屯中心小学	大榆树镇下屯村西	61119517
北京市延庆区康庄中心小学	康庄镇康庄一街村	61164164
北京市延庆区榆林堡小学	康庄镇榆林堡村	61164164
北京市延庆区小丰营中心小学	康庄镇小丰营村	81187470
北京市延庆区太平庄中心小学	康庄镇马营村	69130174
北京市延庆区八达岭中心小学	八达岭镇西拨子村北	69129491
北京市延庆区西二道河中心小学	井家庄镇西二道河村南	61180360
北京市延庆区井家庄中心小学	井家庄镇井家庄村北	61191704
北京市延庆区沈家营中心小学	沈家营镇沈家营村南	61132021
北京市延庆区旧县中心小学	旧县镇旧县村东	61151965
北京市延庆区大柏老中心小学	旧县镇大柏老村西	61151980
北京市延庆区大庄科中心小学	大庄科乡大庄科村东南	60189814
北京市延庆区刘斌堡中心小学	刘斌堡乡刘斌堡村东	60181013
北京市延庆区四海中心小学	四海镇四海村东73号	60187972
北京市延庆区珍珠泉中心小学	珍珠泉乡珍珠泉村东	60186413
北京市延庆区千家店学校	千家店镇后沟村33号	60188403
北京市延庆区靳家堡中心小学	张山营镇靳家堡村西	69190712
北京市延庆区姚家营中心小学	张山营镇姚家营村	69110567
北京市延庆区特殊教育中心	延庆镇中羊坊村西	81183398

幼儿园

北京市延庆区第一幼儿园	延庆镇西街11号	69181002
北京市延庆区第二幼儿园	延庆百莲路10号	52516648
北京市延庆区第三幼儿园	延庆镇新城街133号	69172957
北京市延庆区第四幼儿园	延庆镇高塔街49号	69103790
北京市延庆区第五幼儿园	延庆镇百泉街道舜泽园小区	81197900
北京市延庆区第六幼儿园	延庆镇西关村北	60166646
北京市延庆区第七幼儿园	延庆镇庆园街82号	69102791
北京市延庆区康庄幼儿园	康庄镇文慧街1号	61113651
北京市延庆区第一小学幼儿园	延庆镇杨家胡同42号	69143708
北京市延庆区第二小学幼儿园	延庆镇高塔街62号	69171829

北京市延庆区大柏老中心幼儿园	旧县镇大柏老村西	81185158
北京市延庆区小丰营小学幼儿园	康庄镇小丰营村西	81187470
北京市延庆区永宁幼儿园分园	永宁镇新华营村	60171281
北京市延庆区永宁幼儿园（中心）	永宁镇东街14号	60171281
北京市延庆区八里庄中心幼儿园	延庆镇八里庄村南	61121811
北京市延庆区康庄小区幼儿园	康庄镇康庄一区	61163651
北京市延庆区八达岭镇中心幼儿园	八达岭镇西拨子村北	69129491
北京市延庆区大榆树镇中心幼儿园	大榆树镇大榆树村	61181149
北京市延庆区沈家营镇中心幼儿园	沈家营镇沈家营村	61132021
北京市延庆区井庄镇中心幼儿园	井庄镇井庄村	61191704
北京市延庆区刘斌堡乡中心幼儿园	刘斌堡乡刘斌堡村东	60181013
北京市延庆区张山营镇中心幼儿园	张山营镇上阪泉村	69197325
北京市延庆区旧县镇中心幼儿园	旧县镇旧县村	61151965
北京市延庆区香营中心幼儿园	香营乡后所屯村西	60162029
北京市延庆区中羊坊幼儿园	张山营镇中羊坊村	69190712
北京市延庆区大庄科中心幼儿园	大庄科乡大庄科村南	60189814
北京市延庆区千家店镇中心幼儿园	千家店镇后沟村33号	60188413
北京市延庆区四海镇中心幼儿园	四海镇四海村东	60187972
北京市延庆区珍珠泉乡幼儿园	延庆珍珠泉乡珍珠泉村东	60186413
北京市延庆区丫丫幼儿园	旧县镇旧县村	61151069
北京市延庆区五星幼儿园	延庆镇小营新村9排5号	69187168
北京市延庆区博苑幼儿园	延庆镇东外大街68号	81196292
北京市延庆区新鑫幼儿园	延庆镇石河营村南道38号	13241600976
北京市延庆区新生幼儿园	延庆镇赵庄村中街西一排11号	61121779
北京市延庆区诚远幼儿园	延庆镇孟庄村建东小区甲3号	61122569
北京市延庆区向日葵幼儿园	延庆镇百泉街道南菜园二区56号楼	69178261
北京市延庆区全才双语幼儿园	延庆镇兴张路兴运嘉园	15901162672
北京市延庆区育心幼儿园	延庆镇振兴南社区2号5门	15210220052
北京市延庆区红苹果艺术幼儿园	延庆镇新城街新兴10号	69189962
北京市延庆区康庄镇育才幼儿园	延庆区康庄镇商业街51号	69133456
北京市延庆区康庄镇八一幼儿园	延庆区康庄镇一街村文汇街	15810818190
北京市延庆区金才幼儿园	延庆镇北街17号	13810077926
北京市延庆区人文大学附属幼儿园	延庆镇康庄镇康庄大道	61169882
北京市延庆区睿智育婴亲子园	延庆尚书苑小区底商4—43号	61126421
北京市延庆区三育幼儿园	永安小区6号楼平房	15910799042
北京市延庆区小龙唐幼儿园	延庆镇司家营西南街9号	81191400
北京市延庆区广积屯幼儿园	延庆镇广积屯村	51051227
北京市延庆区下屯幼儿园	大榆树镇下屯村	61119517
北京市延庆区姚家营幼儿园	张山营镇姚家营村	69111250

北京市延庆区太平庄幼儿园	康庄镇马营村村东	69136535
北京市延庆区西二道河幼儿园	井庄镇西二道河村村南	61180360
北京市延庆区莲花池幼儿园	延庆镇莲花池村	69184485
北京市延庆区司家营幼儿园	延庆镇司家营村	69108698

延庆区卫生计生机构名录

延庆区卫生和计划生育委员会	延庆镇东顺城街26号	69101695
延庆区医院	延庆镇东顺城街28号	69144448
延庆区中医医院	延庆镇新城街11号	69146621
延庆区妇幼保健计划生育服务中心	延庆镇庆园街8号	69101275
延庆区疾病预防控制中心	延庆镇百泉路39号	69188100
延庆区卫生计生监督所	延庆镇新城街96号	69141173
延庆区卫生干部进修学校	延庆镇东顺城街27号	69171388
延庆区精神病医院	张山营镇张山营村	69111163
北京急救中心延庆分中心	延庆镇东顺城街28号	69101271
延庆区卫生计生委信息中心	延庆镇东顺城街26号	69185840
延庆区社区卫生服务管理中心	延庆镇东顺城街26号	69175279
延庆区中心血站	延庆镇西街13号	69183866
八达岭镇社区卫生服务中心	八达岭镇西拨子村东	69120365
大庄科乡社区卫生服务中心	大庄科乡大庄科村	60189817
大榆树镇社区卫生服务中心	大榆树镇大榆树村	61182983
永宁镇社区卫生服务中心	永宁镇东街	60171487
张山营镇社区卫生服务中心	张山营镇张山营村	69111163
井庄镇社区卫生服务中心	井庄镇井庄村	61191705
旧县镇社区卫生服务中心	旧区镇旧区村	61151602
康庄镇社区卫生服务中心	康庄镇文汇街2号	61161313
刘斌堡乡社区卫生服务中心	刘斌堡乡刘斌堡村	60181714
千家店镇社区卫生服务中心	千家店镇后沟村34号	60188440
沈家营镇社区卫生服务中心	沈家营镇沈家营村	61132245
四海镇社区卫生服务中心	四海镇四海村	60187205
香营乡社区卫生服务中心	香营乡香营村	60162454
延庆镇社区卫生服务中心	延庆镇公安医院西侧	69172966
南菜园社区卫生服务中心	延庆镇妫水南街0号	69181772
延庆区计划生育家庭服务中心	延庆镇东外大街98号	69176754
延庆区卫生和计划生育宣传中心	延庆镇东外大街98号	69176660

延庆区卫生应急保障中心	延庆镇东外大街98号	69177162
延庆区计划生育协会	延庆镇东顺城街26号	69144703

延庆区司法所、法律服务中心、公证处、律师事务所名录

延庆区司法所

八达岭司法所	八达岭镇敬老院院内	69129815
百泉司法所	鸿川北路6号	69183341
大榆树司法所	大榆树镇原毛衣厂院内	61182521
大庄科司法所	大庄科乡政府院内	60189330
旧县司法所	旧县镇综治维稳中心	61151807
井庄司法所	井庄镇综治维稳中心二楼	61192561
康庄司法所	康庄镇综治中心院内	69133148
刘斌堡司法所	刘斌堡乡政府东院	60181718
千家店司法所	千家店镇综治中心三楼	60188155
儒林司法所	延庆区北街6号	69100305
沈家营司法所	沈家营镇政府院内东侧	69180148
四海司法所	四海镇综治中心	60176420
香水园司法所	新兴西社区42号楼东侧	69178375
香营司法所	香营乡政府东楼南侧平房	60162128
延庆司法所	延庆镇北关村高庙东综治大院	69187906
永宁司法所	永宁镇东门口	60173614
张山营司法所	张山营镇文化站院内	69111080
珍珠泉司法所	珍珠泉乡珍珠泉村村西路南二楼	60176344

公益法律服务中心

八达岭镇公益法律服务中心	八达岭镇敬老院院内	69129735
百泉公益法律服务中心	妫水南街8号	59512721
大榆树镇公益法律服务中心	大榆树镇原毛衣厂院内	61182009
大庄科乡公益法律服务中心	大庄科乡政府院内	60189330
旧县镇公益法律服务中心	旧县镇综治中心	61151807
井庄镇公益法律服务中心	井庄镇综治维稳中心二楼	61192561
康庄镇公益法律服务中心	康庄镇综治工作中心大厅内	69133299
刘斌堡乡公益法律服务中心	刘斌堡乡政府东院	60181156
千家店镇公益法律服务中心	千家店镇综治中心三楼	60188155
儒林公益法律服务中心	延庆区北街6号	69100305
沈家营镇公益法律服务中心	沈家营镇政府院内东侧	69180148

四海镇公益法律服务中心	四海镇综治中心	60176420
香水园公益法律服务中心	新兴西社区42号楼东侧	69178375
香营乡公益法律服务中心	香营乡政府东楼南侧平房	60176867
延庆镇公益法律服务中心	延庆镇北关村高庙东综治大院	69142268
永宁镇公益法律服务中心	永宁镇东门口	60173614
张山营镇公益法律服务中心	张山营镇文化站院内	69111080
珍珠泉乡公益法律服务中心	珍珠泉乡珍珠泉村村西路南二楼	60176344

公证处

北京市夏都公证处	延庆镇东外大街96号	69101807

律师事务所

北京胡李律师事务所	延庆镇东街27号	69142676
北京李顺存律师事务所	延庆区康安小区35号楼302	69189192
北京李自永律师事务所	延庆区南菜园北二区57—1号	61116228
北京刘世斌律师事务所	延庆区康安小区38—201室	69144035
北京赵建宇律师事务所	延庆区工业大厦四楼	13693218127
北京延恒律师事务所	延庆区东外大街49号院5—811室	13691132886

延庆区社区居委会名录

百泉街道办事处振兴南社区居委会	南菜园二区甲2号9门	81196370
百泉街道办事处振兴北社区居委会	南菜园北二区甲57号楼	61116006
百泉街道办事处湖南社区居委会	湖南小区甲3号	51058996
百泉街道办事处莲花苑社区居委会	莲花苑小区16号楼101	51058400
百泉街道办事处颖泽州社区居委会	颖泽洲小区12号楼南平房	81193704
百泉街道办事处燕水佳园社区居委会	燕水佳园12号楼南	81196573
百泉街道办事处国润家园社区居委会	国润家园小区6号楼602室	61113658
百泉街道办事处舜泽园社区居委会	舜泽园小区26—3底商	61113698
百泉街道办事处上都首府家园社区居委会	上都首府家园小区2号楼2单元102	81190098
儒林街道办事处儒林苑社区居委会	延庆镇东街12号	69100372
儒林街道办事处温泉馨苑社区居委会	温泉馨苑小区5号楼3单元101	69181080
儒林街道办事处康安社区居委会	康安小区16—1底商	69188054
儒林街道办事处永安社区居委会	延庆镇东顺城街13号	69177500
儒林街道办事处温泉南区东里社区居委会	格兰山水小区6号楼一楼	69175737
儒林街道办事处温泉南区西里社区居委会	孟家庄路61号院21号楼111室	69172284
儒林街道办事处胜芳园社区居委会	东顺城街26号	69175122
儒林街道办事处格兰山水二期社区居委会	延庆镇孟家庄路61号院8号楼	69172780

儒林街道办事处悦安居社区居委会	悦安居小区4号楼底商—1	61126482
香水园街道办事处新兴东社区居委会	香苑小区1号楼西平房	69172250
香水园街道办事处恒安社区居委会	中医院北	69176557
香水园街道办事处川北西社区居委会	建业胡同建业3号楼西院内	52512298
香水园街道办事处东外社区居委会	东外社区14—101	52513200
香水园街道办事处泰安社区居委会	王泉营路凯旋公寓西侧	51052800
香水园街道办事处石河营东社区居委会	石河营村毛衣厂院内	52513300
香水园街道办事处石河营西社区居委会	石河营西社区10号楼西	51059001
香水园街道办事处双路社区居委会	双路小区19号楼4单元	69107371
香水园街道办事处高塔社区居委会	尚书苑小区8号楼8—13	69175842
香水园街道办事处川北东社区居委会	川北小区甲25号楼201室	52512258
香水园街道办事处新兴西社区居委会	新兴小区1号楼东侧	51051289
香水园街道办事处兴运嘉园社区居委会	兴运嘉园小区2号楼底层	60165008
张山营镇社区居委会	张山营镇政府	69111358
张山营镇龙聚山庄社区居委会	张山营镇龙聚山庄中区办公楼	69111358
沈家营镇社区居委会	沈家营镇政府	61132055
八达岭镇社区居委会	八达岭镇政府	69120676
大榆树镇社区居委会	大榆树镇政府	61182895
井庄镇社区居委会	井庄镇政府	61192535
康庄镇社区居委会	康庄小区	61163128
康庄镇望都家园社区居委会	望都家园社区	61163128
香营乡社区居委会	香营乡政府	60162671
大庄科乡社区居委会	大庄科乡政府	60189558
千家店镇社区居委会	千家店镇千家店村	60188622
永宁镇社区居委会	永宁镇阜民街	60171741
旧县镇社区居委会	旧县镇旧县村	61151861
四海镇社区居委会	四海镇四海村	60187772
刘斌堡乡社区居委会	刘斌堡乡刘斌堡村	60181515
珍珠泉乡社区居委会	珍珠泉乡珍珠泉	60186612

全国、北京市和延庆区文物保护单位名录

延庆区全国重点文物保护单位名录

序号	名　称	年代	地　点	批次	公布时间
1	延庆境内明长城	明	八达岭等11个乡镇	第七批	2013年3月
2	古崖居遗址	不详	张山营镇东门营村北	第七批	2013年3月
3	京张铁路(八达岭段)	1909年	八达岭镇青龙桥火车站	第七批	2013年3月
4	长城—八达岭段	明	八达岭镇	第一批	1961年3月

延庆区市级文物保护单位名录

序号	名　称	年代	地　点	批　次	公布时间
1	玉皇庙山戎墓遗址	不详	张山营镇玉皇庙村	第五批	1995年10月1日
2	天主教堂	清	永宁镇阜民街村	第六批	2001年7月12日
3	木化石群	侏罗纪	千家店镇下德龙湾辛栅子村	第六批	2001年7月12日
4	北关龙王庙	清	延庆镇北关村	第七批	2011年3月7日
5	灵照寺	清	延庆镇解放街村	第七批	2011年3月7日
6	花盆关帝庙及戏楼建筑群	清	千家店镇花盆村	第七批	2011年3月7日

延庆区县级文物保护单位名录

序号	名　称	年代	地　点	批　次	公布时间
1	望京石及天险	清	八达岭镇八达岭村	第一批	1984年6月16日
2	清水河分界碑	明	八达岭镇岔道	第一批	1984年6月16日
3	岔道万人坑	1943年	八达岭镇岔道	第一批	1984年6月16日
4	烈士陵园	1954年	八达岭镇岔道	第一批	1984年6月16日
5	石佛洞石佛	明	八达岭镇岔道东沟村	第一批	1984年6月16日
6	分修长城题名碑	明	八达岭镇长博等	第一批	1984年6月16日
7	大浮坨石狮	清	八达岭镇大浮坨村	第一批	1984年6月16日
8	五桂头及弹琴峡	明、清	八达岭镇三堡村北	第一批	1984年6月16日
9	石佛寺石佛群	元、明	八达岭镇石佛寺村	第一批	1984年6月16日
10	石峡石狮	元	八达岭镇石峡村	第一批	1984年6月16日
11	分修边墙题名碑	明	八达岭镇水关长城	第一批	1984年6月16日
12	营城子龙王庙	民国	八达岭镇营城子	第一批	1984年6月16日
13	莲花山八仙庙	清	大庄科乡	第一批	1984年6月16日
14	平北疗养所遗址	1941年	大庄科乡车岭村西	第一批	1984年6月16日
15	古缙山县遗址	辽、金	旧县镇	第一批	1984年6月16日
16	古夷舆城遗址	汉	旧县镇古城	第一批	1984年6月16日
17	东红寺龙王庙	明	康庄镇东红寺	第一批	1984年6月16日
18	东红寺戏楼	清	康庄镇东红寺	第一批	1984年6月16日
19	土边墙	明	四海镇	第一批	1984年6月16日
20	缙阳寺功德碑	辽	香营乡小堡	第一批	1984年6月16日
21	延庆城遗址	明	延庆镇	第一批	1984年6月16日
22	儒学训导碑	明、清	延庆镇	第一批	1984年6月16日
23	李尚书坟	明	延庆镇二区北	第一批	1984年6月16日
24	张乾曜墓	唐	延庆镇古家营村	第一批	1984年6月16日
25	二毛子坟	1900年	延庆镇老白庙	第一批	1984年6月16日
26	李四官庄石狮	明	延庆镇李四官庄	第一批	1984年6月16日
27	莲花池石狮	唐	延庆镇莲花池	第一批	1984年6月16日
28	积善桥	清	延庆镇三里河	第一批	1984年6月16日
29	杜家坟	清	延庆镇上水磨村	第一批	1984年6月16日

序号	名 称	年代	地 点	批 次	公布时间
30	延庆西街石狮	明	延庆镇西街	第一批	1984年6月16日
31	赵庄关帝庙	清	延庆镇赵庄	第一批	1984年6月16日
32	山戎墓葬群	春秋	永宁镇等罗家台等	第一批	1984年6月16日
33	狮子营石狮	清	永宁镇狮子营	第一批	1984年6月16日
34	永宁旧城遗址	明	永宁镇永宁	第一批	1984年6月16日
35	胡家营戏楼	清	张山营镇胡家营村	第一批	1984年6月16日
36	西五里营龙王庙	清	张山营镇西五里营村	第一批	1984年6月16日
37	西五里营戏楼	清	张山营镇西五里营村	第一批	1984年6月16日
38	西羊坊惨案纪念碑	1941年	张山营镇西羊坊村	第一批	1984年6月16日
39	姚家营戏楼	清	张山营镇姚家营村	第一批	1984年6月16日
40	中羊坊戏楼	清	张山营镇中羊坊村	第一批	1984年6月16日
41	黑龙潭及其览胜碑	明	八达岭镇岔道	第二批	1985年1月1日
42	大浮坨铁钟	明	八达岭镇大浮坨	第二批	1985年1月1日
43	八达岭瓮城铁炮	明	八达岭镇特区	第二批	1985年1月1日
44	白马泉		延庆镇三里河	第二批	1985年1月1日
45	上卢凤营铁钟	清	张山营镇上卢凤营村	第二批	1985年1月1日
46	藏文摩崖石刻	元	八达岭镇特区院内	第三批	1993年2月1日
47	董家沟佛爷庙	明	大庄科乡董家沟村	第三批	1993年2月1日
48	劈破石		大庄科乡董家沟村	第三批	1993年2月1日
49	窑湾烈士纪念碑	现代	井庄镇窑湾	第三批	1993年2月1日
50	金刚寺	元	旧县镇龙庆峡	第三批	1993年2月1日
51	神仙院	明	旧县镇龙庆峡	第三批	1993年2月1日
52	烧窑峪摩崖造像	明	旧县镇烧窑峪村	第三批	1993年2月1日
53	东红寺铁钟	明	康庄镇东红寺村	第三批	1993年2月1日
54	山南沟胡家坟	清	刘斌堡乡山南沟村	第三批	1993年2月1日
55	文昌宫碑	清	千家店镇本镇中学	第三批	1993年2月1日
56	菜木沟旧石器遗址	旧石器时代	千家店镇菜木沟村	第三批	1993年2月1日
57	古家窑新石器遗址	新石器时代	千家店镇古家窑村	第三批	1993年2月1日
58	沙梁子龙王庙	清	千家店镇沙梁子村	第三批	1993年2月1日
59	滴水壶		千家店镇沙梁子村	第三批	1993年2月1日
60	四海革命烈士碑	1949年	四海镇四海中学	第三批	1993年2月1日
61	天门关摩崖石刻	明	四海镇天门关村	第三批	1993年2月1日
62	出入民人恩准碑	清	四海镇印刷厂内	第三批	1993年2月1日
63	白河堡分界碑	清	香营乡白河水库西壁	第三批	1993年2月1日
64	双营城	明	延庆镇双营村	第三批	1993年2月1日
65	孔化营菩萨庙	明	永宁镇孔化营村	第三批	1993年2月1日
66	黄龙潭龙王庙	明	永宁镇上磨村	第三批	1993年2月1日
67	平北司令部遗址	1941年	张山营镇海沟村	第三批	1993年2月1日
68	应梦寺遗址	辽	张山营镇蒋家堡村	第三批	1993年2月1日
69	路家河旧石器遗址	旧石器时代	张山营镇路家河村	第三批	1993年2月1日

序号	名　称	年代	地　点	批　次	公布时间
70	八仙洞		张山营镇松山林场	第三批	1993年2月1日
71	姚家营洞穴遗址	唐、辽	张山营镇姚家营村	第三批	1993年2月1日
72	珍珠泉		珍珠泉乡珍珠泉村	第三批	1993年2月1日
73	白龙潭纪念碑	1988年	大庄科乡白龙潭村	第四批	1995年11月10日
74	果树园烈士纪念碑	现代	井庄镇果树园村	第四批	1995年11月10日
75	巾帼英雄纪念碑	1990年	井庄镇柳沟村	第四批	1995年11月10日
76	平北抗日纪念碑	1989年	旧县镇古城村西	第四批	1995年11月10日
77	古城口地堡	1937年	旧县镇古城等村	第四批	1995年11月10日
78	花楼	明	四海镇上花楼村	第四批	1995年11月10日
79	石佛寺	清	八达岭水关长城	第五批	1998年12月8日
80	金鱼池		八达岭镇	第五批	1998年12月8日
81	八达岭碉堡	1939年	八达岭镇林场一带	第五批	1998年12月8日
82	六郎影摩崖造像	元	八达岭镇青龙桥	第五批	1998年12月8日
83	五郎像摩崖造像	不详	八达岭镇三堡村北	第五批	1998年12月8日
84	“五桂头”山洞	清	八达岭镇石佛寺南	第五批	1998年12月8日
85	李明英雄纪念碑	1984年	旧县镇白草洼村	第五批	1998年12月8日
86	榆林堡古城遗址	明	康庄镇榆林堡村	第五批	1998年12月8日
87	千家店朝阳寺	清	千家店镇千家店村	第五批	1998年12月8日
88	千家店革命烈士碑	1970年	千家店镇桥南路边	第五批	1998年12月8日
89	香村营商周遗址	商、周	沈家营镇香村营村	第五批	1998年12月8日
90	烂角朝阳洞遗址	唐、辽	张山营镇大庄科村	第五批	1998年12月8日
91	烂角焦家洞遗址	唐、辽	张山营镇大庄科村	第五批	1998年12月8日
92	佛峪口七孔洞遗址	唐、辽	张山营镇佛峪口村	第五批	1998年12月8日
93	商周村落遗址	商、周	张山营镇胡家营村	第五批	1998年12月8日
94	狐狈沟洞穴遗址	唐、辽	张山营镇水峪村	第五批	1998年12月8日
95	南寨坡遗址	明	大榆树镇兴宝庄村	第六批	2003年12月29日
96	柳沟城遗址	明	井庄镇柳沟村	第六批	2003年12月29日
97	大营村烽火台遗址	明	康庄镇大营村	第六批	2003年12月29日
98	马营城遗址	明	康庄镇马营村	第六批	2003年12月29日
99	东屯真武庙	清	延庆镇东屯村	第六批	2003年12月29日
100	和平街火神庙	清	永宁镇和平街	第六批	2003年12月29日
101	永宁龙王关帝庙建筑群	清	永宁镇南关	第六批	2003年12月29日
102	下营崇善寺	清	张山营镇下营村	第六批	2003年12月29日
103	岔道戏楼	清	八达岭镇岔道村	第七批	2010年7月1日
104	岔道关帝庙	清	八达岭镇岔道村	第七批	2010年7月1日
105	岔道城隍庙	清	八达岭镇岔道村	第七批	2010年7月1日
106	丁香谷观音摩崖石刻	元	八达岭镇石佛寺村	第七批	2010年7月1日
107	丁香谷三世佛摩崖石刻	元	八达岭镇石佛寺村	第七批	2010年7月1日
108	香村营土地庙	清	沈家营镇香村营村	第七批	2010年7月1日
109	延庆基督教堂	清	延庆镇解放街	第七批	2010年7月1日

序号	名 称	年代	地 点	批 次	公布时间
110	和平街三义庙	清	永宁镇和平街村	第七批	2010年7月1日
111	黄龙潭	不详	永宁镇上磨村	第七批	2010年7月1日
112	四司青龙潭	不详	永宁镇四司村	第七批	2010年7月1日
113	东门营关帝庙	清	张山营镇东门营村	第七批	2010年7月1日
114	东门营泰山庙	清	张山营镇东门营村（老村区17号民居东墙外）	第七批	2010年7月1日
115	佛峪口释迦牟尼摩崖造像	不祥	张山营镇佛峪口村（佛峪口水库大坝外侧河道内）	第七批	2010年7月1日
116	西五里营三义庙	清	张山营镇西五里营村	第七批	2010年7月1日
117	西五里营关帝庙	清	张山营镇西五里营村	第七批	2010年7月1日
118	朝阳寺石佛	明	张山营镇西羊坊村北山山脚下	第七批	2010年7月1日
119	寺沟摩崖造像	不详	张山营镇张山营村北（小寺牛场东山墙外）	第七批	2010年7月1
120	中羊坊龙王庙	清	张山营镇中羊坊村	第七批	2010年7月1日
121	中羊坊关帝庙	清	张山营镇中羊坊村	第七批	2010年7月1日

（栏目编辑：景冰芳）

索 引

说 明

本索引采取主题索引法编纂，主题以《北京延庆年鉴（2018）》正文中出现的专业名词和词组为主。正文条目之外的《区情综述》《大事记》《特载》《专文》《国民经济和社会发展主要指标完成情况》《2017年组织机构及负责人》《附录》等栏目的内容不在索引范围之内。

本索引按汉语拼音音序、以词组首字拼音的第一个字母为序顺延排列。以阿拉伯数字为首的主题词，排在最前面。索引词条后面括号中的阿拉伯数字表示内容所在页码，a、b表示正文中的栏别：左栏为a，右栏为b。

C

D

E

F

G

H

J

K

L

M

R

S

T

W

X

Y

Z